Managementwissen für Studium und Praxis

Herausgegeben von Professor Dr. Dietmar Dorn und Professor Dr. Rainer Fischbach

Bisher erschienene Werke:

Arrenberg · Kiy · Knobloch · Lange, Vorkurs in Mathematik
Behrens · Kirspel, Grundlagen der Volkswirtschaftslehre, 2. Auflage
Behrens, Makroökonomie – Wirtschaftspolitik
Bichler · Dörr, Personalwirtschaft – Einführung mit Beispielen aus SAP® R/3® HR®
Blum, Grundzüge anwendungsorientierter Organisationslehre
Bontrup, Volkswirtschaftslehre
Bontrup, Lohn und Gewinn
Bontrup · Pulte, Handbuch Ausbildung
Bradtke, Mathematische Grundlagen für Ökonomen
Bradtke, Übungen und Klausuren in Mathematik für Ökonomen
Bradtke, Statistische Grundlagen für Ökonomen
Breitschuh, Versandhandelsmarketing
Busse, Betriebliche Finanzwirtschaft, 5. A.
Clausius, Betriebswirtschaftslehre I
Clausius, Betriebswirtschaftslehre II
Dinauer, Allfinanz – Grundzüge des Finanzdienstleistungsmarkts
Dorn · Fischbach, Volkswirtschaftslehre II, 4. A.
Drees-Behrens · Kirspel · Schmidt · Schwanke, Aufgaben und Lösungen zur Finanzmathematik, Investition und Finanzierung
Drees-Behrens · Schmidt, Aufgaben und Fälle zur Kostenrechnung
Ellinghaus, Werbewirkung und Markterfolg
Fank, Informationsmanagement, 2. Auflage
Fank · Schildhauer · Klotz, Informationsmanagement: Umfeld – Fallbeispiele
Fiedler, Einführung in das Controlling, 2. Auflage
Fischbach, Volkswirtschaftslehre I, 11. A.
Fischer, Vom Wissenschaftler zum Unternehmer
Frodl, Dienstleistungslogistik
Götze, Techniken des Business-Forecasting
Götze, Mathematik für Wirtschaftsinformatiker
Götze · Deutschmann · Link, Statistik
Gohout, Operations Research
Haas, Kosten, Investition, Finanzierung – Planung und Kontrolle, 3. Auflage
Haas, Marketing mit EXCEL, 2. Auflage
Haas, Access und Excel im Betrieb
Hans, Grundlagen der Kostenrechnung
Hardt, Kostenmanagement, 2. Auflage
Heine · Herr, Volkswirtschaftslehre, 2. A.
Hildebrand · Rebstock, Betriebswirtschaftliche Einführung in SAP® R/3®
Hofmann, Globale Informationswirtschaft
Hoppen, Vertriebsmanagement
Koch, Marketing
Koch, Marktforschung, 3. Auflage
Koch, Gesundheitsökonomie: Kosten- und Leistungsrechnung
Krech, Grundriß der strategischen Unternehmensplanung
Kreis, Betriebswirtschaftslehre, Band I, 5. Auflage
Kreis, Betriebswirtschaftslehre, Band II, 5. Auflage
Kreis, Betriebswirtschaftslehre, Band III, 5. Auflage
Laser, Basiswissen Volkswirtschaftslehre
Lebefromm, Controlling – Einführung mit Beispielen aus SAP® R/3®, 2. Auflage
Lebefromm, Produktionsmanagement – Einführung mit Beispielen aus SAP® R/3®, 4. Auflage
Martens, Betriebswirtschaftslehre mit Excel
Martens, Statistische Datenanalyse mit SPSS für Windows
Martin · Bär, Grundzüge des Risikomanagements nach KonTraG
Mensch, Investition
Mensch, Finanz-Controlling
Mensch, Kosten-Controlling
Müller, Internationales Rechnungswesen
Olivier, Windows-C – Betriebswirtschaftliche Programmierung für Windows
Peto, Einführung in das volkswirtschaftliche Rechnungswesen, 5. Auflage
Peto, Grundlagen der Makroökonomik, 12. Auflage
Peto, Geldtheorie und Geldpolitik, 2. Aufl.
Piontek, Controlling
Piontek, Beschaffungscontrolling, 2. Aufl.
Piontek, Global Sourcing
Posluschny, Kostenrechnung für die Gastronomie
Posluschny · von Schorlemer, Erfolgreiche Existenzgründungen in der Praxis
Reiter · Matthäus, Marktforschung und Datenanalyse mit EXCEL, 2. Auflage
Reiter · Matthäus, Marketing-Management mit EXCEL
Rothlauf, Total Quality Management in Theorie und Praxis
Rudolph, Tourismus-Betriebswirtschaftslehre, 2. Auflage
Rüth, Kostenrechnung, Band I
Sauerbier, Statistik für Wirtschaftswissenschaftler
Schaal, Geldtheorie und Geldpolitik, 4. A.
Scharnbacher · Kiefer, Kundenzufriedenheit, 2. Auflage
Schuchmann · Sanns, Datenmanagement mit MS ACCESS
Schuster, Kommunale Kosten- und Leistungsrechnung, 2. Auflage
Schuster, Doppelte Buchführung für Städte, Kreise und Gemeinden
Specht · Schmitt, Betriebswirtschaft für Ingenieure und Informatiker, 5. Auflage
Stahl, Internationaler Einsatz von Führungskräften
Steger, Kosten- und Leistungsrechnung, 3. A.
Stender-Monhemius, Marketing – Grundlagen mit Fallstudien
Stock, Informationswirtschaft
Strunz · Dorsch, Management
Strunz · Dorsch, Internationale Märkte
Weeber, Internationale Wirtschaft
Weindl · Woyke, Europäische Union, 4. Aufl.
Zwerenz, Statistik, 2. Auflage
Zwerenz, Statistik verstehen mit Excel – Buch mit CD-ROM

Statistik

Lehr- und Übungsbuch mit Beispielen aus der Tourismus- und Verkehrswirtschaft

Von

Prof. Dr. Wolfgang Götze
Prof. Dr. Christel Deutschmann
Dr. Heike Link

R. Oldenbourg Verlag München Wien

Die Deutsche Bibliothek – CIP-Einheitsaufnahme

Götze, Wolfgang:
Statistik : Lehr- und Übungsbuch mit Beispielen aus der Tourismus- und Verkehrswirtschaft / von Wolfgang Götze ; Christel Deutschmann ; Heike Link. – München ; Wien : Oldenbourg, 2002
(Managementwissen für Studium und Praxis)
ISBN 3-486-27233-0

Rosenheimer Straße 145, D-81671 München
Telefon: (089) 45051-0
www.oldenbourg-verlag.de

Gedruckt auf säure- und chlorfreiem Papier
Gesamtherstellung: Druckhaus „Thomas Müntzer“ GmbH, Bad Langensalza

ISBN 3-486-27233-0

Inhaltsverzeichnis

> Eine umfassende Bildung ist eine gut dosierte Hausapotheke. Aber es besteht keine Sicherheit, dass nicht für Schnupfen Zyankali gereicht wird.
>
> Karl Kraus

Vorwort

Das vorliegende Lehrbuch ist aus Vorlesungen im Grund- und Hauptstudium für Wirtschaftler und Informatiker hervor gegangen. Es basiert auf der Einheit von Vorlesung, Übung, PC-Seminar und Projektstudium und ist für alle Formen des modernen Studiums statistischer Methoden anwendbar.
Ganz besonders wendet sich das Lehrbuch an Studierende von interdisziplinären Studiengängen wie der Tourismus- und Verkehrswirtschaft, der Wirtschaftsinformatik und des Wirtschaftsingenieurwesens. Es kann darüber hinaus aber auch für die Ausbildung von Betriebswirten und Technikern eingesetzt werden.
Die Demonstrations- und Praxisbeispiele beziehen sich schwerpunktmäßig, aber nicht ausschließlich, auf die Bereiche Verkehr und Tourismus. Sie sind auch als Anregung für empirisch arbeitende Wirtschaftler und Techniker gedacht, sich mit statistischen Techniken und Modellansätzen vertraut zu machen und die vorhandene Methodenkompetenz aufzufrischen oder zu erweitern.
Die einführenden Kapitel 1 und 2 stammen von W. Götze. Sie umfassen einen umfangreichen Exkurs in die praktisch wichtige deskriptive Statistik, der von zahlreichen Anwendungsbeispielen aus Verkehr und Tourismus flankiert wird. Ein Teil dieser Beispiele ist als Einstieg in das SPSS konzipiert. Daran anschließend folgt eine fundierte Einführung in die Wahrscheinlichkeitsrechnung, die der Tatsache Rechnung trägt, dass das Denken in Wahrscheinlichkeiten in der Schulausbildung traditionell zu kurz kommt. Auch dieser etwas abstrakter gehaltene Teil wird von zahlreichen Übungsaufgaben begleitet, die wiederum Gelegenheit für weitere, vertiefende SPSS-Sitzungen bieten. Zahlreiche Kontrollfragen zur Vertiefung des Stoffes und zur Prüfungsvorbereitung bilden den Abschluss von jedem Unterkapitel.
Die Schließende Statistik im Kapitel 3 und die Methoden zur Datenerhebung in den Kapiteln 4.1 bis 4.3 sind von C. Deutschmann verfasst. Im Teil Schließende Statistik wird dem Leser eine Einführung in das Schätzen von Modell-Parametern und das Testen von statistischen Hypothesen gegeben. Die Methoden zur Datenerhebung dienen vor al-

lem dazu, Skalierungstechniken zu systematisieren und ihre Anwendungsbedingungen zu erläutern. Damit soll die Grundlage zur Durchführung von Befragungen im Rahmen eines Projektstudium gelegt werden.
Das Kapitel 4.4 behandelt spezielle Probleme des Fragebogendesigns und wurde von C. Deutschmann und H. Link gemeinsam verfasst. H. Link macht dabei den Leser mit der bedeutendsten deutschen Verkehrsteilnehmerbefragung, der KONTIV, bekannt.
Ausgewählte multivariaten Verfahren, wie die multiple lineare Regression, die Faktor- und Clusteranalyse werden von C. Deutschmann anhand von intervallskalierten (kardinalen) Daten aus der Tourismuswirtschaft in den Kapiteln 5.1 bis 5.3 behandelt.
H. Link gibt im Kapitel 5.4 eine Einführung in zwei Ansätze der kategorialen Regression für nominal und ordinal skalierte Zielgrößen mit gemischt skalierten Einflussgrößen. Die entsprechenden Datensätze stammen aus einer Akzeptanzbefragung zu verkehrspolitischen Maßnahmen in verschiedenen Mitgliedsländern der EU.
Alle Anwendungsbeispiele im Kapitel 5 sind mit Hilfe von SPSS 10.0 durchgerechnet worden. Der Leser wird in die Lage versetzt, die beschriebenen multivariaten Methoden mit Hilfe von SPSS zu realisieren und die Ergebnisse zu interpretieren. Aufgaben zum selbständigen Üben und zahlreiche Kontrollfragen begleiten auch dieses Kapitel.
Im Anhang sind die Lösungen zu den Aufgaben und die Antworten auf die Fragen enthalten. Ein Tabellensatz für die wichtigsten statistischen Verteilungen, Datensätze zum Üben und ein Symbolverzeichnis komplettieren den Anhang.

Die Autoren danken Ihren langjährigen Tutoren, insbesondere M. Brehme und A. Törsel, die sich in den Übungen und PC-Seminaren ganz hervorragend für unser Statistik-Lehrkonzept eingesetzt haben. Hervorzuheben sind auch die Studierenden des Immatrikulationsjahrgangs 2001/02 im Studiengang Wirtschaftsinformatik für ihren Einsatz bei der Projektarbeit mit SPSS.
Dankesworte gehen weiterhin an Herrn Dr. H. Schmerkotte und Herrn Dr. I. Sulk für hilfreiche Anmerkungen beim Korrekturlesen. Nicht zuletzt ist Herrn Weigert vom Oldenbourg-Verlag für die freundliche und unkomplizierte Zusammenarbeit zu danken.

Berlin

Wolfgang Götze
(Leiter des Autorenteams)

1. Grundlagen empirischer Häufigkeitsverteilungen

1.1 Einführung in die deskriptive Statistik

Als Wirtschaftsstatistik wird im weitesten Sinne eine Sammlung von Techniken zur Verdichtung von Daten aus dem Wirtschaftsgeschehen bezeichnet. Zu diesen Techniken gehören beispielsweise Auswertungstabellen, Grafiken und Maßzahlen, aber auch Erklärungs- und Prognosemodelle.
Aus Unternehmenssicht liefert die Wirtschaftsstatistik Aussagen über interne Abläufe und Faktoren (z. B. Qualitätskontrolle, vorbeugende Instandhaltung, Krankenstand und Altersstruktur der Beschäftigten) und über externe Einflüsse und Marktbedingungen (z. B. Absatz, Verbindlichkeiten, Werbewirksamkeit und Reklamationen).
Intern wird in der Regel gemessen oder beobachtet (z. B. Bearbeitungszeit für ein Werkstück, Ausschusszählung am Band). Externe Statistiken basieren demgegenüber typischerweise auf Befragungen (z. B. von Kunden oder Geschäftspartnern) oder auf bereits vorhandenem Datenmaterial (Statistische Jahrbücher, Monats- und Quartalsstatistiken von Verbänden, Instituten und Behörden).

Tabelle 1.1.1 Erhebungstechniken

Erhebungstechnik					
sekundär		primär			
		Befragung		Beobachtung	
betriebsintern	betriebsextern	Interview	Fragebogen	Zählung	Messung
Personal Umsatz	Statistische Ämter	Händler	Kunden	Passagiere	Wartezeit Temperatur
Reklamation	Verbands-statistiken	Manager	Verbraucher	Fahrzeuge	Geschwin-digkeit

1.1.1 Historischer Exkurs

Als erste statistische Erhebungen sind die Volkszählungen aus der Antike (ab ca. 2000 vor Christi) überliefert. Wohl jedem bekannt ist die im Neuen Testament beschriebene Volkszählung im Jahr der Geburt

Christi aus der Zeit des Römischen Imperiums, die den Beginn unserer Zeitrechnung bildete. Aus statistischer Sicht handelte es sich dabei um eine sogenannte Vollerhebung, da sich jeder Bürger an einer wohlbestimmten Zählstelle einfinden musste. Der organisatorische und finanzielle Aufwand war enorm, die Zuverlässigkeit, nicht zuletzt wegen des langen Erfassungszeitraums, eher bescheiden.
Eine Hochrechnung aus repräsentativen Stichproben wurde erstmals von J. Graunt (1630 – 1674) zur Schätzung der Londoner Bevölkerung durchgeführt.
Die eigentliche Blütezeit der Statistik begann jedoch erst mit der zweiten Hälfte des 20. Jahrhunderts. Sie ist eng mit der Entwicklung der Informationstechnik und deren Möglichkeiten zur Auswertung umfangreicher Datenbestände verbunden.
Als vertiefende Literatur zur Geschichte der Statistik sei auf Heiler [1994], S. 3 ff. und Kennedy [1993], S. 34 ff. verwiesen.

1.1.2 Vorgehen bei einer statistischen Untersuchung

Grundlage einer jeden statistischen Untersuchung ist ein umfangreicher Datenfundus, die Grundgesamtheit. Die Daten der Grundgesamtheit können je nach Erfassung als **Bewegungsmassen** oder **Bestandsmassen** anfallen:

- bezogen auf ein Zeitintervall, wie z. B. die Zahl der Fernstudienanfänger 1998, (Bewegungsmassen)
- bezogen auf einen Zeitpunkt, wie z. B. die Fernstudenten zum 31.12.1998, (Bestandsmassen).

Aus der Grundgesamtheit wird eine möglichst repräsentative Teilgesamtheit oder Stichprobe entnommen. Diese Daten werden mit Hilfe von Tabellen, Grafiken und Maßzahlen aufbereitet, verdichtet und beschreibend ausgewertet. Die Auswertung stützt sich außerdem auf beschreibende und erklärende Modelle, wie z. B. Trend- und Regressionsfunktionen. Abschließend werden die Ergebnisse interpretiert und rückschließend auf die Grundgesamtheit verallgemeinert. Dieser Rückschluss kann streng genommen nur eine Wahrscheinlichkeitsaussage sein. Die Verallgemeinerung von Stichprobenaussagen erfordert sehr viel Sachverstand und Erfahrung.

Es gibt zahlreiche Firmen, die Datenerhebung, Auswertung und Präsentation als Dienstleistung anbieten, wie z. B. die aus der Wahlberichterstattung bekannten Firmen INFRATEST oder EMNID. Im Bereich der Marktforschung ist die Nielsen GmbH führend.

1.1.3 Merkmalsträger, Merkmale, Merkmalsausprägung

Merkmale werden an Merkmalsträgern erfasst oder beobachtet, die eine statistische Masse bilden, z. B. die Masse der Kunden eines Unternehmens. Der Kunde als Merkmalsträger kann mehrere Merkmale aufweisen. Beispiele sind die Zufriedenheit mit einem Produkt, das Lebensalter, die soziale Stellung, das Jahreseinkommen oder das Geschlecht. Zwischen den Merkmalen können Zusammenhänge bestehen, so etwa zwischen Alter und Einkommen. Außerdem werden sich bestimmte Ausprägungen oder Werte eines Merkmals, z.B. die Zufriedenheit von Kunden mit einer Dienstleistung, wiederholt beobachten lassen. Das Geschlechtsmerkmal mit seinen beiden Ausprägungen männlich bzw. weiblich tritt meist ganz besonders häufig auf.

1.1.4 Skalierung und Typisierung

Die Merkmalsausprägungen unterscheiden sich hinsichtlich der Skalenart und des Datentyps. Diese Unterschiede sind bei der Wahl von statistischen Auswertungstechniken stets zu berücksichtigen.

Grundsätzlich können Daten nach folgenden Skalenarten unterschieden werden:

- **Nominal** skalierte Daten können nur auf Gleichheit oder Ungleichheit geprüft werden, z. B. auf Geschlecht[1] oder Farben.
- **Ordinal** skalierte Daten lassen sich nach einer Wertigkeitsskala vergleichen, z. B. nach geringer, mittlerer und hoher Qualität eines Produkts.
- **Kardinal** skalierte Daten, wie z. B. die Temperatur, das Gewicht, der Preis oder die Stückzahl, unterliegen den Rechenregeln der Zahlenarithmetik, wobei gewisse Einschränkungen hinsichtlich der Ergebnisinterpretation zu beachten sind. Während sich Quotienten für das Gewicht oder den Preis (verhältnisskalierte Merkmale) als Indizes deuten lassen, wäre für die Temperatur (intervallskaliertes Merkmal) bereits eine Vervielfachung (z. B. doppelt oder dreimal so warm) nicht mehr interpretierbar. Besonders wertvoll sind absolutskalierte Merkmale wie die Stückzahl, die über eine natürliche, vom Maßstab unabhängige Einheit verfügen.

Bei der Typisierung wird eine Einteilung der Daten in natürliche, ganze oder rationale Zahlen (Typ **diskret**) oder reelle Zahlen (Typ **stetig**)

[1] Das Geschlecht besitzt als dichotomes Merkmal nur die beiden Skalenwerte männlich und weiblich.

vorgenommen. Der Datentyp bei einer Verkehrszählung ist diskret (Personenanzahl), der Datentyp bei einer Fahrtauglichkeitskontrolle hingegen stetig (Alkoholgehalt im Blut). Weitere Beispiele enthält Tabelle 1.1.2.

1.1.5 Querschnitt- und Längsschnittbetrachtung

Die Grundgesamtheit kann aus einer großen Menge von Merkmalsträgern (Kunden, Produkte etc.) bestehen, an denen ein oder mehrere Merkmale zu einem festen Zeitpunkt bzw. für ein festes Zeitintervall erhoben werden.
Eine Auswertung über die Vielzahl der Merkmalsträger heißt **Querschnittsanalyse**. Die statistische Masse bilden Beobachtungen von Merkmalen an verschiedenen Merkmalsträgern. Ein Beispiel hierfür ist die Korrelations- oder Wechselwirkungsanalyse zwischen den zwei Merkmalen Alter und Einkommen über alle Erwerbstätigen eines Bundeslandes (Merkmalsträger).
Eine statistische Auswertung über wiederholte Beobachtungen an ein und demselben Merkmalsträger heißt **Längsschnittanalyse**. Die statistische Masse bilden die zu verschiedenen Zeitpunkten bzw. für unterschiedliche Zeitintervalle beobachteten Merkmalswerte. So ist beispielsweise die zeitliche Veränderung des täglichen Umsatzes (Merkmal) eines Unternehmens (Merkmalsträger) während eines Monats Gegenstand einer Längsschnittanalyse.

1.1.6 Statistische Glaubwürdigkeit

Oft wird behauptet, mit Statistik ließe sich alles beweisen. Richtig ist, dass jede statistische Auswertung einen Interpretationsspielraum besitzt, der optimistisch oder pessimistisch ausgenutzt werden kann. Die oft gewünschten "sicheren" Schlüsse können aus statistischen Massen selten gezogen werden, da statistische Aussagen stets Wahrscheinlichkeitsaussagen und damit zufallsabhängig sind. In der Praxis ist zu entscheiden, wie hoch das Risiko einer Schätzung sein darf. Die Geschäftsleitung könnte z. B. für den Absatz von Produkten auf einem Markt einen maximalen Prognosefehler von 5% vorgeben. Wenn ein Prognosemodell diese Toleranz in der Probephase einhalten kann, ist der Test bestanden. Ansonsten wird das Modell als ungeeignet eingestuft und verworfen.
Oft ist jedoch auch ein nachlässiger Umgang mit Daten, Gefälligkeitsstatistiken und vorsätzliche Manipulation anzutreffen. Vorsicht ist beispielsweise bei grafischen Darstellungen in der Tagespresse geboten.

Der Schlagzeile zuliebe wird mitunter geschönt oder unzulässig vereinfacht. Beispielsweise kann das menschliche Auge sehr leicht durch eine Skalenverschiebung getäuscht werden, bei der durch Achsenstreckung eine reale Stagnation zu einem Aufwärtstrend mutiert. Misstrauen ist angesagt, wenn die Quellenangabe fehlt oder unvollständig abgedruckt ist. Oft wird die Dimensionierung eines Merkmals vergessen, oder es sind aus der Zeitfolge aus Platzgründen einige Jahre ausgespart worden (siehe Krämer [1995], S.32 ff.).

1.1.7 Lernziele und Zusammenfassung

Die Lernziele des ersten Kapitels bestehen darin,

1) grundlegende Probleme der Wirtschaftsstatistik in verbalen Aufgabenstellungen zu erkennen sowie daten- und methodenseitig zu klassifizieren;
2) praktikable Techniken zur Verdichtung, Auswertung und Präsentation von Daten kennen zu lernen und eine Verbindung zwischen der Auswertung von Tabellen, Grafiken und Maßzahlen herzustellen;
3) sich im Interpretieren statistischer Ergebnisse zu üben und ein Gespür für die Grenzen statistischer Aussagefähigkeit zu entwickeln;
4) erste Erfahrungen bei der Arbeit mit SPSS zu gewinnen.

Tabelle 1.1.2 enthält eine Zusammenfassung der wichtigsten Begriffe des ersten Abschnitts.

Tabelle 1.1.2 Beispiele zu den statistischen Grundbegriffen

Merkmalsträger	Person			Unternehmen			
Merkmal	Geschlecht	Körpergröße	Steuerklasse	Rechtsform	Werbewirkung	Energieverbrauch	Beschäftigte
Ausprägung	männlich	195 cm	IV	GmbH	hoch	15 MWh/Tag	1500 Personen
Skala	nominal	kardinal	ordinal	nominal	ordinal	kardinal	kardinal
Typ		stetig	diskret			stetig	diskret

1.1.8 Übungsaufgaben und Kontrollfragen

Aufgabe 1.1.1

Bestimmen Sie zu den Merkmalen einer Studentenbefragung in der Hansestadt Greifswald zur Wohnsituation jeweils die Skalenart und den Datentyp.

Merkmal	Skala	Typ
Geschlecht		
Studienrichtung		
Semesterzahl		
Zufriedenheit mit der Wohnung		
Wohnfläche		
Art der Wohnung		
Monatliche Miete		
Monatliches Einkommen		
Bafög-Empfänger		

Aufgabe 1.1.2

Geben Sie für folgende Merkmale einer Befragung mittelständischer Unternehmen Mecklenburg-Vorpommerns zur Geschäftslage die Skalenart und den Datentyp an.

Merkmal	Skala	Typ
Rechtsform		
Bilanzsumme		
Beschäftigtenzahl		
Derzeitige Ertragslage		
Kapazitätsauslastung		
Qualität		
Liquidität		
Werbewirkung		
durchschnittliche Entwicklungszeit für ein neues Produkt		
Auftragsbestand		
Betriebsklima		

Aufgabe 1.1.3

Ermitteln Sie die Skalenart und den Datentyp von Merkmalen aus einer Befragung von Verkehrsteilnehmern zur Akzeptanz von Straßennutzungs- und Parkgebühren im Kreis Nordvorpommern.

Merkmal	Skala	Typ
Geschlecht		
Postleitzahl		
Beschäftigungsstand		
Beruf		
Wohnortlage (Stadtzentrum, Stadtrand etc.)		
Lage der Arbeitsstelle (Stadtzentrum, Stadtrand etc.)		
Entfernung Wohnort-Arbeitsstelle		
Haushaltsgröße		
Anzahl Fahrzeuge pro Haushalt		
Haushaltsjahreseinkommen		
Verkehrsmittel für den Weg zur Arbeit		
Verkehrsmittel für die Fahrt zur Schule		
Verkehrsmittel für die Freizeit		
Zweck einer Reise über 100 km im letzten Jahr		
Verkehrsmittel einer Reise im letzten Jahr über 100 km		
Gebührenakzeptanz für eine Brücke über den Strelasund		
Gebührenakzeptanz für das Parken in der Altstadt von Stralsund		

Aufgabe 1.1.4

Bestimmen Sie Skala und Typ der Merkmale einer Hotelbefragung zum Geschäftsjahr 2000 auf der Insel Rügen.

Merkmal	Skala	Typ
Ausstattungskategorie (1 – 4)		
Entfernung zum Strand		
Erreichbarkeit mit öffentlichen Verkehrsmitteln		
Bettenanzahl		
Anzahl der Ankünfte		
Anzahl der Übernachtungen		
Jahresumsatz		
Preis für ein Doppelzimmer in der Hauptsaison		
Preis für ein Doppelzimmer in der Nebensaison		

Überprüfen Sie folgende Aussagen:

1) Ein nominal skaliertes Merkmal kann nur zwei verschiedene Ausprägungen haben, ein ordinal skaliertes Merkmal hingegen muss mehr als zwei verschiedene Ausprägungen haben.
2) Stetige Merkmale sind stets kardinal skaliert.
3) Farben und Parteien sind gleich skaliert.
4) Die Anzahl von Voten für eine Partei am Wahltag ist eine Bewegungsmasse, die Anzahl wahlberechtigter Bürger hingegen eine Bestandsmasse.

1.2 Empirische Verteilungen

1.2.1 Häufigkeitstabelle

Die Beobachtungen eines Merkmals X an einem Merkmalsträger werden tabellarisch in einer Häufigkeitstabelle zusammengefasst, geordnet und verdichtet. Dabei müssen nicht alle Beobachtungen x_i, für i = 1, .., n, sondern nur ihre unterschiedlichen Werte, die **Ausprägungen** a_j, mit j = 1, ..., k und $k \leq n$, und deren **absolute Häufigkeiten** $H_n(a_j)$ aufgelistet werden. Es ist üblich, die Ausprägungen der Größe nach aufsteigend zu ordnen.

Beispiel 1.2.1 An einem Geschäftstag sind 10 Verkäufe (Beobachtungen) mit 7 verschiedenen Erlösen (Ausprägungen) realisiert worden (siehe Tabelle 1.2.1).

Für vergleichende Auswertungen, z. B. für einen Häufigkeitsvergleich zwischen zwei Erfassungswellen eines Merkmals mit unterschiedlicher Anzahl n_1 und n_2 von Beobachtungen, werden **relative Häufigkeiten** $h_{n1}(a_j)$ bzw. $h_{n2}(a_j)$ gebildet

$$h_n(a_j) = \frac{1}{n} H_n(a_j).$$

Durch Kumulieren der (relativen) Häufigkeiten zu **Summenhäufigkeiten**

$$S_n(a_k) = \sum_{j=1}^{k} h_n(a_j)$$

lassen sich Intervallaussagen formulieren. Mitunter interessiert, wie oft ein Sollwert übertroffen oder unterschritten wird.

Tabelle 1.2.1 Häufigkeiten zum Beispiel 1.2.1

j	a_j	$H_n(a_j)$	$h_n(a_j)$	$S_n(a_j)$
1	18	1	0,1	0,1
2	22	1	0,1	0,2
3	26	3	0,3	0,5
4	30	1	0,1	0,6
5	35	2	0,2	0,8
6	45	1	0,1	0,9
7	85	1	0,1	1,0
	Summe	10	1,0	

1.2.2 Stabdiagramm, Polygonzug

Die mit einer Häufigkeitstabelle verbundenen Grafiken geben einen Überblick zur Verteilung der Häufigkeiten oder der Summenhäufigkeiten über den Ausprägungen.

Wenn das Merkmals von **diskretem** Typ ist, ergeben sich für die Häufigkeitsdarstellung ein **Stabdiagramm** und eine **Treppenfunktion**

$$F_n(x) = \begin{cases} 0 & x < a_1 \\ S_n(a_j) & a_j \le x < a_{j+1} \\ 1 & a_k \le x \end{cases}$$

für die kumulierten Häufigkeiten (siehe Bild 1.2.1 und Bild 1.2.2).

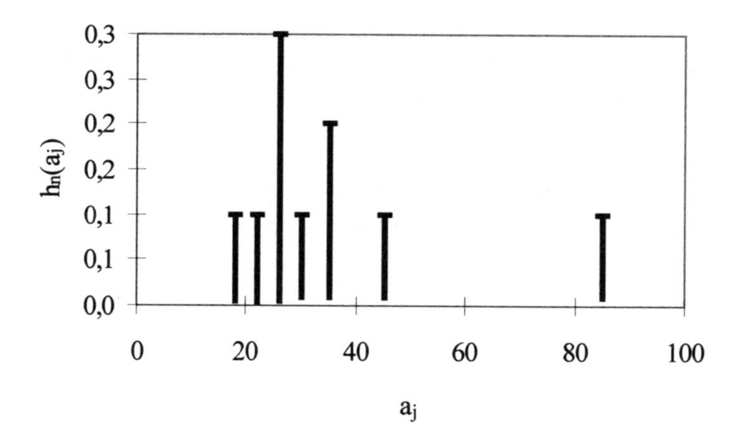

Bild 1.2.1 Stabdiagramm zum Beispiel 1.2.1

Das Stabdiagramm wird in den meisten PC-Programmen, z. B. im SPSS, in Gestalt isolierter Balken als Liniendiagramm symbolisiert.

Die Treppenfunktion ist für alle Beobachtungen definiert, stets positiv und nicht stetig: Sie beginnt bei null, bleibt konstant zwischen je zwei Ausprägungen und endet bei eins.
Gebräuchlich ist auch die Bezeichnung **empirische Verteilungsfunktion**.

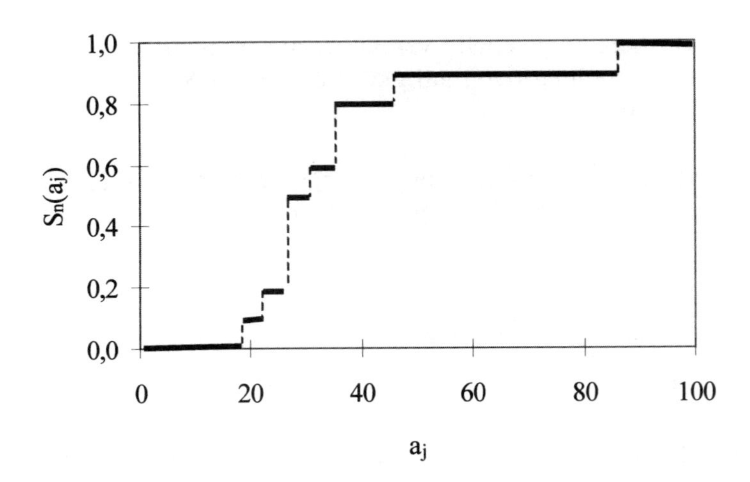

Bild 1.2.2 Treppenfunktion zum Beispiel 1.2.1

Wenn das Merkmal von **stetigem** Typ ist, werden die Häufigkeiten der Ausprägungen durch einen Polygonzug verbunden. Analog wird bei der empirischen Verteilungsfunktion mit den kumulierten Häufigkeiten verfahren.

Die Darstellung als **Polygonzug** macht es möglich, auch für nicht beobachtete Ausprägungen Häufigkeitsschätzwerte abzulesen.

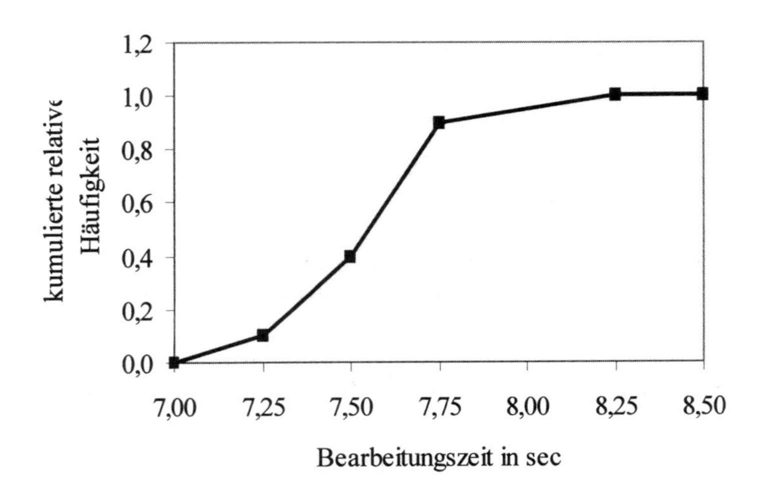

Bild 1.2.3 Verteilungsfunktion eines stetigen Merkmals (Beispiel 1.2.2)

1.2.3 Datenklassierung

Bei einem massierten Datenanfall ist eine Verdichtung mittels Klassen- oder **Gruppenbildung** unvermeidlich. Beispiele sind Einkommensklassen im Steuerrecht, Entfernungsklassen im Tarifrecht, Altersgruppen im Personalwesen etc. .

Die Klassen K_j werden als **halboffene Intervalle** mit den Grenzen g_j abgesteckt und von 1 bis q nummeriert

$$K_j = [g_{j-1}, g_j) \quad \text{für} \quad j = 1, \ldots, q.$$

Da sich diese Intervalle nicht überlappen und lückenlos aufeinander folgen, kann jede Beobachtung genau einer Klasse zugeordnet werden. Die übliche Lesart für ein Klassenintervall ist „**von - bis unter**".

Jede Klasse kann durch ihre **Klassenmitte** m_j

$$m_j = \frac{g_j + g_{j-1}}{2}$$

repräsentiert werden. Die Klassenmitte muss nicht automatisch mit dem Schwerpunkt der Beobachtungen zusammenfallen. Wenn das jedoch der Fall ist, ergeben sich für grafische Darstellungen und Maßzahlberechnungen erhebliche Vorteile.

Die Zahl der Beobachtungen je Klasse wird als **absolute Klassenhäufigkeit** H_j bezeichnet.

Für Vergleichszwecke werden meist **relative Klassenhäufigkeiten** h_j

$$h_j = \frac{H_j}{n}$$

gebildet. Die kumulierten (relativen) Häufigkeiten $S_q(j)$

$$S_q(j) = \sum_{i=1}^{j} h_i$$

vervollständigen die Häufigkeitstabelle klassierter Daten.

Tabelle 1.2.2 Klassenbildung am Beispiel 1.2.1

j	von bis unter	H_j	h_j	$F_q(x)$	m_j
1	0-30	5	0,5	0,5	15
2	30-60	4	0,4	0,9	45
3	60-90	1	0,1	1,0	75
	Summe	10	1,0		

Für die Klassenbildung sind verschiedene Techniken bekannt (vgl. Tabelle 1.2.3). Bei der Auswahl einer Klassierungstechnik sind gewisse Grundsätze zu beachten:

So soll die **Klassenanzahl** q nicht zu hoch gewählt werden, um interpretierbare Tabellen und Grafiken zu erhalten. Andererseits kann eine zu grobe Klassenbildung interpretierbare Lücken zwischen den Ausprägungen verdecken.

Die **Klassenbreite** b_j

$$b_j = g_j - g_{j-1}$$

wird vor allem bei sehr umfangreichen Datenbeständen konstant gehalten (äquidistante Klassierung[1]).

Falls an den Rändern der Ausprägungsskala **extreme Werte** auftreten, empfiehlt sich meist eine Zusammenfassung zu breiteren **Randklassen**. Dieses Problem ist auch mit Hilfe von **Transformationsfunktionen** (Logarithmus bzw. Quadratwurzel) lösbar, die automatisch ungleich breite Klassen erzeugen (siehe Beispiel 1.2.2). Die entsprechende Prozedur umfasst drei Schritte:

- die Datentransformation,
- die äquidistante Klassierung,
- die Rücktransformation der Klassengrenzen.

Für die Rücktransformation werden die Umkehrfunktionen (Exponential- bzw. Potenzfunktion) verwendet.

Neben diesen Gruppierungstechniken gibt es die sachlogisch operierende **Sinnklassenbildung**. Für das Merkmal Lebensalter lassen sich je nach Untersuchungsziel z. B. die Sinnklassen Jugendliche, Erwachsene und Rentner bilden. Für eine Unfallstatistik müsste die Klasse Jugendliche in Schüler und Studenten aufgeteilt werden. Für eine Reisestatistik hingegen wäre die Aufspaltung der Klasse Erwachsene in zwei Altersgruppen, z. B. bis 44 und ab 45 Jahre, angeraten, um den Faktor Familiengröße indirekt zu berücksichtigen.

[1] Im SPSS –Paket ist die äquidistante (gleich breite) Klassenbildung standardmäßig eingestellt.

Um fehlende Beobachtungen hervorzuheben, können ferner Klassengrenzen auf **Datenlücke** gesetzt werden.

Für die grafische Auswertung einer Häufigkeitstabelle ist es vorteilhaft, wenn sich die Daten in den Klassen hinreichend häufen und möglichst breit streuen. Schwach besetzte Klassen, z. B. an den Rändern, sind bei der rechnerischen Auswertung (Mittelwertbildung etc.) mit Vorsicht zu behandeln.

In den Datenquellen des Statistischen Bundesamtes, der Statistischen Landesämter und Wirtschaftsverbände werden überwiegend klassierte Daten geführt (siehe z.B. Tabelle 1.2.4). Die Originaldaten sind meist nicht öffentlich zugänglich. Als problematisch für eine grafische Auswertung erweisen sich halboffene Randklassen, z. B. Rentner ab 65 Jahren. Derartige Klassen sollten nach sachlogischen Überlegungen geschlossen werden. Als Klassenmitte könnte für Rentner ab 65 Jahre die durchschnittliche Lebenserwartung dienen.

Tabelle 1.2.3 Zusammenfassung zur Klassenbildung

Klassenbildung	sachlogisch gleich abständig gleichhäufig logarithmisch Wurzeltransformation von Lücke zu Lücke
Klassenanzahl	$\leq \sqrt{n}$ $= 1+3{,}32*\log n$

Beispiel 1.2.2 Die Dauergrünflächen von Mecklenburg-Vorpommern verteilen sich recht unterschiedlich auf die einzelnen Landkreise (siehe Tab. 1.2.5). Eine Sinnklassierung der Grünflächen (niedriger, mittlerer und hoher Anteil) mit Hilfe gleich breiter oder gleich häufiger Klassen scheidet aus. Dafür liefern die radizierten bzw. logarithmierten Daten (gleichbreit klassiert) zwei Varianten zur Bildung von Sinnklassen, wobei die logarithmische Klassierung vorzuziehen ist.

1.2.4 Histogramm und empirische Verteilungsfunktion

Die grafische Darstellung von Klassenhäufigkeiten geht von einer möglichst gleichmäßigen Klassenbelegung aus. Die relative Häufigkeit wird dabei als Flächeninhalt eines Balkens interpretiert, dessen Höhe sich nach der Division durch die Klassenbreite ergibt. Die einzelnen Balken werden lückenlos zum Histogramm zusammengefasst.

Tabelle 1.2.4 Klassenbildung des Statistischen Bundesamtes (vgl. Tourismus in Zahlen 2000/2001)

Einkommensklassen für das Haushaltsnettoeinkommen von bis unter DM	Altersklassen für den Haupteinkommensbezieher von bis unter Jahren	Umsatzklassen für das Gastgewerbe von bis unter DM	Hotelklassen nach Gästebetten von bis unter Betten
< 800	< 25	< 250.000	9 – 12
800 – 1200	25 – 35	250.000 – 1 Mio.	12 – 15
1200 – 1800	35 – 45	1 Mio. – 5 Mio.	15 – 20
1800 – 2500	45 – 55	5 Mio. – 25 Mio.	20 – 30
2500 – 5000	55 – 65	25 Mio. – 100 Mio.	30 – 100
> 5000	> 65	> 100 Mio.	100 – 250
			250 – 500
			500 – 1000
			> 1000

Tabelle 1.2.5 Datengruppierung mit jeweils 3 Klassen[1)] zum Beispiel 1.2.2

Landkreise Mecklenburg-Vorpommern	Dauergrünland in ha (1999)	gleich breite Klassen	gleich häufige Klassen	Wurzel-klassierung	Logarithmus-klassierung	Sinn-klassierung	(Anteils-deutung)
Rügen	10800	10800	10800	103,92	9,29	10800	niedrig
Müritz	15500	15500	15500	124,50	9,65	15500	
Bad Doberan	17100	17100	17100	130,77	9,75	17100	mittel
Nordwestmecklenburg	17100	17100	17100	130,77	9,75	17100	
Mecklenburg-Strelitz	17700	17700	17700	133,04	9,78	17700	
Uecker-Randow	24500	24500	24500	156,52	10,11	24500	
Demmin	25000	25000	25000	158,11	10,13	25000	
Parchim	25800	25800	25800	160,62	10,16	25800	
Nordvorpommern	30000	30000	30000	173,21	10,31	30000	hoch
Ostvorpommern	30900	30900	30900	175,78	10,34	30900	
Güstrow	31000	31000	31000	176,07	10,34	31000	
Ludwigslust	35600	35600	35600	188,68	10,48	35600	

[1)] Die Klassen sind in den jeweiligen Datenspalten abgegrenzt.

Die unterschiedlichen relativen Häufigkeiten lassen sich augenfällig mit Hilfe entsprechend dimensionierter Flächeninhalte vermitteln (siehe Bilder 1.2.4 und 1.2.5). Diese **flächentreue Darstellung** unterstützt die Interpretation eines Histogramms.

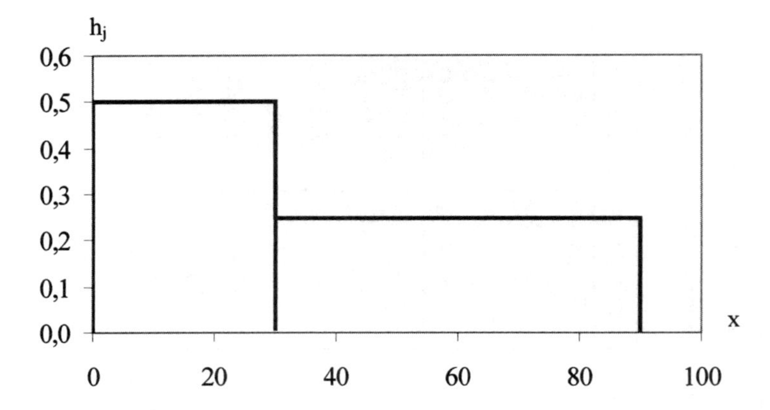

Bild 1.2.4 Histogramm für zwei unterschiedlich breite Klassen in flächentreuer Darstellung (vgl. Beispiel 1.2.1)

Bei gleichabständigen Klassen kann die Umrechnung über die Breite entfallen.

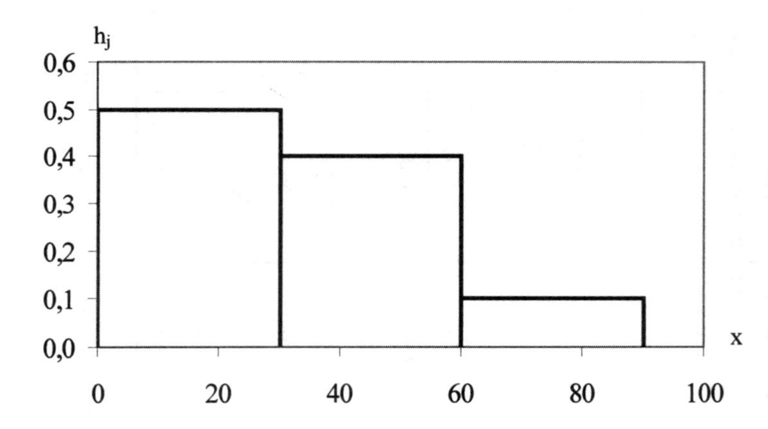

Bild 1.2.5 Histogramm für drei gleichbreite Klassen zum Beispiel 1.2.1

Ein wichtiges Merkmal des Histogramms ist seine **Schiefe** oder anders ausgedrückt, seine Abweichung von einer symmetrischen Häufigkeitsverteilung.

Einkommensverteilungen sind meist **linkssteil**, da sich in den niedrigen Einkommensgruppen erfahrungsgemäß mehr Personen häufen als in den hohen Einkommensgruppen.

Bei der Verteilung von Steuerhinterziehungen ist eher eine **rechtssteile** Verteilung zu erwarten, in der Gewohnheitstäter mit sehr vielen Delikten dominieren.

Symmetrische Häufigkeitsverteilungen sind im Wirtschaftsgeschehen eher selten anzutreffen. Im Gegensatz dazu verteilen sich biologische oder physikalische Größen wie Körpergröße, Temperatur oder Energieverbrauch meist symmetrisch.

Die empirische Verteilungsfunktion, in Zeichen

$$F_q(x),$$

verbindet die kumulierten Klassenhäufigkeiten $S_q(j)$ von Klassengrenze zu Klassengrenze durch einen **Polygonzug**.

Durch **Interpolation** lassen sich am Polygonzug zu vorgegebenen kumulierten Häufigkeiten Ausprägungen ermitteln und umgekehrt (siehe Bild 1.2.6).

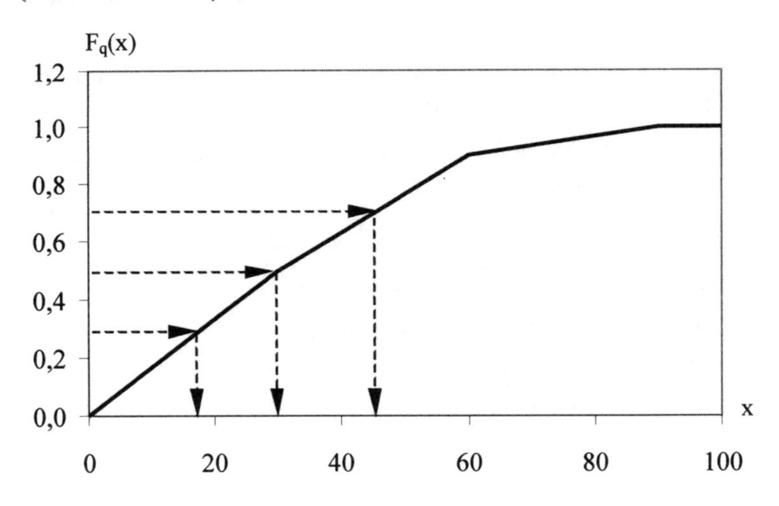

Bild 1.2.6 Empirische Verteilungsfunktion zum Beispiel 1.2.1

Zu jeder Summenhäufigkeit ergibt sich eine Ausprägung a_j, das sogenannte **Quantil** der Häufigkeit.

Das praktisch bedeutsame Quantil zur Summenhäufigkeit von 50%, der sogenannte **Median**, teilt die der Größe nach geordneten Beobachtungen in zwei gleichstarke bzw. fast gleichstarke Gruppen. Mindestens die Hälfte aller Beobachtungen ist größer oder gleich, bzw. kleiner oder gleich diesem Quantil.

1.2.5 Übungsaufgaben und Kontrollfragen

Aufgabe 1.2.1

Die landwirtschaftlichen Betriebe in einem Landkreis wurden 1996 und 1999 erfasst und nach ihrer Betriebsgröße, gemessen in ha, klassifiziert (siehe nachstehende Tabelle).

Betriebsgröße (in ha) von bis unter	1996 Anzahl der Betriebe	1999 Anzahl der Betriebe
0 - 10	55	16
10 - 30	25	24
30 - 50	20	24
50 - 100	17	22
100 - 200	3	4

a) Beschreiben Sie Merkmalsträger, Merkmal und Skalierung!

b) Um wie viel Prozent hat sich die landwirtschaftlich genutzte Fläche im Landkreis von 1996 bis 1999 geändert?

c) Berechnen Sie für beide Jahre die Häufigkeitsverteilungen und die empirischen Verteilungsfunktionen.

d) Zeichnen und vergleichen Sie beide Häufigkeitsverteilungen und Verteilungsfunktionen.

Aufgabe 1.2.2

Ein Reiseveranstalter führt für die Kanareninsel La Palma eine Statistik der Sonnenstunden im ersten Quartal durch:

Sonnenstunden pro Tag von ... bis ... unter	Anzahl der Tage
0 - 2	20
2 - 3	15
3 - 5	20
5 - 8	35
8 - 12	10

Von der Auswertung erhofft er sich eine gewisse Werbewirkung für Langzeiturlauber. Er rechnet auf eine Kommastelle genau.

a) Wie lautet das untersuchte statistische Merkmal und wie ist es skaliert? Was ist der Merkmalsträger?

b) Stellen Sie die relativen Häufigkeiten grafisch dar. Welches Prinzip ist dabei zu beachten?

c) Zeichnen Sie die empirische Verteilungsfunktion im Maßstab 10x10 cm.

d) An wie vielen Tagen der Saison schien die Sonne mindestens 4 Stunden ?

e) Wie lange schien die Sonne höchstens an den 40 sonnenärmsten Tagen der Saison ?

f) An wie viel Prozent der Tage schien die Sonne in dieser Saison zwischen 4 und 9 Stunden ?

g) Wie lange schien die Sonne mindestens an den 50 % der sonnenreichsten Tagen der Saison ?

Aufgabe 1.2.3 (Lösung im PC-Labor)

Bei einer Gebäudezählung in einer Kleinstadt wurden für n = 1225 Wohnungen die folgenden Zimmerzahlen erfasst:

Zimmer	Anzahl
1	125
2	650
3	240
4	160
5	35
6	15

a) Beschreiben Sie Merkmalsträger, Merkmal und Skalierung.

b) Stellen Sie die Häufigkeitsverteilung grafisch dar.

c) Bilden Sie 2 Klassen von 1-2 Zimmer- und 3-6 Zimmerwohnungen und stellen Sie die Häufigkeitsverteilung grafisch dar. Welches Prinzip ist dabei zu beachten?

Überprüfen Sie folgende Aussagen :

1) Die empirische Verteilungsfunktion eines gruppierten Merkmals von diskretem Typ ist auch für nicht beobachtete Merkmalsausprägungen definiert und stetig.

2) Die Zahl der Klassen sollte nicht größer als n/2 sein.

3) Die Häufigkeitsverteilung wird unabhängig vom Typ des Merkmals dargestellt.

1.3 Lagemaße

Die Beobachtungen sollen oft durch eine einzige Größe, den Mittelwert, charakterisiert werden. So wird z. B. der Pro-Kopf-Verbrauch an Bier in einem Bundesland über alle Bürger ab 16 Jahren gemittelt. Dabei ist mit einem ziemlich hohen Informationsverlust zu rechnen, denn es könnte der Extremfall eintreten, dass alle gleichviel trinken, oder nicht ein einziger auf den Durchschnittsverbrauch kommt. Es wäre auch denkbar, dass sehr viele Bürger eher Wein bevorzugen und der Rest dafür um so mehr dem Bier zuspricht.
Mittelwerte stehen demnach für eine extreme Datenverdichtung. Der durch Mittelung verursachte Informationsverlust kann jedoch durch die Angabe von Streumaßen zum Teil wieder kompensiert werden.
In der Wirtschaftsstatistik spielen Mittelwerte eine große Rolle: Sie repräsentieren den zu erwartenden, d.h. den typischen, erfahrungsgemäß anzusetzenden Wert einer Kennziffer.
Je nach Datenlage lassen sich verschiedene Mittelwerte bzw. **Lagemaße** bilden, die von der **Skalierung** der Beobachtungen (nominal, ordinal, kardinal), von der **Dimension** der Daten (Absolutwerte, Raten/Quoten, Verhältnis- oder Beziehungszahlen) und ihrer **Verteilung** (Symmetrie, extreme Werte) abhängen.
Mittelwerte sollen das Zentrum einer empirischen Häufigkeitsverteilung beschreiben. Was unter einem Zentrum zu verstehen ist, kann auf verschiedene Weise begrifflich gefasst werden. Den einzig wahren Mittelwert gibt es nicht.
Die folgenden Definitionen werden an einem Demonstrationsbeispiel erläutert.

Beispiel 1.3.1 Bei einem Preisvergleich wurden nacheinander die folgenden 10 Einzelpreise in € erfasst:

1	2	3	4	5	6	7	8	9	10
45	30	26	18	22	35	26	85	26	35

Für diese Preise sollen verschiedene Mittelwerte berechnet werden, die im folgenden beschrieben werden.

1.3.1 Modus

Der Modus oder Modalwert x_{mod} gibt die Merkmalsausprägung an, die mit der größten Häufigkeit beobachtet worden ist

$$H_n(x_{mod}) \geq H_n(a_j) \quad \text{für} \quad j = 1, \ldots, k \,.$$

Im Gegensatz zu den meisten anderen Mittelwerten ist der Modus ein Beobachtungswert, auf den die Interpretation „typischer Wert“ am besten zutrifft. Für nominal skalierte Daten ist er der einzig sinnvolle Mittelwert. Er ist unabhängig von der Dimensionierung der Daten und wird von extremen Beobachtungen (Ausreißern) nicht beeinflusst.
Die Bestimmung des Modus kann allerdings bei mehrgipfligen Häufigkeitsverteilungen Probleme bereiten. Wird z.B. die maximale Häufigkeit für zwei verschiedene Beobachtungen erreicht, dann ist der Modus nicht mehr eindeutig festgelegt.
Bei **klassierten** Daten ist der Modus als Maßzahl umstritten, da einzelne Beobachtungen nicht bekannt sind. Bohley ([1989], S. 119) bezeichnet die Klasse mit den meisten Beobachtungen als Modusklasse. Hartung ([1991], S. 35) definiert deren Mitte als Modus, was hier aber nicht empfohlen wird.

Beispiel 1.3.1 Der Preis 26,- € tritt dreimal und damit am häufigsten auf. Er ist der Modus.

1.3.2 Median

Der Median oder Zentralwert x_{med} teilt die Beobachtungen in zwei gleichgroße Gruppen, in denen jeweils 50% der Daten enthalten sind. Er ist vor allem für ordinal skalierte Merkmale anwendbar.
Zur Berechnung des Medians werden die Daten x_i der Größe nach geordnet und mit $x_{(i)}$ bezeichnet

$$x_{(1)} \leq x_{(2)} \leq \ldots \leq x_{(n)}.$$

Bei ungerader Anzahl n ist der Median eine Beobachtung, die genau in der Mitte der aufsteigend sortierten Daten steht. Falls n gerade ist, ergibt sich der Median aus den beiden um die gedachte Mitte stehenden Werten (Innenränge)[1]

$$x_{med} = \begin{cases} x_{\left(\frac{n+1}{2}\right)} & \frac{n}{2} \text{ gebrochen} \\ \frac{1}{2}\left(x_{\left(\frac{n}{2}\right)} + x_{\left(\frac{n}{2}+1\right)}\right) & \frac{n}{2} \text{ ganz} \end{cases}.$$

[1] Falls bei geradzahlig vielen Beobachtungen die Innenränge x(n/2) und x(n/2+1) verschieden ausfallen, lässt sich der Median nur für kardinal skalierte Merkmale berechnen. Praktisch tritt dieser Fall eher selten ein, da die inneren Rangzahlen meist gleich groß sind.

Er ist in diesem Fall nur dann eine Beobachtung, wenn die beiden umliegenden Werte gleich sind. Bei geradem n liegen genau 50% der Beobachtungen links und rechts vom Median.

Beispiel 1.3.1 Der Median liegt zwischen den Beobachtungen 26,- und 30,- € und beträgt 28,- €.

(1)	(2)	(3)	(4)	(5)	(6)	(7)	(8)	(9)	(10)
18	22	26	26	26	30	35	35	45	85

Bei **gruppierten** (klassierten) Daten lässt sich der Median grafisch oder numerisch (näherungsweise) über das **0,5-Quantil** bestimmen. Mit Hilfe der empirischen Verteilungsfunktion wird die zur kumulierten relativen Häufigkeit von 50% gehörende Ausprägung auf der x-Achse abgelesen. Einen Näherungswert für den Median erhält man durch Interpolation zwischen den Häufigkeiten der beiden Klassengrenzen, die das 0,5-Quantil unmittelbar einschachteln. Die Berechnung aus den klassierten Daten wird symbolisch mit einem Stern gekennzeichnet. Damit soll deutlich gemacht werden, dass der Median der Originaldaten x_{med} und der Median der gruppierten Daten x_{med}^* meistens verschieden voneinander sind. Wie groß die Differenz ausfällt, hängt von der Art und Weise der Klassenbildung und der Datenstruktur insgesamt ab.

Eine Verallgemeinerung des Medians sind die **α-Quantile**, mit deren Hilfe die aufsteigend sortierten Daten in kleinere Gruppen gleicher Häufigkeit aufgeteilt werden können

$$x_\alpha = \begin{cases} x_{([n\alpha])} & n\alpha \text{ gebrochen} \\ & [n\alpha] \text{ ganzer Nachfolger} \\ \frac{1}{2}\left(x_{(n\alpha)} + x_{(n\alpha+1)}\right) & n\alpha \text{ ganz} \end{cases}.$$

Aus der Halbierung kann eine Viertelung werden, wenn der Median durch das untere und das obere **Quartil** $x_{0,25}$ bzw. $x_{0,75}$ ergänzt wird. Jede der vier Gruppen enthält dann ca. 25% der Beobachtungen.

Beispiel 1.3.1 Die auf 10·0,25 = 2,5 folgende ganze Zahl ist 3. Das untere Quartil ist demnach $x_{(3)}$ = 26,- €. Das obere Quartil ist $x_{(8)}$ = 35,- €, denn die auf 10·0,75 = 7,5 folgende ganze Zahl ist 8. Zwischen den Quartilen liegen stets zwei Beobachtungen.

Mit Hilfe von Quantilen kann auch eine Datenklassierung mit gleichhäufig belegten Klassen erzeugt werden. Im Intervall zwischen $x_{0,25}$ und $x_{0,75}$ liegen die „mittleren 50%" aller Beobachtungen.

Quantile kennzeichnen streng genommen nicht das Zentrum einer Häufigkeitsverteilung, sondern weitere markante Punkte links und rechts vom Zentrum. Die Statistik hat deshalb den allgemeineren Begriff des **Lageparameters** eingeführt, der sowohl Mittelwerte als auch Quantile umfasst.

Median und Quantile setzen mindestens ordinal skalierte Daten voraus. Da die Werte an den Rändern der Häufigkeitsverteilung nicht in die Berechnung eingehen, besteht keine Gefahr der Verzerrung durch einzelne extreme Werte (Ausreißer). Aus diesem Grund werden Median und Quartile auch relativ oft für kardinal skalierte Daten verwendet, obwohl sie den arithmetischen Spielraum dieser Skalierung gar nicht ausnutzen.

1.3.3 Arithmetisches Mittel

Oftmals wird unter dem Begriff Mittelwert direkt das arithmetische Mittel $\overline{x}$ verstanden. Es kann nur für kardinal skalierte Beobachtungen bestimmt werden und bezieht alle Werte in die Berechnung ein

$$\overline{x} = \frac{1}{n}\sum_{i=1}^{n} x_i \, .$$

Es kann auch mit Hilfe der Ausprägungen und absoluten Häufigkeiten berechnet werden

$$\overline{x} = \frac{1}{n}\sum_{j=1}^{k} a_j \cdot H_n(a_j) \, .$$

Beispiel 1.3.1 Das arithmetische Mittel liegt über dem Median.

$$\overline{x} = \frac{1}{10}(18 + 22 + 26 \cdot 3 + 30 + 35 \cdot 2 + 45 + 85) = 34{,}8$$

Da alle Beobachtungen in die Formel eingehen, besteht die Gefahr, dass **extreme Daten** an der Rändern der Häufigkeitsverteilung den

Wert des Mittels über Gebühr vom Zentrum wegziehen. In diesem Fall ist der Median für die Lagebeschreibung unbedingt vorzuziehen.

Beispiel 1.3.1 Wird der extreme Preis von 85,- € ausgeschlossen, nähert sich das arithmetische Preismittel mit 30,80 € dem Median.

Bei klassierten Daten werden die Ausprägungen a_j durch die Klassenmitte m_j und die absolute Häufigkeit $H_n(a_j)$ durch die Klassenhäufigkeit H_j ersetzt:

$$\bar{x}_* = \frac{1}{n}\sum_{j=1}^{q} m_j \cdot H_j \,.$$

Beispiel 1.3.1 Das Mittel der klassierten Daten weicht vom Mittel der Originaldaten ab.

$$\bar{x} = \frac{1}{10}(15 \cdot 5 + 45 \cdot 4 + 75 \cdot 1) = 33$$

Das arithmetische Mittel besitzt zwei praktisch bedeutsame Eigenschaften:

1) Es setzt sich auf linear transformierte Beobachtungen x_i

$$y_i = a + b \cdot x_i$$

folgendermaßen fort

$$\bar{y} = a + b \cdot \bar{x}\,.$$

2) Darüber hinaus kann $\bar{x}$ als **Schwerpunkt** der Beobachtungen interpretiert werden, d. h.

$$\sum_{i=1}^{n}(x_i - \bar{x}) = 0\,.$$

Die Subtraktion x_i - $\bar{x}$ führt auf **zentrierte Daten** mit dem Mittelwert null.

Die skalierungsabhängigen Eigenschaften der vorgestellten Lageparameter werden in der Tabelle 1.3.1 zusammengefasst.

Tabelle 1.3.1 Lageparameter von Häufigkeitsverteilungen (Überblick)

Eigenschaften	Modus	Median	Quartile	arithmetisches Mittel
Bezeichnung für nicht-gruppierte Daten	x_{mod}	x_{med}	x_α $\alpha=0{,}25;\alpha=0{,}75$	$\overline{x}$
Skala	nominal-kardinal	ordinal-kardinal	ordinal-kardinal	kardinal
geometrische Deutung	Gipfel der Häufigkeits-verteilung	Wert in der Mitte bei Anordnung der Größe nach	Datenaufteilung 1:3 bzw. 3:1 bei größenmäßiger Anordnung	Schwerpunkts-eigenschaft
Einschränkung der Bestimmbarkeit	nur für eingipflige Verteilungen	keine	keine	keine
Ausreißer-Empfindlichkeit	faktisch nicht vorhanden	gering	gering	hoch
Berechnungsprobleme bei Datengruppierung	Maß umstritten	Interpolation	Interpolation	Schätzfehler
lineare Transformation a + b·x	invariant	$a + b \cdot x_{med}$	$a + b \cdot x_\alpha$	$a + b \cdot \overline{x}$
Anwendungen	Abstimmungs-verhalten	z.B. bei der Stiftung Warentest	Box-Plot	viel zu häufig

1.3.4 Relationen zwischen den Mittelwerten

In Abhängigkeit von der Häufigkeitsverteilung bestehen unterschiedliche Relationen zwischen dem Modus, dem Median und dem arithmetischen Mittel. Bei Symmetrie (siehe Bild 1.3.1) stimmen alle drei Lageparameter überein. Bei rechtssteilen Verteilungen (siehe Bild 1.3.2) gilt überwiegend

$$\overline{x} \le x_{med} \le x_{mod} \,,$$

und bei linkssteilen Verteilungen (siehe Bild 1.3.3) entsprechend

$$\overline{x} \ge x_{med} \ge x_{mod} \,.$$

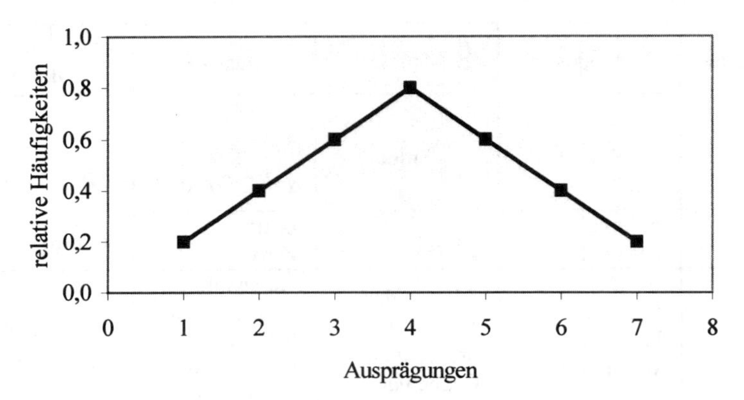

Bild 1.3.1 Eingipflige symmetrische Häufigkeitsverteilung

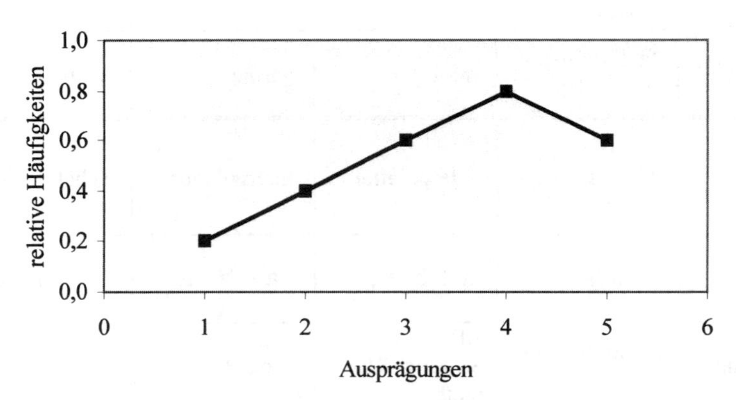

Bild 1.3.2 Rechtssteile Häufigkeitsverteilung

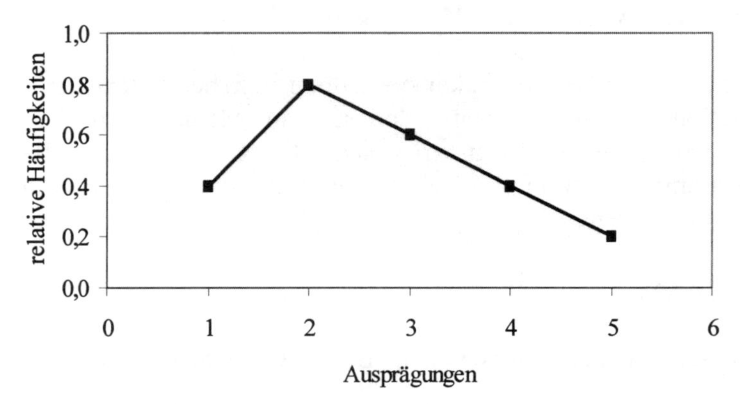

Bild 1.3.3 Linkssteile Häufigkeitsverteilung

Bei zweigipfeligen symmetrischen Verteilungen (vgl. Bild 1.3.4) stimmen Median und arithmetisches Mittel überein.

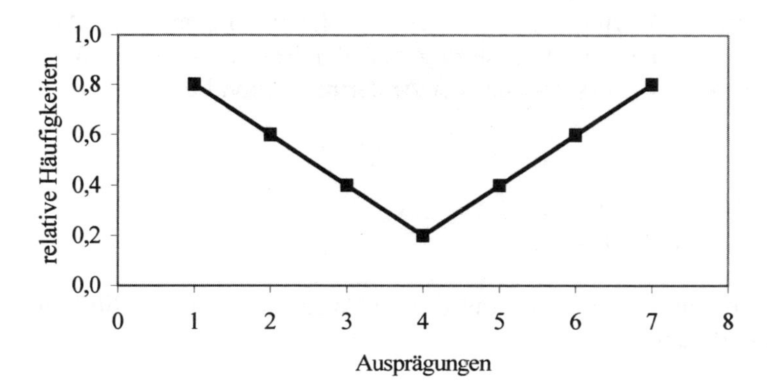

Bild 1.3.4 Zweigipflige symmetrische Häufigkeitsverteilung

Neben den klassischen Lageparametern Modus, Median und arithmetischem Mittel gibt es vor allem in der Wirtschaftsstatistik spezielle Mittelwerte für aggregierte Daten. Praktisch bedeutsam sind das gewichtete arithmetische Mittel, das geometrische und das harmonische Mittel.

1.3.5 Gewogenes arithmetisches Mittel

Wird die Gleichgewichtung beim arithmetischen Mittel aufgehoben, ergibt sich ein gewogenes (gewichtetes) arithmetisches Mittel

$$\overline{x}_w = \sum_{i=1}^{n} w_i \cdot x_i ,$$

bei dem die Summe aller Gewichte w_i gleich eins sein muss

$$\sum_{i=1}^{n} w_i = 1.$$

Die Gewichtung wird bei der Mittelung von Verhältniszahlen oder bei der Mittelung von Zeitreihenwerten (gleitender Durchschnitt) verwendet.

1.3.6 Geometrisches Mittel

Sind die zu mittelnden Größen x_i dimensionslose Relativzahlen der Form y_i / y_{i-1} (z.B. die Arbeitslosenquote, die Inflationsrate oder der Zuwachs an Effektivität), so versagen die bisher vorgestellten Maßzahlen. Da sich die Gesamtänderung von der Basisperiode i = 0 bis zur Endperiode i = n als Produkt der Änderungen von Periode i - 1 zu Periode i

$$\frac{y_n}{y_0} = \frac{y_1}{y_0} \cdot \frac{y_2}{y_1} \cdot \ldots \cdot \frac{y_n}{y_{n-1}} = x_1 \cdot x_2 \cdot \ldots \cdot x_n$$

ergibt, wird die n-te Wurzel aus diesem Wert als durchschnittliche Änderung berechnet

$$x_{geom} = \sqrt[n]{x_1 \cdot x_2 \cdot \ldots \cdot x_n}\,.$$

Falls alle Relativzahlen x_i gleich sind, ergibt sich folgerichtig eine konstante Durchschnittsänderung.

Beispiel 1.3.2 Wenn der Index der Lebenshaltungskosten von 1990 auf 1995 insgesamt auf 127% gestiegen ist, dann ergibt sich wegen

$$\sqrt[5]{1{,}27} = 1{,}049$$

als durchschnittliche jährliche Steigerung 4,9%.

Das geometrische Mittel entspricht einem arithmetische Mittel für logarithmierte Daten, denn

$$\begin{aligned} \ln \sqrt[n]{x_1 \cdot x_2 \cdot \ldots \cdot x_n} &= \frac{1}{n} \ln(x_1 \cdot x_2 \cdot \ldots \cdot x_n) \\ &= \frac{1}{n} (\ln(x_1) + \ln(x_2) + \ldots + \ln(x_n)). \end{aligned}$$

Ferner ist das geometrische Mittel stets kleiner oder gleich dem arithmetischen Mittel. Die Gleichheit beider Maßzahlen gilt nur, wenn alle zu mittelnden Werte gleich sind.

1.3.8 Harmonisches Mittel

Beim Mitteln von dimensionsbehafteten Beziehungszahlen mit unterschiedlicher Dimension im Zähler und im Nenner (z.B. Stückpreis, Stückzeit, Stückkosten, Geschwindigkeit) sind zwei Fälle zu unterscheiden. Je nachdem, ob bei der Mittelbildung hinsichtlich des Zählers oder des Nenners zu gewichten ist, werden entweder ein harmonisches Mittel

$$x_{harm} = \frac{1}{\frac{w_1}{x_1} + \ldots + \frac{w_n}{x_n}}$$

oder ein gewichtetes arithmetisches Mittel verwendet.

Beispiel 1.3.3 Die mittlere Geschwindigkeit eines Pkw kann aus den beiden Geschwindigkeiten auf dem Hinweg und dem Rückweg berechnet werden. Je nachdem, ob die Weglängen oder die Wegzeiten erfasst werden, ist entweder harmonisch oder arithmetisch zu mitteln. Sei für den Hinweg wegen Bauarbeiten eine Geschwindigkeit von 60 km/h, für den Rückweg hingegen auf einer Route ohne Verkehrseinschränkung eine Geschwindigkeit von 120 km/h zu verzeichnen.
Wenn nun die Hinfahrt 2 h, die Rückfahrt jedoch nur 1 h dauert, dann muss wegen der Zeitgewichtung (Nennergewichtung der Verhältniszahlen) arithmetisch gemittelt werden. Die Durchschnittgeschwindigkeit beträgt im ersten Fall

$$v_{\varnothing} = \frac{2}{3} 60 \left[\frac{km}{h}\right] + \frac{1}{3} 120 \left[\frac{km}{h}\right] = 80 \left[\frac{km}{h}\right].$$

Wenn hingegen der Hinweg mit 100 km und der Rückweg mit 200 km gegeben sind, dann muss angesichts der Weggewichtung (Zählergewicht der Verhältniszahl) harmonisch gemittelt werden. Die mittlere Geschwindigkeit fällt im zweiten Fall etwas höher aus, denn

$$v_{\varnothing} = \frac{1}{\frac{1}{3}\frac{1}{60}\left[\frac{h}{km}\right] + \frac{2}{3}\frac{1}{120}\left[\frac{h}{km}\right]} = 90 \left[\frac{km}{h}\right].$$

Tabelle 1.3.2 enthält eine Zusammenfassung zur Mittelung aggregierter Wirtschaftsdaten und stellt die Beziehung zwischen dem arithmetischem, dem geometrischem und dem harmonischem Mittel her.

Tabelle 1.3.2 Mittelung aggregierter Wirtschaftsdaten

Datentyp	Eigenschaft	Gewichtung	Maßzahl
aggregierte Beobachtung z. B. Merkmal Firmenumsatz	einfach dimensionsbehaftet	- gleichmäßig bei Preisgleichheit - ungleichmäßig bei Preisunterschied	- einfaches arithmetisches Mittel - gewogenes arithmetisches Mittel
Zuwachsrate z. B. Merkmal Teuerungsrate	dimensionslos		- geometrisches Mittel
Beziehungs-zahl, z. B. Merkmal De-ckungsbeitrag	zweifach dimensionsbehaftet	- Gewichtung bez. des Zählers - Gewichtung bez. des Nenners	- gewogenes harmonisches Mittel - gewogenes arithmetisches Mittel

1.3.7 Übungsaufgaben und Kontrollfragen

Aufgabe 1.3.1

Ein Unternehmen erzielt in drei Jahren folgende Umsätze in Mio. €: 100, 101, 104. Wie sind folgende Meldungen zu interpretieren ?

a) Der Umsatz ist um 2,97% gestiegen.

b) Der Umsatz ist um 4% gestiegen.

c) Der Umsatz ist um 1,98% gewachsen.

d) Das Umsatzwachstum ist um 197% explodiert.

Aufgabe 1.3.2

Ein Anleger kauft ein Paket von Aktien eines Versicherungsunternehmens zum Kurs von 500 € pro Aktie. Im ersten Jahr steigt der Kurs um 10%. Im zweiten Jahr fällt der Kurs auf 440 €. Im dritten Jahr fällt er weiter um 15% und im vierten Jahr steigt er auf 125%.

Um wie viel Prozent hat sich die Aktie im Durchschnitt verändert?

Fortsetzung von Aufgabe 1.2.1 (Vergleich landwirtschaftlicher Nutzflächen)

e) Charakterisieren Sie die Schiefe der Verteilung für 1996 und lesen Sie den Median ab.

f) Berechnen und vergleichen Sie die arithmetischen Mittel und Mediane beider Jahre (Rechengenauigkeit jeweils auf zwei Stellen nach dem Komma). Kommentieren Sie die Genauigkeit des unter e) abgelesenen Medians.

g) In welchem der Jahre war der Anteil der Betriebe mit einer Größe von weniger als 70 ha an der jeweiligen gesamten Landwirtschaftsfläche größer? (Begründung durch Rechnung).

h) Wie ändern sich die arithmetischen Mittel und die Mediane für 1996 und 1999, wenn die beiden letzten Klassen zusammengefasst werden?

Fortsetzung von Aufgabe 1.2.3 (Gebäudezählung)

d) Bestimmen Sie die Lageparameter der Häufigkeitsverteilung.

e) Kennzeichnen Sie die Schiefe der Verteilung durch Vergleich von Modus, Median und arithmetischem Mittel.

f) Vergleichen Sie die Lageparameter der klassierten mit denen der unklassierten Daten.

Überprüfen Sie folgende Aussagen :

1) Der Modus ist für jede Häufigkeitsverteilung eindeutig bestimmbar.

2) Die Quartile einer klassierten Verteilung lassen sich nur näherungsweise bestimmen.

3) Das arithmetische Mittel reagiert nicht auf eine Niveauverschiebung der Beobachtungen.

1.4 Streumaße

Streumaße beschreiben, wie sich die Beobachtungen um das Zentrum der Häufigkeitsverteilung verteilen. Sie sind grundsätzlich über Abstände definiert und können deshalb nur für **kardinal skalierte Daten** gebildet werden.

1.4.1 Spannweite

Die Spannweite oder Spanne R ist die Differenz zwischen dem kleinsten und dem größten Beobachtungswert

$$R = x_{(n)} - x_{(1)} .$$

Da nur die beiden Randwerte in die Berechnung eingehen, ist R sehr anfällig gegen Ausreißer und kann zudem keinen Unterschied zwischen verschiedenen Häufigkeitsverteilungen über einem Intervall beschreiben. Die Spannweite ist beispielsweise für eine eingipfelige Verteilung genau so groß wie für eine zweigipfelige Verteilung, wenn nur Minimum und Maximum in beiden Fällen gleichgroß sind.

Beispiel 1.3.1

$$R = 85 - 18 = 67 \text{ [€]}$$

1.4.2 Quartilsabstand

Der Quartilsabstand, auch Hälftespielraum genannt, ist die Differenz zwischen oberem und unterem Quartil

$$\Delta = x_{0,75} - x_{0,25} .$$

Er beschreibt die Häufung der „mittleren 50%" der Beobachtungen. Der Quartilsabstand ist im Gegensatz zur Spanne unempfindlich gegenüber Ausreißern und reagiert auf Unterschiede in der Verteilungsform (ein- oder mehrgipfelig).

Beispiel 1.3.1 $\Delta = x_{(8)} - x_{(3)} = 35 - 26 = 9$ [€]

Die Kombination von Quartilsabstand, Median und Randdaten ergibt eine ergänzende Grafik zur Häufigkeitsdarstellung, den sogenannten Box-Plot. Er besteht aus einer flachen Schachtel der Länge Δ, aus der teleskopartig Spangen zu beiden Seiten ausgefahren werden. Die

Spangenlänge beträgt maximal das 1,5-fache des Quartilsabstands. Die Spangen greifen allerdings nicht über das Minimum oder Maximum der Beobachtungen hinaus. Alle außerhalb der Schachtel und ihrer Spangen liegende Werte werden gesondert gekennzeichnet, z. B. als Stern mit einer Beobachtungsnummer (siehe Bild 1.4.1). Die Schachtel selbst wird durch den Median unterteilt. Bei symmetrischer Häufigkeitsverteilungen ergeben sich folglich zwei Hälften.

Beobachtungen außerhalb der Spangen werden als **extreme Werte** angesehen. Daten, die mehr als das Dreifache des Quartilsabstands von der Schachtel entfernt liegen, heißen (krasse) **Ausreißer**. Die Faktoren 1,5 und 3 des Quartilsabstands sind heuristisch motiviert. Neben der horizontalen Darstellung kann der Box-Plot auch vertikal angezeigt werden (siehe Eckstein [1996], S.79 ff.).

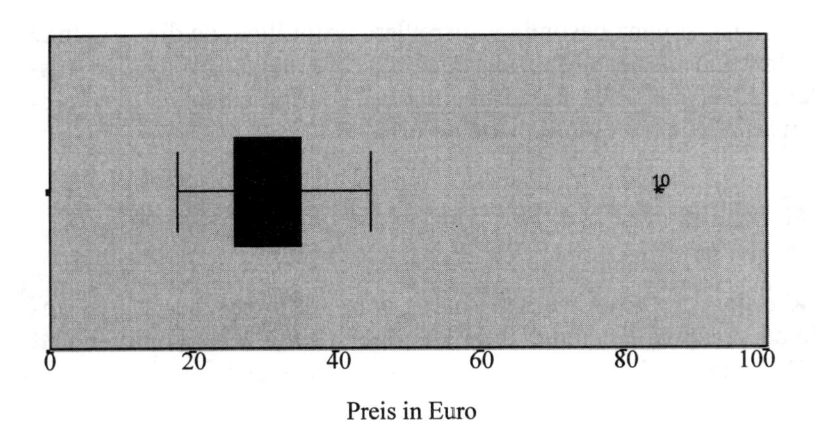

Bild 1.4.1 Box-Plot eines Preisvergleichs mit einem Ausreißer $x_{(10)}$ (vgl. Beispiel 1.3.1)

Neben den Quartilen werden zunehmend auch **Percentile** verwendet. Mit ihrer Hilfe werden die unteren und die oberen 10% abgeschnitten. Aufgabe 1.4.2 enthält ein Beispiel mit Gehaltsangaben für die mittleren 80%-Verdiener in der freien Wirtschaft.

1.4.3 Varianz

Als Varianz s^2 wird die **mittlere quadratische Abweichung** der Beobachtungen vom arithmetischen Mittel bezeichnet. In die Berechnung der Maßzahl gehen alle Beobachtungen ein

$$s^2 = \frac{1}{n} \sum_{i=1}^{n} \left(x_i - \bar{x}\right)^2 .$$

Die Summe verkürzt sich, wenn anstelle der Beobachtungen die Ausprägungen und die Häufigkeiten herangezogen werden

$$s^2 = \frac{1}{n} \sum_{j=1}^{k} \left(a_j - \bar{x}\right)^2 \cdot H_n\left(a_j\right).$$

Beispiel 1.3.1

$$s^2 = \frac{1}{10}\left((18-34{,}8)^2 + (20-34{,}8)^2 + \ldots + (45-34{,}8)^2 + (85-34{,}8)^2\right) = 370$$

Die Varianz ist ganz besonders ausreißerempfindlich, da die Abstände vom Zentrum in diese Maßzahl quadratisch eingehen. Wird der Ausreißer im Beispiel 1.3.1 herausgenommen, so ergibt sich als **bereinigte Varianz** s_b^2 ein wesentlich kleinerer Wert:

$$s_b^2 = \frac{1}{9}\left((18-34{,}8)^2 + (20-34{,}8)^2 + \ldots + (45-34{,}8)^2\right) = 66.$$

Bei **klassierten Daten** werden analog zum arithmetischen Mittel anstelle der Ausprägungen und ihrer Häufigkeiten die Klassenmitten und die Klassenhäufigkeiten zur Berechnung herangezogen

$$s_*^2 = \frac{1}{n} \sum_{j=1}^{q} \left(m_j - \bar{x}_*\right)^2 \cdot H_j .$$

Beispiel 1.3.1

$$s_*^2 = \frac{1}{10}\left((15-33)^2 \cdot 5 + (45-33)^2 \cdot 4 + (75-33)^2\right) = 340$$

Für unsymmetrische Verteilungen kann die Varianzberechnung über Klassenmitten und -häufigkeiten zu hoch ausfallen. Ist die Breite aller Klassen gleich b, so lässt sich eine Verminderung der Streuung mit Hilfe der sogenannten **Sheppard´schen Korrektur** erreichen:

$$s_{**}^2 = s_*^2 - \frac{b^2}{12}.$$

Beispiel 1.3.1

$$s_{**}^2 = 440 - \frac{30^2}{12} = 365$$

1.4.4 Beziehungen zwischen Varianz und arithmetischem Mittel

Der mittlere quadratische Fehler erhöht sich, wenn anstelle des arithmetischen Mittels ein anderer Wert als Bezugspunkt gewählt wird. Dieses Phänomen wird als **Minimaleigenschaft** des arithmetischen Mittels bezeichnet. Es stellt eine Beziehung zwischen der Varianz und dem arithmetischen Mittel her.
Die Zusammengehörigkeit der beiden Maßzahlen kommt auch in einer alternativen Berechnungsformel für die Varianz zum Ausdruck,

$$s^2 = \overline{x^2} - \left(\overline{x}\right)^2 ,$$

die als **Varianzverschiebesatz** bezeichnet wird. Hierbei ist vom arithmetischen Mittel der quadrierten Beobachtungen das quadrierte arithmetische Mittel der Originalwerte abzuziehen. Auf diese Weise können zwei Rechenschritte gespart werden.

Beispiel 1.3.1

$$s^2 = \frac{1}{10}\left(18^2 + 22^2 + \ldots + 85^2\right) - 34{,}8^2 = 370$$

1.4.5 Standardabweichung

Wenn die Wurzel aus der Varianz

$$s = \sqrt{s^2}$$

gezogen wird, ergibt sich ein weiteres Streumaß, die Standardabweichung s. Sie ist im Gegensatz zur Varianz so wie die Beobachtungen dimensioniert und lässt sich mit dem arithmetischen Mittel additiv verknüpfen.

Die Standardabweichung wird ähnlich wie die Varianz ziemlich stark von extremen Werten beeinflusst.

Beispiel 1.3.1 Standardabweichung mit und ohne Ausreißer und für klassierte Daten

$$s = 19{,}22\ €\qquad s_b = 9{,}13\ €\qquad s_* = 20{,}98\ €\,.$$

Mit Hilfe der Standardabweichung können verschiedene symmetrische Intervalle um den Mittelwert gebildet werden. Die Häufigkeit der Beobachtungen, die in diese Intervall fallen, kann mit der **Tschebyschewschen Ungleichung** abgeschätzt werden

$$S_n\left(\bar{x} - k \cdot s \le x \le \bar{x} + k \cdot s\right) \ge 1 - \frac{1}{k^2} \qquad k = 1, 2, 3 \cdot$$

Wird z. B. das Zweifache der Standardabweichung zu beiden Seiten des arithmetischen Mittels abgetragen, entsteht ein Intervall, in dem mehr als 75% aller Beobachtungen liegen.

Beispiel 1.3.1 Das 2·s-Häufigkeitsintervall für die Preisdaten enthält exakt 90% der Daten.

$$[30{,}8 - 2 \cdot 19{,}2\,;\, 30{,}8 + 2 \cdot 19{,}2] = [-7{,}6\,;\, 69{,}2]$$

1.4.6 Weitere Eigenschaften von Varianz und Standardabweichung

Die Varianz reagiert bemerkenswert auf eine **lineare Datentransformation**. Sie ist unempfindlich gegenüber einer Niveauverschiebung a der Beobachtungen und nimmt eine Stauchung bzw. Streckung b der Daten quadratisch auf

$$s_y^2 = b^2 \cdot s_x^2 \quad \text{für } y_i = a + b \cdot x_i\,.$$

Auch die Standardabweichung ist invariant gegenüber einer Niveauverschiebungen a. Der Stauchungs- bzw. Streckungsfaktor b geht unverändert in die neue Maßzahl s_y ein.
Praktisch bedeutsam z. B. für Abhängigkeitsuntersuchungen zwischen mehreren Merkmalen ist die **Standardisierungstransformation**

$$y_i = \frac{x_i - \bar{x}}{s}.$$

Dabei werden die Beobachtungen so umgerechnet, dass sich als Mittelwert 0 und als Varianz 1 ergeben. Die standardisierten Merkmale sind **dimensionslos** und demzufolge vergleichbar.
Falls die Varianz der Beobachtungen zu hoch ausfällt oder zu ungleichmäßig über die Skala verteilt erscheint, so kann dem durch eine logarithmische Transformation entgegengewirkt werden.

1.4.7 Relative Streuung

Da sich die Varianz und die Standardabweichung bei Niveauverschiebungen nicht ändern, wird eine Maßzahl der relativen Streuung, der **Variationskoeffizient**, eingeführt

$$v = \frac{s}{\bar{x}}.$$

So hat beispielsweise eine monatliche Umsatzschwankung s von 10.000,- € für einen Handwerksbetrieb gravierendere Auswirkungen als für einen Automobilhersteller. Die Variationskoeffizienten würden sich bei einem Vergleich dieser beiden Fälle um einige Zehnerpotenzen unterscheiden.

Beispiel 1.3.1 Die relative Streuung v beträgt 55%.

Tabelle 1.4.1 gibt eine Zusammenfassung der Streumaße an.

1.4.8 Weitere statistische Maßzahlen

Lage- und Streuparameter reichen mitunter nicht aus, um den Verlauf einer Häufigkeitsverteilung zu beschreiben. Um die Abweichung von einer symmetrischen Häufigkeitsverteilung zu bestimmen, wird die **Schiefe** g_1

$$g_1 = \frac{\frac{1}{n}\sum_{i=1}^{n}\left(x_i - \bar{x}\right)^3}{\sqrt{\left[\frac{1}{n}\sum_{i=1}^{n}\left(x_i - \bar{x}\right)^2\right]^3}}.$$

berechnet, die für eine symmetrische Verteilung gleich null ist.

Tabelle 1.4.1 Streumaße im Überblick

Eigenschaften	Spannweite R	Quartilsabstand Δ	mittlere quadr. Abweichung s^2	Standardabweichung s
Skala	kardinal	kardinal	kardinal	kardinal
geometrische Deutung	Datenspanne	mittlere 50%		
Maßeinheit	ja	ja	nicht interpretierbar	ja
Ausreißerempfindlichkeit	sehr stark	gering	sehr stark	stark
Berechnungsprobleme bei gruppierten Daten	als Maßzahl umstritten	Interpolation	Schätzfehler reduzierbar mit Hilfe der Korrektur nach Sheppard	Schätzfehler
Minimaleigenschaft			minimal bezogen auf das arithmetische Mittel	minimal bezogen auf das arithmetische Mittel
lineare Transformation a + b x	b·R	b·Δ	$b^2 \cdot s^2$	b·s

Das Krümmungsverhalten einer Häufigkeitsverteilung kann mit der **Wölbung** g_2

$$g_2 = \frac{\frac{1}{n}\sum_{i=1}^{n}\left(x_i - \bar{x}\right)^4}{\left[\frac{1}{n}\sum_{i=1}^{n}\left(x_i - \bar{x}\right)^2\right]^2} - 3 .$$

beschreiben werden. Als Vergleichsmaßstab wird die Krümmung der sogenannten Gaußschen Glockenkurve (siehe Kap. 2.4) herangezogen.

Beispiel 1.4.1 Vergleich von drei Häufigkeitsverteilungen mit gleichem arithmetischem Mittel und gleicher Varianz (siehe Bild 1.4.2-1.4.3 und Tabelle 1.4.2)

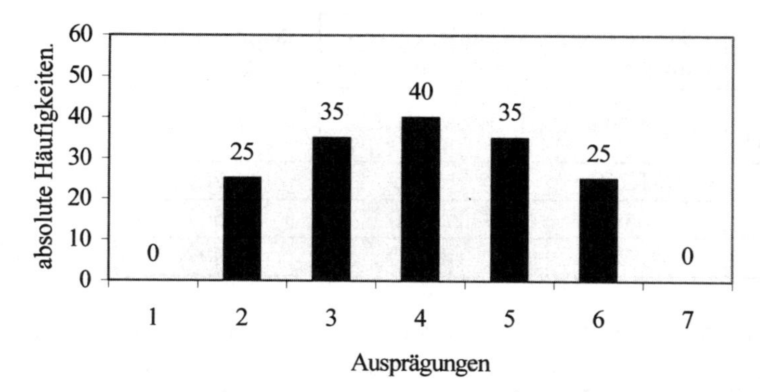

Bild 1.4.2 Symmetrische, konvex gewölbte Häufigkeitsverteilung

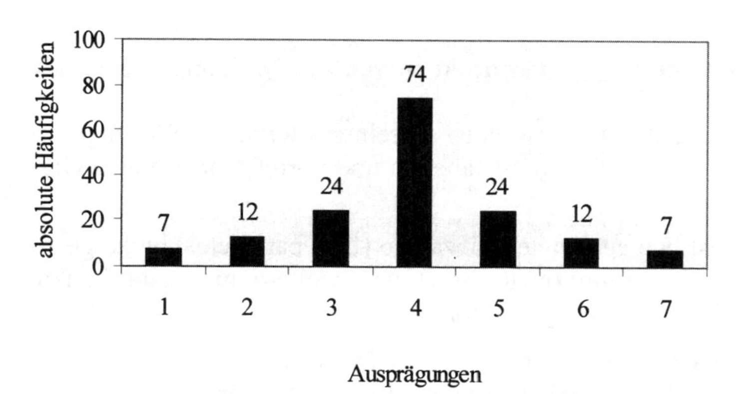

Bild 1.4.3 Symmetrische, konkav gewölbte Häufigkeitsverteilung

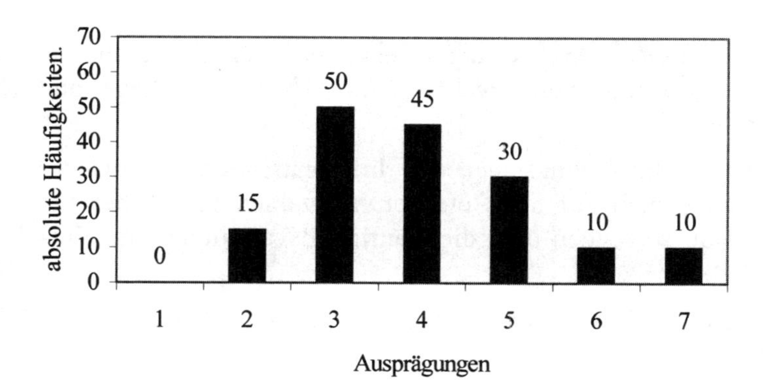

Bild 1.4.4 Linkssteile Häufigkeitsverteilung

Tabelle 1.4.2 Auswertung von Beispiel 1.4.1

Maßzahlen	Häufigkeitsverteilung 1	Häufigkeitsverteilung 2	Häufigkeitsverteilung 3
arithmetisches Mittel	4,000	4,000	4,000
Varianz	1,769	1,769	1,769
Schiefe	0,000	0,000	0,562
Wölbung	-1,245	0,160	-0,397

Die beiden symmetrische Verteilungen lassen sich mittels der Wölbung g_2 unterscheiden. Die konvexe Verteilung besitzt eine negative Wölbung, die konkave Verteilung eine positive Wölbung. Die linkssteile Verteilung unterscheidet sich durch ihre Schiefe $g_1 = 0{,}562$ von den anderen Verteilungen.

1.4.9 Zusammenfassung zur deskriptiven Analyse eines Merkmals

Die statistische Auswertung eines einzelnen Merkmals X erfolgt auf der Grundlage von Häufigkeitstabellen und korrespondierenden Grafiken.

Außerdem werden geeignete Maßzahlen (Lageparameter) hinzu gezogen, die das Zentrum (Mittelwert) und weitere markante Punkte (Quantile) der Häufigkeitsverteilung beschreiben.

Die Aussagekraft von Lageparametern lässt sich mit Hilfe von Maßzahlen für das Streuverhalten um den Mittelwert erhöhen.

Die Informationen aus Tabellen, Grafiken und Maßzahlen werden zu einer statistischen Ergebnisinterpretation zusammengefasst (siehe Tabelle 1.4.3).

Extreme Werte in den Daten erfordern eine besonders gewissenhafte visuelle Analyse und eine entsprechende Auswahl robuster Lage- und Streuparameter.

Bei klassierten Daten wirkt sich der Informationsverlust aus der Gruppenbildung auch auf die Güte der Maßzahlen aus. Unter bestimmten Voraussetzungen über die Häufigkeitsverteilung sind Korrekturen möglich.

Von besonderer (praktischer) Bedeutung ist die Symmetrie einer Verteilung.

Tabelle 1.4.3 Untersuchungsinstrumente für ein statistisches Merkmal

Skala und Typ	Ziel der Analyse	Tabellen	Plots	Maßzahlen
nominal	- Lage des Zentrums	- Häufigkeits-tabelle		- Modus
ordinal	- Lage des Zentrums - Häufigkeits-verteilung um das Zentrum	- Häufigkeits-tabelle	- Stab (Linien)-diagramm	- Median - Quartile
kardinal diskret nicht klassiert	- Lage des Zentrums - Streuung um das Zentrum - Häufigkeits-verteilung um das Zentrum - Existenz und Lage von Ausreißern	- Häufigkeits-tabelle	- Stab (Linien)-diagramm - Treppen-funktion - Boxplot - Boxplot	- arithmetisches Mittel - Standard-abweichung - Median - Quartilsabstand
kardinal klassiert - stetig - diskret	Wie für nicht klassierte Daten - Klassen-einteilung	- Häufigkeits-tabelle	- Histogramm (flächentreu) - Polygonzug - Boxplot	Näherungsfor-meln

1.4.9 Übungsaufgaben und Kontrollfragen

Aufgabe 1.4.1

Ein Kreditinstitut wertet die jahresdurchschnittlichen Renditen seiner 50 Aktienfonds statistisch aus. Dabei stellt sich heraus, dass die Hälfte der Fonds eine Rendite von höchstens 7 % ereichten. Ein Viertel der Fonds erwirtschaftet sogar eine Rendite unter 4,5 %. Die Renditespanne beträgt 35 %, während die mittleren 50% eine Spanne von 8,5 % aufweisen. Die geringste Fondsrendite beträgt 2,5 %.

Als Standardabweichung aller Renditen ergibt sich 4 %, was einem Drittel der Durchschnittsrendite entspricht.

a) Welche statistischen Maßzahlen sind gegeben?

b) Zeichnen Sie einen Box-Plot!

c) Gibt es extreme Renditen?

d) Wie hoch ist die Durchschnittrendite?

e) Welcher Verteilungstyp liegt vor?

Aufgabe 1.4.2

Die Wirtschaftszeitung Handelsblatt veröffentlicht jede Woche Gehaltsangaben für Manager und Experten in deutschen Unternehmen.

Zu den Angaben gehören der Median MJG, das untere und obere Perzentil UJG bzw. OJG für das jeweilige Jahresgrundgehalt (incl. dem 13. und 14. Monatsgehalt, dem Urlaubs- und dem Weihnachtsgeld), sowie der Median MJGG und die entsprechenden Percentile UJGG bzw. OJGG für die entsprechenden Jahresgesamtbezüge (incl. Bonus, Provisionen, jedoch ohne Aktienoptionen).

Des weiteren wird der Anteil der Firmenwagenberechtigung ausgewiesen (siehe Tabelle 1.4.4).

a) Ermitteln Sie die jeweiligen Gehaltsintervalle für das Grundgehalt und die Jahresbezüge der mittleren 80%-Verdiener.

b) Zeichnen Sie die entsprechenden Spangenplots für die Grundgehälter und die Jahresgehälter.

   (Hinweis: Nutzen Sie die Diagrammfunktion von EXCEL für die Kursdarstellung.)

c) Geben Sie eine inhaltliche Erklärung für die Aufweitung der Streuintervalle beim Übergang vom Grundgehalt zu den Gesamtbezügen.

Tabelle 1.4.4 Gehaltsangaben für leitende Angestellte und Experten in deutschen Unternehmen

Job/Angaben in Euro	UJG	MJG	OJG	UJGG	MJGG	OJGG	FWB
Lagerverwalter	24608	32393	54248	25916	33752	57053	0,04
Kommunikationsexperte	34844	52001	71612	36813	54622	77167	0,07
Personalreferent	41775	56639	85954	42949	57887	92799	0,18
Vertriebsbeauftragter	33745	49826	69966	40586	58108	85499	0,77
Steuerexperte	42084	63817	93800	43474	65967	106696	0,11
Produktmanager	42425	61386	87624	43232	67076	94556	0,44
Leiter PR	44800	71120	112809	44851	75418	132935	0,23
Key Account Manager	46872	69868	99275	52134	80273	120556	0,70
Leiter Controlling	49537	73728	108854	51129	81755	127669	0,25
Dir. Qualitätssicherung	65119	97606	129486	72968	102207	160188	0,55
Dir. IT	71581	97186	129214	78432	105889	160648	0,55
Dir. Kundenservice	70460	93151	120154	78739	106627	146741	0,74
Kaufmänn. Direktor	94078	127823	190814	94078	135266	264334	0,88
Unternehmensleiter	112484	163613	255645	122991	205715	334087	0,95
Quelle: Watson Wyatt in Handelsblatt 2. HJ 2001.							

Aufgabe 1.4.3

Verifizieren Sie den Varianzverschiebesatz und die Varianzformel für eine linearen Transformation der Daten.

Fortsetzung Aufgabe 1.2.2 (Sonnentage auf La Palma)

h) Wie viele Stunden schien die Sonne durchschnittlich pro Tag ?

i) Berechnen Sie ein geeignetes Streumaß. (Begründung !)

j) Zeichnen Sie den Box-Plot für den Fall, dass der Reiseveranstalter minimal 0,5 Stunden und maximal 11,5 Stunden Sonneneinstrahlung pro Tag notiert hat. Die entsprechenden Werte sind auszurechnen (Interpolation).

k) Ist ein extremer Wert (Ausreißer) bei der Sonneneinstrahlung zu verzeichnen?

l) Relativieren Sie das Streuverhalten der Daten und geben Sie eine Interpretation dazu.

m) Berechnen Sie die Schiefe der Häufigkeitsverteilung und beschreiben Sie den Verteilungstyp.

Fortsetzung Aufgabe 1.2.3 (Gebäudezählung)

g) Bestimmen Sie die Streuparameter der Häufigkeitsverteilung. Vergleichen Sie diese mit den Werten für klassierte Daten. Ist eine Fehlerreduktion möglich?

h) Werten Sie den Box-Plot aus.

i) Vergleichen Sie die Aussage zur Schiefe der Häufigkeitsverteilung aus dem Teil e) mit dem Wert des Schiefeparameters.

Überprüfen Sie folgende Aussagen:

1) Der Wert der mittleren quadratischen Abweichung s^2 fällt um so kleiner aus, je größer die Anzahl der Beobachtungen ist.

2) Die Standardabweichung ist eine dimensionslose Größe mit einer Minimaleigenschaft.

3) Die mittlere quadratische Abweichung vom arithmetischen Mittel einer Beobachtungsreihe verändert sich nicht, wenn zu allen Beobachtungen ein konstanter Betrag addiert wird bzw. wenn alle Daten mit einem konstanten Faktor multipliziert werden.

4) Das $2 \cdot s$ - Streuintervall von n Beobachtungen ist breiter als die Schachtel ihres Box-Plots.

1.5 Konzentrationsmessung

Das Wort Konzentration hat sich aus dem lateinischen „concentrare“, (auf einen Punkt zusammenziehen), entwickelt. Im Rahmen der Wirtschaftsstatistik wird die Konzentration von Merkmalen, wie Umsatz, Leistung oder Vermögen, auf einem Markt bzw. an einem Wirtschaftsstandort gemessen. Merkmalsträger können konkurrierende Marktteilnehmer, aber auch Erwerbstätige sein, die einen Beitrag zum Steueraufkommen oder zur Vermögensbildung leisten.
Um die Konzentration eines gemeinsamen Merkmals über n Merkmalsträger zu bestimmen, werden die gehäuften Merkmalsausprägungen ins Verhältnis zur Summe aller Beobachtungen gesetzt. Eine Summen- und Anteilsberechnung setzt zunächst voraus, dass die (ungruppierten) Daten **kardinal skaliert** und von **diskretem Typ** sind. Die Häufung kann relativ oder absolut geschehen.

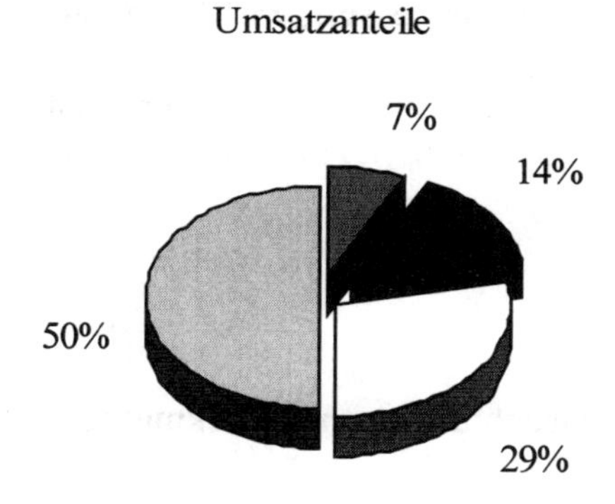

Bild 1.5.1 Umsatzkonzentration auf einem fiktiven Markt mit vier Unternehmen

Wird beispielsweise in der Presse berichtet, dass auf dem deutschen Reisevertriebsmarkt im Geschäftsjahr 1999 ca. 5% der Unternehmen (Merkmalsträger) ca. 48% des Umsatzes (Merkmal) realisiert, so ist dies eine Aussage zur **relativen Konzentration.**
Wird hingegen darüber informiert, dass auf dem deutschen Reiseveranstaltermarkt zwei Unternehmen (TUI, C&N Touristic) nahezu 50% des Umsatzes auf sich vereinen, dann handelt es sich um eine Aussage zur **absoluten Konzentration**.

Praktisch bedeutsam ist der **Konzentrationsvergleich** über die Zeit, mit dessen Hilfe Markt- oder Branchenveränderungen kenntlich gemacht werden können.

Beispiel 1.5.1 Auf dem hart umkämpften internationalen Kreuzfahrtmarkt wurde 2001 eine Fusion der beiden Unternehmen Royal Carribean (USA) und P&O Cruises (Großbritannien) angekündigt. Der neue Marktführer würde fast 30% der Passagiernachfrage des Jahres 2000 befriedigen können. In den kommenden Jahren ist daher mit einer erheblichen Marktkonzentration zu rechnen.[1]

Beispiel 1.5.2 Der stark rückläufige Bierverbrauch auf den klassischen Märkten Großbritannien und Deutschland zwingt europäische Firmen zur Erschließung neuer Absatzmärkte in Asien und Südamerika. Strategische Partnerschaften bis hin zu Fusionen prägen die internationale Branchenentwicklung. Eine in Fachkreisen diskutierte Dreiecksfusion von SAB (Südafrika), Scottish&Newcastle (Großbritannien) und Miller Brewing (USA) würde zu einem neuen Weltmarktführer mit einem Bierausstoß von mehr als 150 Mio. hl führen.[2] Auch diesem klassischen Markt steht eine Konzentrationsdynamik bevor.

1.5.1 Relative Konzentrationsmessung mit Hilfe der Lorenzkurve

Bei der relativen Konzentrationsmessung werden relative Häufigkeiten der Merkmalsausprägungen $h_n(a_j)$ mit relativen Merkmalsanteilen

$$\frac{a_j \cdot H_n(a_j)}{v}$$

an der Summe aller Beobachtungen an n Merkmalsträgern, der Merkmalssumme v,

$$v = \sum_{i=1}^{n} x_i = \sum_{j=1}^{k} a_j \cdot H_n(a_j)$$

verglichen. Die Ausprägungen a_j sind stets aufsteigend geordnet. Die funktionale Beziehung zwischen relativen Häufigkeiten und relativen Merkmalsanteilen lässt sich grafisch darstellen. Die Interpretation wird erleichtert, wenn die kumulierten relativen Häufigkeiten, bezeichnet mit $u_k(j)$, und die kumulierten Merkmalsanteile, bezeichnet mit $v_k(j)$, gegeneinander geplottet werden. Zur Berechnung muss die entsprechende Häufigkeitstabelle um drei weitere Spalten für den absoluten, relativen und kumulierten relativen Merkmalsanteil ergänzt werden.

[1] Siehe Handelsblatt, 21.11.2001 und Beilage zur FVW 25/01

[2] Siehe Handelsblatt, 30.11./1.12.2001

Tabelle 1.5.1 Lorenzkurve für Beispiel 1.5.3

a_j	$H_n(a_j)$	$h_n(a_j)$	$u_k(j)$	$a_jH_n(a_j)$	$a_jH_n(a_j)/v$	$v_k(j)$
1	8	0,4	0,4	8	0,16	0,16
2	6	0,3	0,7	12	0,24	0,40
4	4	0,2	0,9	16	0,32	0,72
7	2	0,1	1,0	14	0,28	1,00
Summe	20			50		

Die Punkte der **Lorenzkurve** (Lorenz [1905])

$$(u_k(j), v_k(j)) \quad j = 1, 2, ..., k$$

werden grafisch durch einen gestrichelten Polygonzug miteinander verbunden. Ergänzend wird die Diagonale vom Koordinatenursprung zum Punkt (1, 1) eingezeichnet. Diese Linie markiert den Fall einer gleichmäßigen Marktaufteilung, den es praktisch nicht gibt. Darunter liegt die Lorenzkurve. Ihre Krümmung nimmt mit wachsender Konzentration zu und ist in Fall eines Marktmonopols, d. h. bei maximaler Konzentration, am stärksten.

Wegen des diskreten Datentyps können Konzentrationsaussagen für ungruppierte Merkmale nur an den Knoten der Lorenzkurve abgelesen werden.

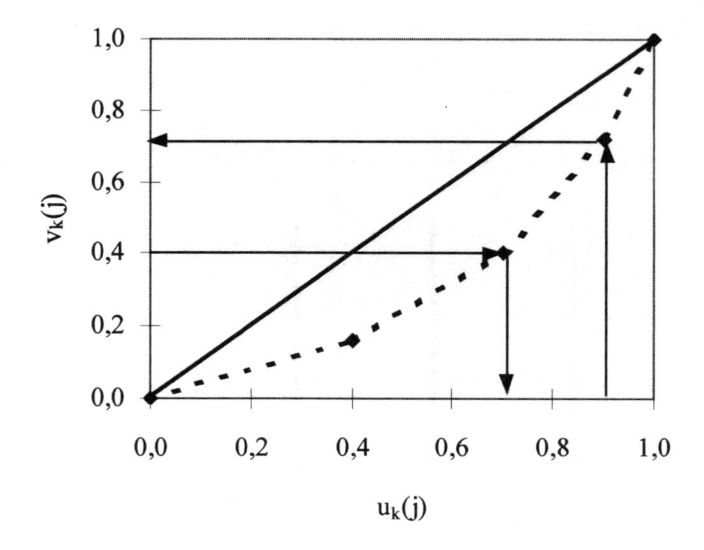

Bild 1.5.2 Lorenzkurve zum Beispiel 1.5.3

Bemerkenswert ist der Zusammenhang zwischen Lorenzkurve und Häufigkeitsverteilung. Bei Null-Konzentration wird der gesamte Merkmalsbeitrag durch eine einzige Ausprägung, den gleichen Anteil aller Marktteilnehmer, erbracht. Die zugehörige Häufigkeitsverteilung besteht nur aus einem Stab. Sie heißt **Einpunkt-Verteilung**.

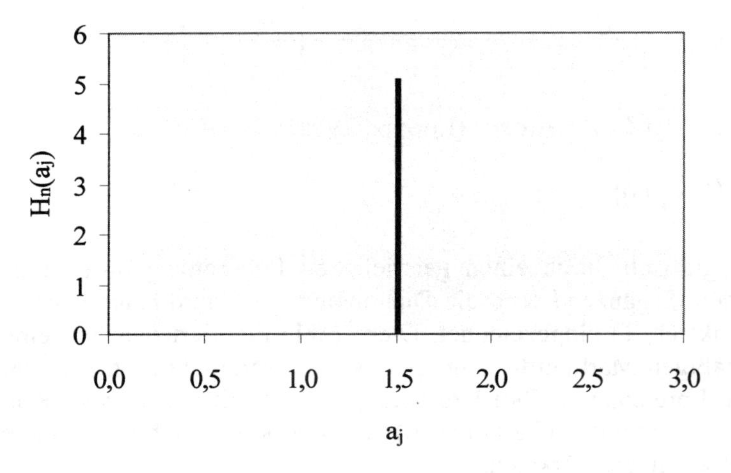

Bild 1.5.3 Stabdiagramm einer Einpunktverteilung

Wird umgekehrt eine sogenannte **Gleichverteilung** der Häufigkeiten vorausgesetzt, bei der jede Ausprägung gleich oft vorkommt, ergibt sich eine durchhängende Lorenzkurve. Statistische Gleichverteilung führt somit stets zu einem konzentrierten Markt mit ungleich verteilten Anteilen.

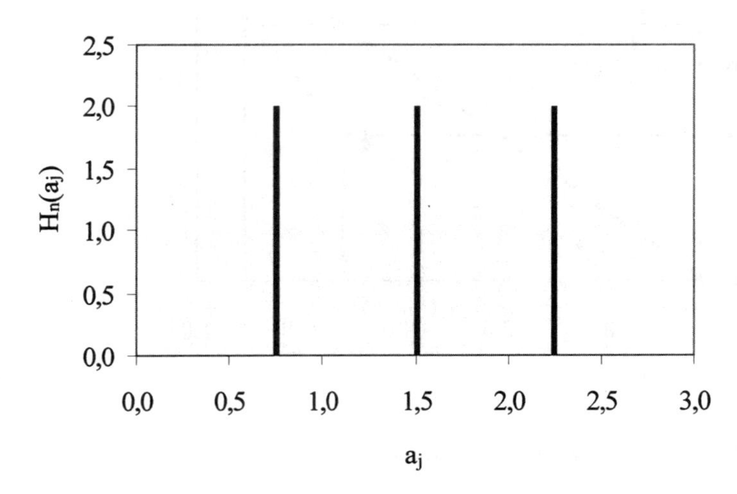

Bild 1.5.4 Stabdiagramm einer statistischen Gleichverteilung

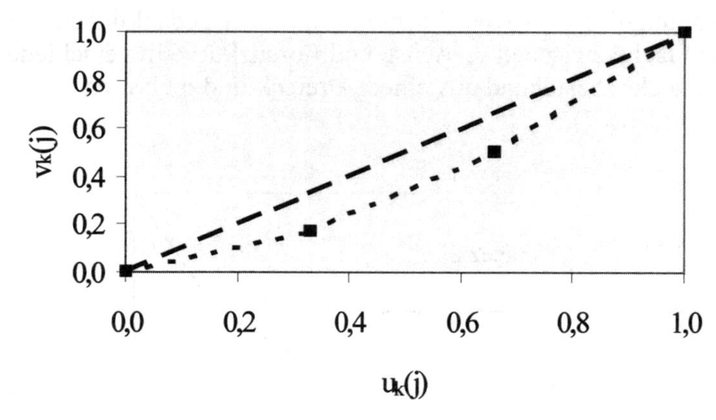

Bild 1.5.5 Lorenzkurven für Einpunktverteilung (---) und Gleichverteilung (...)

Die optische Messung der Konzentration mittels Lorenzkurve ist nur begrenzt aussagefähig (siehe Bild 1.5.6).

Beim **Konzentrationsvergleich** eines Marktes über zwei Länder könnten sich die zugehörigen Lorenzkurven z. B. schneiden. In welchem Land die höhere Marktkonzentration besteht, lässt sich dann nur mit Hilfe einer geeigneten Maßzahl entscheiden.

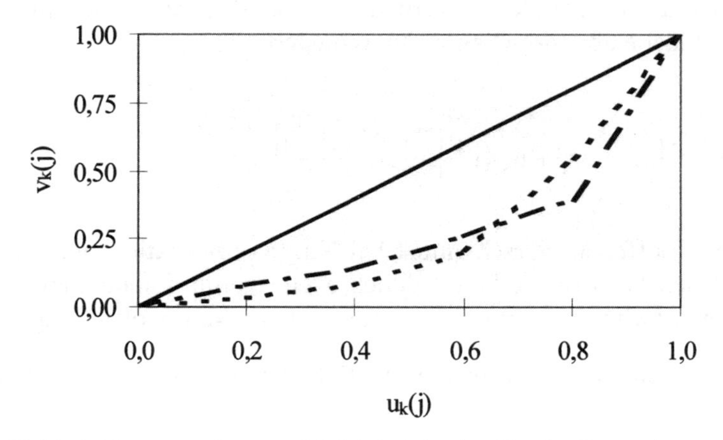

Bild 1.5.6 Konzentrationsvergleich bei sich schneidenden Lorenzkurven

1.5.2 Gini-Koeffizient

Eine Maßzahl, die die Aussage der Lorenzkurve auf einen numerischen Ausdruck verdichtet, ist der Gini-Koeffizient G (Gini [1912]). Er wird über die Fläche zwischen der Diagonale und der Lorenzkurve definiert. Damit die Maßzahl auf das Intervall zwischen 0 und 1 beschränkt bleibt, geht die doppelte Fläche in die Berechnung ein.

Die Berechnung des Gini-Koeffizienten folgt einer gedanklichen Zerlegung der Fläche zwischen v_k-Achse und Lorenzkurve in verschiedene Flächenstücke, bestehend aus einem Dreieck und mehreren Trapezen (siehe Bild 1.5.7).

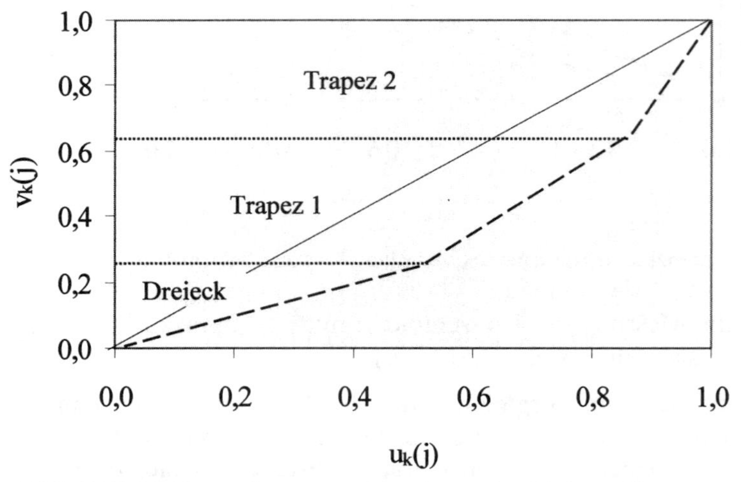

Bild 1.5.7 Flächenzerlegung zur Berechnung des Gini-Koeffizienten

Die Werte der Einzelflächen werden verdoppelt, addiert und um die doppelte Fläche über der Diagonalen reduziert

$$G = \left\{ \sum_{j=1}^{k} [u_k(j-1) + u_k(j)] \cdot \left[\frac{a_j \cdot H_n(a_j)}{v} \right] \right\} - 1 .$$

Der Gini-Koeffizient verschwindet bei Null-Konzentration und kann maximal den Wert (n - 1)/n annehmen, wenn von n potentiellen Anbietern praktisch nur einer auf dem Markt agiert (Monopolstellung).

Zur Berechnung von G wird die Häufigkeitstabelle noch einmal erweitert.

Tabelle 1.5.2 Gini-Koeffizient für Beispiel 1.5.3

a_j	$u_k(j)$	v_j	$u_k(j)\cdot v_j$	$u_k(j-1)\cdot v_j$
1	0,4	0,16	0,064	0,000
2	0,7	0,24	0,168	0,096
4	0,9	0,32	0,288	0,224
7	1,0	0,24	0,240	0,216
Summe			0,760	0,536
			G = 0,296	

1.5.3 Relative Konzentration klassierter Daten

Um die Konzentration klassierter (diskreter bzw. stetiger) Daten mit Hilfe einer Lorenzkurve als Streckenzug zu beschreiben, ist eine Voraussetzung über die Häufigkeitsverteilung in den Klassen zu machen. Nur wenn in jeder Klasse eine **Einpunktverteilung** unterstellt werden kann, ergibt sich eine Gerade für die Konzentration zwischen den Klassengrenzen und folglich der Streckenzug insgesamt.
Eine Gleichverteilung der Daten in jeder Klasse, analog zur empirischen Verteilungsfunktion, würde zu einer durchhängenden Konzentrationskurve zwischen den Klassengrenzen und damit zu einer Wellenlinie insgesamt führen. Zwischenwerte können aber nur an einem Streckenzug abgelesen werden.
Zur Berechnung der Punkte der Lorenzkurve rücken die Klassenhäufigkeiten an die Stelle der relativen Häufigkeiten und die Klassenmitten an die Stelle der Ausprägungen. Für den relativen Merkmalsbeitrag ergibt sich

$$\frac{m_j \cdot H_j}{v_*}$$

und für die Merkmalssumme v_*

$$v_* = \sum_{j=1}^{q} m_j \cdot H_j \,.$$

Beispiel 1.5.4 Untersuchung des klassierten stetigen Merkmals Verkaufsfläche für 189 Geschäfte des Möbeleinzelhandels (Quelle: Mitteilungen des IFH (1993), S. 116).

Tabelle 1.5.3 Konzentration von Verkaufsflächen in Quadratmetern

von bis unter	m_j	H_j	h_j	$u_k(j)$	$m_j H_j$	$m_j H_j / v_*$	$v_k(j)$
0.000 - 2.000	1.000	80	0,42	0,42	80.000	0,15	0,15
2.000 - 4.000	3.000	68	0,36	0,78	204.000	0,37	0,52
4.000 - 6.000	5.000	21	0,11	0,89	105.000	0,19	0,71
6.000 - 8.000	7.000	11	0,06	0,95	77.000	0,14	0,85
8.000 - 10.000	9.000	9	0,05	1,00	81.000	0,15	1,00
Summe		189	1,00	v_* =	547.000		

Als Gini-Koeffizient ergibt sich 0,37. Nahezu 60% der Verkaufsfläche entfielen im Geschäftsjahr 1991 auf ca. 82% aller Geschäfte (siehe Bild 1.5.8).

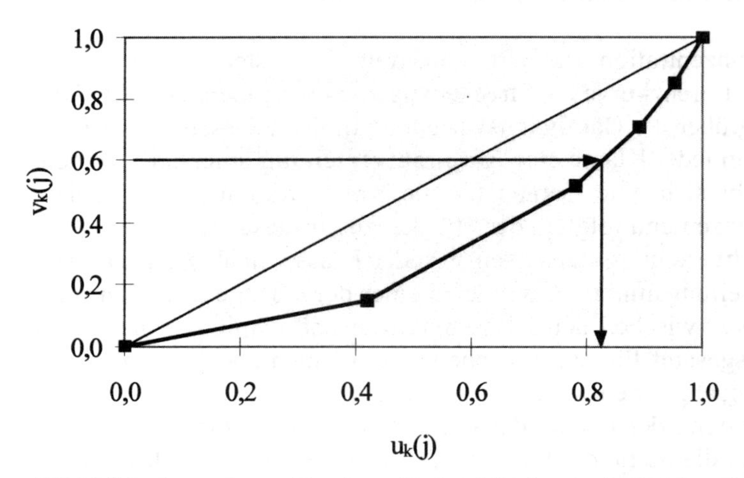

Bild 1.5.8 Lorenzkurve klassierter Verkaufsflächen im Möbeleinzelhandel

1.5.4 Absolute Konzentration

Die relative Konzentrationsmessung bezieht sich nur auf die Merkmalsausprägungen (**Merkmalseffekt**). Weder der Gini-Koeffizient noch die Lorenzkurve reagieren beim Vergleich auf eine unterschiedliche Anzahl der Merkmalsträger n (**Anzahleffekt**).

Wenn sich die Anzahl der Unternehmen n mit der Zeit geändert hat, weil Anbieter hinzugekommen oder aus dem Markt ausgetreten sind, dann liegt ein Problem der absoluten Konzentrationsmessung vor. Als Maßzahl bietet sich der **Herfindahl-Index** H an. Er basiert auf den Marktanteilen p_i der einzelnen Unternehmen

$$p_i = \frac{x_i}{v},$$

bezogen auf die Merkmalssumme v (Branchenumsatz). Diese Unternehmensanteile werden quadriert und addiert

$$H = \sum_{i=1}^{n} p_i^2 .$$

Durch das Quadrieren der Anteile kann die Maßzahl auf Markterweiterungen oder auf Unternehmensfusionen reagieren.

Wenn zum Beispiel zwei Anbieter A und B fusionieren, so nimmt die Konzentration nach Herfindahl um $2 \cdot p_A \cdot p_B$ zu

$$(p_A + p_B)^2 = p_A^2 + p_B^2 + 2 \cdot p_A \cdot p_B .$$

Trennen sich zwei Teilhaber A und B, so sinkt die Konzentration entsprechend um $2 \cdot p_A \cdot p_B$. Nimmt ein Marktteilnehmer A einem gleichstarken Konkurrenten B einen Anteil p_M ab, so steigt die Konzentration um $2 \cdot p_M^2$, denn

$$p_A^2 + p_B^2 = (q + p_M)^2 + (q - p_M)^2 = 2 \cdot q^2 + 2 \cdot p_M^2 .$$

Wenn ein Anbieter den Markt als Monopolist beherrscht, dann hat H den Wert 1. Teilen sich alle n Anbieter den Markt zu gleichen Teilen, dann ist die absolute Konzentration gleich 1/n, d.h. fast null.

Tabelle 1.5.4 Herfindahl-Index zum Beispiel 1.5.3

a_j	$H_n(a_j)$	$a_j \cdot H_n(a_j)$	a_j^2	$a_j^2 \cdot H_n(a_j)$	$a_j^2 \cdot H_n(a_j)/v^2$
1	8	8	1	8	0,00
2	6	12	4	24	0,01
4	4	16	16	64	0,03
7	2	14	49	98	0,04
Summe	20	50			0,08
					H = 0,08

Unter Verwendung von Häufigkeiten ist die Berechnungsformel etwas komplizierter. Sie lautet dann

$$H = \sum_{j=1}^{k} \frac{a_j^2 \cdot H_n(a_j)}{v^2} .$$

Der Vorteil dieser Formel besteht darin, dass eine Berechnungsvorschrift für klassierte Daten mit den Klassenmitten m_j und den Klassenhäufigkeiten H_j unmittelbar abgeleitet werden kann:

$$H_* = \sum_{j=1}^{q} \frac{m_j^2 \cdot H_j}{v_*^2} .$$

Der Herfindahl-Index misst sowohl die vom Merkmal als auch die von der Anzahl der Merkmalsträger beeinflusste Konzentration.

Beim Vergleich zweier Märkte A und B mit unterschiedlicher Zahl von Anbietern n_A und n_B muss geklärt werden, ob der Konzentrationsunterschied vorrangig dem Merkmal oder der Anzahl der Merkmalsträger geschuldet ist.

Eine Trennung der beiden Konzentrationskomponenten ist mit Hilfe eines **Gedankenexperiment** möglich: Wie sähe die Konzentration aus, wenn sich die Marktanteile auf eine gleichgroße Zahl von Anbietern auf beiden Märkten verteilen würden?

Beispiel 1.5.5 Zwei Märkte mit jeweils 4 bzw. 8 Anbietern seien gleichverteilt und mäßig konzentriert mit jeweils gleicher Merkmalssumme (siehe Tabelle 1.5.5). Zu vergleichen sind die Märkte 1 und 2, bzw. die Märkte 3 und 4.

Der Konzentrationsvergleich nach Herfindahl ergibt zunächst einen Unterschied zwischen den Märkten 1 und 2, aber auch zwischen den Märkten 3 und 4. Ersterer ist offenkundig anzahlbedingt.

Tabelle 1.5.5 Merkmals- und Anzahleffekt am Beispiel 1.5.5

Anbieter	Markt 1	Markt 2	Markt 3	Markt 4
1	300	150	200	100
2	300	150	200	100
3	300	150	300	100
4	300	150	500	100
5		150		150
6		150		150
7		150		250
8		150		250
Summe	1200	1200	1200	1200
H	0,250	0,125	0,292	0,146
H'	0,031	0,031	0,036	0,036

Um bei einem Konzentrationsvergleich den Einfluss unterschiedlicher Anbieterzahlen n_1 und n_2 herauszurechnen, werden die **korrigierten Herfindahl-Indizes** H'

$$H_1' = \frac{H}{n_2} \quad \text{und} \quad H_2' = \frac{H}{n_1}$$

gebildet und in Relation gesetzt.

Fallen die Relationen zwischen den Herfindahl-Indizes H_1 bzw. H_2 und H'_1 bzw. H'_2 verschieden aus, dann wirkt sich die unterschiedliche

Anzahl von Anbietern (**Anzahleffekt**) stärker aus als die Verteilung ihrer Merkmalssumme (**Merkmalseffekt**). Bei Relationsgleichheit dominiert hingegen der Merkmalseffekt.

Im Beispiel 1.5.5 verschwindet der durch die Anzahl der Merkmalsträger bedingte Konzentrationsunterschied zwischen den Märkten 1 und 2 nach der Division durch 8 bzw. 4. Das trifft aber auch auf den Vergleich der Märkte 3 und 4 zu, die merkmalsbedingt identisch konzentriert sind. Die höhere Konzentration im Markt 3 gegenüber dem Markt 4 wird demnach durch die Zahl der Anbieter verursacht.

Die Abhängigkeit des Herfindahl-Index von der Anbieterzahl n wird auch nach formaler Umstellung der Berechnungsformel zu

$$H = \frac{\left(\frac{s}{\bar{x}}\right)^2 + 1}{n}$$

verständlich (siehe auch Eckey/Kosfeld/Dreger [1992], S. 107).

1.5.5 Zusammenfassung

Die relative Konzentrationsmessung ist vor allem für eine Zustandsbeschreibung geeignet. Dabei wird die optische Auswertung der Lorenzkurve durch die Interpretation einer Maßzahl, den Gini-Koeffizienten, begleitet. Die absolute Konzentrationsmessung ist zur Erfassung der Konzentrationsdynamik, insbesondere bei veränderlicher Anbieterzahl auf dem Markt anzuraten. Der Anzahleffekt lässt sich herausrechnen. Die Lorenzkurve kann als grafisches Hilfsmittel hinzu gezogen werden.

Tabelle 1.5.6 Messung der Konzentrationsdynamik

Anzahl der Merkmalsträger	Art der Messung	Tabellen	Plots	Maßzahlen
unverändert $n_1 = n_2$	relative Konzentration	erweiterte Häufigkeitstabelle	Lorenzkurve gestrichelt bzw. durchgezogen (klassiert)	Gini- Koeffizient G bzw. G_* (klassiert)
verändert $n_1 \neq n_2$	absolute Konzentration	erweiterte Häufigkeitstabelle	Lorenzkurve gestrichelt bzw. durchgezogen (klassiert)	Herfindahl-Index H bzw. H_* (klassiert)

Für weitere Anwendungen sei auf Ferschl [1985], S. 122 ff., und Bohley [1989], S. 173 ff., verwiesen.

1.5.6 Übungsaufgaben und Kontrollfragen

Aufgabe 1.5.1

Zwei Märkte sollen hinsichtlich ihres Umsatzes verglichen werden:

Markt A:

Unternehmen Nr.	Marktanteil
1	0,15
2	0,35
3	0,50

Markt B:

Unternehmen Nr.	Marktanteil
1	0,35
2	0,65

a) Bestimmen Sie Merkmal, Merkmalsträger und Skalierung!

b) Zeichnen Sie die Lorenzkurven beider Märkte in ein Diagramm!

c) Bestimmen Sie für beide Märkte den Herfindahl-Index!

d) Welcher der beiden Märkte ist gemessen am Herfindahl-Index stärker konzentriert? Auf welchen Effekt ist dies zurückzuführen?

e) Unternehmen Nr. 1 und Nr. 2 fusionieren auf Markt A. Wie groß ist die Konzentration auf Markt A nach dieser Fusion

- nach dem Herfindahl-Index
- nach dem Gini-Koeffizienten?

f) Wie ist der Umsatz auf Markt A nach der Fusion (statistisch) verteilt und wie groß ist die empirische Varianz des Umsatzes?

Aufgabe 1.5.2

Folgende Umsatzzahlen (in Mio. €) wurden für drei, sechs bzw. drei Unternehmen in den Märkten A, B bzw. C festgestellt:

Markt	Umsätze
A	180 180 240
B	60 60 60 60 60 300
C	100 100 600

a) Bestimmen Sie Merkmalsträger, Merkmal und Skalierung.

b) Berechnen Sie die Lorenzsche Konzentrationsverteilung für jeden der drei Märkte und zeichnen Sie alle drei Lorenzkurven in ein Diagramm!

c) Welche Märkte sind bezüglich ihrer Lorenzkurven nicht vergleichbar?

d) Ordnen Sie die 3 Märkte hinsichtlich der Stärke der relativen Konzentration, indem Sie als Vergleichskriterium die Größe des Gini-Koeffizienten betrachten.

e) Berechnen Sie den Herfindahl-Index für die Märkte A und B!

f) Vergleichen Sie die Märkte A und B:

- hinsichtlich der relativen Konzentration nach Lorenz.
- hinsichtlich der absoluten Konzentration nach Herfindahl.

Begründen Sie, warum die Vergleiche zu unterschiedlichen Ergebnissen führen!

Fortsetzung Aufgabe 1.2.1 (Vergleich landwirtschaftlicher Nutzflächen)

i) Zeichnen Sie die Lorenzkurven für beide Jahre 1996 und 1999 in ein Diagramm. Charakterisieren Sie anhand der Zeichnung die Konzentrationsentwicklung. Untermauern Sie diese Schlussfolgerung durch die Berechnung geeigneter Maßzahlen (Rechengenauigkeit: 3 Stellen nach dem Komma). Welche Effekte wirken mit welcher Intensität?

j) Lesen Sie aus der Grafik ab, welche Fläche die 10% der flächengrößten Betriebe 1999 auf sich konzentrierten. Wie viele flächenarme Betriebe vereinten im Jahre 1996 ca. 15% der Gesamtfläche auf sich?

Aufgabe 1.5.3 (zu lösen im PC-Labor)

Führen Sie einen Konzentrationsvergleich der 10 größten Luftverkehrsunternehmen hinsichtlich der Luftfracht und der beförderten Passagiere für die Jahre 1994 bis 2000 durch.

a) Bestimmen Sie Merkmalsträger, Merkmale und Skalierung.

b) Zeichnen Sie die Lorenzkurven.

c) Berechnen und vergleichen Sie die Gini-Koeffizienten.

Gesellschaft	Pass in Mio. 1994	Gesellschaft	Fracht in t 1994
British Airways	23,9	Lufthansa	857
Lufthansa	17,5	Federal Express	639
American Airlines	14,9	Air France	624
Air France	13,8	Korean Airlines	566
KLM	11,6	KLM	564
United Airlines	11,3	Singapore Airlines	534
Singapore Airlines	9,9	British Airways	492
SAS	9,8	Japan Airlines	473
Cathay Pacific	9,7	Cathay Pacific	463
Japan Airlines	9,4	Northwest	394

Gesellschaft	Pass in Mio. 2000	Gesellschaft	Fracht in t 2000
British Airways	30,3	Federal Express	1189
Lufthansa	27,3	Lufthansa	1047
Air France	20,7	Korean Airlines	897
American Airlines	17,4	Singapore Airlines	872
KLM	15,3	British Airways	684
Singapore Airlines	13,5	Cathay Pacific	672
SAS	12,5	Air France	644
Swissair	12,3	Japan Airlines	615
Japan Airlines	12,2	KLM	545
United Airlines	11,4	EAT	513
Quelle: IATA			

Aufgabe 1.5.4

Der deutsche Tankstellenmarkt wurde bis 2001 von 7 Mineralölkonzernen dominiert.

Gesellschaft	Anzahl der Tankstellen Stand: 1.1.2001	Marktanteile für Kraftstoff an allen Tankstellen in %
Aral	2336	19
Dea	1630	11
Shell	1476	13
Esso	1348	10
Totalfina Elf	1019	7
BP	930	7
Conoco (Jet)	693	8
Quelle : EID		

Der geplanten Fusion der Konzerne Shell und DEA bzw. Aral und BP wurde im Jahr 2002 vom Bundeskartellamt unter folgender Bedingung zugestimmt: Die fusionierten Konzerne Shell/DEA bzw. Aral/BP geben 5,3% bzw. 6,6% ihrer Marktanteile an Konkurrenten ab.

a) Wie hoch wäre der fusionsbedingte Konzentrationszuwachs ohne die Auflage des Kartellamtes?

b) Wie hoch fällt die Konzentrationsminderung nach der Entscheidung des Kartellamtes aus, falls die abzugebenden Marktanteile von zwei neuen Wettbewerbern auf dem deutschen Markt vollständig erworben werden?

c) Wie würde sich ein Splitting der abzugebenden Marktanteile auf mittelständische Unternehmen auswirken?

Aufgabe 1.5.5

Eine Erhebung der Tourismus-Zeitschrift FVW bei 53 Veranstaltern hat ergeben, dass die Konzentration auf dem deutschen Reiseveranstaltermarkt im Touristikjahr 1999/2000 folgende Gestalt hatte:

Umsatzklasse Mrd. DM	Anzahl der Veranstalter	Umsatz in Mrd. DM
0 bis unter 1	46	5,1
1 bis unter 3	5	9,9
3 bis unter 9	2	15,1
Quelle: FVW Nr. 14 vom 15.6.2001.		

a) Zeichnen und interpretieren Sie die Lorenzkurve.

b) Berechnen und interpretieren Sie den Gini-Koeffizienten.

Aufgabe 1.5.6

Die Übernachtungszahlen in Beherbergungsstätten haben sich in den fünf neuen Bundesländern von 1992 bis 1999 progressiv entwickelt.

Bundesland	1992	1995	1999
Brandenburg	3663	6545	7857
Mecklenburg/Vorpommern	6659	9936	15616
Sachsen	6749	10145	13473
Sachsen-Anhalt	2955	5008	5397
Thüringen	5145	7579	8658
Quelle: Statistisches Bundsamt, Tourismus in Zahlen 2000/2001.			

- Führen Sie einen Konzentrationsvergleich durch.

Aufgabe 1.5.7

Die Konzentration von Einnahmen (Mio. DM) und Beschäftigten im öffentlichen Straßenpersonenverkehr (ÖSPV) ist von 1999 auf 2000 durch veränderte wettbewerbsmäßige Rahmenbedingungen gesunken.

Unternehmen	Beschäftigte 1999	Beschäftigte 2000	Einnahmen 1999	Einnahmen 2000
Private Unternehmen	52266	54513	7276	7516
Kommunale und gemischtwirtschaftliche Unternehmen	108920	105543	8897	8879
Eisenbahnunternehmen mit ÖSPV (ohne DB AG)	3547	3962	423	445
Regionalverkehrsgesellschaften	20026	19405	2349	2391
Quelle: Statistisches Bundesamt, Pressemitteilung vom 4.7.2001, Vergleichszeitraum Januar bis September.				

- Führen Sie einen Konzentrationsvergleich durch.

Überprüfen Sie folgende Aussagen :

1) Für zwei Märkte A und B mit $n_A \neq n_B$ gelte bezüglich der Herfindahl-Indizes $H_A < H_B$ und $H_A' = H_B'$. Dann wirkt nur der Merkmalseffekt, und es muss gelten $n_A > n_B$.

2) Für den Gini-Koeffizienten gilt $1/n \leq G < 1$.

3) Die absolute Konzentration nach Herfindahl kann nicht gleich null sein.

1.6 Verhältniszahlen

Verhältniszahlen (Indizes) beschreiben die Veränderungen eines kardinal skalierten Merkmals in Raum und Zeit.
So ändern sich die Lebenshaltungskosten einer vierköpfigen Familie von Jahr zu Jahr und mit entsprechenden regionalen Unterschieden. Das würde z. B. ein Ländervergleich für die Entwicklung der Lebenshaltungskosten in den Mitgliedsländern der Europäischen Union, bezogen auf die Lebenshaltungskosten einer deutschen Familie, dokumentieren. Ein solcher Vergleich müsste allerdings jedes Jahr aktualisiert werden.
Weitere Beispiele für Verhältniszahlen mit wirtschaftlichem Bezug sind Kosten-, Umsatz- oder Preisindizes.

1.6.1 Einfache Indizes

Die Verhältniszahl I wird bei einfachen Indizes als Quotient zweier Merkmalsbeobachtungen gebildet und in Prozent ausgedrückt. Beim Zeitvergleich ist eine Basisperiode (Jahr, Monat etc.) und eine laufende Periode, die Berichtsperiode, zu definieren und als Index auszuweisen. Durch zeitliche Folge entsteht eine **Indexreihe** mit dem Wert 100% für die Basisperiode. Ein Umsatzindex, bezogen auf das Basisjahr 1995, kann z.B. rückschauend für 1991 oder vorausschauend für 1999 angegeben werden. Die Bezeichnung ist

$$I_{95,91} \quad \text{bzw.} \quad I_{95,99}.$$

Die durchschnittliche Entwicklung zwischen der Basisperiode und der Berichtsperiode über n + 1 Jahre ergibt sich als n-te Wurzel aus dem Index der Berichtsperiode.

Beispiel 1.6.1 Der durchschnittliche Umsatzrückgang im deutschen Gastgewerbe von 1995 bis 1999 in Preisen des Jahres 1995 ergibt sich aus der vierten Wurzel des Umsatzindex $I_{95,99} = 92{,}1\%$

$$\sqrt[4]{0{,}921} = 0{,}9796$$

und beträgt 2,04%.

Die Basisperioden werden vor allem im Hinblick auf den inflationsbedingten Preisauftrieb von Zeit zu Zeit vorgerückt. Dabei entsteht ein **Umbasierungsproblem**. Mitunter wird die Umbasierung nicht auf die gesamte vorliegende Indexreihe, sondern nur für die Perioden nach der neuen Basis durchgeführt. Wird eine längere Vergangenheitsentwicklung z. B. zur Trendanalyse benötigt, so muss eine **Rückwärtsergänzung** der Indexreihe vorgenommen werden. Das geht allerdings nur, wenn sich die alte und die neue Indexreihe wenigstens in einer Periode überlappen.

Beispiel 1.6.2 Die Indexreihen der Beschäftigten im deutschen Gastgewerbe wurden bis 1994 von Statistischen Bundesamt auf der Basis von 1991 und danach auf der Basis von 1995 ausgewiesen. Die Lücken in den beiden Indexreihen lassen sich durch Umbasieren schließen.

Tabelle 1.6.1 Erfassung der Indexreihen im Beispiel 1.6.2[1]

Jahr	Beschäftigtenindex auf Basis 1991	Beschäftigtenindex auf Basis 1995
1991	100,0	
1992	99,8	
1993	100,0	
1994	96,8	102,1
1995		100,0
1996		97,2
1997		96,7
1998		95,1
1999		89,4

Zur Rückwärtsergänzung wird die Verhältnisgleichheit der Indizes für jeweils zwei Jahre in beiden Reihen ausgenutzt, z. B.

$$I_{95,91} = \frac{I_{91,91}}{I_{91,94}} \cdot I_{95,94} = \frac{100,0}{96,8} \cdot 102,1 = 105,5\% .$$

Tabelle 1.6.2 Verkettung der Indexreihen und Fortschreibung

Jahr	Beschäftigtenindex auf Basis 1991	Beschäftigtenindex auf Basis 1995
1991	100,0	105,5
1992	99,8	105,3
1993	100,0	105,5
1994	96,8	102,1
1995	94,8	100,0
1996	92,2	97,2
1997	91,7	96,7
1998	90,2	95,1
1999	84,8	89,4

[1] Quelle: Tourismus in Zahlen 2000/2001, Statistisches Bundesamt Wiesbaden

Die Vorwärtsergänzung gelingt entsprechend, z. B. für 1999

$$I_{91,99} = \frac{I_{95,99}}{I_{95,94}} \cdot I_{91,94} = \frac{89,4}{102,1} \cdot 96,8\% = 84,8\%.$$

1.6.2 Zusammengesetzte Indizes

In der Wirtschaftsstatistik werden oft aggregierte, d. h. über verschiedene Merkmalsträger summierte Beobachtungen ins Verhältnis gesetzt. Die Aggregation wird meist gewichtet vorgenommen. Ausgangspunkt hierfür ist eine Menge von Produkten (bestehend aus Gütern und Dienstleistungen), der sogenannte **Warenkorb**. Für jedes Produkt sind Preis- und Mengenangaben verfügbar. Daraus lassen sich durch unterschiedliche **Wichtung** verschiedene zusammengesetzte Verhältniszahlen bilden.

Beispiel 1.6.3 Der Warenkorb des Index der Lebenshaltungskosten in Deutschland besteht aus 750 Waren und Dienstleistungen, gruppiert nach den Kategorien Ernährung, Bekleidung, Mieten, Energie, Möbeln, Haushaltsgeräten, Gesundheit, Verkehr, Bildung, Freizeit, persönliche Ausstattung und Sonstiges. Im Abstand von 5 Jahren wird die Zusammensetzung des Warenkorbes überprüft und dem veränderten Verbraucherverhalten angepasst.

1.6.2.1 Preisindizes

Ein Preisindex gibt die durchschnittlichen Preisänderungen für einen Warenkorb mit **Mengengewichtung** an. Je nachdem, ob die Mengen der Basis- oder der Berichtsperiode zur Berechnung herangezogen werden, entstehen unterschiedlich interpretierbare Indizes.
Es ist üblich, den Produktindex i von 1 bis n laufen zu lassen und mit

$$p_i^{(0)} \text{ und } q_i^{(0)}$$

die Preise und Mengen in der Basisperiode 0 bzw. mit

$$p_i^{(1)} \text{ und } q_i^{(1)}$$

die Preise und Mengen in der Berichtsperiode 1 zu bezeichnen.

Dann ergibt sich bezogen auf den Warenkorb und die verbrauchten Mengen in der Basisperiode 0 der **Preisindex nach Laspeyres** (in %)

$$P_{0,1}^{L} = \frac{\sum_{i=1}^{n} p_i^{(1)} \cdot q_i^{(0)}}{\sum_{i=1}^{n} p_i^{(0)} \cdot q_i^{(0)}} \cdot 100\%.$$

Dieser Index misst eine durchschnittliche Preisveränderung bei gleich bleibendem Verbrauch. Da ein preisbewusstes Konsumentenverhalten ausgeschlossen wird, kommt es zur Überschätzung des Preisauftriebs.

Der Laspeyres-Index wird vom Statistischen Bundesamt z. B. für die Lebenshaltungskosten genutzt.[2] Da nur die Preise, nicht aber die konsumierten Mengen aktualisiert werden, halten sich die Erhebungskosten in Grenzen. Eine nach Laspeyres berechnete Indexreihe ist zudem in sich vergleichbar und leicht umzubasieren, da die Verbrauchsgewohnheiten auf das Niveau der Basisperiode fixiert bleiben. Der Warenkorb wird vom Statistischen Bundesamt durchschnittlich alle 5 Jahre überprüft und neu sortiert. In diesem Rhythmus erfolgt auch die Umbasierung der entsprechenden Index-Reihen.

Sollen im Unterschied zum Laspeyres-Ansatz die aktuellen Mengen in der jeweiligen Berichtsperiode in die Berechnung eingehen, so bietet sich der **Preis-Index nach Paasche** (in %)

$$P_{0,1}^{P} = \frac{\sum_{i=1}^{n} p_i^{(1)} \cdot q_i^{(1)}}{\sum_{i=1}^{n} p_i^{(0)} \cdot q_i^{(1)}} \cdot 100\%$$

an. Dieser Index ist verbrauchsaktuell. Allerdings wird die Aktualität durch einen höheren Erfassungsaufwand erkauft, denn es muss neben den Preisen auch der mengenmäßige Verbrauch von Periode zu Periode neu erhoben werden.

Der Paasche-Index neigt zur Unterschätzung der Preisentwicklung, denn es wird unterstellt, dass sich die Verbraucher im Zeitraum zwischen Basis- und Berichtsperiode bereits so preisbewusst verhalten haben wie in der Berichtsperiode selbst. Die Indexreihe ist außerdem in sich nicht vergleichbar und nur mit zusätzlichem Aufwand umbasierbar.

[2] Er setzt sich aus 350.000 Einzelpreisen zusammen, die in 190 Gemeinden erfasst werden (siehe Mitteilungen des Statistischen Bundesamtes 2001).

Einen Kompromiss zwischen Über- und Unterschätzung von Laspeyres- und Paasche-Index stellte I. Fisher (1867 - 1947) mit dem geometrischem Mittel aus beiden Verhältniszahlen (**Ideal-Index**) her

$$FP_{0,1} = \sqrt{P_{0,1}^{L} \cdot P_{0,1}^{P}} \,.$$

Da die Berechnung des Ideal-Index die Kenntnis beider Preisindizes nach Laspeyres und Paasche voraussetzt, ist der Erfassungsaufwand entsprechend hoch.

Allen Preisindizes ist gemeinsam, dass sie jeweils zwischen dem minimalen und maximalen Einzelpreisverhältnis liegen. Wenn sich die Preise nicht ändern, ergibt sich ein Index von 100%. Wenn die Preise steigen bzw. fallen, liegen die Index-Werte über bzw. unter 100%. Ließe sich die Preisveränderung mit einem universellen Faktor für alle Produkte des Warenkorbs beschreiben, so würde dieser Faktor multipliziert mit 100% den Preisindex ergeben (siehe Aufgabe 1.6.4).

Eine wünschenswerte Eigenschaft besitzen die Preisindizes allerdings nicht. Die Preisentwicklung über zwei Zeitabschnitte zusammengenommen ergibt sich nicht als Produkt der beiden einzelnen Preisveränderungen. Anders ausgedrückt dürfen Indexreihen mit verschiedenen Basisperioden nicht miteinander verquickt werden. Es wird stets nur eine Indexreihe ausgewertet.

1.6.2.2 Mengenindizes

Soll die Leistungsentwicklung einer Branche absatzbezogen dargestellt werden, kommen Mengenindizes zur Anwendung. So wird z. B. im Baugewerbe oft nach Quadratmetern bebauter Fläche abgerechnet. Die Indizes können nach dem Ansatz von Laspeyres mit dem alten Preisgewichtungsschema der Basisperiode

$$Q_{0,1}^{L} = \frac{\sum_{i=1}^{n} p_i^{(0)} \cdot q_i^{(1)}}{\sum_{i=1}^{n} p_i^{(0)} \cdot q_i^{(0)}} \cdot 100\%$$

oder nach dem Ansatz von Paasche mit aktuellem Preisgewichtungsschema der Berichtsperiode

$$Q_{0,1}^{P} = \frac{\sum_{i=1}^{n} p_i^{(1)} \cdot q_i^{(1)}}{\sum_{i=1}^{n} p_i^{(1)} \cdot q_i^{(0)}} \cdot 100\%$$

gebildet werden. Der "Warenkorb" besteht im Beispiel der Bauwirtschaft aus verschiedenen Bauleistungen. Beide Mengenindizes haben analog zu den Preisindizes ihre Vor- und Nachteile, die im Fisher'schen Ideal-Index

$$FQ_{0,1} = \sqrt{Q_{0,1}^{L} \cdot Q_{0,1}^{P}}$$

aufgehen. Mengenindizes besitzen dieselben allgemeinen Eigenschaften wie Preisindizes.

1.6.2.3 Wertindex

Neben Preis- und Mengenindizes werden auch gewichtete Mittel zur Beschreibung der Wertentwicklung von Basisperiode 0 zur Berichtsperiode 1 ausgewiesen

$$U_{0,1} = \frac{\sum_{i=1}^{n} p_i^{(1)} \cdot q_i^{(1)}}{\sum_{i=1}^{n} p_i^{(0)} \cdot q_i^{(0)}} \cdot 100\%.$$

Zwischen den zusammengesetzten Indizes bestehen Beziehungen

$$U_{0,1} = \frac{P_{0,1}^{L} \cdot Q_{0,1}^{P}}{100} \quad \text{bzw.} \quad U_{0,1} = \frac{P_{0,1}^{P} \cdot Q_{0,1}^{L}}{100},$$

die für Umrechnungen nützlich sein können. Für den Ideal-Index von Fisher gilt zudem

$$U_{0,1} = \frac{FP_{0,1} \cdot FQ_{0,1}}{100}.$$

Tabelle 1.6.3 Fiktives Beispiel zur Berechnung von Preis- und Mengenindizes

j	$p_j^{(0)}$	$q_j^{(0)}$	$p_j^{(1)}$	$q_j^{(1)}$	$p_j^{(0)} \cdot q_j^{(0)}$	$p_j^{(1)} \cdot q_j^{(0)}$	$p_j^{(0)} \cdot q_j^{(1)}$	$p_j^{(1)} \cdot q_j^{(1)}$
1	5	2	7	2	10	14	10	14
2	2	5	4	3	10	20	6	12
3	4	10	6	8	40	60	32	48
4	10	8	14	10	80	112	100	140
Summe					140	206	148	214
$P^L_{0,1}$	$FP_{0,1}$	$P^P_{0,1}$	$Q^L_{0,1}$	$FM_{0,1}$	$Q^P_{0,1}$	$U_{0,1}$		
147%	146%	145%	106%	105%	104%	153%		

Weitere Indizes, Aggregations- und Deflationierungstechniken sind bei Bleymüller [1991], S. 179 ff., Bohley [1989], S. 43 ff., Ferschl [1985], S.141 ff., bzw. Rönz/Strohe [1994], S. 163 ff. zu finden.

1.6.3 Börsen-Indizes

An den Börsen werden gewichtete und ungewichtete Mittel aus Kursen von ausgewählten Aktien gebildet, die Ausdruck für die ökonomische Entwicklung einer nationalen Volkswirtschaft sind.
Für Deutschland ist zunächst die noch sehr junge Gruppe der Deutschen Aktienindizes (**DAX**) zu nennen. Zu dem 1987 kreierten Index DAX (siehe Bild 1.6.1), der zunächst nur auf einen Aktienkorb mit 30 Unternehmen bezogen war, haben sich inzwischen weitere Indizes, wie z. B. der DAX 100 (seit 1994), hinzugesellt. Der DAX-Index wird als Verhältnis von gewichteten Kursen, multipliziert mit 10^3, berechnet. Als Wichtungsfaktoren fungieren die ausgegebenen Aktienmengen in Stück. Als Basisperiode dient das jeweilige Startjahr.

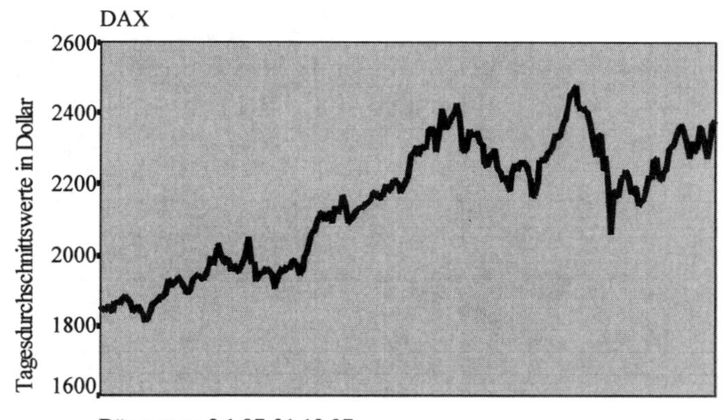

Bild 1.6.1 Deutscher Aktienindex

Tabelle 1.6.4 Börsenindizes

Ursprungsland	Index	Erläuterung	Startjahr	Anzahl Aktien	Charakteristik der Bestandteile
Deutschland	DAX	Deutscher Aktienindex	1988	30	Deutsche Standardwerte
	DAX 100	Summenindex	1994	100	DAX plus MDAX
	NEMAX 50	Index des Frankfurter Neuen Marktes	1997	50	Größte Wachstumswerte am Neuen Markt in Deutschland
	MDAX	Midcap Index	1996	70	Aktien wachstumsstarker mittelständischer Unternehmen in Deutschland (Börsenkapitalisierung zwischen 100 Mio. und 1 Mrd. Euro)
	SMAX	Smallcap Index	1999	100	Aktien von Unternehmen mit Verpflichtung zur Transparenz und Liquidität (Börsenkapitalisierung unter 256 Mio. Euro)
USA	DJIA	Dow Jones Industrial Average	1896	30	US-amerikanische Standardwerte (sogenannte Blue Chips)
	DJTA	Dow Jones Transportation Average	1884	20	US-amerikanische Verkehrsaktien
	DJUA	Dow Jones Utility Average	1929	15	US-amerikanische Versorgeraktien (Strom, Gas, Wasser, Telekommunikation)
	DJ STOXX 50	Dow Jones für Europa	1998	50	Europäische Standardwerte
	DJAT 50	Dow Jones Asian Titans	1991	50	Asiatische Standardwerte
	NASDAQ	National Association of Securities Dealers for Automated Quotation	1999	100	Größte Wachstumswerte des Technologiesektors der USA

Quelle: Eigene Zusammenstellung

Sehr viel mehr Tradition weisen die US-amerikanischen **Dow-Jones-Indizes** auf (siehe Bild 1.6.2). Im Jahr 1896 wurde nach Empfehlung eines börsenkundigen Journalisten der erste Dow-Jones-Index für 12 Industrieunternehmen gebildet. In seiner heutigen Form gibt es ihn seit 1928. Der Dow-Jones-Index ist im Gegensatz zum DAX ein ungewichtetes Kursmittel und wird in Promille ausgedrückt.

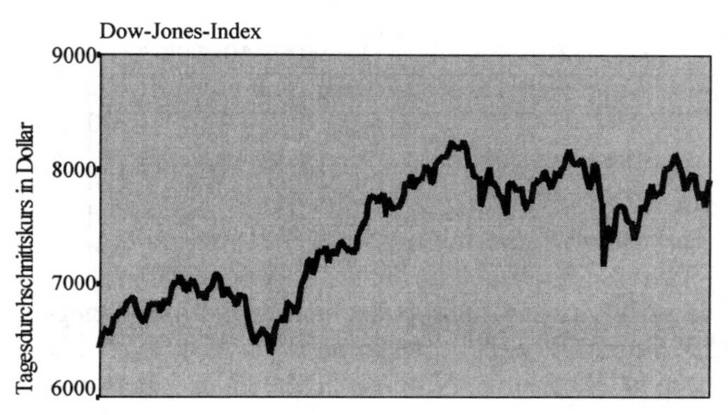

Bild 1.6.2 US-amerikanischer Aktienindex

Tabelle 1.6.5 Resümee für zusammengesetzte Indizes

Gewichtungsschema	Alte Mengen	Neue Mengen	Alte Preise	Neue Preise	Jeweils aktuell gewichtet
Indexbezeichnung	Preisindex nach Laspeyres	Preisindex nach Paasche	Mengen-Index nach Laspeyres	Mengenindex nach Paasche	Wertindex z. B. DAX
Vorteil	Kostensparend	Stets aktuell	Kostensparend	Stets aktuell	
Nachteil	Überschätzung	Unterschätzung	Überschätzung	Unterschätzung	
Kompromiss	Zusammenfassung im Fisher`schen Ideal-Index		Zusammenfassung im Fisher`schen Ideal-Index		

1.6.4 Übungsaufgaben und Kontrollfragen

Aufgabe 1.6.1

In einem Kaufhaus des Horten - Konzerns haben sich die Preise in den verschiedenen Abteilungen folgendermaßen geändert:

Abteilung	Preise in €		Umsatz in 10.000 €	
	1996	1997	1996	1997
I	80	85	40	
II	150	190	80	
III	210	200	120	
IV	50	60	70	

Der Umsatz in den Abteilungen I und II hat sich im Jahr 1997 gegenüber dem Jahr 1996 um 20% erhöht, während er in Abteilung III nur um 10% gewachsen ist. Abteilung IV verzeichnete einen Umsatzrückgang um 30%.

a) Geben Sie den Umsatz jeder Abteilung für 1997 an.

b) Berechnen Sie die einfachen Indizes der Mengenentwicklung pro Abteilung von 1997 gegenüber 1996.

c) Berechnen Sie die durchschnittliche Preisentwicklung nach Laspeyres und nach Paasche von 1996 auf 1997 über alle Abteilungen und interpretieren Sie die verschiedenen Werte der beiden zusammengesetzten Indizes.

d) Ermitteln Sie die durchschnittliche Mengenentwicklung von 1996 auf 1997 zu den Preisen von 1996.

   Hinweis: Nutzen Sie den Zusammenhang zwischen Wert-, Preis- und Mengenindizes.

Aufgabe 1.6.2

Der Wertindex des Auftragseingangs für das deutsche Bauhauptgewerbe wird in den Jahrbüchern des Statistischen Bundesamtes von 1971 bis 1992 folgendermaßen ausgewiesen:

Tabelle 1.6.6 Indexreihen Auftragseingang Bauhauptgewerbe

Jahr					
1971	100,0				
1972	104,9				
1973	100,7				
1974	90,1				
1975	96,2	106,6			Verkettungsperiode 1
1976		100,0			
1977		115,6			
1978		142,5			
1979		160,8	97,3		Verkettungsperiode 2
1980			100,0		
1981			85,3		
1982			85,9		
1983			94,4		
1984			88,9	101,8	Verkettungsperiode 3
1985				100,0	
1986				109,1	
1987				106,2	
1988				116,0	
1989				132,2	
1990				152,1	
1991				168,1	
1992				179,1	

Führen Sie für die Reihe Wertindex „Auftragseingang für das Bauhauptgewerbe“ von 1971 bis 1992 eine Umbasierung und eine Rückwärtsergänzung bis zum Jahr 1985 mit Hilfe von EXCEL durch!

Aufgabe 1.6.3

Beweisen Sie die folgenden Eigenschaften der Preisindizes von Pasche und Lasperes:

- Beide Indizes liegen zwischen der kleinsten und der größten Einzelpreissteigerung.

- Wenn alle Preise konstant bleiben, dann betragen die Indizes 100%.

- Wenn alle Einzelpreise steigen (sinken), dann wachsen (fallen) die Preisindizes auf über (unter) 100%.

Hinweis: Nutzen Sie hierzu die folgende Index-Darstellung als gewichtetes Mittel mit den Gewichten $w_i = p_i^{(0)} \cdot q_i^{(0)}$ (Lasperes) bzw. $w_i = p_i^{(1)} \cdot q_i^{(1)}$ (Paasche)

$$P_{0,1} = \frac{\sum_{i=1}^{n} \frac{p_i^{(0)}}{p_i^{(1)}} \cdot w_i}{\sum_{i=1}^{n} w_i} \cdot 100\% .$$

Aufgabe 1.6.4

Berechnen Sie die jahresdurchschnittliche Preissteigerung der Lebenshaltungskosten in Italien von 1991 bis 1999. Nutzen Sie dazu die verketteten Indexreihen zum Basisjahr 1991 und 1996 aus dem Statistischen Jahrbuch für das Ausland (Bd. 1995-2000).

Tabelle 1.6.7 Indexreihen Italien mit den Basisjahren 1991 und 1996

Jahr	Preisindex auf Basis 1991	Preisindex auf Basis 1996
1990	94,0	
1991	100,0	
1992	105,2	
1993	109,7	
1994	114,1	
1995	120,0	96,2
1996		100,0
1997		101,9
1998		103,9
1999		105,7

Überprüfen Sie folgende Aussagen:

1) Der Fisher'sche Ideal-Index kann nicht größer als das arithmetische Mittel aus Laspeyres-Index und Paasche-Index sein.

2) Der Wert-Index ist das Produkt aus Preis- und Mengenindex.

3) Wenn die Preisindizes von Periode 0 auf Periode 1 und von Periode 1 auf Periode 2 multipliziert werden, dann ergibt sich die Gesamtpreisveränderung von Periode 0 auf Periode 2.

1.7 Mehrdimensionale Daten

Bisher wurde nur jeweils ein statistisches Merkmal erfasst und beschrieben. Nun sollen zwei oder mehr Merkmale X, Y, Z, gleichzeitig (simultan) ausgewertet werden. Bei einer solchen Auswertung ist u.a. die Frage zu beantworten, ob es Abhängigkeiten zwischen den Merkmalen gibt und welcher Art diese Abhängigkeiten sind. Dabei ist zwischen einer wechselseitigen Abhängigkeit (Wechselwirkung) und einer einseitigen Abhängigkeit (Ursache-Wirkungs-Beziehung) zu unterscheiden. Die Art der Abhängigkeit muss vorgegeben werden und sachlogisch begründet sein. Es wird zunächst gefragt, ob ein Zusammenhang besteht oder nicht. Wenn ein Zusammenhang unterstellt werden kann, lassen sich je nach Skalenart Aussagen zur Intensität (nominal, ordinal, kardinal), zur Richtung (ordinal, kardinal) und zur funktionalen Beschreibung (kardinal) der Anhängigkeit machen.

Beispiel 1.7.1 Bei einer technischen Überprüfung von Pkw, bei einer regionalen Haushaltsbefragung, bei der Auswertung von Steuererklärungen und bei einer Verkehrszählung sind folgende Merkmale gleichzeitig (simultan) erfasst worden:

Tabelle 1.7.1 Mehrdimensionale Daten zum Beispiel 1.7.1

Merkmals-träger	Merkmal X	Merkmal Y	Merkmal Z
Auto	Mängelzahl beim TÜV Geschwindigkeit	Alter Benzinverbrauch	
Familie	Haushaltseinkommen pro Monat	Ausgaben pro Monat	Wertpapierbesitz
Akte im Finanzamt	Art des Unternehmens	Art der hinterzogenen Steuern	
Straßenkreuzung	Fahrzeuge pro h aus Richtung Norden	Fahrzeuge pro h aus Richtung Süden	

1.7.1 Kreuztabelle

Die Erfassung und Verdichtung der Daten erfolgt mit Hilfe von Kreuztabellen (Kontingenztafeln[1]). Für zwei (diskrete) Merkmale X und Y wird ein Tabelle entwickelt, deren Zeilenstruktur durch die

[1] Der Begriff Kontingenztafel wird speziell für nominal skalierte Daten verwendet.

Ausprägungen a_i von X und deren Spaltenstruktur durch die Ausprägungen b_j von Y bestimmt sind. Die Felder (Zellen) werden mit den simultanen absoluten (relativen) Häufigkeiten H_{ij} (h_{ij}) gefüllt, die besagen, wie oft a_i und b_j gleichzeitig an X und Y beobachtet worden sind. Die **simultanen Häufigkeiten** werden zeilenweise und spaltenweise zu Randhäufigkeiten $H_{.j}$ und $H_{i.}$ addiert. Die Summe der **Randhäufigkeiten** ergibt jeweils die Zahl n der beobachteten Paare (X, Y).

Tabelle 1.7.2 Aufbau einer Kreuztabelle für zwei Merkmale X und Y

X/Y	b_1	b_2	...	b_l	$H_{i.}$
a_1	H_{11}	H_{12}	...	H_{1l}	$H_{1.}$
a_2	H_{21}	H_{22}	...	H_{2l}	$H_{2.}$
.	.	.	.	.	.
.	.	.	.	.	.
.	.	.	.	.	.
a_k	H_{k1}	H_{k2}	...	H_{kl}	$H_{k.}$
$H_{.j}$	$H_{.1}$	$H_{.2}$	...	$H_{.l}$	n

Eine grafische Darstellung ist als dreidimensionales Stab-Tableau möglich.

Beispiel 1.7.2 Befragung von 261 FH-Studenten des Grundstudiums im WS 1996 zur Berufseinstellung

X: Art des Studiengangs, d.h. Betriebswirtschaftslehre (BWL), Wirtschaftsinformatik (Winf) oder Wirtschaftsingenieurwesen (Wing)

Y: Berufseinstellung (karriereorientiert, freizeitorientiert, alternativ orientiert)

X/Y	Karriere	Freizeit	Alternatives Engagement	Summe
BWL	64	48	28	140
Winf	15	27	8	50
Wing	34	23	14	71
Summe	113	98	50	261

Die relativen simultanen Häufigkeiten

$$h_{ij} = \frac{1}{n} H_{ij}$$

werden zur Vorbereitung von Vergleichen von Kreuztabellen mit unterschiedlicher Anzahl von Paaren n_1 bzw. n_2 anstelle der absoluten Häufigkeiten H_{ij} eingetragen und addiert.

Beispiel 1.7.2 Nach Division durch 261 entsteht die Kreuztabelle der relativen simultanen Häufigkeiten.

X/Y	Karriere	Freizeit	Alternatives Engagement	Summe
BWL	0,25	0,18	0,11	0,54
Winf	0,06	0,10	0,03	0,19
Wing	0,13	0,09	0,05	0,27
Summe	0,43	0,38	0,19	1,00

Wenn die Befragung nach dem Praxissemester wiederholt wird, könnte es sein, dass nicht mehr alle 261 Studenten immatrikuliert sind. Durch einen Vergleich der beiden relativierten Kreuztabellen ließe sich der Wertewandel dennoch auswerten.

Bei **klassierten Beobachtungen** an diskreten oder stetigen Merkmalen werden anstelle der Ausprägungen und simultanen absoluten Häufigkeiten jeweils die Klassenmitten und die simultanen Klassenhäufigkeiten in die Kreuztabelle eingetragen. Die grafische Darstellung ergibt ein Balkengebirge (vgl. Bild 1.7.1).

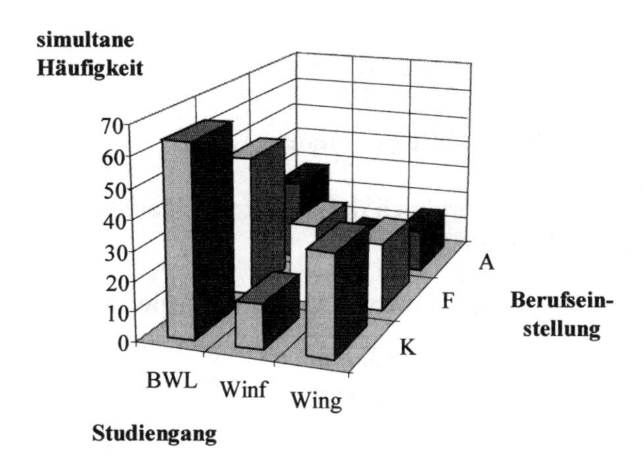

Bild 1.7.1 Säulendiagramm zum Beispiel 1.7.2 in 3 D-Darstellung

Soll neben X und Y noch ein drittes Merkmal Z simultan ausgewertet werden, so sind die Spalten der Kreuztabelle geeignet zu unterteilen.

Dafür sind so viele Zusatzspalten vorzusehen, wie das Merkmal Z Ausprägungen hat, zuzüglich jeweils einer Summenspalte.

Tabelle 1.7.3 Aufbau einer Kreuztabelle für drei Merkmale X, Y und Z

X/Y, Z	b_1			b_2			Summe 1	Summe 2
	c_1	c_2	Summe	c_1	c_2	Summe		
a_1	H_{111}	H_{112}	$H_{11.}$	H_{121}	H_{122}	$H_{12.}$		
a_2	H_{211}	H_{212}	$H_{21.}$	H_{221}	H_{222}	$H_{22.}$		
Summe	$H_{.11}$	$H_{.21}$	$H_{.1.}$	$H_{.21}$	$H_{.22}$	$H_{.2.}$		n

Weiterführende grafische Darstellungsmöglichkeiten für mehrdimensionale Daten gibt Heiler [1994], S. 185 ff. an.

1.7.2 Bedingte Häufigkeiten

Der zeilenweise oder spaltenweise Vergleich von simultanen Häufigkeiten bedarf einer Relativierung bezüglich der Randhäufigkeiten. Die beiden Werte H_{11} und H_{12} sind zum Beispiel nicht vergleichbar, wenn die Randhäufigkeiten $H_{.1}$ und $H_{.2}$, d. h. die Häufigkeiten für b_1 und b_2, unterschiedlich ausfallen. Hingegen lassen sich die Quotienten $H_{11}/H_{.1}$ und $H_{12}/H_{.2}$ vergleichen. Die vergleichbaren Relativzahlen

$$\frac{H_{ij}}{H_{.j}} \quad \text{bzw.} \quad \frac{H_{ij}}{H_{i.}}$$

heißen **bedingte relative Häufigkeiten** (Anteile).

Beispiel 1.7.2 (Fortsetzung) Vergleich der bedingten relativen Häufigkeiten über Zeilen und Spalten

1) Vergleich der Einstellungen je Studiengang (Zeilenvergleich)

X/Y	Karriere	Freizeit	Alternatives Engagement	Summe
BWL	0,57	0,49	0,56	0,54
Winf	0,13	0,28	0,16	0,19
Wing	0,30	0,23	0,28	0,27

Es zeigt sich, dass die bedingten relativen Häufigkeiten der Einstellung zur Karriere und zum alternativen Engagement in jedem Studiengang nahezu gleich sind. Der Anteil der Einstellung zur Freizeit fällt in den beiden Zeilen BWL und Wing vergleichsweise gering aus. Er dominiert im Unterschied dazu deutlich in der Zeile Winf.

2) Vergleich der Studiengänge je Einstellung (Spaltenvergleich)

X/Y	Karriere	Freizeit	Alternatives Engagement
BWL	0,46	0,34	0,20
Winf	0,30	0,54	0,16
Wing	0,48	0,32	0,20
Summe	0,43	0,38	0,19

Die Einstellungen zur Karriere, zur Freizeit und zum alternativen Engagement ist bei Betriebswirten und Wirtschaftsingenieuren fast identisch. Die Einstellung zur Karriere ist bei den Wirtschaftsinformatikern vergleichsweise geringer, die Einstellung zur Freizeit aber vergleichsweise stärker ausgeprägt als in den anderen Studiengängen.

In **Statistischen Softwarepaketen** wie SPSS ist es üblich, die Felder der Kreuztabelle je nach Bedarf um relative oder bedingte relative Häufigkeiten zu ergänzen (siehe Eckstein [1997], S. 190)

1.7.3 Unabhängigkeit zwischen zwei Merkmalen

Zwei Merkmale X und Y werden als unabhängig angesehen, wenn die bedingten relativen Häufigkeiten jeweils in jeder Zeile bzw. in jeder Spalte der Kreuztabelle übereinstimmen. Formal ergeben sich zwei Typen von Gleichungen

$$\frac{H_{ij}}{H_{.j}} = \frac{H_{i.}}{n} \quad \text{für} \quad j = 1, \dots, l \quad \text{bzw.} \quad \frac{H_{ij}}{H_{i.}} = \frac{H_{.j}}{n} \quad \text{für} \quad i = 1, \dots, k \ ,$$

die für jeden Zeilenindex i bzw. Spaltenindex j erfüllt sein müssen. Die Zeilenübereinstimmung bedeutet, dass X nicht von Y abhängt, die Spaltenübereinstimmung besagt , dass Y nicht von X abhängt. Abhängigkeit liegt somit bereits vor, wenn es nur ein ungleiches Paar von bedingten relativen Häufigkeiten in einer Zeile (Spalte) der Kreuztabelle gibt.

Beispiel 1.7.2 Die Zeilen- und Spaltenvergleiche ergeben eine Abhängigkeit zwischen Studiengang und Berufseinstellung.

1.7.4 Kontingenzmaße

Die Stärke eines Zusammenhangs kann als Maß für den Grad der Abhängigkeit von X und Y interpretiert werden. Aus den beiden Unabhängigkeitsbedingungen lässt sich durch formale Umstellung eine Abhängigkeitsbedingung

$$H_{ij} \neq \frac{H_{.j} \cdot H_{i.}}{n} = E_{ij}$$

für mindestens ein Indexpaar (i, j) gewinnen. Diese Ungleichheit der **beobachteten Häufigkeiten** H_{ij} und der sogenannten **erwarteten Häufigkeiten** E_{ij} ist für jedes Indexpaar auswerten. Dabei wird häufig das vorzeichenneutrale relative quadratische Mittel, der **χ^2-Wert**,

$$\chi^2 = \sum_{i=1}^{k} \sum_{j=1}^{l} \frac{\left(H_{ij} - \frac{H_{.j} \cdot H_{i.}}{n} \right)^2}{\frac{H_{.j} \cdot H_{i.}}{n}}$$

verwendet. Nach einigen Umformungen ergibt sich für den Chi-Quadrat-Wert eine für manuelle Berechnungen vorteilhaftere Formel:

$$\chi^2 = n \cdot \left(\sum_{i=1}^{k} \sum_{j=1}^{l} \frac{H_{ij}^2}{H_{.j} \cdot H_{i.}} - 1 \right).$$

Beispiel 1.7.2 $\chi^2 = 261 \cdot (\frac{64^2}{113 \cdot 140} + \frac{48^2}{98 \cdot 140} + \ldots + \frac{14^2}{50 \cdot 71} - 1) = 7{,}404$

Der Nachteil des χ^2-Wertes besteht in seiner Abhängigkeit von n und der Tatsache, dass er nicht normiert ist. Beide Probleme können durch Bildung des **Kontingenzkoeffizienten** nach Pearson

$$K = \sqrt{\frac{\chi^2}{\chi^2 + n}}$$

vermieden werden.

Beispiel 1.7.2 $K = \sqrt{\frac{7{,}404}{7{,}404 + 261}} = 0{,}166$.

Der Kontingenzkoeffizient K schwankt zwischen null für völlig unabhängige Merkmale und einem von der Felderanzahl k·l in der Tabelle mit k Zeilen und l Spalten determinierten Wert für total abhängige Merkmale. Es gilt

$$0 \leq K \leq \sqrt{\frac{\min(k, l) - 1}{\min(k, l)}}.$$

In der Praxis sind diese beiden Extremfälle allerdings eher selten zu finden. Um die Abhängigkeit von der Felderzahl k·l zu beseitigen und den Vergleich unterschiedlich großer Kreuztabellen zu ermöglichen, wird ein **korrigierter Kontingenzkoeffizient** K^* gebildet (siehe Bamberg [1987], S. 40)

$$K^* = K \cdot \sqrt{\frac{\min(k,l)}{\min(k,l) - 1}},$$

der den Wert eins bei totaler Abhängigkeit exakt erreicht.

Beispiel 1.7.2 Die Korrektur des Kontingenzkoeffizienten führt zu einem etwas höheren Wert, denn $K^* = 0{,}203 > K$.

Eine **Deutung** des Kontingenzkoeffizienten K ist ohne weiterführende statistische Hilfsmittel nur für die beiden Extremfälle zulässig.

Dennoch hat es sich eingebürgert, bei einem Wert von K sehr nahe bei null von einem schwach ausgeprägten Zusammenhang und bei einem Wert von K sehr nahe bei eins von einem stark ausgeprägten Zusammenhang zu sprechen. Eine Richtungsaussage ist allerdings nicht möglich.

Wenn sich bei zwei Erhebungswellen mit gleichem n unterschiedliche Kontingenzkoeffizienten, z. B. $K_1 < K_2$, ergeben haben, so deutet das auf eine gewachsene Intensität (Stärke) des Zusammenhangs hin. Um sicher zu gehen und die Zufälligkeit der erhobenen Daten in jeder Welle zu berücksichtigen, ist ein statistischer Test auf Gleichheit der beiden K-Werte zu empfehlen (siehe Kap. 3).

Ein wesentlicher **Vorzug** des Kontingenzkoeffizienten liegt in seiner universellen Anwendbarkeit für alle Skalierungsarten. Der Vorteil ergibt sich daraus, dass in die Berechnung von K nur die Häufigkeiten, nicht aber die Ausprägungen eingehen.

Weitere Kontingenzmaße sind bei Ferschl [1985], S. 206 ff., und Heiler [1994], S. 274 ff. nachzulesen.

1.7.5 Zusammenfassung von Kreuztabellen

Wenn in zwei verschiedenen Erhebungswellen Kreuztabellen für ein Merkmalspaar (X, Y) erstellt worden sind, verbietet sich eine summarische Zusammenfassung ihrer Häufigkeiten zu einer Gesamttabelle. Eine solche Verdichtung könnte beim Vergleich bedingter relativer Häufigkeiten andere Relationen ergeben als bei Vergleichen in den Einzeltabellen. Dieses der elementaren Bruchrechnung geschuldete Phänomen heißt **Simpson's Paradoxon**.

Beispiel 1.7.3 Erprobung einer neuen Anti-Stresspille in zwei Kurzentren mit den folgenden Merkmalen X und Y

X : „Erfolg der Behandlung" a_1 Besserung tritt ein

a_2 Besserung tritt nicht ein

Y : „Art der Behandlung" b_1 Standardbehandlung

b_2 Behandlung mit Anti-Stresspille

Kurzentrum I

X / Y	b_1	b_2	Summe
a_1	10	100	110
a_2	100	500	600
Summe	110	600	710

Kurzentrum II

X / Y	b_1	b_2	Summe
a_1	100	60	160
a_2	50	20	70
Summe	150	80	230

Zusammenfassung der Ergebnisse

X / Y	b_1	b_2	Summe
a_1	110	160	270
a_2	150	520	670
Summe	260	680	940

Im Kurzentrum I wird die Behandlung mit der Anti-Stresspille wegen 10/110 < 100/600 als erfolgreich eingeschätzt. Auch im Kurzentrum II schlägt das neue Medikament die traditionelle Behandlungsmethode, denn es gilt 100/150 < 60/80. Aus der unzulässig zusammengefassten Tabelle würde genau das Gegenteil zu folgern sein, denn die Ungleichung lautet hier 110/260 > 160/680.

1.7.6 Übungsaufgaben und Kontrollfragen

Aufgabe 1.7.1

An einer Fachhochschule mit Numerus clausus bewerben sich 500 Männer und 500 Frauen für die Fächer Betriebswirtschaftslehre (BWL) und Wirtschaftsingenieurwesen (Wing), wobei der Andrang für BWL viermal so hoch ist wie für Wing. Auf drei weibliche Bewerber kommen beim Studiengang BWL zwei männliche Bewerber. Der etablierte Fachbereich BWL lässt 12,5 % der weiblichen und 10% der männlichen Bewerber zu. Der neugegründete Fachbereich Wirtschaftsingenieurwesen hingegen lässt 50% der weiblichen und 40% der männlichen Bewerber zu.

a) Kennzeichnen Sie Merkmalsträger und Merkmale.

b) Stellen Sie zwei Kreuztabellen für die Bewerbung jeweils an den beiden Fachbereichen auf.

c) Bestimmen Sie die Zulassungszahlen insgesamt und setzen Sie sich mit der Behauptung einer abgelehnten Bewerberin auseinander, dass die Frauen insgesamt benachteiligt worden seien.

d) Wie heißt dieses Phänomen und worauf lässt es sich zurückführen?

Aufgabe 1.7.2

Ein Autohersteller will einen mutmaßlichen Zusammenhang zwischen der Farbe (Blau, Rot, Grün, Schwarz) und dem Typ (Limousine, Cabrio, Kombi) statistisch untersuchen. Ihm steht eine Verkaufsübersicht für 1000 Neuwagen zur Verfügung. Daraus ergibt sich, dass

- fünfmal so viele Limousinen wie Kombis,
- insgesamt nur sieben rote Fahrzeuge mehr als schwarze Fahrzeuge,
- 273 blaue Limousinen, 46 schwarze Kombis und 28 grüne Cabrios,
- 477 nicht blaue Limousinen,
- so viele rote Cabrios wie grüne und schwarze zusammen,
- fünfmal mehr rote als schwarze Cabrios, sowie
- nur zwei rote Kombis

verkauft wurden. Ferner waren

- ein Zehntel der verkauften Pkw vom Typ Cabrio, und
- ein Fünftel des gesamten Absatzes rote Fahrzeuge.

a) Geben Sie Merkmalsträger und Merkmale an.

b) Stellen Sie eine Kreuztabelle auf und prüfen Sie auf Abhängigkeit zwischen Farbe und Typ.

c) Berechnen und interpretieren Sie eine geeignete Maßzahl für den Zusammenhang.

d) Vergleichen Sie die Häufigkeiten der blauen und roten Limousinen und der blauen und grünen Cabrios. Wofür ist jeweils eine höhere Nachfragen zu erwarten?

e) Stimmt es, dass eher blaue als schwarze Kombis gekauft werden?

Aufgabe 1.7.3

Bei einer Online-Befragung von 529 Personen zur Nutzung von Dienstleistungen im Internet wurde nach der Häufigkeit gefragt, mit der Restaurantführer angeklickt werden. Die antwortende Person sollte außerdem Angaben zum Wohnort und zur Beschäftigung machen.

Die einzelnen Merkmale wurden wie folgt definiert:

Merkmal	Ausprägungen	Kodierung
Nachfragehäufigkeit zum Restaurantführer	Regelmäßig, d.h. einmal pro Woche Gelegentlich Seltener Nie Keine Angabe	(1) (2) (3) (4) (5)
Wohnort	Neue Bundesländer Alte Bundesländer	Ost West
Beschäftigung	Berufstätig Nicht berufstätig	Ja Nein

Die Antworthäufigkeiten enthält die nachfolgende Tabelle.

Nachfrage Restaurantführer	Summe	Ost	West	Berufstätig ja	Berufstätig nein
(1)	10	9	1	5	5
(2)	63	53	10	28	35
(3)	158	138	20	76	82
(4)	288	235	53	168	119
(5)	10	9	1	3	8
Summe	529	444	85	280	249

Quelle: inra Deutschland und eigene Berechnungen.

a) Welche Merkmalsskalierungen liegen vor?

b) Stellen Sie die beiden Kontingenztafeln auf.

c) Berechnen Sie jeweils den Kontingenzkoeffizienten. Interpretieren Sie die Relation zwischen beiden Maßzahlen.

d) Berechnen und vergleichen Sie die bedingten relativen Häufigkeiten für beide Kontingenztafeln. Bei welchen Antwortkategorien sind deutliche Unterschiede festzustellen?

Überprüfen Sie folgende Aussagen:

1) Sind in einer Kreuztabelle der Merkmale X und Y zwei beliebige bedingte relative Häufigkeiten voneinander verschieden, so liegt eine wechselseitige Abhängigkeit zwischen beiden Merkmalen vor.

2) Der Kontingenzkoeffizient K ist auch für ordinal skalierte Merkmale anwendbar, gestattet aber keine Aussage über die Richtung eines Zusammenhanges zwischen den Merkmalen.

1.8 Korrelation

Der Begriff Korrelation steht für wechselseitige Abhängigkeit schlechthin. In der Statistik wird er vor allem zur Beschreibung einer **gerichteten Wechselwirkung** zwischen mindestens ordinal skalierten Merkmalen verwendet. Dabei interessiert, ob zwei Merkmale sich **gleich gerichtet** und **ungleich gerichtet** beeinflussen. Die Ausprägungen der beiden Merkmale werden stets simultan erhoben, entweder an einem oder an zwei Merkmalsträgern.

Beispiel 1.8.1 Wenn die Qualität (Merkmal 1) eines Produktes (Merkmalsträger) steigt, dann ist auch ein höherer Preis (Merkmal 2) gerechtfertigt und umgekehrt.
Wenn zwei Restaurantführer überwiegend Übereinstimmung bei der Einstufung (Merkmal 1 und 2) von Gaststätten und Hotels (Merkmalsträger) verzeichnen, so liegt statistisch gesehen ebenfalls ein gleich gerichteter Zusammenhang vor.
Entgegengesetzt wirken die Merkmale Kosten und Gewinn einer Airline (Merkmalsträger). Das trifft erfahrungsgemäß auch auf die Musikwahl (Merkmal) von Vater und Sohn (Paar von Merkmalsträgern) zu.

Für die Berechnung der Intensität der Wechselwirkung ist die Skalierung der Merkmale entscheidend. Wenn mindestens eines der beiden Merkmale ordinal skaliert ist, spricht man von **Rangkorrelation**, ansonsten von **gewöhnlicher Korrelation**. Die Berechnungsmethoden für diese beiden Arten von Korrelation unterscheiden sich erheblich.

1.8.1 Rangkorrelation nach Kendall

Die Idee von Kendall [1962] besteht darin, die **Rangpaare** einem plausiblen **Richtungsvergleich** zu unterziehen. Der Vergleich zwischen zwei Rangpaaren (x_i, y_i) und (x_j, y_j) kann zweierlei ergeben:

Falls Y mit steigendem (fallendem) X wächst (fällt), liegt eine Richtungsübereinstimmung vor. Wenn hingegen Y mit fallendem (steigendem) X wächst (fällt), dann liegt ein ungleich gerichteter Zusammenhang vor.

Die Anzahl aller Richtungsübereinstimmungen P und aller Richtungswechsel Q müssen systematisch erfasst und gegenübergestellt werden. Hierfür wird die Differenz P - Q gebildet und das Vorzeichen zur globalen Deutung der Richtung genutzt. Falls die Zahl der Wechsel dominiert, ist der Zusammenhang negativ gerichtet. Andernfalls ist der Zusammenhang positiv gerichtet. Um eine Maßzahl kleiner als eins zu erzeugen, wird die Differenz P - Q durch die Anzahl der Paarvergleiche dividiert. Da sich aus n Paaren gerade n(n-1)/2 Vergleichspaare bilden lassen, ergibt sich als Maßzahl:

$$\tau = \frac{P - Q}{\left(\frac{n \cdot (n-1)}{2}\right)},$$

wobei P die Anzahl der Übereinstimmungen und Q die Anzahl von Abweichungen beim paarweisen Richtungsvergleich repräsentieren. Falls die Ränge von X bzw. Y übereinstimmen, wird das entsprechende Rangpaar nicht ausgewertet.

Sich wiederholende Beobachtungen werden als **Bindungen** bezeichnet. Liegen k verschiedene Bindungen mit der jeweiligen Häufung g_i beim Merkmal X vor, so reduziert sich die Zahl der Paarvergleiche um

$$G_x = \frac{1}{2}\sum_{i=1}^{k} g_i \cdot (g_i - 1).$$

Treten entsprechend l verschiedene Bindungen jeweils mit der Häufung h_j beim Merkmal Y auf, muss die Zahl der Paarvergleiche um

$$H_y = \frac{1}{2}\sum_{j=1}^{l} h_j \cdot (h_j - 1)$$

verringert werden. Damit kann eine modifizierte Maßzahl in der Form

$$\tau_* = \frac{P - Q}{\sqrt{\binom{n}{2} - G_x}\sqrt{\binom{n}{2} - H_y}}$$

konstruiert werden, die gleichfalls zwischen -1 und +1 liegt. Bei der Berechnung wird darauf geachtet, dass die Beobachtungspaare (x, y) nach aufsteigenden Rängen in X sortiert sind.

Beispiel 1.8.1 Zwei Geschäftspartner A und B wollen eine gemeinsame Filiale im Ausland einrichten. Es stehen vier Standorte I, II , III und IV zur Wahl, die folgendermaßen platziert werden:

Möglichkeit	Standort I	Standort II	Standort III	Standort IV
Urteil von A	Rang 2	Rang 4	Rang 1	Rang 3
Urteil von B	Rang 1	Rang 3	Rang 2	Rang 4

Wird das Standortproblem kontrovers oder eher übereinstimmend gesehen?

In der Rangtabelle wird zunächst nach aufsteigenden Rängen hinsichtlich Partner A umsortiert:

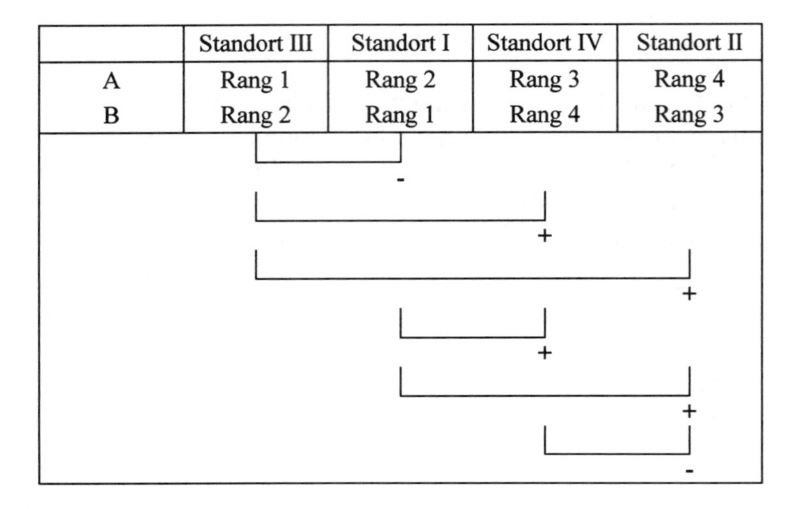

	Standort III	Standort I	Standort IV	Standort II
A	Rang 1	Rang 2	Rang 3	Rang 4
B	Rang 2	Rang 1	Rang 4	Rang 3

Die Auszählung ergibt 4 Rangpaarvergleiche mit positivem Ausgang und zwei Rangpaarvergleiche mit negativem Ausgang. Insgesamt sind $4 \cdot 3/2 = 6$ Rangpaare verglichen worden. Als Rangkorrelationskoeffizient ergibt sich ein positiver Wert

$$\tau = \frac{4-2}{6} = +0{,}33\,,$$

der für mehr übereinstimmende als gegensätzliche Standortpräferenzen der beiden Geschäftspartner spricht.

Beispiel 1.8.2 Zwei Experten nehmen an einer Bierverkostung teil. Es sollen 6 Markenbiere der Sorte Pils zwischen 1 (exzellent) und 4 (trinkbar) platziert werden, wobei gleiche Ränge vergeben werden können. Die Experten X und Y kommen zu folgendem Ergebnis:

Experte \ Marke	Bier A	Bier B	Bier C	Bier D	Bier E	Bier F
X	Rang 1	Rang 3	Rang 2	Rang 4	Rang 3	Rang 3
Y	Rang 4	Rang 2	Rang 1	Rang 3	Rang 3	Rang 2

Handelt es sich um unabhängig urteilende Experten?

Zunächst wird wieder nach aufsteigenden Rängen bezüglich X umsortiert, wobei bei Rangübereinstimmung Y ebenfalls nach aufsteigenden Rängen zu sortieren ist.
Beim Rangpaarvergleich wird bei gleichen Rängen in X als Resultat 0_X, bei gleichen Rängen in Y als Resultat 0_Y und bei Ranggleichheit in X und Y entsprechend als Resultat 0_{XY} gesetzt.

Marke / Experte	Bier A	Bier C	Bier B	Bier F	Bier E	Bier D
X	Rang 1	Rang 2	Rang 3	Rang 3	Rang 3	Rang 4
Y	Rang 4	Rang 1	Rang 2	Rang 2	Rang 3	Rang 3
		-	-	-	-	-
			+	+	+	+
				0_{XY}	0_X	+
					0_X	+
						0_Y

Von den 6·5/2 = 15 Rangpaarvergleichen können 5 als gegensätzlich und 6 als übereinstimmend gewertet werden. 4 Vergleiche fallen aus der Wertung heraus, da die Experten keinen Unterschied machen wollen. Als Maßzahl ergibt sich

$$\tau_* = \frac{6-5}{\sqrt{15-3} \cdot \sqrt{15-2}} = +0{,}08.$$

Zwischen den Experten gab es offenbar keine Absprachen. Ihre Urteile können als unabhängig angesehen werden.

Für die Deutung der Richtung des Korrelationskoeffizienten ist folgende Tabelle hilfreich:

Tabelle 1.8.1 Deutung des Vorzeichens eines Korrelationskoeffizienten

Korrelations-richtung	Deutung
Positive Korrelation	Es treten typischerweise hohe Rangzahlen für X und Y bzw. niedrige Rangzahlen für X und Y gleichzeitig auf.
Negative Korrelation	Es treten typischerweise niedrige Rangzahlen in X gemeinsam mit hohen Rangzahlen in Y bzw. niedrige Rangzahlen in X gemeinsam mit hohen Rangzahlen in Y auf.

Weitere Korrelationsmaße für ordinal skalierte Daten sind bei Ferschl [1985], S. 206 ff., und Heiler [1996], S. 261 ff. nachzulesen.

1.8.2 Korrelation nach Bravais-Pearson

Wenn die beiden Merkmale X und Y **kardinal skaliert** sind, wird eine Korrelationstabelle mit den simultanen Beobachtungen (x_i, y_i) i = 1, ..., n ausgewertet.

1.8.2.1 Scatter-Plot

Aufschluss über die Richtung eines (linearen) Zusammenhangs kann bereits die grafische Darstellung der Paare im Scatter-Plot geben. Die **Schwerpunktkoordinaten** $(\bar{x}, \bar{y})$ liefern eine Aufteilung in vier Felder, die eine Verbindung zwischen Richtung und Vorzeichen des Produkts $(x_i - \bar{x}) \cdot (y_i - \bar{y})$ zulassen.

- Das linke obere und das rechte untere Feld ergeben ein negatives Vorzeichen.
- Das linke untere Feld und das rechte obere Feld ergeben ein positives Vorzeichen.

Wenn sich, wie im Beispiel 8.3, die statistischen Massen gleichmäßig auf alle Felder verteilen (siehe Bild 1.8.1), dann wird kein gerichteter (linearer) Zusammenhang zu erkennen sein. Falls sich aber die Beobachtungspaare hauptsächlich in den positiv ausgewiesenen Feldern befinden, ist ein positiv gerichteter Zusammenhang zu vermuten. Wenn hingegen überwiegend die beiden negativ ausgewiesenen Felder belegt sind, so deutet das auf einen negativ gerichteten Zusammenhang hin.

Um sicher zu gehen, wird neben dem Scatter-Plot eine Maßzahl ausgewertet, die sowohl **Richtung** als auch **Intensität** ausweisen kann.

Beispiel 1.8.3 Korrelationstabelle mit vier fiktiven Wertepaaren und den beiden Schwerpunktkoordinaten.

i	x_i	y_i
1	15	10
2	25	35
3	35	10
4	45	25
Summe	120	80
Mittel	30	20

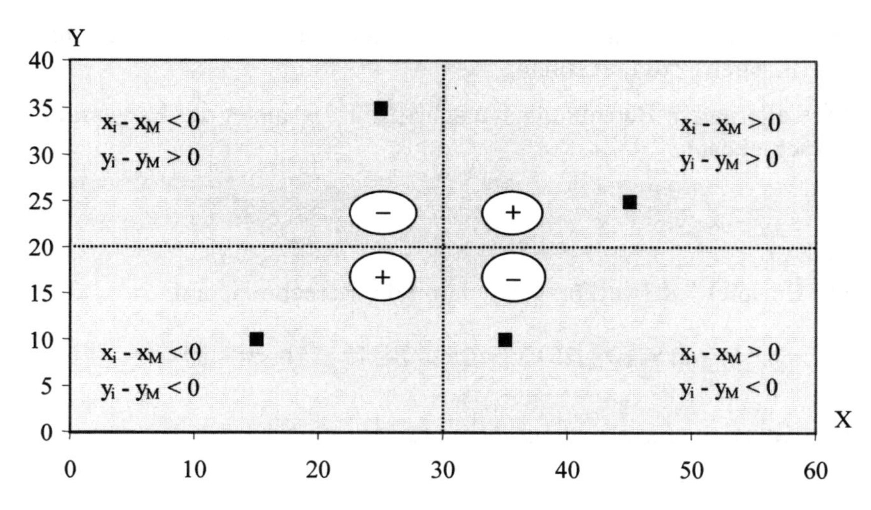

Bild 1.8.1 Scatter-Plot mit Schwerpunktkoordinaten zum Beispiel 1.8.3

1.8.2.2 Empirische Kovarianz

Wenn die Produkte $(x_i - \bar{x}) \cdot (y_i - \bar{y})$ addiert und gemittelt werden, ergibt sich zunächst die **empirische Kovarianz** s_{XY}

$$s_{XY} = \frac{1}{n} \sum_{i=1}^{n} (x_i - \bar{x}) \cdot (y_i - \bar{y}).$$

Ihr Vorzeichen bestimmt die Richtung des Zusammenhangs und kann gemäß Tabelle 1.8.1 wie bei Kendall´s τ gedeutet werden. Der Wert der Kovarianz kann auch Auskunft darüber geben, ob ein gerichteter Zusammenhang besteht oder nicht, da die Abweichungen von den Schwerpunktkoordinaten multiplikativ in die Berechnung eingehen. Falls sich alle Paare auf der Linie $\bar{x}$ oder auf der Linie $\bar{y}$ befinden, ist die Kovarianz gleich null. In diesem Fall kann sich ein Merkmal völlig unabhängig vom anderen ändern, d.h. es lässt sich keine (gerichtete) Wechselwirkung nachweisen.

In Beispiel 1.8.3 ergibt sich für die Kovarianz ein positiver Wert

$$s_{XY} = \frac{1}{4} \begin{pmatrix} (15-30) \cdot (10-20) + (25-30) \cdot (35-20) \\ + (35-30) \cdot (10-20) + (45-30) \cdot (25-20) \end{pmatrix}$$
$$= 25,$$

der aber mit Blick auf den Scatter-Plot nicht für einen positiv gerichteten (linearen) Zusammenhang steht.

Eine alternative Berechnungsvorschrift für s_{XY} bietet der **Kovarianzverschiebesatz**

$$s_{XY} = \overline{x \cdot y} - \bar{x} \cdot \bar{y}.$$

Für Beispiel 1.8.3 verkürzt sich damit die Berechnung auf

$$s_{XY} = \frac{1}{4} \cdot (15 \cdot 10 + 25 \cdot 35 + 35 \cdot 10 + 45 \cdot 25) - 30 \cdot 20 = 25.$$

Die Kovarianz hat allerdings zwei gravierende Nachteile:

Für linear transformierte Werte $a + b \cdot x_i$ und $c + d \cdot y_i$ ergibt sich

$$\tilde{s}_{XY} = b \cdot d \cdot s_{XY} .$$

Beim Übergang von der Maßeinheit Hektoliter zur Maßeinheit Kilohektoliter würde mit $b = 10^{-3}$ z. B. eine nicht akzeptable Kovarianzverminderung in der Gößenordnung 10^{-6} folgen (**Maßstababhängigkeit** der Kovarianz).
Darüber hinaus lässt die Kovarianz nur eine **eingeschränkte Richtungsinterpretation** im Scatter-Plot zu. Falls zwei Scatter-Plots nahezu richtungsgleich ausfallen, können die Kovarianzen bei unterschiedlicher Streuung sehr wohl verschieden sein. Umgekehrt muss eine Kovarianzgleichheit zweier Merkmalspaare nicht unbedingt eine Richtungsübereinstimmung der Scatter-Plots bedeuten (siehe Beispiel 1.8.4).

1.8.2.3 Korrelationskoeffizient nach Bravais-Pearson

Eine **Normierung** der Kovarianz s_{xy} auf eine Spanne von -1 bis +1 gelingt mit Hilfe der Standardabweichungen s_x und s_y von X bzw. Y und führt auf den Korrelationskoeffizienten r nach Bravais-Pearson. Zu dessen Berechnung wird meist die folgende Langform verwendet

$$r = \frac{s_{XY}}{s_X \cdot s_Y} = \frac{\sum_{i=1}^{n} x_i \cdot y_i - n \cdot \bar{x} \cdot \bar{y}}{\sqrt{\sum_{i=1}^{n} x_i^2 - n \cdot \bar{x}^2} \sqrt{\sum_{i=1}^{n} y_i^2 - n \cdot \bar{y}^2}}.$$

Für Beispiel 1.8.3 ergibt sich ein Korrelationskoeffizient nahe null

$$r = \frac{2500 - 4 \cdot 30 \cdot 20}{\sqrt{4100 - 4 \cdot 30^2} \cdot \sqrt{2050 - 4 \cdot 20^2}} = 0{,}21.$$

Die Vorzüge des Korrelationskoeffizienten gegenüber der Kovarianz macht das Beispiel 1.8.4 (vgl. Tabelle 1.8.2) deutlich. Dort sind zu einem Merkmal X fünf Varianten für ein Vergleichsmerkmal Y aufgelistet. Variante V_1 zeigt einen total positiv gerichteten Zusammenhang

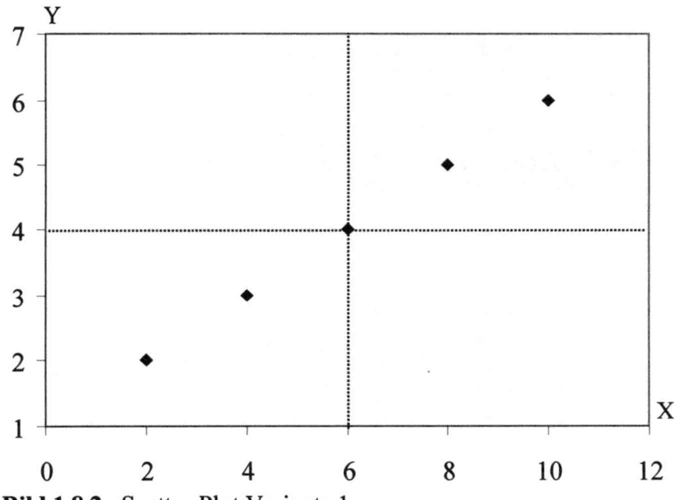

Bild 1.8.2 Scatter-Plot Variante 1

und Variante V_2 einen total negativ gerichteten Zusammenhang.

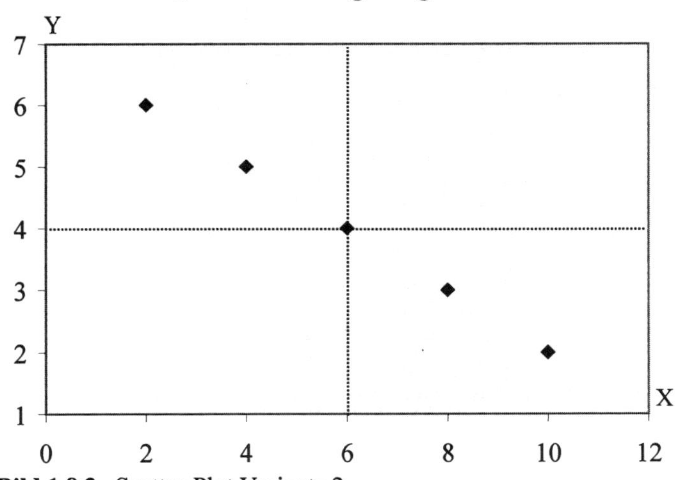

Bild 1.8.3 Scatter-Plot Variante 2

Variante V_3 steht für eine gleichhäufige Verteilung auf alle Felder ohne erkennbare Richtung.

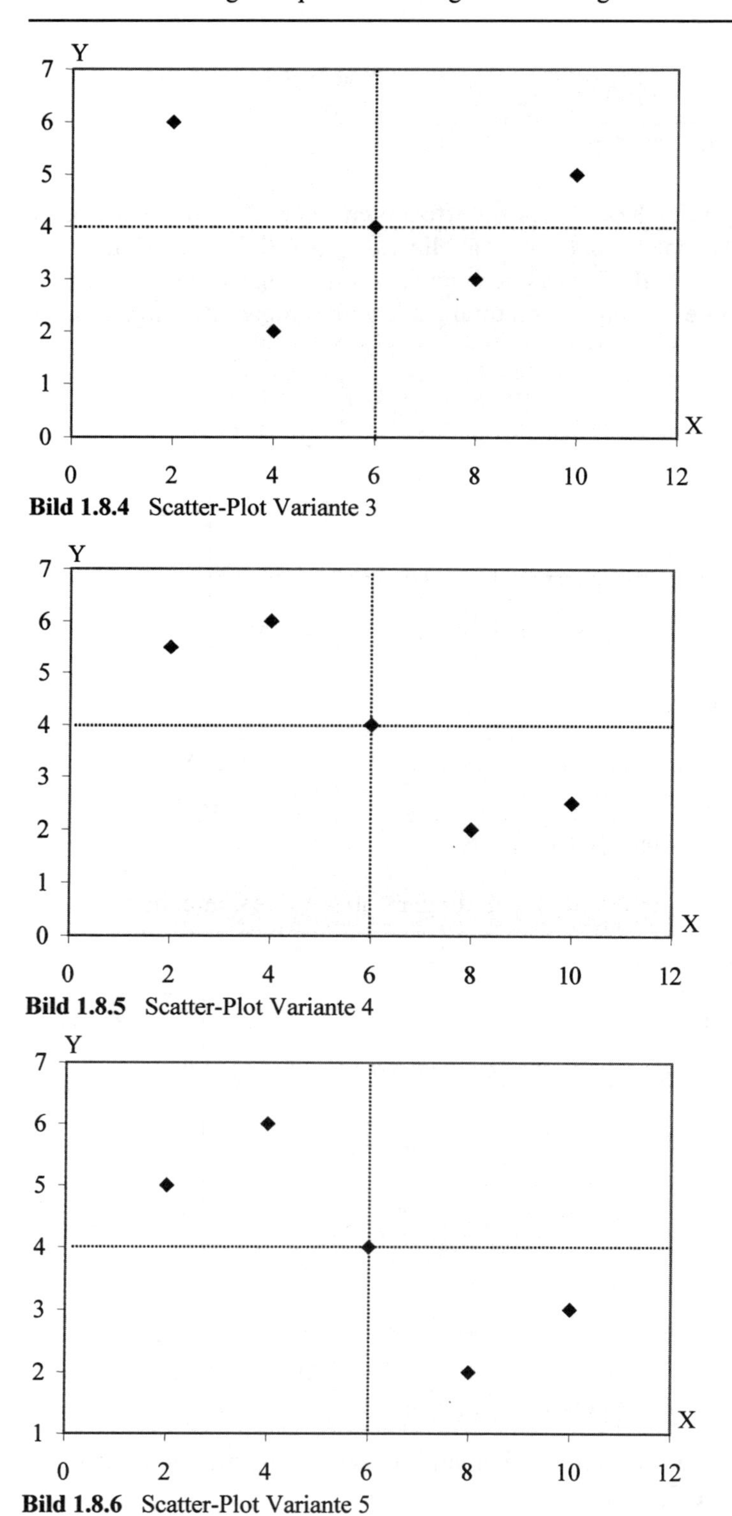

Bild 1.8.4 Scatter-Plot Variante 3

Bild 1.8.5 Scatter-Plot Variante 4

Bild 1.8.6 Scatter-Plot Variante 5

Die Varianten V_4 (Bild 1.8.5) und V_5 (Bild 1.8.6), die sich optisch nur geringfügig unterscheiden, zeigen positiv gerichtete Zusammenhänge zwischen X und Y an. Ein Blick auf die in Tabelle 1.8.2 enthaltenen Datensätze bestätigt diesen Eindruck. Dennoch existieren zwischen den Varianten V_4 und V_5 einerseits und der Variante V_2 andererseits erhebliche Unterschiede.

Tabelle 1.8.2 Korrelationsbeispiel 1.8.4 mit 5 Varianten V_1 - V_5

i	x_i	y_i (V_1)	y_i (V_2)	y_i (V_3)	y_i (V_4)	y_i (V_5)
1	2	2	6	6	5,5	5
2	4	3	5	2	6,0	6
3	6	4	4	4	4,0	4
4	8	5	3	3	2,0	2
5	10	6	2	5	2,5	3
Summe	30	20	20	20	20,0	20

Einmal ist die Varianz von Y, das andere Mal die Kovarianz gegenüber Variante V_2 verändert worden sind (siehe Tabelle 1.8.3).

Tabelle 1.8.3 Auswertung Korrelation mit den Varianten 1 - 5 für Merkmal Y

Variante Maßzahl	V_1	V_2	V_3	V_4	V_5
s_{XY}	+ 4,0	- 4,0	- 0,4	- 4,0	- 3,2
s^2_X	+ 8,0	+ 8,0	+ 8,0	+ 8,0	+ 8,0
s^2_Y	+ 2,0	+ 2,0	+ 2,0	+ 2,5	+ 2,0
r	+ 1,0	- 1,0	- 0,1	- 0,9	- 0,8
Deutung	Perfekter positiv gerichteter Zusammenhang	Perfekter negativ gerichteter Zusammenhang	Kein gerichteter Zusammenhang	Negativ gerichteter Zusammenhang	Negativ gerichteter Zusammenhang

Offensichtlich kann die Kovarianz zwischen den optisch sehr verschiedenen Scatter-Plots der Varianten V_2 und V_4 nicht unterscheiden. Andererseits macht die Kovarianz zwischen den optisch sehr ähnlichen Plots der Varianten V_4 und V_5 einen deutlichen Unterschied.

Der Korrelationskoeffizient hingegen trennt stärker nach dem visuellen Eindruck der Scatter-Plots. Die nicht erkennbare Richtung in Variante V_3 wird mit einem r-Wert nahe null bewertet. Zuverlässig deuten lässt sich der Korrelationskoeffizient r allerdings nur für die drei Spezialfälle 0, +1 und -1 (siehe Tabelle 1.8.4).

Die Scatter-Plots von Beispiel 1.8.3 und von Variante V_3 aus Beispiel 1.8.4 deuten auf einen **nichtlinearen** (parabolischen) Zusammenhang hin. Folglich ist bei einem Wert des Korrelationskoeffizienten nahe null der Scatter-Plot auf einen eventuellen nichtlinearen Zusammenhang zu überprüfen.

Tabelle 1.8.4 Deutung des Korrelationskoeffizienten nach Bravais-Pearson

Wert von r	Deutung
+ 1	Perfekter positiver (linearer) Zusammenhang
- 1	Perfekter negativer (linearer) Zusammenhang
0	Kein gerichteter Zusammenhang

Einige Beispiele für **Nullkorrelation** und **Unabhängigkeit** sind in den Bildern 1.8.7 - 1.8.9 dargestellt.

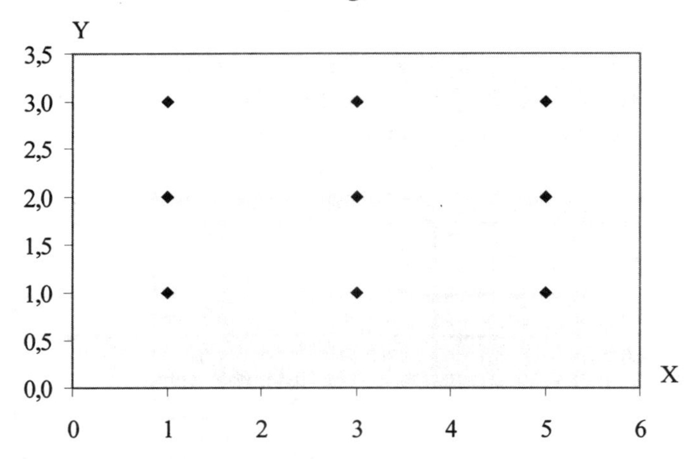

Bild 1.8.7 Nullkorrelation (Fall 1)

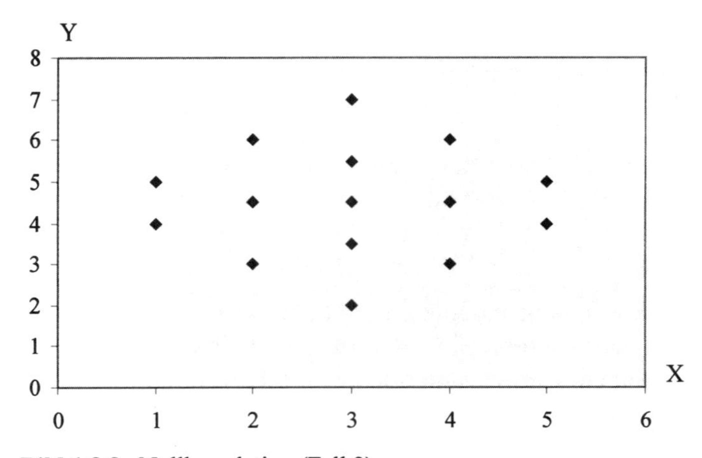

Bild 1.8.8 Nullkorrelation (Fall 2)

Im Unterschied zur nichtlinearen Abhängigkeit von Variante V_3 aus Beispiel 1.8.4 sind hierbei keine funktionalen Assoziationen herstellbar. Die Punktwolken im Scatter-Plot weisen zahlreiche mehrdeutige Zuordnungen zwischen Beobachtungen von X und Y auf. Je nach Varianzunterschied zwischen den Merkmalen ergeben sich verschiedene Formen von Punktwolken.

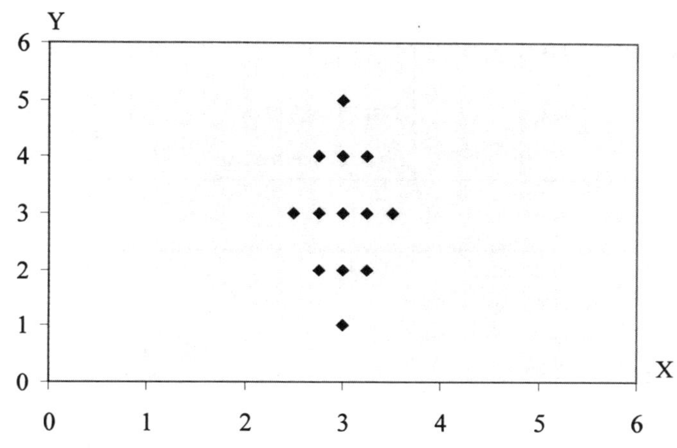

Bild 1.8.9 Nullkorrelation (Fall 3)

1.8.2.4 Ausreißerabhängigkeit

Sowohl die Kovarianz als auch der Korrelationskoeffizient sind sehr anfällig gegenüber Ausreißern, da in ihre Berechnung mit dem arithmetischen Mittel und der Standardabweichung zwei ausreißeranfällige Maßzahlen eingehen. Die Bildung von Produkten in der Kovarianzformel verschärft die Ausreißerabhängigkeit zusätzlich.
Es kann durchaus vorkommen, dass bereits ein extremer Wert das Vorzeichen des Korrelationskoeffizienten und damit die Richtungsaussage verkehrt. Möglich ist auch, dass ein eigentlich nichtlinearer Zusammenhang, wie z. B. der zwischen Alter und Verkaufspreis von Gebrauchtwagen, sich durch einen extremen Wert erheblich von null unterscheidet.
Der Scatter-Plot ist in solchen Fällen ganz besonders gründlich auszuwerten und eine Gegenrechnung zu empfehlen, die das fragliche Merkmalspaar ausspart. Alternativ dazu könnte man auf den Korrelationskoeffizient von Kendall ausweichen, der von Ausreißern nicht beeinflusst wird.

Beispiel 1.8.5 Nachstehende Tabelle und Bild 1.8.9 zeigen die Korrelation von löslichen und unlöslichen Ballaststoffen in Backwaren und Getreideprodukten, angegeben in Gramm Ballaststoffe je 100 g.

Produkt	löslich	unlöslich	Produkt	löslich	unlöslich
Weizenfeinbrot	1,7	1,5	Haferflocken	5,0	4,5
Roggenmischbrot	3,8	2,2	Nudeln, gekocht	0,4	1,1
Roggenvollkorn-brot	6,3	2,6	Vollkornnudeln, gekocht	0,7	3,7
Roggenknäckebrot	10,0	4,1	Reis, parboiled, gekocht	0,2	0,4
Zwieback	3,6	1,6	Naturreis, gekocht	0,4	0,6
Cornflakes	2,8	1,2	Weizenspeisekleie	45,7	3,6

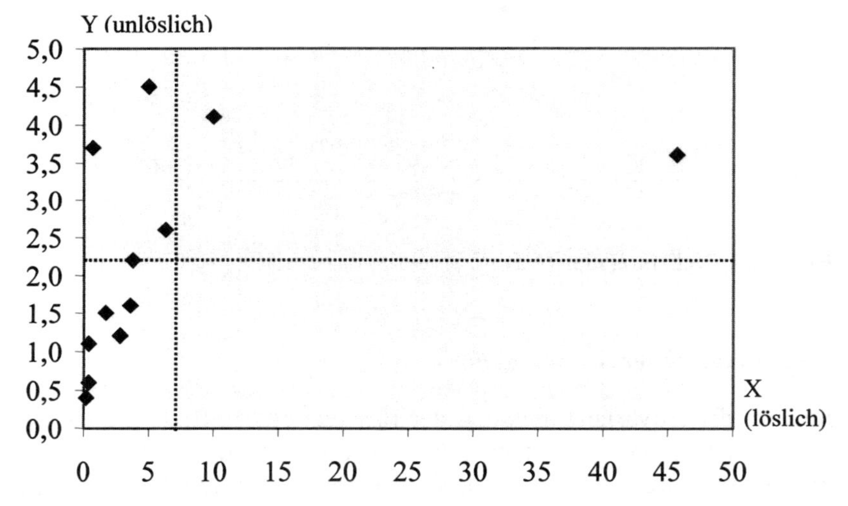

Bild 1.8.9 Scatterplot mit einem Ausreißer in den Daten

Der Korrelationskoeffizient nach Bravais-Pearson beträgt 0,436. Wenn der Extremwert für Weizenspeisekleie ausgespart wird, ergibt sich mit $r_b = 0{,}664$ eine wesentlich höhere Korrelation. Im Unterschied dazu reagiert der Korrelationskoeffizient nach Kendall auf die Entfernung des Ausreißers nur geringfügig, denn $\tau = 0{,}657$ und $\tau_b = 0{,}697$ unterscheiden sich kaum.

1.8.2.5 Korrelation klassierter Daten

Liegen klassierte Daten vor, z. B. aus Verkehrsbeobachtungen, dann sind in den Formeln für die Kovarianz und den Korrelationskoeffizienten die gesternten Schätzwerte für arithmetische Mittel und Standardabweichungen gemäß Kap.1. 4 einzusetzen. Die Produktbildung bei der empirischen Kovarianz wird mit Hilfe der Klassenmitten m_i für X und n_j für Y und der simultanen Klassenhäufigkeiten H_{ij} realisiert:

$$s_{XY}^{*} = \frac{1}{n} \sum_{i=1}^{k} \sum_{j=1}^{l} (m_i - \bar{x}_*) \cdot (n_j - \bar{y}_*) \cdot H_{ij} .$$

1.8.3 Schein- und Nonsenskorrelation

Der Korrelationskoeffizient kann für zwei beliebige Merkmale berechnet werden, unabhängig davon, ob diese in Wechselwirkung stehen oder nicht. Wenn z. B. bei einer statistischen Erhebung unter Schülern festgestellt wurde, dass die Handschrift mit wachsender Schuhgröße an Regelmäßigkeit zunimmt, so kann nicht auf eine positiv gerichtete Wechselwirkung der beiden Merkmale geschlossen werden. Die rechnerisch ermittelte Korrelation besteht nur scheinbar, weil beide Merkmale (X Regelmäßigkeit der Handschrift, Y Schuhgröße) jeweils mit einer dritten Variablen Z, dem Alter des Schülers, positiv korreliert sind. Man spricht in diesem Fall von Scheinkorrelation. Einige Beispiele für Scheinkorrelation zeigt die Tabelle 1.8.5.

Tabelle 1.8.5 Kuriose Beispiele für Scheinkorrelation (siehe Krämer [1995])

Merkmal X	Merkmal Y	Scheinkorrelation	Merkmal Z
Luftqualität eines Kurortes	Sterberate	Positiv	Ansiedlung von Pensionären
Weizenpollenallergie	Weizenpreis	Negativ	Wetter
Ende des 19. Jh. in Wales angemeldete Rundfunkgeräte	Anzahl der Geistesgestörten und geistig Behinderten	Positiv	Zeit

Kann eine paradoxe Korrelation auch nicht über ein drittes Merkmal erhellt werden, wie z. B. die zwischen Aktienkursen und Verkehrstoten, dann liegt eine Zufalls- oder Nonsenskorrelation vor.

1.8.4 Zusammenfassung zur Abhängigkeitsanalyse

Ob statistische Merkmale voneinander abhängig sind, kann mit Hilfe verschiedener Maßzahlen und Plots festgestellt werden (siehe Tabelle 1.8.6). Die einsetzbaren Hilfsmittel hängen von der Skalenart der Merkmale ab. Ist mindestens ein Merkmal lediglich nominal skaliert, werden Kreuztabellen, Kontingenzkoeffizienten und dreidimensionale Balkenplots ausgewertet. Falls alle Merkmale wenigstens ordinal skaliert sind, bieten sich Rangtabellen, Rangkorrelationskoeffizienten und gruppierte Balkendiagramme an. Kardinal skalierte Daten werden mittels Korrelationstabelle, Korrelationskoeffizient und Scatter-Plot analysiert. Neben der Ja-Nein-Entscheidung lassen sich abhängig von der Datenskalierung Aussagen über Intensität, Richtung und Funktionalität des Zusammenhangs machen.

Tabelle 1.8.6 Zusammenhangsuntersuchung zwischen zwei Merkmalen

Datenskala	Untersuchungsziel	Tabelle	Plots	Maßzahlen	Ausreißerprobleme
Mindestens ein Merkmal **nominal** skaliert	- Existenz - Intensität	Kreuztabelle (Kontingenztafel)	- 3-D-Häufigkeitsgebirge - Gruppierte Balkendiagramme	Kontingenzkoeffizient K	Nein
Mindestens ein Merkmal **ordinal** skaliert	- Existenz - Richtung - Intensität	Rangtabelle	- Gruppierte Balkendiagramme - Scatter-Plot	Kendall's τ bzw. τ_*	Nein
Beide Merkmale **kardinal** skaliert	- Existenz - Richtung - Intensität	Korrelationstabelle	- Scatter-Plot	Bravais-Pearson's Korrelationskoeffizient r bzw. r_*	Ja

1.8.5 Übungsaufgaben und Kontrollfragen

Aufgabe 1.8.1

In einer Firma beurteilen der Geschäftsführer und der Personalchef 8 Kandidaten für eine Assistenzstelle. Nach Aktenprüfung und Vorstellungsgesprächen hat sich folgende Platzierung in Rangzahlen ergeben:

Rang/Kandidat	K1	K2	K3	K4	K5	K6	K7	K8
Geschäftsführer	3	2	1	1	2	4	5	6
Personalchef	2	4	3	3	1	2	3	6

a) Geben Sie Merkmalsträger, Merkmale und Skalenart an.

b) Wählen Sie ein geeignetes Korrelationsmaß aus und kennzeichnen Sie mit seiner Hilfe, ob Geschäftsführer und Personalchef übereinstimmend oder kontrovers geurteilt haben.

Aufgabe 1.8.2

18 Fernstudenten sollen ihr Urteil abgeben über

1) die Bedeutung der Statistik aus beruflicher Erfahrung heraus, bewertet mit Rängen von 1 bis 5 (mit aufsteigender Wichtigkeit);
2) den jeweiligen persönlichen Zeitaufwand pro Monat für das Fach Statistik in Stunden (klassiert mit Klassenbreite 4 h);
3) den jeweiligen Stellenwert des Faches Statistik im Konzept des Fernstudiums BWL, bewertet mit Rängen von 1 bis 3 (mit steigender Bedeutung).

Die Befragung hat folgende Wertungen und simultanen Häufigkeiten ergeben:

Praktische Bedeutung / Stellenwert	1	2	3	4	5
1	1	0	0	3	1
2	0	1	4	1	0
3	1	0	3	2	1

Zeit in h / Praktische Bedeutung	1	2	3	4	5
0 bis unter 4	0	1	0	4	2
4 bis unter 8	1	0	3	0	0
8 bis unter 12	0	2	0	1	0
12 bis unter 16	0	0	1	1	0
16 und mehr	0	1	0	0	1

a) Geben Sie Merkmalsträger, Merkmale und Skalenart an!

b) Wandeln Sie die Zeitintervalle in Ränge um!

c) Gehen die beiden Merkmale praktische Bedeutung und persönlicher Zeitaufwand konform?

d) Gehen die beiden Merkmale praktische Bedeutung und Stellenwert des Lehrangebots konform?

Aufgabe 1.8.3 (zu lösen im PC-Labor)

Ein Hersteller von Hometrainern lässt an einer Gruppe von 22 übergewichtigen männlichen Personen Messungen zu Trainingsdauer und Gewichtsverlust machen. Er erhofft sich davon werbewirksame Zusatzinformationen.

Die Versuche in der höchsten Belastungsstufe führten zu folgenden Ergebnissen:

Dauer in Min. Gewichtsverlust in Gramm	0 bis unter 250	250 bis unter 500	500 bis unter 750	750 bis unter 1000	1000 bis unter 1250
0 bis unter 5	1	1	0	0	0
5 bis unter 10	1	2	1	1	0
10 bis unter 15	1	3	2	0	0
15 bis unter 20	3	1	1	0	1
20 bis unter 25	0	1	1	1	0

a) Bestimmen Sie Merkmalsträger, Merkmale und Skalenart.

b) Werten Sie den Scatter-Plot aus.

c) Wählen Sie ein geeignetes Zusammenhangsmaß aus. Was lässt sich über die Richtung des Zusammenhangs sagen?

d) Vergleichen Sie den Wert der Maßzahl mit den Werten anderer Zusammenhangsmaße.

Aufgabe 1.8.4 (zu lösen im PC-Labor)

Eine im Jahre 1998 auf dem US-Bildungsmarkt durchgeführte Befragung hat ein Ranking der 25 führenden MBA-Anbieter ergeben, bei dem folgende Einflussgrößen maßgeblich waren (Quelle: Business Week, zitiert in Handelsblatt 23./24.10.1998):

- Studiengebühr,
- Aufnahmequote,
- Ausländeranteil an den Studierenden,
- Anzahl von Absolventen mit einem Jahresgehalt von mehr als 100.000 Dollar,
- Durchschnittliche Anzahl von Job-Offerten pro Absolvent.

Die Tabelle ist im Datenverzeichnis (siehe Anhang) zu finden.

Geben Sie Merkmalsträger, Merkmalsskalierung an und führen Sie eine Korrelationsanalyse mit folgenden Schwerpunkten durch:

a) Werten Sie die Korrelation des Merkmals „Rangzahl 1997" jeweils mit dem Merkmal „Aufnahmequote", dem Merkmal „Studiengebühr" und dem Merkmal „Anzahl von Absolventen mit einem Jahresgehalt über 100.000 $" aus. Wählen Sie das der Skalierung entsprechende Korrelationsmaß aus und interpretieren Sie die Vorzeichen der Maßzahlen. Ordnen Sie die Korrelationskoeffizienten der Größe nach an und deuten Sie die erhaltene Abstufung.

b) Werten Sie die Korrelation des Merkmals „Ausländeranteil" mit dem Merkmal „durchschnittliche Anzahl von Job-Offerten", sowie die Korrelation des Merkmals „Anzahl der Absolventen mit einem Jahresgehalt über 100.000 $" mit jeweils dem Merkmal „Aufnahmequote" bzw. „Studiengebühr" aus. Deuten Sie das Vorzeichen und die Größe des gewählten Korrelationsmaßes.

c) Welche Interpretation hinsichtlich der Linearität des Zusammenhangs lassen die Scatter-Plots aus b) zu?

Fortsetzung der Aufgabe 1.4.2 (Gehaltsspannen für Managern)

Bestimmen und interpretieren Sie die Korrelation zwischen dem Merkmal X (Anteil der Firmenwagenberechtigen) und jeweils einem der folgenden Merkmalen Y_1 bis Y_3 unter Beachtung von extremen Werten (Y_1: Median der Gesamtbezüge, Y_2: 80%-Intervall der Gesamtbezüge, Y_3: Mediandifferenz zwischen Grundgehalt und Gesamtbezügen).

Überprüfen Sie folgende Aussagen:

1) Der Korrelationskoeffizient nach Kendall kann sowohl die Stärke und die Richtung eines Zusammenhangs zwischen einem ordinal skalierten Merkmal X und einem kardinal skalierten Merkmal Y messen.

2) Ein Wert des Korrelationskoeffizienten nach Bravais-Pearson von 0,75 bedeutet, dass 75% aller Beobachtungspaare im linken oberen bzw. rechten unteren Feld des Scatter-Plots liegen, wenn eine Feldeinteilung mittels Schwerpunktkoordinaten gewählt wird.

3) Die empirische Kovarianz misst Richtung und Intensität eines linearen Zusammenhangs.

4) Ist der Kontingenzkoeffizient K von zwei kardinal skalierten Merkmalen gleich null, dann verschwinden auch der entsprechende Rangkorrelationskoeffizient nach Kendall und der entsprechende Korrelationskoeffizient nach Bravais-Pearson.

1.9 Regression

Im Gegensatz zur Korrelation, bei der die Wechselwirkung (Interdependenz) zwischen Merkmalen untersucht wird, hat die Regression zum Ziel, eine mutmaßliche Ursache-Wirkungs-Beziehung (Dependenz) zwischen Merkmalen zu beschreiben. Gesucht wird eine Funktion, die einem beobachtbaren Wert des **Regressors** X (verursachendes Merkmal oder Einflussgröße) einen Schätzwert für den **Regressanden** Y (abhängiges Merkmal oder Zielgröße) zuordnet.
Der Begriff Regression leitet sich ab aus dem lateinischen Wort „regressio" (auf etwas zurückgehen). Die Regressionsanalyse ermittelt eine Funktion, mit der eine Ursache-Wirkungs-Beziehung beschrieben werden kann. Ob allerdings ein Merkmal X auf ein anderes Merkmal Y als Regressor überhaupt wirken kann, muss vorab sachlogisch geklärt werden.

Beispiel 1.9.1 Der Tagesumsatz eines Getränkemarktes hängt sicher von der Tageshöchsttemperatur ab. Die Umkehrung gilt nicht.

Beispiel 1.9.2 Öffentliche Investitionen können Arbeitsplätze schaffen. Die Umkehrung ergäbe keinen Sinn.

Falls es doch Dependenzen in beiden Richtungen gibt, treten sie mehr oder weniger zeitverschoben auf. Für die Regressionsbeziehung zwischen Merkmalen ist eine Zeitverschiebung zwischen Ursache und Wirkung typisch. Im Unterschied zur Korrelation lassen sich die Wertepaare meistens nicht mehr gleichzeitig erfassen.

Beispiel 1.9.3 Eine Zinssenkung stimuliert die Investitionsneigung von Unternehmen. Eine nachhaltig steigende Kapitalnachfrage treibt, mittelfristig gesehen, wiederum die Zinsen in die Höhe.

Als begleitendes **Beispiel 1.9.4** für die einfache Regressionsanalyse wird der Einfluss von Werbemaßnahmen (Regressor) auf den Umsatz eines Unternehmens (Regressand) untersucht.

Tabelle 1.9.1 Wirkung von Werbekampagnen auf den Umsatz

Werbe-kampagne	Werbekosten der Kampagne in Mio. € (Regressor X)	Umsatzsteigerung gegenüber dem Vormonat in Mio. € (Regressand Y)
1	0,3	0,5
2	0,5	0,7
3	0,5	0,6
4	0,8	1,1
5	0,9	1,1

Die Wirkung der Werbekampagnen auf den Umsatz soll funktional beschrieben werden. So interessiert z. B., wie viel Umsatzsteigerung durch eine Erhöhung der Werbungskosten um 100.000,- € zu erreichen ist.
Der Scatter-Plot für Beispiel 1.9.4 zeigt eine lineare Tendenz und legt nahe, die Ursache-Wirkungs-Beziehung näherungsweise mit einer Geraden zu beschreiben.

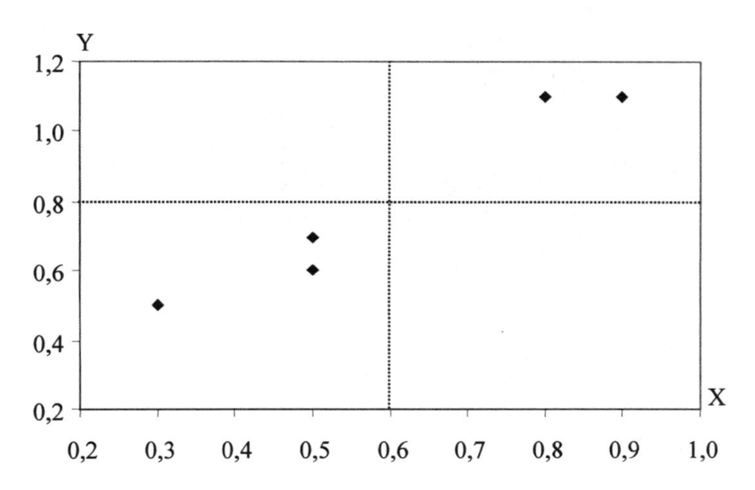

Bild 1.9.1 Scatter-Plot mit Schwerpunktkoordinaten für das Beispiel 1.9.4

1.9.1 Methode der kleinsten Quadrate

Die Abhängigkeit des Regressanden Y vom Regressor X soll funktional beschrieben werden. Dazu ist zuerst ein geeigneter Funktionstyp (hypothetisch) festzulegen, der im weiteren Verlauf der Regressionsanalyse korrigiert werden kann. Anhaltspunkte für den Funktionstyp ergeben sich häufig aus dem Scatter-Plot. Ansonsten wird mit der einfachsten Funktion, der Geraden, begonnen.
Im folgenden entwickeln wir das methodische Vorgehen am praktisch sehr häufigen Fall einer **linearen Regression.**
Eine Gerade soll die Tendenz in der Punktwolke möglichst gut erfassen und brauchbare Schätzwerte $\hat{y}_i$

$$\hat{y}_i = a + b \cdot x_i$$

für jeden Regressor-Wert x_i ($i = 1, ..., n$) liefern. Wenn die Schätzfehler u_i

$$u_i = \hat{y}_i - y_i$$

für die Regressor-Werte gering ausfallen, ist zu erwarten, dass man auch für andere, nicht beobachtete Werte von X brauchbare Regressanden-Werte erhält. Im Beispiel 1.9.4 könnte auf diese Weise die Umsatzsteigerung für die in Tabelle 1.9.1 nicht angegebenen Werbekosten von 400.000,- € oder 700.000,- € geschätzt werden, ohne dies durch eine zusätzliche Werbekampagne feststellen zu müssen.
Ein naheliegendes Güte-Kriterium für Regressionsgeraden besagt, dass sich die **Schätzfehler** u_i in der Summe ausgleichen sollen. Die Abweichungen nach unten und nach oben heben sich dann gegenseitig auf. Mathematisch bedeutet das

$$\sum_{i=1}^{n}(\hat{y}_i - y_i) = 0$$

oder

$$\sum_{i=1}^{n}\hat{y}_i = \sum_{i=1}^{n} a + b \cdot x_i = \sum_{i=1}^{n} y_i .$$

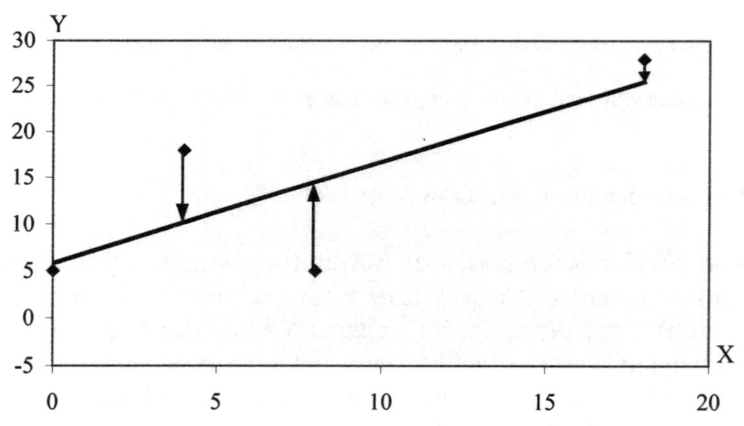

Bild 1.9.2 Kriterium des Fehlerausgleichs an einem fiktiven Beispiel

Wird auf beiden Seiten der Gleichung durch die Anzahl n der Beobachtungen dividiert und der Verschiebesatz für das arithmetische Mittel (siehe Abschnitt 3) beachtet, ergibt sich die **Schwerpunkteigenschaft**

$$a + b \cdot \overline{x} = \overline{y} .$$

Die Regressionsgerade muss nach dem Kriterium des Fehlerausgleichs durch den Schwerpunkt $(\overline{x}, \overline{y})$ der Punktwolke verlaufen. Das reicht allerdings noch nicht aus, um eine Gerade eindeutig zu bestimmen, denn durch den Schwerpunkt lassen sich unendlich viele Geraden legen.

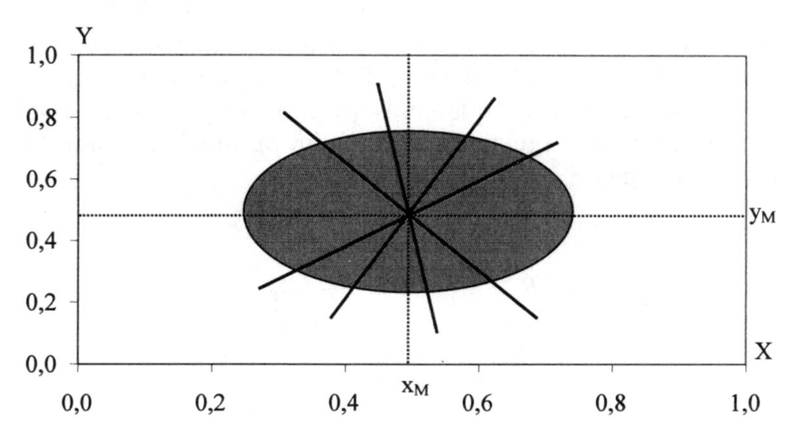

Bild 1.9.3 Vielfalt von Regressionsgeraden mit Schwerpunkteigenschaft

Eine ausgezeichnete, eindeutig bestimmte Regressionsgerade ergibt sich, wenn die Parameter a und b so bestimmt werden, dass die Quadrate der Schätzfehler u_i in der Summe ein Minimum ergeben, d. h.

$$\sum_{i=1}^{n}(\hat{y}_i - y_i)^2 = f(a,b) \Rightarrow \text{Minimum}.$$

Dieses Kriterium geht auf den Franzosen Adrien Marie Legendre (1752-1833) und den Deutschen Carl Friedrich Gauß (1777-1855) zurück. Es lässt sich graphisch so interpretieren, dass die Gerade durch minimale Flächengewichte arretiert wird (siehe Rönz [1992], S. 31).

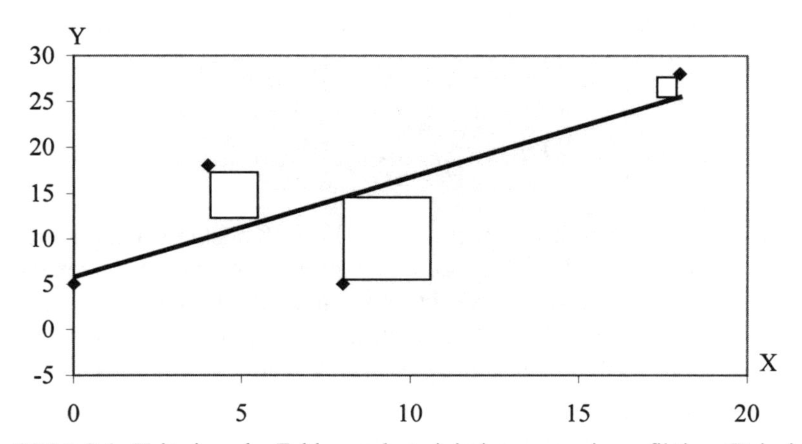

Bild 1.9.4 Kriterium der Fehlerquadratminimierung an einem fiktiven Beispiel

Mathematisch betrachtet ist bei der Methode der kleinsten Quadrate eine **Extremwertaufgabe** für eine Funktion mit zwei Variablen zu lösen. Da die Quadratsumme nicht kleiner als null werden kann, muss es ein Minimum geben. Die Suche nach dem Minimalpunkt lässt sich an der grafischen Darstellung einer **parabolischen Funktion** f(a, b) verdeutlichen. In dieser Darstellung (vgl. Bild 1.9.5) werden gleichzeitig von einem Randkreis des Paraboloids (rechtwinklig versetzt) zwei Kugeln in den Krater losgelassen, die sich im Minimalpunkt auf der Kratersohle begegnen.

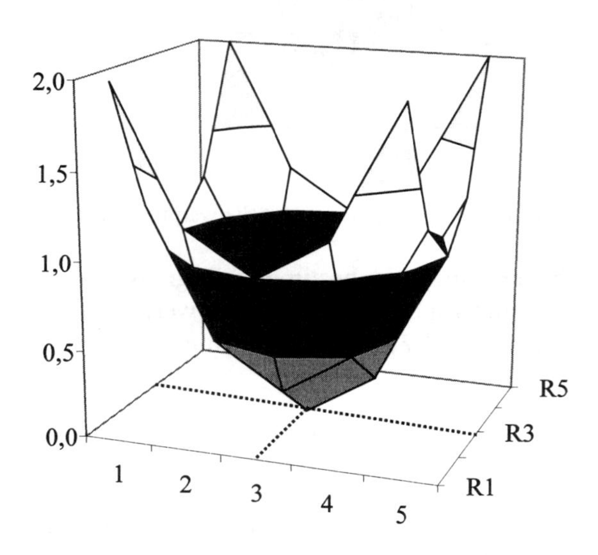

Bild 1.9.5 Schätzfunktion nach der Methode der kleinsten Quadrate

Mathematisch werden die Richtungen der Kugelbahnen durch partielle Ableitungen nach a und b markiert, die auf der Kratersohle $(\hat{a}, \hat{b})$ gleich null sind:

$$\left.\frac{\partial f(a,b)}{\partial a}\right|_{(\hat{a},\hat{b})} = 0 \quad \text{und} \quad \left.\frac{\partial f(a,b)}{\partial b}\right|_{(\hat{a},\hat{b})} = 0 .$$

Bei der partiellen Ableitung nach a wird b als Konstante behandelt, und bei der partiellen Ableitung nach b entsprechend a konstant gehalten. Die Rechenregeln der Differentialrechnung für Funktionen einer Variablen (Summenregel, Potenzregel, Kettenregel) gelten gleichwohl. Aus den beiden Bedingungen ergibt sich ein lineares Gleichungssystem mit zwei Gleichungen und zwei Unbekannten $\hat{a}$ und $\hat{b}$, das sogenannte **Normalgleichungssystem**:

$$\hat{a} \cdot n + \hat{b} \cdot \sum_{i=1}^{n} x_i = \sum_{i=1}^{n} y_i$$

$$\hat{a} \cdot \sum_{i=1}^{n} x_i + \hat{b} \cdot \sum_{i=1}^{n} x_i^2 = \sum_{i=1}^{n} x_i \cdot y_i \, .$$

Als Lösungen erhält man für das **Absolutglied** $\hat{a}$

$$\hat{a} = \overline{y} - \hat{b} \cdot \overline{x}$$

und für den **Anstieg** $\hat{b}$

$$\hat{b} = \frac{n \cdot \sum_{i=1}^{n} x_i \cdot y_i - \sum_{i=1}^{n} y_i \cdot \sum_{i=1}^{n} x_i}{n \cdot \sum_{i=1}^{n} x_i^2 - \left(\sum_{i=1}^{n} x_i \right)^2}$$

bzw. in Kurzform

$$\hat{b} = \frac{s_{xy}}{s_x^2} \, .$$

Die Formel für das Absolutglied entspricht der Schwerpunkteigenschaft nach dem Kriterium des Fehlerausgleichs. Folglich verläuft die Regressionsgerade nach der Methode der kleinsten Quadrate auch durch den Schwerpunkt der Punktwolke.
Die Berechnung von Absolutglied und Anstieg ist in Tabelle 1.9.2 dargestellt.

Tabelle 1.9.2 Rechentableau für Beispiel 1.9.4 (Teil 1)

i	x_i	y_i	$x_i \cdot y_i$	x_i^2	$\hat{y}_i$
1	0,3	0,5	0,15	0,09	0,463
2	0,5	0,7	0,35	0,25	0,688
3	0,5	0,6	0,30	0,25	0,688
4	0,8	1,1	0,88	0,64	1,025
5	0,9	1,1	0,99	0,81	1,138
Summe	3,0	4,0	2,67	2,04	4,000

Wegen

$$\hat{b} = \frac{5 \cdot 2{,}67 - 3{,}0 \cdot 4{,}0}{5 \cdot 2{,}04 - 3{,}0^2} = 1{,}125 \quad \text{und}$$

$$\hat{a} = \frac{4{,}0}{5} - 1{,}125 \cdot \frac{3{,}0}{5} = 0{,}125$$

folgt die Regressionsgerade im Beispiel 1.9.4 der Gleichung

$$\hat{y} = 0{,}125 + 1{,}125 \cdot x\,.$$

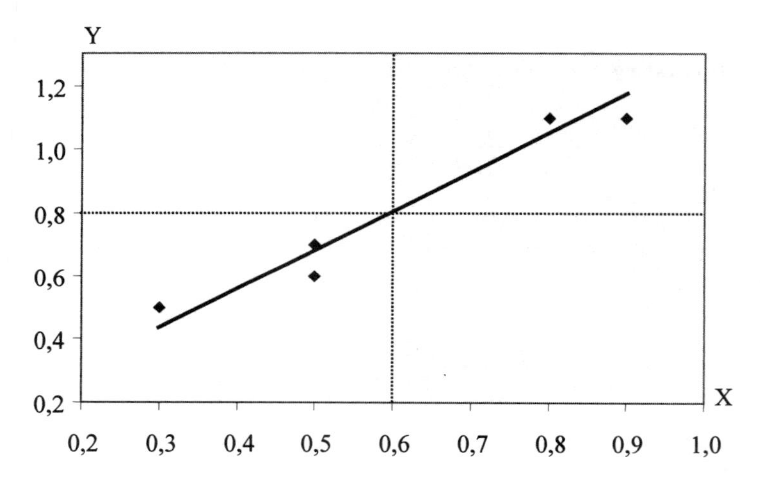

Bild 1.9.6 Lineare Regression der Umsatzsteigerung (Y) bezüglich der Werbekosten (X)

1.9.2 Deutung der Regressionsgeraden

Die beiden Parameter der Regressionsgeraden $\hat{a}$ und $\hat{b}$ lassen sich folgendermaßen deuten:

- Der Anstieg $\hat{b}$ gibt an, um wie viel sich die abhängige Variable Y durchschnittlich ändert, wenn die unabhängige Variable X um eine Einheit erhöht (vermindert) wird. Diese Aussage wird auch als **Marginaleffekt** bezeichnet (siehe Kap. 5.4).
- Das Absolutglied $\hat{a}$ gibt an, welche Wirkung bei x = 0 (fehlender Einfluss) eintreten könnte.

Allerdings sind den beiden Deutungsmöglichkeiten gewisse Grenzen gesetzt, denn die Wirkungen von X auf Y können mit der Regressionsfunktion streng genommen nur zwischen dem kleinsten und dem größten Beobachtungswert $x_{(1)}$ bzw. $x_{(n)}$ geschätzt werden. Bei der Extrapolationen an den Rändern sollte die Datenbasis nicht allzu weit verlassen werden, weil die Gefahr eines funktionalen Wechsels beim Regressionsmechanismus droht.

Der Fall, dass ein Merkmal X auf ein Merkmal Y mit dem Wert 0 wirkt, tritt praktisch eher selten ein. Eine Deutung des Absolutgliedes ist deshalb meistens nicht möglich.

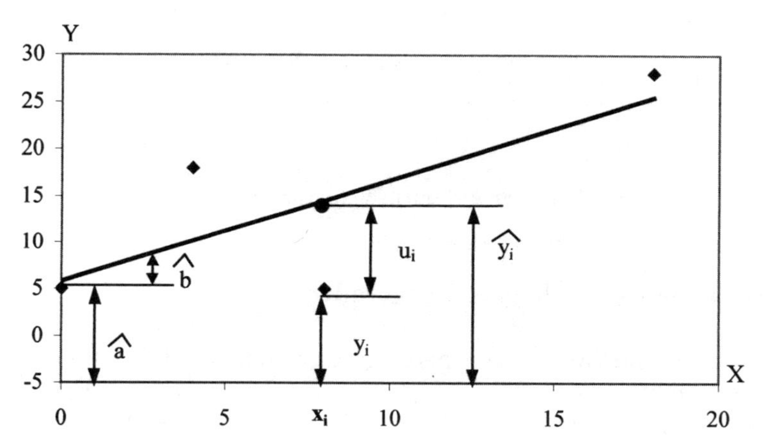

Bild 1.9.7 Bestandteile der optimalen Regressionsgeraden

Im Beispiel 1.9.4 wirkt sich eine Erhöhung des Werbeaufwands im Verhältnis 1:1,125 auf den Umsatz aus. Das gilt aber nur für Werbekampagnen mit Kosten zwischen 0,3 und 1,2 Mio. €.
Ob eine Werbekampagne für 10 Mio. € Umsatzsteigerungen dieser Größenordnung bringen würde, ist wohl zu bezweifeln. Klar ist auch, dass bei einem Verzicht auf Werbung (x = 0) keine Umsatzsteigerung von 0,125 Mio € (Wert des Absolutgliedes) eintreten wird.

1.9.3 Ausreißer in den Daten

Gehen extreme Werte von X und/oder Y in die Berechnung der Regressionsgeraden ein, so ist mit erheblichen Konsequenzen zu rechnen. Die Richtung der Geraden kann durch einzelne Wertepaare (x, y) im Extremfall sogar umgekehrt werden.

Wenn etwa der Umsatz im Beispiel 1.9.4 für 0,5 Mio. € Werbung nicht 0,8 Mio. €, sondern 8 Mio. € betragen würde, dann ergibt sich ein negativer Anstieg (siehe Bild 1.9.7). Der Umsatz würde danach mit steigender Werbung sinken. Ein derartiger Extremwert sollte aus der Datenbasis entfernt werden.

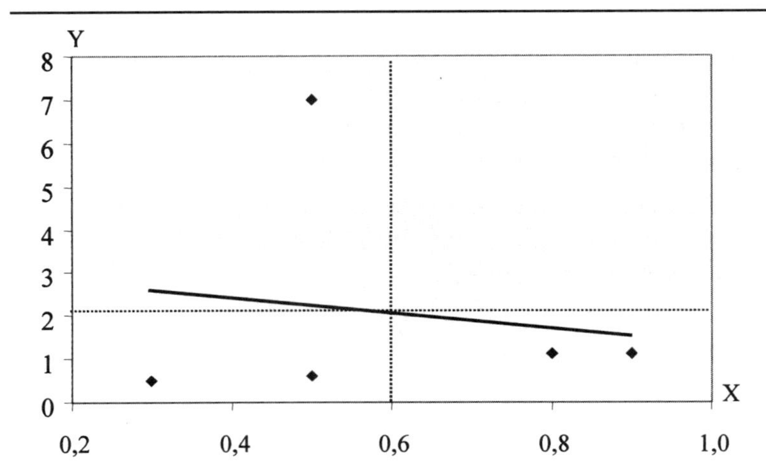

Bild 1.9.8 Beispiel 1.9.4 mit dem extremen Wertepaar (0,5; 8)

1.9.4 Schätzgüte einer Regressionsgeraden

Die Schätzgüte der Regressionsgeraden lässt sich aus dem Streuverhalten der Punktwolke um die Gerade ableiten. Dabei ist zwischen erklärbarer und nicht erklärbarer Varianz der Regressanden-Werte y_i zu unterscheiden. Für die Abweichung der zu erklärenden Beobachtungen vom Mittelwert lässt sich folgende Fehlerzerlegung angeben

$$y_i - \bar{y} = y_i - \hat{y}_i + \hat{y}_i - \bar{y}.$$

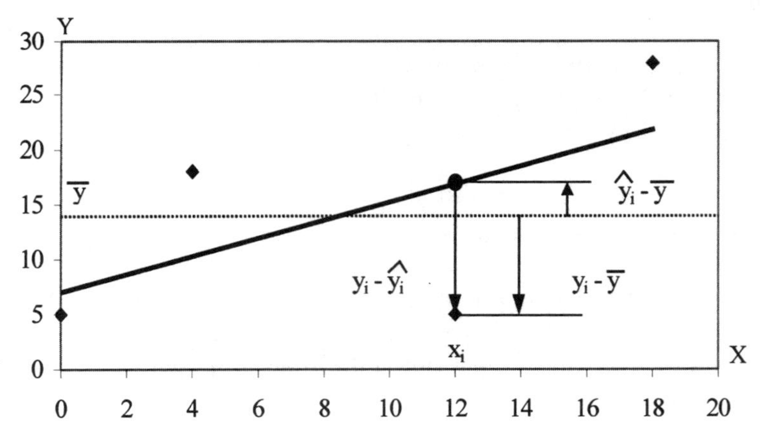

Bild 1.9.9 Fehlerzerlegung an einem fiktiven Beispiel

Da Schätzwerte und Beobachtungswerte wegen der Schwerpunkteigenschaft im arithmetischen Mittel übereinstimmen, folgt

$$y_i - \bar{y} = y_i - \hat{y}_i + \hat{y}_i - \bar{\hat{y}}.$$

Durch Verifikation lässt sich mathematisch beweisen, dass diese Zerlegung auch für die summierten Quadrate gilt, d.h.

$$\sum_{i=1}^{n}(y_i-\bar{y})^2=\sum_{i=1}^{n}(y_i-\hat{y}_i)^2+\sum_{i=1}^{n}(\hat{y}_i-\bar{\hat{y}})^2.$$

Wird diese Gleichung durch die Anzahl n der Beobachtungen dividiert, entsteht eine Zerlegung der Gesamtvarianz von Y in die Fehlerquadratsumme (nicht erklärbare Varianz oder **Restvarianz**) und die Varianz der Schätzwerte $\hat{y}_i$ (erklärte Varianz)

$$s_y{}^2=\frac{1}{n}\sum_{i=1}^{n}(y_i-\hat{y}_i)^2+s_{\hat{y}}{}^2=s_R{}^2+s_{\hat{y}}{}^2.$$

Eine Maßzahl für die Schätz- und Erklärungsgüte einer Regressionsgeraden ist das **Bestimmtheitsmaß** R^2. Es ergibt sich nach Division der **erklärten Varianz** $s_{\hat{y}}{}^2$ durch die **Gesamtvarianz** $s_y{}^2$

$$R^2=\frac{s_{\hat{y}}^2}{s_y^2}.$$

Die ausführliche Berechnungsformel lautet

$$R^2=\frac{\sum_{i=1}^{n}\hat{y}_i^2-n\cdot\left(\bar{y}\right)^2}{\sum_{i=1}^{n}y_i^2-n\cdot\left(\bar{y}\right)^2}.$$

Um die Schätz- und Erklärungsgüte der Regressionsgeraden für das Beispiel 1.9.4 zu bestimmen, wird die Tabelle 1.9.2 um zwei Spalten erweitert:

Tabelle 1.9.3 Rechentableau für Beispiel 1.9.4 (Teil 2)

i	x_i	y_i	$y_i{}^2$	$\hat{y}_i{}^2$
1	0,3	0,5	0,25	0,214
2	0,5	0,7	0,49	0,473
3	0,5	0,6	0,36	0,473
4	0,8	1,1	1,21	1,051
5	0,9	1,1	1,21	1,294
Summe	3,0	4,0	3,52	3,504

Das Bestimmtheitsmaß R^2

$$R^2 = \frac{3{,}504 - 5 \cdot (4{,}0)^2}{3{,}52 - 5 \cdot (4{,}0)^2} = 0{,}949$$

beträgt 94,9%. Demnach kann durch lineare Regression 94,9% der Varianz der Regressanden-Werte erklärt werden.

Das Bestimmtheitsmaß ist eine Zahl zwischen 0 und 1. Falls die Erklärungsgüte gleich null ist, liegen alle Schätzwerte auf einer Parallelen zur x-Achse.

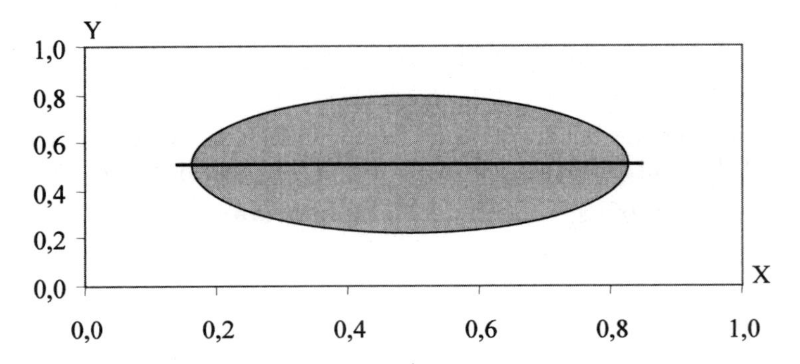

Bild 1.9.10 Ergebnis einer Regressionsanalyse nicht korrelierter Merkmale

Der andere Extremfall ($R^2 = 1$) bedeutet, dass alle Punktepaare (x_i ,y_i) auf der Geraden liegen. Praktisch tritt dieser Fall bei der sogenannten **Buchhalteregression** auf (siehe Bild 1.9.11), wenn die Gesamtkosten in fixe und variable Kosten auf gespalten werden (Gesamtkosten = Fixkosten + Kostensatz × variable Kosten). Diese Aufspaltungsformel entspricht der Geradengleichung einer linearen Regression.

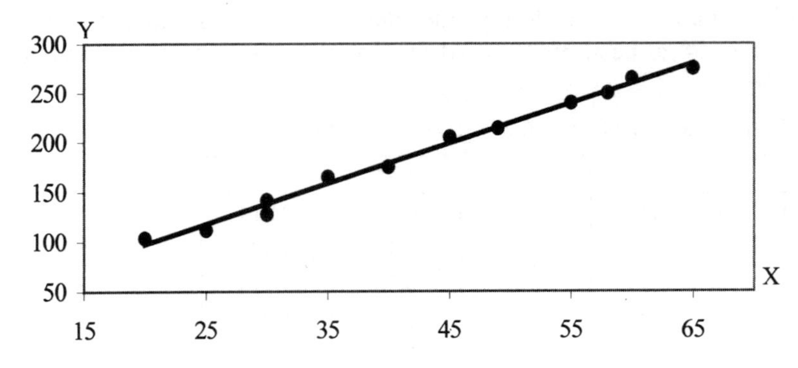

Bild 1.9.11 Regression der Gesamtkosten bezüglich der spezifischen Kosten

Das Bestimmtheitsmaß kann nur die Erklärungsgüte für eine angenommene lineare (gerichtete) Abhängigkeit messen. Es ist möglich, dass sich für unterschiedlich stark streuende Punktwolken ein und dieselbe Regressionsgerade ergibt (siehe Bild 1.9.12). Die Bestimmtheitsmaße werden dann verschieden voneinander sein, ohne dass ein Fehler bei der Funktionswahl unterlaufen ist.

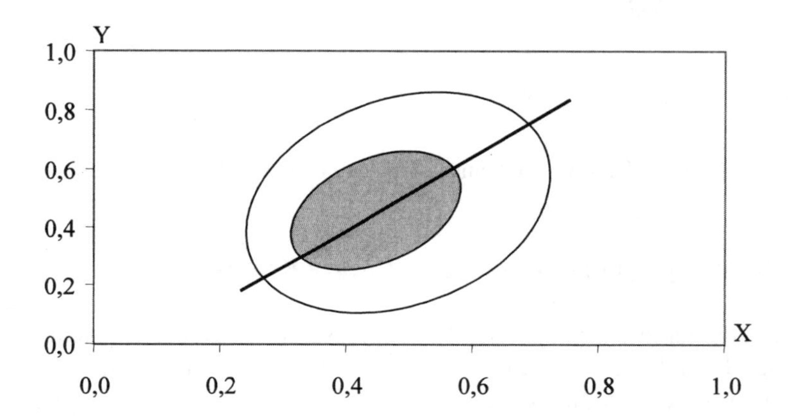

Bild 1.9.12 Beziehung zwischen Erklärungsgüte und Streuung

Die **Grenzen** der Aussagefähigkeit des Bestimmtheitsmaßes sollen durch zwei Beispiele verdeutlicht werden:

1. Ein hohes Bestimmtheitsmaß muss nicht zwangsläufig eine hohe Schätzgüte der Regressionsgeraden bedeuten (vgl. Bild 1.9.13).

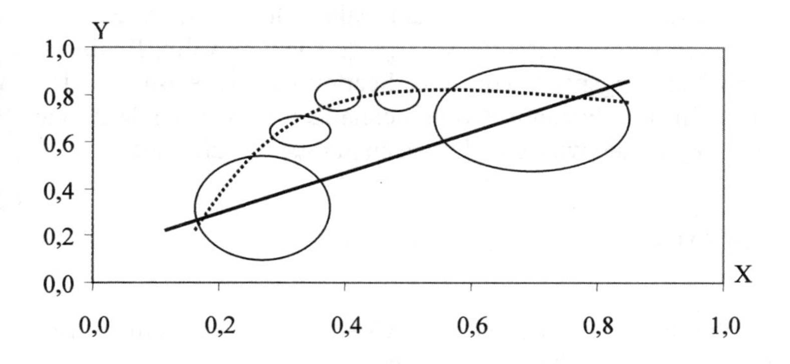

Bild 1.9.13 Hohe Bestimmtheit eines ungeeigneten linearen Erklärungsmodells

2. Umgekehrt kann auch ein niedriges Bestimmtheitsmaß für eine gerichtete Abhängigkeit sprechen (siehe Bild 1.9.14)

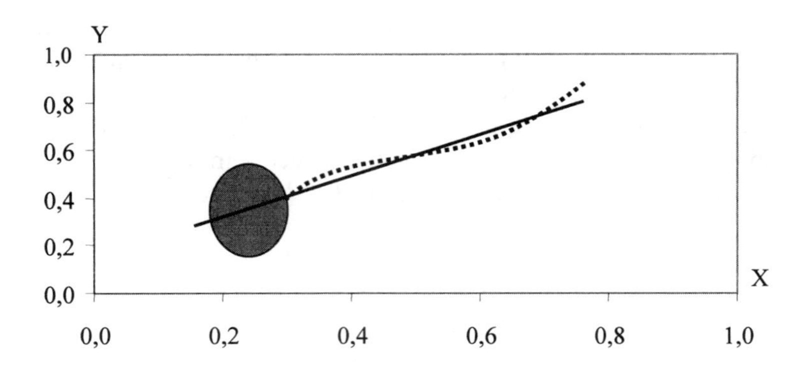

Bild 1.9.14 Niedrige Bestimmtheit eines adäquaten linearen Erklärungsmodells

1.9.5 Multiple polynomiale und quasilineare Regression

Bei der sogenannten **polynomialen** Regression wird die Ursache-Wirkungs-Beziehung mit Hilfe einer Potenzfunktion modelliert. Werden dabei mindestens die zweiten Potenzen der Beobachtungen in die Modellgleichung einbezogen, so handelt es sich um eine nichtlineare Regression. Die Methode der kleinsten Quadrate ist auf diesen Funktionstyp anwendbar. Die Parameter lassen sich eindeutig aus dem Normalgleichungssystem bestimmen (siehe Bohley [1989], S.701 ff., Götze [2000], S. 3 ff.).

Beispiel 1.9.5 Für den Flughafen der Stadt Helsinki soll die offensichtliche Abhängigkeit des stündlichen Personaleinsatzes von der Anzahl der Flugbewegungen untersucht werden. Als Regressor X wird die Zahl der abgehenden internationalen Flüge und als Regressand Y das stündlich eingesetzte Service-Personal gewählt. Es liegen n = 336 Beobachtungspaare vor. Der Scatterplot (siehe Bild 1.9.15) weist auf einen nichtlinearen Zusammenhang hin. Mit der Methode der kleinsten Quadrate wird eine kubische Parabel spezifiziert

$$\hat{y}_i = 9{,}593 + 15{,}569 \cdot x_i - 1{,}308 \cdot x_i^2 + 0{,}036 \cdot x_i^3 ,$$

die den stündlichen Einsatz von Service-Personal mit einem Bestimmtheitsmaß von 74,2% erklären kann.

Die Funktionswahl lässt sich folgendermaßen interpretieren: Der Personaleinsatz steigt degressiv mit der Anzahl internationaler Flüge bis zur Marke von 12 Flügen pro Stunde und verläuft danach leicht progressiv.

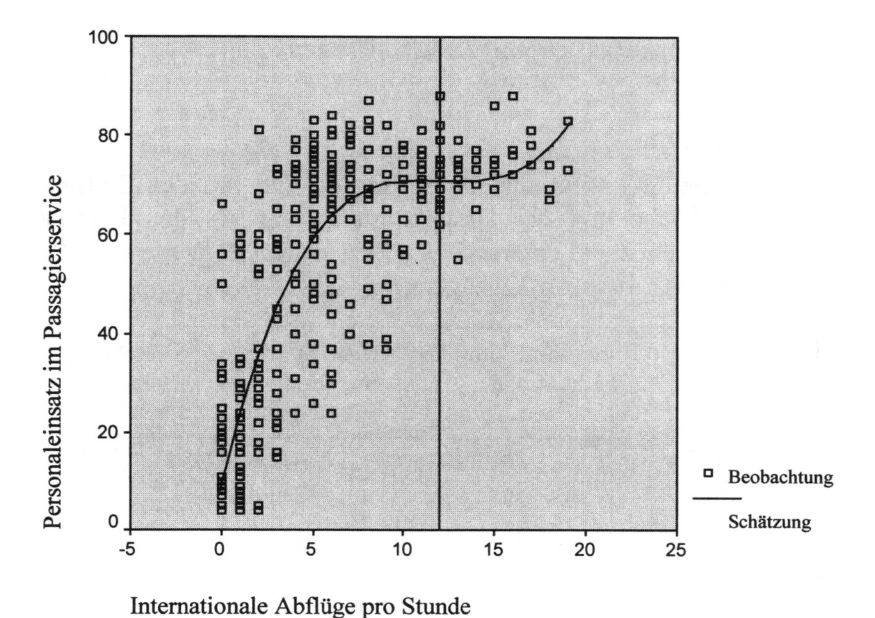

Bild 1.9.15 Scatterplot und kubische Regressionsfunktion für Bsp. 1.9.5 (Quelle: Transplan Ltd. Helsinki)

Falls sich aus dem Scatter-Plot eine unter- oder überproportionale Abhängigkeit ergibt, können die Daten mitunter durch eine geeignete Transformation in eine proportionale Abhängigkeit überführt werden.

Im Beispiel 1.9.4 könnte dies auf den Einfluss von Werbemaßnahmen auf einen gesättigten Markt zutreffen, auf dem der Umsatz nur noch unterproportional wächst. Ein solches Phänomen lässt sich oft mit einer Logarithmuskurve beschrieben. Der linearisierte Regressionsansatz lautet dann

$$z_i = \ln y_i = a + b \cdot x_i + u_i \,.$$

Da sich der lineare Ansatz nur durch einen Kunstgriff retten lässt, spricht man von einer **quasilinearen** Regression.

Der Nachteil solcher Transformationen besteht darin, dass das Bestimmtheitsmaß für die logarithmierten Beobachtungen z_i nicht gleich dem Bestimmtheitsmaß für die Originaldaten y_i sein kann. Die Rücktransformation erhöht die Streuung der Regressanden-Werte und senkt die Erklärungsgüte des Bestimmtheitsmaßes. Da die Minimaleigenschaft der Regressionsgeraden nur für die transformierten Daten gilt, kann es unter Umständen für die Originaldaten auch noch ein besseres Erklärungsmodell geben (vgl. Rönz [1992], S. 284 ff.).

1.9.7 Übungsaufgaben und Kontrollfragen

Aufgabe 1.9.1

Ein Marketing-Institut soll im Auftrag der DB AG den Einfluss der Geschäftsfläche und der Beschäftigtenanzahl auf den Umsatz im Bahnhofsbuchhandel untersuchen. Dazu stehen 10 Wertepaare für die Jahre 1987 bis 1996 zur Verfügung.

Jahr	Umsatz pro Jahr in Mio. €	Geschäftsfläche im Jahresdurchschnitt in qm	Beschäftigte im Jahresdurchschnitt
1987	401	23.474	1.849
1988	397	24.444	1.842
1989	419	24.163	1.669
1990	465	27.323	1.683
1991	490	28.810	1.695
1992	509	29.783	1.589
1993	538	30.918	1.542
1994	590	32.454	1.537
1995	692	39.077	1.707
1996	679	40.781	1.975
Quelle: IFH Köln, Bericht 02/1998.			

a) Beschreiben Sie Merkmalsträger, Merkmale und Skalenart.

b) Werten Sie die beiden Scatter-Plots des Umsatzes gegen jeweils einen Regressor aus.

c) Berechnen Sie die Regressionsgeraden für die Abhängigkeit des Umsatzes von der Fläche und für die Abhängigkeit des Umsatzes von der Anzahl der Beschäftigten.

d) Um wie viel wächst der Umsatz schätzungsweise, wenn das Flächenangebot um 1000 qm erweitert wird?

e) Welche durchschnittliche Wirkung hätte eine Personalverstärkung um 1000 Personen?

f) Vergleichen Sie die Güte der beiden Regressionsgeraden.

g) Führen Sie (im PC-Labor) eine multiple (lineare) Regression mit beiden Regressoren gleichzeitig durch und interpretieren Sie die Modellkoeffizienten.

Aufgabe 1.9.2

Ein Interessent für Pkw des Typs BMW 320i Coupe beschäftigt sich mit dem Gebrauchtwagenmarkt. Er trägt 17 Angebote zusammen und möchte daraus die Preisabhängigkeit vom Alter in Jahren ermitteln.

Preis in €	Alter in Jahren	Preis in €	Alter in Jahren	Preis in €	Alter in Jahren
37.000	2	22.400	5	6.400	9
39.500	3	26.900	5	8.400	9
35.900	3	31.500	5	6.400	10
27.500	4	31.999	5	7.300	10
25.900	4	31.900	5	1.900	11
21.900	5	22.900	6		
Quelle: Eigene Berechnung.					

a) Beschreiben Sie Merkmalsträger, Merkmal und Skalierung.

b) Werten Sie den Scatter-Plot aus.

c) Führen Sie eine lineare Regression durch.

d) Wie hoch ist der durchschnittliche Preisverfall pro Jahr?

e) Welche Aussage lässt sich für ein 14 Jahre altes Modell machen?

f) Vergleichen Sie (im PC-Labor) die Schätzgüte der Geraden mit der anderer Potenzfunktionen (quadratische und kubische Parabel).

Fortsetzung der Aufgabe 1.8.4 (MBA-Ranking)

a) Führen Sie im PC-Labor zwei lineare Regressionen für das Merkmal „Anzahl Absolventen mit einem Jahresgehalt von über 100.000 $“ jeweils mit dem Regressor

- Aufnahmequote in %
- Studiengebühr in $

durch. Diskutieren Sie die geschätzten Parameter und die Erklärungsgüte. Welcher Regressor erklärt die Zielgröße besser?

b) Untersuchen Sie die mutmaßliche Wirkung des Merkmals „Ausländeranteil“ auf das Merkmal „Job-Offerten für Absolventen“. Werten Sie dazu den Scatterplot und das Bestimmtheitsmaß aus.

Würde eine nichtlineare Modellfunktion das Merkmal „Jobofferten“ besser erklären können?

Aufgabe 1.9.3

Das Statistische Bundesamt Wiesbaden weist 20 großen Messen in den USA aus, an denen im Jahre 1999 mindestens 10 deutsche Aussteller beteiligt waren.

Ort	Messe	Besucher	Fläche in m^2
Las Vegas	Gem Show	3892	3145
Orlando	Inter. Jewelry Show	4314	17512
New Orleans	NACDS Market Place Conference	5211	16472
Seattle	BIO-Biotechnologie Messe	5300	4000
Atlanta	NGA Show Glass Expo	5404	9800
Miami	Criuse Shipping	5762	10405
Miami	Pan America Leather Fair, Part I	6144	14595
Atlanta	Shot Show Jagd- und Sportwaffen	14394	40950
New York	Int. Vision Expo	16093	23918
New York	American Int. Toy Fair	17580	25282
Las Vegas	JCK Int. Jewelry Show	19600	48095
Nashville	NAMM Summer - Int. Music Market	20422	9734
Chicago	IT&ME Travel&Meeting Show	21041	31455
San Francisco	Int. Gift Fair	26011	29759
Houston	OTC - Offshore Technology	44749	35286
New York	Int. Gift Fair (Jan)	46182	56070
Detroit	SAE Soc. Of Automotive Engineers	46309	31308
New York	Int. Gift Fair (August)	48749	55165
Los Angeles	NAMM Int. Music Market	61407	44593
Las Vegas	CONEXPO - Bauindustrie	124261	160907

Quelle: Tourismus in Zahlen 200/2001.

a) Bestimmen Sie Merkmalsträger, Merkmale, Skalen und Datentyp.

b) Führen Sie im PC-Labor eine lineare Regression zur Erklärung der Besucherzahl mit Hilfe der vermieteten Ausstellungsfläche durch. Nehmen Sie dabei eine Fallunterscheidung nach Ausreißern in den Daten vor. Diskutieren Sie die Anpassungsgüte und die geschätzten Parameter.

Aufgabe 1.9.4

Im Jahr 2000 ergaben sich folgende Auslastungen der Hotels mit mehr als 10 Mio. DM Umsatz in Großstädten:

Ort	Anzahl Hotels	Ø Preis in DM	Auslastung in %
Leipzig	1	121	51,5
Stuttgart	8	183	63,7
Dresden	5	197	58,7
Hamburg	19	201	72,9
Düsseldorf	11	204	69,8
Frankfurt/M.	20	213	72,7
München	17	213	75,4
Berlin	21	215	68,1
Hannover	4	249	56,0
Köln	9	256	70,1
Quelle: Handelsblatt 14./15.12.2001 und NGZ Der Hotelier 5/2001.			

a) Charakterisieren Sie Merkmalsträger, Merkmale und Skalierung und Typisierung.

b) Führen Sie im PC-Labor eine nichtlineare Regression zur Wirkung der Auslastung auf den durchschnittlichen Preis durch. Ermitteln Sie die Regressionsfunktion mit Hilfe des Scatter-Plots und der Anpassungsgüte. Behandeln Sie dabei den durch die EXPO 2000 verursachten Zimmerpreis in Hannover als Ausreißer.

Überprüfen Sie folgende Aussagen

1) Ein Wert des Bestimmtheitsmaßes R^2 von 0,53 bedeutet, dass 53% aller Punktepaare auf der Regressionsgeraden liegen.

2) Die Schätzwerte und die Regressanden-Werte stimmen im Mittel nicht überein.

3) Ein Bestimmtheitsmaß von 0,64 besagt, dass sich die Variationskoeffizienten der Schätzwerte und der Regressanden-Werte wie 4:5 verhalten.

4) Die Methode der kleinsten Quadrate führt auch bei einer nichtlinearen Regression zur Auswahl der Funktion mit der besten Anpassungsgüte.

2. Einführung in die Wahrscheinlichkeitsrechnung

2.1 Grundbegriffe

In der deskriptiven Statistik werden einzelne Merkmale oder Merkmalspaare anhand von Beobachtungen ausgewertet. Dabei interessieren die Form ihrer Häufigkeitsverteilung, Lage- und Streuparameter sowie Aussagen über Richtung, Stärke und funktionale Form von Zusammenhängen. Offen bleibt dabei allerdings die Frage, ob die so gewonnenen Analyseergebnisse auch auf andere Beobachtungen an denselben Merkmalen verallgemeinert werden können.
Nunmehr sollen mit Hilfe von sogenannten **Wahrscheinlichkeitsmodellen** möglichst repräsentative Beobachtungen analysiert und die dabei gewonnenen Erkenntnisse verallgemeinert werden. Den Ausgangspunkt bildet die Menge aller möglichen Beobachtungen (Grundgesamtheit), aus der eine repräsentative Teilmenge (Stichprobe) auszuwählen ist. Deren Daten werden zunächst deskriptiv analysiert und dann als empirische Grundlage für ein entsprechendes Wahrscheinlichkeitsmodell verwendet. Die modellgestützten Untersuchungsergebnisse werden anschließend auf die Menge aller möglichen Beobachtungen verallgemeinert (siehe Bild 2.1.1).

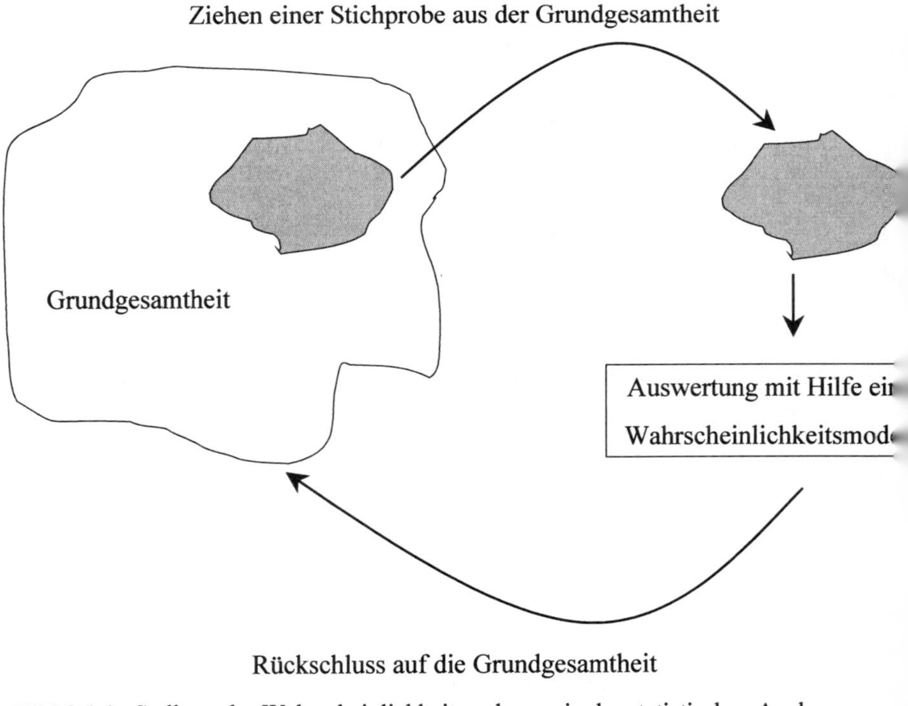

Ziehen einer Stichprobe aus der Grundgesamtheit

Grundgesamtheit

Auswertung mit Hilfe ei
Wahrscheinlichkeitsmod

Rückschluss auf die Grundgesamtheit

Bild 2.1.1 Stellung der Wahrscheinlichkeitsrechnung in der statistischen Analyse

Die Lernziele des folgenden Kapitels dienen vor allem dazu
- den Umgang mit wahrscheinlichen Versuchsergebnissen zu erlernen
- ein Zufallsexperiment auf Erwartung und Risiko hin abzuschätzen
- spezielle Wahrscheinlichkeitsmodelle kennen zu lernen.

Techniken zum Ziehen von Stichproben und zum Verallgemeinern von Auswertungsergebnissen werden dann im Kap. 3 behandelt.

2.1.1 Zufallsexperimente und Ereignisse

Unter einem **Zufallsexperiment** versteht man einen gedanklichen Vorgang mit folgenden Eigenschaften:
- Mehrere Ergebnisse sind möglich, aber nur ein Ergebnis kann eintreten.
- Alle möglichen Ergebnisse sind bekannt. Unbekannt ist jedoch, welches davon eintritt.
- Das Experiment ist unter gleichen Bedingungen beliebig oft wiederholbar, wobei sich die Ergebnisse gegenseitig nicht beeinflussen.

Beispiel 2.1.1 Bekannte Zufallsexperimente sind der Münzwurf, das Würfeln mit einem oder mehreren Würfeln oder die Ziehung des Preisträgers bei einem Gewinnspiel mit vielen Einsendern. Aber auch die Entnahme einer Bierflasche vom Fließband im Rahmen einer Qualitätskontrolle erfüllt die Eigenschaften eines Zufallsexperiments.

Tabelle 2.1.1 Ereignisse zum Beispiel 2.1.1

Zufalls-experiment	Ereignismenge Ω	Ereignisse A, B	Elementarereignisse
Münzwurf mit zwei Münzen	{(Kopf, Kopf) (Zahl, Zahl) (Kopf, Zahl) (Zahl, Kopf)}	genau ein Kopf höchstens eine Zahl	vier Versuchsausgänge
Würfeln mit einem Würfel	{1, 2, 3, 4, 5, 6}	Augenzahl gerade Augenzahl ungerade	{1}, {2},...,{6}
Ziehung einer Einsendung	{Name1,..., Name n}	Einsender mit Namen Müller	n Namen
Entnahme einer Bierflasche	{normgerecht, nicht normgerecht}	Flasche korrekt gefüllt	zwei Qualitätsmerkmale

Die Menge der möglichen Ergebnisse eines Zufallsexperiments wird mit Ω bezeichnet. Jede Teilmenge der **Ergebnismenge Ω** heißt **Ereignis**. Ereignisse werden fortan mit großen lateinischen Buchstaben

bezeichnet. Enthält ein Ereignis nur ein Ergebnis, so wird von einem **Elementarereignis** gesprochen.
Enthält ein Ereignis keinen Versuchsausgang, so heißt es **unmögliches Ereignis**. Sind hingegen alle möglichen Versuchsausgänge enthalten, so wird von einem **sicheren Ereignis** gesprochen. Alle aus der Mengenlehre bekannten Operationen sind für Ereignisse gültig. Die Sprechweise wird dabei jedoch etwas modifiziert.

Konjunktion (Durchschnitt) und Disjunktion (Vereinigung) sind kommutativ, assoziativ und distributiv. Es gelten die de **Morgan'schen Regeln** für die Komplementbildung von Konjunktion und Disjunktion

$$\overline{A \cap B} = \overline{A} \cup \overline{B}$$
$$\overline{A \cup B} = \overline{A} \cap \overline{B}.$$

Ferner lässt sich jedes Ereignis A in Bezug auf ein anderes Ereignis B darstellen als

$$A = (A \cap \overline{B}) \cup (A \cap B)$$
$$A = (A \cup \overline{B}) \cap (A \cup B).$$

Tabelle 2.1.2 Ereignisse und Ereignisverknüpfungen

Schreibweise	Bezeichnung	Beschreibung
Ω	Sicheres Ereignis	Das Ereignis tritt stets ein.
$\varnothing$	Unmögliches Ereignis	Das Ereignis tritt nie ein.
$A \subset B$	A ist Teilereignis von B	Wenn A eintritt, so tritt auch B ein.
$A = B$	Äquivalente Ereignisse	A tritt ein, genau dann wenn B eintritt.
$A \cap B$	Durchschnitt der Ereignisse	A und B treten gleichzeitig ein.
$A \cap B = \varnothing$	Unvereinbare Ereignisse	A und B schließen sich aus.
$A \cup B$	Vereinigung der Ereignisse	Mindestens eines der Ereignisse tritt ein.
$\overline{A}$	Zu A komplementäres Ereignis	A tritt nicht ein.
$A - B$	Differenz der Ereignisse	A tritt ein, B hingegen nicht.
$e \in A$	Ergebnis e gehört zu A.	Wenn e beobachtet wird, tritt A ein.
$e \notin A$	Ergebnis e gehört nicht zu A.	Wenn e beobachtet wird, tritt A nicht ein.

Das Auszählen der Elementarereignisse in Ω bzw. einem Ereignis A in Ω kann mühselig sein. Die Anzahl möglicher Versuchsausgänge beim Würfeln mit zwei Würfeln beträgt $6^2 = 36$. Diese Formel beschreibt im Sinne der **Kombinatorik** die Zahl von **Variationen mit Wiederholung**. Aus 6 Zahlen sind 2 auszuwählen (Auswahlproblem), wobei jeder der beiden Würfel unabhängig vom anderen fällt (Anord-

nungsproblem). Kommt ein weiterer Würfel hinzu, so erhöht sich die Zahl auf $6^3 = 216$. Allgemein gilt bei n Ausgängen des Einzelversuchs und k Kopplungen von Einzelversuchen n^k.
Soll die Anzahl von Möglichkeiten für ein Würfelergebnis berechnet werden, müssen die Einzelergebnisse über alle eingesetzten Würfel verteilt (permutiert) werden. Beim Einsatz von drei Würfeln können **Permutationen** ohne und mit Wiederholung von Augenzahlen in einem Wurf auftreten. Die Anzahl der Permutation von drei verschiedenen Augenzahlen ist $1 \cdot 2 \cdot 3 = 3!$. Wenn zwei der drei Augenzahlen gleich sind, reduziert sich die Anzahl der Permutationen auf $3!/2!$. Die möglichen Versuchsergebnisse für eine Summe 11 bzw. 12 ergeben sich folgendermaßen:

Tabelle 2.1.3 Würfeln von 11 bzw. 12 Augen mit drei Würfeln

Fälle mit Summe 11			Permutation	Fälle mit Summe 12			Permutation
6	4	1	3!	6	5	1	3!
6	3	2	3!	6	4	2	3!
5	5	1	3!/ 2!	6	3	3	3!/ 2!
5	4	2	3!	5	5	2	3!/ 2!
5	3	3	3!/ 2!	5	4	3	3!
4	4	3	3!/ 2!	4	4	4	1
Summe			27	Summe			25

2.1.2 Wahrscheinlichkeiten

Der **klassische Wahrscheinlichkeitsbegriff** geht auf **Laplace** zurück (1812), der die Eigenschaften von Zufallsexperimenten (Unsicherheit, gegenseitiges sich Ausschließen, Unabhängigkeit, Wiederholbarkeit) um zwei weitere ergänzte:

- Es gibt endlich viele mögliche Ereignisse.
- Alle Elementarereignisse treten gleichwahrscheinlich ein.

Laplace definierte als Wahrscheinlichkeit (Probability) eines Ereignisses A das Verhältnis der Zahl k seiner Elementarereignisse zur Zahl n aller Elementarereignisse in Ω:

$$P(A) = \frac{k}{n}.$$

Für das Beispiel 2.1.1 listet die folgende Tabelle 2.1.1 die Laplace´schen Wahrscheinlichkeiten auf.

Tabelle 2.1.4 Wahrscheinlichkeiten zum Beispiel 2.1.1

Zufallsexperiment	Ereignismenge Ω	Ereignis A	P(A)
Münzwurf mit zwei Münzen	{(Kopf, Kopf) (Zahl, Zahl) (Kopf, Zahl) (Zahl, Kopf)}	mindestens einmal Zahl	3/4
Würfeln mit einem Würfel	{1, 2, 3, 4, 5, 6}	Augenzahl 1 oder 6	2/6
Ziehung einer Einsendung	{Name 1,..., Name 100}	Einsender mit Namen Müller (12-mal vertreten)	12/100
Entnahme einer Bierflasche	{normgerecht, nicht normgerecht}	Flasche korrekt gefüllt	1/2

Etwas schwieriger berechnet sich die Wahrscheinlichkeit für einen Sechser im Lotto 6 aus 49. Es gibt

$$\binom{49}{6} = \frac{49 \cdot 48 \cdot 47 \cdot 46 \cdot 45 \cdot 44}{1 \cdot 2 \cdot 3 \cdot 4 \cdot 5 \cdot 6} = 13983816$$

mögliche Ziehungen. Das Auswahlproblem heißt **Kombinationen ohne Wiederholung**. Die Laplace-Wahrscheinlichkeit beträgt $7 \cdot 10^{-8}$.

Kombinatorisch aufwendiger ist der historisch bedeutsame Vergleich von Wahrscheinlichkeiten mit drei Würfeln 11 oder 12 Augen zu erreichen. Blaise Pascal (1623-1662) hatte einst die Vermutung des Glücksspielers Chevalier de Mere bestätigen können, dass die Augenzahl 12 (Wahrscheinlichkeit 0,116) etwas seltener als die Augenzahl 11 (Wahrscheinlichkeit 0,125) fällt.

Für das Rechnen mit Wahrscheinlichkeiten nach Laplace lassen sich folgende Regeln herleiten:

- Die Wahrscheinlichkeit des unmöglichen Ereignisses ist null und die des sicheren Ereignisses 1. Die Wahrscheinlichkeit eines beliebigen sonstigen Ereignisses liegt im Intervall zwischen null und eins

$$\text{E1} \quad P(\emptyset) = 0 \quad \text{E2} \quad P(\Omega) = 1 \quad \text{E3} \quad 0 \leq P(A) \leq 1.$$

- Die Wahrscheinlichkeit wächst, wenn sich zu einem Ereignis A ein weiteres alternatives Ereignis B hinzugesellt. Falls beide Ereignisse nicht gleichzeitig eintreten können (**Unverträglichkeit**), gilt der **einfache Additionssatz**

$$\text{E 4} \quad P(A \cup B) = P(A) + P(B) \quad A \cap B = \emptyset.$$

Die Wahrscheinlichkeit, eine 1 oder eine 6 zu würfeln, ist demnach 1/6 + 1/6 = 1/3. Die Erfahrung bestätigt überdies, dass beispielsweise mit zunehmender Anzahl von Fahrten das Unfallrisiko ansteigt. Der einfache Additionssatz lässt sich auf drei und mehr Ereignisse erweitern, die jeweils paarweise unvereinbar sind

$$\text{E 5} \quad P(A \cup B \cup C) = P(A) + P(B) + P(C)$$
$$A \cap B = \emptyset \quad A \cap C = \emptyset \quad B \cap C = \emptyset.$$

- Wenn zwei Ereignisse gleichzeitig eintreten können, muss die Summe der Einzelwahrscheinlichkeiten um Doppelzählungen vermindert werden. Das führt zum **verallgemeinerten Additionssatz**

$$P(A \cup B) = P(A) + P(B) - P(A \cap B).$$

Die Wahrscheinlichkeit, eine 6 oder eine gerade Zahl zu würfeln, ergibt sich aus der Summe 1/6 + 3/6, vermindert um 1/6, d. h.

$$P(\{2,4,6\} \cup \{6\}) = \frac{3}{6} + \frac{1}{6} - \frac{1}{6} = \frac{1}{2}.$$

- Der verallgemeinerte Additionssatz lässt sich auch für drei und mehr Ereignisse formulieren

$$P(A \cup B \cup C) = P(A) + P(B) + P(C)$$
$$- P(A \cap B) - P(A \cap C) - P(B \cap C) + P(A \cap B \cap C).$$

Der Laplace'sche Wahrscheinlichkeitsbegriff geriet Ende des 19. Jh. in die Kritik. Hauptangriffspunkte waren, dass

a) Ω aus einem Toleranzintervall bestehen und damit nicht mehr endlich abzählbar sein kann;

b) die Anzahl von Elementarereignissen in A (z.B. die Zahl der nicht normgerechten Bierflaschen einer Tagesproduktion) unbekannt sein kann;

c) Die Gleichwahrscheinlichkeit nicht immer unterstellt werden kann (So ist z. B. die Wahrscheinlichkeit, beim Passieren einer belebten Straßenkreuzung keinen Unfall zu haben, viel höher als die Unfallwahrscheinlichkeit).

Deshalb wurde 1931 eine **Häufigkeitsinterpretation des Wahrscheinlichkeitsbegriffes** von R. von Mises (1883 - 1953) eingeführt. Danach ist, wenn ein Zufallsexperiment unter stets gleichen Bedingungen wiederholt wird, zu erwarten, dass sich die relativen Häufigkeiten eines Ereignisses um einen festen Wert, seine Wahrscheinlichkeit

$$P(A) = p\lim_{n \to \infty} h_n(A)$$

stabilisieren. Formal ergibt sich eine Konvergenz in Wahrscheinlichkeit, die allerdings nichts mit dem Konvergenzbegriff der Zahlenarithmetik zu tun hat. Karl Pearson (1857 – 1936) hat mit seinem berühmten Münzwurf-Experiment

Versuche	Wappen	h_n(Wappen)
12000	6019	0,5016
24000	12012	0,5005

als erster darauf hingewiesen, dass die Laplace'sche Wahrscheinlichkeit für das Ereignis Wappen statistisch bestätigt werden kann. Die Zahl der Wiederholungen hat offensichtlich einen positiven Einfluß auf die Genauigkeit. Vor allem bei sehr kleinen Werten n kann das Ergebnis sehr stark verfälscht sein. Zusammenfassend gilt, dass die relative Häufigkeit für große n als gute Näherung der Wahrscheinlichkeit angesehen werden kann. Dieser Sachverhalt wird auch als das **Prinzip der großen Zahlen** bezeichnet und geht bereits auf G. Cardano (1501 – 1576) zurück (vgl. Schlittgen [1991], S. 66).

Im Unterschied zur arithmetischen Konvergenz von Zahlenfolgen bewirkt ein wachsendes n aber nicht immer zwangsläufig auch eine bessere Näherung. Durch eine ungünstige Versuchsreihe ist zwischenzeitlich ein Rückgang der Genauigkeit möglich, der von folgenden Versuchsserien wieder ausgeglichen wird. Auf diese Weise nimmt der Zufall Einfluss auf die Konvergenz in Wahrscheinlichkeit.

Mitunter wird auch von einer statistischen Definition der Wahrscheinlichkeit gesprochen. Streng genommen enthält der von Mises'sche Vorschlag jedoch nur eine andere Berechnungsvorschrift der Wahrscheinlichkeit nach Laplace, die zudem ohne die Voraussetzung der Gleichwahrscheinlichkeit auskommt.

Die Eigenschaften E 1 – E 5 der Laplace'schen Wahrscheinlichkeit sind 1933 von A. N. Kolmogorow (1909 – 1987) für eine **axiomatische Definition der Wahrscheinlichkeit** verwendet worden. Danach heißt jede Funktion mit Werten zwischen 0 (Wert des unmöglichen Ereignisses) und 1 (Wert des sicheren Ereignisses) eine (subjektive) Wahrscheinlichkeit, wenn der einfache Additionssatz (verallgemeinert auf n paarweise unvereinbare Ereignisse) gilt (siehe Rüger [1989], S. 11 ff.).

Ein anschauliches Beispiel für eine **subjektive Wahrscheinlichkeit** ist die von Eltern erwartete Geschlechtsausprägung ihres Nachwuchses. Die Setzung 0,5 jeweils für Jungen und Mädchen gleichermaßen erfüllt die erforderlichen Bedingungen der axiomatischen Wahrscheinlichkeitsdefinition. Sie ist aber nicht mit der relativen Häufigkeit für große n identisch, denn statistisch gesehen werden etwas mehr Jungen als Mädchen geboren (vgl. Schlittgen [1991], S. 67).

Einige weitere **Rechenregeln** für Wahrscheinlichkeiten ergeben sich unmittelbar aus dem Additionssatz

$$\begin{aligned}
&\Omega = A \cup \overline{A} && \Rightarrow 1 = P(A) + P(\overline{A}) \\
&A = (A \cap B) \cup (A \cap \overline{B}) && \Rightarrow P(A) = P(A \cap B) + P(A \cap \overline{B}) \\
&A - B = A \cap \overline{B} && \Rightarrow P(A - B) = P(A) - P(A \cap B).
\end{aligned}$$

Diese Beziehungen lassen sich mit Hilfe einer **geometrischen Interpretation** von Wahrscheinlichkeiten visualisieren (vgl. Mann [1992], S. 159 ff.). Für eine solche grafische Darstellung wird das in Kap. 1.2 eingeführte Prinzip der flächentreuen Darstellung relativer Häufigkeiten im Histogramm entsprechend auf Wahrscheinlichkeiten übertragen. Durch Verwendung von Venn-Diagrammen (siehe Götze [2001], S. 6 ff.) ergeben sich damit anschauliche Bilder der o.g. drei Eigenschaften.

2.1.3 Bedingte Wahrscheinlichkeit

Die Wahrscheinlichkeit für ein Ereignis A kann sich verändern, wenn ein anderes Ereignis B aus Ω eingetreten ist. Nach der Laplace'schen Wahrscheinlichkeitsdefinition ist in diesem Fall nur noch die Anzahl von Elementarereignissen im Schnitt von A und B zur Anzahl von Elementarereignissen in B ins Verhältnis zu setzen. Der Ereignisraum Ω ist auf seine Teilmenge B zusammengeschrumpft. Die Wahrscheinlichkeit für A nach Eintreten von B heißt **bedingte Wahrscheinlich-**

keit $P(A \mid B)$. Sie ergibt sich als Quotient der **simultanen** Wahrscheinlichkeit und der Wahrscheinlichkeit von B

$$P(A|B) = \frac{P(A \cap B)}{P(B)}.$$

Die bedingte Wahrscheinlichkeit eines Ereignisses $P(A \mid B)$ ist eine Wahrscheinlichkeit unter **Zusatzinformation**, die typischerweise einen anderen Wert als die unbedingte Wahrscheinlichkeit $P(A)$ hat.
Ihr Wert kann gegenüber der unbedingten Wahrscheinlichkeit allerdings nur dann zunehmen, wenn das Ereignis mit den Zusatzinformationen sehr viele Elementarereignisse von A enthält.

Beispiel 2.1.2 Die Wahrscheinlichkeiten für die Ereignisse A und B seien im Sinne der geometrischen Interpretation als Flächeninhalte von sich überlappenden Rechtecken visualisiert. Wird die Überschneidung größer, so wächst die bedingte Wahrscheinlichkeit.

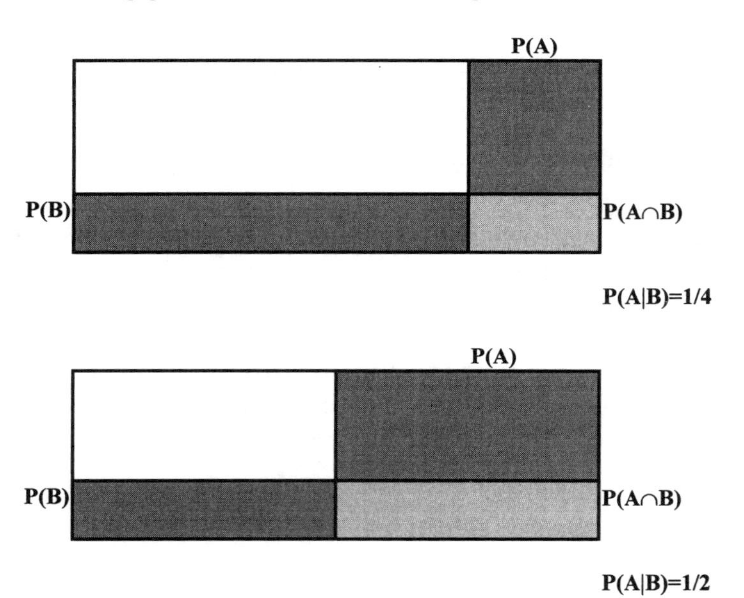

Bild 2.1.2 Grafische Darstellung bedingter Wahrscheinlichkeiten

Falls die Zusatzinformation von B keine Bedeutung für das Eintreten von A besitzt, wird von **unabhängigen** Ereignissen gesprochen

$$P(A|B) = P(A).$$

Die Begriffe **Unabhängigkeit und Unverträglichkeit** von Ereignissen dürfen nicht verwechselt werden. Unverträgliche Ereignisse sind abhängig. Unabhängige Ereignisse müssen stets gleichzeitig eintreten können, wenn ihre Wahrscheinlichkeiten von null verschieden sind.

Tabelle 2.1.5 Unabhängigkeit und Unverträglichkeit

Relation zwischen den Ereignissen A und B	Bedingte Wahrscheinlichkeit	Relation zwischen bedingter und unbedingter Wahrscheinlichkeit	Unabhängigkeit
$A \cap B = \varnothing$	$P(A \mid B) = 0$	$P(A \mid B) \leq P(A)$	Nein
$A \cap B = A$	$P(A \mid B) = P(A)/P(B)$	$P(A \mid B) \geq P(A)$	Nein
$A \cap B \neq \varnothing$ $A \cap B \neq A$	$P(A \mid B) =$ $P(A \cap B)/P(B)$	$P(A \mid B) \leq P(A)$ oder $P(A \mid B) \geq P(A)$	Möglich

Für unabhängige Ereignisse A und B gilt der **Multiplikationssatz**

$$P(A \cap B) = P(A) \cdot P(B).$$

Beispiel 2.1.3 Die Wahrscheinlichkeit dafür, dass gleichzeitig zwei schlechte Nachrichten eintreffen, ist geringer, als die Wahrscheinlichkeit einer einzigen schlechten Nachricht.

Mit Hilfe der **Identität**

$$A = (A \cap B) \cup (A \cap \overline{B})$$

lässt sich folgende Wahrscheinlichkeitstabelle entwickeln:

Ereignisse	A	$\overline{A}$	Summe
B	$P(B \cap A)$	$P(B \cap \overline{A})$	$P(B)$
$\overline{B}$	$P(\overline{B} \cap A)$	$P(\overline{B} \cap \overline{A})$	$P(\overline{B})$
Summe	$P(A)$	$P(\overline{A})$	1

Innerhalb der Tabelle sind die simultanen Wahrscheinlichkeiten für das gleichzeitige Eintreten zweier Ereignisse eingetragen. Die Randspalte bzw. Randzeile informiert über die **unbedingten Wahrscheinlichkeiten**, die sich als Zeilen- bzw. Spaltensumme ergeben. Die Randsummen führen jeweils auf eins.

Bedingte Wahrscheinlichkeiten ergeben sich durch Division einer inneren simultanen Wahrscheinlichkeit durch eine Randwahrscheinlichkeit.

Tabelle 2.1.6 Wahrscheinlichkeiten beim Wurf mit zwei Münzen mit Ergebnis Kopf (K) oder Zahl (Z) im Einzelversuch

Ereignisse	K1	Z1	Summe
K2	1/4	1/4	1/2
Z2	1/4	1/4	1/2
Summe	1/2	1/2	1

Wie aus Tabelle 2.1.6 entnommen werden kann, beträgt die bedingte Wahrscheinlichkeit für das Würfeln einer zweiten Zahl

$$P(Z1|Z2) = \frac{1/4}{1/2} = \frac{1}{2}.$$

Aus der Identität lässt sich folgende Darstellung der Wahrscheinlichkeit eines Ereignisses unter Zusatzinformation ableiten (**Satz über die totale Wahrscheinlichkeit**):

$$P(A) = P(A|B) \cdot P(B) + P(A|\overline{B}) \cdot P(\overline{B}).$$

P(A) ergibt sich hier als gewichtete Summe von bedingten Wahrscheinlichkeiten, wobei sich die Gewichte zu eins addieren. Diese Zerlegung führt auf eine alternative Berechnungsmöglichkeit bedingter Wahrscheinlichkeiten (**Satz von Bayes**):

$$P(A|B) = \frac{P(A \cap B)}{P(B)} = \frac{P(A \cap B)}{P(B|A) \cdot P(A) + P(B|\overline{A}) \cdot P(\overline{A})}$$
$$= \frac{P(B|A) \cdot P(A)}{P(B|A) \cdot P(A) + P(B|\overline{A}) \cdot P(\overline{A})}.$$

Dieser Ansatz lässt sich verallgemeinern auf drei Ereignisse A_1, A_2 und A_3, die paarweise unverträglich sind und vereinigt den Ereignisraum Ω

$$\Omega = A_1 \cup A_2 \cup A_3 \quad \text{mit}$$
$$A_1 \cap A_2 = \emptyset \quad A_1 \cap A_3 = \emptyset \quad A_2 \cap A_3 = \emptyset$$

ergeben. Solche Ereignisse A_j, die den Ereignisraum überschneidungsfrei überdecken, heißen **vollständiges System** von Ω.

Beispiel 2.1.4 In einer Quiz-Sendung[1] steht der Kandidat vor drei Türen T1, T2 und T3. Hinter einer der Türen befindet sich der Gewinn, während hinter den anderen Türen nur ein Trostpreis steht. Die Ereignisse Gewinn hinter Tür 1 (GT1), Gewinn hinter Tür 2 (GT2) und Gewinn hinter Tür 3 (GT3) bilden ein vollständiges System.

Der Kandidat wählt eine Tür, z. B. Tür 1. Er gewinnt mit der Wahrscheinlichkeit P(GT1)=1/3. Danach öffnet der Moderator eine Tür, hinter der ein Trostpreis steht. Die bedingten Wahrscheinlichkeiten für das Öffnen von Tür 2 oder 3 sind für den Moderator gleich 1/2, falls der Gewinn hinter Tür eins steht

$$P(\text{ÖT2}|\text{GT1}) = P(\text{ÖT3}|\text{GT1}) = \frac{1}{2}.$$

Wenn hinter Tür 1 kein Gewinn steht, so muss er zwangsläufig die verbleibende Tür mit dem Trostpreis öffnen

$$P(\text{ÖT3}|\text{GT2}) = P(\text{ÖT2}|\text{GT3}) = 1.$$

Die vom Moderator geöffnete Tür, etwa Tür 2, soll dem Kandidaten zu denken geben, ob nicht ein Wechsel von Tür 1 auf Tür 3 seine Gewinnchancen erhöhen könnte. Das ist tatsächlich der Fall, denn es ändert sich die bedingte Wahrscheinlichkeit für den Gewinn hinter Tür 3

$$P(\text{GT3}|\text{ÖT2}) =$$

$$\frac{P(\text{ÖT2}|\text{GT3}) \cdot P(\text{GT3})}{P(\text{ÖT2}|\text{GT1}) \cdot P(\text{GT1}) + P(\text{ÖT2}|\text{GT2}) \cdot P(\text{GT2}) + P(\text{ÖT2}|\text{GT3}) \cdot P(\text{GT3})}$$

$$= \frac{1 \cdot 1/3}{1/2 \cdot 1/3 + 1/3} = \frac{2}{3},$$

Während die bedingte Wahrscheinlichkeit für den Gewinn hinter Tür 1 bei 1/3 verbleibt

$$P(\text{GT1}|\text{ÖT2}) =$$

$$\frac{P(\text{ÖT2}|\text{GT1}) \cdot P(\text{GT1})}{P(\text{ÖT2}|\text{GT1}) \cdot P(\text{GT1}) + P(\text{ÖT2}|\text{GT2}) \cdot P(\text{GT2}) + P(\text{ÖT2}|\text{GT3}) \cdot P(\text{GT3})}$$

$$= \frac{1/2 \cdot 1/3}{1/2 \cdot 1/3 + 1/3} = \frac{1}{3}.$$

[1] Dieses Beispiel löste 1991 eine öffentlichen Diskussion in den USA aus (siehe von Randow [1992]).

2.1.4 Übungsaufgaben und Kontrollfragen

Aufgabe 2.1.1

Marktforschungsstudien zeigen, dass 60 % der männlichen Einwohner einer Großstadt, die zwischen 30 und 50 Jahre alt sind, trockenen Wein bevorzugen, während bei den Frauen dieser Population der Anteil lediglich 40 % beträgt. Gleichzeitig ist aus amtlichen Statistiken bekannt, dass in dieser Großstadt in der entsprechenden Altersgruppe 47% Männer und 53% Frauen leben.

a) Wie groß ist die Wahrscheinlichkeit, dass eine zufällig ausgewählte Person aus dieser Großstadt und dieser Altersgruppe trockenen Wein bevorzugt ?

b) Wie groß ist die Wahrscheinlichkeit, dass eine Person, die einen trockenen Wein bevorzugt, eine Frau ist ?

c) Wie groß ist die Wahrscheinlichkeit, dass eine zufällig ausgewählte Person aus dieser Großstadt und dieser Altersgruppe keinen trockenen Wein bevorzugt und auch kein Mann ist ?

d) Wie groß ist die Wahrscheinlichkeit, dass eine zufällig ausgewählte Person aus dieser Population ein Mann ist oder trockenen Wein bevorzugt ?

Aufgabe 2.1.2

Von den drei Ereignissen B: „Begegnung mit einer Traumfrau“, G: „Geniale Geschäftsidee“ und L: „Lotto-Gewinn“ treten ein:

- genau eines, höchstens eines und mindestens eines.
- genau zwei und mindestens zwei.
- mindestens eines nicht.
- mindestens zwei nicht.

a) Stellen Sie die gesuchten Ereignisse durch Verknüpfung von B, G und L dar und geben Sie dazu jeweils eine grafische Darstellung an.

b) Es sein vorausgesetzt, dass alle drei Ereignisse B, G und L jeweils mit einer Wahrscheinlichkeit von 1% eintreten und ein Zusammentreffen von je zwei Ereignissen ausgeschlossen werden kann. Wie groß ist dann die Wahrscheinlichkeit, wenigstens eines der drei Ereignisse zu erleben?

Aufgabe 2.1.3

Die Einstellung stressverträglicher Aushilfskellner gelingt auch erfahrenen Wirten nicht immer. Folgende Ereignisse können eintreten:

B : „Der Wirt weist den Bewerber ab."

S : „Der Bewerber ist stressverträglich."

Es sei ferner: $P(B) = 0{,}6 \quad P(S) = 0{,}7 \quad P(B \cup S) = 0{,}8.$

Berechnen Sie die Wahrscheinlichkeit folgender Ereignisse :

a) Der Bewerber reagiert unter Stress chaotisch und wird abgewiesen.

b) Der Bewerber bleibt auch bei Stress freundlich und wird eingestellt.

c) Der Bewerber ist stressverträglich und wird abgewiesen.

d) Der Wirt entscheidet sich für den richtigen Bewerber.

e) Der Wirt trifft eine falsche Personalentscheidung.

f) Der Wirt weist einen chaotischen Bewerber ab.

g) Das Lokal stellt einen chaotischen Aushilfskellner ein.

h) Das Lokal stellt einen stressverträglich Aushilfskellner ein.

i) Ein abgewiesener Bewerber ist stressverträglich.

Aufgabe 2.1.4

Veranschaulichen Sie die Wahrscheinlichkeitstabelle für die Identitäten

$$A = (A \cap B) \cup (A \cap \overline{B}) \quad \text{bzw.} \quad B = (B \cap A) \cup (B \cap \overline{A})$$

mit Hilfe von Venn-Diagrammen.

Setzen Sie sich mit folgenden Aussagen auseinander:

1) Eine bedingte Wahrscheinlichkeit kann größer als die zugehörige unbedingte Wahrscheinlichkeit ausfallen.
2) Wahrscheinlichkeiten lassen sich als Flächen interpretieren.
3) Der Laplacesche Wahrscheinlichkeitsbegriff ist allgemeingültig.
4) Die Wahrscheinlichkeit für die Alternative von zwei Ereignissen ist größer oder gleich der Summe der entsprechenden Einzelwahrscheinlichkeiten.
5) Die totale Wahrscheinlichkeit eines Ereignisses A ist stets 1.

2.2 Zufallsvariable

Das Eintreten von Ereignissen kann meist quantitativ belegt werden. So wird beim Würfeln die Augenzahl beobachtet. Beim Münzwurf kann den Beobachtungen Kopf oder Zahl ein Wert, meist 0 oder 1, zugeordnet werden. Eine derartige Zuordnung zwischen Ereignissen und Zahlen oder Zahlenbereichen heißt **Zufallsvariable**. Formal wird eine Zufallsvariable wie folgt definiert

$$X: \quad \Omega \rightarrow R$$
$$A \in \Omega \rightarrow X(A) = x \in R,$$

wobei x der Wert der Zufallsvariablen X für ein Ereignis A ist. Als **Werte x** sind alle Elemente aus der Menge reeller Zahlen R zulässig. Kommen nur ganze oder gebrochene Zahlen als Werte in Betracht (diskreter Wertebereich), heißt die Zufallsvariable **diskret**. Können hingegen den Ereignissen auch Intervalle reeller Zahlen (zusammenhängender Wertebereich) zugeordnet werden, dann heißt die Zufallsvariable **stetig**.

Beispiel 2.2.1 Es werden drei Münzen geworfen. Je Kopf wird ein Gewinn von 1,- € ausgezahlt. Es interessiert die diskrete Zufallsvariable X: „Gewinn pro Wurf".

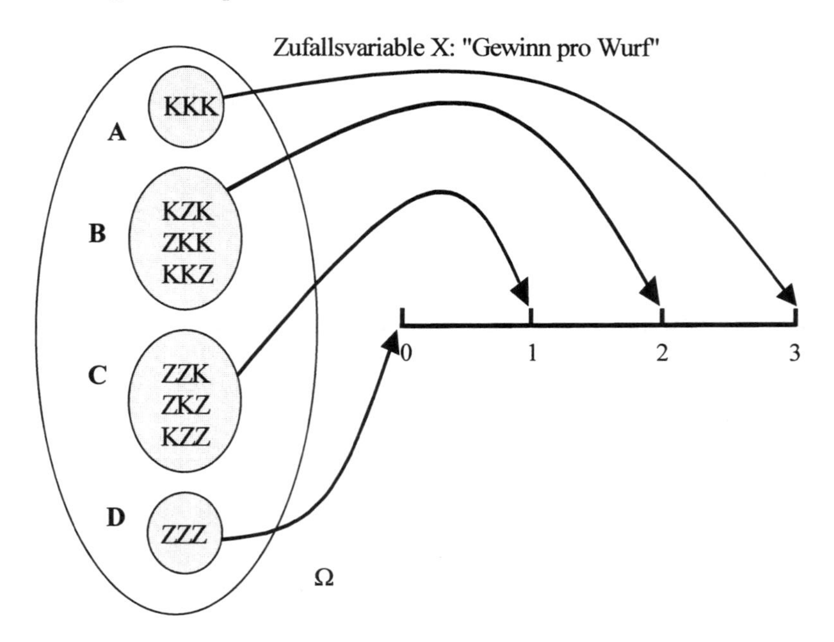

Bild 2.2.1 Funktionale Beziehung zwischen Ereignissen und Zahlenwerten

Beispiel 2.2.2 In einem Server-Raum wird die Temperatur gemessen. Die stetige Zufallsvariable X: „Raumtemperatur" bewegt sich im zulässigen Bereich (Ereignis A), falls 15 °C ≤ X ≤ 25 °C.

2.2.1 Wahrscheinlichkeitsfunktion und Verteilungsfunktion von diskreten Zufallsvariablen

Eine Zuordnung zwischen dem Wert x einer diskreten Zufallsvariablen X und der Wahrscheinlichkeit, dass X den Wert x annimmt (Ereignis A), wird als **Wahrscheinlichkeitsfunktion** f(x) bezeichnet

$$f(x) = P(X = x) = P(A \mid X(A) = x).$$

Beispiel 2.2.1 Gewinn beim Münzwurf mit drei Münzen

x	0	1	2	3
P(X = x)	1/8	3/8	3/8	1/8

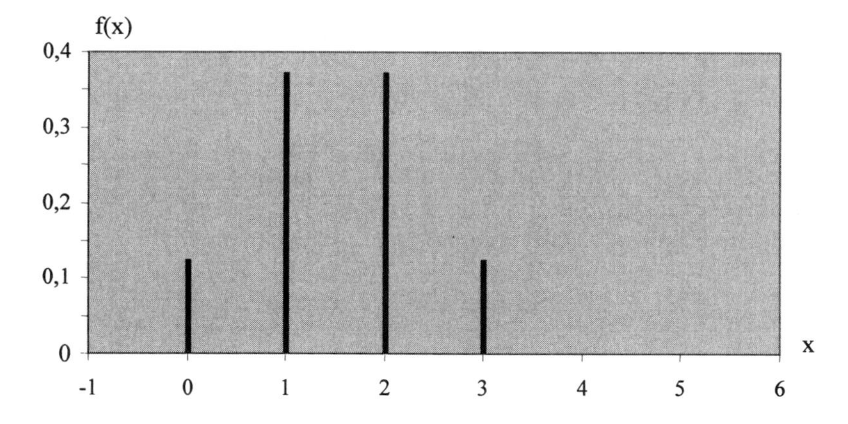

Bild 2.2.2 Wahrscheinlichkeitsfunktion zum Beispiel 2.2.1 (Münzwurf)

Die Wahrscheinlichkeit für einen Gewinn von höchstens einem € ergibt sich aus

$$P(X \le 1) = P(\{X = 0\} \cup \{X = 1\}) = P(\{X = 0\}) + P(\{X = 1\}) = \frac{1}{8} + \frac{3}{8} = \frac{1}{2}.$$

Die kumulierten Wahrscheinlichkeiten ergeben die Werte der **Verteilungsfunktion** F(x)

$$F(x_0) = P(X \leq x_0) = \sum_{x \leq x_0} P(X = x).$$

Beispiel 2.2.1 Münzwurf mit drei Münzen

x	0	1	2	3
F(x)	1/8	4/8	7/8	8/8

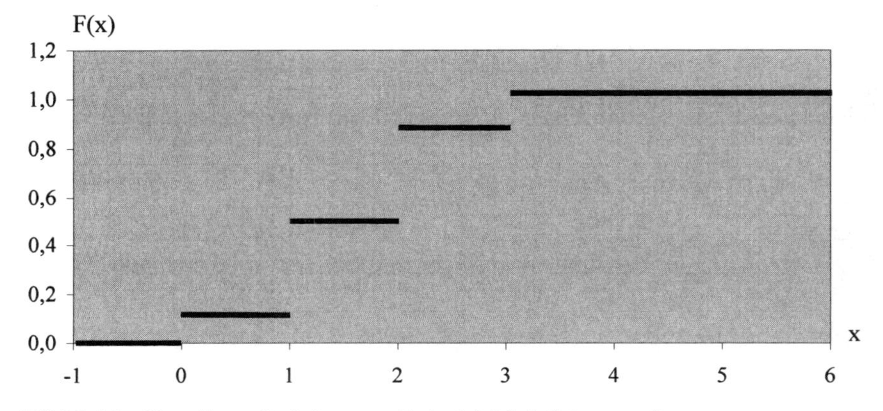

Bild 2.2.3 Verteilungsfunktion zum Beispiel 2.2.1 (Münzwurf)

Die Wahrscheinlichkeit dafür, dass der Gewinn höchstens zwei €, aber mehr als ein € betragen soll, lässt sich wie folgt berechnen:

$$P(1 < X \leq 2) = P(\{X \leq 2\} - \{X \leq 1\}) = P(\{X \leq 2\}) - P(\{X \leq 1\}) = F(2) - F(1$$

Die Wahrscheinlichkeit für einen Gewinn von mehr als einem € ergibt sich aus

$$P(X > 1) = 1 - P(X \leq 1) = 1 - F(1).$$

Die Wahrscheinlichkeit für den Gewinn von genau einem € lässt sich auch mit Hilfe der Verteilungsfunktion bestimmen:

$$P(X = 1) = F(1) - F(0).$$

2.2.2 Parameter einer diskreten Zufallsvariablen

Um die Wahrscheinlichkeitsfunktion einer Zufallsvariablen zu charakterisieren, werden ihre **Parameter** bestimmt. Sie lassen sich aus Maßzahlen der deskriptiven Statistik ableiten, mit denen empirische Häufigkeitsverteilungen charakterisiert werden. Dazu gehören das arithmetische Mittel, die Varianz und die Standardabweichung.

Der **Erwartungswert E(X)** einer Zufallsvariablen X wird analog zum arithmetischen Mittel definiert. Die Ausprägungen a_j gehen in die beobachtbaren Werte x und die relativen Häufigkeiten $h_n(a_j)$ in die Wahrscheinlichkeiten $P(X = x)$ über. Wegen

$$\overline{x} = \sum_{j=1}^{k} a_j \cdot h_n(a_j)$$

folgt

$$E(X) = \sum_{x} x \cdot P(X = x).$$

Der Erwartungswert wird auch mit μ bezeichnet. Im Beispiel 2.2.1 lässt er sich als die zu erwartende **Rendite** des Spiels interpretieren

$$\mu = E(X) = 0 \cdot \frac{1}{8} + 1 \cdot \frac{3}{8} + 2 \cdot \frac{3}{8} + 3 \cdot \frac{1}{8} = 1{,}5\,[\text{Euro}].$$

Der Erwartungswert kann eine Dimension besitzen. Er ist meist nicht beobachtbar, lässt sich aber als Mittelwert der beobachteten Realisierungen von X nach sehr vielen Versuchen interpretieren.

Bei einer **linearen Transformation** der Zufallsvariablen X in die Zufallsvariable Y

$$Y = a + b \cdot X$$

ändern sich nur die Werte der Zufallsvariablen, nicht aber die Wahrscheinlichkeiten, mit der die Werte eintreten. Deshalb gilt für die Erwartungswerte

$$E(Y) = a + b \cdot E(X).$$

Wenn im Gewinnspiel von Beispiel 2.2.1 der Einsatz auf 2,- € erhöht wird, dann steigt die zu erwartende Rendite um 1,- €

$$E(Y) = 1 + E(X) = 2{,}5 \,[\text{Euro}].$$

Die **Varianz Var(X)** einer Zufallsvariablen X wird in Anlehnung an die Streuung eines Merkmals definiert, wobei a_j und $h_n(a_j)$ wie beim Erwartungswert in x und P(X = x) übergehen. Das arithmetische Mittel ist durch den Erwartungswert zu ersetzen. Aus

$$s^2 = \sum_{j=1}^{k} (a_j - \bar{x})^2 \cdot h_n(a_j)$$

folgt

$$\mathrm{Var}(X) = \sum_{x} (x - E(X))^2 \cdot P(X = x)$$

mit

$$\mathrm{Var}(X) = E\left[(X - E(X))^2\right]$$

als **Kurzform**. Die Varianz einer Zufallsvariablen wird auch mit σ^2 bezeichnet. Sie kann als Maß für erwartete Schwankungen um E(X) interpretiert und zur **Risikoabschätzung** genutzt werden.

Im Münzwurf-Beispiel 2.2.1 ergibt sich für die Varianz der Wert 0,75

$$\mathrm{Var}(X) = \sigma^2 = \left(0 - \frac{3}{2}\right)^2 \cdot \frac{1}{8} + \left(1 - \frac{3}{2}\right)^2 \cdot \frac{3}{8} + \left(2 - \frac{3}{2}\right)^2 \cdot \frac{3}{8} + \left(3 - \frac{3}{2}\right)^2 \cdot \frac{1}{8}$$
$$= 0{,}75.$$

Die Wurzel aus der Varianz ist die **Standardabweichung** σ

$$\sigma = \sqrt{\mathrm{Var}(X)}.$$

Die Standardabweichung ist im Gegensatz zur Varianz mit einer interpretierbaren Dimension (Maßeinheit) behaftet.

Im Beispiel 2.2.1 beträgt die Standardabweichung 0,866 €.

Bei **linearer Transformation** einer Zufallsvariablen X in eine andere Zufallsvariable Y mit Niveauverschiebung a und Faktor b gilt

$$\mathrm{Var}(Y) = b^2 \cdot \mathrm{Var}(X).$$

Die Niveauverschiebung hat folglich keinen Einfluss auf die Varianz. Der Faktor hingegen geht quadratisch ein.

Einen Zusammenhang zwischen Varianz und Erwartungswert stellt der **Verschiebesatz** her

$$\mathrm{Var}(X) = E(X^2) - (E(X))^2.$$

Er ergibt sich aus der Kurzform für die Varianz

$$\begin{aligned}\mathrm{Var}(X) &= E\left[(X - E(X))^2\right] = E\left[X^2 + [E(X)]^2 - 2 \cdot X \cdot E(X)\right] \\ &= E\left(X^2\right) + [E(X)]^2 - 2 \cdot [E(X)]^2 = E\left(X^2\right) - [E(X)]^2.\end{aligned}$$

Dieser Varianz-Verschiebesatz eröffnet eine weitere Möglichkeit zur Berechnung von σ^2.

Im Beispiel 2.2.1 resultiert auf diese Weise wegen

x^2	0	1	4	9
P(X = x)	1/8	3/8	3/8	1/8

$$\sigma^2 = 0 \cdot \frac{1}{8} + 1 \cdot \frac{3}{8} + 4 \cdot \frac{3}{8} + 9 \cdot \frac{1}{8} - \left(\frac{3}{2}\right)^2 = 0{,}75.$$

Einen weiteren Zusammenhang zwischen Erwartungswert und Varianz stellt die **Tschebyscheffsche Ungleichung**, benannt nach P. L. Tschebyscheff (1821-1894) her (vgl. Bamberg [1987], S 124 ff.)

$$P(|X - \mu| < k \cdot \sigma) \geq 1 - \frac{1}{k^2} \quad \text{bzw.} \quad P(|X - \mu| \geq k \cdot \sigma) \leq \frac{1}{k^2}.$$

Im Beispiel 2.2.1 folgt für k = 2 die Relation $P(|X - 1{,}5| < 1{,}732) \geq 0{,}75$. Demnach beträgt die Wahrscheinlichkeit dafür, dass eine Realisierung von X innerhalb des 2σ -Intervalls liegt, mindestens 75%.

Für eine **diskrete Gleichverteilung** lassen sich allgemeingültige Formeln zur Bestimmung von Erwartungswert und Varianz ableiten. So gilt für n gleichwahrscheinliche Werte $x_i = i$ (siehe Aufgabe 2.2.5)

$$E(X) = \frac{n+1}{2} \quad Var(X) = \frac{n^2-1}{12}.$$

Beispiel 2.2.3 Würfeln mit einem Würfel

x	1	2	3	4	5	6
P(X = x)	1/6	1/6	1/6	1/6	1/6	1/6
F(x)	1/6	2/6	3/6	4/6	5/6	6/6

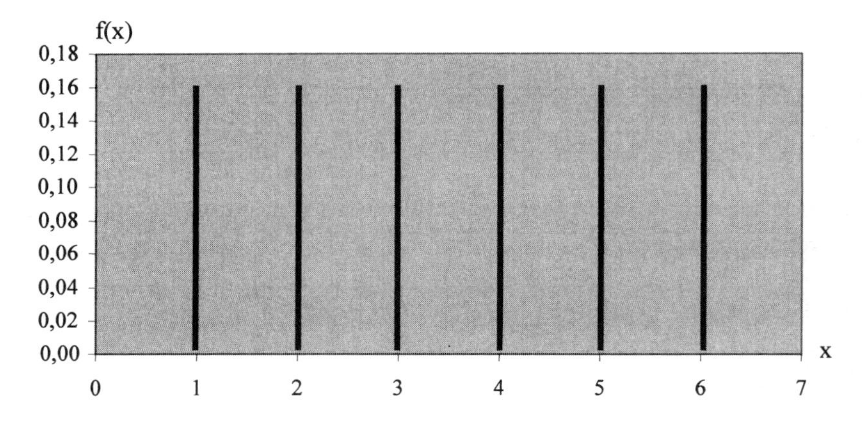

Bild 2.2.4 Wahrscheinlichkeitsfunktion einer diskreten Gleichverteilung

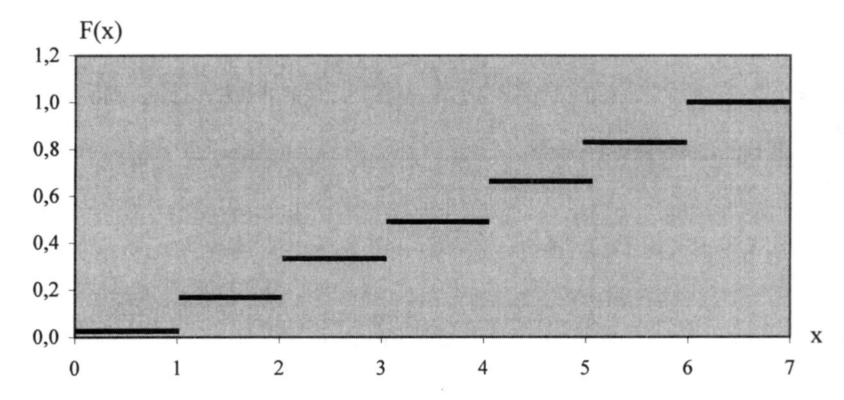

Bild 2.2.5 Verteilungsfunktion einer diskreten Gleichverteilung

Die ausführliche Berechnung von Erwartungswert und Varianz bestätigt die allgemeingültigen Formeln zur diskreten Gleichverteilung:

$$E(X) = (1+2+3+4+5+6) \cdot \frac{1}{6} = (1+6) \cdot \frac{1}{3} = 3{,}5$$

$$Var(X) = \left(1^2 + 2^2 + 3^2 + 4^2 + 5^2 + 6^2\right) \cdot \frac{1}{6} - 3{,}5^2 = \frac{6^2 - 1}{12} = 2{,}91\overline{6}.$$

2.2.3 Zweidimensionale Zufallsvariable

Zur Untersuchung von Abhängigkeiten zwischen zwei Zufallsvariablen X und Y wird eine Zusammenfassung zu einem Variablenpaar (X, Y) vorgenommen und dieses als **zweidimensionale Zufallsvariable** bezeichnet.

Beispiel 2.2.4 Eine Münze wird dreimal geworfen. X bezeichnet die Zufallsvariable „Gewinn für 1,- € pro Kopf" und Y die Zufallsvariable „Gewinn für 1,- € pro Wechsel des Wurfresultats". Dem Ereignis KZK ordnet X den Gewinn 2,- € und Y den Gewinn 2,- € zu. Dem Ereignis ZKK hingegen ordnet Y nur 1,- € zu, während X unverändert 2,- € Gewinn anzeigt (siehe Bild 2.2.6). Zusammenfassend lässt sich folgende Tabelle angeben.

Versuchsergebnis	KKK	KKZ	KZK	ZKK	KZZ	ZKZ	ZZK	ZZZ
X	3	2	2	2	1	1	1	0
Y	0	1	2	1	1	2	1	0

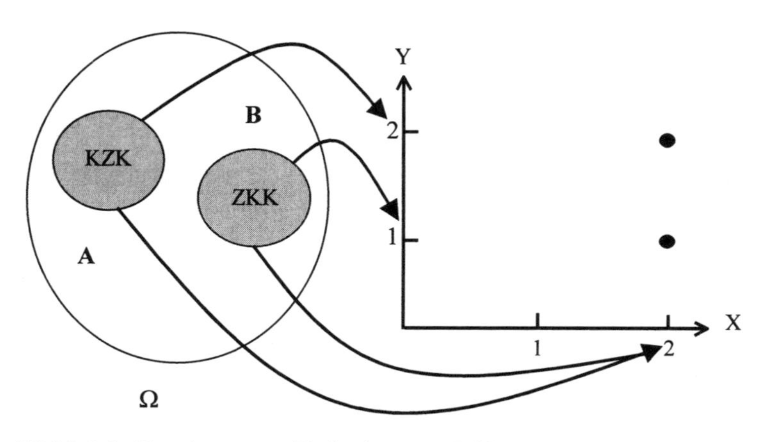

Bild 2.2.6 Zuordnung von Ereignissen zu Zahlenpaaren

Folgende **Definition** ist allgemeingültig

$$(X, Y): \quad A \to (x, y) \quad \text{für} \quad A \in \Omega, x \in R \text{ und } y \in R.$$

Die **gemeinsame Wahrscheinlichkeitsfunktion** f(x, y) wird mit Hilfe von simultanen Wahrscheinlichkeiten[1]

$$f(x, y) = P(X = x \cap Y = y).$$

definiert. Für diskrete Zufallsvariable bietet es sich an, die Wahrscheinlichkeitsfunktion zu tabellieren. Auf den Rändern sind die **Zeilen-** bzw. **Spaltensummen** aufgetragen,

Tabelle 2.2.1 Wahrscheinlichkeitsfunktion zum Beispiel 2.2.4 (Münzwurf mit zwei Gewinnspielen)

x/y	0	1	2	P(X = x)
0	1/8	0	0	1/8
1	0	2/8	1/8	3/8
2	0	2/8	1/8	3/8
3	1/8	0	0	1/8
P(Y = y)	2/8	4/8	2/8	1

die mit den Wahrscheinlichkeitsfunktionen der Variablen X bzw. Y

x	0	1	2	3
P(X = x)	1/8	3/8	3/8	1/8

y	0	1	2
P(Y = y)	2/8	4/8	2/8

identisch sind. Ein Vergleich von Erwartungswerten und Varianzen

Parameter	Erwartungswert	Varianz
ZV X	1,5	0,75
ZV Y	1,0	0,50

macht deutlich, dass bei dem zu X gehörigen Spiel eine höhere Rendite erwartet werden darf. Aus dem Varianzvergleich folgt allerdings, dass diese Rendite durch ein größeres Risiko erkauft wird.

[1] Die Funktion f(x, y) gibt die Wahrscheinlichkeit dafür an, dass die beiden Ereignisse X = x und Y = y gleichzeitig eintreten.

Die grafische Darstellung einer diskreten zweidimensionalen Wahrscheinlichkeitsfunktion führt zu einem **Balkengebirge** (siehe Bild 2.2.7).

Die **gemeinsame Verteilungsfunktion** einer zweidimensionalen Zufallsvariablen ergibt sich durch schrittweises Addieren der simultanen Wahrscheinlichkeiten.

Tabelle 2.2.2 Verteilungsfunktion zum Beispiel 2.2.4 (Münzwurf mit zwei Gewinnspielen)

x/y	0	1	2
0	1/8	1/8	1/8
1	1/8	3/8	4/8
2	1/8	5/8	7/8
3	2/8	6/8	1

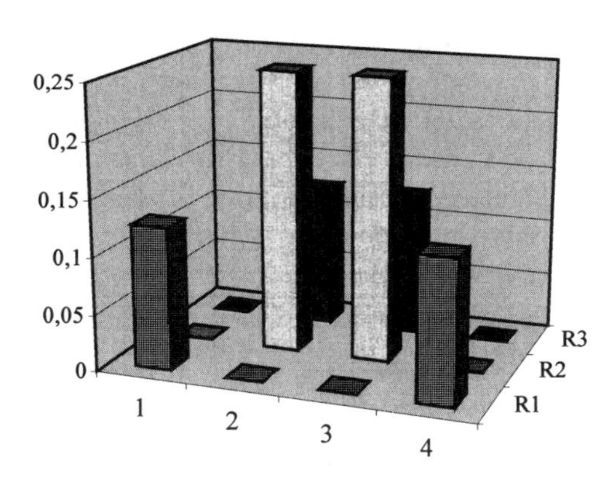

Bild 2.2.7 Wahrscheinlichkeitsfunktion zum Beispiel 2.2.4

2.2.4 Unabhängigkeit und gerichtete Abhängigkeit von Zufallsvariablen

Die Unabhängigkeit von Zufallsvariablen wird in Anlehnung an den Unabhängigkeitsbegriff von Merkmalen in der beschreibenden Statistik definiert. Das Verhältnis von simultanen Wahrscheinlichkeiten zu Randwahrscheinlichkeiten muss zeilen- und spaltenweise konstant bleiben, d.h.

$$\frac{P(X = x \cap Y = y)}{P(Y = y)} = \frac{P(X = x)}{1}.$$

Üblicherweise wird als Definitionsgleichung für die **Unabhängigkeit** die umgestellte Formel

$$P(X = x \cap Y = y) = P(X = x) \cdot P(Y = y)$$

benutzt, die dem Multiplikationssatz für unabhängige Ereignisse ähnelt (vgl. Kap. 2.1).

Im Beispiel 2.2.4 liegt offenbar keine Unabhängigkeit zwischen den beiden Gewinnspielen vor, denn für x = 3 und y = 0 ergibt sich nach einem Vergleich der ersten Spalte mit der Randspalte (schattierte Zellen in Tabelle 2.2.1)

$$\frac{1}{8} \neq \frac{2}{8} \cdot \frac{1}{8}.$$

Die **Richtung einer Abhängigkeit** zwischen den Zufallsvariablen X und Y kann unter Verwendung der empirischen Kovarianz von Merkmalen beschrieben werden. Dazu sind die Ausprägungen durch Beobachtungswerte, die arithmetischen Mittel durch Erwartungswerte und die simultanen relativen Häufigkeiten durch simultane Wahrscheinlichkeiten zu ersetzen. Dann ergibt sich aus

$$s_{XY} = \sum_{i=1}^{k} \sum_{j=1}^{l} \left(a_i - \bar{x}\right) \cdot \left(b_j - \bar{y}\right) \cdot \frac{H_{ij}}{n}$$

die Formel für die **Kovarianz** von X und Y

$$\mathrm{Cov}(X, Y) = \sum_{x} \sum_{y} \left(x - E(X)\right) \cdot \left(y - E(Y)\right) \cdot P\left(X = x \cap Y = y\right).$$

Die Kurzform dieses Ausdruckes ist offenbar

$$\mathrm{Cov}(X, Y) = E\left[\left(X - E(X)\right) \cdot \left(Y - E(Y)\right)\right].$$

Für Beispiel 2.2.4 beträgt die Kovarianz der beiden abhängigen Zufallsvariablen 0, denn

$$\begin{aligned}\mathrm{Cov}(X,Y) \\ &= (0-1{,}5)\cdot(0-1)\cdot\frac{1}{8}+0+0+0+0+(1-1{,}5)\cdot(2-1)\cdot\frac{1}{8} \\ &\quad +0+0+(2-1{,}5)\cdot(2-1)\cdot\frac{1}{8}+(3-1{,}5)\cdot(0-1)\cdot\frac{1}{8}+0+0 \\ &= 0.\end{aligned}$$

Eine Richtung kann demzufolge nicht identifiziert werden.

Das Ergebnis zeigt, dass eine verschwindende Kovarianz nicht zwangsläufig bedeuten muss, dass die beiden Zufallsvariablen unabhängig voneinander sind.
Umgekehrt gilt jedoch, dass bei Unabhängigkeit kein gerichteter Zusammenhang bestehen kann. Diese Behauptung lässt sich nachweisen, indem der Kovarianz-Verschiebesatz aus der deskriptiven Statistik

$$s_{XY} = \overline{xy} - \overline{x}\cdot\overline{y}$$

auf Zufallsvariable übertragen wird, d.h.

$$\mathrm{Cov}(X,Y) = E(X\cdot Y) - E(X)\cdot E(Y).$$

Falls X und Y unabhängige Zufallsvariable sind, gilt der Multiplikationssatz für die Erwartungswerte und die Kovarianz verschwindet. Der **Kovarianz-Verschiebesatzes** lässt eine vereinfachte Berechnung der Kovarianz zu, wenn die Erwartungswerte der Variablen und der Erwartungswert des Variablenprodukts bekannt sind.

Im Beispiel 2.2.4 ergibt sich folgende als Wahrscheinlichkeitstabelle des Variablenprodukts $X\cdot Y$.

$x\cdot y$	0	1	2	3	4	6
$P(X\cdot Y=x\cdot y)$	2/8	2/8	3/8	0	1/8	0

Der Erwartungswert beträgt $E(X\cdot Y) = 12/8 = 1{,}5$. Wird hiervon das Produkt der Erwartungswerte $1\cdot 1{,}5$ abgezogen. Es ergibt sich für die Kovarianz der Wert 0.

Für **lineare Transformationen** der Variablen X und Y lässt sich wegen der Linearität des Erwartungswertes folgender Zusammenhang zeigen:

$$\mathrm{Cov}(a + b \cdot X, c + d \cdot Y) = b \cdot d \cdot \mathrm{Cov}(X, Y).$$

Außerdem besteht ein Zusammenhang zwischen den Varianzen der Variablen X und Y und ihrer Kovarianz

$$\mathrm{Var}(X \pm Y) = \mathrm{Var}(X) + \mathrm{Var}(Y) \pm 2 \cdot \mathrm{Cov}(X, Y).$$

Der Nachweis dieses Zusammenhangs basiert auf dem Varianz-Verschiebesatz und wird am Fall X + Y demonstriert:

$$\begin{aligned}
&\mathrm{Var}(X + Y) \\
&= E\left[(X + Y)^2\right] - [E(X + Y)]^2 \\
&= E\left(X^2 + 2 \cdot X \cdot Y + Y^2\right) - [E(X) + E(Y)]^2 \\
&= E\left(X^2\right) + 2 \cdot E(X \cdot Y) + E\left(Y^2\right) - [E(X)]^2 - 2 \cdot E(X) \cdot E(Y) - [E(Y)]^2 \\
&= \mathrm{Var}(X) + \mathrm{Var}(Y) + 2 \cdot \mathrm{Cov}(X, Y).
\end{aligned}$$

Für die Variablendifferenz wird analog geschlussfolgert.

Bei der Addition von Zufallsvariablen erhöht eine positive gerichtete Abhängigkeit das Risiko. Eine negativ gerichtete Abhängigkeit hingegen wirkt risikomindernd. Bei einer Differenz von Variablen hingegen steigt bei einer negativ gerichteten Abhängigkeit das Risiko, während eine positiv gerichtete Abhängigkeit risikomindernd wirkt. Für eine verschwindende Kovarianz addieren sich die Varianzen auch im Fall der Variablendifferenz.

Im Beispiel 2.2.4 hätte das Summenspiel X + Y

x + y	0	1	2	3	4	5
P(X+Y = x+y)	1/8	0	2/8	4/8	1/8	0

den Erwartungswert 2,5 € und die Varianz 1,25. Das Differenzspiel Y-X hätte wegen der Varianzgleichheit das selbe Risiko bei einer geringeren Rendite von 0,5 €.

Als **Korrelationskoeffizient** ρ wird analog zur beschreibenden Statistik das Verhältnis der Kovarianz zum Produkt der Standardabweichungen der Variablen definiert, d.h.

$$\rho = \frac{\text{Cov}(X,Y)}{\sigma_X \cdot \sigma_Y}.$$

Der Korrelationskoeffizient schwankt zwischen -1 und +1. Negative Werte deuten auf einen negativ gerichteten Zusammenhang, positive Werte auf einen positiv gerichteten Zusammenhang hin. Für unabhängige Zufallsvariable ist der Korrelationskoeffizient 0.

2.2.5 Übungsaufgaben und Kontrollfragen

Aufgabe 2.2.1

Verifizieren Sie die Veränderung von Erwartungswert, Varianz und Kovarianz nach einer linearen Transformation.

Aufgabe 2.2.2

Verifizieren Sie die Formeln für Erwartungswert und Varianz bei diskreter Gleichverteilung. Nutzen Sie dazu die Summenformeln für natürliche Zahlen und ihre Quadrate.

Aufgabe 2.2.3

Lösen Sie das sogenannte Pascalproblem (Bei drei Würfeln fällt die 12 seltener als die 11).

Aufgabe 2.2.4

Ein Stammkunde einer Stralsunder Spielbank bevorzugt zwei Glücksspiele (Spiel A und Spiel B) und möchte diese hinsichtlich Gewinnerwartung und Risiko miteinander vergleichen. Er stellt eine Wahrscheinlichkeitstabelle auf, in der leider einige Werte fehlen:

X/Y		Spiel A			Summe
		0,- €	50,- €	150,- €	
Spiel B	0,- €	**0,3**			**0,4**
	75,- €			**0,1**	
Summe		**0,6**		**0,1**	

a) Definieren Sie die beiden Zufallsvariablen X und Y und vervollständigen Sie die Wahrscheinlichkeitstabelle!

b) Welches Spiel lässt einen höheren Gewinn erwarten und welches Spiel ist riskanter?

c) Sind die Gewinne der beiden Spiele als abhängig anzusehen ?

d) Lässt sich die folgende persönliche Erfahrung des Spielers anhand der Tabelle bestätigen: Wenn ich gewinne, dann nahezu bei jeder Spielart. Wenn ich am Verlieren bin, läuft es fast überall schlecht.

Der Glücksspieler animiert seine Freundin zu einer Spielergemeinschaft. Sie soll auf das Spiel mit der höheren Gewinnerwartung setzen, während er beide Spiele gleichzeitig betreibt.

e) Wie hoch ist der zu erwartende gemeinsame Gewinn?

f) Wie ändert sich die Gewinnerwartung, wenn die Partnerin lieber auf das riskantere Spiel setzen möchte?

g) Begründen Sie verbal, bei welcher der beiden Varianten mit einem höheren Risiko zu rechnen ist.

h) Ist bei einer Berechnung zu g) der einfache Additionssatz für Varianzen anwendbar?

Setzen Sie sich mit folgenden Aussagen auseinander:

1) Bei der Differenzbildung von zwei Zufallsvariablen sinken der Erwartungswert und die Varianz.

2) Die Varianz der Summe zweier abhängiger Zufallsvariablen ist bei positiver Korrelation niedriger als bei negativer Korrelation.

3) Die Standardabweichung einer Zufallsvariablen ist niveauabhängig.

2.3 Diskrete Verteilungen

Es gibt spezielle diskrete Verteilungen, die unter bestimmten Voraussetzungen aufgrund ihrer Eigenschaften auf Ergebnisse des Zufallsexperiments anwendbar sind. Folgende dieser speziellen diskreten Verteilungen sollen hier behandelt werden:

- die Bernoulli-Verteilung,
- die Binomial-Verteilung,
- die hypergeometrische Verteilung,
- die geometrische Verteilung,
- die Poisson-Verteilung.

Diese Auswahl ist nicht vollständig, sondern beschränkt sich auf die für wirtschaftliche Prozesse charakteristischen Verteilungen. Hinsichtlich weiterer diskreter Verteilungen sei auf Hartung [1991], S. 209 ff. , und Bosch [1992], S. 179 ff., verwiesen.

2.3.1 Bernoulli-Verteilung

Die nach J. Bernoulli (1654-1705) benannte Verteilung ist an ein Zufallsexperiment (**Bernoulli-Experiment**) mit zwei verschiedenen, einander ausschließenden möglichen Ergebnissen gebunden. Bernoulli-Experimente treten bei der Tauglichkeitsprüfung eines Kandidaten, bei der Akzeptanzprüfung einer politischen Entscheidung, der Zuverlässigkeitsprüfung durch den TÜV, die Qualitätskontrolle eines CD-Players oder beim klassischen Urnenversuch mit Kugeln zweier Farben auf. Die Zufallsvariable kann bei diesen Experimenten nur die beiden Werte 0 (Misserfolg) oder 1 (Erfolg) annehmen.

Beispiel 2.3.1 Ein Flugmotor wird überprüft. Wenn er funktioniert, dann tritt das Ereignis A (Erfolg) ein, andernfalls tritt das komplementäre Ereignis $\overline{A}$ (Misserfolg) ein. Die Zufallsvariable X: „Funktionscharakteristik des Motors“ kann die beiden Werte 0 (A tritt nicht ein) oder 1 (A tritt ein) annehmen. Die **Erfolgswahrscheinlichkeit** p, mit der A eintritt, sei 0,95. Dann ergibt sich als Wahrscheinlichkeitsfunktion:

x	0	1
P(X = x)	0,05	0,95

Der Erwartungswert ist 0,95. Die Varianz lässt sich mit Hilfe des entsprechenden Verschiebesatz aus 0,95 - $0{,}95^2$ = 0,0475 berechnen. Allgemein ergeben sich für die **Bernoulli-Verteilung** bei einer Erfolgswahrscheinlichkeit p folgende Ausdrücke für den Erwartungswert und die Varianz:

$$E(X) = p \quad Var(X) = p \cdot (1 - p).$$

Werden Bernoulli-Experimente mehrfach hintereinander durchgeführt, sind zwei Fragen von praktischem Interesse:

- Wie groß ist die Wahrscheinlichkeit, dass x Erfolge bei n Versuchen eintreten?

- Wie hoch ist die Wahrscheinlichkeit, dass der erste Erfolg nach x erfolglosen Versuchen eintritt?

Zur Bestimmung der Erfolgswahrscheinlichkeit werden je nach Versuchsanordnung eine Binomial- oder eine hypergeometrische Verteilung herangezogen. Die Wahrscheinlichkeit von x Versuchen bis zum ersten Erfolg kann mit Hilfe einer geometrischen Verteilung ermittelt werden.

2.3.2 Binomial-Verteilung

An die Verkettung der Bernoulli-Experimente wird folgende Bedingung gestellt:
Die Versuchsbedingungen dürfen sich nicht ändern, d. h. die aufeinander folgenden Ereignisse treten **unabhängig** voneinander ein. Die Erfolgswahrscheinlichkeit bleibt konstant.

Für das klassische Zufallsexperiment „Entnahme einer Kugel aus einer Urne mit Kugeln zweier Farben" bedeutet dies, dass die entnommene Kugel zurück gelegt werden (**Ziehen mit Zurücklegen**).

Die Unabhängigkeit der Bernoulli-Experimente gilt auch dann als erfüllt, wenn die Versuchsbedingungen zumindest annähernd gleich bleiben. Mit dieser Erweiterung kann z. B. das Problem der Qualitätsprüfung bei sehr hohen Stückzahlen mit Hilfe einer Binomial-Verteilung beschreiben werden. Zwar wird ein defektes Produkt nach der Prüfung offensichtlich nicht wieder zurück gelegt, doch es kann angesichts der großen Anzahl von Produkten auf eine Korrektur der Erfolgswahrscheinlichkeit bei den Folgeversuchen verzichtet werden.

Tabelle 2.3.1 Beispiele für Binomial-Verteilungen

Versuch	Erfolg (Ereignis A)	Misserfolg (Ereignis $\overline{A}$)	p = P(A)	n	X
Belegungsprüfung reservierter Plätze in einem Flugzeug	Reservierung wird in Anspruch genommen	Reservierung wird nicht in Anspruch genommen	Erfahrungsgemäße Nichtbelegungsquote	Anzahl verkaufter Plätze im Flugzeug	Anzahl nicht erschienener Fluggäste
Ziehen eines Produkts aus laufender Produktion	Produkt ist Ausschuß	Produkt ist normgerecht	Produktionsbedingte Ausschuss-Quote	Zahl der geprüften Produkte	Zahl der Ausschussprodukte
Ziehen mit Zurücklegen aus einer Urne mit weißen und schwarzen Kugeln	Kugel ist weiß	Kugel ist schwarz	Zahl der weißen Kugeln, dividiert durch die Zahl aller Kugeln in der Urne	Zahl der Ziehungen	Zahl der gezogenen weißen Kugeln
Münzwurf	Kopf	Zahl	0,5	Zahl der Würfe	Zahl der Kopfwürfe
Lottospiel	Sechser	kein Sechser	1/13.983.816	Zahl der gespielten Runden	Zahl der Runden mit einem erreichten Sechser
Überprüfung von Unternehmen auf die Einhaltung von Auflagen zum Umweltschutz	Gesetzesverletzung	Gesetzestreue	Erfahrungsgemäße Mogelquote	Anzahl überprüfter Unternehmen	Anzahl der pro Tag ermittelten Gesetzesverstöße

Beispiel 2.3.2 Ein Flugzeug mit drei Motoren wird auf seine Funktionstüchtigkeit geprüft. An jedem Motor wird das Bernoulli-Experiment Funktionsprüfung (siehe Abschnitt 2.3.1) durchgeführt. Die Zufallsvariable X: „Anzahl funktionierender Motoren" entspricht der Summe der Erfolge, d. h. der Summe der drei Bernoulli-Variablen X_1, X_2 und X_3 aus den Einzelversuchen

$$X = X_1 + X_2 + X_3.$$

Der **Erwartungswert** für p = 0,95 ist

$$E(X) = 3 \cdot p = 2{,}85 \ .$$

Die **Varianz** beträgt wegen der Unabhängigkeit der Versuche und damit der Bernoulli-Variablen

$$Var(X) = 3 \cdot p \cdot (1 - p) = 0{,}1425.$$

Zur Berechnung der **Wahrscheinlichkeitsfunktion** für die binomialverteilte Variable X müssen alle Fälle aufgelistet werden, die zu den möglichen Erfolgssummen 0 bis 3 gehören:

$$\begin{aligned}
P(X=0) &= P(\overline{A} \cap \overline{A} \cap \overline{A}) = (1-p)^3 = 0{,}05^3 \\
P(X=1) &= P((\overline{A} \cap A \cap \overline{A}) \cup (\overline{A} \cap \overline{A} \cap A) \cup (A \cap \overline{A} \cap \overline{A})) \\
&= 3 \cdot p \cdot (1-p)^2 = 3 \cdot 0{,}95 \cdot 0{,}05^2 \\
P(X=2) &= P((\overline{A} \cap A \cap A) \cup (A \cap \overline{A} \cap A) \cup (A \cap A \cap \overline{A})) \\
&= 3 \cdot p^2 \cdot (1-p) = 3 \cdot 0{,}95^2 \cdot 0{,}05 \\
P(X=3) &= P(A \cap A \cap A) = p^3 = 0{,}95^3
\end{aligned}$$

Tabellarisch ergibt sich die **Wahrscheinlichkeitsfunktion**

x	0	1	2	3
P(X = x)	0,0000125	0,007125	0,135375	0,857375

Die Zahl der Fälle für einen Wert von X hängt von der Anzahl der Bernoulli-Experimente ab. Bei n Experimenten gibt es für eine Erfolgssumme k (k = 0, 1, ..., n) genau

$$\binom{n}{k} = \frac{n \cdot (n-1) \cdot \ldots \cdot (n-k+1)}{1 \cdot 2 \cdot \ldots \cdot k}$$

mögliche Ereignisverknüpfungen. Kombinatorisch gesehen sind jeweils n Ereignisse zu permutieren, wobei k Erfolge und n-k Misserfolge auftreten. Die Formel für eine derartige **Permutation mit Wiederholung** führt nach Kürzen der Terme zu folgendem Binomialkoeffizienten

$$\frac{n!}{k!\cdot(n-k)!} = \binom{n}{k}.$$

Die **Wahrscheinlichkeitsfunktion** einer binomialverteilten Zufallsgröße X bei n Bernoulli-Versuchen mit gleichbleibender Erfolgswahrscheinlichkeit p lautet somit

$$P(X = x) = \binom{n}{x} \cdot p^k \cdot (1-p)^{n-k}.$$

Als Abkürzung wird **X ~ B.V.(n, p)** geschrieben.

Geometrisch kann eine Binomialverteilung mit p = 0,5 und 6 Experimenten im sogenannten **Galton-Brett** (benannt nach F. Galton 1822 – 1911) dargestellt werden, bei dem Kugeln durch ein Labyrinth in 7 Fächer fallen (siehe Strohe/Rönz [1994], S. 128).

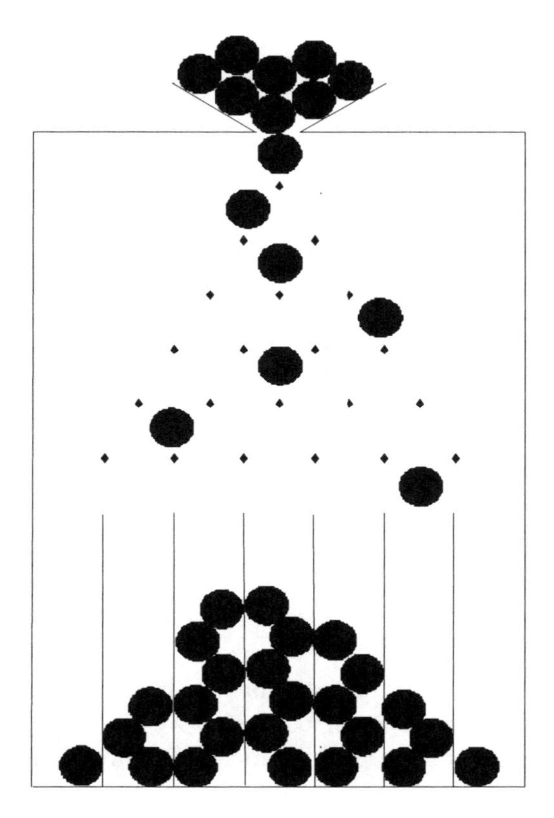

Bild 2.3.1 Galton-Brett für ein Binomialverteilung mit n = 6

Tabelliert liegt anstelle der Wahrscheinlichkeitsfunktion meist die **Verteilungsfunktion**

$$F(X = x_0) = P(X \leq x_0) = \sum_{x \leq x_0} P(X = x).$$

vor, mit deren Hilfe alle gewünschten Wahrscheinlichkeiten berechnet werden können. Für Beispiel 2.3.1 lautet die Verteilungsfunktion

x	0	1	2	3
P(X ≤ x)	0,0000125	0,0071325	0,1425125	1

Die Wahrscheinlichkeit dafür, dass mindestens 2 Motoren funktionieren, beträgt

$$P(X \geq 2) = 1 - P(X < 2) = 1 - P(X \leq 1) = 1 - 0{,}0071325 = 0{,}9928675.$$

Für den **Erwartungswert** und die **Varianz** einer Binomialverteilung mit den Parametern n und p ergeben sich

$$E(X) = n \cdot p \quad \text{und} \quad Var(X) = n \cdot p \cdot (1 - p).$$

Die Binomial-Verteilung ist je nach Erfolgswahrscheinlichkeit p **linkssteil, rechtssteil** oder **symmetrisch**. Für n = 5 und p = 0,1; 0,5; 0,8 ergeben sich alle drei Verlaufsmuster (siehe Bilder 2.3.2 - 2.3.4).

Tabelle 2.3.2 Wahrscheinlichkeitsfunktionen für verschiedene Erfolgswahrscheinlichkeiten

p = 0,2		p = 0,5		p = 0,8	
x	f(x)	x	f(x)	x	f(x)
0	0,3277	0	0,0312	0	0,0003
1	0,4096	1	0,1562	1	0,0064
2	0,2048	2	0,3125	2	0,0512
3	0,0512	3	0,3125	3	0,2048
4	0,0064	4	0,1562	4	0,4096
5	0,0003	5	0,0312	5	0,3277

Werden zwei unabhängige, jeweils mit gleicher Erfolgswahrscheinlichkeit p binomialverteilte Zufallsvariablen $X \sim B.V.(n_1, p)$ und $Y \sim B.V.(n_2, p)$ addiert, dann ist offensichtlich auch ihre Summe binomialverteilt, d.h. $X + Y \sim B.V.(n_1 + n_2, p)$. Da nunmehr $n_1 + n_2$ Bernoulli-Experimente mit unveränderter Erfolgswahrscheinlichkeit p durchgeführt werden, summiert die Zufallsvariable X + Y die Erfolge bei n_1 + n_2 Versuchen (**Reproduktionseigenschaft**).

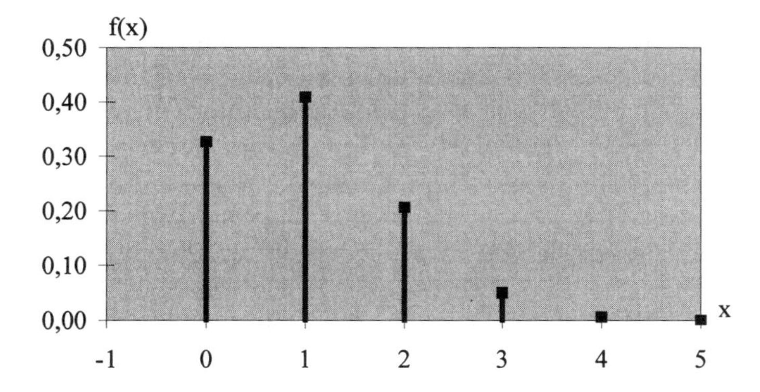

Bild 2.3.2 Wahrscheinlichkeitsfunktion einer linkssteilen Binomial-Verteilung mit p = 0,2 und n = 5

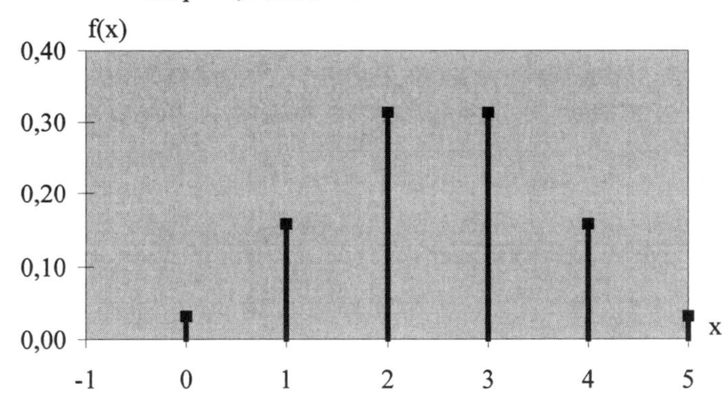

Bild 2.3.3 Wahrscheinlichkeitsfunktion einer symmetrischen Binomial-Verteilung mit p = 0,5 und n = 5

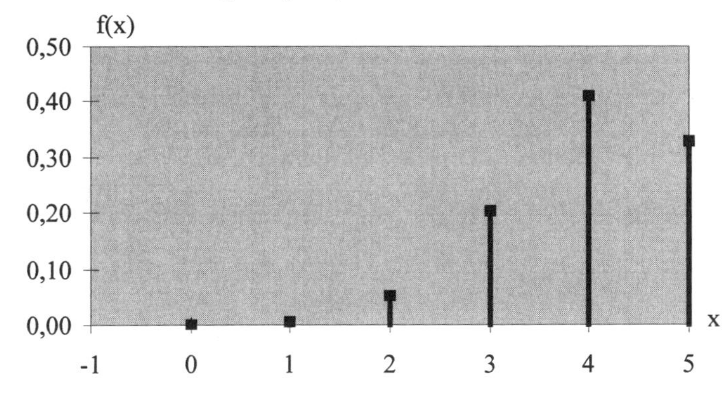

Bild 2.3.4 Wahrscheinlichkeitsfunktion einer rechtssteilen Binomial-Verteilung mit p = 0,8 und n = 5

2.3.3 Hypergeometrische Verteilung

Wenn die Bernoulli-Experimente nicht mit konstanter Erfolgswahrscheinlichkeit ablaufen, kann die Binomial-Verteilung nicht mehr unterstellt werden. Werden die Experimente im Sinne eines **Ziehens ohne Zurücklegen** durchgeführt, lässt sich eine andere Verteilungsfunktion, die sogenannte **hypergeometrische Verteilung,** angeben. Beim Ziehen ohne Zurücklegen reduziert jeder Versuch die Grundgesamtheit. Das entspricht der Entnahme von Kugeln aus einer Urne mit anfangs n Kugeln ohne Zurücklegen. Dabei kann der Versuch nicht beliebig oft wiederholt werden. Die Erfolgswahrscheinlichkeit hängt von der Anzahl der Entnahmen ab. Typische Anwendungen der hypergeometrischen Verteilung sind die Qualitätskontrolle von Produkten aus einer Versandverpackung (Palette, Kiste) oder die Hochrechnung von Erfolgen aus einer kleinen Ziehung auf die Grundgesamtheit.

Bezeichne N die Zahl der Elemente der Grundgesamtheit, n die Zahl der Elemente pro Ziehung und M die Anzahl der Erfolge in der Grundgesamtheit. Dann lässt sich die **Wahrscheinlichkeit für x Erfolge** in einer Ziehung als Quotient des Produkts der Erfolgsanzahl je Ziehung (M über x) mit der Misserfolgsanzahl (N - M über n – x) je Ziehung durch die Anzahl der möglichen Ziehungen (N über n) berechnen

$$P(X = x) = \frac{\binom{M}{x} \cdot \binom{N-M}{n-x}}{\binom{N}{n}}.$$

Die **Kurzbezeichnung** für eine hypergeometrische Verteilung ist **X ~ H.G.V.(N, M, n).**

Beispiel 2.3.3 Aus einer Packung mit 100 Glühbirnen werden 10 Glühbirnen ohne Zurücklegen gezogen. Aus Erfahrung sei bekannt, dass 5 defekte Glühbirnen pro Packung enthalten sind. Wie groß ist die Wahrscheinlichkeit unter den 10 Glühbirnen genau 2 defekte zu finden?
Die Zufallsvariable X: „Anzahl defekter Glühbirnen unter 10 gezogenen" ist hypergeometrisch verteilt mit N = 100, n = 10 und M = 5, d.h. X ~ H.G.V.(100, 5, 10). Die Wahrscheinlichkeit ergibt sich aus

$$P(X = x) = \frac{1{,}5664}{16262{,}104} = 0{,}000096.$$

Der **Erwartungswert** und die **Varianz** der hypergeometrischen Verteilung sind

$$E(X) = n \cdot \frac{M}{N} \quad \text{und} \quad Var(X) = n \cdot \frac{M}{N} \cdot \left(1 - \frac{M}{N}\right) \cdot \left(\frac{N-n}{N-1}\right).$$

Beispiel 2.3.4 Gesucht ist der Bestand N an Karpfen in einem Teich. Es werden M = 20 Karpfen gefischt, markiert und zurück in den Teich geworfen. Dann werden erneut 5 Karpfen gefangen, unter denen sich x = 2 markierte befinden. Die gesuchte Zahl N ergibt sich näherungsweise aus

$$\frac{M}{N} \approx \frac{x}{n} \quad \text{bzw.} \quad N \approx \frac{20 \cdot 5}{2} = 50.$$

Falls N sehr groß gegenüber n wird, kann mit nahezu unabhängigen Versuchen und einer Erfolgswahrscheinlichkeit p = M/N gerechnet werden. Die hypergeometrische Verteilung geht dann in eine Binomial-Verteilung mit n und p als Parametern über (**Approximation**). Als Faustregel für den Übergang wird oft **N > 20·n** angesehen (vgl. Rüger [1991], S. 84 oder Bohley [1989], S. 473).

Diese Bedingung ist im Beispiel 2.3.3 noch nicht erfüllt. Die Wahrscheinlichkeit für 2 defekte Birnen nach der Binomial-Verteilung mit n = 10 und p = 0,05

$$P(X = 2) = \binom{10}{2} \cdot 0{,}05^2 \cdot 0{,}95^{98} = 0{,}000738$$

unterscheidet sich von der Wahrscheinlichkeit nach der hypergeometrischen Verteilung jedoch erst in der vierten Stelle nach dem Komma.

2.3.4 Geometrische Verteilung

Die Zufallsvariable X einer **geometrischen Verteilung** zählt die Bernoulli-Experimente bis zum ersten Erfolg (einschließlich).

Beispiel 2.3.5 Die Wahrscheinlichkeit für die Geburt eines Sohnes (Ereignis A) sei 0,514, die Wahrscheinlichkeit für die Geburt einer Tochter (Alternativ-Ereignis) sei 0,485. Wie groß ist für Eltern die Wahrscheinlichkeit, nach zwei Töchtern einen Sohn zu bekommen?

Offensichtlich ist die Wahrscheinlichkeit für drei Versuche (X = 3) gesucht

$$P(X=3)=P(\overline{A}\cap\overline{A}\cap A)=0{,}486^2\cdot 0{,}514=0{,}121.$$

Für eine Erfolgswahrscheinlichkeit p ergibt sich im allgemeinen Fall

$$P(X=x)=(1-p)^{x-1}\cdot p.$$

Die **Kurzform** für eine geometrisch verteilte Zufallsvariable X: „Anzahl der Versuche bis zum ersten Erfolg" lautet **X ~ G.V.(p)**. Als **Verteilungsfunktion** ergibt sich

$$P(X\le x_0)=\sum_{x\le x_0}(1-p)^{x-1}\cdot p=\frac{(1-p)^{x_0}-1}{1-p-1}\cdot p=1-(1-p)^{x_0}.$$

Die Frage im Beispiel 2.3.5 wird folgendermaßen modifiziert: Wie hoch ist die Wahrscheinlichkeit, nach höchstens 2 Töchtern einen Sohn zu bekommen? Der Erfolg soll spätesten im dritten Versuch eintreten.

Die entsprechende Wahrscheinlichkeit dafür beträgt 86,4%, denn

$$P(X\le 3)=1-(1-0{,}486)^3=0{,}864.$$

Der **Erwartungswert** und die **Varianz** der geometrischen Verteilung ergeben sich nach einigen Umformungen (siehe Aufgabe 2.3.4)

$$E(X)=\frac{1}{p}\quad\text{und}\quad Var(X)=\frac{1-p}{p^2}.$$

Für eine Zufallsvariable Y: „Anzahl der Misserfolge bis zum ersten Erfolg" beginnen die Realisierungen bei y = 0. Es gilt Y = X – 1. Der Erwartungswert von Y ist (1 - p)/p.

2.3.5 Poisson-Verteilung

Denis Poisson (1781 - 1840) untersuchte im Jahr 1837 die Eigenschaften einer Binomial-Verteilung für seltene Ereignisse und sehr viele Versuche.

Zu den **seltenen Ereignissen** zählen der Sechser im Lotto, die Sternschnuppe am hochsommerlichen Sternenhimmel, oder der Ausfall eines Brennstabes in einem Atomreaktor.

Wenn die Zahl n der Versuche explodiert ($n \geq 100$) und zugleich die Erfolgswahrscheinlichkeit p sehr klein ist, tritt ein numerisches Problem bei der Berechnung der Wahrscheinlichkeit nach der Formel für die Binomial-Verteilung auf, da dann sehr große Potenzen der Erfolgs- bzw. der Misserfolgswahrscheinlichkeit berechnet werden müssen.
Für den Fall, dass das Produkt von p und n konstant bleibt, lässt sich zeigen, dass die Wahrscheinlichkeit der Binomial-Verteilung für n gegen unendlich und p gegen null einem Grenzwert zustrebt, der sogenannten **Poisson-Verteilung**. Wird für das Produkt von p und n die Konstante λ gesetzt, dann folgt

$$P(X=x)=\binom{n}{x}\cdot p^x\cdot(1-p)^{n-x}=\frac{n!}{x!\cdot(n-x)!}\cdot\left(\frac{\lambda}{n}\right)^x\cdot\left(1-\frac{\lambda}{n}\right)^{n-x}$$

$$=\frac{n!}{(n-x)!}\cdot\left(\frac{\frac{\lambda}{n}}{1-\frac{\lambda}{n}}\right)^x\cdot\left(1-\frac{\lambda}{n}\right)^n\cdot\frac{1}{x!}=\frac{n!}{(n-x)!}\cdot\left(\frac{\lambda}{n-\lambda}\right)^x\cdot\left(1-\frac{\lambda}{n}\right)^n\cdot\frac{1}{x!}$$

$$=\frac{\lambda^x}{x!}\cdot\left(1-\frac{\lambda}{n}\right)^n\cdot\left[\frac{n!}{(n-x)!}\cdot\frac{1}{(n-\lambda)^x}\right]\underset{n\to\infty}{\to}\frac{\lambda^x}{x!}\cdot e^{-\lambda}\cdot 1\quad.$$

Die Konstanz von $n{\cdot}p$ ist charakteristisch für einen sogenannten **Poisson-Strom**, der folgende überprüfbare Eigenschaften besitzt:

1) **Stationarität** (Die Anzahl der Erfolge hängt nur von der Zeitspanne, nicht aber von der zeitlichen Einordnung ab.)
2) **Nachwirkungsfreiheit** (Die Anzahl der Erfolge in einer Zeitspanne hängt nicht davon ab, wie viele Erfolge zuvor eingetreten sind.)
3) **Ordinarität** (Es können nicht zwei Erfolge gleichzeitig, sondern nur nacheinander eintreten).

Die **Wahrscheinlichkeitsfunktion** der Poisson-Verteilung lautet

$$P(X=x)=\frac{\lambda^x}{x!}\cdot e^{-\lambda}.$$

Die Verteilungsfunktion $F(x) = P(X \leq x)$ liegt tabelliert vor (siehe Anhang) und wird zur Berechnung der Wahrscheinlichkeiten genutzt. In der Kurzform $\mathbf{X \sim P.V.(\lambda)}$ erscheint nur der Parameter λ.
Der Erwartungswert $n{\cdot}p = \lambda$ der Binomial-Verteilung ändert sich beim Grenzübergang nicht. Das trifft auch auf die entsprechende Varianz

$n \cdot p \cdot (1 - p) = \lambda - \lambda \cdot p$ zu, die für p gegen null ebenfalls gegen λ geht. Folglich gelten für den **Erwartungswert** und die **Varianz** einer mit λ poissonverteilten Zufallsgröße

$$E(X) = \lambda \quad \text{und} \quad Var(X) = \lambda .$$

Beispiel 2.3.6 An einem Sommerabend werden durchschnittlich 6 Sternschnuppen pro Stunde beobachtet. Wie groß ist die Wahrscheinlichkeit, dass während einer Viertelstunde mindestens zwei Sternschnuppen beobachtet werden?

Die Zufallsvariable X: „Anzahl von Sternschnuppen pro 15 Minuten" kann als Poisson-Strom angesehen werden. Dabei ist es egal, ob vor 24 Uhr oder danach beobachtet wird. Es kommt nur auf die Beobachtungsdauer an. Eine Sternschnuppe zieht keine andere nach sich und Sternschnuppen fallen auch nicht exakt zur gleichen Zeit. Folglich ist die Variable X poissonverteilt mit dem Erwartungswert $\lambda = 6/4$ (Sternschnuppen pro Viertelstunde). Die gesuchte Wahrscheinlichkeit beträgt

$$P(X \geq 2) = 1 - P(X < 2) = 1 - F(1) = 1 - 0{,}5578 = 0{,}4422.$$

Da die Poisson-Verteilung durch Grenzübergang aus einer Binomialverteilung entsteht, wird mitunter versucht, die Wahrscheinlichkeit für binomialverteilte Zufallsvariable mit Hilfe der numerisch leichter handhabbaren Possion-Verteilung näherungsweise zu berechnen. Dabei sollte n hinreichend groß und p hinreichend klein sein. Eine praktikable **Approximationsbedingung**[1] ist mit $n \geq 50$ und $p \leq 0{,}1$ gegeben.

Beispiel 2.3.7 Aus der laufenden Produktion von Tintenpatronen sollen 50 Patronen entnommen und ihr Füllstand geprüft werden. Die übliche Ausschussrate sei 1%. Wie groß ist die Wahrscheinlichkeit, dass unter den 50 Patronen genau 1 Ausschusspatrone ist?

Die binomialverteilte Zufallsvariable X: „Anzahl von Ausschusspatronen unter 50 Patronen" ist approximativ poissonverteilt mit $\lambda = 50 \cdot 0{,}01$. Folglich ist

$$P(X = 1) \approx F_{PV(0,5)}(1) - F_{PV(0,5)}(0) = 0{,}910 - 0{,}607 = 0{,}303.$$

In Abhängigkeit vom Parameter λ kann die Wahrscheinlichkeitsfunktion einer Poisson-Verteilung rechtssteil, linkssteil oder symmetrisch verlaufen (siehe Bilder 2.3.5 – 2.3.7).

---

[1] Rüger [1991] empfiehlt bereits $n \geq 30$ (S. 88), Bohley [1989] verschärft auf $p < 0{,}05$ (S. 473).

Tabelle 2.3.3 Wahrscheinlichkeitsfunktion der Poisson-Verteilung für verschiedene Parameter λ

λ = 0,4		λ = 1,5		λ = 4	
x	f(x)	x	f(x)	x	f(x)
0	0,6703	0	0,2231	0	0,0183
1	0,2681	1	0,3347	1	0,0733
2	0,0536	2	0,2510	2	0,1465
3	0,0072	3	0,1255	3	0,1954
4	0,0007	4	0,0471	4	0,1954
5	0,0001	5	0,0141	5	0,1563
6	0,0000	6	0,0035	6	0,1042
7	0,0000	7	0,0008	7	0,0595

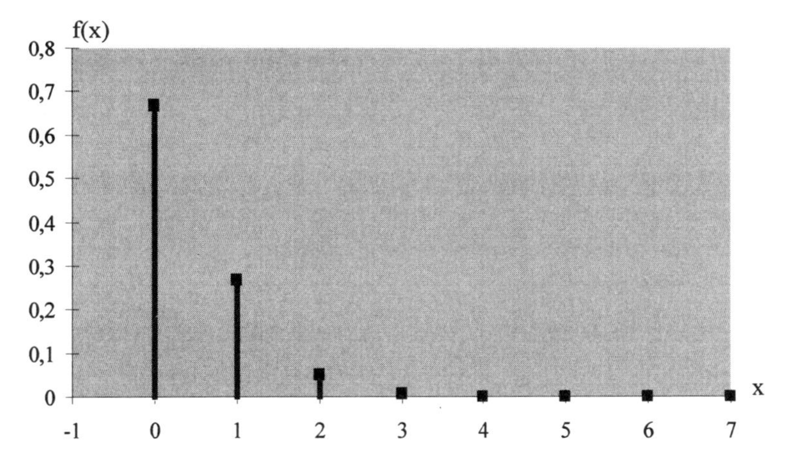

Bild 2.3.5 Wahrscheinlichkeitsfunktion einer rechtssteilen Poisson-Verteilung

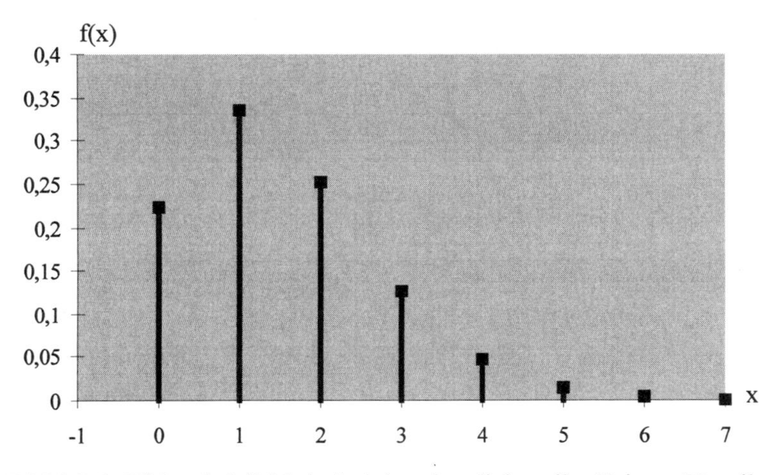

Bild 2.3.6 Wahrscheinlichkeitsfunktion einer linkssteilen Poisson-Verteilung

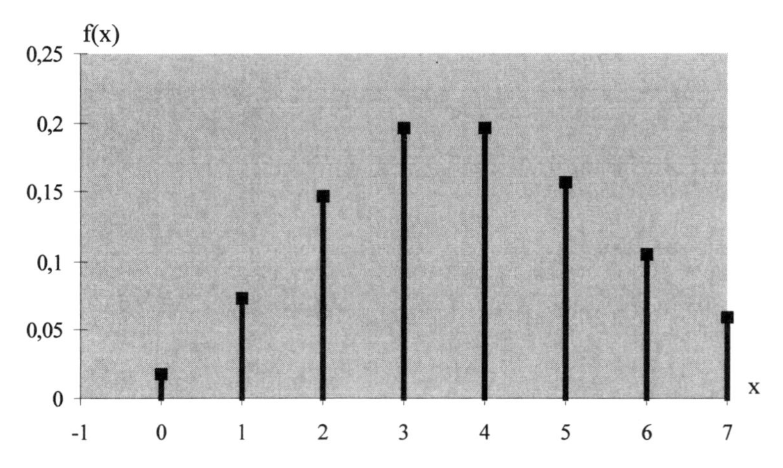

Bild 2.3.7 Wahrscheinlichkeitsfunktion einer symmetrischen Possion-Verteilung

Für die Poisson-Verteilung gibt es analog zur Binomial-Verteilung eine **Reproduktions-Regel**. Aus X ~ P.V.(λ_1) und Y ~ P.V.(λ_2) folgt für die Summe X + Y ~ P.V.($\lambda_1 + \lambda_2$) , falls X und Y unabhängige Zufallsvariable sind (siehe Bosch [1992], S. 187).

2.3.6 Zusammenfassung

Eine tabellarische Zusammenfassung der vier speziellen diskreten Wahrscheinlichkeitsfunktionen gibt nachstehende Tabelle.

Tabelle 2.3.4 Diskrete Wahrscheinlichkeitsverteilungen

Verteilung	Zufalls-variable	Versuchs-charakteristik	Erwar-tungs-wert	Varianz
B.V.(n, p)	Anzahl der Erfolge bei n Versuchen	Ziehen mit Zurücklegen	n·p	n·p·(1-p)
H.G.V.(N, M, n)	Anzahl der Erfolge bei n Versuchen	Ziehen ohne Zurücklegen	n·M/N	n·(M/N)·(1-M/N) (N-n)/(N-1)
G.V.(p)	Anzahl der Versuche bis zum ersten Erfolg	Unabhängig-keit	1/p	$(1-p)/p^2$
P.V.(λ)	Anzahl der Erfolge	Poisson-Strom	λ	λ

2.3.7 Übungsaufgaben und Kontrollfragen

Aufgabe 2.3.1

Ein Vertreter befragt Kurpatienten(innen) über „Du darfst" - Produkte. Er rechnet damit, dass im Mittel 30% mehr Patienten(innen) anzusprechen sind, um 15 auswertbare Antworten zu erhalten.

Wie groß ist die Wahrscheinlichkeit, dass

a) höchstens 6 Patienten(innen) nicht bereit sind zu antworten?

b) genau 6 Patienten(innen) keine Auskunft geben wollen?

c) zwischen 4 und 8 Patienten(innen) jede Auskunft verweigern?

d) alle Patienten(innen) antworten?

Aufgabe 2.3.2

Die öffentlich zugängliche Badelandschaft eines Hotels bietet wochentags ermäßigte Preise für durchschnittlich 40% der Besucher an.

a) Wie groß ist die Wahrscheinlichkeit, dass an einem Wochentag von den ersten 20 Besuchern

- höchstens 10 den vollen Preis zahlen?
- genau 13 den vollen Preis zahlen?
- mindestens 12 den ermäßigten Preis zahlen?

b) Wie groß ist die Wahrscheinlichkeit, dass

- der vierte Besucher als erster den vollen Preis zahlt?
- der vierte Besucher als erster den ermäßigten Preis zahlt?

Die ersten 10 Besucher des Tages nehmen an der Verlosung einer Monatsfreikarte teil. Erfahrungsgemäß gewinnt jedes zweite Los. Eine Gruppe von drei Studenten rechnet sich die Chancen auf Freikarten aus.

c) Wie groß ist die Wahrscheinlichkeit, dass

- kein Student eine Freikarte zieht?
- genau eine Freikarte gezogen wird?
- mindestens zwei Freikarten an die Gruppe geheben?

Aufgabe 2.3.3 (zu lösen im PC-Labor mit SPSS)

Tabellieren und Vergleichen ausgewählter diskreter Wahrscheinlichkeitsverteilungen:

a) Tabellierung und grafische Auswertung von Verteilungs- und Wahrscheinlichkeitsfunktionen der Binomial-Verteilungen für die Parameter n = 10 und p = 0.2, 0.5, 0.8.

b) Tabellierung und grafische Auswertung von 3 Verteilungs- und Wahrscheinlichkeitsfunktionen der Poisson-Verteilung für $\lambda = 0.4$, 1.5, 4.

c) Tabellierung und grafische Auswertung von Verteilungs- und Wahrscheinlichkeitsfunktionen der geometrischen Verteilung für p = 0.2, 0.5, 0.7.

(Hinweis: Nutzen Sie die SPSS-Funktionen CDF.BINOM(x, 10, p) für x = 0, ..., 10, CDF.POISSON(x, λ) für x = 0, ..., 19 und CDF.GEOM(x, p) für x = 0, ..., 15 jeweils mit der Schrittweite 1.)

Aufgabe 2.3.4

Sei für eine diskrete Zufallsvariable X mit den Realisierungen {0, 1, 2, 3, ...} die folgende differenzierbare Summenfunktion S(x) definiert

$$S(x) = \sum_k x^k \cdot P(X = k) \quad \text{für} \quad k = 0, 1, 2, \ldots \quad .$$

Zeigen Sie, dass $S'(1) = E(X)$ und $S''(1) = E(X^2) - E(X)$ gilt und berechnen Sie damit den Erwartungswert und die Varianz einer geometrischen Verteilung.

Setzen Sie sich mit folgenden Aussagen auseinander:

1) Nicht jede diskrete Verteilung ist reproduzierbar.

2) Die Poisson-Verteilung besitzt kein Gedächtnis.

3) Eine Binomial-Verteilung lässt sich näherungsweise stets mit Hilfe einer entsprechenden Poisson-Verteilung beschreiben.

4) Eine hypergeometrische Verteilung lässt sich nur bedingt durch eine Binomial-Verteilung beschreiben.

5) Bei höchstens zwei Versuchen ist die Wahrscheinlichkeit für den ersten Erfolg stets höher als die Wahrscheinlichkeit für den ersten Misserfolg.

2.4 Stetige Verteilungen

Diskrete Zufallsvariable ordnen Ereignissen (ganze) Zahlen zu. Auf diese Weise lassen sich jedoch nicht alle zufallsabhängigen Prozesse beschreiben.

Beispiel 2.4.1 Der Füllstand einer 0,5 l Bierflasche schwankt abfülltechnisch bedingt von Flasche zu Flasche. Er kann nach oben 0,5 l nicht wesentlich übersteigen und ist auch nach unten beschränkt, wobei der untere Extremfall einer leeren Flasche nur äußerst selten vorkommen wird. Es gibt ein zulässiges Toleranzintervall, innerhalb dessen der Füllstand schwanken darf. Für einen Gütekontrolleur ist die Frage interessant, mit welcher Wahrscheinlichkeit die Zufallsvariable X: „Füllstand einer Bierflasche" Werte in diesem Intervall annimmt. Dem Ereignis A (Abfüllstandard eingehalten) einer Füllstandsprüfung wird das geschlossene Intervall [0,47; 0,53] zugeordnet. Dem Alternativereignis $\overline{A}$ (Abfüllstandard nicht eingehalten) wird das nach rechts offene Intervall [0; 0,47) zugeordnet.

Stetige Zufallsvariable ordnen Ereignissen **Intervalle reeller Zahlen** zu.

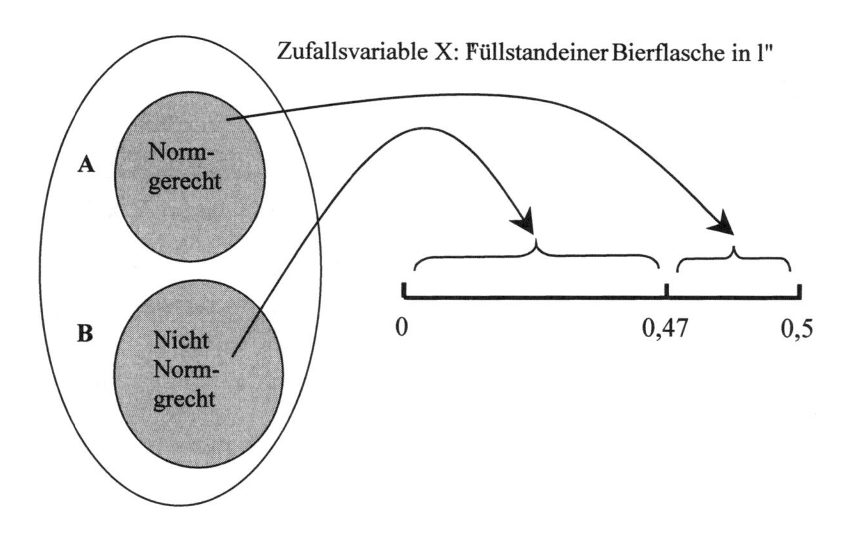

Bild 2.4.1 Zuordnung Ereignis Zahlenintervall zum Bsp. 2.4.1

Die Herleitung der Wahrscheinlichkeitsfunktion führt bei stetigen Zufallsvariablen auf bestimmte Integrale. Auch die Verteilungsfunktion, der Erwartungswert, die Varianz und die Kovarianz werden mit Hilfe der Integralrechnung bestimmt.

Im folgenden Kapitel werden zunächst drei praktisch bedeutsame stetige Verteilungen behandelt:

- die stetige Gleichverteilung,
- die Normalverteilung und
- die Exponentialverteilung.

Hinzu kommen später noch zwei weitere statistisch bedeutsame Test-Verteilungen:

- die Student-Verteilung und
- die Chi-Quadrat-Verteilung.

Der Formelapparat für stetige Zufallsvariable wird beispielhaft an der Gleichverteilung hergeleitet.

2.4.1 Gleichverteilung

Für diskrete Zufallsvariable X ist die Gleichverteilung bereits eingeführt worden. Dabei wurde jeder Wert x mit gleicher Wahrscheinlichkeit p angenommen. Dieser Ansatz kann für stetige Zufallsvariable mit Hilfe einer **Grenzwertbetrachtung** verallgemeinert werden. Als Demonstrationsbeispiel diene die Wartezeit auf einen Bus.

Beispiel 2.4.2 Ein Bus verkehrt planmäßig alle 15 Minuten. Ein Fahrgast trifft an der Bushaltestelle ein (Ereignis A) und muss bis zur planmäßigen Ankunft x Minuten warten. Die Zufallsvariable X ist die Wartezeit auf einen Bus bei zufälliger Ankunft an der Haltestelle und pünktlichem Verkehrsmittel. Gesucht ist die Wahrscheinlichkeit zwischen einer Minute und drei Minuten, und die Wahrscheinlichkeit, nicht länger als 10 Minuten zu warten. Darüber hinaus sind der Erwartungswert für die Wartezeit und die Varianz um den Erwartungswert von Interesse.

Das Zeitintervall [0, 15] lässt sich in drei gleich lange Intervalle I_1 = [0, 5), I_2 = [5, 10) und I_3 = [10, 15] mit der Dauer Δx = 5 Minuten zerlegen. Jedem der drei Intervalle I_j kann ein Ereignis E_j zugeordnet werden. Jedes Ereignis E_j tritt im Falle einer Gleichverteilung mit der Wahrscheinlichkeit 1/3 ein. Diese Wahrscheinlichkeit wird nun analog zu den stetigen Merkmalen der deskriptiven Statistik **flächentreu** über den Intervallen aufgetragen. Als Ordinate ergibt sich nach Division von 1/3 durch $\Delta x = 5$ der Wert $1/15 = 0{,}07$.

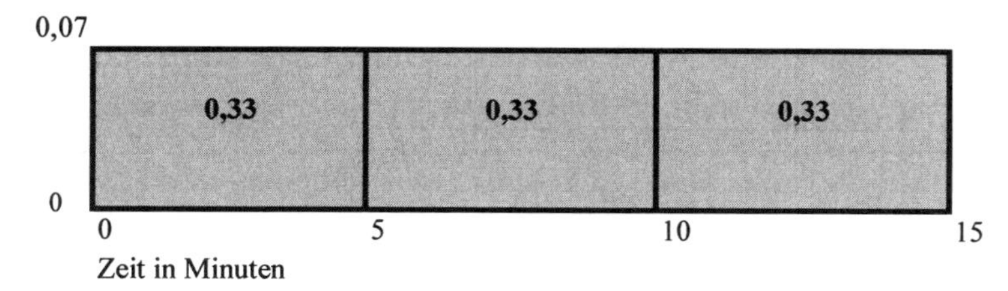

Bild 2.4.2 Flächentreue Darstellung der Wahrscheinlichkeiten bei 3 Zeitintervallen

Wird die Intervallbreite Δx auf 3 Minuten verkürzt, so entstehen 5 Ereignisse, die jeweils mit der Wahrscheinlichkeit 1/5 eintreten. Die Ordinate der flächentreuen Darstellung ist 1/5 durch 3, d.h. erneut 1/15.

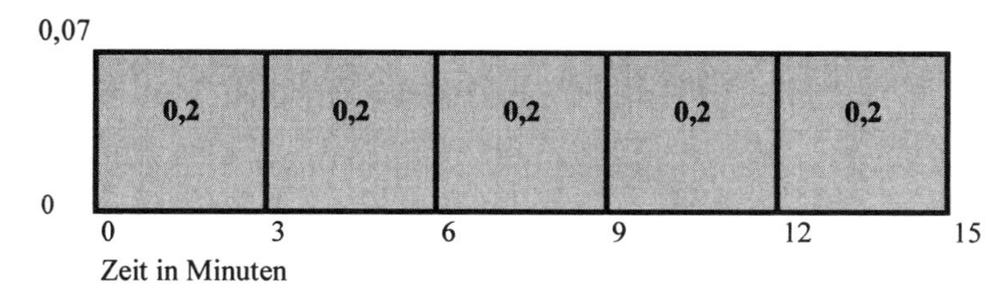

Bild 2.4.3 Flächentreue Darstellung der Wahrscheinlichkeiten bei 5 Zeitintervallen

Tendiert nun die Intervallbreite Δx gegen null, so ergibt sich als Ordinate für einen beliebigen Zeitpunkt x im Intervall [0, 15] erneut 1/15. Für längere Wartezeiten ist die Wahrscheinlichkeit (bei pünktlichem Verkehr) gleich null. Kürzere Wartezeiten als 0 können nicht eintreten. Die Wahrscheinlichkeit hierfür ist folglich auch gleich null. Insgesamt führt das auf die sogenannte Dichtefunktion f(x):

$$f(x) = \begin{cases} \frac{1}{15} & x \in [0,15] \\ 0 & \text{sonst} \end{cases} .$$

Die grafische Darstellung der Dichtefunktion weist zwei Sprünge bei 0 und 15 Minuten auf.

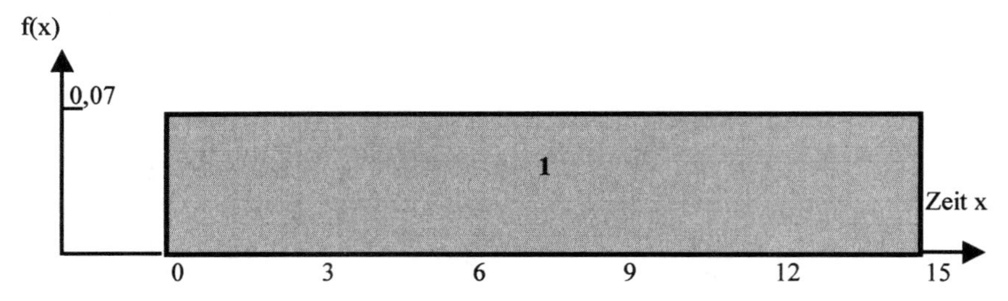

Bild 2.4.4 Dichtefunktion der stetigen Gleichverteilung

Die Kurzform für eine stetige Gleichverteilung ist im allgemeinen Fall **X ~ R.V.(a, b)**, wobei a und b die Sprungstellen der Dichtefunktion f(x) bedeuten. R.V. steht für das Synonym **Rechteckverteilung** und soll einer Verwechslung mit der geometrischen Verteilung vorbeugen. Das Beispiel 2.4.2 lässt sich für beliebige stetige Zufallsvariable verallgemeinern. Die Dichtefunktion ergibt sich als Grenzwert der Intervallwahrscheinlichkeit, dividiert durch die Intervallbreite:

$$f(x) = \lim_{\Delta x \to 0} \frac{P(x \leq X \leq x + \Delta x)}{\Delta x}.$$

Die **Dichtefunktion** einer stetigen Zufallsvariablen hat offenbar vier Eigenschaften:

1) f(x) ist für beliebige reelle x definiert.

2) f(x) ist größer oder gleich null.

3) f(x) ist nicht notwendig stetig.

4) Der Flächeninhalt unter f(x) beträgt 1.

Die im Beispiel 2.4.2 gefragte Intervall-Wahrscheinlichkeit für Wartezeiten zwischen einer und drei Minuten ergibt sich als Fläche unter der Dichtefunktion f(x) über dem Zeitintervall [1, 3]. Die Flächen unter einer Kurve werden mit Hilfe des bestimmten Integrals berechnet:

$$P(1 \leq X \leq 3) = \int_1^3 f(x)dx = \int_1^3 \frac{1}{15}dx = \frac{1}{15} \cdot x \Big|_1^3 = \frac{1}{15}(3-1) = \frac{2}{15} = 0{,}13.$$

Verallgemeinert auf beliebige Dichtfunktionen und Intervallwahrscheinlichkeiten bedeutet das

$$P(a \leq X \leq b) = \int_a^b f(x)\,dx.$$

Die **Verteilungsfunktion** F(x) ist dann definiert durch

$$F(x_0) = P(X \leq x_0) = \int_{-\infty}^{x_0} f(x)\,dx.$$

Die untere Integrationsgrenze - ∞ macht noch einmal deutlich, dass die Dichtefunktion für beliebige reelle x-Werte definiert ist. Die Ableitung der Verteilungsfunktion ergibt die Dichtefunktion

$$F'(x) = f(x).$$

Im Beispiel 2.4.2 hat die untere Integrationsgrenze der Verteilungsfunktion den Wert null, da f(x) für negative Argumente x verschwindet. Die Wahrscheinlichkeit, nicht länger als 10 Minuten zu warten, ist dann

$$P(X \leq 10) = \int_0^{10} \frac{1}{15}\,dx = \frac{1}{15}x \Big|_0^{10} = \frac{10}{15} = 0{,}67.$$

Die Wahrscheinlichkeit, genau 10 Minuten zu warten, ist offensichtlich gleich null. Das ergibt sich auch aus der Flächeninterpretation der Wahrscheinlichkeit für stetige Zufallsvariablen. Im Gegensatz zu den diskreten Verteilungen macht es im stetigen Fall keinen Unterschied, ob die Wahrscheinlichkeit für geschlossene, halboffene oder offene Intervalle der Zufallsvariablen bestimmt wird.

Der **Erwartungswert** und die **Varianz** lassen sich durch einen Analogieschluss aus den Formeln für diskrete Zufallsvariable herleiten. Die Summen aus der diskreten Betrachtung gehen dabei in entsprechende **Integrale** der stetigen Betrachtung über:

$$E(X) = \mu = \sum_x x \cdot P(X = x) \qquad \Rightarrow \mu = \int_{-\infty}^{\infty} x \cdot f(x)\,dx$$

$$Var(X) = \sigma^2 = \sum_x (x - E(X))^2 \cdot P(X = x) \Rightarrow \sigma^2 = \int_{-\infty}^{\infty} (x - E(X))^2 \cdot f(x)\,dx.$$

Für die **stetige Gleichverteilung** mit einer unteren Sprungstelle bei x = a, einer oberen Sprungstelle bei x = b und der Sprunghöhe 1/(b - a) ergibt sich als **Erwartungswert**

$$E(X) = \int_a^b x \cdot \frac{1}{b-a} dx = \frac{1}{b-a} \cdot \frac{1}{2} \cdot x^2 \Big|_a^b = \frac{1}{2} \cdot \frac{1}{b-a} \cdot \left(b^2 - a^2\right) = \frac{a+b}{2}.$$

Die mittlere Wartezeit für Beispiel 2.4.2 beträgt demzufolge 7,5 Minuten.

Die **Varianz** der stetigen Gleichverteilung erfordert eine etwas aufwändigere Rechnung:

$$\mathrm{Var}(X) = \int_a^b \left(x - \frac{a+b}{2} \right)^2 \cdot \frac{1}{b-a} dx$$

$$= \frac{1}{b-a} \left(\frac{x^3}{3} - (a+b) \cdot \frac{x^2}{2} + \left(\frac{a+b}{2} \right)^2 \cdot x \right) \Bigg|_a^b = \frac{(b-a)^2}{12}.$$

Die Varianz um die mittlere Wartezeit von 7,5 Minuten beim Beispiel 2.4.2 beträgt demnach 18,75. Die Wurzel daraus ergibt eine Standardabweichung von 4,33 Minuten.

2.4.2 Normalverteilung

Der Franzose de' Moivre erkannte 1733, dass sich aus der Binomial-Verteilung durch den Grenzübergang für n gegen Unendlich bei fester Erfolgswahrscheinlichkeit p eine stetige Verteilung, die sogenannte Normalverteilung, ergibt. Gauß griff diesen Gedanken von de' Moivre in seiner Theorie der Meßfehler (1809-16) auf und machte die Normalverteilung bekannt. Ihm zu Ehren wird die Dichtefunktion der Normalverteilung als **Gauß'sche Glockenkurve** bezeichnet.
Die Normalverteilung nimmt eine Sonderstellung in der Wahrscheinlichkeitsrechnung ein und hat bei der Entwicklung statistischer Analysemethoden seit Beginn des 20. Jahrhunderts eine besondere Rolle gespielt.

Beispiel 2.4.3 Ein Büromöbelhersteller will einen verstellbaren Schreibtischsessel auf den Markt bringen, der nahezu für alle Körpergrößen und Körperproportionen geeignet ist. Für den Entwurf werden Häufigkeitsverteilungen über die Körpergröße, die Länge der Beine und die Krümmung der Wirbelsäule, jeweils getrennt nach Männern und Frauen, benutzt. Die Verteilungen dieser Merkmale sind nahezu symmetrisch. Die Werte liegen dicht um den Modus. Die breiteren Randklassen sind meist schwach besetzt. Für Extremfälle (Körpergröße über 1,90 m, lange Beine und starke Wirbelsäulenkrümmung) lassen sich die Quantile an den Rändern der Häufigkeitsverteilung nicht zuverlässig ablesen. Wenn nun das Wahrscheinlichkeitsmodell der Normalverteilung herangezogen wird, können anstelle der empirischen Quantile aus der Häufigkeitsverteilung die theoretischen Quantile der Wahrscheinlichkeitsverteilung verwendet werden.

Eine stetige Zufallsgröße X heißt **normalverteilt** mit den beiden Parametern μ und σ^2, wenn die **Dichtefunktion** durch

$$f(x) = \frac{1}{\sigma\sqrt{2\pi}} e^{-\frac{1}{2}\left(\frac{x-\mu}{\sigma}\right)^2}$$

gegeben ist (siehe Bild 2.4.5). In Kurzform wird **X ~ N.V.(μ, σ^2)** geschrieben. Bei der Berechnung der **Verteilungsfunktion**

$$F(x_0) = \int_{-\infty}^{x_0} f(x)\,dx$$

ist die Fläche unter der Glockenkurve bis zur Stelle x_0 zu bestimmen (siehe Bild 2.4.6).

Typische **Beispiele** für eine Normalverteilung sind:

- Biologische Zufallsgrößen (Körpergröße, Körpergewicht, Schuhgröße):
- Physikalische Zufallsgrößen (Füllstand einer Bierflasche, Anteil von Spurenelementen in Lebensmitteln);
- Synthetische Zufallsgrößen (Intelligenzquotient, Benzinverbrauch im Stadtverkehr).

Entgegen anfänglicher Vermutungen sind jedoch nicht alle empirischen Phänomene normalverteilt. Beispiele für nicht normalverteilte Zufallsgrößen sind Lebensdauern technischer Produkte und Wartezeiten im öffentlichen Nahverkehr. Auch sehr viele wirtschaftliche Kenngrößen, wie z. B. die Einkommens- und Vermögensverteilung eines Landes, sind nicht normalverteilt, da keine Symmetrieeigenschaft vorliegt.

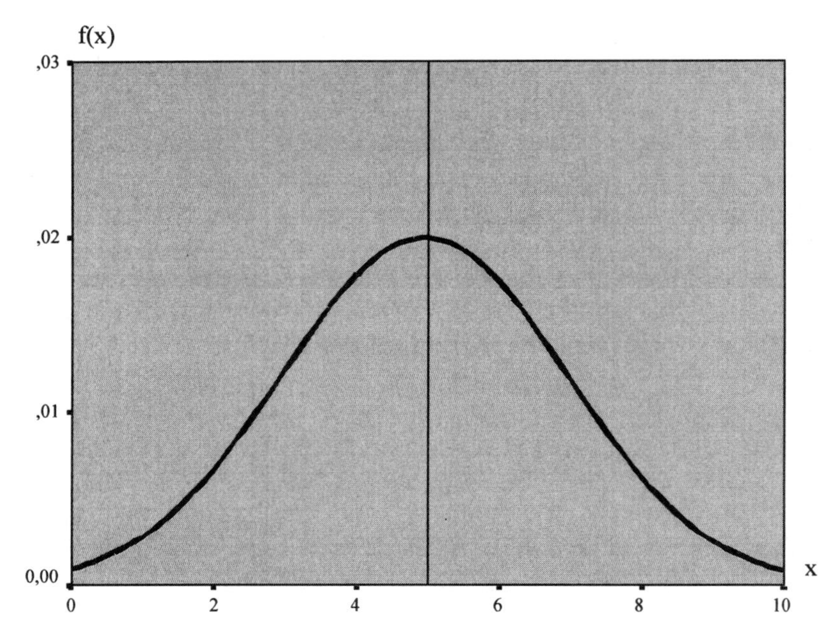

Bild 2.4.5 Dichtefunktion einer normalverteilten Zufallsgröße

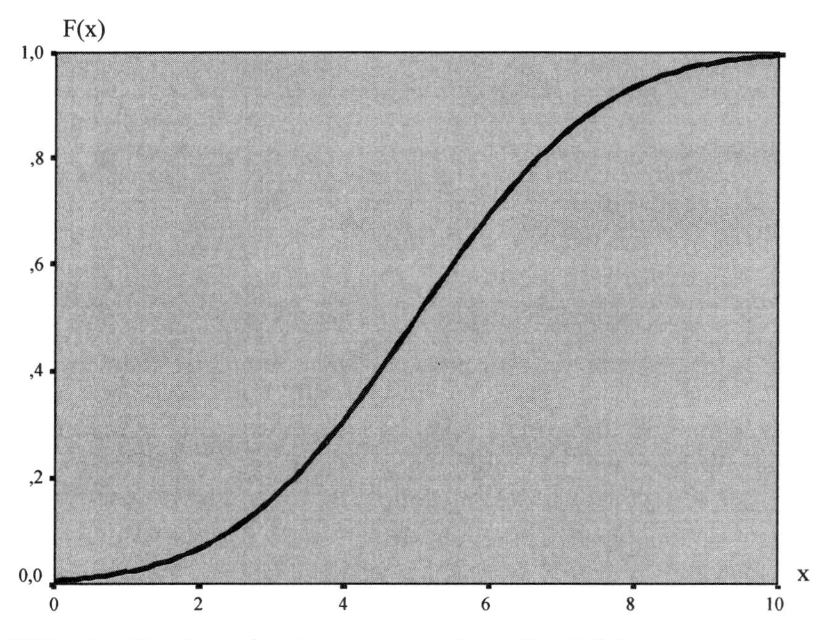

Bild 2.4.6 Verteilungsfunktion einer normalverteilten Zufallsgröße

2.4.2.1 Eigenschaften der Normalverteilung

Die Dichtefunktion verläuft **symmetrisch** um das Maximum und ist stets größer als null

$$f(x) > 0 \quad \text{bzw.} \quad f(\mu + x) = f(\mu - x).$$

Aus der Kurvendiskussion von f(x) ergeben sich die Abszissen und Ordinaten des **Maximums** und der beiden **Wendepunkte**

$$f'(x) = -\frac{1}{\sigma\sqrt{2\pi}} \cdot \frac{x-\mu}{\sigma^2} \cdot e^{-\frac{1}{2}\cdot\left(\frac{x-\mu}{\sigma}\right)^2} = 0 \quad \Rightarrow \quad x = \mu \quad f(\mu) = \frac{1}{\sigma\sqrt{2\pi}}$$

$$f''(x) = \frac{1}{\sigma\sqrt{2\pi}} \cdot \left[-\frac{1}{\sigma^2} + \frac{1}{\sigma^2} \cdot \left(\frac{x-\mu}{\sigma}\right)^2 \right] \cdot e^{-\frac{1}{2}\cdot\left(\frac{x-\mu}{\sigma}\right)^2} = 0$$

$$\Rightarrow \quad x_1 = \mu + \sigma \quad x_2 = \mu - \sigma \quad f(\mu \pm \sigma) = \frac{1}{\sigma\sqrt{2\pi}} \cdot e^{-\frac{1}{2}}.$$

Für sehr große und sehr kleine x-Werte geht f(x) asymptotisch gegen null:

$$\lim_{x \to \pm\infty} \frac{1}{\sigma\sqrt{2\pi}} \cdot \frac{1}{e^{\frac{1}{2}\cdot\left(\frac{x-\mu}{\sigma}\right)^2}} = 0.$$

Für die Interpretation der Parameter μ und σ^2 einer normalverteilten Zufallsvariablen X ist folgende Beziehung aufschlussreich:

$$E(X) = \int_{-\infty}^{+\infty} x \cdot f(x)\,dx = \mu \qquad Var(X) = \int_{-\infty}^{+\infty} (x-\mu)^2 \cdot f(x)\,dx = \sigma^2.$$

Der Nachweis basiert auf der Berechnung des sogenannten **Euler-schen Integrals**:

$$\int_{-\infty}^{+\infty} \frac{1}{\sigma\sqrt{2\pi}} \cdot e^{-\frac{1}{2}\cdot\left(\frac{x-\mu}{\sigma}\right)^2} dx = 1.$$

Es gibt verschiedene Berechnungsansätze für dieses Integral. Am bekanntesten ist die Einschachtelung in zwei Folgen a_n und b_n

$$a_n \leq \int_{-\infty}^{+\infty} \frac{1}{\sigma\sqrt{2\pi}} \cdot e^{-\frac{1}{2}\left(\frac{x-\mu}{\sigma}\right)^2} dx \leq b_n \quad n = 1, 2, \ldots$$

die beide gegen 1 konvergieren (vgl. Fichtenholz [1966], Bd. 2, S. 633 ff.). Eine andere, auf Poisson zurück gehende Möglichkeit besteht darin, das Quadrat des Integrals mit Hilfe von Polarkoordinaten r und φ zu berechnen. Das entsprechende Flächenintegral lässt sich mit Hilfe der Substitutionsregel bestimmen (vgl. Fichtenholz [1966], Band 3, S. 221).
Das Eulersche Integral misst die Fläche unter der Dichtefunktion. Dass diese Fläche den **endlichen** Wert 1 hat, sorgt letztlich dafür, dass auch die unbestimmten Integrale für den Erwartungswert und die Varianz der Verteilung endlich bleiben.
Die Dichtefunktion nimmt in Abhängigkeit von σ^2 verschiedene Verlaufsformen an. Für eine Varianz größer als 1 wird die Glockenkurve gestaucht, für eine Varianz kleiner als 1 gestreckt.

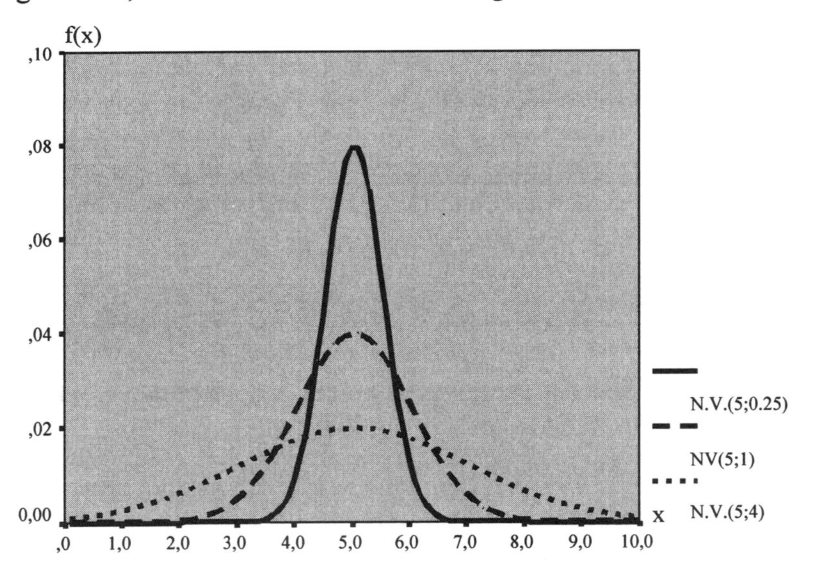

Bild 2.4.7 Dichtefunktion der Normalverteilung mit verschiedenen Varianzen (0,25; 1; 4)

2.4.2.2 Standardnormalverteilung

Für den Erwartungswert $\mu = 1$ und die Standardabweichung $\sigma = 1$ entsteht die sogenannte **Standardnormalverteilung**. Jede Zufallsvariable X kann durch Standardisierung auf einen Erwartungswert null und eine Standardabweichung 1 transformiert werden:

$$Y = \frac{1}{\sigma_x} \cdot (X - \mu_x) \quad \text{mit} \quad E(Y) = 0 \text{ und } Var(Y) = \frac{1}{\sigma_x^2} \cdot Var(X) = 1.$$

Bemerkenswert ist, dass sich bei einer solchen Transformation die Flächen unter der Gaußschen Glockenkurve nicht ändern. Man spricht von einer **flächentreuen Transformation**. Daher muss nur die Standardnormalverteilung mit der Verteilungsfunktion $\Phi(x)$ tabelliert werden. Jede beliebig normalverteilte Zufallsvariable lässt sich per Standardisierung auf N.V.(0, 1) zurückführen.

$$X \sim N.V.(\mu, \sigma^2) \quad \Rightarrow Y = \frac{1}{\sigma} \cdot (X - \mu) \sim N.V.(0,1)$$

$$F(x_0) = P(X \leq x_0) = P\left(\frac{1}{\sigma} \cdot (X - \mu) \leq \frac{1}{\sigma} \cdot (x_0 - \mu)\right) = \Phi\left(\frac{1}{\sigma} \cdot (x_0 - \mu)\right).$$

Die Verteilungsfunktion der Standardnormalverteilung wird mit $\boldsymbol{\Phi(y)}$ bezeichnet. Da die Dichtfunktion symmetrisch um null verläuft, reicht es aus, wenn $\Phi(y)$ für positive Argumente $y = (x - \mu)/\sigma$ tabelliert ist. Denn es gilt

$$\Phi(-y) = 1 - \Phi(y).$$

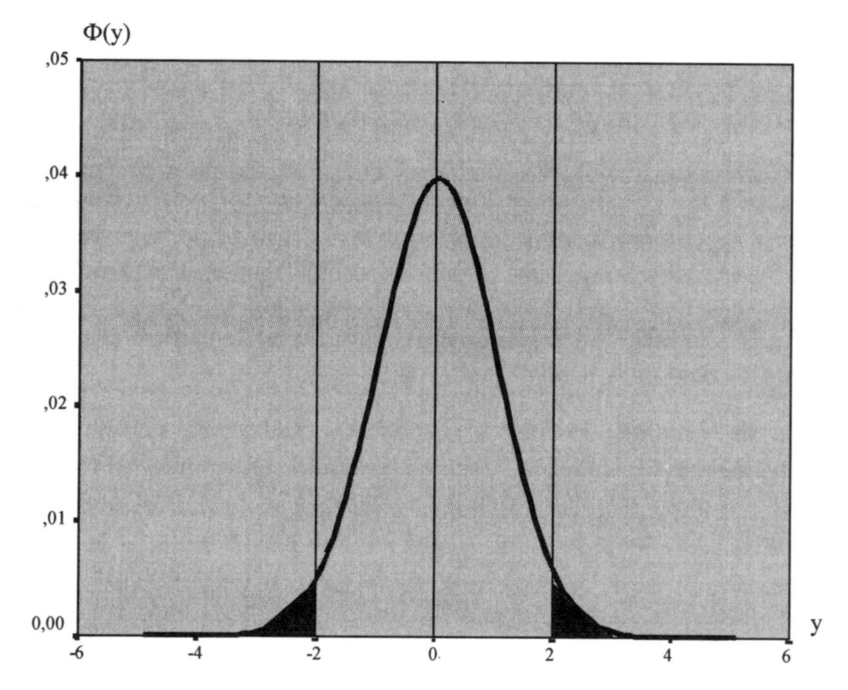

Bild 2.4.7 Dichtefunktion der Standardnormalverteilung mit Quantilen –2 und +2

Aus Bild 2.4.7 wird deutlich, dass die Fläche unter der Glockenkurve links von –2 genau so groß ist wie die Gesamtfläche unter der Glocke (= 1), vermindert um die Fläche unter der Glockenkurve rechts von 2.

Beispiel 2.4.4 Sei X ~ N.V.(2, 9). Gesucht sind die Wahrscheinlichkeiten für X höchstens 5 und die Wahrscheinlichkeit für X größer als 1 und kleiner gleich 3.

$$P(X \leq 5) = P\left(\frac{X-2}{3} \leq \frac{5-2}{3}\right) = \Phi(1) = 0{,}8413$$

$$P(1 < X \leq 3) = F(3) - F(1) = P\left(\frac{X-2}{3} \leq \frac{3-2}{3}\right) - P\left(\frac{X-2}{3} \leq \frac{1-2}{3}\right) =$$

$$\Phi(\frac{1}{3}) - \Phi(-\frac{1}{3}) = 2 \cdot \Phi(\frac{1}{3}) - 1 = 1{,}258 - 1 = 0{,}258.$$

2.4.2.3 Summation normalverteilter Zufallsvariabler

Die Summe normalverteilter Zufallsvariablen X_i ist ebenfalls normalverteilt, sofern zwischen den Variablen keine Abhängigkeit besteht (vgl. Bosch [1992], S. 268 ff.). Für bekannte Erwartungswerte μ_i und Varianzen σ_i^2 gilt folgende Beziehung:

$$Y = a_1 \cdot X_1 + a_2 \cdot X_2 + \ldots + a_n \cdot X_n \quad X_i \sim N.V.(\mu_i, \sigma_i^2)$$

$$\Rightarrow \quad Y \sim N.V.\left(a_1 \cdot \mu_1 + \ldots + a_n \cdot \mu_n,\ a_1^2 \cdot \sigma_1^2 + \ldots + a_n^2 \cdot \sigma_n^2\right).$$

Beispiel 2.4.5 Eine statistische Auswertung der Körpergröße hat für Frauen eine Normalverteilung X_1 ~ N.V.(1,75; 0,1) und für Männer eine Normalverteilung X_2 ~ N.V.(1,85; 0,15) ergeben. Der Produzent von Büromöbeln aus Beispiel 4.1 fasst beide Kundengruppen zusammen und erhält für die Summenvariable mit den Gewichten $a_1 = a_2 = 0{,}5$ die Verteilung Y ~ N.V.(1,80; 0,062).

Wenn die n Zufallsvariablen X_i identisch normalverteilt sind mit dem Erwartungswert μ und der Varianz σ^2, dann folgt offensichtlich ihre Summe Y einer Normalverteilung mit N.V.($n \cdot \mu$, $n \cdot \sigma^2$). Entsprechend gilt für die gemittelte Summe $\overline{X}_n$ der Zufallsvariablen $X_1, \ldots, X_n$

$$\overline{X}_n = \frac{1}{n}(X_1 + \ldots + X_n) \sim N.V.\left(n \cdot \mu,\ \frac{\sigma^2}{n}\right)$$

und entsprechend für die standardisierte gemittelte Summe

$$\frac{\overline{X}_n - \mu}{\sigma} \sim \text{N.V.}(0,1).$$

Da die gemeinsame Varianz σ^2 der Zufallsvariablen X_i bei empirischen Untersuchungen meist nicht bekannt ist, wird an ihrer Stelle die Streuung s_n^2 von n gegebenen Realisierungen (Beobachtungen) x_i der Zufallsvariablen X_i eingesetzt. Dabei ändert sich allerdings das Verteilungsgesetz der standardisierten Mittelwertvariablen $\overline{X}_n$, jedenfalls wenn weniger als 50 Variable gemittelt werden. Es entsteht dabei eine symmetrische Verteilung, die nach ihrem Entdecker W. Gosset (1876-1937) als **Student-Verteilung** oder t-Verteilung, in Zeichen S.V.(n), bezeichnet Bei unbekannter Varianz wird

$$\frac{(\overline{X}_n - \mu)}{s_n} \cdot \sqrt{n} \sim \text{S.V.}(n-1) \quad \text{, wobei} \quad s_n^2 = \frac{1}{n}\sum_{i=1}^{n}(x_i - \overline{x})^2.$$

Für eine mit dem Parameter n (Anzahl der **Freiheitsgrade**) Student verteilte Zufallsvariable $T(n) \sim \text{S.V.}(n)$ ergeben sich als Erwartungswert bzw. Varianz (vgl. Bosch [1992], S. 291 ff.)

$$E(T(n)) = 0 \qquad \text{und} \qquad \text{Var}(T(n)) = \frac{n}{n-2}.$$

Die Student-Verteilung geht mit n größer als 50 in die Standardnormalverteilung über. Bild 2.4.8 zeigt die grafische Darstellung.

Wenn die Quadrate von n unabhängigen standardnormalverteilten Zufallsvariablen $X_i \sim \text{N.V.}(0, 1)$ zu Q(n) summiert werden, so führt das auf die sogenannte **Chi-Quadrat-Verteilung,** in Zeichen $Q(n) \sim \text{C.V.}(n)$. Der Verteilungsparameter n wird auch hier als Anzahl der Freiheitsgrade bezeichnet. Für den Erwartungswert und die Varianz der Quadratsumme gelten (vgl. Aufgabe 2.4.6)

$$E(Q(n)) = n \qquad \text{und} \qquad \text{Var}(Q(n)) = 2 \cdot n.$$

Die Chi-Quadrat-Verteilung ist eine linkssteile, nicht symmetrische Verteilung. In Bild 2.4.9 sind typische Verlaufformen angegeben.

Die Student-Verteilung und die Chi-Quadrat-Verteilung werden zur Auswertung von Stichprobenfunktionen benötigt (siehe Kap. 3).

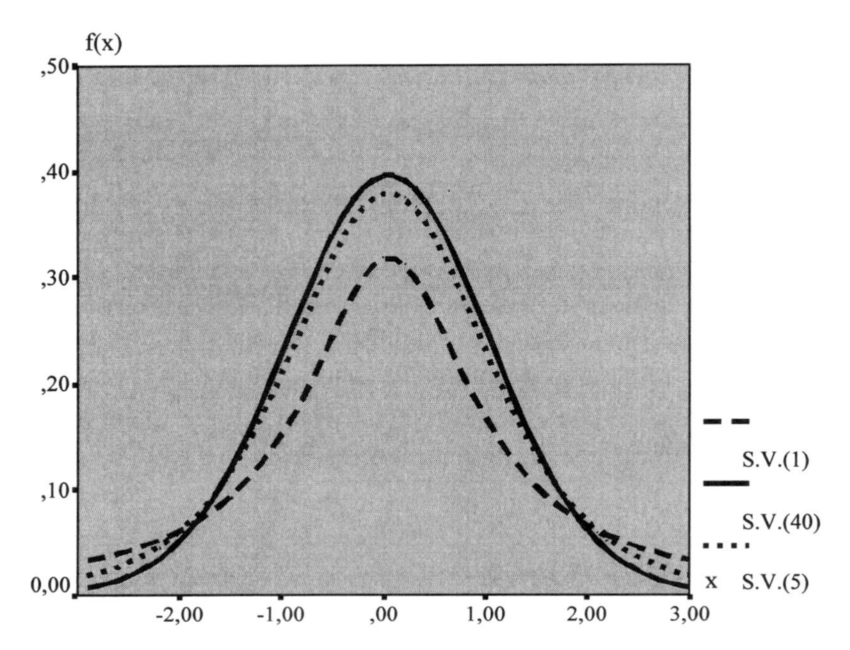

Bild 2.4.8 Dichtefunktionen der Student-Verteilung mit verschiedenen Parametern

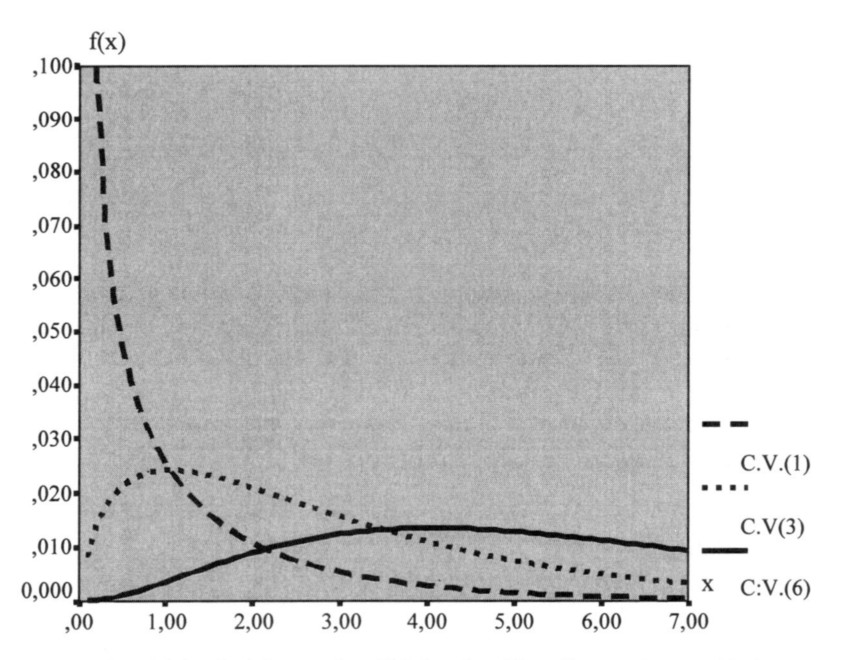

Bild 2.4.9 Dichtefunktionen der Chi-Quadrat-Verteilung mit verschiedenen Parametern

2.4.2.4 Zentrale Schwankungsintervalle

Praktisch bedeutsam sind Aussagen über die Wahrscheinlichkeit dafür, dass eine Zufallsvariable Werte in einem der k-Sigma-Intervalle $\mu \pm k \cdot \sigma$ mit k = 1, 2, 3 (**zentrale Schwankungsintervalle**) annimmt. Für eine normalverteilte Zufallsgröße X gilt folgende Beziehung:

$$P(\mu - k \cdot \sigma \leq X \leq \mu + k \cdot \sigma) = P(X \leq \mu + k \cdot \sigma) - P(X \leq \mu - k \cdot \sigma) =$$

$$P\left(\frac{X-\mu}{\sigma} \leq k\right) - P\left(\frac{X-\mu}{\sigma} \leq -k\right) = \Phi(k) - \Phi(-k) = 2 \cdot \Phi(k) - 1.$$

Für die drei Intervalle bedeutet das

$$P(\mu - 1 \cdot \sigma \leq X \leq \mu + 1 \cdot \sigma) = 2 \cdot \Phi(1) - 1 = 0{,}6826$$
$$P(\mu - 2 \cdot \sigma \leq X \leq \mu + 2 \cdot \sigma) = 2 \cdot \Phi(2) - 1 = 0{,}9545$$
$$P(\mu - 3 \cdot \sigma \leq X \leq \mu + 3 \cdot \sigma) = 2 \cdot \Phi(3) - 1 = 0{,}9973.$$

Praktisch am häufigsten wird das **2-Sigma-Intervall** verwendet, in dem die Zufallsvariable X mit einer Wahrscheinlichkeit von 95,45% ihre Realisierungen annimmt. Bemerkenswert ist eine deutliche Verschärfung gegenüber der Abschätzung mit Hilfe der **Tschebyschew-Ungleichung**, die lediglich 75% Wahrscheinlichkeit als untere Schranke angibt.

Beispiel 2.4.5 Als 2-Sigma-Intervalle für die Körpergröße Y von Frauen und Männern insgesamt ergibt sich

$$\left[1{,}80 - 2 \cdot \sqrt{0{,}062}\,; 1{,}80 + 2 \cdot \sqrt{0{,}062}\right] = [1{,}304\,; 2{,}296].$$

Umgekehrt wird auch oft die Frage gestellt, in welchem Intervall eine normalverteilte Zufallsvariable Werte mit einer vorgegebenen Wahrscheinlichkeit annimmt. Eine geometrische Lösung dieser Fragestellung bedeutet, die Glockenkurve beidseitig zu beschneiden. Wenn der entsprechende Flächenverlust links und rechts jeweils $\alpha/2$ beträgt, so ist die vorgegebene Wahrscheinlichkeit gleich $1 - \alpha$:

$$P(\mu - k \cdot \sigma \leq X \leq \mu + k \cdot \sigma) = 1 - \alpha.$$

Für die gesuchte Größe k, das sogenannte **Quantil** $z_{1-\alpha/2}$, folgt dann

$$2 \cdot \Phi(k) - 1 = 1 - \alpha \quad \text{mit} \quad \Phi(k) = 1 - \frac{\alpha}{2} \quad \text{und} \quad z_{1-\frac{\alpha}{2}} = \Phi^{-1}\left(1 - \frac{\alpha}{2}\right).$$

Die beiden wichtigsten Quantile $z_{1-\alpha/2}$ für eine Wahrscheinlichkeit α von 95% und 99% sind 1,96 und 2,58. Im Beispiel 2.4.5 gehört zur Wahrscheinlichkeit 95% das Größenintervall

$$\left[1{,}80 - 1{,}96 \cdot \sqrt{0{,}062}\,; 1{,}80 + 1{,}96 \cdot \sqrt{0{,}062}\right] = [1{,}312\,; 2{,}288].$$

2.4.2.5 Quantil-Plot

Mit Hilfe eines Quantil-Plots (**Q-Q-Plot**) kann überprüft werden, inwieweit die empirische Häufigkeitsverteilung der Daten einer bestimmten Wahrscheinlichkeitsverteilung, z. B. einer Normalverteilung, nahe kommt.
Dazu werden die standardisierten Daten in gleichbreite Klassen mit den oberen Klassengrenzen $z_j^{(o)}$ aufgeteilt. Die kumulierten relativen Häufigkeiten h_j jeder Klasse entsprechen für den Fall normalverteilter Daten den Werten der Verteilungsfunktion $\Phi(z)$. Wenn nun die Punktepaare aus der oberen Klassengrenze $z_j^{(o)}$ und dem Quantil der Standardnormalverteilung für h_j

$$\left(z_j^{(o)}, \Phi^{-1}(h_j)\right)$$

als Scatterplot grafisch dargestellt werden, dann entsteht der sogenannte Quantil- oder Q-Q-Plot. Ergibt sich annähernd eine Gerade, so deutet das auf normalverteilte Daten hin. Augenfällige Abweichungen von einem linearen Verlauf sprechen eher gegen eine Normalverteilung.

Beispiel 2.4.6 Das Histogramm und der Q-Q-Plot einer Erhebung zur Körpergrößen in einer Gruppe mit 61 Studenten sind in den Bildern 2.4.10 und 2.4.11 zu sehen.

Anstelle der Quantile können auch die relativen Häufigkeiten und die erwarteten Wahrscheinlichkeiten der Normalverteilung gegeneinander geplottet werden (siehe Eckstein [1997], S. 84 ff.). Dieser sogenannte **P-P-Plot** ähnelt dem oben beschriebenen Q-Q-Diagramm und wird im SPSS bei der multiplen Regression zur Residuenanalyse heran gezogen (siehe Kap. 5.1).

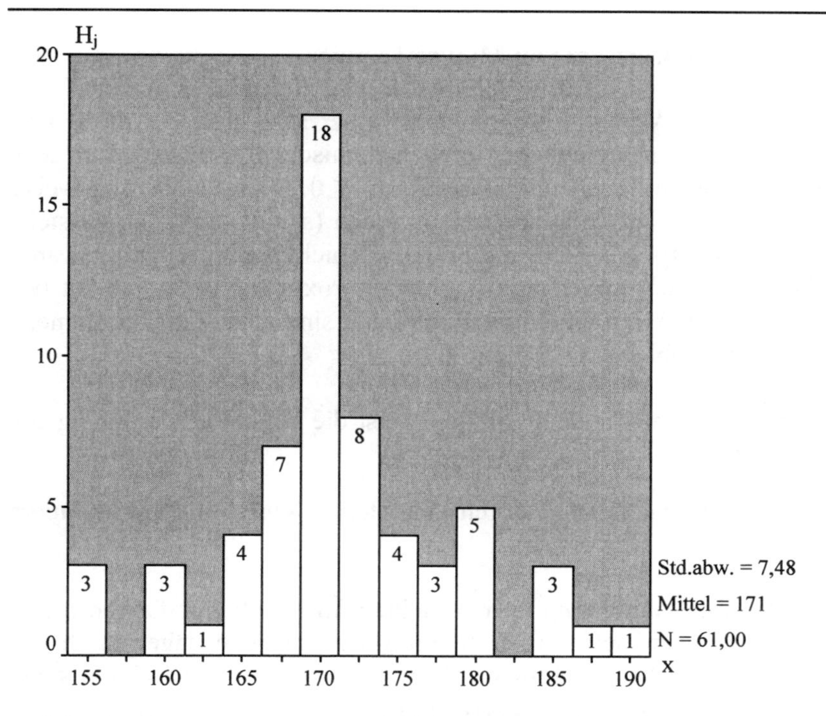

Bild 2.4.10 Histogramm zum Beispiel 2.4.6 (Köpergröße von Studenten)

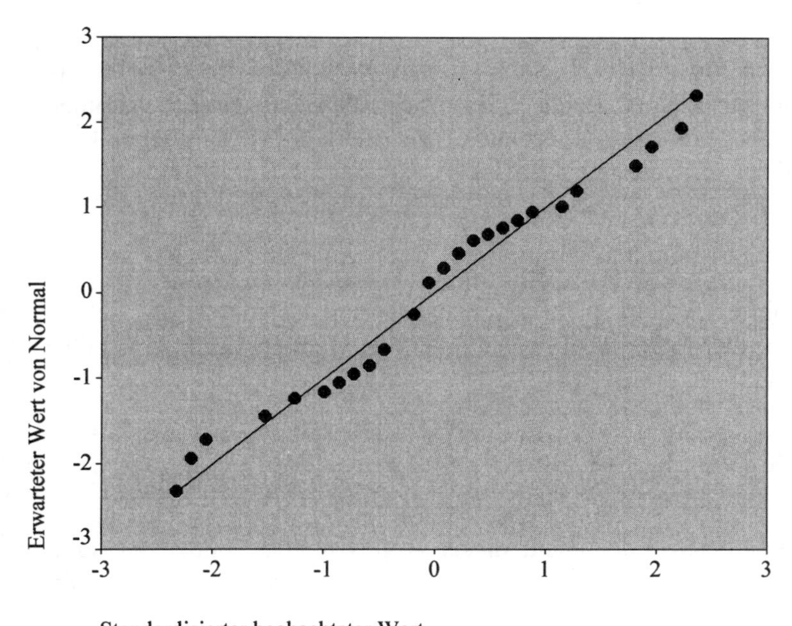

Bild 2.4.11 Q-Q-Plot zum Beispiel 2.4.6 (Körpergröße von Studenten)

2.4.2.6 Grenzwertsatz von Moivre-Laplace

Die Binomial-Verteilung bereitet bei einer sehr großen Anzahl von Versuchen einen erheblichen rechentechnischen Aufwand. Für sehr kleine Erfolgswahrscheinlichkeiten p ($p < 0{,}1$) kann näherungsweise eine Poisson-Verteilung angesetzt werden (siehe Kap. 2.3). Es stellt sich aus praktischer Sicht die Frage, ob nicht auch für Erfolgswahrscheinlichkeiten größer als 0,1 eine Approximationsmöglichkeit besteht. Mit Blick auf die Normalverteilung sind in diesem Zusammenhang zwei Probleme zu klären:

- Welche Symmetrieeigenschaften weist die Binomial-Verteilung für große n auf?
- Wie kann eine diskrete durch eine stetige Verteilung approximiert werden?

Die Binomial-Verteilung ist bei kleinen Stichprobenumfängen n nur für $p = 0{,}5$ symmetrisch. Aber mit wachsendem n nähern sich die Wahrscheinlichkeitsfunktionen für $p < 0{,}5$ bzw. $p > 0{,}5$ einem symmetrischen Verlauf. Als **Faustregel** für die Symmetriebedingung dient

$$n \cdot p \geq 10 \quad n \cdot (1-p) \geq 10.$$

(siehe Schlittgen [1991], S. 231)[1]. Die Wahrscheinlichkeit für eine Realisierung kleiner gleich x lässt sich näherungsweise bestimmen, indem der Wert der approximativen stetigen Verteilungsfunktion $F_A(x)$ für $x + 0{,}5$ ausgewählt wird

$$P(X \leq x) \approx F_A(x + 0{,}5).$$

Die Wahrscheinlichkeit für eine Realisierung gleich x ergibt sich als Differenz der approximativen stetigen Verteilungsfunktion $F_A(x)$ für $x + 0{,}5$ und $x - 0{,}5$ (vgl. Bild 2.4.12)

$$P(X = x) \approx F_A(x + 0{,}5) - F_A(x - 0{,}5).$$

Das theoretische Fundament dieser Approximation bildet der sogenannte **Grenzwertsatz von Moivre-Laplace** (de Moivre 1730, Lapla-

[1] Mitunter wird die Approximationsbedingung auf $n \cdot p(1-p) \geq 10$ verschärft (siehe Rüger [1991], S. 90) und damit ein etwas größeres n gefordert.

ce 1812), der für standardisierte Zufallsvariablen folgende Gestalt hat (vgl. Bosch [1992], S. 173 ff.):

> Wenn X ~ B.V.(n, p), dann gilt für beliebige (standardisierte) Realisierungen x
>
> $$\lim_{n \to \infty} P\left(\frac{X - n \cdot p}{\sqrt{n \cdot p(1-p)}} \leq x\right) = \Phi(x).$$

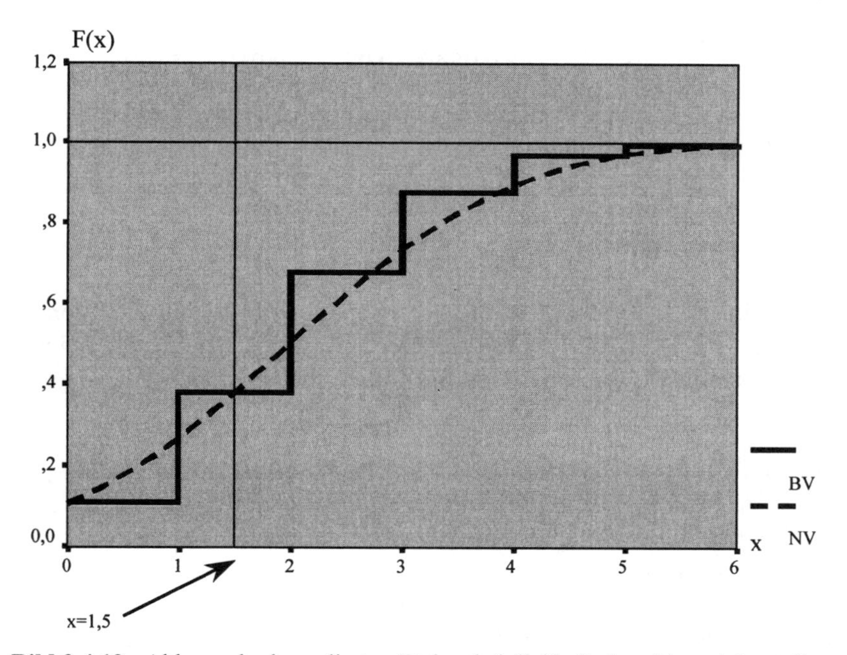

Bild 2.4.12 Ablesen der kumulierten Wahrscheinlichkeit einer binomialverteilten (diskreten) Zufallsvariablen für x = 1 bei stetiger Approximation mittels Normalverteilung

Beispiel 2.4.7 Bei einer Kundenbefragung werden an 100 zufällig ausgewählte Personen Fragebögen verschickt. Aus Erfahrung sei bekannt, dass 60% der Fragebögen ausgefüllt zurück geschickt werden. Wie groß ist die Wahrscheinlichkeit, dass höchstens 30 Personen nicht antworten?

Die Zufallsvariable X: „Zahl der nicht zurück geschickten Fragebögen" ist binomialverteilt mit n = 100 und p = 0,4. Die Approximationsbedingungen sind wegen 100·0,4 > 10 und 100·0,6 > 10 erfüllt. Die Berechnung nach dem Grenzwertsatz von Moivre-Laplace ergibt

$$P(X \leq 30) \approx \Phi\left(\frac{30 + 0{,}5 - 100 \cdot 0{,}4}{\sqrt{100 \cdot 0{,}4 \cdot 0{,}6}}\right) = \Phi\left(\frac{-9{,}5}{\sqrt{24}}\right)$$

$$= 1 - \Phi(1{,}939) = 0{,}0262 = 2{,}62\%.$$

Die Wahrscheinlichkeit dafür, dass genau 30 Personen nicht antworten, fällt mit

$$P(X = 30) \approx \Phi\left(\frac{30 + 0{,}5 - 100 \cdot 0{,}4}{\sqrt{100 \cdot 0{,}4 \cdot 0{,}6}}\right) - \Phi\left(\frac{30 - 0{,}5 - 100 \cdot 0{,}4}{\sqrt{100 \cdot 0{,}4 \cdot 0{,}6}}\right) =$$

$$\Phi\left(\frac{-9{,}5}{\sqrt{24}}\right) - \Phi\left(\frac{-10{,}5}{\sqrt{24}}\right) = 0{,}9840 - 0{,}9738 = 0{,}0102 = 1{,}02\%$$

erwartungsgemäß geringer aus.

2.4.3 Exponentialverteilung

Wenn eine diskrete Zufallsgröße Eigenschaften eines Poisson-Stromes (vgl. Kap. 2.3) erfüllt, dann wird meist die Frage nach dem Zeitabstand gestellt, der zwischen dem Eintreten zweier „seltener" Ereignisse liegt.

Beispiel 2.4.8 In der Unfallstation eines Krankenhauses werden pro Tag (24 Stunden) durchschnittlich 12 Patienten eingeliefert. Der durchschnittliche zeitliche Abstand zwischen zwei Einlieferungen beträgt 2 h. In dieser Zeit kann eine ärztliche Versorgung erfolgen. Kritisch wird es, wenn im Abstand von 15 Minuten zwei Patienten eingeliefert werden. Mit welcher Wahrscheinlichkeit tritt dieser Fall ein?

Die Zufallsvariable X: „Zeitdauer zwischen zwei seltenen Ereignissen" ist stetig und genügt einer sogenannten **Exponentialverteilung.** Die **Dichtefunktion** dieser Verteilung ist

$$f(x) = \begin{cases} \lambda \cdot e^{-\lambda \cdot x} & x \geq 0 \\ 0 & x < 0 \end{cases}.$$

Die **Verteilungsfunktion** von $X \sim E.V(\lambda)$ ist

$$F(x) = \begin{cases} 1 - e^{-\lambda \cdot x} & x \geq 0 \\ 0 & x < 0 \end{cases}.$$

Die Antwort auf die Frage nach der Wahrscheinlichkeit für eine Zeitdifferenz von 15 Minuten zwischen zwei Einlieferungen im Beispiel 2.4.6 lautet

$$P(X \le 0{,}25h) = 1 - e^{-0{,}5 \cdot 0{,}25} = 1 - 0{,}8925 = 0{,}1175.$$

Erwartungswert und Varianz lassen sich mit Hilfe der partiellen Integration bestimmen. Für den **Erwartungswert** ergibt sich

$$\begin{aligned} E(X) &= \int_{-\infty}^{\infty} x \cdot f(x)dx = \int_{0}^{\infty} x \cdot \lambda \cdot e^{-\lambda \cdot x} dx = \lambda \left[x \cdot \left(-\frac{1}{\lambda} \cdot e^{-\lambda \cdot x} \right) \Bigg|_0^{\infty} - \int_0^{\infty} \frac{1}{\lambda} \cdot e^{-\lambda \cdot x} dx \right] \\ &= \lambda \left[-\frac{1}{\lambda} \cdot \lim_{x \to \infty} \left(\frac{x}{e^{\lambda \cdot x}} \right) + \frac{1}{\lambda} \left(-\frac{1}{\lambda} \cdot e^{-\lambda \cdot x} \right) \Bigg|_0^{\infty} \right] \\ &= (-1) \cdot \lim_{x \to \infty} \left(\frac{x}{e^{\lambda \cdot x}} \right) - \frac{1}{\lambda} \cdot \lim_{x \to \infty} \left(\frac{1}{e^{\lambda \cdot x}} \right) + \frac{1}{\lambda}. \end{aligned}$$

Der erste Grenzwert ist nach der Regel von l'Hospital

$$\lim_{x \to \infty} \left(\frac{f(x)}{g(x)} \right) = \lim_{x \to \infty} \left(\frac{f'(x)}{g'(x)} \right)$$

für differenzierbare Funktionen f(x) und g(x) gleich 0, denn

$$\lim_{x \to \infty} \left(\frac{x}{e^{\lambda \cdot x}} \right) = \lim_{x \to \infty} \left(\frac{1}{\lambda \cdot e^{\lambda \cdot x}} \right) = 0.$$

Der zweite Grenzwert verschwindet ebenfalls. Somit gilt für den Erwartungswert

$$E(X) = \frac{1}{\lambda}.$$

Für die **Varianz** folgt nach einem entsprechenden Rechengang

$$Var(X) = \frac{1}{\lambda^2}.$$

Der Erwartungswert für Beispiel 4.5 beträgt 2 h und ist genau so groß wie die Standardabweichung σ.

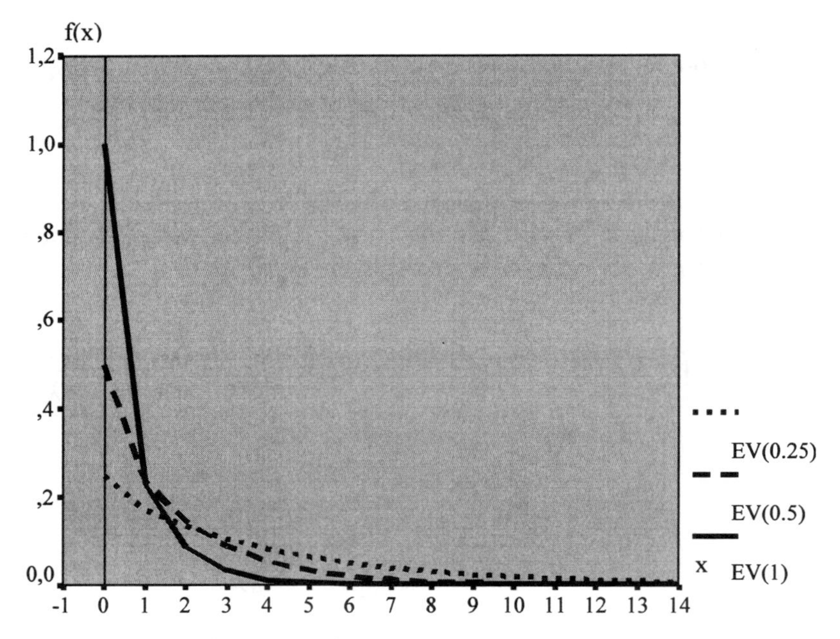

Bild 2.4.13 Dichtefunktionen für Exponentialverteilungen mit verschiedenen λ

Die Exponentialverteilung besitzt **kein Gedächtnis**. Diese Eigenschaft folgt aus der Nachwirkungsfreiheit des Poisson-Stromes.

Beispiel 2.4.9 Ein Angler weiß aus Erfahrung, dass durchschnittlich jede Stunde ein Fisch anbeißt. Wie groß ist die Wahrscheinlichkeit, dass er in der nächsten Stunde einen Fisch fängt, wenn er bereits 2 h auf dieses Ereignis gewartet hat?
Die Zufallsgröße X: „Warten auf einen Fang in Stunden" ist exponentialverteilt mit $\lambda = 1$ h. Gesucht ist die bedingte Wahrscheinlichkeit

$$P(X \leq 2+1 | X > 2) = \frac{P(X \leq 3 \cap X > 2)}{P(X > 2)} = \frac{P(2 < X \leq 3)}{1 - P(X \leq 2)} =$$

$$\frac{-e^{-1\cdot 3} + e^{-1\cdot 2}}{e^{-1\cdot 2}} = 1 - e^{-1} = P(X \leq 1) = 0{,}632.$$

Die Fangwahrscheinlichkeit hängt offensichtlich nicht von der erfolglosen Wartezeit ab.

Allgemein gilt für $X \sim E.V.(\lambda)$

$$P(X > s+t | X > t) = P(X > s)$$
$$P(X \leq s+t | X > t) = P(X \leq s).$$

Die Dichtefunktion der Exponentialverteilung ist im Gegensatz zur Normalverteilung **nicht symmetrisch**. Das entspricht z. B. dem Ausfallverhalten technischer Konsumgüter, deren Funktionsdauer bis zum ersten Defekt die Garantiezeit übertrifft.

2.4.4 Zentraler Grenzwertsatz

Die meisten Zufallsvariablen aus dem Wirtschaftsgeschehen wie Umsatz, Gewinn, Rendite, Kosten etc. sind das Resultat vieler sich überlagernder Einflüsse. Wie diese Überlagerung im Detail zu Stande kommt, z. B. additiv oder multiplikativ, linear oder nichtlinear, darüber lässt sich meist nur spekulieren. Auch die Wahrscheinlichkeitsverteilungen der Einflussgrößen werden nur selten bekannt sein. Um so bemerkenswerter ist es, dass eine **näherungsweise Verteilungsaussage** für solche **synthetischen Zufallsvariablen** gemacht werden kann. Es handelt sich um den praktisch bedeutungsvollen Zentralen Grenzwertsatz.
Es wurde bereits erörtert, dass die Summe von normalverteilten unabhängigen Zufallsvariablen einer Normalverteilung genügt. Folgen nun die unabhängigen Variablen unterschiedlichen Verteilungen, dann ähnelt bei hinreichend großer Anzahl von Variablen die **Mischverteilung** ihrer Summe einer Normalverteilung (siehe Bild 2.4.14).

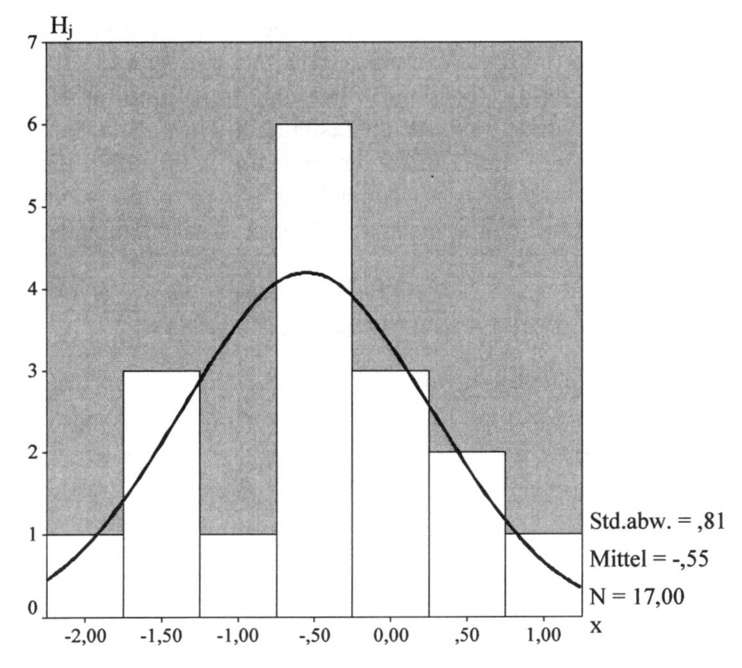

Bild 2.4.14 Summation gleichverteilter Zufallsvariabler (a = -1, b = 1)

Die Aussage des **Zentralen Grenzwertsatzes** (Ljapunow 1901, Linderberg 1922, Feller 1935) lautet:

Wenn Y die Summe von **unabhängigen** Zufallsvariablen X_i ist mit

$$Y = X_1 + X_2 + ... + X_n \qquad E(X_i) = \mu_i \quad Var(X_i) = \sigma_i^2,$$

dann gilt für den Grenzwert der Verteilungsfunktion

$$\lim_{n \to \infty} P\left(\frac{Y - \sum_{i=1}^{n} \mu_i}{\sqrt{\sum_{i=1}^{n} \sigma_i^2}} \leq x \right) = \Phi(x).$$

Als **Faustregel** für eine hinreichende Approximationsgüte gilt $n \geq 30$ (siehe Bohley [1989], S. 479).

Beispiel 2.4.10 Ein Taxifahrer passiert auf dem Weg vom Flughafen Berlin-Tegel zum Flughafen Berlin-Schönefeld insgesamt 30 Ampelkreuzungen. Die Wartezeiten je Kreuzung seien exponentialverteilt mit E.V.(2) für 16 normal befahrene Kreuzungen und mit E.V.(1,5) für 14 sehr stark befahrene Kreuzungen. Die Parameter sind in Minuten angegeben. Der Kunde möchte spätestens in 1¼ h Stunden in Schönefeld sein und fragt den Taxifahrer nach der wahrscheinlichen Fahrzeit. Der Fahrer weiß, dass bei freier Fahrt 45 Minuten reichen. Mit welcher Wahrscheinlichkeit trifft der Kunde wunschgemäß am Flughafen Schönefeld ein?

$$Y = X_1 + .. + X_{30} \quad E(Y) = 16 \cdot 0{,}5 + 14 \cdot 1{,}5 = 29$$

$$Var(Y) = 16 \cdot \frac{1}{4} + 14 \cdot \frac{4}{9} = 10{,}22$$

$$P(Y \leq 30) \approx \Phi\left(\frac{30 - 29}{3{,}197} \right) = \Phi(0{,}3128) = 0{,}6255.$$

Eine **Schlussfolgerung aus dem Zentralen Grenzwertsatz** wird beim Ziehen von Zufallsstichproben ausgenutzt (siehe Kap. 4) und als Satz von Levy (1925) bezeichnet.

Wenn die n Variablen $X_1, ..., X_n$ unabhängige und identisch verteilte Zufallsvariablen mit

$$E(X_i) = E(X) = \mu \quad \text{und} \quad Var(X_i) = Var(X) = \sigma^2$$

sind, dann folgt für hinreichend großes n (n ≥ 30) die Mittelwert-Variable $\overline{X}_n$

$$\overline{X}_n = \frac{1}{n}(X_1 + X_2 + ... + X_n) \quad E(\overline{X}_n) = \mu \quad Var(\overline{X}_n) = n \cdot \frac{1}{n^2} \cdot \sigma$$

einer Normalverteilung mit μ und σ^2/n

$$\overline{X}_n \sim N.V.\left(\mu, \frac{\sigma^2}{n}\right).$$

Weiterhin gilt nach der **Tschebyschew-Ungleichung** für die Abschätzung wahrscheinlicher Schwankungen der Mittelwert-Variablen $\overline{X}_n$ um ihren Erwartungswert

$$P\left(\left|\overline{X}_n - \mu\right| < c\right) \geq 1 - \frac{Var(\overline{X}_n)}{c^2} = 1 - \frac{\sigma^2}{n \cdot c^2} \quad c = k \cdot \frac{\sigma}{\sqrt{n}}.$$

Für sehr große n strebt die untere Schranke der Wahrscheinlichkeit offensichtlich gegen 1 (vgl. Rüger [1991], S. 79 ff.)

$$\lim_{n \to \infty} P\left(\left|\overline{X}_n - \mu\right| < c\right) = 1.$$

Man spricht von der **stochastischen Konvergenz** der Mittelwert-Variablen $\overline{X}_n$ gegen den Erwartungswert μ bzw. vom (starken) **Gesetz der großen Zahlen**.

2.4.5 Zusammenfassung

Die für praktische Anwendungen besonders wichtigen Verteilungen sind in Tabelle 2.4.1 zusammengestellt. Während die Gleichverteilung, die Normalverteilung und die Exponentialverteilung insbesondere zur Modellierung von zufallsabhängigen Prozessen verwendet werden, dienen die Student-Verteilung und die Chi-Quadrat-Verteilung vor allem zum Testen von Stichprobenfunktionen (siehe Kap. 3).

Tabelle 2.4.1 Zusammenfassung wichtiger stetiger Verteilungen

Verteilung	Anwendungscharakteristik	Erwartungswert	Varianz
R.V.(a, b)	Modellierung rhythmischer Prozesse symmetrische Verteilung	$(a + b)/2$	$(b - a)^2/12$
N.V.(μ, σ^2)	Modellierung physikalischer und biologischer Größen, symmetrische Verteilung	μ	σ^2
E.V.(λ)	Modellierung von Possion-Strömen asymmetrische Verteilung	$1/\lambda$	$1/\lambda^2$
S.V.(n)	Auswertung empirischer Mittelwerte mit $n < 50$ symmetrische Verteilung	0	$n/(n-2)$
C.V.(n)	Auswertung empirischer Varianzen asymmetrische Verteilung	n	2n

2.4.6 Übungsaufgaben und Kontrollfragen

Aufgabe 2.4.1

Die Füllmenge einer Milchflasche mit einem Fassungsvolumen von 0,51 l sei normalverteilt mit dem Erwartungswert 500 cm^3 und der Standardabweichung 5 cm^3.

- Wie groß ist die Wahrscheinlichkeit, dass

a) in einer Flasche zwischen 495 cm^3 und 500 cm^3enthalten sind?

b) eine Flasche beim Füllen überläuft?

c) eine Flasche überläuft, wenn ihr Fassungsvermögen normalverteilt ist mit N.V.(510, 4)?

- Welches Fassungsvermögen wird beim Einfüllen mit einer Wahrscheinlichkeit von 85% überschritten?

Aufgabe 2.4.2

Die Temperatur in einem Weinschrank sei normalverteilt mit $\mu = 12$ °C und $\sigma = 2$ °C.

a) Wie groß ist die Wahrscheinlichkeit, dass die Lagertemperatur eine als kritisch angesehene Grenze von +15° C übersteigt?

b) Wie groß ist die Wahrscheinlichkeit dafür, dass die Lagertemperatur unter 8° C fällt?

c) Wie groß ist die Wahrscheinlichkeit für eine Lagertemperatur zwischen 10° C und 14° C?

d) In welchem symmetrischen Intervall um den Erwartungswert liegt die Lagertemperatur mit einer Wahrscheinlichkeit von 92 %?

Aufgabe 2.4.3

Der Vertreter aus Aufgabe 2.3.1 („Du darfst“ - Produkte) erhöht die Zahl der befragten Patienten(innen) auf 100. Die Auskunftsbereitschaft bleibt unverändert bei 75 Prozent.

a) Wie hoch ist die Wahrscheinlichkeit, dass höchstens 30 Patienten(innen) die Antwort verweigern?

b) Wie groß ist die Wahrscheinlichkeit für genau 80 Antworten?

c) Wie groß ist die Wahrscheinlichkeit dafür, dass höchstens 80% der Befragten antworten, wenn bereits 70 Antworten vorliegen?

Aufgabe 2.4.4 (zu lösen im PC-Labor mit SPSS)

Tabellieren und vergleichen Sie grafisch ausgewählte stetige Verteilungen:

a) Verteilungs- und Dichtefunktionen der Normalverteilung mit $\mu = 5$ und $\sigma = 0.5, 1, 2$.

b) Verteilungs- und Dichtefunktionen der Exponentialverteilung für $\lambda = 0.25, 0.5, 1$.

Hinweise: Nutzen Sie die SPSS-Funktion CDF.NORMAL(x, μ, σ), x = 0, ..., 10 (Schrittweite 0,1) und dekumulieren Sie die Werte der Verteilungsfunktion mit Hilfe von EXCEL. Nutzen Sie ferner die SPSS-Funktion CDF.EXP(x, λ), x = 0, ..., 15 (Schrittweite 0,1). Berechnen

Sie die Werte der Dichtefunktion für b) direkt aus der Definitionsgleichung.

Aufgabe 2.4.5 (zu lösen im PC-Labor mit SPSS)

Untersuchen Sie einen Datensatz auf Normalverteilung:

Ziehen Sie dazu mit Hilfe der SPSS-Funktion RV.NORMAL(μ, σ) $n = 50$ Zufallszahlen für $\mu = 0$ und $\sigma = 0.5, 1, 1.5$. Werten Sie die Histogramme und die Q-Q-Plots einzeln und vergleichend aus.

Hinweis: Nummerieren Sie die erste Spalte im SPSS-Tableau von 1 bis 50 durch.

Aufgabe 2.4.6

Berechnen Sie Erwartungswert und Varianz einer Chi-Quadrat-Verteilung. Benutzen Sie dazu die Gültigkeit von $E(X^4) = 3$ für eine standardnormalverteilte Zufallsvariable $X \sim N.V.(0,1)$.

Setzen Sie sich mit folgenden Aussagen auseinander:

1) Bei einer normalverteilten Zufallsgröße sind gleich große Abweichungen vom Erwartungswert nach oben oder unten gleich wahrscheinlich.

2) Das Haushaltseinkommen von Familien mit zwei Kindern lässt sich mit Hilfe einer symmetrischen Wahrscheinlichkeitsverteilung beschreiben.

3) Die Wartezeit für einen Autofahrer an einer automatisch geschalteten Ampelkreuzung ist unabhängig von der Tageszeit exponentialverteilt.

4) Die Wahrscheinlichkeit des Ausfalls einer Beamer-Lampe hängt nicht davon ab, wie lange sie bereits funktioniert hat.

5) Erwartungswert und Varianz einer Wahrscheinlichkeitsverteilung sind stets verschieden voneinander.

3. Schätzen und Testen von Parametern spezieller Verteilungen

Die schließende (oder analytische) Statistik verfolgt das Ziel, anhand einer Zufallsstichprobe, die meist nur einen sehr kleinen Teil der Zielpopulation erfasst, Aussagen über die Gültigkeit der Resultate in der Grundgesamtheit abzuleiten. Die wahren Parameter einer Grundgesamtheit sind unbekannt. Durch eine Stichprobenerhebung mit der beobachteten Verteilung der Stichprobendaten und der sie beschreibenden Kennziffern will man auf die unbekannten Parameter der entsprechenden Verteilung in der zugehörigen Grundgesamtheit schließen. Wie groß die Stichprobe auch immer ist, sobald sie nur einen Teil der Grundgesamtheit umfasst, kann man aus ihr stets nur Näherungswerte ableiten. Die wahren Parameter bleiben stets unbekannt. Es ist jedoch möglich, mit den Methoden der schließenden Statistik die Genauigkeit der Näherungswerte zu beurteilen und die Stichprobenfehler zu bestimmen.

Die Lernziele von Kapitel 3 bestehen darin,

- wünschenswerte Eigenschaften einer statistischen Schätzung kennen zu lernen und das Maximum-Likelihood-Prinzip zu verstehen;
- Intervallschätzungen durchzuführen und zu interpretieren;
- statistische Hypothesen für verbal formulierte Problemstellungen aufzustellen und mit entsprechenden statistischen Testverfahren zu überprüfen;
- Testergebnisse hinsichtlich ihrer statistischen Signifikanz zu interpretieren.

3.1 Grundgesamtheit, Stichprobe, Stichprobenverteilung

Wir betrachten eine Grundgesamtheit, aus der mit Hilfe eines Zufallsverfahrens eine Untersuchungseinheit ausgewählt wird. An dieser Einheit wird das statistische Merkmal X, zum Beispiel die Körpergröße, beobachtet. Wird die zufällige Auswahl einer Einheit aus der Grundgesamtheit als Zufallsexperiment aufgefasst, so kann die beobachtete Merkmalsausprägung auch als zufälliges Ergebnis angesehen werden. Stellt man sich diesen Vorgang beliebig oft wiederholt vor, so erhält man mit der Zuordnung der zufällig gezogenen Einheiten zu ihren realisierten reellen Werten eine Zufallsvariable X, die dem Merkmal X in der Grundgesamtheit entspricht. Die Verteilungsfunktion der Zufallsvariablen X

$$F(x) = P(X \leq x) \qquad \text{mit} \qquad x \in R$$

wird Verteilung des Merkmals X bezüglich der Grundgesamtheit oder einfach Verteilung der Grundgesamtheit bezüglich X genannt. In diesem Sinne spricht man auch von den Parametern der Verteilung, zum Beispiel vom Erwartungswert oder von der Varianz der Grundgesamtheit. F(x) beschreibt die Wahrscheinlichkeit, dass eine zufällig aus der Grundgesamtheit entnommene Einheit höchstens den Wert x besitzt.

Werden nun aus der Grundgesamtheit n Einheiten zufällig ausgewählt, so resultiert ein n-Tupel von Realisationen $(x_1, \ldots, x_n)$, auch **konkrete Stichprobe** genannt. Des weiteren erhält man durch den Vorgang der Zuordnung der i-ten statistischen Einheit zu ihrem Merkmalswert x_i eine Zufallsvariable X_i, die auch als i-te **Stichprobenvariable** bezeichnet wird. Somit resultiert aus einer Zufallsstichprobe vom Umfang n ein n-Tupel von Stichprobenvariablen $(X_1, \ldots, X_n)$.
Wenn die Einheiten durch n-malige Wiederholung eines Zufallsexperiments unabhängig voneinander ausgewählt werden, dann sind auch die Stichprobenvariablen $X_1, \ldots, X_n$ unabhängig voneinander und ihre Verteilungsfunktionen sind mit der Verteilung der Grundgesamtheit bezüglich des Merkmals X identisch (siehe Rüger [1991], S. 113). Das n-Tupel $(X_1, \ldots, X_n)$ heißt dann **mathematische Stichprobe**.
Ist die Eigenschaft der Unabhängigkeit für identisch verteilte Stichprobenvariablen nicht erfüllt, spricht man von einer **einfachen Stichprobe** oder von einer reinen (uneingeschränkten) Zufallsauswahl.

3.2 Statistisches Schätzen

Die Prozedur der näherungsweisen Bestimmung der Parameter der Verteilung der Grundgesamtheit bezüglich eines Merkmals X aus den Realisationen $x_1, x_2, \ldots, x_n$ einer ihr entsprechenden Zufallstichprobe vom Umfang n wird statistisches Schätzen oder Schätzung genannt. Der Näherungswert $\hat{\Theta}$, der aus den Stichprobenwerten bestimmt wird, heißt Schätzwert (oder **Punktschätzwert**) für den unbekannten Parameter Θ, während für die Berechnungsvorschrift der Begriff **Schätzfunktion** oder Schätzer gebräuchlich ist.

Beispiel 3.2.1 Es soll die mittlere Körpergröße in der Grundgesamtheit aller Männer im Alter zwischen 20 und 40 Jahren bestimmt werden. Dazu wird eine einfache Zufallsstichprobe des Umfangs n aus einer sehr großen Grundgesamtheit entnommen. Die n Körpergrößenwerte $x_1, \ldots, x_n$ sind Realisationen von n Stichprobenvariablen $X_1, \ldots, X_n$.

Da es sich um eine einfache Stichprobe handelt, sind die Stichprobenvariablen identisch verteilt. Aufgrund der sehr großen Grundgesamtheit kann auch die Unabhängigkeit der einzelnen Ziehungsergebnisse vorausgesetzt werden. Ist nämlich der Anteil des **Stichprobenumfangs** n gemessen an der Anzahl N aller Elemente der Grundgesamtheit ziemlich klein ($n/N < 0{,}05$), kann davon ausgegangen werden, dass die Grundgesamtheit in ihrer Zusammensetzung betreffs der betrachteten Eigenschaft durch die Entnahme der Einheiten kaum verändert wird, d. h. die Ziehungsergebnisse beeinflussen einander nicht.

In Analogie zur Berechnung des Stichprobenmittelwertes

$$\bar{x} = \frac{1}{n}\sum_{i=1}^{n} x_i$$

aus den Realisationen, den Merkmalswerten x_i , definieren wir folgende Schätzfunktion der Stichprobenvariablen X_i, $i = 1, ..., n$:

$$\bar{X} = \frac{1}{n}\sum_{i=1}^{n} X_i .$$

Der Schätzwert $\bar{x}$ (Stichprobenmittelwert) ist eine Realisation der Schätzfunktion bzw. des Schätzers $\bar{X}$.

Im Beispiel 3.2.1 wird der realisierte Stichprobenwert (Schätzwert) der durchschnittlichen Körpergröße davon beeinflusst, wer zufällig in die Stichprobe gelangt.

Die Schätzwerte sind Zufallsergebnisse, die von den zufällig erhaltenen Stichprobenwerten abhängen. Somit ist die Schätzfunktion eines Parameters selbst eine Zufallsvariable und besitzt eine bestimmte Verteilungsfunktion.

In unserem Beispiel 3.2.1 ist die Schätzfunktion $\bar{X}$ als Summe unabhängiger normalverteilter Zufallsvariablen $X_1, ..., X_n$ wiederum normalverteilt. Wenn wir davon ausgehen, dass die Grundgesamtheit bezüglich der Körpergröße normalverteilt ist mit den Parametern μ und σ^2, so sind die unabhängigen Stichprobenvariablen mit den gleichen Parametern normalverteilt, und die Schätzfunktion $\bar{X}$ folgt einer Normalverteilung mit den Parametern μ und σ^2/n (vgl. Kap. 2.4).

3.2.1 Gütekriterien für eine Schätzfunktion

Prinzipiell sind für die Schätzung eines Parameters mehrere verschiedene Schätzfunktionen denkbar. Man sucht jedoch nach Schätzern, deren Schätzwerte dem unbekannten Parameter "am besten" entsprechen. Was "am besten" bedeuten soll und wie die Güte der Schätzung zu beurteilen ist, wird durch statistische Kriterien festgelegt. Solche Gütekriterien sind Konsistenz, Erwartungstreue und Effizienz der Schätzfunktion.

Die **Erwartungstreue** (oder Unverzerrtheit) des Schätzers bedeutet, dass der Erwartungswert der Schätzfunktion mit dem Parameter der Grundgesamtheit übereinstimmt. Weniger exakt kann man auch formulieren, dass der Durchschnitt der Schätzwerte den zu schätzenden Parameter ergeben soll.

Die **Konsistenz** hingegen besagt, dass mit zunehmendem Stichprobenumfang der unbekannte Parameter immer besser durch die resultierenden Schätzwerte angenähert wird.

Das Kriterium der **Effizienz** ist erfüllt, wenn eine erwartungstreue Schätzfunktion bei gleichem Stichprobenumfang unter allen anderen erwartungstreuen Schätzern die kleinste Varianz besitzt.
Detailliert beschrieben und diskutiert werden die drei Kriterien in den meisten Lehrbüchern zur schließenden Statistik (z.B. Bamberg/Baur [1987], S.146 ff., Rüger [1991], S.175 ff.).

3.2.2 Schätzmethoden

Die beiden am meisten verwendeten Verfahren zur Konstruktion von Schätzfunktionen sind die **Methode der kleinsten Quadrate** und die sogenannte **Maximum-Likelihood-Methode**.

Bei der Methode der kleinsten Quadrate (MKQ) ergibt sich die Schätzfunktion aus der Zielstellung, die Summe der quadratischen Abweichungen der Stichprobenwerte vom Schätzwert zu minimieren.

Die Maximum-Likelihood-Methode (MLM) hingegen bestimmt diejenige Größe als besten Schätzwert für einen Parameter, die dem beobachteten Stichprobenergebnis die größte Wahrscheinlichkeit zukommen lässt.

Da die Methode der kleinsten Quadrate bereits in der deskriptiven Statistik behandelt worden ist (siehe Kap. 1.9), beschränken sich die nachfolgenden Ausführungen auf die MLM.
Zu schätzen sei ein Parameter θ über der Grundgesamtheit mit Hilfe einer Stichprobe $x_1, ..., x_n$. Zu lösen ist eine Extremwertaufgabe für eine sogenannte **Likelihood-Funktion** $L(\theta; x_1, ..., x_n)$, die folgende Eigenschaften besitzen soll:

1) Die gesamte in der Beobachtung $x_1, ..., x_n$ enthaltene Information über den unbekannten Parameter θ ist in der Likelihood-Funktion enthalten.

2) Ein Parameterwert θ_1 ist aufgrund der Beobachtungen $x_1, ..., x_n$ plausibler oder glaubwürdiger als ein Parameterwert θ_2, wenn gilt

$$L(\theta_1; x_1, ..., x_n) > L(\theta_2; x_1, ..., x_n).$$

3) Für einen Schätzwert für θ und eine beliebige Stichprobe $x_1, ..., x_n$ wird die Likelihood-Funktion maximal, d. h.

$$L(\hat{\theta}; x_1, ..., x_n) = \max_{\theta}[L(\theta; x_1, ..., x_n)].$$

Gegeben sei nun eine mit n und p **binomialverteilte Grundgesamtheit**. Die Wahrscheinlichkeit p soll mit Hilfe einer Stichprobe $x_1, ..., x_n$ vom Umfang n geschätzt werden. Als Likelihood-Funktion wird die Dichtefunktion der Binomialverteilung mit der Stichprobensumme $k = x_1 + ... + x_n$ als Summe der Erfolge angesetzt

$$L(p; x_1, ..., x_n) = \binom{n}{k} \cdot p^k \cdot (1-p)^{(n-k)}.$$

Zur Bestimmung des Schätzwertes für p ist die erste Ableitung der Likelihoodfunktion zu bilden und gleich null zu setzen

$$\left.\frac{dL}{dp}\right|_{p=\hat{p}} = 0.$$

Aus der Gleichung

$$\left.\frac{dL}{dp}\right|_{p=\hat{p}} = \binom{n}{k} \cdot k \cdot \hat{p}^{k-1} \cdot (1-\hat{p})^{(n-k)} - \binom{n}{k} \cdot \hat{p}^k \cdot (n-k) \cdot (1-\hat{p})^{(n-k-1)} = 0$$

ergibt sich nach Umformung der Stichprobenmittelwert als gesuchter Schätzwert für die Wahrscheinlichkeit p, d.h.

$$\hat{p} = \frac{1}{n} \cdot k = \frac{1}{n} \cdot (x_1 + ... + x_n) = \bar{x}.$$

Zur Schätzung der Parameter einer **normalverteilten Grundgesamtheit** wird die Likelihood-Funktion ebenfalls mit Hilfe der Dichtefunktion und der Stichprobensumme entwickelt:

$$L(\mu;\sigma^2;x_1,\ldots,x_n)=\frac{1}{\sigma\cdot\sqrt{2\pi}}\cdot e^{-\frac{1}{2\cdot\sigma^2}\cdot\sum\limits_{i=1}^{n}(x_i-\mu)^2}.$$

Wesentlich handlicher ist die sogenannte **Log-Likelihood-Funktion**

$$\ln L=-\frac{n}{2}\cdot\ln 2\pi-\frac{n}{2}\cdot\ln\sigma^2-\frac{1}{2\cdot\sigma^2}\cdot\sum_{i=1}^{n}(x_i-\mu)^2,$$

die auch in den Statistikpaketen ausgewiesen wird. Mit ihrer Hilfe lassen sich die gesuchten Schätzwerte für den Erwartungswert und die Varianz der Normalverteilung bestimmen.

Ist die Varianz bekannt, so führt die Bedingung

$$\frac{d\ln L}{d\mu}=\frac{1}{\sigma^2}\sum_{i=1}^{n}(x_i-\mu)=\frac{n}{\sigma^2}(\bar{x}-\mu)=0$$

auf das Stichprobenmittel als Schätzwert für μ. Ist hingegen der Erwartungswert μ bekannt, dann ergibt sich wegen

$$\frac{d\ln L}{d\sigma^2}=-\frac{n}{2\cdot\sigma^2}+\frac{1}{2\cdot\sigma^4}\cdot\sum_{i=1}^{n}(x_i-\mu)^2=\frac{n}{2\cdot\sigma^4}\cdot\left(\sigma^2-\frac{1}{n}\cdot\sum_{i=1}^{n}(x_i-\mu)^2\right)=$$

die Varianz der Stichprobenwerte s^2 als Schätzer für die Varianz der Verteilung σ^2.

Auf zwei bedeutsame Eigenschaften einer Maximum-Likelihood-Schätzung sei hingewiesen (vgl. Rüger [1991], S. 183 ff.):

- Die Maximum-Likelihood-Schätzung (MLS) ist zumindest für große Stichprobenumfänge (asymptotisch) erwartungstreu und konsistent.
- Im Fall einer Normalverteilung stimmen die MLS und die Kleinste-Quadrate-Schätzung (KQS) überein.

3.2.3 Punktschätzung

Wird mit Hilfe einer Schätzfunktion der unbekannte Parameter Θ der Grundgesamtheit durch die Berechnung eines einzigen Schätzwertes angenähert, so nennt man diesen Vorgang **Punktschätzung** und den bestimmten Näherungswert $\hat{\Theta}$ **Punktschätzwert.**

Für die Parameter der Normalverteilung, μ und σ^2, sowie die Grundwahrscheinlichkeit p der Binomialverteilung ergeben sich sehr einfache und aus der beschreibenden Statistik bereits bekannte Kennziffern als Punktschätzwerte.

Der arithmetische Mittelwert $\overline{X}$ der Stichprobenvariablen X_i ist eine „beste", d. h. konsistente, erwartungstreue und effiziente Schätzfunktion. Somit ist der Stichprobenmittelwert $\overline{x}$ der „beste" Punktschätzwert für den Erwartungswert μ einer nach $N(\mu; \sigma^2)$ normalverteilten Grundgesamtheit bezüglich eines Merkmals X (siehe Kap. 3.2.2). Die Schätzfunktion $\overline{X}$ folgt bei einer mathematischen Stichprobe, die aus einer einfachen Stichprobe mit Zurücklegen resultiert, wiederum einer Normalverteilung mit dem Parameter μ, aber der Varianz

$$\sigma_{\overline{X}}^2 = \frac{\sigma^2}{n}.$$

(vgl. Kap. 2.4). Der Ausdruck $\sigma/\sqrt{n}$ wird auch als Standardfehler des Mittelwertes bezeichnet.
Handelt es sich um eine einfache Stichprobe ohne Zurücklegen, d.h. sind die Ziehungsergebnisse nicht voneinander unabhängig, ist $\overline{X}$ zwar ebenfalls normalverteilt mit dem Erwartungswert μ, aber die Varianz

$$\sigma_{\overline{X}}^2 = \frac{\sigma^2 \cdot (N-n)}{n \cdot (N-1)}$$

erhält einen Korrekturfaktor (N - n)/(N - 1). Hierbei bezeichnet N den Umfang der Grundgesamtheit und n den Umfang der Stichprobe .
Eine erwartungstreue, effiziente und konsistente Schätzfunktion für σ^2 ist die **Stichprobenvarianz** S^2 der unabhängigen Stichprobenvariablen X_i , die sich aus einfachen Stichproben mit Zurücklegen oder bei Entnahme aus einer sehr großen Grundgesamtheit ergeben

$$S^2 = \frac{1}{n-1} \cdot \sum_{i=1}^{n} (X_i - \overline{X})^2$$

(siehe Bortz [1993], S. 94 ff. und Rüger [1991], S. 180). Die Division durch n -1 anstelle von n sichert die Erwartungstreue der Schätzung[1]. Das folgt mit Hilfe der umgestellten Varianzverschiebesätze

$$E\left(X_i^2\right) = Var(X_i) + [E(X_i)]^2 \quad \text{bzw.} \quad E\left(\overline{X}^2\right) = Var\left(\overline{X}\right) + \left[E\left(\overline{X}\right)\right]^2$$

[1] Der ML-Schätzer für σ^2 aus Kap. 3.2.2 ist lediglich asymptotisch erwartungstreu.

und durch Einsetzen der aus der deskriptiven Statistik bekannten Varianzformel mit der Division durch n

$$E\left(\frac{1}{n}\cdot\sum_{i=1}^{n}(X_i-\overline{X})^2\right)=\frac{1}{n}E\left(\sum_{i=1}^{n}X_i^2-n\cdot\left(\overline{X}^2\right)\right)$$

$$=\frac{1}{n}\left(\sum_{i=1}^{n}\left(Var(X_i)+(E(X_i))^2\right)-n\cdot\left(Var(\overline{X})+\left(E(\overline{X})\right)^2\right)\right)$$

$$=\frac{1}{n}\left(n\cdot\sigma^2+n\cdot\mu^2-n\cdot\frac{1}{n^2}\cdot n\cdot\sigma^2-n\cdot\mu^2\right)=\frac{n-1}{n}\cdot\sigma^2 .$$

Die Verzerrung würde sich insbesondere bei kleinen Stichprobenumfängen auswirken.
Damit sind der Stichprobenmittelwert $\overline{x}$ und die Stichprobenvarianz s^2 im Falle einfacher und unabhängiger Stichproben unverzerrte Punktschätzwerte für μ und σ^2, die meist unbekannten Parameter normalverteilter Grundgesamtheiten.

Auf die Verteilung der Stichprobenfunktion S^2 soll hier nicht weiter eingegangen werden, diesbezüglich wird auf weitere Literatur verwiesen (z. B. Bourier [1999], S. 277 ff.).

Folgt die Zufallsvariable X einer Binomialverteilung, so ist $P = X/n$ ein erwartungstreuer, konsistenter und effizienter Schätzer für die Grundwahrscheinlichkeit p in der Grundgesamtheit. X gibt hierbei an, wie oft die Eigenschaft A in der Stichprobe vom Umfang n auftritt, wenn die Stichprobenelemente unabhängig voneinander gezogen werden. In der Grundgesamtheit tritt A mit der Wahrscheinlichkeit p und folglich $\overline{A}$ mit der Wahrscheinlichkeit (1 - p) ein. Ein unverzerrter Punktschätzwert für die Wahrscheinlichkeit p ist die relative Häufigkeit $h = p = x/n$ des Auftretens von Eigenschaft A in der Stichprobe vom Umfang n mit x als Realisierung der Zufallsvariablen X. Des weiteren gilt, dass auch die Schätzfunktion $P = X/n$ einer Binomialverteilung mit den Parametern

$$E(X/n)=\frac{1}{n}\cdot E(X)=p \quad \text{und} \quad \sigma^2(X/n)=\frac{1}{n^2}\cdot\sigma^2(X)=\frac{p\cdot(1-p)}{n}$$

folgt (vgl. Kap. 3.2.2). Da jede Binomialverteilung bei hinreichend großem n durch eine Normalverteilung angenähert werden kann (siehe Kap. 2.4), lässt sich $P = X/n$ ebenfalls durch eine Normalverteilung approximieren. Die Parameter dieser Normalverteilung lauten

$$\mu_P = p \quad \text{und} \quad \sigma_P = \sqrt{\frac{p \cdot (1-p)}{n}}.$$

σ_P wird auch der Standardfehler des Anteilswertes p genannt. Diese Approximation der Schätzfunktion P durch eine Normalverteilung werden wir später bei der Intervallschätzung verwenden.

Beispiel 3.2.2 Es soll die Wahrscheinlichkeit p ermittelt werden, mit der ein zufällig ausgewählter erwerbstätiger Bundesbürger seinen Jahresurlaub in Deutschland verbringt.
Dazu wird aus der Grundgesamtheit aller Erwerbstätigen der Bundesrepublik eine einfache Zufallsstichprobe vom Umfang n = 200 gezogen. Die Zufallsgröße „Anzahl der Erwerbstätigen, die ihren Jahresurlaub in Deutschland verbringen“ kann in dieser Stichprobe als binomialverteilt angesehen werden. Die Unabhängigkeit der Ziehungsergebnisse bei der Auswahl der Stichprobeneinheiten darf vorausgesetzt werden, da der Anteil des Stichprobenumfangs an der Anzahl aller Erwerbstätigen n/N unter 5% liegt und damit sehr klein ausfällt.
Die Wahrscheinlichkeit p lässt sich aus dem Stichprobenergebnis als Anteilswert schätzen.

3.2.4 Intervallschätzung

Da der aus der Stichprobe resultierende Punktschätzwert den unbekannten wahren Parameter nur näherungsweise wiedergibt, möchte man einschätzen können, wie gut dieser den wahren Wert approximiert. Man möchte die Genauigkeit der Schätzung beurteilen. Aus diesem Grunde konstruiert man um den Punktschätzwert mit Hilfe der Wahrscheinlichkeits- oder Dichtefunktion des Schätzers einen Bereich, der mit einer gewissen Wahrscheinlichkeit 1- α den wahren Parameter überdeckt. Dabei heißt das Intervall vom $\alpha/2$ bis zum (1-$\alpha/2$)-Quantil der Wahrscheinlichkeits- oder Dichtefunktion eines Schätzers zweiseitiges **Konfidenzintervall** oder zweiseitiger Vertrauensbereich des zu schätzenden Parameters zur **Überschreitungswahrscheinlichkeit** α. Dies lässt sich wie folgt interpretieren: Schätzt man aus sehr vielen unabhängig voneinander gezogenen Stichproben immer gleichen Umfangs einen Parameter, so würden ca. 100·(1- α) Prozent der entsprechenden Punktschätzwerte in diesen Bereich fallen. Dieses Intervall überdeckt also mit der Wahrscheinlichkeit von 1 - α den tatsächlichen Parameter.

Folgt die Schätzfunktion einer Normalverteilung, so lassen sich die Quantile zu den vorgegebenen Wahrscheinlichkeiten $(1 - \alpha/2)$ nach Transformation der Schätzfunktion in die Standardnormalverteilung einfach berechnen.

3.2.4.1 Vertrauensintervall für den Mittelwert einer normalverteilten Grundgesamtheit

Wie im vorigen Abschnitt dargelegt, ist die Schätzfunktion $\overline{X}$ für den unbekannten Parameter μ einer normalverteilten Grundgesamtheit wiederum normalverteilt mit dem Parameter μ und der Varianz σ^2/n (falls es sich um eine einfache, unabhängige Stichprobe handelt) bzw. der Varianz $\sigma^2 \cdot (N - n)/(n \cdot (N - 1))$ (falls die Unabhängigkeit nicht gegeben ist). Nach der Umformung der speziellen Normalverteilung in die Standardnormalverteilung und der Bestimmung der Quantile zu einer bestimmten Überschreitungswahrscheinlichkeit α ergeben sich speziell die folgenden Formeln zur Berechnung der Intervallgrenzen. Sie gelten für den Fall, dass der Erwartungswert μ einer Normalverteilung durch den Stichprobenmittelwert $\overline{x}$ geschätzt wird und die Varianz σ^2 der Normalverteilung bekannt ist:

a) für unabhängige Stichprobenvariable

$$\overline{x} - z_{(1-\alpha/2)} \cdot \frac{\sigma}{\sqrt{n}} \leq \mu \leq \overline{x} + z_{(1-\alpha/2)} \cdot \frac{\sigma}{\sqrt{n}}$$

b) für abhängige Stichprobenvariable

$$\overline{x} - z_{(1-\alpha/2)} \cdot \frac{\sigma}{\sqrt{n}} \cdot \sqrt{\frac{N-n}{N-1}} \leq \mu \leq \overline{x} + z_{(1-\alpha/2)} \cdot \frac{\sigma}{\sqrt{n}} \cdot \sqrt{\frac{N-n}{N-1}}.$$

Hierbei bezeichnet n den Stichprobenumfang und $z_{(1-\alpha/2)}$ das $(1 - \alpha/2)$-Quantil der Standardnormalverteilung. Diese Formeln lassen sich in dieser Form jedoch meist nicht anwenden, da in der Regel nicht nur μ, sondern auch die Varianz σ^2 unbekannt ist. In diesem Fall muss σ durch die Stichprobenstandardabweichung s ersetzt werden.

Bei kleinen Stichprobenumfängen $(n < 50)$ ist außerdem das Quantil der Standardnormalverteilung durch das Quantil der sogenannten Student-Verteilung zu ersetzen. Denn wenn man s anstelle von σ verwendet, so folgt die Zufallsvariable

$$\frac{\overline{X}-\mu}{s}\cdot\sqrt{n}$$

einer Student-Verteilung (vgl. Kap. 2.4.2.3). Die Quantile dieser Verteilung zu entsprechend vorgegebenen Wahrscheinlichkeiten sind gleichfalls tabelliert (siehe Anhang). Sie werden außerdem durch die Anzahl der Freiheitsgrade FG bestimmt, die beim Schätzen des Erwartungswertes n - 1 beträgt.

Für große n geht die t-Verteilung in eine Standardnormalverteilung über. Für $n < 50$ ist die t-Verteilung allerdings aus Gründen der Genauigkeit vorzuziehen. Anstelle des Quantils $z_{(1-\alpha/2)}$ muss dann das Quantil $t_{(1-\alpha/2)}$ verwendet werden.

Die **Größe des Stichprobenumfangs** ist jedoch nicht nur in diesem Zusammenhang interessant. Aus den Formeln zur Berechnung des Vertrauensintervalls geht unmittelbar hervor, dass die Intervallbreite bei vorgegebener Sicherheit durch die Anzahl der Stichprobeneinheiten beeinflusst wird. Je mehr Einheiten einbezogen werden, desto genauer wird die Intervallschätzung.

Hat man umgekehrt eine bestimmte Vorstellung von der Genauigkeit der Schätzung, d. h. erwartet man den zu schätzenden Parameter in einem gewissen vorgegeben Bereich mit der Intervallbreite d, so lässt sich durch Umstellen der Formel für das Konfidenzintervall bestimmen, wie viele Einheiten in die Stichprobe aufzunehmen sind. Es ergibt sich folgende Bestimmungsgleichung für den Stichprobenumfang n einer einfachen, unabhängigen Zufallsstichprobe mit vorgegebener Intervallbreite d bzw. vorgegebenem Schätzfehler $e = d/2$:

$$n=\frac{4\cdot z_{(1-\alpha/2)}^{2}\cdot\sigma^{2}}{d^{2}}.$$

Beispiel 3.2.3 Mit einer Sicherheit von 95% ist zu bestimmen, wie viel ein Ferienhaus für eine bestimmte Anzahl von Personen, eine bestimmte Saison bzw. eine bestimmte Wohnfläche in Dänemark im Durchschnitt mindestens oder höchstens kostet. Der Mindest- oder Höchstpreis soll auf die Mietdauer von einer Woche bezogen werden.

Eine einfache, unabhängige Zufallsstichprobe vom Umfang $n = 80$ ergab für den Wochenpreis eines 4-Sterne-Ferienhauses in Dänemark

mit einer Wohnfläche von 60-90 m^2 für bis zu 6 Personen in der Saison C einen arithmetischen Mittelwert von $\bar{x}$ = 423,- € und eine Standardabweichung von s = 60,- €. Der Wochenpreis wird als normalverteilt angesehen.
Bei einer Überschreitungswahrscheinlichkeit α = 0,05 erhält man als Quantil der Standardnormalverteilung einen Wert von $z_{(1-\alpha/2)} = 1{,}96$. Daraus ergibt sich als Vertrauensbereich für den Erwartungswert μ mit einer Sicherheit (Konfidenzgrad) von 1 - 0,05

$$423 - 1{,}96 \cdot \frac{60}{\sqrt{80}} \leq \mu \leq 423 + 1{,}96 \cdot \frac{60}{\sqrt{80}}.$$

Das Intervall [409,85 €; 436,15 €] überdeckt durchschnittlich in 95% der Fälle den Erwartungswert μ des Wochenpreises.

Wenn die Genauigkeit der Schätzung ±10,- € betragen soll, müsste folgender Stichprobenumfang n gewählt werden

$$n = \frac{4 \cdot (1{,}96)^2 \cdot (60)^2}{(20)^2} \approx 139.$$

3.2.4.2 Vertrauensintervall für die Wahrscheinlichkeit einer binomialverteilten Grundgesamtheit

Da die Binomialverteilung der Schätzfunktion P = X/n durch eine Normalverteilung angenähert werden kann (vgl. Kap. 2.4), ergeben sich für die Grundwahrscheinlichkeit p einer binomialverteilten Grundgesamtheit folgende approximative Grenzen für den konkreten Vertrauensbereich:

$$h - z_{(1-\alpha/2)} \cdot \sqrt{\frac{p \cdot (1-p)}{n}} \leq p \leq h + z_{(1-\alpha/2)} \cdot \sqrt{\frac{p \cdot (1-p)}{n}}.$$

Darin bezeichnet h = x/n den Punktschätzwert, d. h. die relative Häufigkeit der Stichprobe. Der Ausdruck unter der Wurzel gibt die Varianz der Schätzfunktion an. Da diese jedoch ebenso wie die Erfolgswahrscheinlichkeit p unbekannt ist, muss sie durch einen Schätzwert ersetzt werden. Eine konsistente Schätzung für die Varianz von P = X/n liefert die Schätzfunktion

$$S_P^2 = \frac{P \cdot (1-P)}{n},$$

so dass für hinreichend große n anstelle der Varianz p·(1 - p)/n ihr Schätzwert h·(1 - h)/n in der Formel verwendet werden kann.

Eine Binomialverteilung kann für den Fall, dass $n \cdot p \geq 10$ und $n \cdot (1-p) \geq 10$ gelten (Faustregel), hinreichend genau durch eine entsprechende Normalverteilung approximiert werden (vgl. Kap. 2.4.2.6). Danach gilt, je kleiner der Stichprobenumfang n ist und je größer die zu schätzende Wahrscheinlichkeit p ausfällt (p nahe 0 bzw. 1), desto ungenauer wird das approximative Konfidenzintervall. Beträgt p etwa 50%, so genügt bereits ein $n > 20$. Liegt p hingegen bei 10% oder 90%, so sollte $n > 100$ sein.

Will man den **Stichprobenumfang** n für eine vorgegebene Breite d des Vertrauensbereiches ermitteln, so ist die Formel für das Konfidenzintervall entsprechend umzustellen:

$$n = \frac{4 \cdot z_{(1-\alpha/2)}^2 \cdot p \cdot (1-p)}{d^2}.$$

Beispiel 3.2.4 Ein Reisebüro bearbeitet sehr viele Buchungsanfragen für Pauschalreisen nach Mallorca. Allerdings zeigt die Erfahrung, dass die Anfragen bei weitem nicht immer in tatsächlichen Buchungen enden. Zur Untersuchung der Wirtschaftlichkeit wurde im Rahmen einer Studie festgestellt, dass von 200 zufällig ausgewählten Personen (einfache, unabhängige Zufallsstichprobe), die sich nach Reisemöglichkeiten erkundigten, lediglich 45 tatsächlich eine Reise buchten.

1. Mit welchen Buchungsraten muss das Reisebüro mindestens bzw. höchstens rechnen ($\alpha = 0{,}05$)?

Zur Beantwortung dieser Frage wird folgende Berechnung durchgeführt:

$$0{,}225 - 1{,}96 \cdot \sqrt{\frac{0{,}225 \cdot (1-0{,}225)}{200}} \leq p \leq 0{,}225 + 1{,}96 \cdot \sqrt{\frac{0{,}225 \cdot (1-0{,}225)}{200}}.$$

In durchschnittlich 95% der Fälle wird die Buchungsrate durch das Intervall [0,167; 0,283] überdeckt, d.h. mit einer Sicherheit von 95% ist mindestens eine Buchungsrate von 16,7% und höchstens von 28,3% zu erwarten.

2. Welchen Stichprobenumfang sollte das Studiendesign vorschreiben, wenn die Genauigkeit der Schätzung höchstens eine Abweichung von 5% nach oben bzw. nach unten haben darf?

Anstelle von 200 sollten in diesem Fall 312 Personen für die Stichprobe ausgewählt werden. Die Berechnung basiert auf der zuvor geschätzten maximalen Buchungswahrscheinlichkeit von 0,283 und ergibt

$$n = \frac{1{,}96^2 \cdot 0{,}283 \cdot 0{,}717}{0{,}05^2} = 312.$$

3.3 Der statistische Test

Während der Vertrauensbereich eine Aussage darüber trifft, in welchem Bereich ein bestimmter Parameter mit einer vorgegebenen Sicherheit zu erwarten ist, hat ein statistischer Test die Aufgabe, unbewiesene Vermutungen (Hypothesen) über reale Erscheinungen hinsichtlich ihrer Gültigkeit anhand von empirischen Daten zu prüfen. Solche Hypothesen können z. B. das Kauf- oder Reiseverhalten von Personen, die Wirkung einer Preiskampagne oder eines Werbespots betreffen.

3.3.1 Allgemeine Vorgehensweise bei der statistischen Prüfung von Hypothesen

Der **erste Schritt** besteht darin, die Behauptung über einen Sachverhalt als statistische Hypothese (**Sachhypothese**) zu formulieren. Statistische Hypothesen beinhalten gewisse Annahmen oder vergleichende Aussagen über Parameter von Verteilungsfunktionen oder die Verteilungen selbst. Die Sachhypothese nennt man auch Arbeitshypothese. Sie wird in der statistischen Formulierung zur **Alternativhypothese H_A**.

Im **zweiten Schritt** der statistischen Prüfung einer Hypothese wird der Standpunkt des Kritikers eingenommen. Dabei wird die Alternativhypothese H_A in Frage gestellt und die gegenteilige Behauptung als sogenannte **Nullhypothese H_0** postuliert.
In der Alternativhypothese wird stets die Unterschiedlichkeit zweier Größen bzw. die Überlegenheit der einen über die andere Größe postuliert, während die Nullhypothese Gleichheit bzw. „$\leq$ “ oder „$\geq$ “ annimmt.

Beispiel 3.3.1 Gegeben sei die Sachhypothese, dass eine Werbemaßnahme A im Vergleich zu einer Werbemaßnahme B in höherem Maße dazu führt, dass deutsche Urlauber die Insel Rügen als Reiseziel wählen. Diese Hypothese kann statistisch bedeuten, dass die Wahrscheinlichkeit p_A, nach Intervention A die Insel Rügen als Urlaubsziel zu wählen, größer ist als die Wahrscheinlichkeit p_B, nach Intervention B den Urlaub auf Rügen zu verbringen. In diesem Fall wären die beiden Binomialparameter p_A und p_B anhand einfacher Zufallsstichproben aus der Grundgesamtheit deutscher Urlauber zu vergleichen.

Als Alternativhypothese wäre H_A: $p_A > p_B$ und als Nullhypothese H_0: $p_A \leq p_B$ denkbar.

Ein **statistische Test** hat die Aufgabe, H_0 als Kritik der Arbeitshypothese anhand von Beobachtungen (Beweismaterial) zu widerlegen und damit die ursprüngliche Hypothese H_A zu bestätigen.

Die Nullhypothese wird **verworfen**, wenn die Beobachtungen nur mit einer geringen Wahrscheinlichkeit für H_0 sprechen. Man entscheidet sich in diesem Fall für die Gültigkeit der Alternativhypothese.

In einer Konvention wird festgelegt, dass Wahrscheinlichkeiten kleiner oder gleich einer bestimmten „Grenzwahrscheinlichkeit" α als „gering" zu betrachten sind. Die üblichen α-Werte sind 0.05, 0.01 bzw. 0.001. Man spricht auch vom **Signifikanzniveau** α oder von der **Irrtumswahrscheinlichkeit** α.

Das Prinzip einer statistischen Prüfung wird beispielhaft für den einfachen Fall des Vergleichs zweier Verteilungsparameter Θ_1 und Θ_2 demonstriert:

1) Formulierung der statistischen Hypothesen über die zu vergleichenden Parameter

$$H_A: \quad \Theta_1 \neq \Theta_2$$

$$H_0: \quad \Theta_1 = \Theta_2 .$$

2) Festlegung der Irrtumswahrscheinlichkeit α.

3) Erhebung von Beobachtungen anhand von Zufallsstichproben.

4) Durchführung des statistischen Tests.

3.3.2 Die Durchführung des statistischen Tests

Zur Durchführung des statistischen Tests selbst gehören folgende Schritte:

1) Wahl der **Testfunktion** (Prüfgröße) T gemäß Hypothese H_0

Wenn die statistische Hypothese formuliert ist, erfolgt die Auswahl der zugehörigen Testfunktion T. Die Testfunktion ist in der Regel eine Funktion der Parameterschätzer und ihrer Varianzen bzw. Standardfehler und somit eine Zufallsvariable. Sie ist so konstruiert, dass, unter der Annahme der Gültigkeit der Nullhypothese, ihre Verteilungsfunktion einer gewissen Prüfverteilung entspricht, deren Quantile exakt oder näherungsweise bestimmt werden können. In den meisten Fällen ist T wenigstens approximativ normal-, Student(t)-, F- oder Chi-Quadrat-verteilt.

2) Berechnung des Prüfgrößenwertes t und Vergleich mit der entsprechenden **kritischen Schranke**

Nachdem der Wert der Testfunktion anhand der Parameterpunktschätzwerte und der Schätzwerte für die Standardfehler berechnet worden ist, erfolgt ein Vergleich des berechneten Testwertes t mit den jeweiligen Quantilen der Prüfverteilung (kritische Schranken) $C_{\alpha/2}$ bzw. $C_{1-\alpha/2}$ zum festgelegten Signifikanzniveau α. Die gebräuchlichen kritischen Schranken der Prüfverteilungen findet man im Tabellenanhang.

3) Entscheidung über die Nullhypothese

Die Nullhypothese wird abgelehnt, d.h. die Alternativhypothese bestätigt, wenn gilt:

$$t < C_{\alpha/2} \quad \text{oder} \quad t > C_{1-\alpha/2}.$$

In diesem Fall ist die Wahrscheinlichkeit, dass die Testgröße T unter Gültigkeit der Nullhypothese den Testwert t oder größere Werte annimmt, kleiner als α, also sehr unwahrscheinlich.

Die Nullhypothese wird beibehalten, falls gilt:

$$C_{\alpha/2} \leq t \leq C_{1-\alpha/2}.$$

Das folgende Bild 3.1 veranschaulicht das Entscheidungsproblem.

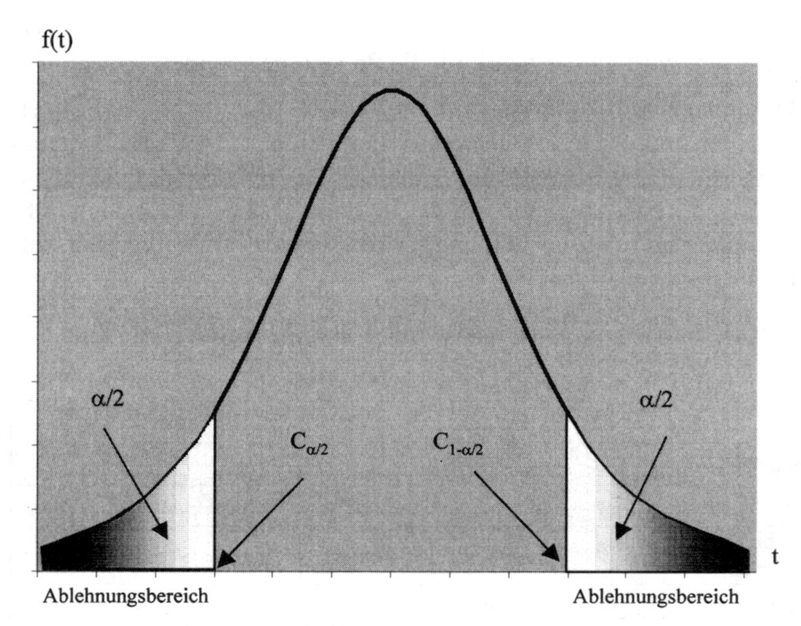

Bild 3.1 Prüfverteilung bei einem zweiseitigen Test

4) Interpretation des Testergebnisses

Das Beibehalten oder Nichtablehnen der Nullhypothese bedeutet nicht, dass H_0 bewiesen ist. Es gibt lediglich nicht genügend Beweismaterial, um H_0 abzulehnen. Das kann verschiedene Ursachen haben. Entweder ist tatsächlich kein Unterschied vorhanden, oder aber die Anzahl der Beobachtungen ist zu gering bzw. die Variabilität der Daten ist zu groß, um eine vorhandene Differenz nachweisen zu können. Wenn H_0 abgelehnt wird, sagt man auch, das Testergebnis ist "statistisch signifikant" auf dem Niveau α. Eine Differenz zwischen den zu vergleichenden Parametern, mindestens so groß wie die beobachtete, ist unter der Annahme, dass die beiden Parameter gleich sind, sehr unwahrscheinlich, nämlich kleiner α.

Die Wahrscheinlichkeit, unter Gültigkeit von H_0 die Stichprobendaten oder noch extremere Beobachtungen zu erhalten, heißt **Irrtumswahrscheinlichkeit** oder Fehler 1. Art.

Den **Fehler 1. Art** (α-Fehler) kann man auch als Wahrscheinlichkeit interpretieren, die Nullhypothese fälschlich abzulehnen. Er ist gleich der bedingten Wahrscheinlichkeit $P(H_A | H_0)$.

Die Wahrscheinlichkeit, die Nullhypothese beizubehalten, obwohl die Alternativhypothese richtig ist, wird **Fehler 2. Art** (β-Fehler) genannt. Die Wahrscheinlichkeit, eine richtige Entscheidung für H_A zu treffen, wird als Teststärke 1- β (**Power**) bezeichnet.

Bei einem Signifikanztest wird der Fehler 1. Art durch die Festsetzung von α kontrolliert, während der Fehler 2. Art häufig unbekannt ist. Man bestimmt also lediglich die Wahrscheinlichkeit für ein fälschliches Ablehnen der Nullhypothese. Die Wahrscheinlichkeit, eine richtige Entscheidung für die Alternativhypothese zu treffen, bleibt offen.

Tabelle 3.1 Entscheidungsmöglichkeiten bei einem statistischen Test

	Realität	
	H_0 ist wahr	H_A ist wahr
Testentscheidung		
H_0 beibehalten	richtige Entscheidung	Fehler 2. Art (β-Fehler)
H_0 ablehnen bzw. H_A annehmen	Fehler 1. Art (α-Fehler)	richtige Entscheidung
Quelle: Eckey/Kosfeld/Dreger [1992], S. 543.		

Die einzelnen Schritte bei der Durchführung eines statistischen Tests seien noch einmal in Tabelle 3.2 zusammengefasst:

Tabelle 3.2 Vorgehensweise beim statistischen Test

Aufstellen der Sachhypothese		
Formulierung der zugehörigen Alternativhypothese H_A und der Nullhypothese H_0	Festlegung des Signifikanzniveaus α	Erhebung der Daten anhand von Zufallsstichproben
Bestimmung der Test-(Prüf)funktion T entsprechend H_0		Berechnung des Wertes der Testfunktion T anhand der Schätzwerte aus den Stichproben
	Vergleich des Wertes der Testfunktion T mit dem kritischen Wert (Tafelwert) der zugehörigen Test (Prüf) -Verteilung	
	Testentscheidung (Ablehnen oder Beibehalten von H_0)	

3.3.3 Ein- und zweiseitige Fragestellungen

Wenn in der Alternativhypothese lediglich das Vorhandensein eines Unterschiedes postuliert wird, spricht man von einer **zweiseitigen**

Fragestellung. Hat man berechtigte Vermutungen (aus vorherigen Untersuchungen oder existierendem Fachwissen), dass einer der zu vergleichenden Parameter nur kleiner bzw. größer sein kann, handelt es sich um eine **einseitige Fragestellung** (siehe Bild 3.2). Sie enthält im Vergleich zur zweiseitigen Hypothese mehr Information.

Die Nullhypothese

$$H_0: \Theta_1 \leq \Theta_2 \quad \text{bzw.} \quad \Theta_1 \geq \Theta_2$$

wird abgelehnt, falls gilt

$$t < C_\alpha \quad \text{bzw.} \quad t > C_{1-\alpha}.$$

Die Nullhypothese H_0 wird beibehalten, falls

$$C_\alpha \leq t \quad \text{bzw.} \quad t \leq C_{1-\alpha}$$

ist. Da bei gleichem Signifikanzniveau die kritischen Schranken wegen

$$C_{1-\alpha} < C_{1-\alpha/2} \quad \text{bzw.} \quad C_{\alpha/2} < C_\alpha$$

nach innen rücken, erhält man bei einseitiger Fragestellung und vorgegebenem Signifikanzniveau α eher ein signifikantes Testergebnis.

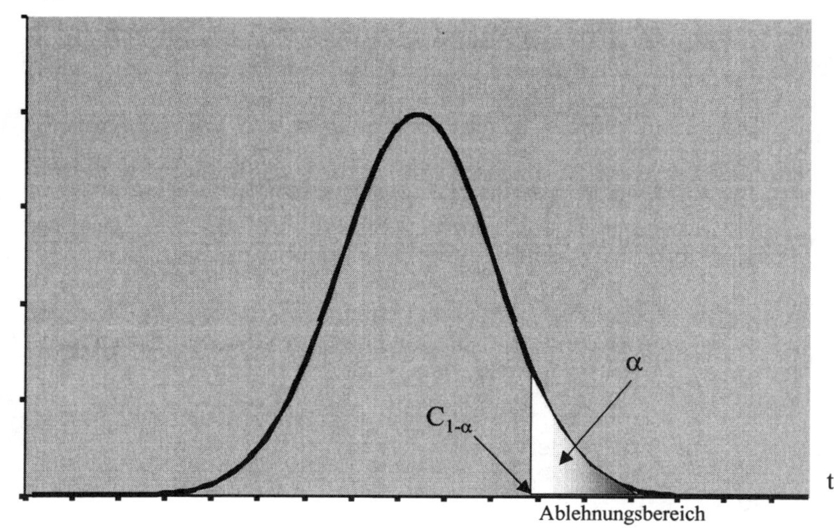

Bild 3.2 Prüfverteilung mit Ablehnbereich bei einem einseitigen Test

3.4 Spezifische Tests

Zunächst ist zwischen zwei Stichprobensituationen zu differenzieren. Man unterscheidet zwischen abhängigen (verbundenen) und unabhängigen (unverbundenen) Stichproben.

Abhängige Stichproben liegen vor, wenn die Verteilungen der Stichprobenwerte nicht unabhängig voneinander sind. Dies ist z. B. der Fall, wenn an einer Gruppe von Probanden ein Merkmal (z. B. das Kaufverhalten) vor einer Intervention (Stichprobe 1) und nach einer Intervention (Stichprobe 2) beobachtet wird.
Auch die Situation der künstlichen Paarbildung (**Matchen**) führt zu verbundenen Stichproben. Hier stellt man der Beobachtung an einem Objekt eine Beobachtung an einem zweiten Objekt gegenüber, welches jedoch in allen wesentlichen Eigenschaften mit dem ersten Beobachtungsobjekt übereinstimmt.

Von **unabhängigen Stichproben** spricht man, wenn die Stichprobenwerte unabhängig voneinander verteilt sind. Ein Beispiel dafür wäre, das Kaufverhalten nach einer Intervention A bzw. nach einer Intervention B an zwei völlig verschiedenen Gruppen von Probanden zu messen.

Zu den einfachsten und sehr oft verwendeten Tests gehören die sogenannten Mittelwertvergleiche, mit denen sich Hypothesen über Mittelwerte von Grundgesamtheiten prüfen lassen.

3.4.1 Mittelwertvergleiche

Neben der statistischen Prüfung, ob ein unbekannter Mittelwert einer Grundgesamtheit einem speziellen Mittelwert (Normwert) entspricht, kann auch der Vergleich von zwei Mittelwerten aus unterschiedlichen Grundgesamtheiten von Interesse sein. Der Testaufbau wird für den Fall normalverteilter Zufallsvariablen beschrieben.

1) Vergleich eines Mittelwertes μ mit einem Normwert μ_N

Die Nullhypothese lautet

$$H_0 : \mu = \mu_N .$$

Der Wert t der Prüfgröße T ergibt sich aus

$$t = \frac{|\bar{x} - \mu_N|}{s} \cdot \sqrt{n} ,$$

wobei n der Stichprobenumfang, $\overline{x}$ das Stichprobenmittel und s die Stichprobenstandardabweichung sind.

Die Prüfgröße T folgt einer Student-Verteilung mit n - 1 Freiheitsgraden.

2) Vergleich zweier Mittelwerte

$$H_0 : \mu_1 = \mu_2$$

1. Fall: Die Differenz $D = X_1 - X_2$ sei normalverteilt und die Beobachtungswerte seien aus abhängigen Stichproben gewonnen worden (**gepaarter t-Test**).

Der Testwert t der Prüfgröße T ist

$$t = \frac{|\overline{d}|}{s_d} \cdot \sqrt{n},$$

mit n als Stichprobenumfang, $\overline{d}$ als Mittelwert der Differenzen $d_i = x_{1i} - x_{2i}$ und s_d als Standardabweichung der Differenzen d_i für i = 1, ..., n.

Die Testgröße T folgt einer Student-Verteilung mit n - 1 Freiheitsgraden.

2. Fall: Es werden zwei unabhängige Stichproben mit den Umfängen n_1 bzw. n_2 aus den Grundgesamtheiten $N(\mu_1, \sigma_1^2)$ bzw. $N(\mu_2, \sigma_2^2)$ betrachtet. Es wird zudem Varianzgleichheit unterstellt, d.h. $\sigma_1^2 = \sigma_2^2$ (**t-Test für unabhängige Stichproben mit unbekannter, aber gleicher Varianz**).

Zur Berechnung des Testwertes t der Prüfgröße T dient

$$t = \frac{|\overline{x}_1 - \overline{x}_2|}{\sqrt{s^2(1/n_1 + 1/n_2)}} \quad \text{,wobei}$$

$$s^2 = \frac{(n_1 - 1) \cdot s_1^2 + (n_2 - 1) \cdot s_2^2}{n_1 + n_2 - 2}$$

als gewichtetes Mittel aus den beiden Stichprobenvarianzen s_1^2 bzw. s_2^2 (**gepoolte Varianz**) angesetzt wird und $\overline{x}_1$ bzw. $\overline{x}_2$ die beiden Stichprobenmittelwerte bezeichnen.

Die Prüfgröße T folgt einer Student-Verteilung mit $n_1 + n_2 - 2$ Freiheitsgraden.

Beispiel 3.4.1 Ein Reiseveranstalter möchte seine Reiseangebote im Hinblick auf bestimmte Zielgruppen stärker differenzieren. Er vermutet, dass sich mit dem Angebot spezifischer Wassersportmöglichkeiten in einem Reiseprogramm das Durchschnittsalter der Reisenden gegenüber denen, die das Standardangebot wählen, verändern wird. Um dies nachzuweisen, wird eine Zufallsstichprobe (1) vom Umfang 200 aus Teilnehmern am Standardangebot (Grundgesamtheit 1) und eine Zufallsstichprobe (2) vom Umfang 100 aus Teilnehmern am veränderten Reiseprogramm (Grundgesamtheit 2) ausgewählt.
Die Teilnehmer von Stichprobe (1) hatten ein Durchschnittsalter von $\bar{x}_1 = 48$ Jahren mit einer Standardabweichung von s = 12 Jahren, während sich bei den Reisenden der Stichprobe (2) ein Mittelwert von $\bar{x}_2 = 41$ Jahren mit einer Standardabweichung von s = 14 Jahren ergab.
Geprüft wird die Nullhypothese: Übereinstimmung der Erwartungswerte μ_1 und μ_2 in den beiden Grundgesamtheiten, d. h. H_0: $\mu_1 = \mu_2$.
Für den Test von H_0 wird angenommen, dass das Alter in den beiden Grundgesamtheiten normalverteilt ist und die Varianzen nahezu identisch sind.
Durch Einsetzen der Parameterschätzwerte in die entsprechende Prüfgröße T ergibt sich:

$$t = \frac{|\bar{x}_1 - \bar{x}_2|}{\sqrt{s^2 \cdot (1/n_1 + 1/n_2)}} = \frac{|48 - 41|}{\sqrt{161{,}28 \cdot (1/200 + 1/100)}} = \frac{7}{1{,}555} = 4{,}5$$

mit

$$s^2 = \frac{(n_1 - 1) \cdot s_1{}^2 + (n_2 - 1) \cdot s_2{}^2}{n_1 + n_2 - 2} = \frac{199 \cdot 144 + 99 \cdot 196}{298} = 161{,}28.$$

Die Prüfgröße T ist studentverteilt mit 298 Freiheitsgraden. Aus der Tafel der Student-Verteilung (siehe Anhang) lässt sich auf einem Signifikanzniveau $\alpha = 0{,}05$ als kritische Schranke $C_{(1-\alpha/2)} = 1{,}98$ ermitteln. Da 298 Freiheitsgrade nicht vertafelt sind, wird eine konservative Position bezogen und der bei gleichem α ablesbare nächst größere Tafelwert gewählt.
Da $t > C_{(1-\alpha/2)}$ gilt, wird die Nullhypothese abgelehnt. Folglich kann auf dem Signifikanzniveau 0,05 ein Unterschied im Durchschnittsalter

der Teilnehmer an den beiden verschiedenen Reiseprogrammen nachgewiesen werden. Dabei ist zu beachten, dass eine Ablehnung der Gleichheit des Durchschnittsalters mit einer Wahrscheinlichkeit von $\alpha = 0{,}05$ falsch ist.

3.4.2 Zweidimensionale Kontingenztafelanalyse

Es seien zwei nominal skalierte Merkmale X und Y mit den Ausprägungen a_i, $i = 1, ..., l$, und b_j, $j = 1, ..., k$, gegeben. In Kap. 1.7 wurden bereits Kontingenztafeln und entsprechende Maßzahlen zur Auswertung solcher Merkmalspaare eingeführt. Nun sollen die deskriptiven Techniken verallgemeinert werden.

Für das Ziehen der Stichproben sind zunächst zwei unterschiedliche Vorgehensweisen zu unterscheiden:

Modell 1: Die Merkmale X und Y werden an einer Zufallsstichprobe vom Umfang n unabhängig voneinander beobachtet.

Modell 2: Das Merkmal X wird an k unabhängigen Zufallsstichproben vom Umfang n_j ($j = 1, ..., k$) jeweils für alle k Ausprägungen des Merkmals Y beobachtet.

Beim Modell 1 wird eine sogenannte ungeschichtete Stichprobe gezogen. Beim Modell 2 hingegen ist die Stichprobe entsprechend der Merkmalsausprägungen b_j von Y geschichtet. Die Vorzüge und Probleme geschichteter Stichproben werden im Kapitel 4.3 diskutiert.

Wichtig ist nun, dass die Formulierung der Hypothesen zur Überprüfung der Unabhängigkeit der Merkmale vom gewählten Stichprobenmodell abhängt.

Die Nullhypothese (**Unabhängigkeitshypothese**) für das Modell 1 lautet

$$H_0\colon\ p_{ij} = p_{i.} \cdot p_{.j} \qquad i = 1, ..., l \text{ und } j = 1, ..., k.$$

Dabei bezeichnet $p_{i.}$ die Wahrscheinlichkeit, dass ein Objekt die Ausprägung a_i von Merkmal X besitzt und $p_{.j}$ die Wahrscheinlichkeit, dass einem Objekt die Ausprägung b_j des Merkmals Y zugeordnet werden kann. Die simultane Wahrscheinlichkeit p_{ij} bezieht sich auf das Ausprägungspaar (a_i, b_j) an einem Objekt.

Die Nullhypothese (**Homogenitätshypothese**) für das Modell 2 ist

$$H_0 : p_{i|1} = p_{i|2} = ... = p_{i|k} \quad i \in \{1, 2, ..., l\}.$$

Dabei bezeichnet $p_{i|j}$ die bedingte Wahrscheinlichkeit dafür, dass einem Objekt die Ausprägung a_i von X zugeordnet werden kann, falls es bereits die Ausprägung b_j des Merkmals Y besitzt.

Beide Nullhypothesen lassen sich mit den Testfunktionen X^2 und G^2 prüfen (vgl. Hartung [1991], S.435):

1) Pearson'schen Chi-Quadrat-Statistik X^2

$$\chi^2 = \sum_{i,j} \frac{(H_{ij} - E_{ij})^2}{E_{ij}}$$

2) Log-Likelihood-Quotienten-Test G^2

$$g^2 = \sum_{i,j} 2 \cdot H_{ij} \cdot \ln(H_{ij} / E_{ij}).$$

Hierbei bezeichnet E_{ij} die unter der Nullhypothese erwartete Häufigkeit in der Zelle (i, j), d. h. $H_{i.} \cdot H_{.j}/n$ (siehe Kap. 1.7).

Sowohl X^2 als auch G^2 sind approximativ Chi-Quadrat-verteilt mit (k - 1)·(l - 1) Freiheitsgraden. Um eine gute Näherung an die Chi-Quadrat-Verteilung zu erreichen, sollte $E_{ij} > 5$ für alle Paare (i, j) gelten.

Ist diese Bedingung nicht erfüllt, erreicht man durch die Stetigkeitskorrektur nach Yates eine hinreichende Näherung.

Bei sehr kleinen Stichprobenumfängen kann man auch den exakten Test von Fisher für Vierfeldertafeln anwenden (vgl. Hartung [1991], Sachs [1992] oder Kreienbrock & Schach [1995]).

Beispiel 3.4.2 Ein Reiseveranstalter möchte wissen, ob das Buchungsverhalten bei Pauschalreisen (Merkmal X) vom Beruf (Merkmal Y) abhängt. Das Merkmal X besitzt die Ausprägungen {ja, nein}, und das Merkmal Y die Ausprägungen {Auszubildende, Arbeiter, Angestellte/Beamte, Selbständige, Rentner, ohne Arbeit}. Beide Merkmale sind nominal skaliert. Das Merkmal X ist sogar dichotom.

Die Auswertung erfolgt mit Hilfe einer zufällig gezogenen Stichprobe von Personen über 18 Jahren. Die Stichprobe umfasst 600 Beobachtungspaare (x_i, y_i) und ist nach dem Stichprobenmodell 1 (ungeschichtet) auszuwerten.

Die Kontingenztafel mit den absoluten, simultanen Häufigkeiten H_{ij} und den Randhäufigkeiten $H_{i.}$ bzw. $H_{.j}$ zeigt die folgende Tabelle.

Tabelle 3.4.1 Beobachtete Häufigkeiten von Beispiel 3.4.2

Pauschalreise	Auszubildende	Arbeiter	Angestellte/ Beamte	Selbständige	Rentner	Ohne Arbeit	Summe
Ja	5	70	120	20	165	19	399
Nein	45	10	80	40	25	1	201
Summe	50	80	200	60	190	20	600

Zu prüfen ist die Unabhängigkeitshypothese nach dem Modell 1

$$H_0\colon\ p_{ij} = p_{i.} \cdot p_{.j} \qquad \text{für} \quad i = 1, 2 \quad \text{und} \quad j = 1, ..., 6$$

auf einem Signifikanzniveau von $\alpha = 0{,}05$.

Als Schätzwerte für die Zellwahrscheinlichkeiten p_{ij} werden die relativen simultanen Häufigkeiten H_{ij}/n und als Schätzwerte für die Randwahrscheinlichkeiten $p_{i.}$ bzw. $p_{.j}$ die jeweiligen relativen Randhäufigkeiten $H_{i.}/n$ bzw. $H_{.j}/n$ eingesetzt (vgl. Kap. 1.7).

Die unter der Nullhypothese der Unabhängigkeit erwarteten Häufigkeiten sind in der Tabelle 3.4.2 wiedergegeben:

Tabelle 3.4.2.. Erwartete Häufigkeiten für Beispiel 3.4.2

Pauschalreise	Auszubildende	Arbeiter	Angestellte/ Beamte	Selbständige	Rentner	Ohne Arbeit	Summe
Ja	33,25	53,20	133,00	39,90	126,35	13,30	399,00
Nein	16,75	26,80	67,00	20,10	63,65	6,70	201,00
Summe	50,00	80,00	200,00	60,00	190,00	20,00	600,00

Die Berechnung der Testgröße X^2 ergibt den Wert

$$\chi^2 = \sum_{i,j} \frac{(H_{ij} - E_{ij})^2}{E_{ij}}$$

$$= \frac{(5-33{,}25)^2}{33{,}25} + \frac{(70-53{,}2)^2}{53{,}2} + ... + \frac{(1-6{,}7)^2}{6{,}7} = 163{,}48.$$

Die Testgröße folgt einer Chi-Quadrat-Verteilung mit $(2 - 1)\cdot(6 - 1) = 5$ Freiheitsgraden. Der errechnete Testwert von 163,48 ist deutlich größer als der entsprechende Vergleichswert 11,07 für $\alpha = 0{,}05$ (vgl.

Tabellenanhang). Demnach ist die Nullhypothese (Unabhängigkeit) auf dem 5% Signifikanzniveau abzulehnen.

Die Buchung einer Pauschalreise ist offensichtlich abhängig von der Berufsgruppe und diese Aussage gilt mit einer Irrtumswahrscheinlichkeit von $\alpha = 0{,}05$.

Wendet man zusätzlich den Log-Likelihod-Quotienten-Test an, so ergibt sich mit

$$g^2 = 2 \cdot \left[5 \cdot \ln\left(\frac{5}{33{,}25}\right) + 70 \cdot \ln\left(\frac{70}{53{,}2}\right) + \ldots + 1 \cdot \ln\left(\frac{1}{6{,}7}\right) \right] = 170{,}96$$

und dem unveränderten Vergleichswert 11,07 dasselbe Testergebnis für $\alpha = 0{,}05$. Die Nullhypothese (Unabhängigkeit) wird erneut abgelehnt.

Das Modell 2 lässt sich ebenfalls auf den Sachverhalt von Beispiel 3.4.2 anwenden, sofern für jede Berufsgruppe eine gesonderte Stichprobe gezogen und hinsichtlich des Buchungsverhaltens ausgewertet wird. In diesem Fall dienen die relativen simultanen Häufigkeiten H_{ij}/n_j aus der Kontingenztafel als Schätzwerte für die zu untersuchenden bedingten Wahrscheinlichkeiten $p_{i|j}$ mit $j = 1, \ldots, 6$. Ein Homogenitätstest hat dann zu prüfen, ob die bedingte Wahrscheinlichkeit des Buchens, bezogen auf die Berufsgruppe, in allen Berufsgruppen gleich ist. Auf ein Zahlenbeispiel wird an dieser Stelle verzichtet.

3.5 Übungsaufgaben und Kontrollfragen

Aufgabe 3.1

Eine Befragung von Bürgern in Ost- und Westdeutschland soll Aufschluss über eventuelle Unterschiede in den Konsumgewohnheiten geben. Dazu wurde eine einfache Zufallsstichprobe von 1000 Bürgern aus den östlichen Bundesländern (Stichprobe 1) ausgewählt, während in die einfache Zufallsstichprobe aus den westlichen Bundesländern 1200 Bürger (Stichprobe 2) einbezogen wurden.[1] 39 % der befragten Bürger aus Stichprobe 1 gaben an, das Einkaufen als Freizeiterlebnis zu betrachten. In Stichprobe 2 betrug dieser prozentuale Anteil 45 %.

[1] Die Unabhängigkeit der Stichproben kann vorausgesetzt werden.

a) Für wie viel Prozent der Bürger aus der alten Bundesrepublik mindestens und für wie viel Prozent höchstens ist Einkaufen ein Freizeiterlebnis ($\alpha = 0{,}05$)?

b) Lassen sich Unterschiede bezüglich der Betrachtungsweise des Einkaufens zwischen den alten und neuen Ländern nachweisen ($\alpha = 0{,}05$)?

Aufgabe 3.2

In einer Ferienregion 1 wurde der Umsatz von Hotelbetrieben der 3-Sterne Kategorie, die eine Bettenkapazität von weniger als 50 Betten haben, erfragt. Für eine einfache, unabhängige Zufallsstichprobe von 80 Hotels aus dieser Grundgesamtheit ergaben sich ein mittlerer Umsatz von $\bar{x} = 380.255$,- € und eine Standardabweichung von $s = 12.820$,- €.

a) In welchem Bereich liegt mit einer Sicherheit von 95% der durchschnittliche Jahresumsatz?

   Hinweis: Der Jahresumsatz kann als normalverteilte Zufallsvariable angesehen werden.

In einer anderen Ferienregion 2 zeigte das Ergebnis einer einfachen, unabhängigen Zufallsstichprobe von 75 Hotelbetrieben der gleichen Kategorie und der Bettenanzahl von weniger als 50 einen Durchschnittswert für den Jahresumsatz von $\bar{x} = 340.275$,- € und eine Standardabweichung von $s = 12.385$,- €.

b) Unterscheiden sich die durchschnittlichen Jahresumsätze der entsprechenden Hotelbetriebe in den beiden Ferienregionen ($\alpha = 0{,}05$)?

Aufgabe 3.3

Eine umfangreiche Befragung von Kunden aus dem Einzugsbereich eines großen Einkaufszentrums soll Aufschluss über die Kundenzufriedenheit geben. Dazu wird eine Batterie von Merkmalen abgefragt. Im Datenverzeichnis sind die Daten einer einfachen Zufallsstichprobe vom Umfang $n = 46$ mit ausgewählten Merkmalen aus dieser Umfrage als SPSS - Matrix wiedergegeben.

Die statistische Auswertung der Daten soll mit Hilfe von SPSS geschehen. Folgende Fragen sind zu beantworten:

a) Welcher Bereich überdeckt mit einer Wahrscheinlichkeit von 0,95 die durchschnittliche Dauer der Anfahrt aus dem Einzugsbereich zu diesem Einkaufszentrum? Stellen Sie diesen Bereich grafisch dar.

   Hinweis: Die Dauer der Anreise aus dem Einzugsbereich wird als normalverteilt betrachtet.

b) Kann anhand der Zufallsstichprobe ein Unterschied in der durchschnittlichen Anfahrtsdauer für diejenigen, die die Verkehrsanbindung als sehr gut oder gut bezeichnen, und den übrigen Kunden nachgewiesen werden ($\alpha = 0{,}05$)?

   Hinweis: Es sind die Kategorien des Merkmals „Verkehrsanbindung“ entsprechend zusammenzufassen. Die resultierenden Kategorien des neuen Merkmals „Erreichbarkeit“ sollen mit „zufrieden“ bzw. „unzufrieden“ bezeichnet werden.

c) Lässt sich anhand der Zufallsstichprobe nachweisen, dass ein Zusammenhang besteht zwischen der Einschätzung der Erreichbarkeit mit den Ausprägungen „zufrieden“ bzw. „unzufrieden“ und der Eigenschaft, ob der Kunde das erste Mal dort einkauft oder nicht ($\alpha = 0{,}05$)?

Beantworten Sie folgende Fragen:

1) Was versteht man unter einer mathematischen Stichprobe?

2) Was ist ein Punktschätzwert eines Parameters Θ, und wie erhält man einen Punktschätzwert für den Erwartungswert μ einer normalverteilten Grundgesamtheit?

3) Was besagt eine Überschreitungswahrscheinlichkeit $\alpha = 0{,}05$ für ein zweiseitiges Konfidenzintervall?

4) Wie geht man bei der Durchführung eines statistischen Tests vor?

5) Wie ist ein signifikantes Testergebnis auf dem Niveau $\alpha = 0{,}05$ zu interpretieren?

4. Techniken zur Datenerhebung

Für viele Entscheidungsprozesse sind empirische, d. h. auf Erfahrungen beruhende Untersuchungen ein wichtiges Instrument zur Bereitstellung der notwendigen Vorkenntnisse. Auf der Basis systematisch erhobener „Erfahrungswerte“ können sie Auskunft über die Käufer- und Verkäufermärkte, z. B. im Verkehrs- und Tourismusbereich, über Dienstleistungsqualität und Kundenzufriedenheit, über die Wirkung von Werbestrategien und über das Image von Verkehrsmitteln oder Tourismusregionen geben.
Das folgende Kapitel soll dazu beitragen, wesentliche Grundgedanken und Konzepte der quantitativen empirischen Forschungsarbeit zu vermitteln. Denn ein fundiertes Methodenwissen gewährleistet die Bereitstellung einer soliden Datenbasis, die wiederum einen wesentlichen Einfluss auf die sachgerechte Anwendung und Interpretation statistischer Ergebnisse hat. Zunächst werden Anforderungen an das Messen, d. h. an das Erheben von Daten, formuliert und daran anschließend Probleme der Skalierung und Techniken zum Ziehen von Stichproben diskutiert. Den Abschluss bilden methodische Hinweise zum Entwurf von Fragebögen. Obwohl die messtechnischen Anforderungen und das Ziehen von Stichproben in vielen Bereichen, wie z. B. in der Qualitätskontrolle oder in der Umweltstatistik, eine Rolle spielen, wird nachfolgend hauptsächlich auf Befragungen eingegangen. Denn Befragungen sind für den Verkehrs- und Tourismusbereich, sowie generell für die Wirtschafts- und Sozialwissenschaften von besonderer Bedeutung.

Die Lernziele des Kapitels 4 bestehen, darin

- sich mit der Handhabung von Rating-Skalen vertraut zu machen;
- Grundkenntnisse zum Ziehen von Stichproben zu gewinnen;
- Prinzipien zur Erarbeitung eines Fragebogens an praktischen Beispielen zu vertiefen.

4.1 Anforderungen an die zu erhebenden Daten

4.1.1 Statistisch auswertbare Daten als Messergebnisse

Da sich die empirische Wissenschaft mit Erfahrungen beschäftigt, die doch zunächst rein subjektiver Natur sind, so stellt sich zwangsläufig die Frage, wie man mit derartigen Informationen zu allgemeinen, wissenschaftlich begründeten Aussagen gelangen kann. Die Antwort darauf ist, dass man erst einmal Methoden benötigt, die diese Erfahrungen überhaupt überprüfbar, objektivierbar, messbar machen. Erst dann lassen sie sich statistisch analysieren, d. h. zusammenfassend beschreiben und verallgemeinern.

Beispielsweise ist es für Reiseunternehmen interessant zu wissen, wie bestimmte Personengruppen ihren Urlaub verleben. Um das „Urlaubsverhalten" zu erfassen, könnte man unmittelbar fragen: „Wie verbringen Sie Ihren Urlaub?" Aus den erhaltenen verbalen Antworten von unterschiedlicher Länge und einer vorstellbaren inhaltlichen Bandbreite müssten dann die wesentlichen Informationen herausgefiltert werden. Eine Verdichtung und Verallgemeinerung mit Hilfe statistischer Methoden wäre bei einer derartigen Antwortstruktur nicht möglich. Denn es fehlen definierte Merkmale und Merkmalsausprägungen, um Häufigkeitsverteilungen und ihre Parameter untersuchen zu können. Zur Erfassung des „Urlaubsverhaltens" ist es daher erforderlich, zunächst den mit diesem Begriff verbundenen Sachverhalt zu operationalisieren und damit quantifizierbar und messbar zu machen.

Im Prozess der **Operationalisierung** wird eine Vorschrift erarbeitet, die es ermöglicht zu entscheiden, ob und in welchem Ausmaß ein zu erfassender Sachverhalt bei einer Person vorliegt. Dies erfordert zunächst eine präzise Definition des verwendeten Begriffes. Was soll unter „Urlaubsverhalten" genau verstanden werden? Welche Aspekte, welche Eigenschaften (**Indikatoren**) sollen einbezogen werden? Wie kann man zwischen den verschiedenen Personen bezüglich dieser Eigenschaften differenzieren? Lassen sich entsprechende Regeln angeben, so dass im Ergebnis den Personen, gemäß ihrer Eigenschaftsausprägungen, Zahlen zugeordnet werden können?

Ein Indikator für das „Urlaubsverhaltens" wäre z. B. die Frage, ob man den Urlaub zu Hause verbringt oder verreist. Diese Frage lässt sich einfach durch „ja" oder „nein" beantworten. Auf diese Weise erhält man ein nominal skaliertes statistisches Merkmal, das sich zum Beispiel durch eine Häufigkeitsverteilung zusammenfassend beschreiben lässt. Seine Merkmalswerte, denen z. B. die Zahlen 1 bzw. 0 zugeordnet werden können, sind statistisch auswertbare Daten.

Statistische Daten sind das Ergebnis von Messvorgängen und damit stets quantitative Informationen. Dabei versteht man unter dem Vorgang **Messen** ganz allgemein die eindeutige Zuordnung von Zahlen zu den Merkmalsausprägungen der statistischen Objekte aufgrund einer bestimmten Vorschrift. Eine solche Vorschrift muss berücksichtigen, dass bestimmte Relationen zwischen den Zahlen analogen Relationen zwischen den Objekten entsprechen. So ist es selbstverständlich, dass zu gleichaltrigen Personen die gleiche Anzahl von Jahren gehört, während einer jüngeren Person eine geringere Anzahl von Jahren entsprechen muss. Die Beziehungen zwischen den betrachteten Personen, z.B. bezüglich ihres Lebensalters, nennt man empirisches Relativ, die Relationen zwischen den Altersangaben in Jahren heißt numerisches Relativ. Messen bedeutet nun die Zuordnung eines numerischen Relativs zum empirischen Relativ, und zwar so, dass die Relationen zwischen den Urbildern korrekt in den zugeordneten Abbildern widergespiegelt werden. Derartige strukturerhaltende Zuordnungs- oder Abbildungsvorschriften heißen **Morphismen** (vgl. Stier [1996], S. 39.).

Die Menge der empirischen Objekte einschließlich der strukturerhaltenden Abbildung und der Menge der zugeordneten Zahlen wird Skala, die zugeordneten Zahlen Skalenwerte genannt. Hingegen versteht man unter dem Begriff der **Skalierung** in der Regel das Verfahren zur Konstruktion einer Skala. Je nachdem, welche Relationen zwischen den Merkmalsausprägungen der betrachteten statistischen Objekte in eine Zahlenmenge zu übertragen sind, unterscheidet man zwischen den vier, im Kap. 1.1.4 bereits eingeführten, Skalentypen: Nominalskala, Ordinalskala, Intervallskala und Verhältnisskala.

4.1.2 Gütekriterien einer Messung

Von einer Längen- oder Gewichtsmessung, wie wir sie z. B. mit dem Zentimetermaß bzw. mit einer Waage kennen, erwartet man, dass sie objektive, präzise und fehlerfreie Werte liefert. Wir tolerieren höchstens geringfügige Abweichungen vom wahren Wert, die auf Ungenauigkeiten beim Ablesen der Werte zurückzuführen sind. Auch wenn wir manchmal etwas kleinere Werte oder etwas größere Werte ablesen, so erwarten wir jedoch, im Durchschnitt den korrekten, wahren Wert zu treffen. Überträgt man solche Erwartungen auf das Messkonzept für empirische Sachverhalte (wie vorangehend definiert), so sind vor allem die folgenden drei Kriterien von wesentlicher Bedeutung:

1) Die **Objektivität** der Messung

Die Messergebnisse müssen unabhängig vom Beobachter (Interviewer, Untersucher, Studienleiter), d.h. frei von subjektiven Einflüssen sein. Verschiedene Personen, die unabhängig voneinander mit dem gleichem Messinstrument messen, müssen bei gleicher Realität auch zu gleichen Ergebnissen kommen.

2) Die **Validität** der Messung

Die Messergebnisse müssen gültig sein. Die Messung muss denjenigen Sachverhalt, den man messen will, auch tatsächlich erfassen.

Wenn die meisten Messwerte in einer Richtung vom wahren Wert abweichen, d.h. aufgrund von systematischen Fehlern verzerrt sind, kann der Durchschnittswert von sehr vielen wiederholten Messungen den wahren Wert nicht treffen. Die Messung wird dann als nicht valide bezeichnet.

3) Die **Reliabilität** der Messung

Die Messergebnisse müssen zuverlässig sein. Wiederholte Messungen unter gleichen Bedingungen sollten zu übereinstimmenden Messergebnissen führen. Je weniger die Messergebnisse bei wiederholten Messungen voneinander abweichen, je geringer die zufälligen Schwankungen sind, desto größer ist die Reliabilität.

In der Praxis wird ein Messverfahren weder hundertprozentig valide, noch hundertprozentig reliabel sein. Es werden stets Abweichungen vom wahren Wert auftreten. Die Kriterien der Validität bzw. Reliabilität sind praktisch nur näherungsweise erfüllt.
Des weiteren müssen hochgradig reliable Messergebnisse nicht zwangsläufig auch hochgradig valide sein. Auch wenn sie nur wenig variieren, so können sie trotzdem systematisch verzerrt sein.

Beispiel 4.1.1 In der medizinischen Diagnostik werden vielfach bildgebende Verfahren (Ultraschall, Röntgen, usw.) eingesetzt, um bestimmte Krankheiten zu erkennen. Allerdings diagnostizieren diese Verfahren die jeweilige Krankheit nicht immer richtig und liefern falsch-positive (der Patient ist „gesund“, wird aber als krank diagnostiziert) oder falsch-negative (der Patient leidet an der Krankheit, er wird aber als „gesund“ diagnostiziert) Ergebnisse. Eine verfahrenstechnisch bedingte Fehlerquote von z. B. 30% bildet eine erhebliche Quelle für ärztliche Fehldiagnosen.

Wenn ein derartiges Verfahren immer wieder unter den gleichen Umständen die gleichen falschen Diagnosen liefert, so liegt zwar ein hoher Grad von Reliabilität, aber ein niedriger Grad an Validität vor.

Umgekehrt folgt aus der Validität die Reliabilität, der Grad der Validität kann aber nicht größer sein als derjenige der Reliabilität (siehe Stier [1996], S.57).

Die Bilder 4.1, 4.2 und 4.3 zeigen, wie die Messwerte um den wahren Wert streuen können und wie sich entsprechend die Gütekriterien der Messung verhalten.

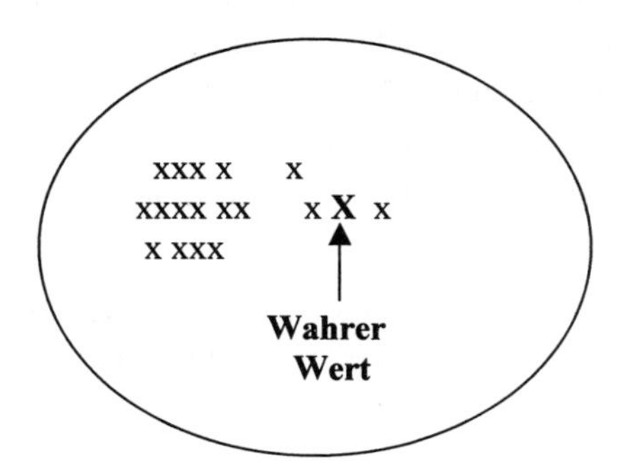

Bild 4.1 Hohe Reliabilität, niedrige Validität

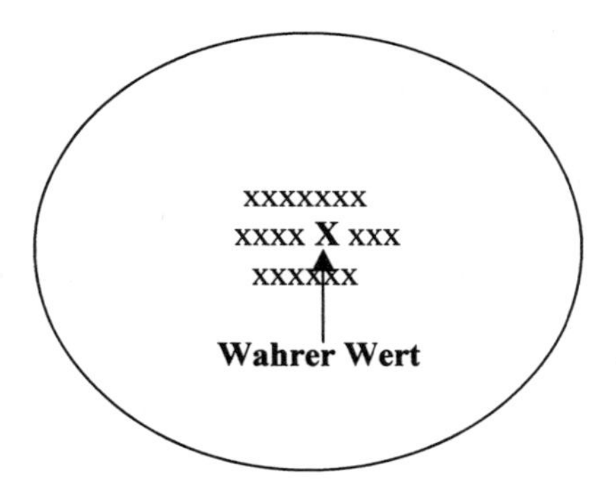

Bild 4.2 Hohe Reliabilität und hohe Validität

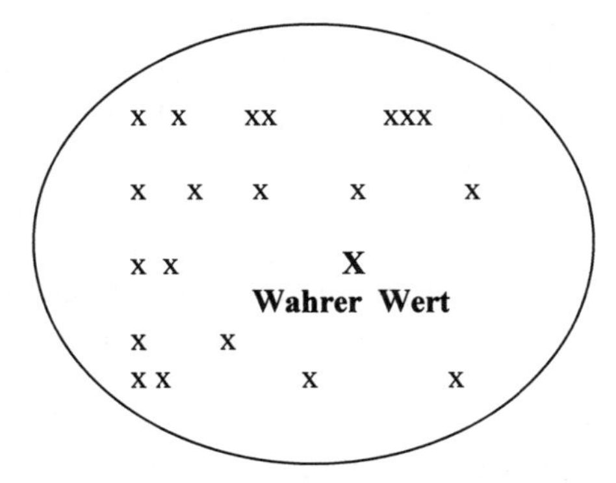

Bild 4.3 Niedrige Reliabilität, niedrige Validität

Beispiel 4.1.2 Durch eine Befragung soll das monatliche Nettoeinkommen pro Haushalt erfasst werden. Jeder befragte Haushalt gibt dazu sein Einkommen auf zwei Dezimalstellen nach dem Komma genau für den Monat Januar an. Die Datenerhebung findet im Monat Juli statt.

Wenn nicht hinreichend präzisiert wird, ob das Netto- oder Bruttoeinkommen genannt werden soll, so kann das Messergebnis nicht valide sein. Wir messen unter Umständen nicht das Nettoeinkommen.

Wenn der Interviewer nach der Befragung die Ergebnisse nach Belieben auf- oder abrundet, ist das Messergebnis nicht mehr objektiv, sondern subjektiv beeinflusst.

Falls die Befragten im Juli nicht mehr ihr genaues Nettoeinkommen vom Januar wissen und zufällige Näherungswerte abgeben, so ist das Messergebnis nicht präzise, d.h. nicht reliabel. Es schwankt um den wahren Wert.

4.2 Skalierungstechniken

Direkt beobachtbare Merkmale wie demographischen Größen Alter, Geschlecht, Beruf und Einkommen können meist problemlos gemessen werden. Da sich auf natürliche Weise reelle Zahlen zuordnen lassen, ist eine Skala unmittelbar gegeben.
Probleme verursachen hingegen **latente Eigenschaften**, **komplexe theoretische Begriffe**, die theoretische Konstrukte genannt werden. Beispiele hierfür sind die Qualität von Dienstleistungen, das Image einer Stadt, die Kundenzufriedenheit, die Reisemotivation, der Lebensstil oder der Bildungsgrad.
Für derartige **nicht direkt beobachtbare Eigenschaften** müssen in der Regel erst Skalen erzeugt werden. Mittels entsprechender Methodiken werden dazu Indikatoren ausgewählt, die stellvertretend direkt beobachtet werden können und für die bereits Skalen existieren. Die Auswahl solcher Indikatoren ist nicht immer einfach, da ihr Beitrag zur Erklärung des theoretischen Konstruktes oft nicht von vornherein bekannt ist und erst durch aufwendige statistische Verfahren (z.B. die Faktorenanalyse, vgl. Kap. 5.3) bestimmt werden muss. Des weiteren ist die indirekte Erfassung des Konstruktes mittels Indikatoren stets eine unvollkommene Ersatzmessung, da das Konstrukt nie vollständig durch die „Stellvertreter“ bestimmt werden kann.

Beispiel 4.2.1 Der theoretische Begriff „Zufriedenheit von Hotelgästen“ lässt sich nicht durch eine einzige Eigenschaft erfassen. Vielmehr müssen mehrere Komponenten oder Dimensionen, wie zum Beispiel die Zufriedenheit mit dem Zimmer, die Zufriedenheit mit dem Empfangsbereich, die Zufriedenheit mit der Reservierung oder die Zufriedenheit mit dem Restaurantbereich berücksichtigt werden.
Jede Komponente wiederum wird durch mehrere Indikatoren beschrieben. Indikatoren für die Zufriedenheit mit dem Zimmer können

zum Beispiel die Bezugsfertigkeit, die Größe sowie die Sauberkeit, sein[1].

Jedem Indikator wird sodann der entsprechende Messwert zugeordnet. Anschließend werden alle Indikatorwerte nach einer bestimmten Vorschrift zusammengefasst. Man nennt dieses Vorgehen auch **Fremdeinstufung**. Das Ergebnis ist ein Skalenwert, der den Ausprägungsgrad des Befragten bezüglich des zu messenden Begriffes auf der Skala markiert (Stier [1996], S.49).
Vereinfacht kann man auch sagen, dass die einzelnen Komponenten und deren Indikatoren, die ein theoretisches Konstrukt definieren, gewissermaßen zu einer latenten Variablen (eindimensional) zusammengefasst oder durch die Komponenten in mehreren Dimensionen dargestellt werden. Die Zusammenfassung zu einer oder mehreren Dimensionen (Schnell, Hill, Esser [1995], S. 157) wird durch ein Skalierungs- oder Indexverfahren realisiert.

Die Begriffe „Skalierungsverfahren“ und „Indexverfahren“ werden in der Literatur nicht einheitlich verwendet. Wir folgen hier der Betrachtungsweise von Schnell et. al. [1995]. Danach ist der Index eine **eindimensionale** Größe, in der die möglichen Ausprägungen der verschiedenen Indikatoren abgebildet und zusammengefasst werden. Er repräsentiert die Ausprägungen des komplexen Konstruktes.

Zwei häufig praktizierte, sehr einfache Varianten sind die **ungewichtete Addition** und bei unterschiedlicher Bedeutung der Einzelindikatoren, die **gewichtete Addition** der Indikatorwerte. Die Indexwerte ergeben sich dabei aus den jeweiligen gewichteten oder ungewichteten Summen.

Häufig wird ein Index auch durch eine **gewichtete** oder **ungewichtete Mittelwertbildung** erzeugt. Ein Beispiel hierfür ist der Kundenzufriedenheitsindex. Er ergibt sich als arithmetisches Mittel über die Werte der Zufriedenheitsindikatoren, die auch Teilzufriedenheiten oder Zufriedenheitsdimensionen genannt werden (siehe auch Homburg, Werner [2000]).
Voraussetzung hierfür ist jedoch, dass das Konstrukt **eindimensional** betrachtet werden kann, d. h. dass die Indikatoren verschiedene Teilaspekte des komplexen Begriffes alle in gleicher Richtung erfassen. Dies ist dann der Fall, wenn Sie abhängig voneinander sind.

[1] Die hier genannten Komponenten und Indikatoren zur Messung der Gästezufriedenheit dienen lediglich zur Demonstration des methodischen Vorgehens und sind noch keine theoretisch fundierten, endgültigen Bestandteile eines fertigen Messinstrumentes.

Mehrdimensionalität liegt im Gegensatz dazu dann vor, wenn die Komponenten bzw. Teilaspekte des Konstrukts als unabhängige Dimensionen (Achsen) eines Raumes aufgefasst werden können.

Bei der Anwendung von Indexverfahren ist des weiteren vorauszusetzen, dass die Indikatorvariablen mindestens intervallskaliert sind. Dies ist ein grundlegendes Problem der Indexverfahren, da diese Bedingung nicht immer zutrifft (Berekoven et al. [1993], S.75).

Während bei den Indexverfahren Komponenten und Indikatorvariablen vom Untersuchenden (gestützt auf theoretische Analysen) festgelegt werden und die Art der Zusammenfassung der Indikatorwerte seinem subjektiven Ermessen obliegt, erfordern Skalierungsverfahren zusätzlich objektive Beurteilungskriterien für die Aufnahme der Indikatoren und für die Interpretation der Antwortmuster. Diese objektiven Kriterien dienen zur Positionierung des Befragten auf der eigentlichen Messskala (Reaktionsinterpretation). Folglich sind Skalierungsverfahren die „strengeren" Verfahren. Betrachtet man sie wie Schnell et al. [1995] lediglich als spezielle Indexverfahren, so wäre das Resultat der Skalierung eine eindimensionale Skala.

Wichtige **eindimensionale Skalierungsverfahren** sind:

- die Likert - Skalierung,
- die Thurstone - Skalierung,
- die Guttman - Skalierung.

Allen drei Verfahren ist gemeinsam, dass der zu messende theoretische Begriff durch eine Batterie von Indikatoren erfasst wird, die Fragen oder Aussagen darstellen, denen der Befragte entsprechend zustimmt oder die er in einem gewissen Grade ablehnt. Die einbezogenen Indikatoren werden in diesem Zusammenhang auch **Statements** oder **Items** genannt. Dabei darf die Itembatterie nur eine Dimension erfassen. Wenn mehrere Komponenten in die Definition eingehen, dürfen diese aufgrund der Eindimensionalität nicht in verschiedene Richtungen zielen, sondern sollten miteinander korrelieren. Unterschiede zwischen den einzelnen Verfahren resultieren lediglich aus der Art der Zusammenfassung der Itemwerte zu einem Skalenwert und aus den Prinzipien, nach denen die Statements für die endgültige, den Begriff definierende Itembatterie selektiert werden.

Auf detaillierte Ausführungen zu den drei genannten Skalierungsverfahren soll hier nicht weiter eingegangen werden, da die praktische Durchführung dieser Verfahren recht aufwendig ist. Sie werden aus diesem Grund eher selten für kleinere empirische Untersuchungen eingesetzt. Der Leser sei bezüglich weiterführender Literatur auf die

Lehrbücher von Stier [1996] bzw. Schnell, Hill, Esser [1995] verwiesen, die sich z.B. auch mit Rasch- oder Magnitude-Skalen befassen.

In diesem Kapitel sollen statt dessen unter den nachfolgenden Abschnitten zwei weitere außerordentlich wichtige Verfahren näher vorgestellt werden, die in der Praxis besonders aufgrund ihrer Einfachheit weit verbreitet sind:

- die **Rating-Skala**
- das **semantische Differential.**

Diese beiden Methoden betrachten wir als **Schätz- oder Urteilsverfahren** (vgl. auch Bortz [1994]), da sie im messtheoretischen Sinne keine eigentliche Skala bilden und auf dem Prinzip der Selbsteinschätzung der Versuchsperson beruhen (siehe Bild 4.4).

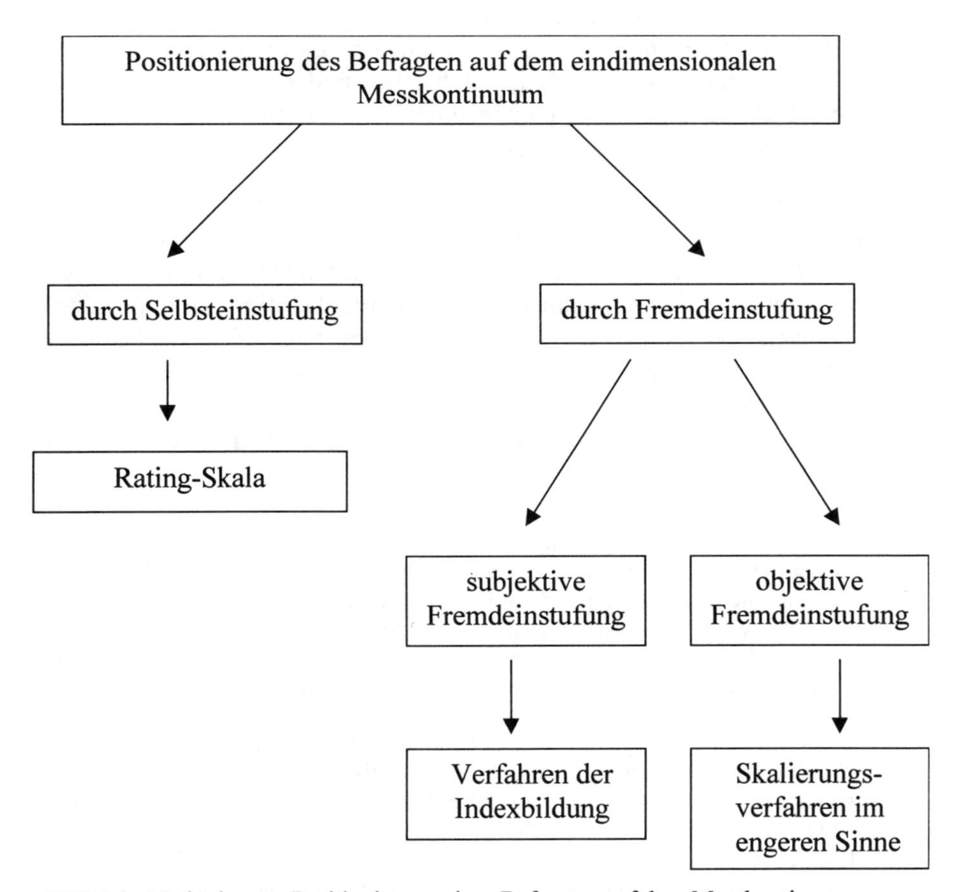

Bild 4.4 Methoden zur Positionierung eines Befragten auf dem Messkontinuum (Quelle: G. Wettschureck [1974])

Allerdings gibt es hierzu in der Literatur keinen einheitlichen Standpunkt. Die Rating-Skala wird zum Beispiel in einigen Lehrbüchern den eindimensionalen und das semantische Differential den mehrdimensionalen Skalierungsverfahren zugeordnet (vgl. Stier [1996]). Andere Autoren zählen das semantische Differential zu den Indexverfahren, sehen aber die Rating-Skala nicht als ein spezielles Skalierungsverfahren an (Schnell et al.[1995]).

Zur Gruppe der Urteils- und Schätzverfahren gehört auch das Verfahren der **multidimensionalen Skalierung**[1] (siehe Bortz [1984]). Seine Einordnung ist ebenfalls umstritten. Es wird von anderen Autoren (siehe Stier[1996], Berekoven et al.[1993]) eher den mehrdimensionalen Skalierungsverfahren zugeordnet.

Zu erwähnen ist weiterhin, dass trotz der sinnvollen Forderung nach Eindimensionalität des theoretischen Begriffes bei der Indexbildung in der Praxis auch Indizes über mehrere Dimensionen konstruiert werden. Mehrdimensionale Konstrukte, wie z. B. die Zufriedenheit mit einer Dienstleistung, werden dabei auf eine eindimensionale latente Variable abgebildet. Ein Beispiel hierfür sind die in der Marktforschung häufig angewendeten **Multiattributmodelle** (siehe Berekoven [1993], Nieschlag et al.[1991]).

Zusammenfassend ist festzuhalten, dass Skalierungs-, Index- und vor allem Urteilsverfahren nicht immer auf einer streng messtheoretischen Grundlage arbeiten. Die entsprechenden „Skalen“ sind demzufolge meist keine Skalen im Sinne der Messtheorie. Häufig fehlt ein exakter Nachweis der Gültigkeit messtheoretischer Prinzipien (siehe Stier [1996], S.49/50). Trotz der umstrittenen Einordnung und der Kritik an der messtheoretischen Basis haben Urteils-, Index- und Skalierungsverfahren in der Praxis eine große Bedeutung, da es meist keine einfacher zu handhabenden Alternativen gibt.

[1] Da diese Methode wesentlich mehr theoretisches Hintergrundwissen und mathematischen Aufwand erfordert und ihre Darstellung den Rahmen dieses Einführungsbuches sprengen würde, soll hier nur kurz die Grundidee skizziert werden. Die multidimensionale Skalierung beruht auf der quantitativen Einschätzung von Eigenschaften bestimmter Urteilsobjekte (Stimuli) durch Versuchspersonen (Probanden). Die Versuchsperson wird hierbei selbst zum Messinstrument (Bortz [1984], S. 88). Sie bekommt die Aufgabe, die Ähnlichkeit von Objekten bezüglich gewisser Eigenschaften zu beurteilen. Auf der Basis der abgegebenen Urteile wird dann versucht, mittels mathematisch-statistischer Verfahren gemeinsame, interpretierbare Eigenschaften aufzufinden, auf welche die Ähnlichkeitsurteile wesentlich zurückzuführen sind, die sie wesentlich beeinflusst haben könnten und bezüglich derer sie sich ordnen lassen (siehe Bortz [1984], S. 109). Weiterführende Literatur zur multidimensionalen Skalierung findet man in den Lehrbüchern von Stier [1995] bzw. Bortz [1984].

4.2.1 Rating-Skalen

Ein Verfahren, das wegen seiner Einfachheit und seiner vielseitigen Verwendbarkeit, insbesondere für Einstellungs-, Meinungs- und Imagemessungen, häufig eingesetzt wird, ist die Rating-Skala. Sie wird mitunter auch als Schätz- oder Einschätzskala bezeichnet. Die Positionierung der Untersuchungseinheiten auf einem vorgegebenen Maßstab für die zu messende Eigenschaft geschieht dabei direkt durch Selbsteinstufung der Untersuchungspersonen. Die Auskunftspersonen tragen den von ihnen wahrgenommenen Grad der Merkmalsausprägung selbst auf einem entsprechenden, markierten Abschnitt der reellen Zahlengerade ein, die als Eigenschaftsdimension aufgefasst wird. Dabei kann der vorgegebene Maßstab auf der reellen Achse unterschiedliche Formen aufweisen, die das resultierende Skalenniveau der zu messenden Eigenschaft beeinflussen. Je nach vorgegebenem Maßstab unterscheidet man verschiedene Arten von Rating-Skalen.
Da Rating-Skalen keine objektive Vorschrift enthalten, wie den Ausprägungen Skalenwerte zu zuordnen sind, sondern die entsprechende Vorschrift im Bewusstsein des Befragten vorausgesetzt wird, verletzen sie messtheoretische Voraussetzungen. Sie sind folglich keine „echten" Skalen im strengen Sinne. Bei der Anwendung von Rating-Skalen sollten deshalb gewisse Mindestanforderungen eingehalten werden. Dazu gehört, dass die Skalen-Einheit und der Skalen-Ursprung intraindividuell (d. h. innerhalb eines Beurteilers) und interindividuell (d. h. zwischen den Beurteilern) gleich verstanden werden.

4.2.1.1 Arten von Rating-Skalen

Rating-Skalen lassen sich zunächst danach unterscheiden, ob sie lediglich einen Anfangs- und einen Endpunkt aufweisen (ungegliederte Skalen) oder ob sie zusätzlich eine Einteilung haben (gegliederte Skalen).

Ungegliederte Skalen

Ungegliederte Skalen spiegeln das eigentlich zugrunde liegende eindimensionale Messkontinuum am besten wider. Sie bestehen lediglich aus einer Strecke mit markiertem und benanntem Anfangs- und Endpunkt. Diese stellt die eindimensionale Eigenschaftsdimension als ein Intervall auf der reellen Zahlenachse dar. Der Befragte bestimmt selbst den für ihn zutreffenden Punkt, der seinen wahrgenommenen Merkmalswert darstellt. Der Untersucher ordnet dann dem Skalenpunkt die zugehörige reelle Zahl zu, z. B. durch Ausmessen der Länge vom Anfang des Intervalls bis zum markierten Skalenpunkt.

Beispiel 4.2.2 Subjektive Einschätzung der aktuellen körperlichen Kondition beim Antritt einer Kur

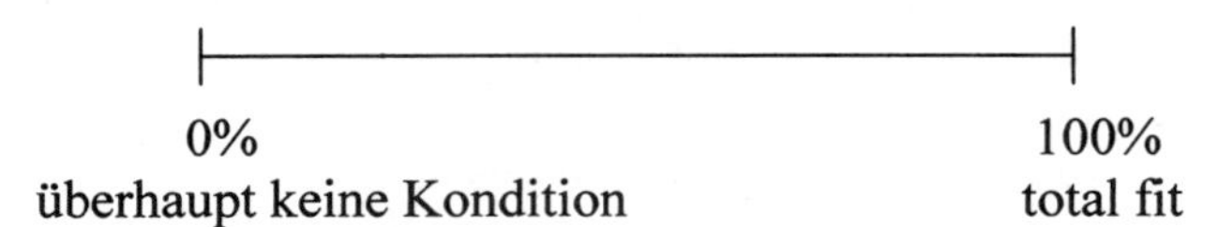

Gegliederte Skalen

Bei gegliederten Skalen ist der vorgegebene Maßstab mit benanntem Anfangs- und Endpunkt bereits in Skalenstufen eingeteilt, wobei die Gliederung die Ausprägungen des Merkmals darstellt. Der Befragte kreuzt diejenige Stufe an, die seiner empfundenen Merkmalsausprägung entspricht. Gegliederten Skalen müssen nicht mehr zwangsläufig zu intervallskalierten Daten führen.

In der Praxis haben sich mehrere methodische Vorgehensweisen zur Darstellung der **Skalenstufen** etabliert:

Verbale Skalen

Die Skalenpunkte, die den Ausprägungen des Merkmals entsprechen, sind lediglich verbal benannt. Dabei muss selbstverständlich die Benennung zum jeweiligen Beurteilungsmerkmal passen und eindeutig sein.

Beispiel 4.2.3 Fragen zur Beurteilung von Dienstleistungen

(1) Wie beurteilen Sie den Service des Flugbegleitpersonals?

☐	☐	☐	☐	☐
sehr gut	gut	mittelmäßig	schlecht	sehr schlecht

(2) Wie oft verbinden Sie Ihren Einkaufsbummel mit einem Restaurantbesuch in der Altstadt?

☐	☐	☐	☐	☐
immer	oft	gelegentlich	selten	nie

(3) Wie wahrscheinlich ist es, dass Sie diese Pauschalreise weiterempfehlen werden?

☐	☐	☐	☐
ganz sicher	wahrscheinlich	unwahrscheinlich	ganz sicher nicht

Graphische Skalen

Bei einer graphischen Skala werden die Skalenpunkte graphisch veranschaulicht, z. B. durch Gesichtszüge (Kunin-Skala).

Beispiel 4.2.4 Wie gefällt Ihnen der Angebotskatalog von TUI für Festtagsreisen?

(Quelle: E. Seitz / W. Meyer [1995], S.177)

Numerische Skalen

Mit Ausnahme der Skalenendpunkte werden die verschiedenen Skalenstufen nur mit Hilfe von Zahlen bezeichnet.

Beispiel 4.2.5 Wie gern wandern Sie im Urlaub?

☐	☐	☐	☐	☐
1	2	3	4	5
sehr gern				überhaupt nicht gern

Neben diesen „reinen“ Varianten existieren diverse Mischformen. Es gibt sowohl verbale als auch numerische Skalen mit graphischer Unterstützung sowie Skalen mit verbaler und gleichzeitig numerischer Beschreibung der Skalenpunkte.

Bipolare Skalen

Die Endpunkte einer bipolaren Rating–Skala sind durch einander entgegengesetzte Begriffe bezeichnet. Zwischen den beiden Polen befinden sich meist fünf bis sieben Skalenpunkte, die verbal und/oder numerisch bezeichnet sind. Die Gegensätzlichkeit der Wortpaare wird manchmal durch die Verwendung von positiven und negativen Zahlen unterstrichen.

Beispiel 4.2.6 Bitte beurteilen Sie Ihre Heimatstadt bezüglich folgender gegensätzlicher Eigenschaften:

schön	☐	☐	☐	☐	☐	☐	☐	hässlich
	1	2	3	4	5	6	7	
leise	☐	☐	☐	☐	☐	☐	☐	laut
	3	2	1	0	-1	-2	-3	

Mono(uni)polare Skalen

Wenn die Skalenendpunkte zwar verschieden benannt werden, die Benennungen jedoch keine gegensätzlichen Wortpaare bilden, heißt die Rating-Skala mono- oder unipolar.

Beispiel 4.2.7 Können Sie der Aussage zustimmen, dass Ihre Heimatstadt schön ist?

stimme voll zu lehne völlig ab

□ □ □ □ □ □ □

7 6 5 4 3 2 1

Balancierte und unbalancierte Skalen

Des weiteren kann eine Rating–Skala balanciert oder unbalanciert sein. Bei balancierten Skalen ist die Anzahl der „positiven“ und „negativen“ Stufen gleich, während bei unbalancierten Skalen eine Richtung stärker in den Vordergrund gestellt wird.

Beispiel 4.2.8 Wie wichtig ist Ihnen ein freundliches Personal bei einem Aufenthalt im Hotelrestaurant?

a) balanciert

sehr wichtig	wichtig	egal	unwichtig	völlig unwichtig
□	□	□	□	□
1	2	3	4	5

b) unbalanciert

sehr wichtig	wichtig	weniger wichtig	egal	unwichtig
□	□	□	□	□

Eine Zusammenfassung der wichtigsten Eigenschaften von Rating-Skalen enthält die Tabelle 4.1.

Tabelle 4.1 Arten von Rating-Skalen

Kriterium	Skaleneigenschaft
Untergliederung	ungegliedert, gegliedert
Darstellungsart	verbal, grafisch, numerisch, gemischt
Polarität	bipolar, unipolar
Symmetrie	balanciert, unbalanciert
Stufenanzahl	geradzahlig, ungeradzahlig

4.2.1.2 Statistische Auswertung von Rating-Skalen

Rating-Skalen liefern nur dann intervallskalierte Merkmale, wenn die Skalenstufen die in gleiche Abstände gegliederte Eigenschaftsdimension linear auf reelle Zahlenintervalle abbilden. Ob Rating-Skalen allerdings diese Forderung gewährleisten können und gleich lange Intervalle auch identische Merkmalsunterschiede bedeuten, wird in der Literatur kontrovers diskutiert. Vom theoretischen Standpunkt aus gesehen, können Rating-Skalen nur ordinal skalierte Merkmalswerte liefern. Zahlreiche Anwendungen sprechen indes für eine pragmatische Differenzierung zwischen den verschiedenen Skalenvarianten. So werden in der Regel die Ergebnisse von ungegliederten bzw. rein numerischen Rating-Skalen als intervallskaliert betrachtet (siehe z. B. Nieschlag et al. [1991], Seite 649, Wettschureck [1974], S. 216).
Geht hingegen nicht klar hervor, dass die Abstände zwischen den Skalenpunkten als gleich anzusehen sind, sollten die Merkmalswerte unbedingt als ordinal skaliert angesehen werden. Dies trifft meist bei **verbalen** oder **graphischen** Skalen zu.
Rein verbale oder graphische Abstufungen vermitteln häufig nicht unmittelbar die Vorstellung von gleich abständigen Eigenschaftsausprägungen. In der Praxis werden deshalb verbale Benennungen oftmals auf dem Fragebogen mit gleich abständigen numerischen Werten markiert. Die entsprechenden Skalenwerte lassen sich auf diese Weise eher als intervallskaliert ansehen, wenngleich dies eine vom Untersucher vorgegebene Gleichabständigkeit ist, die nicht zwangsläufig die des Befragten sein muss.
Unbalancierte Skalen sind hingegen meist schon wegen der feineren Gliederung eines Skalenabschnitts im Vergleich zu einem anderen Skalenabschnitt nicht gleich abständig. Sie liefern demzufolge nur ordinal skalierte Werte und bedienen das Bedürfnis nach qualitativer Stufung im Anwortverhalten.

4.2.1.3 Anwendungsprobleme mit Rating-Skalen

Bei der Festlegung der **Stufenanzahl** einer Rating-Skala sind folgende Fragen zu klären:

- Wie viele Skalenpunkte sollte sie haben?
- Sollte die Anzahl eher geradzahlig oder ungeradzahlig sein?

Ungeradzahlige Skalen besitzen in natürlicher Weise eine Mitte. Der Befragte hat somit die Möglichkeit auszuweichen (unentschieden, weder/noch). Dabei ist zu beachten, dass aus verschiedenen Gründen auf die Mittelkategorie ausgewichen wird. Die betreffende Frage kann schwer zu verstehen oder ungeeignet formuliert sein, oder aber der Befragte wählt den bequemen Weg und möchte nicht ernsthaft eine Meinung in positiver oder negativer Richtung vertreten. Problematisch ist, dass bei der Analyse der Antworten zwischen diesen unterschiedlichen Sachverhalten nicht mehr differenziert werden kann.

Eine Alternative dazu sind **geradzahlige Skalen**, die aufgrund der fehlenden Mittelkategorie eine Positionierung des Befragten erzwingen. Allerdings besteht dabei die Gefahr, dass fehlerhafte Antworten abgegeben werden. Geeigneter sind deshalb ungeradzahlige Skalen mit einer zusätzlichen Ausweichkategorie, die es erlaubt, zwischen den tatsächlich Unentschiedenen und den „Nichtwissenden" zu unterscheiden.

Hinsichtlich der **Anzahl der Skalenstufen** gibt es keine generelle Regel. Bei der Festlegung der Anzahl der vorzugebenden Skalenstufen sollte man zunächst prüfen, inwieweit sich überhaupt die zu beurteilende Eigenschaft sinnvoll in verschiedene Ausprägungen trennen lässt. Außerdem gilt, dass zu viele Stufen der Skala die Fähigkeit des Befragten überfordern, genau zwischen den einzelnen Antwortkategorien zu unterscheiden. Die mit einer sehr feinen Unterteilung angestrebten „genaueren" Informationen können jedoch aufgrund der möglichen Überforderung eher unpräziser und fehlerhafter sein. Umgekehrt kann man mit der Vorgabe von zu wenigen Antwortkategorien Informationen verlieren. Die Möglichkeit, mit einer Skala zwischen den Ausprägungen der zu erfassenden Eigenschaft zu differenzieren und somit mehr Information zu gewinnen, nimmt natürlich mit steigender Stufenzahl zu. Die Differenzierungsfähigkeit des Befragten ist jedoch begrenzt und wird vor allem von seinem Intelligenz- und Bildungsgrad sowie von seinen Kenntnissen über den zu beurteilenden Gegenstand beeinflusst (Stier [1996], S. 68/69).
Des weiteren hängt die Anzahl der Skalenstufen von der Erhebungsart ab. Schriftliche Befragungen erlauben eine größere Anzahl von Skalenstufen als mündliche Umfragen, weil man die Frage mit den Antwortmöglichkeiten unmittelbar vor Augen hat. Für den Befragten ist es schwieriger, ohne eine Vorlage, d.h. nur aus dem Gedächtnis heraus, zwischen vielen Möglichkeiten zu unterscheiden.
Am häufigsten werden bei Rating-Skalen **vier bis sieben Stufen** vorgegeben, wobei die Verwendung fünfstufiger Skalen am gebräuchlichsten ist. Sie werden einer Studie von Rohrmann [1978] zufolge von den Urteilern am besten angenommen (siehe hierzu auch Bortz [1984], S. 123/124).

Kritisiert wird an den Rating-Skalen hauptsächlich, dass sie Urteilsfehler ermöglichen, die aus der Neigung der Befragten zu einer „**Ten-**

denz zur Mitte“ bzw. zur Vermeidung von Extrempositionen resultieren. Bei vielen Menschen besteht ein ausgesprochener Hang zu „milden“ Urteilen.
Mittlere Werte werden aber auch dann bevorzugt, wenn das zu beurteilende Objekt wenig bekannt, die Frage unverständlich formuliert oder der Befragte sich überfordert fühlt.

Eine weitere Fehlermöglichkeit bei Rating-Skalen markiert der sogenannte „**Halo-Effekt**“. Er resultiert daraus, dass die Befragten oft dazu neigen, unterschiedliche und völlig unabhängige Eigenschaften eines Objektes als gleich zu beurteilen. So werden Einschätzungen häufig von bereits vorhandenen Pauschal- oder Vorurteilen beeinflusst, oder der Befragte ist nicht willens bzw. nicht fähig zu erkennen, dass es sich bei den verschiedenen zu beurteilenden Merkmalen um unterschiedliche Eigenschaften handelt.

4.2.2 Das semantische Differential

Die bisher betrachtete (eindimensionale) Rating-Skala stellt eine einzige Eigenschaftsdimension dar, bezüglich derer sich der Befragte positioniert. Eine Positionierung des Befragten in einem mehrdimensionalen Raum erfordert andere, mehrdimensionale Techniken. Eine derartige Technik ist das von Osgood entwickelte **semantische Differential** (vgl. Osgood et al. [1952], [1957]). Häufig wird es auch als Polaritätenprofil oder Eindrucksdifferential bezeichnet (Hofstätter [1955], [1959]).
Das semantische Differential besteht aus einer standardisierten Batterie von 7-stufigen bis 24-stufigen bipolaren Rating-Skalen (Itembatterie), wobei die beiden Pole durch gegensätzliche Adjektive charakterisiert sind. Die entgegengesetzten Wortbedeutungen stehen sich an den Endpunkten eines Zahlenintervalls gegenüber, das in gleich große Abschnitte unterteilt ist und einen Skalenmittelpunkt enthält. Für sämtliche Items des semantischen Differentials wird selbstverständlich die gleiche Rating-Skala verwendet. Der Befragte hat die Aufgabe, mit dem Satz **bipolarer Adjektive** auf der vorgegeben Skala einen bestimmten Begriff oder ein Objekt zu beurteilen bzw. zu beschreiben. Besteht die Itembatterie aus k Wortpaaren, so erhält man als Ergebnis der Objekt- oder Begriffsbeurteilung einen Punkt im k-dimensionalen Raum, dem sogenannten semantischen Raum. Die statistische Analyse der resultierenden Beurteilungen mittels multivariater Verfahren (Faktorenanalysen, vgl. Kap. 5.2) hat gezeigt, dass verwendete Items miteinander korrelieren und der semantische Raum sich meist lediglich auf drei unabhängige Dimensionen zurückführen lässt. Osgood [1957]

bezeichnet diese drei Dimensionen als EPA-Struktur des semantischen Raumes (siehe auch Trommsdorff [1975]):

Dimension 1: Bewertung (**e**valution)

(z. B. die Wortpaare weich - hart, verschwommen - klar)

Dimension 2: Stärke (**p**ower)

(z. B. die Wortpaare stark - schwach, aggressiv - friedlich)

Dimension 3: Aktivität (**a**ctivity)

(z. B. die Wortpaare aktiv - passiv, redselig - verschwiegen)

Ursprünglich ist das semantische Differential im psychologischen Bereich zur Messung der Bedeutung von Begriffen entwickelt worden. Inzwischen erstreckt sich seine Anwendung jedoch auf viele Bereiche. Eine universell anwendbare, fertige Batterie von 25 bipolaren Adjektiven zur Bewertung beliebiger Objekte ist von Hofstätter [1955] bzw. [1959] vorgeschlagen worden. Sie lautet wie folgt (vgl. Bortz [1984], S. 130, Schnell, Hill, Esser [1995], S.167, Stier [1996], S. 100):

Tabelle 4.2 Bipolare Adjektive zur Objektbewertung nach Hofstätter

friedlich - aggressiv	passiv - aktiv	verschwommen - klar
frisch - müde	redselig - verschwiegen	verspielt - ernst
gesund - krank	robust - zart	weich - hart
großzügig - sparsam	stark - schwach	wild - sanft
heiter - traurig	starr - beweglich	zerfahren - geordnet
hilfsbereit - egoistisch	streng - nachgiebig	zurückgezogen - gesellig
kühl - gefühlvoll	triebhaft - gehemmt	zurückhaltend - offen
leise - laut	unterwürfig - herrisch	
nüchtern - verträumt	vergnügt - missmutig	

Die Anwendung dieser als fertig geltenden Skala auf beliebige Objekte ist nicht problemlos, denn nicht alle Adjektivpaare „passen" zu jedem Beurteilungsgegenstand (vgl. Schnell et al. [1995], Bortz [1984], Stier [1996]). Wenn sich jedoch für den Beurteiler keine klare Beziehung des Eigenschaftswortes zum betrachteten Objekt ergibt, wird er entweder nicht antworten, oder aber seine Einschätzungen werden verglichen mit den Beurteilungen der klar zu zuordnenden Adjektive irrelevant sein. Es wird deshalb empfohlen, die Itembatterie des semantischen Differentials „bedeutungsrelevant" auszuwählen (Stier [1996], S. 70).

In der **Tourismusmarktforschung** wird das semantische Differential vor allem zur Imagemessung eines touristischen Produktes, einer Tourismusregion, eines Landes oder einer Stadt eingesetzt. Die universelle

Itembatterie wird dazu spezifisch abgeändert. Bei Laatz [1993] findet man z. B. folgende 15 Adjektivpaare zur Beurteilung des Images einer Stadt (siehe Tabelle 4.3):

Tabelle 4.3 Bipolare Adjektive zu Imageanalyse einer Stadt nach Laatz

dunkel - hell	geräumig - eng	persönlich - unpersönlich
ernst - heiter	geschäftig - ruhig	schön - hässlich
farbig - grau	interessant - langweilig	tot - lebendig
freundlich - unfreundlich	kleinlich - großzügig	überschaubar - unübersichtlich
gemütlich - ungemütlich	leise - laut	weltoffen - provinziell

Ein weiterer Kritikpunkt bezieht sich auf die Verwendung bipolarer Rating-Skalen, denn es ist fraglich, ob sich zu jedem Adjektiv der Gegensatz optimal formulieren lässt, und ob alle Urteiler dies gleichermaßen interpretieren (vgl. Trommsdorff [1975]). Auch die Skalenmitte kann unterschiedlich empfunden werden. So wird der Befragte die Mitte ankreuzen, wenn er beide Endpunkte als gleichstark ausgeprägt ansieht oder wenn für ihn beide Eigenschaften in gleichem Maße nicht vorhanden sind.

Zur **Auswertung** eines semantischen Differentials werden für jedes Item die arithmetischen Mittel über die Skalenwerte der Beurteiler gebildet und diese dann im Polaritätenprofil dargestellt. Für das beurteilte Objekt ergibt sich dann eine entsprechende mittlere Profillinie (siehe Bild 4.2). Außerdem lassen sich zu den Mittelwerten die Standardabweichungen berechnen und zusätzlich im Profil darstellen.

4.3 Stichprobenauswahlverfahren

Wenn eine bestimmte Fragestellung anhand einer empirischen Studie untersucht werden soll, muss zu Beginn geklärt werden, auf wen sich insgesamt die Frage beziehen soll. Es muss dazu festgelegt werden, wer die Grundgesamtheit (die Population) bildet, auf die sich die Studie bezieht. Zur Grundgesamtheit gehören zunächst alle denkbaren statistischen Einheiten (Objekte), über die eine Aussage getroffen werden soll. In der Regel ist es außerdem erforderlich, eine klar definierte Abgrenzung der einzubeziehenden Einheiten in bezug auf die Zeit, den Ort sowie die weiteren definierenden, sachlichen Gegebenheiten vorzunehmen. Betrachten wir dazu die in Beispiel 4.3.1 formulierte Fragestellung.

Beispiel 4.3.1 Das Image einer Stadt soll durch eine Befragung ermittelt werden. Als Grundgesamtheit dienen alle polizeilich mit dem Hauptwohnsitz in der betreffenden Stadt gemeldeten Einwohner, die zum Zeitpunkt der Untersuchung mindestens 18 Jahre alt sind. Einbezogen werden nur Personen, die bis zum Untersuchungszeitpunkt mindestens 5 Jahre in der Stadt gelebt haben. Die Erhebung wird an einer Personenstichprobe aus der Grundgesamtheit durchgeführt. Bild 4.5 veranschaulicht das Ergebnis der Befragung.

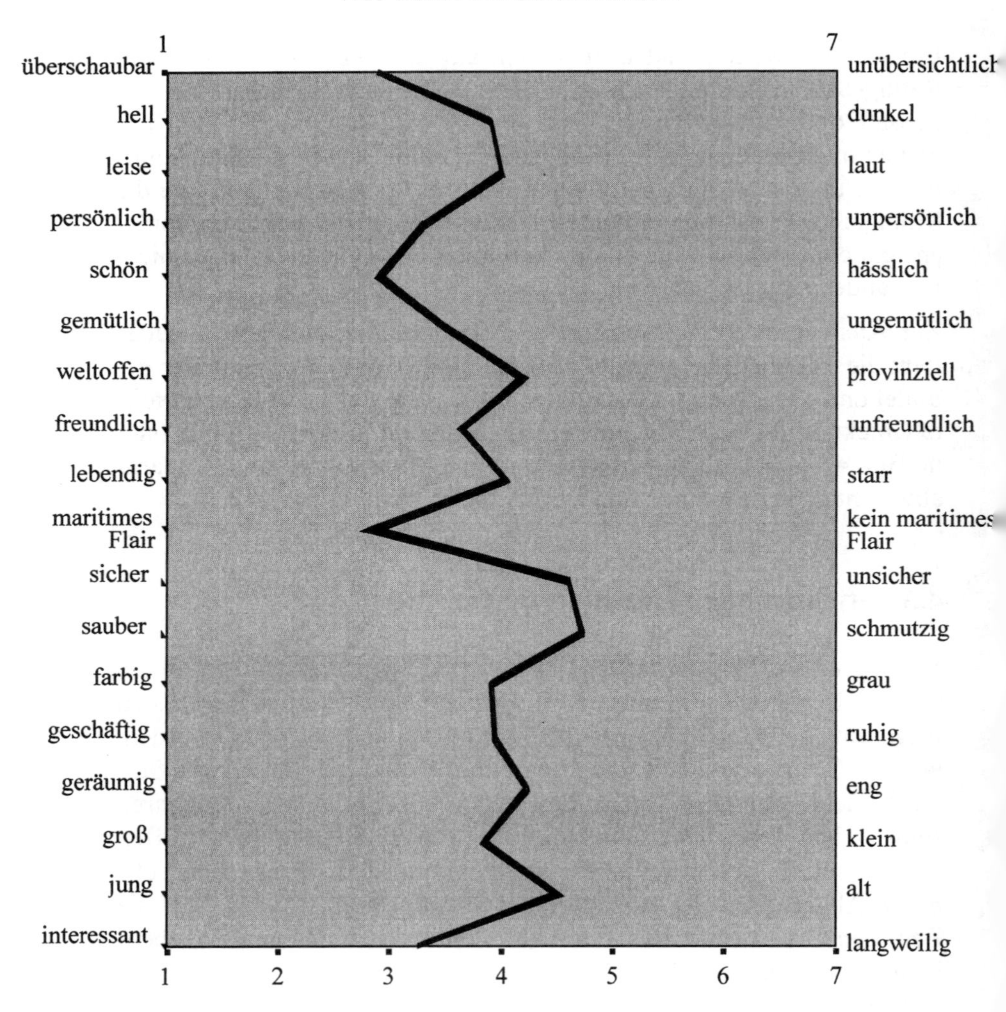

Bild 4.5 Ergebnis der Imagemessung im Beispiel 4.3.1 als durchschnittliche Profillinie mit arithmetischen Mittelwerten (Quelle: Eigene Erhebung.)

Wenn die Erhebung der interessierenden Merkmale nur an einem Teil der Grundgesamtheit erfolgt, dann spricht man von einer Stichprobenuntersuchung oder **Stichprobenerhebung**. Im Gegensatz dazu werden bei einer **Vollerhebung** sämtliche Einheiten der Grundgesamtheit in die Untersuchung einbezogen. Eine Vollerhebung bleibt in der Regel aus Kostengründen nur auf sehr kleine Grundgesamtheiten beschränkt.

Beispiel 4.3.2 Durch eine Befragung soll die Zufriedenheit von Gästen eines Hotels in der Nebensaison erhoben werden. Es wird eine Vollerhebung unter allen Hotelgästen des fraglichen Zeitraumes, die 18 Jahre oder älter waren, durchgeführt.

Für die praktisch weitaus interessanteren Stichprobenerhebungen stellt sich stets die Frage nach einem geeigneten Auswahlverfahren:

- Welche Elemente der Grundgesamtheit sollen einbezogen werden?
- Wie werden sie ausgewählt?

Grundsätzlich unterscheidet man bei Stichprobenauswahlverfahren die Verfahren der **Zufallsauswahl** einerseits und die **nicht zufallsgesteuerte Auswahlverfahren** andererseits.

Wenn das Ziel einer Studie darin besteht, bestimmte Hypothesen über die Grundgesamtheit zu formulieren (explorative, hypothesengenerierende Studien), stellt sich das Problem der Zufallsauswahl zunächst nicht. Will man jedoch die Allgemeingültigkeit von Hypothesen nachweisen oder Parameter der Grundgesamtheit (z. B. Wahrscheinlichkeiten oder Mittelwerte) aus der Stichprobe schätzen, ist eine zufallsgesteuerte Auswahl der Einheiten unerlässlich. Das ergibt sich aus dem sogenannten **Repräsentationsschluss**, mit dem man von einem Teil der Grundgesamtheit auf das Ganze schließt (siehe Bild 4.6). Dass eine solche Übertragung von Ergebnissen eines kleinen Datensets auf das Ganze nicht völlig fehlerlos ablaufen kann, ist leicht einzusehen. Der aus der Stichprobe gewonnene Wert wird sich stets von dem unbekannten wahren Wert der Grundgesamtheit unterscheiden.

Wenn jedoch die Elemente der Stichprobe nach einem **Zufallsprinzip** aus der Grundgesamtheit ausgewählt werden, dann kann auch der Fehler als **Zufallsabweichung** betrachtet werden. Die Fehlergröße lässt sich in diesem Fall mit Methoden der Inferenz-Statistik abschätzen.
Des weiteren ist zumindest vorstellbar, die Ziehung einer Zufallsstichprobe von stets gleichem Umfang beliebig oft zu wiederholen. Der durchschnittliche Zufallsfehler würde dann gleich null sein. Man spricht von im Durchschnitt **unverzerrten Ergebnissen** aus einer Zufallsstichprobe.

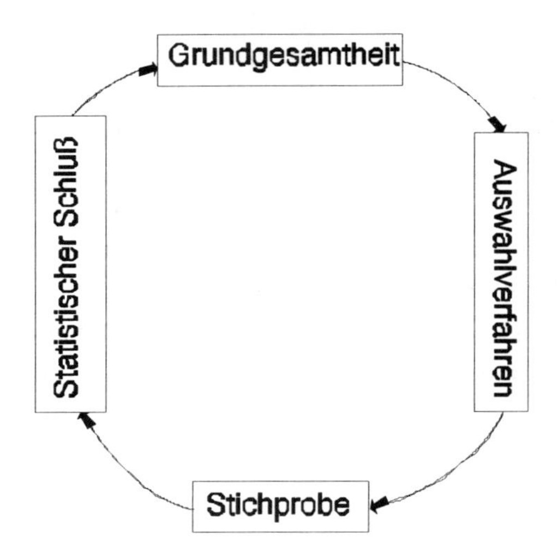

Bild 4.6 Elemente der Stichprobentheorie (vgl. Strohe/Rönz [1994], S. 348)

Wenn jedoch die Elemente der Stichprobe nicht nach einem zufallsgesteuerten Verfahren ausgewählt werden, können zu den Zufallsfehlern noch andere, sogenannte **systematische oder verzerrende Fehler** hinzukommen. Diese Fehler gleichen sich im Durchschnitt nicht aus, und deren Größe lässt sich meist auch nicht quantitativ abschätzen. Ein Repräsentationsschluss von der Stichprobe auf die Grundgesamtheit könnte zu völlig falschen Folgerungen führen. Die abgeleiteten Ergebnisse müssen nicht „repräsentativ" für die Grundgesamtheit sein.

Der Begriff der „**Repräsentativität**" wird häufig auch für Stichproben benutzt, die zwar nicht nach dem Zufallsprinzip ausgewählt wurden, deren Struktur jedoch im wesentlichen die Struktur der Grundgesamtheit widerspiegelt. In diesem Fall stimmen die prozentualen Anteile des Auftretens der Ausprägungen wesentlicher, das Untersuchungsmerkmal beeinflussender Größen in der Stichprobe wenigstens näherungsweise mit denen in der Grundgesamtheit überein. Allerdings weiß man selten genau, welche Größen diesbezüglich als bedeutsam zu betrachten sind. Außerdem sind die Häufigkeitsverteilungen dieser Merkmale in der Grundgesamtheit meist unbekannt.

Eine wirklich umfassend repräsentative Stichprobe ohne ein Zufallsverfahren auszuwählen, ist nahezu unmöglich. Dennoch werden in der Praxis sehr oft nicht zufallsgesteuerte Verfahren, wie z. B. das Quota-

Verfahren, eingesetzt, um wenigstens für einige wichtige Merkmale annähernd die Verhältnisse der Grundgesamtheit in der Stichprobe widerzuspiegeln.

4.3.1 Zufallsauswahl

Werden die Elemente für die Stichprobe vollkommen unabhängig vom Untersucher und ausschließlich nach einem Zufallsmechanismus ausgewählt, so spricht man von einer Zufallsauswahl. Die Auswahlwahrscheinlichkeit für ein Element der Grundgesamtheit muss berechenbar und von null verschieden sein.

4.3.1.1 Einfache Zufallsstichprobe

Eine Zufallsstichprobe wird einfach genannt, wenn sie mit der gleichen Wahrscheinlichkeit wie jede andere Stichprobe gleichen Umfangs aus der Grundgesamtheit ausgewählt werden kann. Der Zufallsprozess, der zu einer einfachen Stichprobe führt, wird auch uneingeschränkte oder reine Zufallsauswahl genannt.

Besteht die Grundgesamtheit aus N Elementen und sind daraus $n < N$ Elemente nacheinander als Stichprobe zu ziehen, so gibt es dafür

$$\binom{N}{n} = \frac{N \cdot (N-1) \cdots (N-n+1)}{1 \cdot 2 \cdots (n-1) \cdot n}$$

Möglichkeiten, wenn man annimmt, dass die Elemente nicht wieder zurückgelegt werden. Jede Stichprobe hat die gleiche Auswahlwahrscheinlichkeit p

$$p = \frac{1}{\binom{N}{n}} = \frac{1 \cdot 2 \cdots (n-1) \cdot n}{N \cdot (N-1) \cdots (N-n+1))}.$$

Für **einfache Zufallsstichproben** gilt, dass jedes Element der Grundgesamtheit die gleiche Wahrscheinlichkeit besitzt, in die Stichprobe aufgenommen zu werden.
Wenn man eine einfache Stichprobe ziehen möchte, so muss es grundsätzlich möglich sein, die Elemente der Grundgesamtheit zu nummerieren. Beispielsweise ist dies der Fall, wenn die Einheiten in einer Kartei, einer Adressenliste usw. erfasst sind. Andernfalls können kei-

ne einfachen Stichproben realisiert werden. Zum Ziehen einfacher Stichproben wird meist eine der drei folgenden Techniken verwendet:

Lotterieverfahren

Wie bei der Ziehung von Lottozahlen befinden sich die Nummern der Elemente der Grundgesamtheit in einer Urne und werden gut durchmischt. Nacheinander und mit einer guten Durchmischung nach jeder einzelnen Ziehung werden dann n Nummern aus der Urne entnommen, ohne diese wieder zurückzulegen.

Auswahl auf der Basis von Zufallszahlen

Die nummerierten Elemente der Grundgesamtheit werden mit Hilfe von Zufallszahlen ausgewählt.

Zufallszahlen werden als Realisationen von (unabhängigen) Zufallsvariablen aufgefasst, die aus den gleichverteilten Ziffern der Menge {0, 1, ..., 9} bestehen.

Umfasst die Anzahl N von Elementen der Grundgesamtheit k Ziffern, so wird per Zufall eine beliebige Ziffer als Startpunkt in der Zufallszahlentabelle (siehe Tabellenanhang[1]) bestimmt. Danach werden k-stellige Ziffernfolgen abgelesen, die dann die Nummern für die auszuwählenden Elemente der Grundgesamtheit bezeichnen.
Ist die abgelesene Zahl kleiner oder gleich N, so wird das Element mit dieser Nummer in die Stichprobe aufgenommen. Andernfalls wird die Ziffernfolge ignoriert, und es wird zur nächsten k-stelligen Ziffernfolge weiter gegangen. Bereits ausgewählte Nummern werden ebenfalls übergangen.

Auswahl auf der Basis von Pseudozufallszahlen

In diesem Fall verwendet man eine Software (z. B. Excel oder SPSS), mit deren Hilfe aufgrund einer Rechenvorschrift sogenannte Pseudozufallszahlen erzeugt werden. Es wird angenommen, dass diese Zahlen, obwohl nach einem deterministischen Prinzip generiert, gleichverteilten Zufallszahlen entsprechen (Kreienbrock [1993], S.51). Bei der Anwendung eines Pseudozufallszahlengenerators wird wie folgt vorgegangen:

1. Erzeugen einer Pseudozufallszahl Z zwischen 0 und 1.
2. Multiplikation dieser Zahl Z mit der Größe N der Grundgesamtheit.
3. Auswahl des Elementes Z′ der Grundgesamtheit, wobei Z′ die auf Z folgende ganze Zahl ist.

[1] Im Tabellenanhang sind 3500 fünfstellige Zufallszahlen enthalten.

Pseudozufallszahlen lassen sich unter anderem durch Restbildungen (Modulo-Rechnung, vgl. Götze [2001]) hinsichtlich einer Potenz von 2^m gewinnen. Dieser Ansatz geht auf eine Idee von Fibonacci (1202) zurück.

Beispiel 4.3.3 Die Folge der **Fibonacci-Zahlen** für m = 15 mit den Startpunkten $x_1 = 41421$ und $x_2 = 50109$ wird mit Hilfe von

$$x_{n+1} = x_n + x_{n-1} \bmod 2^m$$

berechnet. Mit $2^{15} = 32768$ergibt sich eine Folge fünfstelliger Zufallszahlen.

$$x_3 = 50109 + 41421 \bmod 32768 = 50109 + (41421 - 32768) = 58762$$

$$x_4 = 58762 + 50109 \bmod 32768 = 58762 + (50109 - 32768) = 76103$$

$$x_5 = 76103 + 58762 \bmod 32768 = 76103 + (58762 - 32768) = 102097$$

Der Sechssteller 102097 wird auf den Fünfsteller 2097 reduziert.

$$x_6 = 2097 + 76103 \bmod 32768 = 2097 + (76103 - 2 \cdot 32768) = 12664$$

Einfache Zufallsstichproben sind in der Praxis nicht immer zu realisieren. Problematisch sind oft nicht identifizierbare Elemente der Grundgesamtheit, z. B. bei Gästebefragungen in Ferienorten.

Aber auch **immense Erhebungskosten** und **technische Schwierigkeiten**, wie beispielsweise bei sehr großen Grundgesamtheiten, in denen die einzelnen Elemente auch noch weit auseinander liegen, können gegen eine Auswahl einfacher Stichproben sprechen. Für solche Fälle wurden modifizierte, den praktischen Anforderungen besser entsprechende Zufallsauswahlverfahren entwickelt.

4.3.1.2 Geschichtete Zufallsstichprobe

Die Grundgesamtheit wird in sich nicht überschneidende (disjunkte) Teilmengen zerlegt. Diese Teilmengen heißen auch **Schichten**, und der Zerlegungsvorgang selbst wird Schichtung oder Stratifizierung genannt. Aus jeder Schicht zieht man dann eine Zufallsstichprobe.

Werden dabei die Umfänge der Zufallsstichproben in den Schichten so gewählt, dass sie den Anteilen der Schichten in der Grundgesamtheit entsprechen, bezeichnet man die Stichprobe als **„proportional geschichtete Stichprobe"**.

Entsprechen die Fallzahlen der Stichproben nicht den Schichtungsumfängen, so heißt die Stichprobe **„disproportional geschichtete Stichprobe"**.

Geschichtete Stichproben haben den **Vorteil**, dass sehr große Grundgesamtheiten nicht mehr insgesamt betrachtet werden müssen. Man kann vielmehr geeignete Schichtungsmerkmale auswählen, nach deren Ausprägungen die Grundgesamtheit zerlegt wird und so eventuell einfacher erfasst werden kann.

Es kann beispielsweise zweckmäßiger sein, die Grundgesamtheit „Bevölkerung eines Landes oder einer Region" in kleinere, leichter zu untersuchende geographische Bezirke oder andere bereits bestehende Strukturen einzuteilen.

Außerdem bieten geschichtete Stichproben bei inhomogenen Grundgesamtheiten einen Informationsgewinn, der zu präziseren Schätzungen von Parametern der Grundgesamtheit, wie z. B. Mittelwerten, führt. Dieser positive **„Schichtungseffekt"** tritt auf, wenn die inhomogene Grundgesamtheit in möglichst homogene Gruppen bezüglich des Zielkriteriums aufgeteilt wird.

Betrachten wir zum Beispiel das Einkommen, das ganz sicher stark in Abhängigkeit vom Alter der betrachteten Personen variiert. Wird nun das Alter als Schichtungsvariable gewählt und eine **„proportional geschichtete Stichprobe"** gemäß der Altersverteilung der Bevölkerung gezogen, so erhält man eine präzisere Schätzung des mittleren Einkommens aus den Einkommensmittelwerten der Altersgruppen. Verwendet man **„disproportional geschichtete Stichproben"**, so müssen die schichtspezifischen Mittelwerte bei der Bestimmung des gemeinsamen Mittelwertes entsprechend der Anteile der Altersgruppen in der Grundgesamtheit unterschiedlich gewichtet werden.

4.3.1.3 Mehrstufige Auswahlverfahren

Bei den bisher betrachteten zufälligen Auswahlverfahren wurde vorausgesetzt, dass auf alle Elemente der Grundgesamtheit direkt zugegriffen werden kann. Auswahleinheit und statistisches Objekt waren identisch. In der Praxis ist aber gerade diese Voraussetzung oft hinderlich. Möchte man beispielsweise eine Zufallsstichprobe aus der Grundgesamtheit der Einwohner einer Stadt ziehen, so wäre das Register des Einwohnermeldeamtes eine gute Zugriffsmöglichkeit für die zufällige Auswahl. Dies ist jedoch aus Gründen des Datenschutzes nicht ohne weiteres möglich, der einen solchen Zugriff auf Ausnahmefälle wie z.B. die KONTIV-Erhebung (vgl. Kap. 4.4.3) beschränkt.

Wenn ein Verzeichnis für die einzelnen Elemente der Grundgesamtheit nicht vorhanden oder ein Zugriff nicht möglich ist, müssen andere Auswahltechniken angewendet werden. Eine Möglichkeit besteht darin, die direkte Auswahl der Untersuchungseinheiten durch eine **stufenweise Zufallsauswahl** zu ersetzen. Häufig gibt es Listen und Verzeichnisse über in größere Gruppen zusammengefasste Untersuchungsobjekte, wie z. B. die Aufteilung in Verwaltungs- oder geographische Bereiche. Solche Gruppierungen oder Zusammenfassungen der Objekte der Grundgesamtheit in der ersten Stufe werden Primäreinheiten genannt. Innerhalb der Primäreinheiten wird dann eine Zufallsstichprobe von „Sekundäreinheiten" gezogen, die wiederum die Auswahlgrundlage für eine nächste Stufe sein kann.

Beispiel 4.3.4 Ein typisches Beispiel für eine mehrstufige Zufallsauswahl ist die Ziehung einer Bevölkerungsstichprobe zur Prognose von Wahlergebnissen. Bekanntlich ist das Wahlgebiet in Wahlbezirke eingeteilt. Für jeden Wahlbezirk wiederum existieren Wählerlisten. Die Wahlbezirke bilden die Primäreinheiten, aus denen eine Zufallsstichprobe gezogen wird. Aus den Wählerlisten der ausgewählten Wahlbezirke wird dann eine zweite Zufallsauswahl getroffen. Schließlich bilden die aus den Wählerlisten selektierten Personen die Zufallsstichprobe.

Häufig hat man in der Praxis allerdings die Situation, dass die in der ersten Stufe enthaltenen **Auswahleinheiten unterschiedlich groß** sind. Die Folge ist, dass die Elemente aus größeren Primäreinheiten in der zweiten Auswahlstufe eine niedrigere Auswahlwahrscheinlichkeit haben als die aus kleineren Einheiten. Wenn dann die Primäreinheiten mit gleicher Wahrscheinlichkeit in die Stichprobe aufgenommen werden, ist nicht mehr gewährleistet, dass alle Untersuchungseinheiten bezüglich der Grundgesamtheit die gleiche Auswahlwahrscheinlichkeit besitzen. Um gleiche Wahrscheinlichkeiten für alle Untersuchungseinheiten zu gewährleisten, sollten für die Selektion der Primäreinheiten Wahrscheinlichkeiten verwendet werden, die proportional zur Größe der Primäreinheiten sind. Anschließend wird dann aus jeder Primäreinheit dieselbe Zahl von Sekundäreinheiten gezogen. Diese Vorgehensweise wird in der Literatur **PPS-Design** (probability proportional to size) genannt. Nähere Ausführungen zur Realisierung eines PPS-Designs findet man zum Beispiel bei Schnell, Hill und Esser [1995], S. 268 ff..

4.3.1.4 Klumpenstichprobe

Die Klumpenstichprobe lässt sich als ein spezielles mehrstufiges Auswahlverfahren ansehen. In der ersten Stufe wird die Grundgesamtheit in disjunkte (sich nicht überschneidende) Teilmengen, die sogenannten **Klumpen,** zerlegt. Aus der Menge von Klumpen zieht man eine **einfache Zufallsstichprobe**. In der zweiten Stufe wird im Gegensatz zu den klassischen Verfahren keine Zufallsauswahl durchgeführt. Die resultierende Klumpenstichprobe besteht somit aus allen Elementen der Primäreinheiten, die zu den ausgewählten Klumpen gehören.
Wenn die Klumpen untereinander äußerst inhomogen, in sich jedoch sehr homogen sind und die Umfänge der Klumpen stark variieren, kann der sogenannte **Klumpeneffekt** eintreten. Folglich eignen sich Klumpenstichproben nur dann, wenn man annehmen kann, dass jeder Klumpen die Gesamtpopulation annähernd gleich gut repräsentiert.

Beispiel 4.3.5 Alle Hotelgäste der Insel Rügen bilden die Grundgesamtheit. Die Gäste eines jeden Hotels bilden einen Klumpen. Aus dem Verzeichnis aller Hotels wird durch einfache Zufallsauswahl eine Anzahl von Klumpen gezogen. Sämtliche Gäste der ausgewählten Hotels bilden dann die Klumpenstichprobe, die vollständig auszuwerten ist. Die Stichprobe umfasst einfach ausgestattete, kleine Hotels und große, komfortable Hotels. Die Gäste innerhalb der einzelnen Hotelkategorien werden sich nur wenig unterscheiden. Größere Unterschiede wird es aber zwischen den Gästen der unterschiedlichen Hotelkategorien geben. Es ist denkbar, dass die zahlungskräftigen Gäste der großen, teuren Hotels in der Stichprobe dominieren und einen Klumpeneffekt bewirken.

Die Anwendung mehrstufiger Auswahlverfahren ist besonders praktikabel bei der Rekrutierung von Zufallsstichproben aus dem Telefonbuch.

Beispiel 4.3.6 Die Seiten des Telefonbuches werden als Primäreinheiten betrachtet und per Zufallsauswahl selektiert. Man kann dann entweder aller Teilnehmer einer Seite in die Stichprobe einbeziehen und erhält eine Klumpenstichprobe, oder die Teilnehmer einer Seite durchnumerieren und mittels Zufallszahlen Namen als Sekundäreinheiten auswählen.

Anstelle der Auswahl aus numerierten Teilnehmern pro Seite ist es auch üblich, den Seitenabstand (z. B. von oben) per Zufall zu erzeugen und dann die jeweils zugehörige Person in die Stichprobe einzubeziehen.

Allerdings ist die Stichprobenauswahl auf der Basis des Telefonbuchs insofern problematisch, als dass es sich hier in der Regel um Haushaltsanschlüsse handelt und meist nur der Haushaltsvorstand im Telefonbuch aufgeführt ist. Jüngere Personen, die häufig noch in der Familie leben, und Ehefrauen haben oftmals keinen eigenen Telefonanschluss. Sie sind deshalb unterrepräsentiert. Außerdem hat die Nutzung modernerer Kommunikationsmittel (Internet, Mobilfunk) erheblich zugenommen, so dass ein herkömmliches Telefonbuch als Adressenverzeichnis zunehmend an Bedeutung verliert, da es die soziale Struktur der Bevölkerung nicht mehr repräsentativ widerspiegelt.

4.3.2 Zufallsorientierte Auswahlverfahren

Da vielfach die strenge Anwendung eines Zufallsverfahren sehr zeit- und kostenaufwendig ist, nutzt man in der praktischen empirischen Arbeit Verfahren, die sich zwar am Zufallsprinzip orientieren, jedoch einfacher und weniger perfekt vorgehen. Dazu gehören die systematische Zufallsauswahl, das Schlussziffernverfahren, die Buchstaben- und Geburtstagsauswahl.

Systematische Zufallsauswahl

Hier wird nur die Startposition per Zufall ermittelt und dann systematisch jede darauffolgende x-te Nummer einbezogen. Man setzt $x = N/n$, wenn eine Stichprobe vom Umfang n gezogen werden soll und der Umfang der Grundgesamtheit N beträgt.

Schlussziffernverfahren

Ist die Grundgesamtheit durchnumeriert, so werden je nach Umfang der Stichprobe diejenigen Elemente einbezogen, deren Nummern bestimmte Schlussziffern tragen. Eine 50%ige Auswahlquote erhält man z.B., wenn man jedes Element mit einer geradzahligen Endziffer selektiert. 10% der Nummern enden mit der Ziffer 5 und 20% der Zahlen haben die Schlussziffer 5 oder 9.

Bei der Anwendung der systematischen Zufallsauswahl und dem Schlussziffernverfahren ist darauf zu achten, dass das zugrunde liegende Verzeichnis der Gesamtheit keine internen Periodizitäten enthält, die zur Selektion periodisch auftretender, die Untersuchungsergebnisse beeinflussender Effekte führen.

Beispiel 4.3.7 In einem Hotel sind beispielsweise die Hotelgäste in einer Liste erfasst, die nach den Zimmernummern geordnet ist. In jeder Etage gibt es 10 Doppelzimmer, wobei sich das 10. Zimmer stets neben dem Raum des Reinigungspersonals und dem Fahrstuhl befindet. Trifft man nun zufällig auf die Startposition 5 oder 10 und wählt dann z. B. weiter jede fünfte Person aus, hat man bei Zufriedenheitsuntersuchungen stets einen größeren Anteil von Gästen aus diesen lauteren „10. Zimmern". Die Stichprobe ist nicht repräsentativ.

Buchstabenauswahl und Geburtstagsauswahl

Eine weitere praktische Methode der Stichprobenziehung ist die Auswahl nach dem Anfangsbuchstaben des Familiennamens oder nach dem Geburtsmonat bzw. Geburtstag. Bei diesem Verfahren geht man davon aus, dass es im allgemeinen keine Korrelation zwischen den betrachteten Merkmalen und dem Anfangsbuchstabe des Namens bzw. dem Geburtstag gibt, die zu Verzerrungen der Beobachtungen führen können. Ausnahmen bilden die Buchstaben Y und Z, die nicht typisch für Anfangsbuchstaben deutschstämmiger Familiennamen sind und in diesem Sinne nicht repräsentativ für die Bevölkerung der Bundesrepublik Deutschland sind.

4.3.3 Nicht zufallsgesteuerte Auswahlverfahren

4.3.3.1 Bewusste Auswahlverfahren

Im vorhergehenden Abschnitt wurde dargelegt, dass eine Zufallsauswahl der Stichprobe den Repräsentationsschluss auf die Grundgesamtheit gewährleistet.

Zufallsgesteuerte Auswahlverfahren können jedoch sehr aufwendig oder in der praktischen Durchführung sogar unmöglich sein. Aus diesem Grunde versucht man alternativ, die Auswahl der Stichprobeneinheiten ganz **bewusst** so vorzunehmen, dass im Ergebnis die Struktur der Stichprobe zumindest hinsichtlich der wesentlichen, das Zielmerkmal stark beeinflussenden Gegebenheiten annähernd mit der Grundgesamtheit übereinstimmt. Wenn die Stichprobe ein verkleinertes „Abbild" der Grundgesamtheit darstellt, ist ein Repräsentationsschluss auch in diesem Fall erlaubt (siehe Kreienbrock [1993], S. 123). Allerdings können die an den Stichprobeneinheiten beobachteten Merkmale nicht als Zufallsvariable betrachtet und somit streng genommen auch keine Stichprobenfehler abgeschätzt werden.

Nachfolgend werden mit den Quota-Verfahren und der typischen Auswahl zwei bewusste Auswahlverfahren näher erläutert.

Quota-Verfahren

Es ist das am häufigsten in der empirischen Forschung eingesetzte Verfahren. Hierbei wird die Auswahl der Einheiten bewusst so vorgenommen, dass die Ausprägungen bestimmter Merkmale in der Stichprobe möglichst mit derselben relativen Häufigkeit vorkommen wie in der Grundgesamtheit. Dabei handelt es sich um solche Merkmale, die mit dem Zielmerkmal der Untersuchung in einem starken Zusammenhang stehen, die den Untersuchungsgegenstand deutlich beeinflussen. Dies setzt jedoch voraus, dass die entsprechenden prozentualen Anteile, die Quoten der Merkmalsausprägungen, in der Grundgesamtheit bekannt sind. Durch die bewusste Quotierung der beeinflussenden Merkmale (auch Kontrollmerkmale genannt) soll gewährleistet werden, dass die Struktur der Stichprobe bezüglich dieser wesentlichen Merkmale die Struktur der Grundgesamtheit gut repräsentiert. Will man beispielsweise das Reiseverhalten von Personen in einer bestimmten Region untersuchen, so ist zu berücksichtigen, dass dieses ganz sicher vom Alter, dem Geschlecht und dem Einkommen der Personen abhängen wird. Die Quoten-Stichprobe sollte also die Struktur der Grundgesamtheit bezüglich dieser drei Quotierungsmerkmale widerspiegeln. Dazu muss diese jedoch erst einmal bekannt sein. Die Alters- und Geschlechtsverteilung der Bevölkerung in einer Region sind in amtlichen Statistiken dokumentiert. Schwieriger ist es, Informationen über die Einkommensverteilung zu erhalten. Es ist deshalb häufig sinnvoller, anstelle des Einkommens eine alternative Größe in die Quotierung einzubeziehen, wie zum Beispiel den Beruf.

Beispiel 4.3.8 Anhand amtlicher Statistiken für eine Region ist folgende Bevölkerungsstruktur ermittelt worden.

Quotierungsmerkmale	Verteilung in der Region in %
Geschlecht	
männlich	48
weiblich	52
Alter	
unter 30 Jahre	25
30 – 55 Jahre	45
älter als 55 Jahre	30
Berufsgruppe	
Auszubildende	5
Arbeiter	15
Angestellte/Beamte	35
Selbständige	25
Rentner	20

Soll die Stichprobe insgesamt 300 Personen enthalten, so sind 144 Männer und 156 Frauen auszuwählen. Des weiteren muss die Stichprobe so strukturiert werden, dass 75 Personen unter 30 Jahre alt sind, 135 Personen zur Altersgruppe von 30 bis 55 Jahre gehören und 90 Personen älter als 55 Jahre sind. Außerdem muss die Stichprobe 15 Auszubildende, 45 Arbeiter, 105 Angestellte oder Beamte, 75 Selbständige und 60 Rentner umfassen.

Der Hauptkritikpunkt am Quota-Verfahren besteht im direkten Einfluss des Untersuchers auf die Auswahl der Einheiten. Diesem ist nicht vorgeschrieben, welche Einheit er in die Stichprobe aufzunehmen hat, er muss lediglich den Quotenplan erfüllen. Interviewer sind deshalb geneigt, Personen einzubeziehen, die sympathisch sind, aufgeschlossen oder leicht erreichbar. Diese Tatsachen können zu verzerrenden Effekten führen. Deshalb müssen Interviewer eingewiesen und geschult werden, um solche Einflüsse möglichst gering zu halten.

Typische Auswahl

Bei diesem Verfahren werden Einheiten aus der Grundgesamtheit ausgewählt, die als typisch in bezug auf einen bestimmten Untersuchungsgegenstand gelten. Auch hier benötigt man bereits gute Vorkenntnisse über die Struktur der Grundgesamtheit in bezug zum Zielmerkmal, um überhaupt beurteilen zu können, wer oder was charakteristisch oder typisch ist. Da in der Regel keine objektiven Kriterien für solche Beurteilungen vorliegen, hat diese Auswahlmethode stark subjektiven Charakter je nach Sachkunde des Untersuchers. Als allgemeines repräsentatives Verfahren ist das Verfahren deshalb wenig geeignet. Brauchbar eingesetzt werden kann es hingegen bei „Vor"-(Pilot) Studien, wenn zum Beispiel die Brauchbarkeit von neu entwickelten Erhebungsinstrumenten getestet oder Hypothesen über bestimmte Sachverhalte erst eruiert werden sollen.

4.3.3.2 Willkürliche Auswahlverfahren

Willkürliche Auswahlverfahren enthalten vollkommen unkontrollierte Entscheidungen darüber, welche Einheiten der Grundgesamtheit in die Stichprobe aufgenommen werden. Die Auswahl liegt gänzlich im Ermessen des Untersuchers und wird häufig fälschlicherweise als eine Zufallsauswahl angesehen. Wenn man zum Beispiel bei Gästebefragungen einen durch Besucher stark frequentierten Befragungsstandpunkt auswählt und zu einem willkürlichen Zeitpunkt den gerade vorbeikommenden Gast befragt, ist diese Rekrutierung eine rein willkürliche Auswahl und hat mit einer Zufallsauswahl nichts gemein: Die

Auswahlwahrscheinlichkeiten für die Personen sind nicht bekannt und die Auswahl erfolgte völlig subjektiv. Die Ergebnisse solcher auf willkürlicher Auswahl basierender Stichproben dürfen nicht verallgemeinert werden. Sie sind weder theoretisch fundiert, noch erlauben sie die Anwendung der statistischen Fehlerrechnung. Informationen über die Struktur der Grundgesamtheit sind entweder nicht vorhanden oder fließen nicht in die Stichprobenauswahl ein. Die Repräsentativität der Stichprobe ist somit in Frage gestellt. Nützlich können solche Stichproben nur dann sein, wenn man innerhalb von Vorstudien zunächst nach Auffälligkeiten in den Daten sucht, um Hypothesen zu generieren, oder um zum Beispiel die Anwendbarkeit und Güte von Fragebögen zu überprüfen.

Bild 4.7 enthält eine Zusammenfassung der vorgestellten Verfahren zum Ziehen von Stichproben.

4.3.4 Weitere Probleme bei der Stichprobenauswahl

Trotz sorgfältiger Stichprobenplanung können bei allen Verfahren, auch bei Zufallsverfahren, systematische Fehler dadurch auftreten, dass ausgewählte Objekte die Teilnahme an der Untersuchung verweigern oder nicht fähig sind, an der Studie teilzunehmen. Derartige Einheiten heißen **Non-Responder**. Sie verursachen insbesondere zwei Probleme:

- Wenn die Gründe für die Nichtteilnahme mit dem Untersuchungsmerkmal korrelieren, erfassen die Antworten der Responder nur einen bestimmten, nichtrepräsentativen Teil des Ganzen. So antworten zum Beispiel bei Zufriedenheitsuntersuchungen erfahrungsgemäß eher die Unzufriedenen oder diejenigen, die etwas verändern wollen, während die Passiven, Gleichgültigen oder eigentlich Zufriedenen häufig keinen Grund sehen, an solchen Befragungen teilzunehmen. Da schlechtere Urteile dominieren, wird demzufolge die Aussage über die Zufriedenheit in negativer Richtung verzerrt sein.

- Eine weitere Auswirkung der Non-Responder ist eine zum Teil erhebliche Verringerung des geplanten Stichprobenumfangs. Wenn bei Zufallsstichproben die Anzahl der untersuchten Einheiten abnimmt, nimmt auch die Genauigkeit der geschätzten Kenngrößen der Grundgesamtheit ab. Der Stichprobenfehler vergrößert sich, d.h. die vorgesehene Genauigkeit der Schätzung kann nicht eingehalten werden.

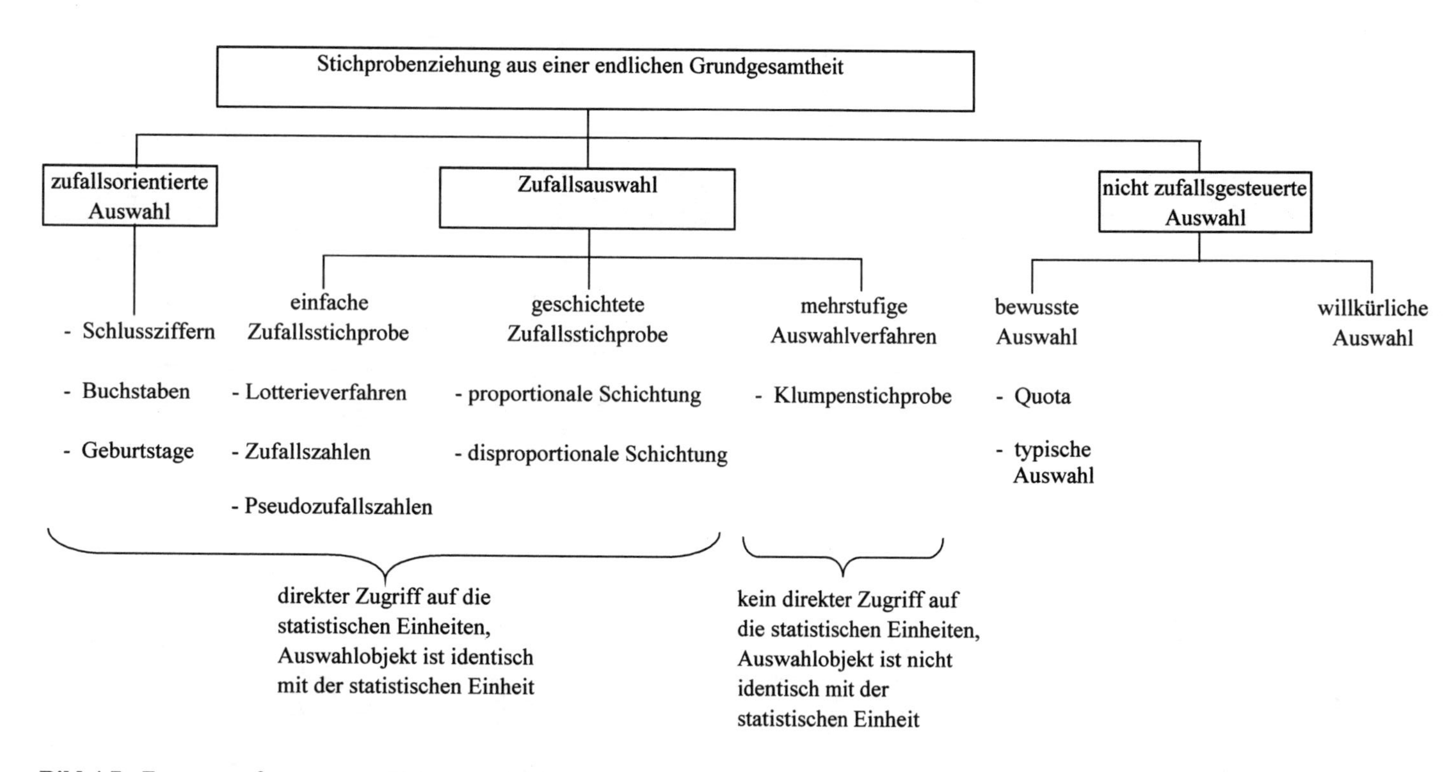

Bild 4.7 Zusammenfassung zum Ziehen von Stichproben

Für die Behandlung dieser Probleme gibt es folgende Möglichkeiten:

- Zum einen kann man vorhersehbare Non-Responderquoten berücksichtigen, indem man von vornherein mehr Einheiten auswählt. Allerdings lassen sich systematische Fehler dadurch nicht ausschließen.
- Zum anderen sollte die Erhebung so angelegt sein, dass die Anzahl der Responder möglichst groß ausfällt. Dies kann z. B. durch ein persönliches Ansprechen der Befragten, durch eine intensive, umfassende und einleuchtende Aufklärung über das Untersuchungsziel und einfache, kurze, prägnante Fragen erreicht werden.
- Weiterhin sollte man die Gruppe der Responder und der Non-Responder in bezug auf solche Unterschiede vergleichen, die den Untersuchungsgegenstand beeinflussen könnten. Sind die prozentualen Anteile der Ausprägungen solcher beeinflussender Eigenschaften in der Grundgesamtheit bekannt, braucht man diese nur den entsprechenden in der Gruppe der Responder gegenüberzustellen. Ergeben sich deutliche Differenzen, ist die Stichprobe der Responder für die Untersuchung nicht repräsentativ.
- Probleme, die aus fehlenden Werten resultieren, lassen sich zum Teil auch durch mathematisch-statistische Verfahren behandeln (siehe hierzu z. B. Kreienbrock [1993], S. 146 ff., Bourque, Clark [1994], S.60 ff.).

Neben den möglichen verzerrenden Effekten durch die Non-Responder verursachen auch die bewussten oder unbewussten **Falschantworter** systematische Fehler und damit verzerrte Ergebnisse. Falsche Antworten werden insbesondere provoziert, wenn sich der Befragte überfordert fühlt, einen Prestigeverlust befürchtet oder durch Außenstehende beeinflusst wird. Auch die bei vielen Studien übliche Preisverleihung bei einer Befragungsteilnahme kann zwar die Anzahl der Responder erhöhen, gleichzeitig aber auch dazu führen, dass die Teilnehmer aufgrund der zu erwartenden „Belohnung" eher im „Sinne der Studie" urteilen, ihre tatsächliche Meinung aber nicht wiedergeben. [2]

Auch hier kann der Untersucher durch sorgfältiges Durchdenken des Erhebungsinstrumentes versuchen, Formulierungen zu vermeiden, die einer falschen Beantwortung Vorschub leisten.

[2] Ein negatives Beispiel wäre eine Befragung von Urlaubsgästen, bei der u.a. gefragt wird, ob der Gast den Ort im nächsten Jahr wieder besuchen würde. Wenn dabei gleichzeitig als Preis eine Urlaubsreise in diesen Ort versprochen wird, so ist zu erwarten, dass alle, einschließlich der kritisch eingestellten Gäste, ihren nächsten Urlaub wieder in dem besagten Ort verbringen wollen.

4.4 Die Befragung als Methode der Datenerhebung

Empirische Untersuchungen verwenden häufig Daten, die aus Befragungen der Untersuchungsobjekte stammen. Dies ist meist darauf zurückzuführen, dass die gewünschten Daten nicht direkt beobachtbar sind und/oder im Rahmen der amtlichen bzw. nichtamtlichen Statistik nicht regelmäßig zur Verfügung gestellt werden. Auch die amtliche Statistik, deren wichtigste Institutionen das Statistische Bundesamt sowie die statistischen Landesämter sind, gewinnt einen nicht unerheblichen Teil ihrer Daten aus Befragungen. Beispiele hierfür sind der Mikrozensus, bei dem einmal jährlich 1 % aller Haushalte in Deutschland u.a. nach ihren sozio-demographischen Merkmalen, ihrer Stellung auf dem Arbeitsmarkt und ihrer Ausbildung befragt werden, sowie die Einkommens- und Verbrauchsstichprobe, bei der alle fünf Jahre 0,2 % der Haushalte Angaben zu ihrem Einkommen und ihren Ausgaben zur Verfügung stellen. Die Tabellen 4.4 und 4.5 enthalten eine Zusammenstellung von Befragungsbeispielen für die in diesem Lehrbuch besonders interessierenden Bereiche der Tourismus- und Verkehrsforschung.

4.4.1 Arten von Befragungen

Befragungen lassen sich zunächst danach unterscheiden, auf welche Weise die Interaktion zwischen den Befragten und dem Befragungsinstitut stattfindet. So können Befragungen als

- persönliches Interview (face to face – Interview),
- telephonische Befragung,
- schriftliche Befragung oder
- on-line mittels des Mediums Internet

durchgeführt werden. Die Befragungsart hat erhebliche Konsequenzen für die Möglichkeiten und Grenzen der Fragebogengestaltung sowie für das Ziehen von Stichproben. Ein weiteres Unterscheidungskriterium, das Konsequenzen für den Fragebogenentwurf und auch für die Auswertung der Ergebnisse hat, ist die Art des Befragungssubjektes. So können einzelne Personen (z.B. bei Befragungen zum Umsteigeverhalten von Nutzern öffentlicher Verkehrsmittel), Haushalte (z.B. in der Mobilitätsbefragung KONTIV oder bei der bereits erwähnten Einkommens- und Verbrauchsstichprobe) und Unternehmen (z.B. Hotelbefragungen, Befragungen zur Nutzung von moderner Informations-

Tabelle 4.4 Beispiele für Befragungen im Verkehrsbereich

Bezeichnung	Befragungsgegenstand	Stichprobenumfang	Befragungsinstitut	Befragungstyp	Quelle
KONTIV	Verkehrsverhalten an einem Stichtag	50.000 Haushalte	infas	CATI [1]	infas, DIW [2001]
NPTS (National Household-Travel-Survey)	Verkehrsverhalten an einem Stichtag	95.000 Personen	(USA)	Schriftlich und CATI	ATS american travel survey http://www.bts.gov /programs/ats
Zukunftsperspektiven des Fernverkehrs	Bewertung von Angebotsmerkmalen der Verkehrsträger, Ausbauprioritäten	2.502 Personen	infas	telephonisch	http://www.infas.de/studien /verkehr.html
Einstellungen zu Ausbau und Finanzierung der Fernstraßen	Einstellung zu Straßenbenutzungsgebühren und ihrer Verwendung sowie zur Finanzierung von Fernstraßen	2.504 Personen	infas	telephonisch	http://www.infas.de/studien /verkehrsforum.html
ÖPNV-Kundenbarometer	Kundenzufriedenheit mit öffentlichen Verkehrsmitteln	7.682 Personen	TNS EMIND	telephonisch	http://www.emnid.tnsofres.com
PATS	Akzeptanzbefragung zu preislichen Maßnahmen im Verkehr in sechs EU-Ländern	1.369 Personen	GfK	Face-to-Face Interviews mit standardisiertem Fragebogen	PATS [2000]
Wettbewerb auf dem Schienennetz der DB	Situation und Probleme von Eisenbahnunternehmen bei Nutzung des DB-Netzes	55 Unternehmen	DIW	Schriftliche Befragung	Link [2001]

[1] Schriftlich für Haushalte mit nicht recherchierbarer Telephonnummer.

Tabelle 4.5 Beispiele für Befragungen im Tourismusbereich

Bezeichnung	Befragungsgegenstand	Stichprobenumfang	Befragungsinstitut	Befragungstyp	Quelle
Reisen 2000	Reiseverhalten von Urlaubern aus 7 europäischen Ländern	7.079 Personen	TNS EMNID	CATI	http://www.emnid.tnsofres.com
Umfrage zu All-inclusive-Reisen	Interesse der Deutschen an All-inclusive-Reisen	1.002 Personen	TNS EMNID	CATI	http://www.emnid.tnsofres.com
European Holiday Survey	Reiseverhalten von Urlaubern aus 7 europäischen Ländern	6.500 Personen	TNS EMNID und Taylor- Nelson-Sofres Gruppe	CATI	http://www.emnid.tnsofres.com
Virtuelle Reisebüros	Urlaubsverhalten deutscher Onliner	1.081 Personen	TNS EMNID	Online-Fragebogen	http://www.emnid.tnsofres.com
Deutsche Tourismusanalyse 2002	Urlaubs- und Reiseverhalten deutscher Urlauber	5.000 Personen	inra	CATI	BAT [2002]
Marktforschungsstudie zum Fernreiseverhalten von Europäern	Merkmale der Reisentscheidung in 5 europäischen Ländern	5.000 Personen	ETI	telephonisch	ETI [2000]

und Kommunikationstechnik in Unternehmen oder Befragungen von Verkehrsunternehmen) befragt werden. Außerdem lassen sich Befragungen auch danach unterscheiden, ob es um die Erhebung von möglichst repräsentativen Querschnittsdaten oder um die Gewinnung von Längsschnittdaten geht. Während man im ersten Falle von einer Querschnittserhebung spricht, handelt es sich bei Längsschnitterhebungen um sogenannte Panel-Erhebungen, bei denen die gleiche Stichprobe wiederholt im Zeitablauf befragt wird. Beispiele für Panel-Erhebungen sind das sozio-ökonomische Panel des DIW (SOEP) und das Mobilitätspanel des Bundesministeriums für Verkehr, Bau- und Wohnungswesen.

Unabhängig von der Art und Weise der Befragung gilt, dass statistische Auswertungen stets messbare Informationen erfordern. Dies impliziert, dass die Datenerhebung die Gütekriterien eines Messvorganges zu erfüllen hat. Somit muss eine Befragung, die eine gute statistische Datenbasis liefern soll, das Erhebungsinstrument als Messinstrument ansehen. Die Fragen sind so zu konstruieren, dass objektive, valide und reliable Messwerte in bezug auf das Untersuchungsziel resultieren. Diese Anforderungen führen zu einer weiteren Unterscheidung von Befragungstypen:

- Bei der standardisierten Form sind der Wortlaut, die Abfolge der Fragen und die Antwortmöglichkeiten genau vorgegeben.
- Bei der nicht standardisierten Form liegt dem Interviewer lediglich ein Befragungsleitfaden vor. Er hat in diesem Fall teilweise völlige Freiheit bei der Wortwahl und der Befragungsreihenfolge. Es existieren keine Antwortvorgaben für den Befragten.

Zu beachten ist, dass in der Praxis häufig Mischformen verwendet werden. So können offene Fragen, d.h. Fragen ohne Antwortvorgaben, auch bei schriftlichen Befragungen auftreten, die ansonsten hinsichtlich Frageformulierung und Reihenfolge der Fragen standardisiert sind. Die oft synonym verwendeten Begriffspaare „standardisiert-nicht standardisiert“ und „geschlossen-offen“ sind insofern unscharf. Wir werden daher von der standardisierten bzw. nicht standardisierten Befragung und geschlossenen bzw. offenen Fragen sprechen.

Nicht standardisierte Befragungen mit offenen Fragen liefern keine quantitativen Informationen, die den Gütekriterien einer Messung standhalten, und sind folglich keine Basis für statistische Auswertungen. Hier können lediglich qualitative Auswertungsverfahren (siehe Müller [2000], S. 129 ff.) eingesetzt werden.

Tabelle 4.6 zeigt eine Systematik der Befragungsarten. In diesem Lehrbuch können wir nicht auf alle dieser verschiedenen Befragungstypen eingehen. Wir werden uns daher im Folgenden auf allgemeingültige Grundsätze der Fragebogenentwicklung konzentrieren, die sowohl für schriftliche als auch für persönliche, telefonische oder on-line Befragungen gelten. Wir werden die Darstellung weiterhin auf solche Befragungen beschränken, die statistisch ausgewertet werden können, d.h. wir werden standardisierte Fragebögen mit geschlossenen Fragen behandeln.
Zur Problematik des Einsatzes, zu Vor- und Nachteilen standardisierter und nicht standardisierter, persönlicher, telefonischer oder schriftlicher Befragungen sei auf die existierende umfangreiche Literatur verwiesen (Bortz [1993], Porst [1985], Roth [1987], Scheuch [1973], inra [2001]).

Tabelle 4.6 Systematisierung von Befragungen

Aspekt			
Art der Durchführung	Befragungssubjekt	Zeithorizont	Art des Fragebogens
Persönliches Interview Telephonbefragung Schriftliche Befragung Online-Befragung	Personen Haushalte Unternehmen	Querschnitt Längsschnitt (Panel)	standardisiert nicht standardisiert

4.4.2 Erarbeitung eines Fragebogens

4.4.2.1 Konzeption der Fragebogengrobstruktur

Voraussetzung für die Erarbeitung eines Fragebogens ist ein klares, abgegrenztes Untersuchungsziel, dessen Einbettung in das zugehörige theoretische Umfeld und ein thematisch gut strukturiertes Untersuchungskonzept mit allen zu erfassenden Untersuchungsaspekten. Es ist zu empfehlen, die einzelnen Untersuchungsaspekte, die das Untersuchungsziel inhaltlich voll abdecken müssen, in logischer Abfolge und in Untersuchungskomplexe aufgeteilt detailliert aufzuschreiben.

Damit hat man bereits eine gute Ausgangsbasis für die Entwicklung der entsprechenden Untersuchungsfragen.

Dieser intellektuellen Leistung, ausgehend vom Untersuchungsziel ein Fragenprogramm zu entwickeln, folgt dann die methodische Umsetzung des Fragenprogramms in einen statistisch auswertbaren, DV-gerechten Fragebogen. Dabei werden der Inhalt, die Anzahl und die Reihenfolge der einzelnen Fragen, die sprachliche Formulierung und die Verwendung der Antwortkategorien festgelegt (Operationalisierung).

Ein ganz wesentlicher Schritt ist die Durchführung eines Pre-Tests, in dem ein Prototyp des Fragebogens im Hinblick auf seine Verständlichkeit, Vollständigkeit und Widerspruchsfreiheit überprüft wird. Von Interesse ist in diesem Zusammenhang auch, wie lange das Ausfüllen des Fragebogens gedauert hat. Anhand der im Pre-Test gewonnenen Erkenntnisse wird der Fragebogen dann überarbeitet und die Endversion fertig gestellt. Bild 4.8 veranschaulicht diese Schritte des Fragebogenentwurfs.

4.4.2.2 Anforderungen an die Formulierung der Fragen

Bei der konkreten Formulierung der Untersuchungsfragen als DV-gerechte, statistisch auswertbare Fragen sind einige grundlegende Forderungen zu beachten:

- Die Fragen müssen den zu beobachtenden Sachverhalt **adäquat** abbilden.

- Die Fragen sind **verständlich**, **präzise** und **einfach** zu formulieren. Es sollten keine spezifischen Fachausdrücke verwendet werden, die „Normalpersonen“ im allgemeinen unbekannt sind. Auch auf Fremdwörter und Abkürzungen ist zu verzichten.

- Die Fragen sind entsprechend dem **Informations**- und **Wissensstand** des Befragten zu gestalten.

- **Suggestive** Fragestellungen sind zu **vermeiden**, denn die Art und Weise der Formulierung der Frage kann das Ergebnis beeinflussen.

- Fragen, die hinsichtlich des Befragungszieles keine neuen Informationen liefern, sind zu vermeiden (**Redundanz**).

- Es empfiehlt sich, Fragen zur **Plausibilitätskontrolle** vorzusehen.

- Die vorgegebenen Antwortmöglichkeiten müssen für den Befragten noch **überschaubar**, jedoch **vollständig (erschöpfend)** sein.

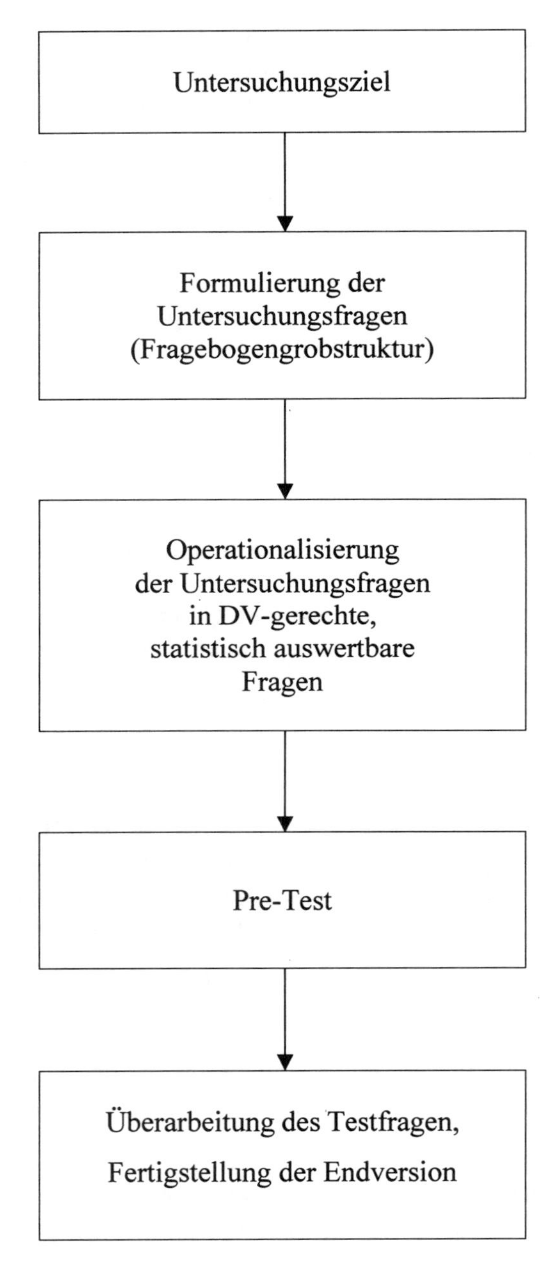

Bild 4.8 Ablauf der Erarbeitung eines Fragebogens

4.4.2.3 Arten von Fragen

In der Literatur finden sich, der Komplexität des Themas Fragebogen entsprechend, verschiedene Systematisierungen von Fragen. Hinsichtlich der zu erfragenden Informationen lassen sich folgende Gruppen von Fragen bilden:[1]

Faktfragen

Sie beziehen sich auf nachprüfbare Antworten zu konkreten Sachverhalten. Beispiele sind die Fragen „Wie alt sind Sie?" und „Wie viel kostet derzeit ein Einzelfahrschein im öffentlichen Nahverkehr Ihrer Stadt?".

Wissenfragen

Mit solchen Fragen will man ergründen, ob die befragte Person bestimmte Sachverhalte kennt. In diesem Sinne könnte die Frage nach dem Preis eines Einzelfahrscheins durchaus auch als Wissensfrage eingeordnet werden.

Demografische Fragen

Fragen wie die nach dem Alter, dem Familienstand oder dem Einkommen sind eine spezielle Form der Faktfragen, die eigentlich bei jeder Befragung obligatorisch sind.

Einschätzungsfragen

Dies sind ebenfalls Faktfragen, bei denen jedoch nach relativ ungewissen Fakten gefragt wird. Ein Beispiel ist die Frage „Was glauben Sie, wie hoch wird der Benzinpreis in der kommenden Woche sein?".

Bewertungsfragen

Bei dieser Art von Fragen wird um ein Werturteil über einen bestimmten Sachverhalt gebeten. Beispiele hierfür sind die Fragen „Wie bewerten Sie die Verkehrspolitik der Bundesregierung?" und „Wie bewerten Sie den Service in diesem Hotel?". Der Unterschied zu den Einschätzungsfragen besteht darin, dass es bei letzteren eher um eine kognitive Leistung des Befragten geht. Dennoch sind die Übergänge zwischen beiden Fragetypen meist fließend.

---

[1] Eine vereinfachte Kategorisierung gibt A. J. Veal [1997], S.162 ff., der drei Gruppen unterscheidet: Fragen, die den Befragten charakterisieren (Wer?), Fragen zu Aktivitäten bzw. zum Verhalten des Befragten (Was?) und Fragen zu Ursachen, Motivationen, Einstellungen (Warum?).

Einstellungsfragen

Hierbei geht es um die affektuelle Beziehung des Befragten zu einem Sachverhalt. Dazu gehören die idealtypische Orientierung seines sozialen Handelns und seine individuellen, oftmals emotional gesteuerten Beweggründe dafür. Beispiele hierfür sind die im Kap. 5.4.4 dargestellten Statements zur Mobilität.

Handlungsfragen

Diese beziehen sich auf vergangene, gegenwärtige oder in der Zukunft beabsichtigte Aktivitäten des Befragten. Beispiele sind die Fragen nach der Verkehrsmittelbenutzung an einem bestimmten Stichtag (siehe Fragebogen der KONTIV-Studie in Kap. 4.4.3) und Fragen zu Ferien- und Reiseaktivitäten. Fragen nach beabsichtigten Aktivitäten stellen einen Spezialfall dar, der in den sogenannten Stated-Preference-Befragungen eine Rolle spielt (siehe Kroes und Sheldon [1998]).

Eine weitere Unterscheidung von Fragen betrifft die Art, wie sie sich an den Befragten richten:

Direkte Fragen

Sie richten sich unmittelbar, ohne Umwege und Hintergründe an den Befragten. Das Fragemotiv ist völlig durchschaubar. Beispiele sind die Fragen „Aus welchem Bundesland kommen Sie?“ und „Welches Verkehrsmittel haben Sie bei der Anreise benutzt?“

Indirekte oder projektive Fragen

Oftmals sind bestimmte Einstellungen und Motivationen, aber auch gewisse Aktivitäten mit einem negativen Image belastet. Der Befragte möchte jedoch positiv erscheinen oder der „Norm“ entsprechen. Um zu vermeiden, dass der Befragte im positiven Sinne oder generell im Sinne des Fragenden antwortet, werden derartige Fragestellungen indirekt oder projektiv formuliert. Häufig wird dabei die direkte persönliche Ansprache durch eine unpersönliche Anrede ersetzt oder die Frage auf dritte Personen bezogen (projektive Frage) oder das interessierende Problem durch unverfängliche Stellvertretervariablen umschrieben (indirekte Frage). Beispiele sind „Glauben Sie, dass die polnische Ostseeküste eine Urlaubsregion für Deutsche werden könnte?“ und „Wie häufig besuchen Ihre Freunde eine Bierkneipe?“

Eine weitere Differenzierung zwischen den einzelnen Frageformen betrifft die zugelassenen Antwortmöglichkeiten.

Offene Fragen

Bei offenen Fragen sind keine Antwortkategorien vorgegeben. Die Formulierung der Antwort ist dem Befragten ganz oder teilweise überlassen. Es wird meist auch nicht vorgeschrieben, wie viel er dazu sagen oder schreiben darf.

Geschlossene Fragen

Bei geschlossenen Fragen sind dem Befragten die Antwortmöglichkeiten vorgegeben. Er wählt lediglich die für ihn zutreffende Antwort oder, falls Mehrfachantworten möglich sind, die zutreffenden Antworten aus den gegebenen Kategorien aus.

Offene Fragen haben aus der Sicht einer quantitativen Auswertung entscheidende Nachteile, sofern die Frage nicht auf natürliche Weise messbare Merkmale mit eindeutigen Merkmalsausprägungen betrifft, wie z.B. die Frage nach dem Alter, dem Einkommen oder der Augenfarbe. Wurde der betrachtete Sachverhalt nicht vor der Befragung operationalisiert, d.h. existieren keine definierten Ausprägungen des Merkmals, so ist der Untersucher gezwungen, die Antworten im nachhinein zu standardisieren und zu kodieren. Dies ist oftmals schwierig, wenn nicht gar unmöglich. Die individuellen, auf unterschiedliche Weise formulierten Antworten lassen sich in der Regel schwer vergleichen bzw. zusammenfassend interpretieren. Ein weiterer Nachteil besteht darin, dass offene Fragen meist nicht gern beantwortet werden, da die Formulierung der Antworten in der Regel deutlich mehr Überlegung und Zeit erfordert.

Offene Fragen sind nur dann zu empfehlen, wenn lediglich qualitative Auswertungsmethoden benutzt werden. Sie können auch in kleineren Vorstudien mit explorativem Charakter sinnvoll sein, wenn Informationen zur Ermittlung möglicher Anwortkategorien zu einem bestimmten Gegenstand gesucht werden. Des weiteren können Sie interessante Ergebnisse liefern, wenn es auf spontane Äußerungen von Befragten oder spontane Nennung von Prioritäten bei mehreren Antwortmöglichkeiten ankommt.

Geschlossene Fragen erfordern eine besonders sorgfältige sachlogische Vorbereitung seitens des Untersuchers, denn er legt mit der Vorgabe der Antwortkategorien, die als Messwerte betrachtet werden, das Niveau der Messskala und damit die anwendbaren statistischen Verfahren fest. Außerdem ist darauf zu achten, dass die Auswahlmöglichkeiten das gesamte Antwortspektrum überdecken. Findet der Befragte keine für ihn zutreffende Antwortkategorie, so kreuzt er entweder willkürlich an, d.h. man erhält falsche Antworten, oder er beantwortet die Frage gar nicht.

Wenn sich der Untersucher nicht sicher ist, ob er alle Antwortmöglichkeiten vorgesehen hat, sollte er mit Kategorien wie „sonstiges" oder „weiß nicht" sogenannte **„weiche" Formen** der Antwortvorgabe vorsehen. Ob die definierten Kategorien alle Möglichkeiten erschöpfen, sollte stets durch den bereits erwähnten **„Pre-Test"** des Fragebogens überprüft werden.

4.4.2.4 Beispiele für typische Antwortmöglichkeiten

Im Abschnitt 4.2.1 haben wir bereits verschiedene Arten und Darstellungsformen von Rating-Skalen diskutiert. Hier wollen wir nun einige Beispiele für typische Antwortskalen vorstellen, die sich nach dem zu erfragenden Gegenstand wie folgt einteilen lassen (siehe hierzu auch Schnell/Hill/Esser [1995], S.303 ff.):

1. Antwortvorgaben für Fragen nach Häufigkeit und Intensität:

- Wie häufig besuchen Sie in Ihrem Urlaub ein Fitness-Studio?

  Nie / selten / gelegentlich / oft / immer.

- Wie oft können Sie über ein Auto verfügen? (vgl. KONTIV-Fragebogen in Kap. 4.4.3).

  Jederzeit / gelegentlich / ausnahmsweise / gar nicht.

2. Antwortvorgaben für Bewertungs- und Einstellungsfragen:

- Shopping ist ein wesentlicher Bestandteil meines Kurzurlaubes.

  Trifft vollkommen zu / trifft zu / teils - teils / trifft nicht zu / trifft überhaupt nicht zu

- Gut funktionierende öffentliche Verkehrsmittel sind für mich wichtig (siehe Kap. 5.4).

  Stimme vollständig zu/ stimme zu / weder - noch / lehne ab/ lehne vollständig ab.

- Zu einem guten Essen gehört ein gepflegter Wein.

Aussage ist vollständig richtig - Aussage ist vollständig falsch

1 2 3 4 5 6 7

- Das Verkaufspersonal ist ansprechend gekleidet.

Stimmt nicht/ stimmt wenig/ stimmt mittelmäßig/ stimmt ziemlich/ stimmt sehr.

- Wie wichtig sind Ihnen klassische Konzertangebote in Ihrem Urlaubsort?

Sehr wichtig / wichtig / wenig wichtig/ überhaupt nicht wichtig.

- Wie wichtig ist für Sie bei der Wahl Ihres Reiseziel die Empfehlung von Freunden und Bekannten? (vgl. Hallerbach und Scherhag [2001])

Sehr wichtig/ wichtig/ eher wichtig/ eher unwichtig/ unwichtig/ völlig unwichtig.

- Wie bewerten Sie das Preis- Leistungsverhältnis unseres Hotels?

Sehr gut / gut / befriedigend / schlecht / sehr schlecht.

3. Antwortmöglichkeiten bei Verhaltensfragen:

- Werden Sie ihren nächsten Jahresurlaub wieder in diesem Ostseebad verbringen?

Keinesfalls/ wahrscheinlich nicht/ vielleicht/ ziemlich wahrscheinlich/ ganz sicher.

- Beabsichtigen Sie im Jahre 2002 eine Urlaubsreise zu machen? (vgl. BAT [2002])

Ja/ unsicher/ nein.

4.4.2.5 Zur Fragebogengestaltung

Bei der Gestaltung eines Fragebogens sind im Zusammenhang mit dem Anschreiben, der Fragenanordnung und dem Design folgende Grundsätze zu beachten:

Anschreiben

Bei schriftlichen Befragungen muss dem Fragebogen stets ein Anschreiben vorangehen, das die persönliche Anrede bei mündlichen oder telefonischen Befragungen ersetzt. Im Anschreiben wird der Befragte persönlich angesprochen und der Sinn und Zweck der Befragung so dargelegt, dass der durch die Befragungsergebnisse gewonnene Nutzen klar zum Ausdruck kommt. Des weiteren ist zu erklären, woher man die Adresse des Befragten erhalten hat und es muss unbedingt die Einhaltung der Bestimmungen des Datenschutzes zugesichert werden. Aus dem Anschreiben muss außerdem hervorgehen, wer die Befragung durchführt sowie, falls es einen Auftraggeber der Untersuchung gibt, in wessen Auftrag die Studie durchgeführt wird. Um eine möglichst hohe **Responderquote** zu erreichen, sollte dem Befragten auch ein persönlicher Vorteil durch die Studienergebnisse sowie seine wichtige Rolle in diesem Erkenntnisprozess deutlich werden. Wichtig ist außerdem, bei schriftlichen Beragungen ein bereits frankiertes Rückkuvert für den ausgefüllten Fragebogen beizufügen.

Anordnung der Fragen

Die Anordnung der Fragen muss an den inhaltlichen Aspekten der Problemstellung und an psychologischen Kriterien orientiert sein.

1. Der Fragebogen sollte mit leichten Fragen beginnen, die zur Thematik hinführen und das Interesse des Befragten wecken (sogenannte Einleitungs-, Eisbrecher- oder auch Kontaktfragen).

2. Fragen, die zu einem inhaltlichen Komplex gehören, sollten hintereinander stehen und deutlich von anderen inhaltlichen Frageblöcken abgegrenzt sein.

3. Wenn es zwischen den Fragekomplexen eine logische Abfolge gibt, sollte dieser „rote Faden“ auch durch die entsprechende Aneinanderreihung der Frageblöcke erkennbar sein.

4. Um dem Befragten nicht gleich zu Beginn die „Freude“ an der Beantwortung des Fragebogens zu verderben oder gar eine Verweigerung zu provozieren, sollten schwierige oder sensible Fragen in der Reihenfolge möglichst weit hinten gestellt werden.

5. Die Fragen zu den demographischen und sozio-ökonomischen Angaben sollten den Fragebogen abschließen. Wer sich durch die Beantwortung der inhaltlichen Fragen „durchgekämpft“ hat, beantwortet in der Regel auch schnell noch die persönlichen Fragen. Was nützen jedoch umgekehrt die am Anfang stehenden persönlichen Angaben, wenn die Befragung dann aus Zeitgründen, Kompetenzmangel oder anderen Ursachen abgebrochen wird.

6. Bei Fragen mit sehr vielen Antwortmöglichkeiten werden erfahrungsgemäß die ersten und letzten Kategorien am meisten beachtet. Hingegen erhalten die Kategorien am Ende des zweiten Drittels die geringste Aufmerksamkeit. Dies kann vermieden werden, indem man die Stichprobe in zwei gleich große Halbgruppen teilt und die Liste der Antwortkategorien dreht. Das setzt jedoch eine hinreichend umfangreiche Stichprobe voraus.

7. Am Ende des Fragebogens sollte stets die Dankesformel stehen und eventuell freier Platz gelassen werden für Anmerkungen des Befragten zum Fragebogen.

Übersichtliches Design und visuelle Hilfen

Ein optisch ansprechendes Layout des Fragebogens ist für die Motivation des Befragten wichtig. Lange, unstrukturierte Texte ohne graphische Auflockerung wirken unverständlich und abschreckend. Klare, kurze, übersichtlich angeordnete Fragen mit visueller Unterstützung hingegen versprechen ein schnelles Beantworten und bauen Hemmschwellen ab. Es sollten stets attraktiv gestaltete Deckblätter mit Bezug zum Thema gewählt werden. Bei größeren schriftlichen Befragungen empfehlen sich außerdem Hinweise zum Ausfüllen des Fragebogens sowie die Angabe einer Kontaktperson für eventuelle Rückfragen.

Länge des Fragebogens

Eine allgemeingültige Empfehlung zur „optimalen“ Länge eines Fragebogens gibt es nicht. Die Bereitschaft von Befragten, ihre Zeit zum Ausfüllen eines Fragebogens zur Verfügung zu stellen, ist von ihrer Motivation und ihrem Interesse am Befragungsinhalt abhängig. Gelingt es, dieses Interesse zu wecken, so werden die Befragten auch durchaus einen etwas längeren Fragebogen beantworten. Kann jedoch kein Interesse geweckt werden, so wird man sicherlich auch mit einem kürzeren Fragebogen scheitern. Angesichts dessen ist jede „Faustformel“ zur Fragebogenlänge mit Vorsicht zu betrachten. Allgemein kann man jedoch davon ausgehen, dass ein Fragebogen 10-15 Seiten nicht überschreiten sollte.

4.4.3 Fragebogengestaltung am Beispiel der Studie „Mobilität in Deutschland“ (KONTIV)

Im folgenden Abschnitt wollen wir an einem Praxis-Beispiel die bislang dargestellten Prinzipien des Fragebogenentwurfs demonstrieren. Wir haben dazu die Studie „Mobilität in Deutschland“ (KONTIV) ausgewählt, eine im Auftrage des Bundesministeriums für Verkehr, Bau- und Wohnungswesen im Jahr 2002 durchgeführte bundesweite Befragung von rund 50 000 Haushalten zu ihrem alltäglichen Verkehrsverhalten. Obwohl wir an dieser Stelle nicht auf die Studie selbst eingehen werden (der interessierte Leser sei auf infas/DIW [2001] verwiesen), sind einige Anmerkungen zum Design der Studie erforderlich.

Die Adressen der befragten Haushalte wurden zufällig gezogen und vom Einwohnermeldeamt zur Verfügung gestellt. Die eigentliche Befragung wurde in der Mehrzahl der Fälle als sogenanntes CATI-Interview durchgeführt. Dabei wurde an die Haushalte ein sogenannter memory-jogger, ein Blatt zum Eintragen der Wege pro Haushaltsmitglied, versendet, auf dessen Basis dann das telefonische Interview durchgeführt wurde. Ein „klassischer“ schriftlicher Fragebogen wurde lediglich an die Haushalte geschickt, deren Telefonnummer nicht recherchierbar war.

Wir wollen im Folgenden den für die schriftliche Befragung verwendeten Fragebogen sowie die Web-Seite des Projektes besprechen. Natürlich wird es sich nicht für jede Befragung lohnen (oder erforderlich sein), eine Homepage einzurichten. Wir wollen hier dennoch auch auf diesen Bereich der Studie eingehen, weil der Inhalt der Homepage in vielen Bereichen Informationen enthält (z.B. Datenschutz), die man bei schriftlichen Befragungen mit dem eigentlichen Fragebogen an die Befragungsteilnehmer versenden müsste. Außerdem erfüllt die Web-Seite in weiten Teilen die Funktionen, die normalerweise die Interviewer bei telefonischen Rückfragen durch die Befragungsteilnehmer übernehmen müssen.

Bild 4.9 Deckblatt des Wegefragebogens der KONTIV-Studie

4.4.3.1 Der Wegefragebogen der KONTIV

Diejenigen Haushalte, die im Rahmen der KONTIV-Befragung schriftlich befragt wurden, erhielten einen sogenannten Wegefragebogen sowie einen Haushaltsfragebogen. Außerdem war ein sogenannter Kinderfragebogen beigefügt, den bei Kindern von unter 10 Jahren die Eltern auszufüllen hatten. Für Kinder zwischen 10 und 13 Jahren konnten die befragten Haushalte selbst entscheiden, ob die Eltern den Kinderfragebogen ausfüllen oder das Kind dies selbst tut. Im Folgenden wollen wir einige Passagen des allgemeinen Wegefragebogens diskutieren.

Der Wegefragebogen besteht aus:

- einer Erklärung des Fragebogens für die Studienteilnehmer,
- allgemeinen Fragen zur Verkehrsmittelnutzung,
- Angaben zur Person,
- Fragen zum konkreten Verkehrsverhalten an einem ausgewählten Stichtag,
- einer Dankesfloskel.

Bild 4.9 zeigt zunächst das Deckblatt des Fragebogens, das grafisch gestaltet ist und die Logos des Auftraggebers (des Bundesministeriums für Verkehr, Bau- und Wohnungswesen) sowie der durchführenden Institute infas und DIW Berlin enthält.

Liebe Studienteilnehmerinnen und liebe Studienteilnehmer,

Im ersten Teil dieses Personen- und Wegefragebogens geht es um einige allgemeine Angaben zu Ihrer Verkehrsmittelnutzung. Im zweiten Teil folgen Fragen zu Ihrem Stichtag und den Wegen, die Sie an diesem Tag zurückgelegt haben.

Eine Bitte an alle Haushalte mit Kindern unter 14 Jahren:

Der Ihnen vorliegende Fragebogen richtet sich an Personen im Alter ab 14 Jahren. Für Kinder unter 10 Jahren bitten wir die Eltern, die beigefügten Kinderfragebögen auszufüllen. Für Kinder zwischen 10 und 13 Jahren möchten wir es Ihrer eigenen Entscheidung überlassen, ob Sie den Kinderfragebogen für Ihr Kind ausfüllen oder dies dem Kind selbst überlassen.

Wir wünschen Ihnen viel Spaß beim Ausfüllen. Bitte vergessen Sie nicht, den ausgefüllten Fragebogen zusammen mit den anderen Personenbögen (falls es mehrere Haushaltsmitglieder gibt) wieder an infas zurückzuschicken.

Herzlichen Dank für Ihre Mitarbeit!

Ihr Projektteam Mobilität in Deutschland

Bild 4.10 Erläuterungsteil des Wegefragebogens der KONTIV-Studie

Bild 4.10 zeigt den kurzen Erklärungsteil zu Beginn des Fragebogens, in dem der Befragte auf die Art der zu erwartenden Fragen eingestimmt wird. Außerdem ist hier erläutert, von wem die Fragebögen für Kinder unter 14 Jahren auszufüllen sind. Auch die Erinnerung daran, den ausgefüllten Fragebogen zusammen mit eventuell anderen Fragebögen (falls es mehrere Haushaltsmitglieder gibt) wieder an das Befragungsinstitut zurückzuschicken sowie die Dankesfloskel sind wichtige Bestandteile dieses Fragebogenbeginns.

Als Erstes einige allgemeine Fragen zu Ihrer Verkehrsmittelnutzung.

1. Wie oft können Sie über ein Auto verfügen?

- ☐ jederzeit
- ☐ gelegentlich
- ☐ ausnahmsweise
- ☐ gar nicht

2. Besitzen Sie zurzeit ein verkehrstüchtiges Fahrrad?

- ☐ ja
- ☐ nein

3. Bitte geben Sie an, wie häufig Sie in der Regel die folgenden Verkehrsmittel benutzen.

Machen Sie bitte in jeder Zeile ein Kreuz!	(fast) täglich	an einem bis 3 Tagen pro Woche	an einem bis 3 Tagen pro Monat	seltener	(fast) nie
Auto	☐	☐	☐	☐	☐
Fahrrad	☐	☐	☐	☐	☐
Bus oder Bahn in Ihrer Region	☐	☐	☐	☐	☐
Bahn auf längeren Strecken	☐	☐	☐	☐	☐

4. Wie gut können Sie von Ihrem Wohnort aus Ihre üblichen Ziele erreichen?

Machen Sie bitte in jeder Zeile ein Kreuz!	sehr gut	gut	einigermaßen	schlecht	sehr schlecht	weiß nicht
mit öffentlichen Verkehrsmitteln	☐	☐	☐	☐	☐	☐
mit dem Auto	☐	☐	☐	☐	☐	☐

Bild 4.11 Auszug aus dem Wegefragebogen der KONTIV-Studie

5a. Wie viele Minuten benötigen Sie zu Fuß von Ihrer Wohnung aus bis zu den nächstgelegenen Haltestellen der folgenden öffentlichen Verkehrsmittel?

Bitte tragen Sie die Dauer des Fußwegs ein!

	Minuten Fußweg?	
Bushaltestelle	☐	Min.
Bahnhaltestelle *(gemeint sind z.B. die U-Bahn, S-Bahn, Straßenbahn oder Regionalbahn bzw. Nahverkehrszüge)*	☐	Min.

Wenn es dieselbe Haltestelle ist, tragen Sie bitte zweimal die gleiche Zahl ein!

5b. Wie groß ist die Entfernung zu diesen beiden oder dieser Haltestelle(n) in etwa?

Bitte machen Sie in jeder Spalte jeweils ein Kreuz!

	Haltestelle Bus	Haltestelle Bahn
unter 100 Meter	☐	☐
zwischen 100 und 200 Metern	☐	☐
zwischen 200 und 400 Metern	☐	☐
zwischen 400 Metern und einem Kilometer	☐	☐
zwischen einem und 2 Kilometern	☐	☐
zwischen 2 und 5 Kilometern	☐	☐
zwischen 5 und 10 Kilometern	☐	☐
weiter als 10 Kilometer	☐	☐
weiß nicht	☐	☐

6. Sind Sie durch gesundheitliche Probleme in Ihrer Mobilität eingeschränkt?

Kreuzen Sie bitte alles an, was zutrifft:

- ☐ ja, durch Gehbehinderung
- ☐ ja, durch Sehbehinderung
- ☐ ja, durch andere Einschränkung(en)
- ☐ nein, keine Einschränkung in meiner Mobilität

7. Wie lange wohnen Sie schon in dem Haus oder der Wohnung, in der Sie zurzeit leben?

- ☐ seit weniger als einem Jahr
- ☐ seit einem bis unter zwei Jahren
- ☐ seit mehr als zwei bis unter fünf Jahren
- ☐ seit fünf Jahren oder länger

8. Für welche Kraftfahrzeugtypen besitzen Sie einen Führerschein?

Kreuzen Sie bitte alles an, was für Sie zutrifft, und tragen Sie bitte jeweils das Jahr des Führerscheinerwerbs ein!

		Führerschein erworben im Jahr?
☐	Mofa / Moped ➔	☐
☐	Motorrad ➔	☐
☐	Pkw / Kombi ➔	☐
☐	Lkw ➔	☐

9. Welche Fahrkartenart nutzen Sie überwiegend, wenn Sie den öffentlichen Nahverkehr benutzen – also Bus oder Bahn in Ihrer Region?

Bitte geben Sie auch eine Fahrscheinart an, wenn Sie nur sehr selten mit Bus oder Bahn unterwegs sind.

- ☐ Einzelfahrschein, Tageskarte
- ☐ Mehrfachkarte, Streifenkarte
- ☐ Wochenkarte, Monatskarte
- ☐ Monatskarte im Abonnement, Jahreskarte
- ☐ Jobticket, Semesterticket etc.
- ☐ anderes
- ☐ weiß nicht
- ☐ fahre nie mit öffentlichen Verkehrsmitteln

Bild 4.12 Auszug aus dem Wegefragebogen der KONTIV-Studie

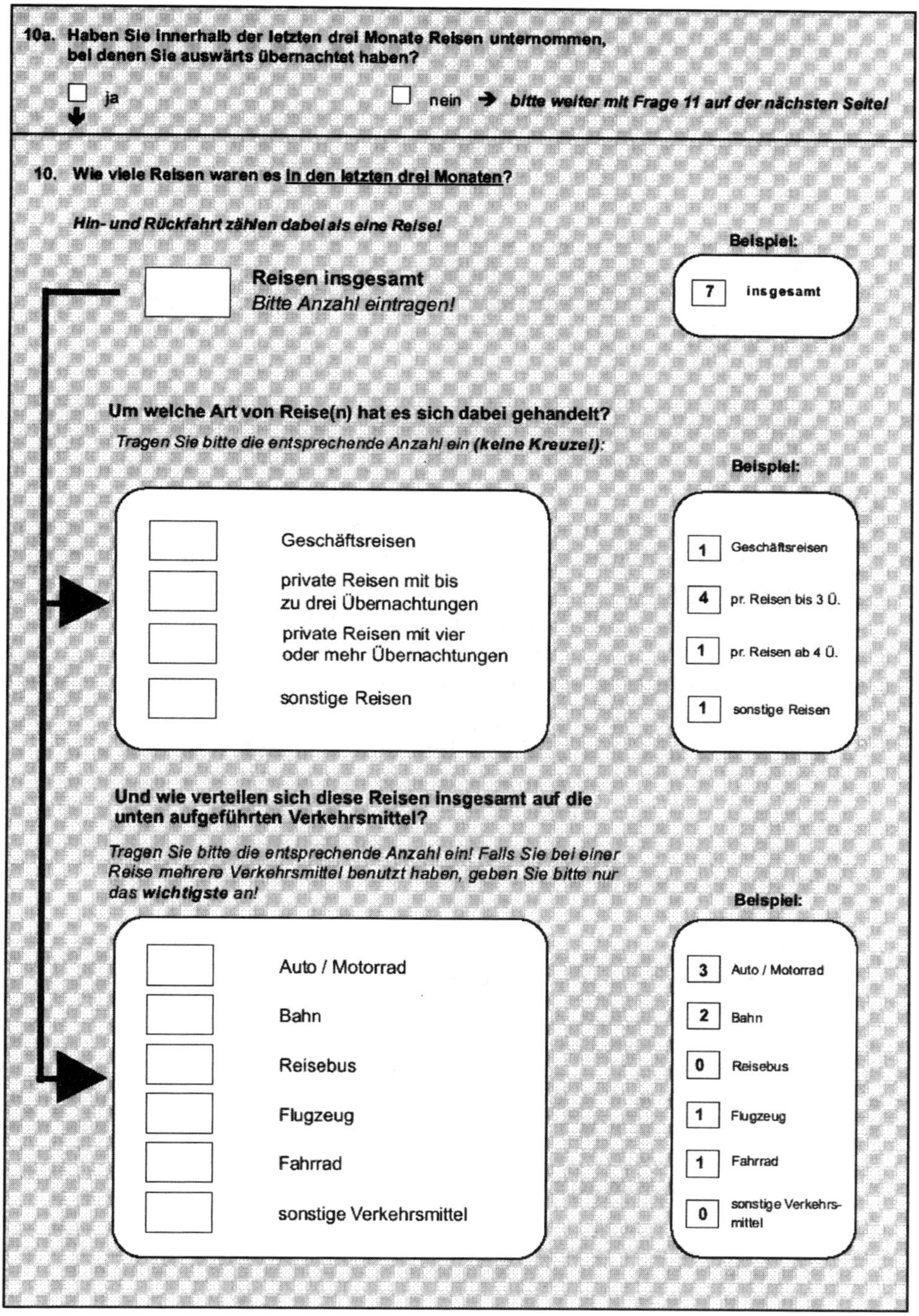

10a. Haben Sie innerhalb der letzten drei Monate Reisen unternommen, bei denen Sie auswärts übernachtet haben?

☐ ja

☐ nein ➔ ***bitte weiter mit Frage 11 auf der nächsten Seite!***

10. Wie viele Reisen waren es <u>in den letzten drei Monaten</u>?

Hin- und Rückfahrt zählen dabei als eine Reise!

☐ **Reisen insgesamt**
Bitte Anzahl eintragen!

Beispiel:

7 insgesamt

Um welche Art von Reise(n) hat es sich dabei gehandelt?
*Tragen Sie bitte die entsprechende Anzahl ein **(keine Kreuze!)**:*

☐ Geschäftsreisen
☐ private Reisen mit bis zu drei Übernachtungen
☐ private Reisen mit vier oder mehr Übernachtungen
☐ sonstige Reisen

Beispiel:

1 Geschäftsreisen
4 pr. Reisen bis 3 Ü.
1 pr. Reisen ab 4 Ü.
1 sonstige Reisen

Und wie verteilen sich diese Reisen insgesamt auf die unten aufgeführten Verkehrsmittel?

*Tragen Sie bitte die entsprechende Anzahl ein! Falls Sie bei einer Reise mehrere Verkehrsmittel benutzt haben, geben Sie bitte nur das **wichtigste** an!*

☐ Auto / Motorrad
☐ Bahn
☐ Reisebus
☐ Flugzeug
☐ Fahrrad
☐ sonstige Verkehrsmittel

Beispiel:

3 Auto / Motorrad
2 Bahn
0 Reisebus
1 Flugzeug
1 Fahrrad
0 sonstige Verkehrsmittel

Bild 4.13 Auszug aus dem Wegefragebogen der KONTIV-Studie

Die Bilder 4.11 bis 4.13 enthalten Auszüge zu den allgemeinen Fragen der Verkehrsmittelnutzung. Der Fragebogen beginnt mit zwei sehr einfachen Fragen, die als Aufwärm- oder Eisbrecherfragen dienen (dies sind die Fragen 1 und 2 nach der Verfügbarkeit über ein Auto bzw. über ein verkehrstüchtiges Fahrrad). Die Beantwortung dieser Fragen dürfte keinerlei Schwierigkeiten für die Befragten machen. Die daran anschließenden Fragen 3 bis 5b sind bereits aufwändiger und zum Teil auch schwieriger zu beantworten. Sowohl die Frage nach der Verkehrsmittelbenutzung als auch nach der Erreichbarkeit der üblichen Ziele nutzen eine verbale Skala, die bei Frage 4 auch die Kategorie „weiß nicht" enthält. Beide Fragen enthalten den unterstützenden Ausfüllhinweis, dass in jeder Zeile eine Kategorie anzukreuzen ist. Bereits die Fragen 6 und 7 sind wieder leichte Fragen. Sie sind nach den etwas aufwändigen und erschöpfenden vorangegangenen Fragen angeordnet, um den Befragten einerseits eine Erholungspause, andererseits aber auch ein Erfolgserlebnis zu verschaffen.

Frage 10 a ist ein Beispiel für eine sogenannte Filterfrage. So können diejenigen Befragten, die innerhalb der letzten drei Monate keinerlei Reisen mit Auswärtsübernachtung unternommen haben, die Frage 10 überspringen und weiter im Fragebogen fortfahren. Hingegen werden diejenigen, die innerhalb der letzten drei Monate verreist waren und dabei auswärts übernachtet haben, in Frage 10 nach Details dieser Reisen gefragt. Die Gestaltung von Frage 10 trägt der Tatsache Rechnung, dass die hier geforderten Informationen und Antworten aufwändig und zum Teil auch mit Verständnisschwierigkeiten behaftet sein können. Aus diesem Grunde sind jeweils Ausfüllbeispiele für die Fragen nach der Art der Reise sowie nach der Verteilung dieser Reisen auf die Verkehrsmittel angegeben.

Bild 4.14 Beispiel für die Verwendung einer graphischen Skala im Wegefragebogen der KONTIV-Studie

Bundesministerium für Verkehr, Bau- und Wohnungswesen • Postfach 20 01 00 • 53170 Bonn

An alle
Teilnehmerinnen und Teilnehmer
des Projekts Mobilität in Deutschland

Robert-Schuman-Platz 1, 53175 Bonn

MOBILITÄT IN DEUTSCHLAND: Bundesweite Befragung zum Verkehrsverhalten

Sehr geehrte Studienteilnehmerinnen,
sehr geehrte Studienteilnehmer,

der Bundesminister für Verkehr, Bau- und Wohnungswesen hat eine bundesweite "Erhebung zum Verkehrsverhalten" in Auftrag gegeben. Vergleichbare Untersuchungen fanden auch schon in den Jahren 1976, 1982 und 1989 statt.

Mit der Befragung wurde infas-Institut für angewandte Sozialwissenschaft in Bonn beauftragt. infas hat langjährige Erfahrungen aus ähnlichen Studien und wird diese aktuelle Erhebung in Zusammenarbeit mit dem Deutschen Institut für Wirtschaftsforschung, DIW-Berlin, durchführen.

Ziel der Studie ist es, statistisch repräsentative Daten zur Mobilität in Deutschland zu erhalten. Solche Daten sind für eine Verkehrsplanung, die sich an den Bedürfnissen der Bürger ausrichtet, unerlässlich. Die Erhebung ist umso notwendiger, als eine aktuelle Datengrundlage zum Mobilitätsverhalten für die gesamte Bundesrepublik bisher fehlt.

Sie sind im Rahmen einer Zufallsstichprobe aus dem Einwohnermelderegister ausgewählt worden. Ihre Teilnahme an der Studie ist selbstverständlich freiwillig. Alle Vorschriften des Datenschutzes werden strikt eingehalten und Ihre Angaben nur in anonymisierter Form ausgewertet.

Ihre Teilnahme ist für den Erfolg der Studie sehr wichtig. Die hohen Anforderungen, die an die Repräsentativität der Untersuchung gestellt werden, können nur erfüllt werden, wenn möglichst *alle* Befragten ihre komplett ausgefüllten Befragungsunterlagen zurücksenden. Ich möchte Sie deshalb herzlich bitten, diese Arbeit zu unterstützen und sich ein wenig Zeit zu nehmen, die Fragebögen auszufüllen und an infas zurückzusenden. infas steht Ihnen auch für Rückfragen zur Verfügung.

Herzlichen Dank für Ihre Unterstützung und die Teilnahme an der Studie „Mobilität in Deutschland".

Mit freundlichen Grüßen

Dr. Andreas Küchel
(Leiter des Referats für
Statistik und Sondererhebungen)

Bild 4.15 Anschreiben zum Fragebogen der KONTIV-Studie

Aus dem dritten Teil des Fragebogens, bei dem es um stichtagsbezogene Angaben zur Verkehrsmittelwahl geht, wollen wir nur beispielhaft Frage 2 herausgreifen (siehe Bild 4.14). Angesichts der Tatsache, dass nicht zuletzt auch die Witterung Einfluss auf die Verkehrsmittelwahl und das gesamte Verkehrsverhalten hat, wird in diesem Teil des Fragebogens auch nach dem Wetter gefragt. In dieser Frage wird eine grafische Skala genutzt, die sich an den im täglichen Wetterbericht in der Presse und im Fernsehen bekannten Piktogrammen für Bewölkung, Schauer, Schnee und Sonnenschein orientiert. Die Verwendung von grafischen Elementen empfiehlt sich immer dann, wenn es sich wie hier beim Wetter um Sachverhalte handelt, die von verschieden Personen unterschiedlich verbal beschrieben bzw. interpretiert werden.

4.4.3.2 Die Gestaltung des Anschreibens

Bereits in Abschnitt 4.4.2 haben wir deutlich gemacht, dass bei schriftlichen Befragungen dem Fragebogen stets ein Anschreiben vorangehen muss. Im Falle der KONTIV-Befragung ist dieses Anschreiben vom Auftraggeber der Studie, dem Bundesministerium für Verkehr, Bau- und Wohnungswesen, verfasst und unterschrieben worden. Dieses Anschreiben enthält folgende Informationen:

- Zunächst wird erläutert, worum es in der Befragung geht. Falls es einen Auftraggeber der Studie gibt (hier das Bundesministerium für Verkehr, Bau- und Wohnungswesen), ist zu erläutern, wer die Studie in Auftrag gegeben hat. Dies kann in vielen Fällen das Antwortverhalten positiv beeinflussen.
- Daran anschließend wird darüber informiert, wer die Befragung durchführt. Wenn die beauftragten Institute über Erfahrungen aus ähnlichen Studien verfügen und/oder möglicherweise der Öffentlichkeit bekannt sein können, so sollten diese Informationen mit im Anschreiben enthalten sein. Diese Mitteilung sowie alle weiteren Informationen über die durchführenden Institutionen, die den Eindruck von Seriosität vermitteln, können das Antwortverhalten der Befragten positiv beeinflussen.
- Im nächsten Teil des Anschreibens wird das Ziel der Studie dargestellt. Diese Darstellung wird gleichzeitig dazu genutzt, die Befragten zur Teilnahme an der Studie zu motivieren, indem auf die Verkehrsplanung verwiesen wird.
- Des weiteren wird den Adressaten mitgeteilt, dass sie im Rahmen einer Zufallsstichprobe aus dem Einwohnermelderegister ausgewählt worden sind. Sie werden außerdem darauf hingewiesen, dass die Teilnahme an

der Studie freiwillig ist und dass alle Vorschriften des Datenschutzes eingehalten werden. Die Zusicherung des Datenschutzes ist eine besonders wichtige Voraussetzung dafür, dass die Adressaten überhaupt den Fragebogen ausfüllen, insbesondere deshalb, da es im Falle der KONTIV um personenbezogenen Daten geht.

- Im letzten Abschnitt des Anschreibens wird nochmals versucht, die Motivation der Adressaten dadurch zu wecken, dass ihm oder ihr die Wichtigkeit gerade seiner/ihrer Teilnahme an der Studie deutlich gemacht wird.

4.4.3.3 Erklärung zum Datenschutz

In diesem Kapitel wurde bereits mehrfach darauf hingewiesen, dass die Zusicherung des Datenschutzes eine unabdingbare Voraussetzung für eine hohe Responderquote darstellt. Bild 4.16 zeigt die in der KONTIV-Studie verwendete Erklärung zum Datenschutz. Diese Erklärung enthält nicht nur den Standardsatz einer jeden Befragung, dass der Datenschutz selbstverständlich gewährleistet sei, sondern erläutert detailliert, was mit den Angaben des Befragten geschieht. Auf diese Weise können Antworthemmnisse abgebaut und eine höhere Responderquote erreicht werden. Wie aus Bild 4.16 ersichtlich wird, lässt sich die Datenschutzerklärung der KONTIV-Studie in zwei grobe Blöcke teilen:

Im ersten Block wird erklärt, dass Adresse und Fragenteil voneinander getrennt und kodiert werden, d.h. dass die Angaben im Befragungsinstitut ohne Namen und Adresse, also in anonymisierter Form gespeichert werden und nach Abschluss der Untersuchung gelöscht werden. Dieser Teil veranschaulicht außerdem anhand eines Beispiels, dass aus den Gesamtergebnissen der Befragung keine Rückschlüsse auf einzelne Personen gezogen werden können. Ein zweiter Block der Datenschutzerklärung enthält zusammenfassend die Zusicherung, dass

- die Teilnahme am Interview freiwillig ist,
- bei Nichtteilnahme keine Nachteile entstehen,
- die Ergebnisse in anonymisierter Form dargestellt werden,
- keine Rückschlüsse auf die konkrete antwortende Person gezogen werden können,
- keine Datenweitergabe erfolgt, die die Person erkennen lassen, und
- das Befragungsinstitut nach den gesetzlichen Bestimmungen des Datenschutzes arbeitet.

Erklärung zum Datenschutz und zur absoluten Vertraulichkeit Ihrer Angaben:

Was geschieht mit Ihren Angaben ?

1. Sie tragen Ihre Antworten in den Fragebogen ein, z.B. durch Ankreuzen

   Wie weit ist es von Ihrer Wohnung aus bis zur nächsten Haltestelle mit Bahnanschluss ?
   - ❒ bis zu 400 Meter
   - ☒ zwischen 400 Meter und 1 Kilometer
   - ❒ zwischen 2 und 5 Kilometer
   - ❒ weiter als 10 Kilometer

   Bei Telefoninterviews wird dieser Vorgang automatisch vom Computer gesteuert.

2. Im Institut werden Adresse und Fragenteil voneinander getrennt. Beide erhalten eine Code-Nummer. Auch anschließend bleiben im infas-Institut Ihre Angaben ohne Ihren Namen und ohne Ihre Adresse (also in „anonymisierter" Form) gespeichert. Die Namen und Adressen verbleiben im infas-Institut, jedoch strikt getrennt von den Interviews und nur bis zum Abschluss der Untersuchung und werden anschließend gelöscht.

3. Anschließend werden alle Interviews (ohne Namen und Adresse) ausgewertet. Der Computer zählt z.B. alle Antworten „bis zu 400 Meter", „zwischen 2 und 5 Kilometer", „weiter als 10 Kilometer" und errechnet daraus die Prozentergebnisse.

4. Das Gesamtergebnis und die Ergebnisse für Teilgruppen (z.B. Hamburg, Bayern) werden in Tabellenform ausgedruckt. Angaben einzelner Personen sind nicht erkennbar.

	Gesamt %	Hamburg %	Bayern %
Bis zu 400 Meter	53,5	68	25
Zwischen 400 Meter und 1 Kilometer	15,5	23	35
Zwischen 2 und 5 Kilometer	20,5	7	32
Weiter als 10 Kilometer	10,5	2	8
Insgesamt %	100	100	100

In jedem Falle gilt:

Ihre Teilnahme am Interview ist freiwillig. Bei Nicht-Teilnahme entstehen Ihnen keine Nachteile.

Bei der Studie **MOBILITÄT IN DEUTSCHLAND** trägt das infas Institut für angewandte Sozialwissenschaft die datenschutzrechtliche Verantwortung. infas arbeitet nach den gesetzlichen Bestimmungen des Datenschutzes. Sie können absolut sicher sein, dass:

- die Ergebnisse der Befragung **ausschließlich in anonymisierter Form, d.h. ohne Namen und Anschrift dargestellt werden,**
- niemand aus den Ergebnissen erkennen kann, von welcher Person diese Angaben gemacht worden sind,
- **keine Weitergabe von Daten erfolgt, die Ihre Person erkennen lassen.**

Für die Einhaltung der Datenschutzbestimmungen ist verantwortlich:

Menno Smid

Dipl. Soz. Menno Smid
(Geschäftsführer)

Wir danken für Ihre Mitwirkung und Ihr Vertrauen in unsere Arbeit !

3018/9.2001

Bild 4.16 Datenschutzerklärung der KONTIV-Studie

4.4.3.4 Die Web-Seite der KONTIV-Studie

Die Web-Seite der KONTIV-Studie ist unter der Adresse http://www.KONTIV2002.de zu erreichen. Von besonderem Interesse für die Befragten ist die Rubrik Studieninformationen, innerhalb der die Erhebungsunterlagen abgerufen werden können, Informationen über den Ablauf der Umfrage, zum Datenschutz und zu Auswertungsbeispielen erhältlich sind sowie Antworten auf einige häufig gestellte Fragen zu finden sind. Insbesondere die Auswertungsbeispiele, die Informationen zum Ablauf der Umfrage sowie die Antworten auf häufig gestellte Fragen sind ein gelungener Ansatz, eventuelle Antworthemmnisse abzubauen, die Motivation der Befragten zur Teilnahme an der Studie zu erhöhen und dadurch eine höhere Rücklaufquote zu erreichen. Bild 4.17 zeigt einen Ausschnitt aus der Startseite der KONTIV-Homepage.

Bild 4.17 Startseite der KONTIV-HomePage (Ausschnitt)

Die Bilder 4.18 und 4.19 enthalten Ausschnitte aus der Rubrik Fragen und Antworten. Die dort aufgelisteten Antworten auf häufig gestellte Fragen dienen dazu, insbesondere verschiedene Arten von Antworthemmnissen abzubauen. So beziehen sich die Antworten auf die Fragen „Woher haben Sie meine Adresse?“, „Ist der Datenschutz gewährleistet?“, „Wer erfährt, was ich geantwortet habe?“ sowie „Was geschieht mit den Angaben?“ überwiegend auf Befürchtungen oder Unklarheiten hinsichtlich des korrekten Umganges mit unter Umständen sensiblen Daten bzw. erläutern, in welcher Weise nach Abschluss der Untersuchung die Ergebnisse der Öffentlichkeit zur Verfügung gestellt werden. Die Antworten auf die Fragen „Ich weiß nicht sehr viel über Verkehr", „Wieso gerade ich" sowie „Ich bin nur sehr selten außer Haus" versuchen Antworthemmnisse zu reduzieren, die sich aus vermeintlicher Inkompetenz der Befragten zum Befragungsthema ergeben können. Sie sollen den Befragten das Gefühl geben, dass gerade sie als konkrete Personen wichtig für das Gelingen der Befragung sind und verdeutlichen, dass sich die Befragung nicht an Mobilitätsexperten richtet, sondern gerade an zufällig ausgewählte Personen. Wichtig ist hier auch der Hinweis darauf, dass es keine richtigen oder falschen Antworten gibt. Die Fragen „Was hat mein Einkommen mit meinem Verkehrsverhalten zu tun?" und „Wofür brauchen Sie so genaue Angaben zu meinen Start- und Zieladressen?" adressieren eine dritte Art von Antworthemmnissen. So kann das fehlende Verständnis für Sinn und Zweck bestimmter Fragen dazu führen, dass Befragte solche Teile des Fragebogens nicht ausfüllen.

Bild 4.18 Die Web-Seite der KONTIV-Studie – Rubrik „Fragen und Antworten" (Ausschnitt)

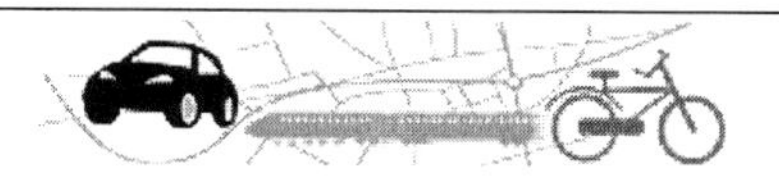

DIW Berlin

Fragen und Antworten:

Frage: Wieso gerade ich?

Sie wurden durch ein wissenschaftliches Zufallsverfahren ausgewählt, stellvertretend für rund 800 andere Personen. Niemand kann Sie in dieser Studie ersetzen. Wenn wir Sie nicht befragen können, werden die Ergebnisse dieser Studie Personen wie Sie nicht oder nur unzureichend repräsentieren. Damit wir von einigen tausend Interviews zuverlässig auf alle Haushalte in der Bundesrepublik schließen können, sollten alle ausgewählten Haushalte an der Befragung teilnehmen. Es ist viel günstiger und belastet auch weniger Menschen, wenn man nur eine Stichprobe von Leuten befragt, anstatt die gesamte Bevölkerung. Die Resultate sind aber nur dann zuverlässig, wenn die ausgewählten Personen auch mitmachen.

Frage: Ich weiß nicht sehr viel über Verkehr.

Diese Studie möchte etwas über das alltägliche Verkehrsverhalten in Deutschland herausfinden. Wir wollen dabei nicht mit Experten reden, sondern mit zufällig ausgesuchten Personen wie Ihnen. Es gibt keine richtigen oder falschen Antworten.
Alles, was uns interessiert, ist Ihr persönliches Verkehrsverhalten, also welche Verkehrsmittel Sie benutzen, wenn Sie ganz alltägliche Dinge erledigen wie zum Beispiel einkaufen.

Frage: Was hat mein Einkommen mit meinem Verkehrsverhalten zu tun?

Mit dieser Frage möchten wir herausfinden, ob und wie sich das Haushaltseinkommen auf die persönliche Mobilität auswirkt. Zum Beispiel, ob das Vorurteil zutrifft, dass Personen aus unterdurchschnittlich verdienenden Haushalten öfter mit öffentlichen Verkehrsmitteln unterwegs sind als Personen aus Haushalten mit höherem Einkommen? Wie alle Daten, die wir erheben, wird auch Ihr Haushaltsnettoeinkommen streng vertraulich behandelt und nur in Einkommensgruppen ausgewertet, die keinerlei Rückschlüsse auf Sie oder Mitglieder Ihres Haushalts zulassen.

Bild 4.19 WEB-Seite der KONTIV-Studie – Beispiel für Antworten auf ausgewählte Fragen

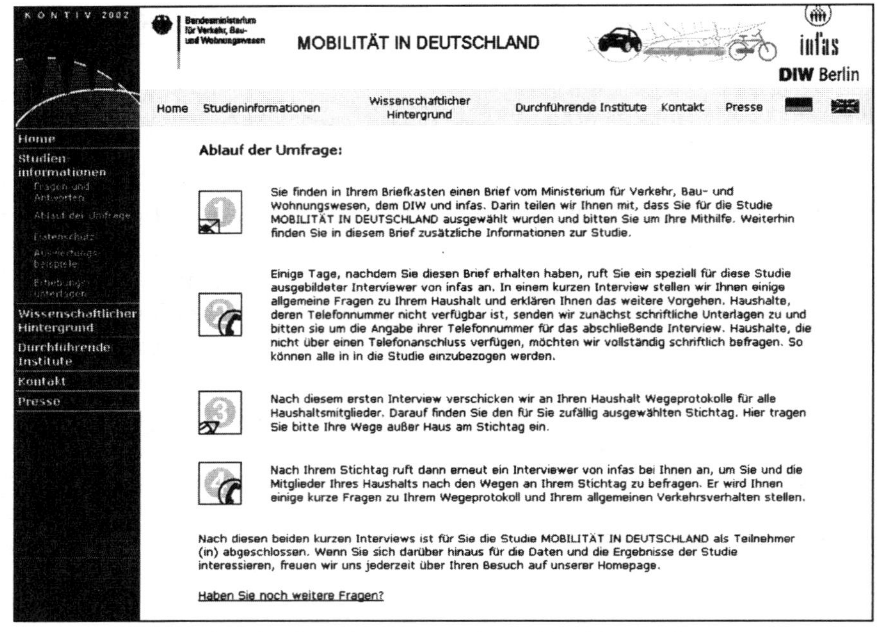

Bild 4.20 Die Web-Seite der KONTIV-Studie – Ablauf der Umfrage

Das Bild 4.20 zeigt die Informationen, die auf der Homepage zum Ablauf der Umfrage erhältlich sind. Sie sind selbsterklärend und wir werden daher auf eine detaillierte Besprechung des Bildes verzichten. Erwähnenswert ist jedoch die Verwendung grafischer Elemente, die die Schritte der Umfrage symbolisieren sollen.

Das Bild 4.21 schließlich zeigt einen Ausschnitt aus den Informationen der Web-Seite zu Auswertungsbeispielen. Diese Beispiele sind ebenfalls ein Versuch, das Interesse und die Motivation der Studienteilnehmer zu wecken. Hierzu werden einige, wissenschaftlich durchaus komplizierte Fragen in allgemeinverständlicher, populärer Form formuliert und daran anschließend konkrete Auswertungsbeispiele aus früheren KONTIV-Befragungen als Antworten präsentiert. Am Ende dieser Präsentation von Auswertungsbeispielen steht jeweils der Hinweis darauf, dass in der gegenwärtigen Erhebung solche und ähnliche Fragen beantwortet werden sollen.

Antwortbeispiel: "Wer geht denn heute noch zu Fuß?"

Fragen Sie sich das? Die bisherigen Verkehrserhebungen zeigen deutlich, dass immerhin ein Viertel bis ein Drittel aller Ziele zu Fuß erreicht werden. In dieser Erhebung wollen wir daher herausfinden, wo und wie die Verkehrsverhältnisse für Fußgänger verbessert werden müssen.

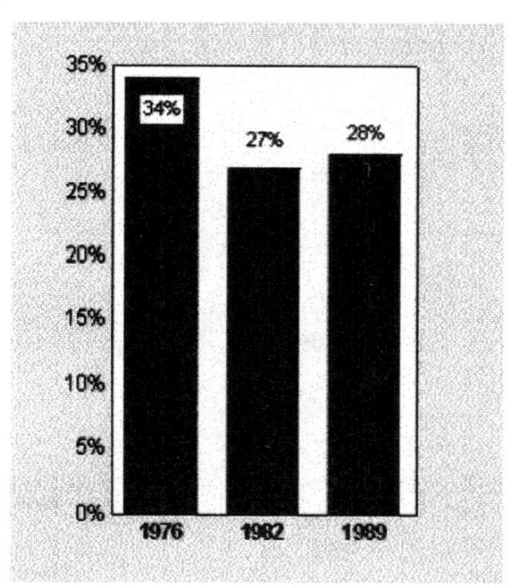

Abbildung: Anteil der Wege zu Fuß an allen Wegen (1989)

Bild 4.21 Web-Seite der KONTIV-Studie – Rubrik „Auswertungsbeispiele“

4.5 Kontrollfragen zum Kapitel 4

Frage 4.1

Statistische Daten sind das Ergebnis von Messvorgängen.

a) Was versteht man in diesem Zusammenhang unter dem Begriff „Messen“?

b) Wie könnte man für eine tourismuswirtschaftliche Analyse die „Größe“ eines Hotels messen?

c) Welche Relationen zwischen den Merkmalsausprägungen werden dabei in die Zahlenmenge übertragen?

Frage 4.2

Nennen Sie die drei Gütekriterien einer Messung und erklären Sie diese an Beispielen.

Frage 4.3

Was versteht man unter einer Rating-Skala? Konstruieren Sie ein Beispiel für die Anwendung einer balancierten, geradzahligen, verbalen, gegliederten Rating-Skala.

Frage 4.4

Wann spricht man von der Repräsentativität einer Stichprobe?

Frage 4.5

Welche Voraussetzung muss für die Ziehung einer einfachen Zufallsstichprobe erfüllt sein?

Frage 4.6

Geben Sie ein Beispiel für die Anwendung einer proportional geschichteten Zufallsstichprobe.

Frage 4.7

Welchen typischen Komplexen lassen sich die Untersuchungsfragen eines Fragebogens in der Regel zuordnen?

Zu welchen Komplexen gehören folgende Fragen:

a) Wie wichtig sind Ihnen Tanzveranstaltungen in Ihrem Urlaubsort?

b) Wie viel Geld haben Sie in Ihrem 14-tägigen Urlaub zusätzlich zur Verpflegung und Unterkunft ausgegeben?

c) Aus welchem Bundesland kommen Sie?

d) Wie bewerten Sie das Angebot der Berliner Verkehrsbetriebe BVG

e) Beabsichtigen Sie im nächsten Jahr eine Fernreise zu unternehmen?

Frage 4.8

Ist folgende Frage eine direkte oder indirekte bzw. projektive Frage?

a) Was glauben Sie, bevorzugen Rentner und Pensionäre eher Pauschal- oder Individualreisen?

b) Würden Sie als Rentner oder Pensionär in Ihrem Urlaub die Unterkunft in einem Hotel oder in einem privaten Zimmer bzw. einer Ferienwohnung bevorzugen?

5. Multivariate statistische Verfahren

Bei multivariaten statistischen Methoden werden Parameter geschätzt und Hypothesen geprüft, die sich auf das simultane Zusammenwirken mehrerer abhängiger und unabhängiger Variablen beziehen. Außerdem wird im explorativen Sinne versucht, zusammenfassende Erklärungsmodelle für die in den Daten vorhandenen Strukturen zu finden.

So kann man beispielsweise durch das Anpassen geeigneter multipler Regressionsmodelle Zusammenhangsstrukturen erklären oder durch faktoranalytische Modelle die Variablenzahl bei komplexen Phänomenen reduzieren und dadurch deren inhaltliche Dimensionen erschließen. Des weiteren lassen sich Klassifizierungsprobleme lösen, in dem man mit Hilfe von Modellen zur Klassenbildung sowohl die Objekte selbst als auch die betrachteten Merkmale strukturiert. Dabei unterteilt man die Menge der Objekte in inhaltlich plausible und interpretierbare Gruppen (Cluster), die möglichst homogen und nach außen weitestgehend trennscharf sind.

Im folgenden sollen einige Verfahren kurz dargestellt werden, die für die Lösung praktisch relevanter Probleme in der empirischen Verkehrs- und Tourismusforschung von Bedeutung sind. Die gewählte beispielorientierte Einführung verzichtet bewusst auf detaillierte mathematische Ausführungen. Es werden nur wesentliche Prinzipien erläutert, die für einen Einstieg in die selbständige Datenanalyse erforderlich sind und einen gewissen Überblick vermitteln. Tiefergehende und umfangreichere Analysen sowie der sichere Umgang mit den Verfahren erfordern dann selbstverständlich auch eine intensive Beschäftigung mit den theoretischen Grundlagen. Dazu wird auf die einschlägige Literatur verwiesen, wie z. B. die Lehrbücher von Backhaus et. al. [1994] oder Fahrmeier et. al [1984].

Das Lernziel von Kapitel 5 besteht darin, verschiedene Techniken zur Auswertung mehrdimensionaler Datenstrukturen mit Hilfe statistischer Modelle und der Statistik-Software SPSS kennen zu lernen. Insbesondere geht es darum,

- wie die gemeinsame Wirkung verschiedener Einflussgrößen auf eine Zielgröße in Abhängigkeit von ihrer Skala analysiert werden kann (multiple lineare, logistische und ordinale Regression);
- mit welchen Techniken sich mehrere Variablen zu interpretierbaren, unabhängigen Faktoren gruppieren lassen (Faktorenanalyse);
- mit welchen Verfahren Merkmalsträger zu interpretierbaren Fallgruppen zusammen gefasst werden können (Clusteranalyse).

5.1 Multiple lineare Regression

5.1.1 Das multiple lineare Regressionsmodell, Schätzung und Interpretation der Parameter

Wenn man den funktionalen linearen Zusammenhang einer Einflussgröße X (Regressor) auf eine Ziel- oder Wirkungsgröße Y (Regressand) schätzen will, paßt man an eine gegebene Menge von Messwertpaaren (x_i, y_i) mit Hilfe der Methode der kleinsten Quadrate eine lineare Regressionsfunktion $\hat{y}_i = \hat{a} + \hat{b} \cdot x_i$ an. Mit Hilfe dieser Regressionsfunktion, die durch den Parameter $\hat{a}$ und den Regressionskoeffizienten $\hat{b}$ festgelegt ist, lässt sich der durchschnittliche Verlauf der Zielgröße Y in Abhängigkeit von der Einflussgröße X im gegebenen Messbereich der Stichprobe schätzen, wenn man einen linearen Zusammenhang unterstellt. Außerdem kann man die Güte der Regressionsgeraden anhand des Bestimmtheitsmaßes R^2 beurteilen. R^2 gibt an, wie groß der Anteil an der Varianz der beobachteten y-Werte ist, der auf die unterstellte lineare Abhängigkeit von den x-Werten zurückzuführen ist. Wenn der durch den linearen Einfluss von X erklärte Varianzanteil nicht sehr groß ist, d.h. die Abweichungen der beobachteten y-Werte von der Regressionsgeraden (die Residuen) bleiben zum großen Teil nicht erklärt, kann dies darauf zurückzuführen sein, dass neben der Größe X weitere Merkmale bedeutsam die Zielgröße Y beeinflussen und wesentlich die Schwankungen der y-Werte bewirken. Bezieht man dann weitere potentielle Größen, von denen man einen linearen Einfluss auf Y vermutet, gleichzeitig in die Regressionsfunktion ein, lässt sich meist der erklärte Varianzanteil deutlich vergrößern. Die Güte der resultierenden multiplen Regressionsfunktion, die jetzt mehrere Regressoren simultan enthält, ihr Erklärungswert, kann somit verbessert werden. Außerdem kann man aus der Vielzahl potentieller Einflussfaktoren die wesentlichen Größen durch schrittweises Einbeziehen in die Regressionsfunktion herausfiltern.

Bezeichne nun wiederum Y die kardinal skalierte Zielgröße und seien $X_1, ..., X_m$ m kardinal skalierte Einflussgrößen, von denen angenommen wird, dass Y von ihnen linear abhängt. Man betrachtet den gleichzeitigen Einfluss der Regressoren $X_1, ..., X_m$ auf Y und schätzt mit der Methode der kleinsten Quadrate aus den n gegebenen Messwert-Tupeln ($x_{1i}, ..., x_{mi}, y_i$), für i = 1, ..., n, die m Regressionskoeffizienten $b_1, ..., b_m$. und das Absolutglied a in der **multiplen linearen Regressionsfunktion**:

$$y = \hat{y} + \hat{u} = \hat{a} + \hat{b}_1 \cdot x_1 + ... + \hat{b}_m \cdot x_m + \hat{u} .$$

Die **partiellen Regressionskoeffizienten** $b_1, ..., b_m$ und das **Absolutglied** a sind die Parameter der Regressionsfunktion in der Grundgesamtheit. Die aus einer Stichprobe geschätzten Punktschätzwerte der Parameter werden mit $\hat{b}_1, ..., \hat{b}_m$ bzw. mit $\hat{a}$ bezeichnet. Als Schätzfehler (**Residuen**) werden die Differenzen $\hat{u}_i = y_i - \hat{y}_i$, i = 1, ..., n, bezeichnet.

Beispiel 5.1.1 Aus der Grundgesamtheit der Gäste einer Gaststätte, beobachtet innerhalb eines gewissen Zeitraumes, wurden n = 52 Personen zufällig ausgewählt und hinsichtlich ihrer Zufriedenheit mit den Leistungen der Gaststätte befragt. Unter anderem wurde der Einfluss mehrerer Zufriedenheitsmerkmale

X_1: Zufriedenheit mit dem Ambiente

X_2: Zufriedenheit mit dem Personal

X_3: Zufriedenheit mit dem Preis-Leistungsverhältnis

X_4: Zufriedenheit mit der Sauberkeit

auf die Gesamtzufriedenheit mit den Leistungen der Gaststätte betrachtet. Sämtliche Zufriedenheitsmerkmale waren mit einer Rating - Skala erfasst worden, aus der die intervallskalierten Merkmalswerte 1 (sehr zufrieden) bis 5 (sehr unzufrieden) resultierten.

Man möchte nun wissen, ob tatsächlich alle 4 Merkmale die Gesamtzufriedenheit beeinflussen und vor allem, in welcher Reihenfolge sich die einzelnen Variablen hinsichtlich der Stärke ihres Einflusses auf die Gesamtzufriedenheit präsentieren.

Die mit Hilfe der Methode der kleinsten Quadrate geschätzte multiple lineare Regressionsfunktion lautet[1]:

$$\hat{y} = -0{,}695 + 0{,}238x_1 + 0{,}579x_2 + 0{,}308x_3 + 0{,}210x_4 .$$

Wie sind die geschätzten partiellen Regressionskoeffizienten $\hat{b}_j$ zu interpretieren?

Der partielle Regressionskoeffizient gibt die erwartete durchschnittliche Änderung der Zielgröße wieder, wenn der Wert der zugehörigen Einflussgröße um eine Einheit steigt und die Einflüsse der übrigen Regressoren konstant gehalten werden.

Alle partiellen Regressionskoeffizienten im Beispiel 5.1.1 sind positiv, d. h. die Abhängigkeiten der Gesamtzufriedenheit von den einzelnen Zufriedenheitsmerkmalen sind, wie erwartet, gleich gerichtet.

[1] Die Schätzung erfolgte mit der Statistik-Software SPSS, Version 10.0.

Da $\hat{b}_2$ am größten ist und alle vier Einflussgrößen auf der gleichen Skala gemessen wurden, kann man daraus schließen, dass die Gesamtzufriedenheit am stärksten durch die Zufriedenheit mit dem Personal beeinflusst wird. An zweiter Stelle, mit deutlichem Abstand, folgt die Variable X_3, die Zufriedenheit mit dem Preis-Leistungs-Verhältnis. Platz 3 bzw. 4 nehmen mit nur geringem Abstand die Variablen X_1 bzw. X_4 ein.

Tabelle 5.1.1 Ergebnisse der multiplen linearen Regression für Beispiel 5.1.1

abhängige Variable[a)]	nicht standardisierte Koeffizienten		standardisierte Koeffizienten			Kollinearitätsstatistik	
	B	Standardfehler	Beta	T	Signifikanz	Toleranz	VIF
(Konstante)	-0,695	0,203		-3,424	0,001		
Wie zufrieden sind Sie insgesamt mit dem Ambiente?	0,238	0,073	0,187	3,276	0,002	0,816	1,225
Wie zufrieden sind Sie insgesamt mit dem Personal?	0,579	0,064	0,579	9,100	0,000	0,657	1,522
Wie zufrieden sind Sie insgesamt mit dem Preis-Leistungs-Verhältnis?	0,308	0,069	0,277	4,481	0,000	0,695	1,439
Wie zufrieden sind Sie insgesamt mit der Sauberkeit?	0,210	0,079	0,160	2,661	0,011	0,735	1,361

a) Gesamtzufriedenheit mit den Leistungen der Gaststätte.

Hätte man zur Messung der verschiedenen Regressoren unterschiedliche Skalen herangezogen, so wären die partiellen Regressionskoeffizienten nicht mehr so ohne weiteres vergleichbar. Durch eine Standardisierung der Regressionskoeffizienten müssen erst die unterschiedlichen Messdimensionen eliminiert werden. Die **standardisierten** partiellen Regressionskoeffizienten ergeben sich wie folgt:

$$\hat{\beta}_j = \hat{b}_j \cdot \frac{s_{X_j}}{s_Y}\text{, wobei } j = 1, ..., m,$$

und s_{X_j} bzw. s_Y die Standardabweichung von X_j bzw. Y bezeichnen.

Aus den Werten der standardisierten partiellen Regressionskoeffizienten lässt sich eine Reihenfolge hinsichtlich der Einflussstärke der

Regressoren ableiten. Je größer $\hat{\beta}_j$, j = 1, ..., m, desto stärker ist der Einfluss der unabhängigen Variablen X_j.

In Beispiel 5.1.1 erhält man als Schätzwerte für die standardisierten Regressionskoeffizienten (die Beta-Koeffizienten)

$$\hat{\beta}_1 = 0{,}187 \quad \hat{\beta}_2 = 0{,}579 \quad \hat{\beta}_3 = 0{,}277 \quad \hat{\beta}_4 = 0{,}160 .$$

(vgl. Tabelle 5.1.1). Die Reihenfolge der unabhängigen Variablen in bezug auf die Stärke ihres Einflusses ändert sich hier nicht.

5.1.2 Die Güte der linearen multiplen Regressionsfunktion in der Stichprobe

In Analogie zur linearen Einfachregression wird das **multiple Bestimmtheitsmaß** R^2 berechnet, indem man die durch die multiple Regression erklärte Varianz durch die Gesamtvarianz der y-Werte dividiert

$$R^2 = \frac{\sum_{i=1}^{n} (\hat{y}_i - \bar{y})^2}{\sum_{i=1}^{n} (y_i - \bar{y})^2}.$$

Im Gegensatz zur Einfachregression hängt bei der multiplen Regression das Bestimmtheitsmaß nicht nur von der Größe der durch die Regressoren erklärten Varianz ab, sondern wird außerdem von deren Anzahl m und dem Stichprobenumfang n beeinflusst. Um solche Einflüsse auszuschließen, wird deshalb R^2 wie folgt korrigiert:

$$R^2_{korr} = R^2 - \frac{m \cdot (1 - R^2)}{n - m - 1}$$

In Beispiel 5.1.1 ergab sich ein $R^2 = 0{,}875$ (siehe Tabelle 5.1.2). Dies bedeutet, dass 87,5% der Varianz der beobachteten Gesamtzufriedenheiten durch die Varianz der 4 in die lineare Regressionsfunktion einbezogenen Zufriedenheitsmerkmale erklärt werden, während 12,5% der Gesamtvarianz auf Einflüsse zurückzuführen sind, die nicht durch die Regressoren X_1 bis X_4 erfasst werden.

Das vom Einfluss des Stichprobenumfangs n = 52 und der Anzahl der Einflussgrößen m = 4 bereinigte R^2 zeigt einen geringfügig kleineren

Wert von 0,864 im Vergleich zum unkorrigierten Wert.

Tabelle 5.1.2 Güte des Modells der multiplen linearen Regression [a)] [b)] für Beispiel 5.1.1

Modell	R	R^2	korrigiertes R^2	Standardfehler des Schätzers	Durbin-Watson-Statistik
1	0,935	0,875	0,864	0,380	1,865

a) Einflussvariablen: (Konstante), Wie zufrieden sind Sie insgesamt mit der Sauberkeit?, Wie zufrieden sind Sie insgesamt mit dem Ambiente?, Wie zufrieden sind Sie insgesamt mit dem Preis-Leistungs-Verhältnis?, Wie zufrieden sind Sie insgesamt mit dem Personal?
b) Abhängige Variable: Wie beurteilen Sie insgesamt die Leistungen der Gaststätte?

5.1.3 Statistische Tests und Vertauensintervalle

Die bisherigen Resultate sind lediglich als Ergebnisse zu interpretieren, die nur für die Stichprobe gelten. Die dazu verwendeten deskriptiven Methoden erfordern mit Ausnahme der Kardinalskala keine weiteren Voraussetzungen an die betrachteten Merkmale. Dies ändert sich jedoch, wenn man von der Stichprobe auf die Grundgesamtheit schließen möchte. Ein solcher Schluss erfordert die Anwendung inferenzstatistischer Verfahren, die wiederum, wie bereits im Kapitel 3 dargelegt, nur dann gültige Ergebnisse liefern, wenn die angewandten Schätzfunktionen bestimmte Gütekriterien und Verteilungsannahmen erfüllen.

Für das Testen und die Bestimmung von Vertrauensintervallen in der multiplen Regression ist vorauszusetzen, dass die **Residuen** $u_1, ..., u_n$ in der Grundgesamtheit **unabhängig** und **normalverteilt** sind mit **Mittelwert 0** und **konstanter Varianz.**

Im folgenden wird von der Gültigkeit dieser Voraussetzungen ausgegangen. Kriterien, die diese Annahmen überprüfen, werden später diskutiert (vgl. Kap. 5.1.4).

5.1.3.1 Der Globaltest (Overall - F- Test, Goodness of fit - Test)

Im Beispiel 5.1.1 wurde in der Stichprobe die Varianz des Merkmals „Gesamtzufriedenheit“ zu einem gewissen Teil durch die Varianz der vier einbezogenen Zufriedenheitsmerkmale erklärt. Es fragt sich nun, ob die Erklärungsgüte (gemessen am Bestimmtheitsmaß $R^2 > 0$) nur auf den Werten der in die Stichprobe einbezogenen Personen beruht oder sich auf die Grundgesamtheit verallgemeinern lässt.

Um zu klären, ob der Wert des multiplen Bestimmtheitsmaßes auch in der Grundgesamtheit von null verschieden ist, bietet sich ein statistischer Test an. Es wird die Nullhypothese geprüft, dass das multiple Bestimmtheitsmaß R^2 in der Grundgesamtheit gleich null ist. Dies würde bedeuten, dass alle unabhängigen Variablen, insgesamt betrachtet, keinen Beitrag zur Erklärung der Varianz der abhängigen Variablen in der Grundgesamtheit liefern. Dies ist äquivalent damit, dass die Regressionskoeffizienten $b_1, ..., b_m$ in der Grundgesamtheit sämtlich den Wert null haben, d. h.

$$H_0: \quad R^2 = 0 \quad \text{oder äquivalent} \quad b_1 = ... = b_m = 0 .$$

Zur Prüfung dieser Hypothese wird der **F-Test** verwendet. Man berechnet aus den Stichprobendaten als Prüfgrößenwert t den Quotienten aus der erklärten Varianz (Zählerwert) und der nicht erklärten Varianz (Nennerwert)

$$t = \frac{R^2}{m} \cdot \left(\frac{1 - R^2}{n - m - 1} \right)^{-1} .$$

Diese Prüfgröße T folgt einer **F-Verteilung** mit den Freiheitsgraden $FG_1 = m$ und $FG_2 = n - m - 1$. Die Nullhypothese wird abgelehnt, falls $T > F_{(1-\alpha;\, m;\, n-m-1)}$. Dabei bezeichnet $F_{(1-\alpha;\, m;\, n-m-1)}$ das $(1 - \alpha)$ - Quantil der F-Verteilung mit m Zähler- und (n - m - 1) Nennerfreiheitsgraden.

Die entsprechende Zerlegung der Gesamtvarianz in die erklärte (Regression) bzw. nichterklärte (Residuen) Varianz sowie den zugehörigen Wert der Testgröße kann man beim Statistik-Paket SPSS in der sogenannten **ANOVA-Tabelle** (vgl. Tabelle 5.1.3) ablesen.

Setzt man für Beispiel 5.1.1 das aus der Stichprobe berechnete R^2, den Stichprobenumfang, n = 52, und die Anzahl der Regressoren, m = 4, in die obige Gleichung ein, so erhält man für die Prüfgröße T den Wert t = 82,3 (siehe Tabelle 5.1.3, Spalte F). Der berechnete Prüfgrößenwert wird nun mit dem 95% - Quantil der F-Verteilung verglichen. Diese besitzt im Beispiel 5.1.1 vier Zählerfreiheitsgrade FG_1 und 47 Nennerfreiheitsgrade FG_2. Aus der Tabelle für die F-Verteilung im Tabellenanhang liest man für das entsprechende Quantil den Wert $F_{(1-0.05;\, 4;\, 47)} = 2{,}08$ ab. Dem Testergebnis nach ist die Nullhypothese mit einer Irrtumswahrscheinlichkeit von $\alpha = 0{,}05$ abzulehnen.

Tabelle 5.1.3 Ergebnisse des F-Tests (ANOVA-Tabelle) für Beispiel 5.1.1 [a) b)]

Modell		Quadratsumme	df	Mittel der Quadrate	F	Signifikanz
	Regression	46,365	4	11,591	82,340	0,000
	Residuen	6,616	47	0,141		
	gesamt	52,981	51			

a) Einflussvariablen: (Konstante), Wie zufrieden sind Sie insgesamt mit der Sauberkeit?, Wie zufrieden sind Sie insgesamt mit dem Ambiente?, Wie zufrieden sind Sie insgesamt mit dem Preis-Leistungs-Verhältnis?, Wie zufrieden sind Sie insgesamt mit dem Personal?
b) Abhängige Variable: Wie beurteilen Sie insgesamt die Leistungen der Gaststätte?

Folglich fällt das Bestimmtheitsmaß R^2 in der Grundgesamtheit größer als null aus. Oder mindestens ein partieller Regressionskoeffizient ist signifikant verschieden von null. Die „Gesamtzufriedenheit" lässt sich auch unabhängig von der Personenstichprobe aus den vier Einzelzufriedenheiten erklären, wobei die Irrtumwahrscheinlichkeit 5% beträgt.

5.1.3.2 Prüfung der partiellen Regressionskoeffizienten (partieller F-Test)

Es wurde im Beispiel 5.1.1 bereits nachgewiesen, dass die vier Zufriedenheitsmerkmale (X_1: „Ambiente", X_2: „Personal", X_3: „Preis-Leistungsverhältnis", X_4: „Sauberkeit") gemeinsam die Gesamtzufriedenheit Y beeinflussen. Nunmehr interessiert, ob jede Variable X_j, $j \in \{1, 2, 3, 4\}$ für sich betrachtet, einen eigenen statistisch signifikanten Erklärungsanteil besitzen.

Um den spezifischen Erklärungsanteil einer Einflussgröße X_j zu untersuchen, wird der folgende Test durchgeführt. Zu prüfen ist die Nullhypothese H_0 für den partiellen Regressionskoeffizient b_j des j-ten Regressors

$$H_0:\ b_j = 0 .$$

Der zugehörige Testwert t für diese Nullhypothese lautet

$$t = \frac{\hat{b}_j}{s_j} ,$$

wobei $\hat{b}_j$ den aus der Stichprobe geschätzten partiellen Regressions-

koeffizienten der unabhängigen Variablen X_j und s_j den ebenfalls aus der Stichprobe geschätzten Wert seines Standardfehlers (die Standardabweichung der Schätzfunktion des Regressionskoeffizienten b_j in der Grundgesamtheit) bezeichnet.
Die Prüfgröße T folgt einer t-Verteilung mit n - m - 1 Freiheitsgraden. Man kann zeigen, dass das Quadrat von T einer F-Verteilung folgt. Deshalb wird dieser Test im Gegensatz zum Overall-F-Test auch als **partieller F-Test** bezeichnet (siehe auch Fahrmeir et. al. [1984], S.101).

Auf die Formel zur Bestimmung des Schätzwertes des Standardfehlers von b_j gehen wir hier nicht detailliert ein. Seine Berechnung ist ähnlich aufwendig wie die Ermittlung der Schätzwerte der Regressionskoeffizienten selbst. Ausführliche Darlegungen hierzu kann man in den einschlägigen Statistikbüchern nachlesen, wie zum Beispiel in Fahrmeier et al. [1984], S. 83 ff..

Tabelle 5.1.1 zeigt für Beispiel 5.1.1, dass jedes einbezogene Zufriedenheitsmerkmal für sich genommen, bei Konstanthaltung der drei übrigen bereits in die Regressionsgleichung einbezogenen Einflussgrößen, einen signifikanten Beitrag zur Erklärung der Varianz der Gesamtzufriedenheit leistet. Die resultierenden Irrtumswahrwahrscheinlichkeiten (Signifikanzen), sind in allen Fällen kleiner als das übliche Signifikanzniveau $\alpha = 0{,}05$. Folglich sprechen die beobachteten Stichprobenwerte nur mit einer Wahrscheinlichkeit von weniger als 5% für die Nullhypothese. Man kann auch sagen, dass die berechneten Testgrößenwerte t jeweils größer als der Tafelwert (siehe Tabellenanhang) der Student-Verteilung $t_{(1-\alpha/2;\, n-m-1)} = t_{(1-0{,}025;\, 47)} \approx 2{,}021$ sind und H_0 deshalb abgelehnt wird. Inhaltlich folgt daraus, dass jedes der vier Zufriedenheitsmerkmale für sich genommen die Gesamtzufriedenheit beeinflusst, wobei eine Irrtumswahrscheinlichkeit von 5% zugrunde liegt.

5.1.3.3 Das Vertrauensintervall für den partiellen Regressionskoeffizienten

Aus den Schätzwerten der partiellen Regressionskoeffizienten und den Schätzfehlern ihrer Standardfehler lassen sich die entsprechenden Vertrauensintervalle bestimmen. Sie überdecken jeweils den unbekannten partiellen Regressionskoeffizienten der Grundgesamtheit mit einer vorgegebenen Wahrscheinlichkeit.

Für das **zweiseitige Vertrauensintervall** gilt:

$$\hat{b}_j - t_{(1-\alpha/2;n-m-1)} \cdot s_j \le b_j \le \hat{b}_j + t_{(1-\alpha/2;n-m-1)} \cdot s_j \,.$$

In dieser Formel bezeichnet s_j wiederum den Schätzwert des Standardfehlers von b_j und $t_{(1-\alpha/2;\ n-m-1)}$ das entsprechende Quantil der t-Verteilung zur zugelassenen Überschreitungswahrscheinlichkeit α mit n - m - 1 Freiheitsgraden.

Mit dem zweiseitigen Vertrauensintervall hat man eine obere und untere Schranke für den Wert des partiellen Regressionskoeffizienten in der Grundgesamtheit, wobei die Sicherheit für diese Aussage $1 - \alpha$ beträgt.

5.1.4 Überprüfung der Voraussetzungen für eine multiple lineare Regression

Linearität des Zusammenhangs

Die lineare Regression setzt voraus, dass die Zielgröße Y proportional zu den abhängigen Variablen X_i, $i = 1, ..., m$, zunimmt. Ob diese Annahme für einen gegebenen praktischen Sachverhalt plausibel ist, gilt es zu prüfen. Dabei können **grafische Auswertungen** hilfreich sein.
Ein vermuteter linearer Einfluss der Wirkungsgrößen auf die Zielgröße sollte sich im zweidimensionales Streudiagramm (Scatterplot) der Beobachtungspaare (x_{ji}, y_i), $i = 1, ..., n$, $j \in \{1, ..., m\}$ niederschlagen.
Ein weiteres Hilfsmittel besteht in der visuellen Auswertung der einfachen Residuen $\hat{u}_i = y_i - \hat{y}_i$ in Abhängigkeit von den vorhergesagten Zielgrößenwerten $\hat{y}_i$ mit $i = 1, ..., n$. Dieser Plot stellt den Gesamteffekt aller in die Regressionsgleichung einbezogenen Variablen dar. Falls das resultierende Diagramm lediglich eine zufällig über die Ebene verteilte Punktwolke ohne systematische Schwankungen zeigt, kann man davon ausgehen, dass die Linearitätsannahme weitestgehend korrekt ist. Wenn das Niveau und die Varianz der zu vergleichenden Residuen und Schätzwerte für Y sehr unterschiedlich sind, sollten die Plots der entsprechenden standardisierten Werte verglichen werden.
Darüber hinaus ist es angeraten, die Residuen $\hat{u}_i$ gegen die Werte jeder Einflussgröße X_j, $j \in \{1, ..., m\}$ abzutragen. Auch hierbei sollten die resultierenden Punktwolken keine Regelmäßigkeiten oder nichtlineare Formen aufweisen, sondern als reine Zufallsschwankungen erscheinen.

Das Bild 5.1.1 zeigt für Beispiel 5.1.1 den Plot der standardisierten Residuen in Abhängigkeit von den standardisierten vorhergesagten Y-Werten. Systematische Muster, die auf Abweichungen vom linearen Modell hinweisen, sind darin nicht zu erkennen.

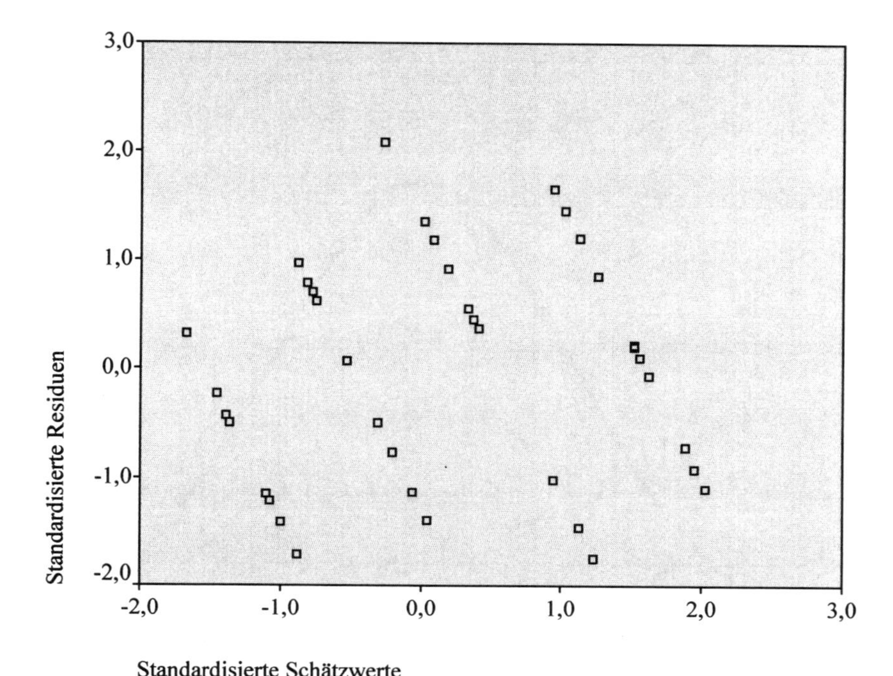

Bild 5.1.1 Plot der standardisierten Residuen in Abhängigkeit von den standardisierten geschätzten Y-Werten für das Beispiel 5.1.1

Ergeben sich bei der grafischen Auswertung Hinweise auf nichtlineare Zusammenhänge (z. B. exponentielles Wachstum), so kann man durch **linearisierende Transformationen** des Regressors und/oder der Regressanden in vielen Fällen die Voraussetzung der Linearität sicherstellen (siehe hierzu z.B. Chatterjee/Price [1995], S. 32 ff., Affifi, Clark [1996], S.109).

Wie aus der linearen Einfachregression gut bekannt ist, können extreme Werte (Ausreißer) in der betrachteten Datenmenge einen linearen Zusammenhang vortäuschen und Anlass für eine Fehlspezifikation des Modells sein. Aus diesem Grunde sollte anhand der Diagramme der Residuen analysiert werden, ob eine solche Situation vorliegt.

Normalverteilung der Residuen u_i

Diese Annahme lässt sich sehr schnell anhand des Histogramms der standardisierten Residuen überprüfen. Das Histogramm sollte einer Gaußschen Glockenkurve ähneln.

Für Beispiel 5.1.1 trifft das offensichtlich zu (siehe Bild 5.1.2).

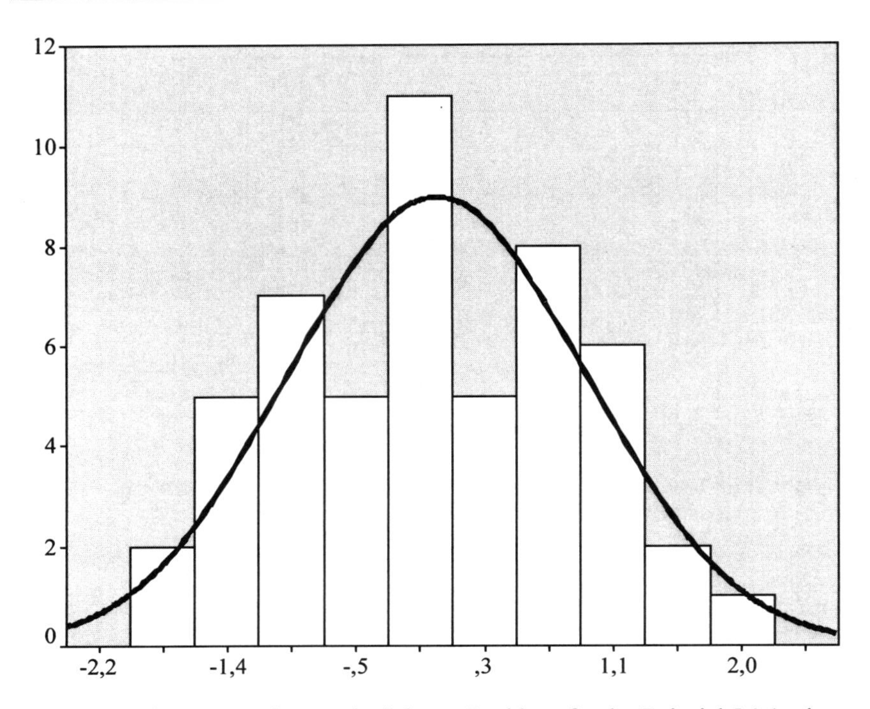

Bild 5.1.2 Histogramm der standardisierten Residuen für das Beispiel 5.1.1 mit absoluten Häufigkeiten und überlagerter Gaußscher Glockenkurve

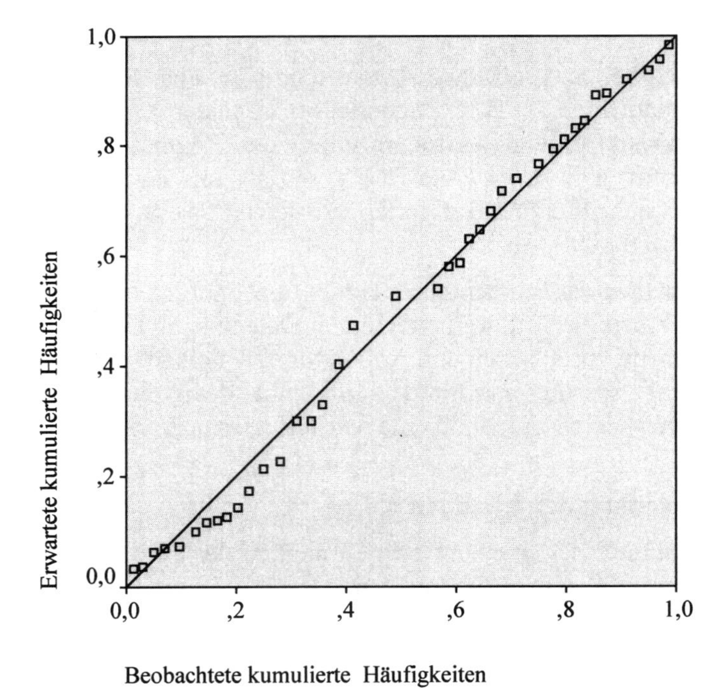

Bild 5.1.3 Normalverteilungsplot der standardisierten Residuen für Beispiel 5.1.1

Außerdem kann man die kumulierten (relativen) Häufigkeiten der unter der Annahme der Normalverteilung erwarteten standardisierten Residuen im sogenannten P-P-Diagramm gegen die kumulierten (relativen) Häufigkeiten der beobachteten standardisierten Residuen abtragen. Wenn die standardisierten Residuen normalverteilt sind, dürfen sie nur wenig von der Diagonalen abweichen.

Dem P-P-Diagramm zum Beispiel 5.1.1 (siehe Bild 5.1.3) ist ebenfalls zu entnehmen, dass normalverteilte standardisierte Residuen vorausgesetzt werden können.

Unkorrelierte Residuen u_i

Wenn die Schätzfehler (die Residuen) u_i korreliert sind, hat dies zur Folge, dass die Standardfehler der Regressionskoeffizienten unterschätzt werden können. Daraus resultiert, dass die statistischen Tests und die Vertrauensintervalle, in deren Berechnung die Schätzungen der Standardfehler eingehen, nicht mehr gültig sind. Deshalb muss die Unkorreliertheit der Residuen überprüft werden.
Die Unkorreliertheit der Residuen bedeutet, dass ein vorhergesagter Y-Wert unabhängig von einem anderen vorhergesagten Wert ist. In diesem Fall lassen sich die Y-Werte nicht bezüglich irgendeiner Variablen in eine Reihenfolge bringen. Man nennt dies auch fehlende **Autokorrelation**. Man prüft den Sachverhalt der Autokorrelation, in dem man die Residuen in Abhängigkeit von einer Variablen darstellt, die eine bestimmte Anordnung der Residuen nach sich zieht.

Sehr häufig korrelieren die Y-Werte mit der Zeit, d. h. der Y-Wert zu einem Zeitpunkt t hängt vom vorangegangenen Y-Wert zum Zeitpunkt (t - 1) ab. In diesem Fall würde man die Residuen in Abhängigkeit von der Zeit darstellen.

Bei Unabhängigkeit dürfte zwischen aufeinander folgenden Residuen kein bestimmtes Muster zu erkennen sein, sondern die Punkte sollten willkürlich über die Ebene streuen.

Die meisten Statistik-Softwarepakete bieten hierfür ein numerisches Testverfahren, den Durbin-Watson-Test, an. Dieser Test prüft die Nullhypothese, dass die Residuen nicht autokorreliert sind. Dazu wird eine Prüfgrößenwert d wie folgt berechnet:

$$d = \frac{\sum_{k=2}^{n}(\hat{u}_k - \hat{u}_{k-1})^2}{\sum_{k=1}^{n}\hat{u}_k^2}.$$

Hier bezeichnet k den Index für die Reihenfolge der Residuen. Man kann zeigen, dass d Werte zwischen null und vier annimmt. Ist keine Autokorrelation vorhanden, liegt der Wert von d in der Nähe von zwei. Bei totaler Abhängigkeit hat d einen Wert nahe null. Die konkrete Entscheidungsregel für das Ablehnen oder Beibehalten der Nullhypothese bei Anwendung des Durbin-Watson-Test findet man zum Beispiel bei Chattejee/Price [1995], S.162, oder bei Backhaus et. al. [1994], S. 42. Die wichtigsten Vergleichswerte sind im Tabellenanhang zusammen gestellt.

Für das Beispiel 5.1.1 ergab der Durbin-Watson-Test, dass die Nullhypothese der fehlenden Autokorrelation auf dem Signifikanzniveau $\alpha = 0{,}05$ nicht abgelehnt werden kann. Aus der Tabelle 5.1.2 entnimmt man für die Durbin-Watson-Statistik einen Testwert d von 1,865, während man für $\alpha = 0{,}05$ als obere Grenze d_0^+ des Unschärfebereiches einen Wert $d_0^+ = 1{,}72$ abliest (Backhaus et. al. [1994], S. 586). Somit ist $d > d_0^+$ bzw. $d < 4 - d_0^+$, d. h. H_0 kann nicht abgelehnt werden. Für die Alternativhypothese würde man sich entscheiden, wenn $d \leq d_u^+$ bzw. $d \geq 4 - d_u^+$ ist, wobei d_u^+ die untere Grenze des Unschärfebereichs bezeichnet. Falls der Testgrößenwert d innerhalb des Unschärfebereichs $[d_u^+, d_0^+]$ liegt, ist keine Testentscheidung möglich.

Konstante Varianz der Residuen

Die Gültigkeit der statistischen Schätz- und Testverfahren, die bei der multiplen Regression angewendet werden, setzen voraus, dass die Streuung der Residuen nicht vom Betrag oder von der Reihenfolge der Beobachtungen der Regressoren abhängen. Diese Voraussetzung nennt man auch **Homoskedastizität**. Ist die Varianz der Residuen nicht identisch für alle Beobachtungen der unabhängigen Variablen liegt Heteroskedastizität vor. **Heteroskedastizität** führt meist zu instabilen, ungenauen Schätzungen.

Geprüft wird das Vorliegen von Homeskedastizität wiederum am einfachsten anhand der graphischen Darstellungen der Residuen in bezug auf die vorhergesagten Y-Werte ($\hat{Y}$) oder deren standardisierte Werte bzw. bezüglich der Werte der einzelnen Einflussgrößen X_j. Aus dem Plot darf kein deutlicher Zusammenhang der Residuen und der $\hat{Y}$-Werte hervorgehen. Zum Beispiel sollte die Streuung der resultierenden Punkte nicht tendenziell mit den $\hat{Y}$-Werten bzw. den X_j-Werten wachsen oder abnehmen, sondern ein annähernd gleich breites Intervall über die x-Achse zeigen.

Liegt Heteroskedastizität vor, kann man wiederum versuchen, mittels geeigneter Transformationen der Regressoren und/oder des Regressanden die Varianz der Residuen konstant zu halten. Eine gebräuchliche Transformation besteht darin, die Zielgröße zu logarithmieren (siehe hierzu auch Chatterjee/Price [1995], S. 53 ff.).

Für das Beispiel 5.1.1 lässt sich Heteroskedastizität nicht ganz ausschließen. Bild 5.1.1 zeigt keine konstante Streuung der Punkte, lässt aber auch keine deutliche systematische Abhängigkeit von den vorhergesagten Y-Werten erkennen. Die Abbildungen der standardisierten Residuen in Abhängigkeit von den Werten der einzelnen unabhängigen Variablen ergeben ähnliche Schlussfolgerungen (siehe zum Beispiel den Plot der standardisierten Residuen bezüglich X_1 in Bild 5.1.4). Aus diesem nicht eindeutigen Befund ergibt sich die Frage, wie man mit solchem Sachverhalt umgehen soll.

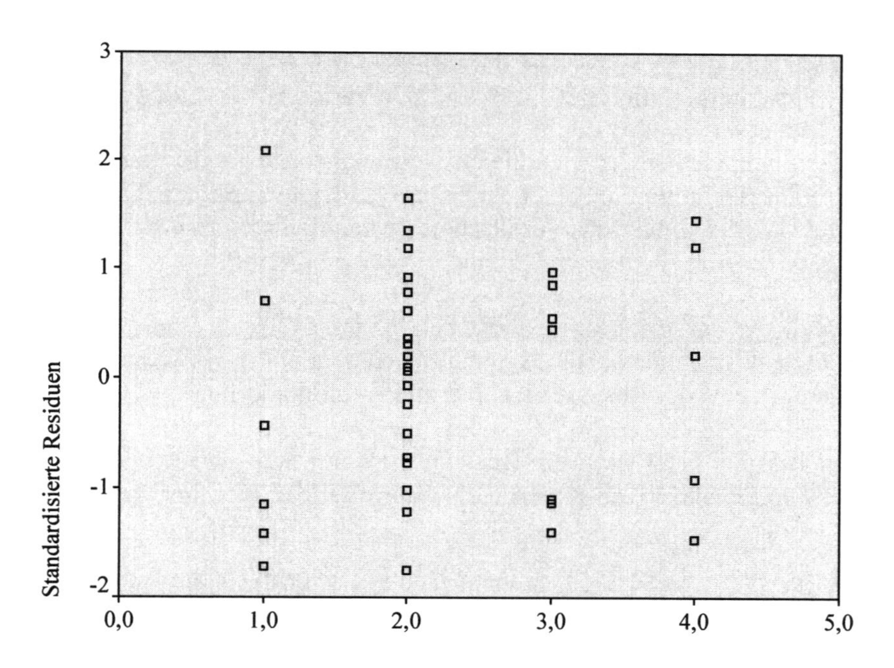

Bild 5.1.4 Plot der standardisierten Residuen in Abhängigkeit von der Einflussgröße „Zufriedenheit mit dem Ambiente" für das Beispiel 5.1.1

Nach Kleinbaum et. al. [1988], S. 108, muss Heteroskedastizität dann beachtet werden, wenn die Daten deutliche und schwere Abweichungen von der Varianzhomogenität zeigen, während leichte Verletzungen der vorausgesetzten Homoskedastizität noch keine wesentlichen negativen Einflüsse bewirken. Zu einer ähnlichen Aussage kommen ebenfalls Afifi und Clark [1996], S. 109.

Für das Beispiel 5.1.1 braucht man also die Ergebnisse nicht in Frage zu stellen. Man sollte aber dennoch, mögliche Konsequenzen von Heteroskedastizität bei der Interpretation der Ergebnisse bedenken. Dies gilt insbesondere für die Tatsache, dass die Stabilität der Schätzwerte nicht gesichert ist, da die Kleinste-Quadrate-Schätzer nicht mehr varianzminimal sind. Davon wiederum sind insbesondere die Größe der Vertauensintervalle, aber auch die Testergebnisse der Regressionskoeffizienten betroffen.

Im Beispiel 5.1.1 interessieren uns die genauen Werte der Regressionskoeffizienten in der Grundgesamtheit nicht, jedoch schon, ob der Einfluss jeder einzelnen Variablen auf die Gesamtzufriedenheit signifikant ist. Da in unserem Beispiel die Werte der zugehörigen Testgröße, zumindest für X_1, X_2 und X_3 , deutlich über der Signifikanzschwelle liegen, sind die Ergebnisse dieser Variablen kaum in Frage zu stellen.
Bei der Interpretation des Einflusses der Variablen X_4 ist jedoch Vorsicht angeraten, weil die in Tabelle 5.1.1 ausgewiesene Irrtumswahrscheinlichkeit von 1,1% vergleichsweise näher am vorgegebenen Signifikanzniveau von 5% liegt als bei den anderen Variablen. Damit erhöht sich die Gefahr, ein verfälschtes Testergebnisses zu erhalten.

Verschwindender Erwartungswert der Residuen

Hierzu prüft man, ob die Symmetrieachse und der Gipfelpunkt des Histogramms der Residuen annähernd im Nullpunkt liegt.

Für Beispiel 5.1.1 zeigt ein Blick in die von SPSS ausgewiesene Tabelle mit deskriptiven Kennziffern, dass die Residuen im Mittel verschwinden.

Tabelle 5.1.4 Deskriptive Kennziffern für die Residuen des Beispiels 5.1.1 [a)]

	Minimum	Maximum	Mittelwert	Standardabweichung	N
Nicht standardisierter vorhergesagter Wert	0,880	4,410	2,480	0,950	52
Nicht standardisierte Residuen	-0,650	0,780	0,000	0,360	52
Standardisierter vorhergesagter Wert	-1,680	2,024	0,000	1,000	52
Standardisierte Residuen	-1,745	2,077	0,000	0,960	52

a) Abhängige Variable: Wie beurteilen Sie insgesamt die Leistungen der Gaststätte?

Grafisch lässt sich ein Erwartungswert von null oder annähernd null im Plot der Residuen gegen die vorhergesagten Y-Werte ausmachen, wenn positive und negative Residuen bezogen auf die Null-Linie einander ausgleichen.

Keine Abhängigkeit der Regressoren untereinander

Ideale Bedingungen für die Anwendung der multiplen Regression sind dann vorhanden, wenn die Einflussgrößen stark mit der Zielgröße korrelieren, untereinander aber möglichst unabhängig sind.

Wenn einige unabhängige Variable stark miteinander korrelieren, liegt das Problem der **Multikollinearität** vor. Multikollinearität führt dazu, dass die in der multiplen Regression geschätzten Parameter, wie z.B. die Regressionskoeffizienten, instabil sind. Die Standardfehler werden in der Regel zu groß geschätzt, was zur Verzerrung der Konfidenzintervalle und zur Verfälschung von Testergebnissen führt. Auch lassen sich die einzelnen Effekte der Variablen auf die Zielgröße schwer interpretieren, da sie durch starke Zusammenhänge zwischen den Variablen „vermischt" sind.

Um auf Multikollinearität zu prüfen, untersucht man zunächst sämtliche paarweisen Korrelationskoeffizienten. Hier sollten möglichst keine Koeffizienten einen starken Zusammenhang zwischen zwei Einflussgrößen ausweisen. Allerdings kann Multikollinearität, d. h. ein starker Zusammenhang zwischen mehreren Variablen insgesamt, trotzdem bestehen, auch wenn sämtliche paarweisen Korrelationskoeffizienten nur einen schwachen Zusammenhang zeigen. Man sollte deshalb weitere Verfahren zur Aufdeckung von Zusammenhängen zwischen den unabhängigen Variablen benutzen, die in den Statistik-Software-Paketen zur multiplen Regression enthalten sind.

Eine Möglichkeit ergibt sich aus der Begutachtung der **Toleranz-Statistik.** Dabei wird jede Einflussvariable X_i in Abhängigkeit von den übrigen X_j, für $i \neq j$, $i, j \in \{1, ..., m\}$, betrachtet und die resultierenden multiplen Bestimmtheitsmaße R_i^2 berechnet. Die Toleranz-Statistik ist dann definiert als $1 - R_i^2$. Wenn der Wert dieser Statistik nahe null ist, kann man davon ausgehen, dass die Variable X_i fast vollständig durch die übrigen Variablen X_j bestimmt ist.

Der Kehrwert der Toleranz-Statistik heißt **VIF-Faktor** (Varianz-Inflations-Faktor). Je kleiner $1 - R_i^2$ ist, desto größer wird die Varianz bzw. der Standardfehler des zu X_i gehörigen Regressionskoeffizienten. Es resultiert eine „Inflation der Varianz", die dem VIF-Faktor seinen Namen gegeben hat.

Sehr niedrige Werte der Toleranz-Statistik bzw. sehr große VIF-Werte bedeuten also Multikollinearität zwischen den Einflussfaktoren. In diesem Fall sollte man, wenn nur einzelne Variable betroffen sind, diese eliminieren oder die miteinander korrelierenden Größen mit Hilfe der Faktorenanalyse zu unabhängigen Faktoren zusammenfassen. Anstelle der einzelnen Einflussgrößen gehen dann die unabhängigen Faktoren in die Regressionsgleichung ein.

Für das Beispiel 5.1.1 findet man die Werte der Toleranz-Statistik bzw. die VIF-Werte in der Tabelle 5.1.1 unter dem Namen „Kollinearitätsstatistik". Sämtliche Toleranz-Werte sind größer als 0,65. Man kann somit davon ausgehen, dass keine ernstzunehmende Multikollinearität vorliegt.

Ausreichende Anzahl von Beobachtungen

Um die (m + 1) Parameter der Regressionsgleichung (m Regressionskoeffizienten + Absolutglied) überhaupt schätzen zu können, werden mindestens eben so viele Beobachtungen gebraucht, d. h. mindestens (m + 1) Messwert-Tupel. Es ist einleuchtend, dass man mit einem solchen Stichprobenumfang allerdings kaum vernünftige Aussagen über die Größe der Parameter in der Grundgesamtheit treffen kann. Dazu muss die Stichprobe deutlich größer sein, mindestens fünfmal, am besten 15- bis 20-mal so viele Beobachtungen wie zu schätzende Parameter, um die Schätzfehler entsprechend gering zu halten (siehe Skiera, Albers [2000], S. 217/218, Hair et al. [1998], S.166).

Gezielte Auswahl der Einflussvariablen

Grundsätzlich kann eine Regressionsgleichung zu viele oder zu wenige Regressoren enthalten.

Wenn alle denkbaren Einflussgrößen zur Erklärung einer Zielgröße einbezogen werden, unabhängig davon, ob sie mit dieser in einem wesentlichen Zusammenhang stehen, besteht die Gefahr einer Überanpassung der Regressionsgleichung (**overfitting**). Dies hat dann zur Konsequenz, dass die geschätzten Regressionskoeffizienten eine hohe Variabilität besitzen und die Schätzung instabil ausfällt. Schätzt man beispielsweise die Regressionsgleichung aus einer zweiten Stichprobe derselben Grundgesamtheit, können sich die Schätzwerte, z. B. für das multiple Bestimmtheitsmaß oder für die Regressionskoeffizienten, stark verändern.

Übersieht man andererseits wesentliche erklärende Variablen, so können die resultierenden Schätzwerte verzerrt, d. h. mit einem systematischen Fehler behaftet sein.

Das Problem besteht somit darin, mit möglichst wenigen unabhängigen Variablen eine höchstmögliche Erklärungsgüte für die Zielgröße zu erreichen. Existieren zahlreiche potentielle Einflussgrößen, so stellt sich die Frage, welche davon zur Erklärung der abhängigen Variablen am besten geeignet sind und in das Regressionsmodell einbezogen werden sollten.

Eine Antwort hierauf geben **Selektionsverfahren**, bei denen das Hinzufügen bzw. das Weglassen von Variablen aus der Regressionsgleichung anhand bestimmter Kriterien geprüft wird. Insbesondere seien drei wichtige Verfahren genannt:

- die Vorwärtsselektion (forward selection)
- die Rückwärtsselektion (backward selection)
- die schrittweise Selektion (stepwise selection).

Am häufigsten wird in der Praxis die **schrittweise Selektion** angewandt. Hierbei werden die einzelnen potentiellen Einflussgrößen schrittweise nacheinander in die Regressionsgleichung einbezogen. In jedem Schritt wird geprüft, wie stark die Korrelation der einbezogenen Variablen mit der Zielgröße ist, wobei die bereits aufgenommenen Variablen konstant gehalten werden. Aufgenommen wird jeweils diejenige Variable mit dem größten signifikanten partiellen Korrelationskoeffizienten. Dabei kann durchaus eine bereits einbezogene Variable in einem weiteren Schritt ihren signifikanten Beitrag zur Erklärung von Y in Gegenwart neu aufgenommener Variablen verlieren und heraus fallen.

In diesem Punkt unterscheidet sich im wesentlichen die schrittweise Selektion von der **Vorwärtsselektion**, bei der lediglich die unabhängigen Variablen nach der Reihenfolge der Größe ihres signifikanten Erklärungsbeitrages in die Regressionsgleichung einbezogen werden. In den einzelnen Schritten erfolgt jedoch keine erneute Prüfung der Variablen, ob diese ihren signifikanten Beitrag in Gegenwart der übrigen beibehalten oder wieder auszuschließen sind.

Die **Rückwärtsselektion** hingegen geht von einer Regressionsgleichung aus, die zunächst sämtliche potentiellen Einflussgrößen enthält. Schrittweise werden dann diejenigen Variablen ausgeschlossen, die keinen signifikanten Erklärungsbeitrag liefern, wobei sich die Reihenfolge des Ausschlusses nach dem minimalen Beitrag richtet.

Tabelle 5.1.5 zeigt die Ergebnisse der schrittweisen linearen multiplen Regression für das Beispiel 5.1.1. Der bereits aufgezeigte Einfluss der einzelnen Zufriedenheitsmerkmale auf die Gesamtzufriedenheit wird hier noch einmal bestätigt.

Tabelle 5.1.5 Ergebnisse der schrittweisen linearen multiplen Regression für das Beispiel 5.1.1

Modell	Ausgeschlossene Variablen	Beta In	T	Signifikanz	partielle Korrelation	Kollinearitätsstatistik Toleranz
1	Wie zufrieden sind Sie insgesamt mit dem Ambiente?	0,281[a)]	4,107	0,000	0,506	0,900
	Wie zufrieden sind Sie insgesamt mit dem Preis-Leistungs-Verhältnis?	0,355[a)]	5,018	0,000	0,583	0,749
	Wie zufrieden sind Sie insgesamt mit der Sauberkeit?	0,256[a)]	3,347	0,002	0,431	0,792
2	Wie zufrieden sind Sie insgesamt mit dem Ambiente?	0,217[b)]	3,663	0001	0,467	0,850
	Wie zufrieden sind Sie insgesamt mit der Sauberkeit?	0,199[b)]	3,088	0,003	0,407	0,766
3	Wie zufrieden sind Sie insgesamt mit der Sauberkeit?	0,160[c)]	2,661	0,011	0,362	0,735

a) Einflussvariablen im Modell 1: (Konstante), Wie zufrieden sind Sie insgesamt mit dem Personal?

b) Einflussvariablen im Modell 2: (Konstante), Wie zufrieden sind Sie insgesamt mit dem Personal?, Wie zufrieden sind Sie insgesamt mit dem Preis-Leistungs-Verhältnis?

c) Einflussvariablen im Modell 3: (Konstante), Wie zufrieden sind Sie insgesamt mit dem Personal?, Wie zufrieden sind Sie insgesamt mit dem Preis- Leistungs-Verhältnis?, Wie zufrieden sind Sie insgesamt mit dem Ambiente?

d) Abhängige Variable: Wie beurteilen Sie insgesamt die Leistungen der Gaststätte?

Alle 4 Merkmale tragen signifikant zur Erklärung der Gesamtzufriedenheit bei. Die Variable X_2 wird zuerst in die Gleichung einbezogen und auch nicht in den folgenden Schritten wieder eliminiert. Sie leistet also den größten Beitrag. Schrittweise werden dann nacheinander die Variablen X_3, X_1 und X_4 einbezogen und ebenfalls nicht wieder ausgeschlossen.

5.2 Exploratorische Faktorenanalyse

In Kapitel 4 wurde bereits das Problem der Messung nur indirekt erfassbarer theoretischer Konstrukte wie der Kundenzufriedenheit, der Lebensstil oder das Image einer Tourismusregion diskutiert. Häufig wird zur Erfassung derartig komplexer Größen eine Vielzahl von Variablen (Items) benutzt, wobei jede Variable für sich zur Definition des zu messenden Sachverhalts beitragen soll. Andererseits korrelieren in der Regel bestimmte Variable untereinander sehr stark, andere wiederum weniger stark. Merkmale, die einen gleichen inhaltlichen Aspekt, d. h. die gleiche Dimension der komplexen Größe messen, werden in der Regel stark miteinander zusammenhängen. Wenn es gelänge, die stark miteinander korrelierenden Merkmale zu gruppieren und zu voneinander unabhängigen, sachlich interpretierbaren Teilaspekten zusammenzufassen, erhielte man für die zunächst unübersichtliche, mehr oder weniger willkürliche Merkmalsmenge eine übersichtliche, erklärbare Struktur. Zudem wäre es dann möglich, diejenigen Variablen zu eliminieren, die zwar einer bestimmten Gruppe zugeordnet werden, jedoch nur schwach mit dem definierenden Teilaspekt zusammenhängen. Die Variablenzahl ließe sich also begründet reduzieren. Ein statistisches Verfahren, mit Hilfe dessen sich solche Aufgabestellungen lösen lassen, ist die exploratorische, d. h. hypothesengenerierende Faktorenanalyse.

Beispiel 5.2.1 Anhand einer Stichprobe wird die Zufriedenheit der Gäste eines Restaurants untersucht. Die Fragebogenerhebung basiert auf einer umfangreichen Batterie von Zufriedenheitsmerkmalen sowie dem Servqualansatz zur Messung der Kundenzufriedenheit (vgl. z. B. Dreyer [1998]). Danach ergibt sich die Kundenzufriedenheit aus der Differenz von Ist-Zustand und Soll-Zustand in bezug auf die betrachteten Eigenschaften. Beide Zustände werden auf einer Rating-Skala mit 5 Skalenstufen gemessen, deren Skalenniveau als intervallskaliert anzusehen ist.

Ist-Zustand

	1	2	3	4	5	
	□	□	□	□	□	
absolut unzufrieden						absolut zufrieden

Soll-Zustand

	1	2	3	4	5	
	□	□	□	□	□	
absolut unwichtig						absolut wichtig

Es werden 16 charakteristische Eigenschaften für die Gästezufriedenheit in die Fragebatterie aufgenommen (Tabelle 5.2.1).

Tabelle 5.2.1 Merkmale im Beispiel 5.2.1

1	Gemütlichkeit (ZUFRIAM3)	9	Qualität der Getränke (ZUFRIPL1)
2	Tischgestaltung (ZUFRIAM4)	10	Preis der Getränke (ZUFRIPL2)
3	Tresenbereich (ZUFRIAM5)	11	Qualität der Speisen (ZUFRIPL3)
4	Äußeres Erscheinungsbild des Personals (ZFRIPER1)	12	Preis der Speisen (ZUFRIPL4)
5	Aufmerksamkeit des Personals (ZFRIPER2)	13	Sauberkeit der Toiletten (ZUFRISA1)
6	Freundlichkeit des Personals (ZFRIPER3)	14	Sauberkeit der Gasträume (ZUFRISA2)
7	Schnelligkeit des Personals (ZFRIPER4)	15	Sauberkeit des Tresens (ZUFRISA3)
8	Verhalten bei Beschwerden (ZFRIPER5)	16	Sauberkeit des Eingangsbereiches (ZUFRISA4)

Die Auswertung der Antworten soll nun klären, welche der 16 Eigenschaften sich zu vereinfachten, aber auch interpretierbaren Zufriedenheitsdimensionen zusammen fassen lassen.

Zur Lösung dieser Fragestellung benutzen wir die Faktorenanalyse, die auf der Idee beruht, die Variablen nach dem Prinzip der maximalen Korrelation so zu gruppieren, dass die Gruppen (hier Faktoren genannt) selbst untereinander unabhängig werden. Aufgrund der zwischen einer größeren Anzahl von Variablen vermuteten Zusammenhangsstruktur werden bei einer Faktoranalyse die beobachteten Variablen auf eine kleinere Anzahl dahinter stehender, nicht direkt beobachtbarer Faktoren zurückgeführt.

Die folgenden Abschnitte 5.2.1 und 5.2.2 erläutern die mathematisch-statistischen Modelle der Faktoranalyse. Die Abschnitte 5.2.3 bis 5.2.5 sind der praktischen Vorgehensweise und der Interpretation der Ergebnisse gewidmet.

5.2.1 Modelle der Faktorenanalyse

Wir betrachten p kardinal skalierte Zufallsvariablen $X_1, ..., X_p$, die zunächst mit Hilfe der sogenannten z-Transformation

$$z_{kj} = (x_{kj} - \mu_j) \cdot \sigma_j^{-1} \quad ,$$

wobei x_{kj} der k-ter Wert der j-ten Variablen, μ_j der Erwartungswert und σ_j die Standardabweichung der j-ten Variablen, für j = 1, ..., p, sind, in p standardisierte (standardnormalverteilte) Größen $Z_1, ..., Z_p$ überführt werden. Diese Standardisierung ist im allgemeinen notwendig, um stark unterschiedliche Varianzverhältnisse, hervorgerufen durch verschiedene Maßstäbe (unterschiedliche Einheiten) bei der Messung der einzelnen Variablen, auszugleichen. Die Modelle der Faktorenanalyse beruhen wesentlich auf der Bestimmung von Varianzen und reagieren demzufolge, ebenso wie die Varianzen selbst, sehr empfindlich in bezug auf die Größenverhältnisse in den Variablen.

Stellt man sich die Variablen $Z_1, ..., Z_p$ als Vektoren in einem Raum unbekannter Dimensionalität vor, so sind diese in einer bestimmten Lage zueinander angeordnet, die durch die Korrelationen der Variablen untereinander bestimmt wird. Stehen zwei Vektoren senkrecht aufeinander, so werden beide als linear unabhängig voneinander angesehen. Verlaufen sie parallel, so lässt sich der eine Vektor durch ein Vielfaches des anderen ersetzen. Die Vektoren sind total abhängig.

Die Modelle der Faktorenanalyse versuchen nun, für diesen Raum, in dem sich die gegebenen p Variablen in bestimmter Anordnung befinden, eine Anzahl von r ($r \leq p$) linear unabhängigen Vektoren zu finden, die diesen aufspannen (Hüttner [2000], S. 389 ff.). Aus der linearen Algebra ist bekannt, dass diese Vektoren dann eine Basis des Vektorraumes bilden. Der Vektorraum hat die Dimension r und jeder Vektor aus diesem Raum lässt sich als Linearkombination der Basisvektoren darstellen.

In der Faktorenanalyse werden die den Raum aufspannenden, linear unabhängigen Basisvektoren **Faktoren** genannt. Jede standardisierte Variable Z_j, j = 1, ..., p, lässt sich dann mittels der erzeugten Faktoren $F_1, ..., F_r$ wie folgt als Linearkombination darstellen:

$$Z_j = a_{j1} \cdot F_1 + ... + a_{ji} \cdot F_i + ... + a_{jr} \cdot F_r$$

Die Koeffizienten a_{ji}, j = 1, ..., p und i = 1, ..., r, in dieser Linearkombination entsprechen den Korrelationskoeffizienten zwischen der Variablen Z_j und dem i-ten Faktor. Sie drücken aus, wie stark die Variable mit den einzelnen Faktoren zusammenhängt. Die a_{ji} heißen speziell **Faktorladungen bzw. Ladung der Variablen Z_j auf den Faktor F_i.**

Für die an n statistischen Objekten einer Stichprobe beobachteten Merkmalswerte z_{kj} der Variablen Z_j ergibt sich folgende Darstellung als Linearkombination:

$$z_{kj} = a_{j1} \cdot f_{k1} + ... + a_{ji} \cdot f_{ki} + ... + a_{jr} \cdot f_{kr} \quad \text{mit} \quad k = 1, ..., n.$$

Die f_{ki} (k = 1, ..., n, i = 1, ..., r) werden **Faktorenwerte (factor scores)** genannt. Häufig werden in der Literatur die Gleichungen der Linearkombinationen für die Merkmalswerte auch zusammenfassend für alle n Objekte in Matrix-Schreibweise dargestellt:

$$\mathbf{Z} = \mathbf{F} \cdot \mathbf{A}^T.$$

Hier bezeichnet $\mathbf{Z} = (z_{kj})$ die (n x p)-Matrix der standardisierten Merkmalswerte, $\mathbf{F} = (f_{ki})$ die (n x r)-Matrix der Faktorenwerte und $\mathbf{A} = (a_{ji})$ die (p x r)-Matrix der Faktorladungen.

Da ein wesentliches Ziel der Faktorenanalyse in der Strukturierung und Reduktion der Vielzahl von Variablen besteht, ist ihre eigentliche Aufgabe erst dann erfüllt, wenn die Anzahl der erzeugten Faktoren auf jeden Fall die Anzahl der gegebenen Variablen unterschreitet, d. h., wenn r auf alle Fälle kleiner als p ist. Es gelingt nun nicht immer, jede beobachtete Variable mit weniger als p Faktoren zu erzeugen. Aus diesem Grunde unterscheidet man zwischen zwei verschiedenen Modellansätzen.

1. Das Hauptkomponentenmodell

Jede Variable Z_j mit j = 1, ..., p wird durch eine Linearkombination von r < p linear unabhängigen Faktoren vollständig beschrieben:

$$Z_j = a_{j1} \cdot F_1 + ... + a_{ji} \cdot F_i + ... + a_{jr} \cdot F_r$$

2. Das Hauptachsenmodell (auch Hauptfaktorenmodell genannt)

Jede Variable Z_j mit j = 1, ..., p wird durch eine Linearkombination von r < p linear unabhängigen Faktoren und einem für die j-te Variable spezifischen „Einzelrestfaktor“ u_j beschrieben:.

$$Z_j = a_{j1} \cdot F_1 + ... + a_{ji} \cdot F_i + ... + a_{jr} \cdot F_r + d_j \cdot u_j$$

Man kann zeigen, dass gilt:

$$\text{Var}(Z_j) = a_{j1}^2 + ... + a_{ji}^2 + ... + a_{jr}^2 + d_j^2.$$

Somit beschreibt d_j, die Faktorladung von u_j, d. h. den Anteil an der Streuung der Variablen Z_j, der nicht durch die r gemeinsamen Faktoren F_1, ..., F_r erklärt werden kann. Hingegen bezeichnet man denjenigen Streuungsanteil, der durch die r Faktoren erklärt wird, als **Kommunalität** h_j^2. Somit gilt:

$$h_j^2 = a_{j1}^2 + \ldots + a_{ji}^2 + \ldots + a_{jr}^2 \;.$$

Die Kommunalität der j-ten Variablen ergibt sich also aus der Summe der Quadrate ihrer Faktorladungen.

5.2.2 Das Fundamentaltheorem der Faktorenanalyse

Der nächste methodische Schritt bei der Durchführung einer Faktorenanalyse besteht darin, auf der Basis eines der beiden Modelle eine Anzahl unabhängiger Faktoren so zu extrahieren, dass die von ihnen erklärte Streuung maximal ist. Die Lösung dieses Problems beruht auf einer etwas komplizierten, umfangreichen mathematischen Beweisführung, die in diesem praxisorientierten Einführungsbuch nicht detailliert dargelegt werden soll. Vielmehr beschränken wir uns hier auf die Erläuterung der Hauptgedanken Interessierte Leser seien auf die entsprechende weiter führende Literatur verwiesen, z. B. Fahrmeir, Hamerle [1984], Stier [1996]).

1. Ausgangspunkt der Faktorenanalyse

a) Bei Anwendung des Hauptkomponentenmodells:

Ausgangspunkt ist die (p x p)-Matrix $\mathbf{R} = (\mathbf{r_{jl}})$, j, l = 1, ..., p, der bivariaten Korrelationskoeffizienten r_{jl} der p standardisierten Variablen $Z_1, \ldots, Z_p$.

b) Bei Anwendung des Hauptachsenmodells:

Ausgangspunkt ist die sogenannte **reduzierte Korrelationsmatrix** $\mathbf{R}_{red}$, bei der an die Stelle der Korrelationskoeffizienten in der Hauptdiagonalen die entsprechenden Kommunalitäten h_j^2 , j = 1, ..., p treten, da die Varianzen der einzelnen Variablen nicht mehr vollständig durch die Faktoren reproduziert werden. Es kann somit nur der durch die Faktoren erklärte Varianzanteil, die jeweilige Kommunalität, in der Ausgangsmatrix verwendet werden.

2. Das Fundamentaltheorem

Der Zusammenhang zwischen der Matrix **R** der Korrelationskoeffizienten bzw. der reduzierten Korrelationsmatrix $\mathbf{R}_{red}$ und den zu extrahierenden Faktoren wird durch folgendes Gleichungssystem - das **Fundamentaltheorem der Faktorenanalyse** - hergestellt:

$$r_{jl} = \sum_{i=1}^{r} a_{ji} \cdot a_{li} \quad \text{mit} \quad j = 1, \ldots, p \text{ und } l = 1, \ldots, p.$$

Die Korrelation zwischen zwei Variablen Z_j und Z_l kann als Summe der Produkte ihrer Faktorladungen geschrieben werden. Man sagt auch, die Korrelationsmatrix lässt sich faktorisieren.

Wie dieses Gleichungssystem zustande kommt, soll hier nur kurz auf der Basis des Haupkomponentenmodells erläutert werden.
Zunächst kann man nachweisen, dass sich die Korrelationsmatrix **R** für mittels z-Transformation standardisierte Variable in folgender Matrixform schreiben lässt:

$$\mathbf{R} = \frac{1}{n-1} \cdot \mathbf{Z}^T \cdot \mathbf{Z} \quad .$$

Setzt man in diese Formel für **Z** die Matrixdarstellung des Hauptkomponentenmodells $\mathbf{Z} = \mathbf{F} \cdot \mathbf{A}^T$ ein, erhält man:

$$\mathbf{R} = \frac{1}{n-1} \cdot (\mathbf{F} \cdot \mathbf{A}^T)^T (\mathbf{F} \cdot \mathbf{A}^T) = \frac{1}{n-1} \cdot \mathbf{A} \cdot \mathbf{F}^T \cdot \mathbf{F} \cdot \mathbf{A}^T = \mathbf{A} \cdot \mathbf{C} \cdot \mathbf{A}^T$$

mit

$$\mathbf{C} = \frac{1}{n-1} \cdot \mathbf{F}^T \cdot \mathbf{F} \ .$$

Da die Matrix **C** der Korrelationsmatrix der r Faktoren entspricht und die Faktoren als unabhängig vorausgesetzt werden, ist **C** identisch mit der Einheitsmatrix (vgl. Backhaus et al. [1994] S. 207 ff.), d.h.

$$\mathbf{R} = \mathbf{A} \cdot \mathbf{A}^T \ .$$

3. Faktorenextraktion

Die nächste Aufgabe der Faktorenanalyse besteht nun darin, die Faktoren zu extrahieren, d. h. das im Fundamentaltheorem beschriebene Gleichungssystem nach den unbekannten Faktorladungen unter Einführung gewisser Nebenbedingungen aufzulösen. Die Nebenbedingungen sollen gewährleisten, dass die Summe der Quadrate der Faktorladungen des ersten Faktors einen maximalen Anteil der Gesamtvarianz erreichen, die des 2. Faktors ein Maximum der verbleibenden Restvarianz usw. (Hüttner [2000], S. 395). Mathematisch führt diese Aufgabe der Varianzmaximierung bei Verwendung der sogenannten Lagrangeschen Multiplikatorenmethode auf die Bestimmung von **Eigenwerten und Eigenvektoren (das Eigenwertproblem)** der sym-

metrischen Matrix **R** bzw. $\mathbf{R}_{red}$, mit deren Hilfe diese Matrizen **diagonalisiert** werden können (Fahrmeir [1984], S. 708 ff.).
Bei der weiteren Lösung des Problems muss wieder zwischen den beiden Faktorenmodellen differenziert werden.

Hauptkomponentenmodell

Für die Diagonalisierung der symmetrischen Korrelationsmatrix **R** gilt:

$$\mathbf{R} = \mathbf{P} \cdot \boldsymbol{\Delta} \cdot \mathbf{P}^T .$$

Hierbei bezeichnet **P** diejenige Matrix, deren Spalten aus den p Eigenvektoren $e_1, ..., e_p$ der (p x p)-Matrix **R** bestehen, und Δ ist eine Diagonalmatrix mit den zugehörigen p Eigenwerten λ_j , j = 1, ..., p, in der Hauptdiagonalen. Setzt man nun $\mathbf{A} = \mathbf{P} \cdot \boldsymbol{\Delta}^{1/2}$, wobei

$$\boldsymbol{\Delta}^{1/2} = \begin{pmatrix} \sqrt{\lambda_1} & 0 & ... & 0 \\ 0 & \sqrt{\lambda_2} & ... & 0 \\ . & . & ... & . \\ . & . & ... & . \\ . & . & ... & . \\ 0 & 0 & 0 & \sqrt{\lambda_p} \end{pmatrix}$$

ist, so erhält man eine Faktorisierung der Korrelationsmatrix **R** entsprechend des Fundamentaltheorems mit

$$\mathbf{A} \cdot \mathbf{A}^T = \mathbf{P} \cdot \boldsymbol{\Delta}^{1/2} \cdot (\mathbf{P} \cdot \boldsymbol{\Delta}^{1/2})^T = \mathbf{P} \cdot \boldsymbol{\Delta} \cdot \mathbf{P}^T = \mathbf{R} .$$

Daraus ergibt sich, dass die Faktorladungsmatrix **A** folgende Gestalt hat:

$$\mathbf{A} = \begin{pmatrix} \sqrt{\lambda_1} \cdot e_{11} & \sqrt{\lambda_2} \cdot e_{12} & ... & \sqrt{\lambda_p} \cdot e_{1p} \\ \sqrt{\lambda_1} \cdot e_{21} & \sqrt{\lambda_2} \cdot e_{22} & ... & \sqrt{\lambda_p} \cdot e_{2p} \\ . & . & ... & . \\ . & . & ... & . \\ . & . & ... & . \\ \sqrt{\lambda_1} \cdot e_{p1} & \sqrt{\lambda_2} \cdot e_{p2} & ... & \sqrt{\lambda_p} \cdot e_{pp} \end{pmatrix} .$$

Werden entsprechend dem eigentlichen Ziel der Faktorenanalyse r < p Faktoren extrahiert, lässt sich **A** nur approximativ beschreiben.

$$\mathbf{A} \approx \begin{pmatrix} \sqrt{\lambda_1} \cdot e_{11} & \sqrt{\lambda_2} \cdot e_{12} & \cdots & \sqrt{\lambda_r} \cdot e_{1r} \\ \sqrt{\lambda_1} \cdot e_{21} & \sqrt{\lambda_2} \cdot e_{22} & \cdots & \sqrt{\lambda_r} \cdot e_{2r} \\ . & . & \cdots & . \\ . & . & \cdots & . \\ . & . & \cdots & . \\ \sqrt{\lambda_1} \cdot e_{p1} & \sqrt{\lambda_2} \cdot e_{p2} & \cdots & \sqrt{\lambda_r} \cdot e_{pr} \end{pmatrix}.$$

Des weiteren hat man in der Praxis meist nur Stichprobendaten, d.h. an die Stelle der Korrelationsmatrix **R** tritt die aus der Stichprobe geschätzte Korrelationsmatrix $\hat{\mathbf{R}}$ und es resultieren auch nur Schätzwerte für die Eigenwerte und Eigenvektoren, die in die Ladungsmatrix eingehen. Der Schätzwert von **A** sei ebenfalls mit $\hat{\mathbf{A}}$ bezeichnet.

Da sich die Kommunalität h_j der j-ten Variablen aus der Summe der Quadrate ihrer Faktorladungen zusammensetzt, berechnet sich die Kommunalität wie folgt:

$$h_j = \lambda_1 \cdot e_{j1}^2 + \ldots + \lambda_r \cdot e_{jr}^2 .$$

Summiert man die quadrierten Faktorladungen nicht mehr pro Variable über die r Faktoren, sondern pro Faktor über die p Variablen, ergibt diese Summe gerade den zum Faktor F_i gehörigen Eigenwert λ_i. Dies resultiert daraus, dass die Eigenvektoren die Länge 1 haben. Folglich gilt

$$\lambda_i = \sum_{j=1}^{p} a_{ji}^2 .$$

In diesem Zusammenhang ist noch einmal festzuhalten, dass mit der Kommunalität einer gegebenen Variablen der durch die Faktoren erklärte Anteil an der Varianz dieser Variablen bekannt ist, während der Eigenwert λ_i den Beitrag des Faktors i an der Erklärung der Gesamtvarianz aller Variablen beschreibt. Teilt man nämlich den Eigenwert durch die Anzahl der gegebenen Variablen, so erhält man den entsprechenden Anteil an der Gesamtvarianz, der auf den jeweiligen Faktor zurückzuführen ist.

Hauptachsenmodell

Ausgangsbasis für die Faktorisierung ist jetzt nicht mehr die vollständige Korrelationsmatrix **R**, sondern die reduzierte Korrelationsmatrix $\mathbf{R}_{red}$, in der die Korrelationskoeffizienten der Hauptdiagonalen durch die Kommunalitäten h_j, j = 1, ..., p, ersetzt sind.

Während die Korrelationskoeffizienten zu Beginn einer Faktorenanalyse aus den Stichprobendaten geschätzt werden können, sind die Kommunalitäten zunächst unbekannt. Man erhält ihre Schätzwerte erst am Ende der Analyse aus der Bestimmung von Eigenwerten und Eigenvektoren. Aus diesem Grunde ist es nicht möglich, die reduzierte Korrelationsmatrix direkt in Analogie zum Hauptfaktorenmodell zu faktorisieren. Man muss statt dessen iterativ vorgehen.

Ausgehend von gewissen **Startwerten** für die Kommunalitäten in der Hauptdiagonalen der reduzierten Matrix werden diese dann schrittweise verbessert.
Als Startwert wird meist das Bestimmtheitsmaß aus der multiplen Regression der Variablen Z_j auf die verbleibenden p - 1 Variablen Z_1, ..., Z_{j-1}, Z_{j+1}, ..., Z_p verwendet, welches bekanntlich den Anteil an der Varianz von Z_j beschreibt, der durch die übrigen p - 1 Variablen erklärt wird. Außerdem kann man zeigen, dass der Wert dieses Bestimmtheitsmaßes stets kleiner oder gleich dem Wert der entsprechenden Kommunalität ist.

Im **ersten Schritt der Faktorenanalyse** werden dann die Eigenwerte und Eigenvektoren dieser ersten reduzierten Korrelationsmatrix berechnet und daraus die ersten Approximationen für die unbekannten Kommunalitäten der Hauptdiagonalen geschätzt.

Mit dieser neuen reduzierten Matrix werden dann im zweiten Schritt wiederum Eigenwerte und Eigenvektoren sowie die daraufhin verbesserten Näherungswerte für die Kommunalitäten bestimmt. Es folgen dann ein dritter Schritt, ein vierter Schritt usw., und zwar solange, bis sich die geschätzten Kommunalitäten kaum noch verändern.

5.2.3 Praktische Vorgehensweise bei einer Faktorenanalyse

Ausgegangen wird von den beobachteten Merkmalswerten x_{kj}, den k-ten Werten des j-ten Merkmals, k = 1, ..., n, j = 1, ..., p, die in einer Datenmatrix angeordnet sind, in der die n Zeilen den statistischen Objekten entsprechen und die p Spalten den Merkmalen.

Schritt 1: Standardisierung der Beobachtungen

Die Datenmatrix wird mit Hilfe einer z-Transformation

$$z_{kj} = (x_{kj} - \overline{x}_j) \cdot s_j^{-1}$$

in die **standardisierte Form** überführt, wobei $\overline{x}_j$ bzw. s_j dem Stichprobenmittelwert bzw. der Stichprobenstandardabweichung des j-ten Merkmals entsprechen. Dabei gehen die Merkmale X_1, ..., X_p in die entsprechenden standardisierten Merkmale Z_1, ..., Z_p über.

Schritt 2: Überprüfung der Stichprobenkorrelationsmatrix

Die aus den standardisierten Beobachtungen gewonnene **Stichprobenkorrelationsmatrix R** wird dahingehend überprüft, inwieweit sich die in den Korrelationen widerspiegelnden Zusammenhänge zwischen den Variablen für eine Gruppierung zu unabhängigen Faktoren eignen. Hierfür werden in der Literatur verschiedene Kriterien vorgeschlagen (siehe Backhaus et. al. [1994], S. 201 ff.).

- Man kann testen, ob sich die Korrelationskoeffizienten in der Matrix signifikant von null unterscheiden, d.h. man kann prüfen, welche Variablen miteinander statistisch signifikant korrelieren.
- Die Eignung lässt sich auch mit Hilfe der inversen Korrelationsmatrix prüfen. Die Inverse von R sollte annähernd eine Diagonalmatrix sein, d. h. die Elemente, die nicht auf der Hauptdiagonalen liegen sollten null bzw. fast null sein.
- Man kann den **Bartlett-Test** anwenden, der die Nullhypothese der Unkorreliertheit der Variablen in der Grundgesamtheit prüft.
- Die sogenannte **Anti-Image-Kovarianz-Matrix** sollte ebenfalls eine Diagonalmatrix bilden. Dem liegt die Idee zugrunde, dass die Varianz einer Variablen in zwei Teile zerfällt, das Image und das Anti-Image. Das Image lässt sich durch die übrigen Variablen erklären. Das Anti-Image hingegen ist von den verbleibenden Variablen unabhängig. Nur wenn der Anteil des Anti-Images gering ist, sind die Variablen für eine Faktoranalyse brauchbar.
- Nach dem Kriterium von **Kaiser-Meyer-Olkin**, das als bestes Kriterium empfohlen wird, kann ebenfalls beurteilt werden, in welchem Ausmaß die gegebenen Stichprobenvariablen zusammengehören und für eine Faktorenanalyse geeignet sind. Dazu wird eine Prüfgröße auf der Basis der Anti-Image-Kovarianz-Matrix, genannt **„measure of sampling adequacy“ (MSA),** berechnet. Dieser MSA-Wert sollte mindestens 0,5 betragen. Ein MSA-Wert größer oder gleich 0,8 wird als wünschenswert angesehen (vgl. Backhaus et. al. [1994], S. 205). Mit dem Kaiser-Meyer-Olkin-Kriterium lässt sich die Eignung der Korrelationsmatrix insgesamt als auch die jeder Variablen einzeln prüfen.

Zu bemerken ist, dass diejenigen Kriterien, die auf der Prüfung von Nullhypothesen basieren, also statistische Tests benutzen, normalverteilte Variablen voraussetzen.

Schritt 3: Modellauswahl

Obwohl sich beide Verfahren der Faktorenextraktion (Hauptkomponentenmodell, Hauptachsenmodell) rechentechnisch nicht unterscheiden, sind die ihnen zugrunde liegenden unterschiedlichen Denkansätze bei der Modellauswahl und der Interpretation der Ergebnisse zu berücksichtigen.

Das **Hauptkomponentenmodell** setzt eine vollständige Varianzerklärung durch die zu extrahierenden gemeinsamen Faktoren voraus. Eine spezifische Restvarianz, die nicht durch die Faktoren reproduziert werden kann, wird nicht unterstellt. Dennoch müssen im Ergebnis der Extraktion von weniger als p Faktoren die berechneten Kommunalitäten nicht den Wert 1 annehmen. In diesem Fall resultiert ein nicht erklärter Varianzanteil, der zwar einen Informationsverlust bedeutet, jedoch bewusst in Kauf genommen wird. Hauptziel dieses Modellansatzes ist nicht die Erklärung der Varianz im Sinne einer „Ursache-Wirkungs-Beziehung", sondern lediglich eine Reduktion der gegebenen Variablen auf möglichst wenige interpretierbare Faktoren.

Das **Hauptachsenmodell** geht bewusst von einem variablenspezifischen Varianzanteil aus, der nicht auf verborgene gemeinsame Faktoren zurückgeführt werden kann. Lediglich ein Anteil in Höhe der Kommunalität soll vollständig durch die hinter den Variablen stehenden Größen - die unabhängigen Faktoren - reproduziert werden. Hauptziel ist hierbei nicht die Variablenreduktion, sondern eine ursächliche Erklärung der nicht spezifischen Varianz durch gemeinsame hypothetische Größen, eine kausale Interpretation der Faktoren.

In der Praxis wird häufig das Hauptkomponentenmodell eingesetzt. Meist genügt es, die Variablen mit hohen Faktorladungswerten[1] durch einen plausiblen Begriff, eine Komponente oder eine Dimension zusammenzufassen, ohne dabei die Ursache, die zu diesen starken Zusammenhängen innerhalb der Komponente führt, begrifflich zu bestimmen.

Bei der Anwendung des Hauptachsenmodells sind die Kommunalitäten auf der Hauptdiagonalen der reduzierten Korrelationsmatrix R_{red} zu schätzen. Es werden entweder Schätzwerte vorgegeben oder diese iterativ im Zuge der Faktorenextraktion berechnet, wobei die Bestimmtheitsmaße als Startwerte dienen.

Schritt 4: Bestimmung der maximalen Anzahl von Faktoren

Ein zentrales praktisches Problem ist die Entscheidung darüber, wie viele Faktoren extrahiert werden sollen. Die maximale Anzahl der zu extrahierenden Faktoren ist identisch mit der Anzahl der beobachteten Variablen. Das Ziel besteht aber gerade darin, eine möglichst kleinere Anzahl von Faktoren zu selektieren. In der Literatur werden dazu verschiedene Vorschläge diskutiert (vgl. Backhaus et al. [1994], S. 240).

[1] Solche Variablen werden auch als auf einen Faktor „hoch ladende" Variablen bezeichnet.

Am häufigsten werden das sogenannte **Kaiser-Kriterium** und der **Scree-Test** verwendet.

Beim **Kaiser-Kriterium** werden nur Faktoren extrahiert, deren Eigenwert größer als Eins ist.

Beim **Scree-Test** werden die Eigenwerte in absteigender Reihenfolge, in Abhängigkeit von den zugehörigen Faktoren in einem (x, y)-Koordinatensystem abgetragen und die resultierenden Punkte durch einen Polygonzug verbunden. Aus der grafischen Darstellung kann in den meisten Fällen ein Punkt mit einem deutlichen „Knick" im Kurvenverlauf bestimmt werden. Vor diesem Punkt nehmen die Eigenwerte stark ab, während sie sich nach diesem Punkt kaum noch voneinander unterscheiden. Backhaus et al [1994] charakterisieren den „Knick" auch dadurch, dass sie an die Faktoren mit den niedrigsten Eigenwerten eine Gerade anpassen und die gesuchte Faktorenanzahl durch den letzten Punkt links von der Geraden bestimmen.

Eine weitere Möglichkeit besteht darin, sich an dem Anteil an der durch die Faktoren erklärten Gesamtvarianz zu orientieren. In der Regel sollte der entsprechende Prozentsatz mindestens 90% betragen. Des weiteren ist stets zu bedenken, dass die extrahierten Faktoren mathematische Resultate sind. Somit sollte man bei der Festlegung der Faktorenanzahl immer auch fachliches Hintergrundwissen sowie die Interpretierbarkeit der Faktoren berücksichtigen (siehe Stier [1996], S. 290).

Schritt 5: Extraktion der Faktoren und Faktorrotation

Die Interpretation der extrahierten Faktoren lässt sich gegebenenfalls durch eine Rotation der Ladungsmatrix $\hat{\mathbf{A}}$ verbessern. Geometrisch bedeutet dies, dass das Achsenkreuz, auf dem die Faktoren liegen, orthogonal (um 90°) gedreht wird. Das Verfahren heißt deshalb auch **Faktor-Rotation.**

Mathematisch wird eine Faktor-Rotation dadurch erreicht, dass die Ladungsmatrix $\hat{\mathbf{A}}$ mit einer gewissen orthogonalen Transformationsmatrix **T** multipliziert wird. Die Transformationsmatrix **T** ist so zu wählen, dass im Ergebnis der Multiplikation mit $\hat{\mathbf{A}}$ eine möglichst einfache Faktorladungsstruktur resultiert, d. h. einige Variable laden auf einem Faktor besonders hoch, während sie auf den übrigen Faktoren besonders niedrig laden (**Prinzip der Einfachstruktur**). Dadurch kann zwischen den Variablen besser differenziert werden und die inhaltliche Bedeutung sowie die Interpretation der Faktoren klarer hervortreten. Das Gemeinsame der auf einem Faktor hoch ladenden Variablen ist dann aufzudecken.

Zur praktischen Durchführung der Faktor-Rotation gibt es verschiedene Verfahren. Am häufigsten wird die **Varimax-Rotation** angewendet, bei der die rechtwinklige Drehung des Achsenkreuzes so durchgeführt wird, dass die Varianz der quadrierten Ladungen pro Faktor maximiert wird.

Weitere orthogonale Verfahren sind die **Quartimax-Rotation**, welche auf der Maximierung der Varianz der quadrierten Ladungen pro Variable basiert, sowie die **Equamax-Rotation**, die beides maximiert - sowohl die quadrierten Ladungen pro Faktor als auch pro Variable.

Außerdem existieren auch schiefwinklige Drehungen wie z. B. die **Oblimin-Rotation** (siehe hierzu auch Hüttner, Schwarting [2000], S. 397, Fahrmeir [1984], S. 615 ff.).

Schritt 6: Interpretation der Faktoren

Die Basis für eine Interpretation der Faktoren bildet die rotierte Faktorladungsmatrix, das sogenannte **Faktorenmuster**. Man betrachtet alle diejenigen Variablen zu einem Faktor zugehörig, die sehr hoch auf diesen Faktor laden. Hohe Ladungen zeigen einen starken Zusammenhang zwischen Faktor und Variable. Praktisch kann man so vorgehen, dass man jede Variable demjenigen Faktor zuordnet, auf den sie am höchsten lädt. Man erhält somit eine Gruppierung der Variablen und versucht dann, für jede Gruppe einen gemeinsamen Inhalt zu erklären. Dabei wird empfohlen, nur diejenigen Variablen zu berücksichtigen, deren Faktorladung größer als 0,5 ist (siehe Backhaus et. al. [1994], S. 254, Fahrmeir [1984], S. 616).

Schritt 7: Schätzung der Faktorenwerte

Für jedes statistische Objekt lassen sich die individuellen **Faktorenwerte** schätzen, die das konkrete Objekt, bezüglich der Faktoren beschreiben. Wäre die Ladungsmatrix $\hat{\mathbf{A}}$ in jedem Fall eine quadratische Matrix, erhielte man die Faktorenwerte sehr einfach durch Auflösung der Matrizengleichung

$$\hat{\mathbf{Z}} = \hat{\mathbf{F}} \cdot \hat{\mathbf{A}}^{\mathrm{T}}$$

nach $\hat{\mathbf{F}}$. In der Regel ist jedoch die Matrix $\hat{\mathbf{A}}$ nicht quadratisch, so dass andere Verfahren zur Schätzung von $\hat{\mathbf{F}}$ herangezogen werden müssen. Eine häufig angewandte Methode besteht darin, $\hat{\mathbf{F}}$ mit der Methode der Kleinsten Quadrate zu schätzen. Dabei werden die sogenannten Faktorenwert-Koeffizienten w_{ji} der j-ten Variablen und des i-ten Faktors (**factor score coefficient**) durch die jeweiligen multiplen Regressionskoeffizienten geschätzt. Diese werden dann mit dem jeweiligen standardisierten Variablenwert z_{ki} (Wert der j-ten Variablen am k-ten Objekt) multipliziert. Die geschätzten Faktorenwerte $\hat{F}_{ki}$ (Wert des k-ten Objektes und des i-ten Faktors) ergeben sich letztlich aus der Summe der Produkte über die Variablen:

$$\hat{F}_{ki} = \sum_{j=1}^{p} z_{kj} \cdot w_{ji} \, .$$

Da für die Durchführung der Faktorenanalyse die Originalvariablen standardisiert wurden, erhält man auch standardisierte Faktorenwerte, d.h. das arithmetische Mittel der Faktorenwerte ist gleich null und die Varianz hat den Wert Eins. Dies ist bei der Interpretation zu beachten. Ein negativer Faktorenwert sagt aus, dass die statistische Einheit einen unterdurchschnittlichen Wert hat im Vergleich zu allen anderen Einheiten, während ein Objekt mit einem positiven Wert eine über dem Durchschnitt liegende Ausprägung besitzt. Wenn das Objekt dem Durchschnitt entspricht, ist der Faktorenwert gleich null (siehe auch Backhaus et al. [1994], S. 246).

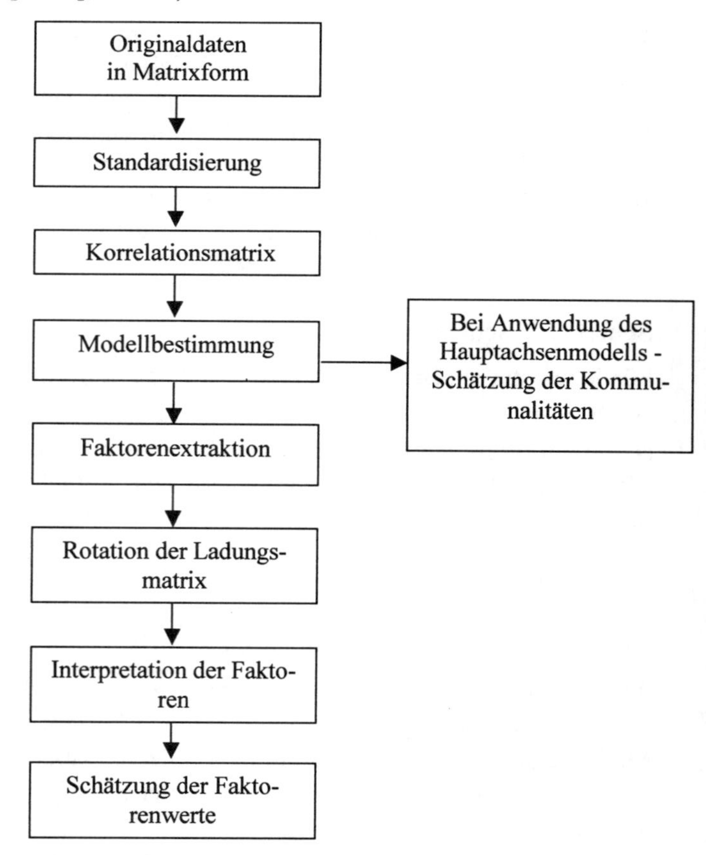

Bild 5.2.1 Ablauf einer Faktorenanalyse

5.2.4 Interpretation der Ergebnisse einer Faktorenanalyse an einem Fallbeispiel

Es sollen nun die eingangs im Beispiel 5.2.1 formulierten Fragen beantwortet werden. Dazu wird mit Hilfe der Statistiksoftware SPSS (Version 10.0) eine Faktorenanalyse durchgeführt, der die Werte der genannten 16 Merkmale an 52 Befragten zugrunde liegen.

Die Prüfung, inwieweit die Stichprobenkorrelationsmatrix für eine Faktorenanalyse geeignet ist, ergibt ein positives Ergebnis. Der MSA-Wert nach Kaiser-Meyer-Olkin beträgt 0,723, so dass die Stichprobenkorrelationsmatrix als ziemlich gut geeignet angesehen werden kann.

Die folgenden Tabellen 5.2.2 bis 5.2.5 zeigen die Ergebnisse der mit SPSS analysierten Daten. Da für unser Beispiel nur eine Variablenreduktion bzw. eine Strukturierung der Variablenmenge angestrebt wird, bildet das Hauptkomponentenmodell eine geeignete Ausgangsbasis für die Faktorenextraktion.

Zunächst entnimmt man der Tabelle 5.2.3, dass die Eigenwerte von 5 Faktoren einen Wert größer als Eins haben. Nach dem Eigenwertkriterium bietet es sich demnach an, 5 Faktoren zu extrahieren. Auch der Scree-Test (Bild 5.2.2) zeigt 5 zu extrahierende Faktoren an. Diese 5 Faktoren erklären insgesamt 76% der Gesamtvarianz der gegebenen Variablen. Davon entfällt nach der Rotation der Faktoren zum Beispiel ein Anteil von knapp 22 % auf den ersten Faktor. Diese Prozentzahl ergibt sich aus dem Eigenwert $\lambda_1 = 3{,}5$ des ersten Faktors geteilt durch die Anzahl $p = 16$ der Variablen. Des weiteren ist λ_1 die Summe der quadrierten Ladungen des ersten Faktors über die 16 Variablen. Die Faktorladungen selbst findet man in der Tabelle 5.2.4 (für λ_1 die erste Spalte der Tabelle).

Die zu den Variablen gehörenden Kommunalitäten werden aus den Quadraten der entsprechenden Zeilenwerte der Tabelle 5.2.4 bestimmt. Sie sind in der Tabelle 5.2.5 aufgelistet.

Wie lassen sich nun die 5 extrahierten Faktoren beschreiben und interpretieren?

Dazu werden die für jeden Faktor charakteristischen Variablen bestimmt. Jede Variable ist demjenigen Faktor zuzuordnen, auf den sie am höchsten lädt. Die Zuordnungsvorschrift enthält die Tabelle 5.2.4. So entfällt z.B. die Variable „Gemütlichkeit" (Zeile ZUFRIAM3) auf den ersten Faktor (Komponente 1), da ihr höchster rotierter Faktorladungswert 0,519 in der Spalte 1 zu finden ist.

Die Variablenzuordnung zu den 5 Faktoren zeigt Tabelle 5.2.2. Faktor 1 lässt sich danach mit einem sauberen äußeren Eindruck verbinden, während Faktor 2 den Aspekt des Personals widerspiegelt. Faktor 3 umfasst das Preis-/Leistungsverhältnis der Getränke und Faktor 4 das der Speisen. Faktor 5 betrifft Gestaltungskriterien.

Der Zusammenhang der Gemütlichkeit und der Sauberkeit der Toiletten mit dem Faktor 1 ist vorsichtig zu interpretieren, denn beide Variable weisen eine Kommunalität von kleiner 0,6 auf (siehe Tabelle 5.2.5), d.h. ihre Varianzen lassen sich insgesamt zu weniger als 60% durch die gemeinsamen 5 Faktoren erklären. Ähnliches gilt für den Zusammenhang der Qualität der Getränke mit dem Faktor 3. Auch diese Variable besitzt nur eine Kommunalität von gerade 60%.

Tabelle 5.2.2 Zuordnung der Variablen zu den extrahierten Faktoren des Beispiels 5.2.1

Faktor 1	Faktor 2	Faktor 3	Faktor 4	Faktor 5
Gemütlichkeit	äußeres Erscheinungsbild des Personals	Qualität der Getränke	Qualität der Speisen	Tischgestaltung
Sauberkeit der Toiletten	Aufmerksamkeit des Personals	Preis der Getränke	Preis der Speisen	Tresenbereich
Sauberkeit der Gasträume	Freundlichkeit des Personals			
Sauberkeit des Tresens	Schnelligkeit des Personals			
Sauberkeit des Eingangsbereiches	Verhalten des Personals bei Beschwerden			

Wenn Variable eine Kommunalität kleiner als 0,5 aufweisen (und sie nicht schon vorher nach dem Kaiser-Meyer-Olkin-Kriterium als nicht geeignet für die Faktorenanalyse eingestuft worden waren), sollten sie aus der Analyse ausgeschlossen werden, da sie zu Ergebnisverzerrungen führen können.

Im Beispiel 5.2.1 können aufgrund der Kommunalitäten und der MSA-Werte die drei Variablen, Gemütlichkeit, Qualität der Getränke sowie die Sauberkeit der Toiletten, als gerade noch geeignet gelten. Trotzdem wird geprüft, ob sich durch ihren Ausschluss die Ergebnisse deutlich verändern würden. Aus der Faktorenanalyse mit nur noch 13 Eingangsvariablen resultieren jetzt lediglich vier Beurteilungsdimensionen. Die ursprüngliche Trennung von Speisen und Getränken in Hinblick auf das Preis-Leistungs-Verhältnis ist im umfassenden Preis-

Leistungs-Faktor aufgehoben. Die Zuordnung der übrigen Variablen zu den Faktoren und damit deren Interpretation bleibt erhalten.

Wechselt man bei der Extraktion der Faktoren das Modell und legt anstelle des Hauptkomponentenmodells das Hauptachsenmodell zugrunde, so erhält man vergleichbare Resultate, so dass die Korrelationen zwischen den Variablen innerhalb eines Faktors auch ursächlich durch die versteckte Beurteilungsdimension erklärt werden können.

So lässt sich im Beispiel 5.2.1 der Zusammenhang der Variablen, die hoch auf den Faktor 2 laden, auf den „Personaleffekt“ zurück führen.

Tabelle 5.2.3 Eigenwerte und Anteile der extrahierten Faktoren an der erklärten Gesamtvarianz aus Beispiel 5.2.1 [a)]

Komponente	Anfängliche Eigenwerte			Summe der quadrierten Faktorladungen zur Extraktion			Rotierte Summe der quadrierten Ladungen		
	Gesamt	Varianzanteil in %	Kumulierter Anteil in %	Gesamt	Varianzanteil in %	Kumulierter Anteil in %	Gesamt	Varianzanteil in %	Kumulierter Anteil in %
1	5,075	31,716	31,716	5,075	31,716	31,716	3,500	21,873	21,873
2	2,443	15,270	46,986	2,443	15,270	46,986	3,463	21,643	43,516
3	2,235	13,968	60,954	2,235	13,968	60,954	1,857	11,605	55,121
4	1,278	7,989	68,944	1,278	7,989	68,944	1,750	10,939	66,060
5	1,122	7,013	75,957	1,122	7,013	75,957	1,583	9,897	75,957
6	0,715	4,469	80,426						
7	0,603	3,767	84,193						
8	0,594	3,710	87,903						
9	0,416	2,598	90,501						
10	0,327	2,046	92,547						
11	0,297	1,856	94,403						
12	0,283	1,767	96,169						
13	0,209	1,307	97,476						
14	0,171	1,070	98,547						
15	0,146	0,911	99,458						
16	0,009	0,542	100,000						

a) Extraktionsmethode: Hauptkomponentenanalyse.

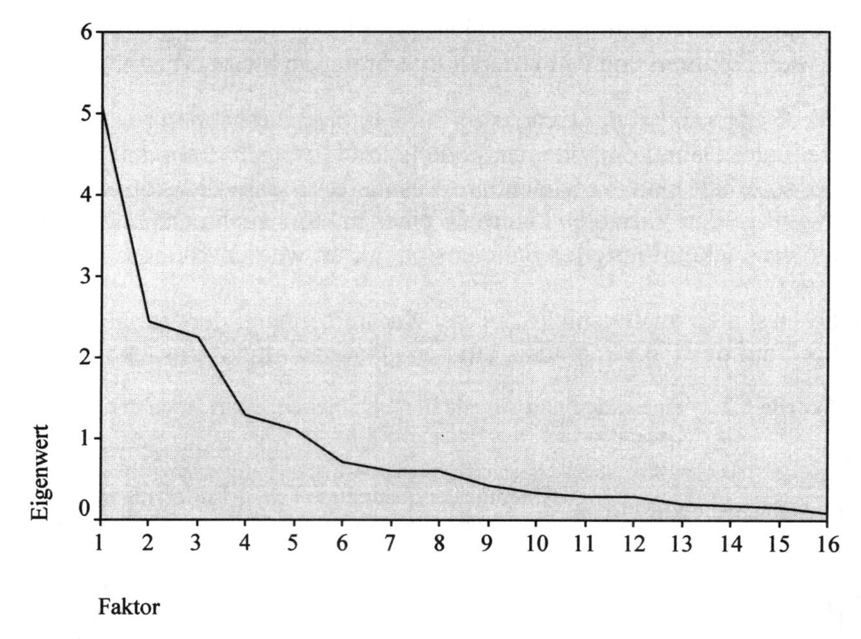

Bild 5.2.2 Scree-Plot aus der Faktorenanalyse des Beispiels 5.2.1

Tabelle 5.2.4 Matrix der rotierten Faktorladungen des Beispiels 5.2.1 [a) b) c)]

	Komponente				
	1	2	3	4	5
ZFRIPER1	0,437	0,566	0,304	-0,387	-0,070
ZFRIPER2	0,077	0,843	-0,025	0,232	0,013
ZFRIPER3	-0,059	0,863	0,064	0,163	0,126
ZFRIPER4	0,080	0,840	-0,081	0,071	0,175
ZFRIPER5	0,276	0,768	0,201	-0,097	0,026
ZUFRIAM3	0,519	0,320	-0,280	0,293	0,162
ZUFRIAM4	0,134	0,101	0,166	-0,310	0,845
ZUFRIAM5	0,103	0,163	-0,205	0,153	0,834
ZUFRIPL1	0,305	0,167	0,653	0,137	-0,194
ZUFRIPL2	0,120	-0,001	0,859	0,246	0,120
ZUFRIPL3	0,179	0,303	0,226	0,818	-0,053
ZUFRIPL4	-0,033	0,019	0,517	0,732	-0,108
ZUFRISA1	0,648	0,338	0,184	-0,064	0,122
ZUFRISA2	0,887	0,068	0,170	0,097	0,105
ZUFRISA3	0,917	-0,076	0,110	-0,009	0,047
ZUFRISA4	0,855	0,090	0,072	0,038	0,007

a) Extraktionsmethode: Hauptkomponentenanalyse.
b) Rotationsmethode: Varimax mit Kaiser-Normalisierung.
c) Die Rotation ist in 7 Iterationen konvergiert.

Tabelle 5.2.5 Kommunalitäten aus der Faktorenanalyse [a)] des Beispiels 5.2.1

	Anfänglich	Extraktion
ZFRIPER1	1,000	0,759
ZFRIPER2	1,000	0,772
ZFRIPER3	1,000	0,795
ZFRIPER4	1,000	0,754
ZFRIPER5	1,000	0,716
ZUFRIAM3	1,000	0,563
ZUFRIAM4	1,000	0,866
ZUFRIAM5	1,000	0,798
ZUFRIPL1	1,000	0,605
ZUFRIPL2	1,000	0,828
ZUFRIPL3	1,000	0,847
ZUFRIPL4	1,000	0,817
ZUFRISA1	1,000	0,587
ZUFRISA2	1,000	0,840
ZUFRISA3	1,000	0,860
ZUFRISA4	1,000	0,746

a) Extraktionsmethode: Hauptkomponentenanalyse.

5.2.5 Weitere Anwendungshinweise

a) Stichprobenumfang

Ein für die praktische Anwendung wichtiges Problem ist die Frage nach dem zu wählenden Stichprobenumfang n, denn er beeinflusst die Stabilität und damit die Interpretierbarkeit und Verallgemeinerungsfähigkeit der extrahierten Faktorenstruktur. Für die Faktorenanalyse mit **explorativem (hypothesengenerierendem) Charakter**, wie sie hier dargestellt wurde, gibt es keine eindeutigen Vorschriften zum notwendigen Stichprobenumfang, sondern lediglich Erfahrungswerte. Grundsätzlich gilt immer: Je größer und repräsentativer die Stichprobe ausfällt, desto weniger sind die Ergebnisse vom Zufall beeinflusst.

Backhaus et. al. [1994] empfehlen eine Fallzahl, die mindestens der dreifachen Variablenanzahl entsprechen sollte. Mit einem Stichprobenumfang von n = 52 und 16 Variablen im Beispiels 5.2.1 ist somit die Forderung gerade erfüllt. Stier [1996] hingegen hält mindestens 5 Beobachtungen pro Variable für erforderlich.

Die Richtlinien von Bortz[2] [1993] (S.484) zeigen, dass die Stabilität der extrahierten Faktorenstruktur nicht alleine vom Stichprobenumfang abhängt, sondern auch von der Anzahl der Variablen, die auf einen Faktor entfallen sowie deren Ladungen.

[2] Diese basieren auf Empfehlungen von Guadagnoli u. Velicer [1988] .

Für Faktoren mit 10 oder mehr Variablen genügt ein Stichprobenumfang von $n \approx 150$. Die Stichprobengröße spielt keine Rolle, wenn für jeden bedeutsamen Faktor mindestens vier der Variablen Ladungen über 0,6 aufweisen. Laden nur wenige Variablen auf die einzelnen Faktoren und sind die Ladungen zudem niedrig, sollte $n \geq 300$ sein. Siehe hierzu auch Bortz [1993], S. 484.

Des weiteren findet man bei Bortz [1993] die Formel für ein deskriptives Maß zum Vergleich der Güte verschiedener Faktorlösungen:

$$FS = 1 - (1{,}1 \cdot x_1 - 0{,}12 \cdot x_2 + 0{,}066),$$

wobei $x_1 = 1/\sqrt{n}$ und x_2 gleich dem minimalen Ladungswert ist, der bei der Interpretation der Faktoren berücksichtigt wird.

Ist $FS < 0{,}8$, sollten die Faktoren nicht verallgemeinernd interpretiert werden.

Wendet man die Formel auf die Ergebnisse des Beispiels 5.2.1 an, so erhält man:

$$FS = 1 - (1{,}1 \cdot 1/\sqrt{52} - 0{,}12 \cdot 0{,}519 + 0{,}066) = 0{,}844.$$

Folglich wären nach diesem Kriterium die gefundenen Faktoren trotz des kleinen Stichprobenumfangs relativ stabil.

b) Skalenniveau der Variablen

Die Eingangsvariablen sollten aufgrund der Betrachtung von linearen Zusammenhängen mindestens intervallskaliert sein. Dabei beeinflusst die Anzahl der Skalenstufen nur in geringem Maße die extrahierte Struktur. Je kleiner die Anzahl der Skalenpunkte ist, desto geringer können die Faktorladungen und die Kommunalitäten ausfallen (siehe Bortz [1993], S. 484).

c) Interpretation

Da die extrahierten Faktoren in verschiedener Art und Weise gedreht werden können, gibt es stets mehrere Lösungen des Problems. Auch die Forderung nach möglichst wenigen Faktoren, die möglichst viel Varianz erklären, lässt sich meist nur durch subjektive Kompromißlösungen bewerkstelligen, da mit der Abnahme der Anzahl der extrahierten Faktoren die nicht erklärte Varianz zunimmt.

Somit stellt die exploratorische Faktorenanalyse ein rein deskriptives Verfahren dar. Neben den dargelegten formalen Kriterien sollte deshalb das inhaltliche Problemverständnis, d. h. der **wissenschaftliche Sachverstand** bei der Auswahl von Modellen und Methoden entscheiden. Dies gilt auch für die Interpretation der Ergebnisse.

5.3 Exploratorische Clusteranalyse

Die exploratorische Clusteranalyse ist ein multivariates Verfahren zur Gruppierung (Klassifizierung) von statistischen Einheiten (Objekten, Merkmalsträgern) anhand von statistischen Merkmalen (Variablen). Sie zählt zu den rein deskriptiven, hypothesen-generierenden Methoden.
Das Ziel der Clusteranalyse besteht darin, die Merkmalsträger zu homogenen Gruppen zusammenzufassen. Innerhalb einer Gruppe sollen sich die Einheiten hinsichtlich der beobachteten Merkmale möglichst wenig unterscheiden. Im Gegensatz dazu sollen Merkmalsträger, die verschiedenen Gruppen zugeordnet sind, möglichst stark von einander abweichen. Die gebildeten Teilmengen von Objekten werden **Cluster** genannt.
Ein klassisches Anwendungsgebiet in der Marktforschung, das eine **Clusterung** statistischer Einheiten bezüglich vorgegebener Merkmale erfordert, ist die Segmentierung von Märkten. Dabei wird versucht, sowohl die potentiellen Käufer als auch die Produkte auf der Basis von Merkmalen, die das Kaufverhalten erklären, in Klassen einzuteilen und diese typisierend zu interpretieren. Aber auch in anderen Zweigen der empirischen Wirtschaftsforschung existieren häufig Fragestellungen, die zu Typologisierung oder Gruppierung von Personen, Produkten, Unternehmen, geographischen Einheiten usw. führen und die mit Hilfe von Clusteranalysen gelöst werden können.

Alles dies trifft natürlich auch auf den Tourismusbereich zu. Welche Reisen, welche Zielgebiete werden von welchen Personen nachgefragt? Unterscheiden sich Urlaubsorte und lassen sie sich typologisieren? Können Touristen hinsichtlich ihres Informationsbedarfs und ihrer Informationsquellen zum geplanten Urlaub gruppiert werden?

Beispiel 5.3.1 Anhand einer Online-Befragung soll u. a. untersucht werden, welche Informationen und Dienstleistungen potentielle Nachfrager auf der Home-Page eines Ferienortes erwarten. Der entsprechende Fragebogen enthält folgende Batterie von Statements

- detaillierte Beschreibung der Anreise,
- Möglichkeit, mit den Hotels direkt in Kontakt zu treten,
- Möglichkeit, ein Zimmer zu suchen und zu reservieren,
- Restaurantempfehlungen,
- Tips zur Kultur,
- Tips zu Fitness und Wellness,
- aktuelle Arrangements der Hotels,
- Jobbörse,
- Informationen zur Geschichte,

deren Wichtigkeit mit einer intervallskalierten, fünfstufigen Rating-Skala

absolut wichtig				absolut unwichtig
□	□	□	□	□
1	2	3	4	5

zu beurteilen ist. Die Auswertung soll zeigen, ob sich die Befragungsteilnehmer bezüglich ihres Anwortverhaltens gruppieren lassen. Weiterhin ist von Interesse, ob man die statistisch ermittelten Klassen von Lesern der Home-Page sinnvoll interpretieren und bestimmte Kunden-Typen identifizieren kann.

Zur Beantwortung dieser Fragen wurde eine Clusteranalyse mit Hilfe der Software SPSS (Version 10.0) durchgeführt, deren Ergebnisse im Abschnitt 5.3.3 dargestellt sind. Der Fragebogen wurde von insgesamt 234 Personen beantwortet, wobei aufgrund fehlender Werte allerdings nur 169 Personen in die Analyse einbezogen werden konnten.

5.3.1 Theoretische Grundlagen der Clusteranalyse

Eine Menge O von n statistischen Objekten $O_1, ..., O_n$ soll auf der Basis von p vorgegebenen beobachtbaren Variablen $X_1, ..., X_p$ so in Teilmengen, genannt Cluster, zerlegt werden, dass die Vereinigung der Cluster wieder die Gesamtmenge O ergibt und der Durchschnitt je zweier beliebiger Cluster gleich der leeren Menge ist. Man nennt eine derartige Zerlegung der Objektmenge auch **Partition.**
Wenn bei einer Partition jedes Objekt in genau eine Klasse fällt, spricht man von einer **„scharfen" Gruppierung** bzw. von Clusterverfahren, die auf Partitionen beruhen. Solche Clusterverfahren werden den klassischen „scharfen" Ansätzen zugeordnet und nachfolgend behandelt. Hinsichtlich „unscharfer" Gruppierungen und deren Methoden (z. B. Fuzzy-Clustering) sei auf die entsprechende Literatur verwiesen (Büschken et. al. [2000]).

Des weiteren wird von der Zerlegung gefordert, dass sich die Objekte innerhalb eines Clusters bezüglich der gegebenen Variablen stark ähneln, d. h. möglichst homogen sind, während sich die Objekte verschiedener Cluster deutlich unterscheiden sollen. Dazu muss man jedoch den Differenzierungsgrad zwischen den Objekten quantitativ erfassen können, d. h. es werden **Ähnlichkeits-** bzw. **Distanzmaße** benötigt.
Außerdem sind Methoden erforderlich, wie bei der Zusammenfassung der Objekte zu Klassen (Clusterbildung) vorzugehen ist. Dafür existieren unterschiedliche **Clusterverfahren**.

Letztlich muss die Frage beantwortet werden, wie viele Cluster sinnvoll zu bilden sind. Dies erfordert Entscheidungen darüber, wann die Zuführung von neuen Objekten zu einem bereits gebildeten Cluster mit der Homogenitätsforderung nicht mehr vereinbar ist, d. h. wann ein Cluster nicht mehr homogen genug ist. Auch hierfür werden Maße und Kriterien benötigt.

5.3.1.1 Messung der Ähnlichkeit bzw. der Distanz

Wenn man den Grad der Unterschiedlichkeit (**Proximität**) von Objekten in bezug auf eine Anzahl gegebener Variablen quantifizieren möchte, so kann das aus zweierlei Blickwinkeln geschehen - zum einen mit dem Ziel, die Ähnlichkeit erfassen zu wollen, und zum anderen mit dem Blick auf ihre Verschiedenheit. Man versucht also einerseits die Ähnlichkeit oder andererseits die Unähnlichkeit zu messen. Bei der Auswahl von Ähnlichkeits- bzw. Distanzmaßen (**Proximitätsmaße**) ist zu beachten, dass sich nicht nur die Sichtweisen unterscheiden, sondern dass auch die Messkonzepte meist von unterschiedlichen Ansätzen ausgehen.

Messung der Ähnlichkeit

Ist $O = \{O_1, ..., O_n\}$ die Menge der n statistischen Objekte, so heißt die Funktion $S: O \times O \rightarrow R$, die dem geordneten Tupel (O_i, O_j) zweier Objekte $O_i, O_j \in O$, $i, j \in \{1, .., n\}$ eine reelle Zahl zuordnet, **Ähnlichkeitsmaß**, wenn gilt:

(1) $S(O_i, O_j) = S(O_j, O_i)$ (abgekürzt: $S_{i,j} = S_{j,i}$)

Die Objekte O_i und O_j haben die gleiche Ähnlichkeit wie die Objekte O_j und O_i.

(2) $S_{i,j} \leq S_{i,i}$ für alle $i, j \in \{1, ..., n\}$

Identische Objekte besitzen eine maximale Ähnlichkeit.

Messung der Distanz

Ist $O = \{O_1, ..., O_n\}$ die Menge der n statistischen Objekte, so heißt die Funktion $D: O \times O \rightarrow R$, die dem geordneten Tupel (O_i, O_j) zweier Objekte $O_i, O_j \in O$, $i, j \in \{1, ..., n\}$ eine reelle Zahl zuordnet, **Distanzmaß**, wenn gilt:

(1) $D(O_i, O_j) = D(O_j, O_i)$ (abgekürzt: $D_{i,j} = D_{j,i}$)

Die Objekte O_i und O_j haben die gleiche Distanz wie die Objekte O_j und O_i.

(2) $0 = D_{i,i} \leq D_{i,j}$ für alle $i, j \in \{1, ..., n\}$

Identische Objekte besitzen die minimale Distanz null.

Gilt für D zusätzlich die Dreiecksungleichung $D_{i,l} \leq D_{i,j} + D_{j,l}$, $i, j, l \in \{1, ..., n\}$, so heißt D metrisches Distanzmaß.
Des weiteren lassen sich Distanzen in Ähnlichkeitsmaße überführen und umgekehrt. Es gilt folgender **Satz**:

Ist $S_{i,j}$ ein Ähnlichkeitsmaß ($0 < S_{ij} \leq 1$), so erfüllt $D_{i,j} = 1 - S_{i,j}$ die Bedingungen eines Distanzmaßes. Ist $D_{i,j}$ ein Distanzmaß, so erfüllt $S_{i,j} = 1 - D_{i,j}/a$ mit $a = \max_{i,j} \{D_{i,j}\}$ die Bedingungen eines Ähnlichkeitsmaßes.

5.3.1.2 Spezielle Distanz- und Ähnlichkeitsmaße

Distanzmaße bei kardinal skalierten Merkmalen

Sind die gegebenen Variablen $X_1, ..., X_p$ kardinal skaliert, so kann man sich das Messen der Distanz zweier Objekte bezüglich der gegebenen Variablen als ein Messen ihres Abstands, ihrer Entfernung im geometrischen Raum vorstellen. Je weiter die Objekte räumlich voneinander entfernt sind, desto unterschiedlicher sind sie. Dabei kann der Abstand auf unterschiedliche Art und Weise definiert werden, woraus je nach verwendeter Abstandsdefinition verschiedene Distanzmaße resultieren.

Am gebräuchlichsten sind die **L_q –Distanzen**, die auch **Minkowski-Metriken** genannt werden, mit

$$D_{i,j}^{q} = (\sum_{k=1}^{p} |x_{ki} - x_{kj}|^{q})^{1/q} \;, \; q \geq 1,$$

wobei x_{ki} den Wert der k-ten Variablen bei Objekt O_i und q die Minkowski-Konstante bezeichnen.

Ist q = 1, so heißt das Distanzmaß speziell **City-Block-Metrik**. In diesem Fall wird die einfache absolute Differenz der Merkmalswerte in der Abstandsdefinition verwendet, wobei die einzelnen Abstände, unabhängig von ihrer Größe, mit gleichem Gewicht eingehen.

Ist q = 2, wird das Distanzmaß speziell **euklidische Distanz** genannt. In die Messung des Abstandes gehen die quadratischen Abweichungen der Merkmalswerte ein. Dadurch werden größere Differenzen stärker gewichtet als kleinere Differenzen.

Ist $q = \infty$, so hat die entsprechende L_q-Distanz die Gestalt

$$D_{i,j} = \max_{k=1}^{p} |x_{ki} - x_{kj}|$$

und wird speziell **Tschebyscheff-Distanz** oder **Supremums (Maximums) -Distanz** genannt (siehe z. B . Bortz [1993], S. 527). Nachteilig bei der Verwendung der L_q-Distanzen ist, dass ihre Werte von den Maßstäben abhängen, mit denen die Variablen gemessen werden. Liegen den Variablen unterschiedliche Maßeinheiten zugrunde, sollten sie deshalb zu Beginn der Durchführung einer Clusteranalyse **standardisiert** werden. Meist wird hierfür die bereits im Kapitel 5.2 definierte **z-Transformation** verwendet.

Darüber hinaus können Korrelationen zwischen den Merkmalen die Größe der L_q-Distanz stärker beeinflussen als unkorrelierte Variable. Wenn derartige Effekte nicht erwünscht sind, empfiehlt es sich die sogenannte **Mahalanobis-Distanz** anzuwenden, die wie folgt definiert ist:

$$D_{i,j} = \left(\sum_{l=1}^{p} \sum_{k=1}^{p} c^{lk} \cdot (x_{li} - x_{lj}) \cdot (x_{ki} - x_{kj}) \right)^{1/2},$$

wobei c^{lk} das lk-Element aus der Inversen der Varianz-Kovarianz-Matrix ist. Obwohl die Mahalanobis-Distanz weitaus schwieriger zu berechnen ist, hat sie gegenüber der L_q-Distanz den Vorteil, dass Korrelationen zwischen den gegebenen Merkmalen eliminiert werden und die Maßstäbe der einzelnen Variablen keinen Einfluss haben. Sie ist skaleninvariant (siehe hierzu auch Bortz [1993], S. 526 ff. oder Fahrmeir et al. [1984], S.384 ff.).

Des weiteren spielt bei einigen Clusterverfahren, wie z. B. beim Ward-Verfahren, die **quadrierte euklidische Distanz** eine Rolle, bei der lediglich die quadrierten Differenzen der Variablenwerte an zwei Objekten O_i und O_j summiert werden, ohne die Wurzel aus der Summe zu ziehen, d.h.

$$D_{i,j} = \sum_{k=1}^{p} |x_{ki} - x_{kj}|^2 .$$

Ähnlichkeitsmaße bei kardinal skalierten Merkmalen

Ein häufig verwendetes Ähnlichkeitsmaß zur Bestimmung der Unterschiedlichkeit von Objekten in bezug auf eine Anzahl gegebener kardinal skalierter Variablen liefert der Korrelationsskoeffizient nach Bravais-Pearson:

$$S_{i,j} = \frac{\sum_{k=1}^{p}(x_{ki} - \bar{x}_i)\cdot(x_{kj} - \bar{x}_j)}{\sqrt{\sum_{k=1}^{p}(x_{ki} - \bar{x}_i)^2 \cdot \sum_{k=1}^{p}(x_{kj} - \bar{x}_j)^2}} ,$$

wobei x_{ki} der Wert der k-ten Variablen bei Objekt O_i ist und $\bar{x}_i$ das arithmetische Mittel über die Werte aller Merkmale von Objekt O_i bezeichnet.[1]

Im Gegensatz zu den Distanzmaßen bewertet $S_{i,j}$ den Grad der Verschiedenheit zweier Objekte anhand der Ähnlichkeit des Verlaufs der beiden Profile, die aus ihren jeweiligen Merkmalswerten resultieren. Je mehr deren Verlauf, unabhängig vom Abstand, übereinstimmt, desto ähnlicher sind die Objekte. Verlaufen beide Profile parallel, so sind die Objekte bezogen auf die Menge der Variablen identisch. Der Korrelationskoeffizient wird deshalb insbesondere dann angewendet, wenn die Entfernung der Objekte von geringerem Interesse ist.

Ähnlichkeitsmaße für binäre nominal skalierte Merkmale

Nominal skalierte Merkmale heißen **binär** oder auch **dichotom**, wenn sie nur zwei Ausprägungen besitzen, die in der Regel mit „1" (Merkmal vorhanden) und „0" (Merkmal nicht vorhanden) kodiert werden. Für diesen Fall wurde eine Reihe von Ähnlichkeitsmaßen auf der Basis einer Kreuztabelle (Tab. 5.3.1) für zwei Objekte O_i und O_j bei p binären Merkmalen konstruiert. Tabelle 5.3.1 enthält die Häufigkeiten (a_{ij}, b_{ij}, c_{ij}, d_{ij}) des simultanen Vorhanden- bzw. Nichtvorhandenseins der p Merkmale bei den beiden Objekten O_i und O_j.

Tabelle 5.3.1 Kreuztabelle für die Konstruktion von Ähnlichkeitsmaßen bei p binären Merkmalen

O_i / O_j	1	0	Σ
1	a_{ij}	b_{ij}	$a_{ij} + b_{ij}$
0	c_{ij}	d_{ij}	$c_{ij} + d_{ij}$
Σ	$a_{ij} + c_{ij}$	$b_{ij} + d_{ij}$	p

Tabelle 5.3.2 gibt einen Überblick über die gebräuchlichsten Maße, die sich lediglich durch die Gewichtung der Häufigkeiten der Kreuztabelle 5.3.1 unterscheiden. So mißt z. B. das Maß nach Tanimoto den Anteil der vorhandenen gemeinsamen Merkmale in bezug auf die Anzahl der Merkmale, die wenigstens bei einem der beiden Objekte vor-

[1] Vorausgesetzt wird dabei die Vergleichbarkeit der Merkmale.

handen sind. Das Gewicht liegt hier also auf den vorhandenen Eigenschaften.
Der M-Koeffizient betrachtet hingegen den Anteil aller übereinstimmenden Komponenten, d.h. sowohl das übereinstimmende Vorhandensein, als auch das übereinstimmende Nichtvorhandensein der Eigenschaften, bezüglich der Gesamtzahl der Variablen. Das Vorhanden- und Nichtvorhandensein eines Merkmals ist gleichbedeutend.

Welches Ähnlichkeitsmaß in einer Clusteranalyse einzusetzen ist, hängt somit davon ab, welche Bedeutung in einer konkreten Situation dem Vorhanden- bzw. Nichtvorhandensein der Variablen beizumessen ist bzw. in welchem Verhältnis die Ausprägungen zueinander zu betrachten sind.

Außerdem ist zu beachten, dass einige Koeffizienten, wie z. B. der S-Koeffizient, nicht invariant gegenüber eineindeutigen Transformationen sind. Vertauscht man die Kodierungen „1" und „0", so verändert sich ihr Wert.

Tabelle 5.3.2 Ähnlichkeitsmaße bei binären Merkmalen

Ähnlichkeitsmaß (nach)	Berechnungsformel
Tanimoto (Jaccard) (similarity coefficient (S))	$S_{i,j} = \frac{a_{ij}}{a_{ij} + b_{ij} + c_{ij}}$
Simple-Matching-Koeffizient (M)	$S_{i,j} = \frac{a_{ij} + d_{ij}}{p}$
Dice	$S_{i,j} = \frac{2a_{ij}}{2a_{ij} + (b_{ij} + c_{ij})}$
Russel & Rao (RR)	$S_{i,j} = \frac{a_{ij}}{p}$
Kulczynski	$S_{i,j} = \frac{a_{ij}}{b_{ij} + c_{ij}}$
Sokal & Sneath	$S_{i,j} = \frac{2a_{ij}}{a_{ij} + 2(b_{ij} + c_{ij})}$

Beispiel 5.3.2 Es seien 5 binäre Variablen X_1, X_2, X_3, X_4, X_5 an zwei Objekten O_1, O_2 beobachtet worden. Folgende Merkmalsausprägungen wurden erfasst:

	X_1	X_2	X_3	X_4	X_5
O_1	1	1	1	0	0
O_2	1	0	0	0	0

Hieraus ergeben sich die nachstehenden Häufigkeiten für das simultane Vorhanden- bzw. Nichtvorhandensein der Merkmale bei den 2 Objekten:

O_1/O_2	1	0	Σ
1	1	2	3
0	0	2	2
Σ	1	4	5

Die Messung der Ähnlichkeit der beiden Objekte liefert dann entsprechend der jeweiligen Maße folgende Werte:

Tanimoto:	$S_{1,2} = 0{,}33$	RR-Koeffizient:	$S_{1,2} = 0{,}20$
M-Koeffizient:	$S_{1,2} = 0{,}60$	Kulczynski:	$S_{1,2} = 0{,}50$
Dice:	$S_{1,2} = 0{,}50$	Sokal &Sneath:	$S_{1,2} = 0{,}40$.

Wenn man das Vorhandensein und das Nichtvorhandensein der Merkmale als gleichbedeutend einstuft, ergibt sich nach dem M-Koeffizienten der größte Wert, während, wenn man nur dem Vorhandensein eines Merkmals eine Bedeutung zuspricht, sich die Ähnlichkeit (nach Tanimoto bzw. nach Russel & Rao) deutlich verringert.

Distanzmaße bei binären Variablen

0-1-kodierte, binäre Variablen können bei der Messung der Proximität wie kardinal skalierte Variablen behandelt werden (siehe z. B. Bacher [1996], S. 186). Als Distanzmaß wird deshalb häufig die City-Block-Metrik oder die euklidische Metrik verwendet.

Messung der Unterschiedlichkeit bei nominal skalierten Variablen mit mehr als zwei Ausprägungen

Liegen keine dichotomen nominal skalierten Variablen vor, sondern besitzen die Variablen k (k > 2) Ausprägungen, so werden diese in k binäre Variablen, sogenannte Dummy-Variablen, transformiert. Wird an einem Objekt beispielsweise die Ausprägung j, $j \in \{1, ..., k\}$ beobachtet, so erhält die j-te binäre Variable den Wert 1, während die übrigen (k - 1) Variablen den Wert 0 erhalten.
Die Unterschiedlichkeit zweier Objekte wird dann bezüglich der k binären Variablen gemessen. Dazu können die bereits vorgestellten Ähnlichkeits- oder Distanzmaße je nach Fragestellung verwendet werden.

Beispiel 5.3.3 Sei X das Merkmal „Haarfarbe" mit den k = 4 Ausprägungen: „blond" (j = 1), „braun" (j = 2), „schwarz" (j = 3) und „rot" (j = 4). Bei fünf Personen (O_1, O_2, O_3, O_4, O_5) wurde die Haarfarbe beobachtet und das resultierende Merkmal X in die entsprechenden binären Dummy-Variablen X_1, X_2, X_3, X_4 umgewandelt:

	X	X_1	X_2	X_3	X_4
O_1	1	1	0	0	0
O_2	2	0	1	0	0
O_3	2	0	1	0	0
O_4	4	0	0	0	1
O_5	3	0	0	1	0

Es ist zweckmäßig, nach der Transformation der nominal skalierten Merkmale in binäre Dummy-Variablen diese zu gewichten bzw. keine Ähnlichkeitsmaße zu verwenden, die ein gemeinsames Fehlen einer Eigenschaft in die Messung der Übereinstimmung einbeziehen, wie das z. B. beim M-Koeffizienten der Fall ist.

Betrachtet man beispielsweise die Haarfarbe mit vier verschiedenen Kategorien und den Wohnort mit 8 verschiedenen Ausprägungen, so werden insgesamt 12 Dummy-Variablen erzeugt. Haben dann 2 Personen zwar eine unterschiedliche Haarfarbe und verschiedene Wohnorte, so stimmen die Werte von 10 Dummy-Variablen dennoch überein, nämlich in der Beziehung, dass die entsprechenden Ausprägungen gemeinsam nicht vorhanden sind. Die Dominanz solcher Übereinstimmungen produziert dann ein falsches Bild von der Ähnlichkeit der Objekte bezüglich der Haarfarbe und des Wohnortes. Das Messergebnis ist verzerrt. Durch eine entsprechende Gewichtung der Dummys kann eine solche Verzerrung jedoch vermindert werden. So wird vorgeschlagen, als Gewichtungsfaktor den reziproken Wert der Anzahl der Dummy-Variablen zu wählen, in die das Merkmal transformiert wird (siehe z.B. Bortz [1993], S. 524 ff.).

Verwendet man Distanzmaße zur Messung der Proximität bei nominal skalierten Merkmalen mit mehreren Ausprägungen, so kommt es auch in diesem Fall durch die Transformation der Merkmale in Dummy-Variablen zu einer künstlichen Verzerrung des Abstandes. Unterscheiden sich nämlich zwei Objekte bezüglich einer Ausprägung des Merkmals, so wird dieser Unterschied doppelt, in zwei Dummy-Variablen, die verschiedene Werte besitzen, erfasst.
Folglich wird empfohlen, vor der Abstandsmessung die Dummy-Variablen mit 0,5 zu multiplizieren (siehe z. B. Bacher [1996]), um diesen verzerrenden Effekt zu vermeiden.

Beispiel 5.3.4 Zwei Personen werden hinsichtlich der Buchung einer bestimmten Pauschalreise nach Griechenland befragt. Person N. bucht diese Reise, während Person O. die Reise nicht bucht.

Da es sich hier um ein binäres Merkmal handelt mit einer 0-1-Kodierung (0 = keine Buchung, 1 = Buchung), kann die Distanz von Person N. und Person O. z. B. mittels der City-Block-Metrik gemessen werden. Die Distanz beträgt:

$$D_{N,O} = \sum_{k=1}^{1} |x_{kN} - x_{kO}| = 1 - 0 = 1.$$

Transformiert man hingegen das Merkmal in Dummy-Variablen, so erhält man folgende Datenmatrix:

	X (urspr. Merkmal)	X_1 (Buchung)	X_2 (keine Buchung)
N	1	1	0
O	0	0	1

Daraus resultiert der Abstand:

$$D_{N,O} = \sum_{k=1}^{2} |x_{kN} - x_{kO}| = |1 - 0| + |0 - 1| = 2.$$

Multipliziert man die Werte der Dummy-Variablen mit 0,5 ergibt sich als Distanz wieder der Wert Eins.

Messung der Unterschiedlichkeit bei ordinal skalierten Merkmalen

Für die Messung der Proximität bei ordinal skalierten Merkmalen gibt es im wesentlichen zwei Vorgehensweisen.

Die einfachste und deshalb auch häufig angewandte Variante ist, eine zugrunde liegende Intervallskala zu unterstellen, sie demzufolge als kardinal skaliert zu betrachten und Distanzmaße zu bestimmen (siehe auch Bacher [1996], S.186, Fahrmeir et. al. [1984], S.382). Die Merkmalsausprägungen werden in diesem Fall entsprechend ihrer Rangordnung meist in die Werte 1, 2, 3, ... usw. kodiert. Dabei kann allerdings eine sachliche Interpretation des Abstandswertes problematisch werden.

Eine andere Vorgehensweise besteht darin, analog zu den nominal skalierten Größen binäre Dummy-Variablen einzuführen und anhand derer dann die Proximität der Objekte zu messen. Bei der Transformation der geordneten Kategorien eines Merkmals in Dummy-Variablen wird jetzt allerdings im Unterschied zu der Umformung der rein nominalen Ausprägungen die Reihenfolge der Kategorien beachtet. Hat das Merkmal k Ausprägungen und besitzt ein Objekt eine Ausprägung, die an j-ter Stelle, $j \in \{1, ..., k\}$, in der aufsteigend geordneten Reihenfolge der Kategorien steht, so erhält nicht nur die j-te Variable den Wert Eins, sondern auch alle (j - 1) Dummy-Variablen davor, während der (j + 1)-ten Variablen und sämtlichen nachgeordneten Dummys der Wert null zugeordnet wird.

Beispiel 5.3.5 Bezeichne X das Merkmal „Hotelkategorie" mit den gebräuchlichen 5 Ausprägungen: *, **, ***, ****, *****. Bei 6 Hotels (O_1, O_2, O_3, O_4, O_5, O_6) wurde die Hotelkategorie vermerkt und das resultierende Merkmal X in die entsprechenden binären Dummy-Variablen X_1, X_2, X_3, X_4 ,X_5 umgewandelt:

	X	X_1	X_2	X_3	X_4	X_5
O_1	***	1	1	1	0	0
O_2	****	1	1	1	1	0
O_3	**	1	1	0	0	0
O_4	***	1	1	1	0	0
O_5	*****	1	1	1	1	1
O_6	**	1	1	0	0	0

Messung der Unterschiedlichkeit bei gemischten Variablen

Liegt eine Menge von Variablen vor, die unterschiedlich skaliert sind, so wird häufig vorgeschlagen, die Variablen mit einem höheren Skalenniveau auf ein gemeinsames niedrigeres Niveau zu transformieren, d.h. man muss kardinal skalierte Variable kategorisieren und somit einen Informationsverlust in Kauf nehmen.

Eine zweite Möglichkeit geht davon aus, alle Merkmale wie kardinal skalierte Variablen zu behandeln. Die nominalen und ordinalen Variablen werden in binäre Dummy-Variablen aufgelöst und weiter als kardinal skaliert betrachtet. Für die Messung der Proximität wird dann ein für kardinal skalierte Variablen gebräuchliches Maß verwendet. In diesem Fall spricht man jedoch den Variablen mit niedrigerem Skalenniveau mehr Information zu als eigentlich vorhanden ist.

Eine dritte Möglichkeit besteht darin, die Proximität der Objekte getrennt für die Variablen mit gleichem Skalenniveau zu messen und daraus einen gewichteten oder ungewichteten Mittelwert zu bestimmen, der als ein gemeinsames aggregiertes Proximitätsmaß angesehen wird. Als Gewichte bei der Zusammenfassung der „Gruppenähnlichkeiten" bzw. „Gruppendistanzen" wählt man häufig die Anteile der Gruppenvariablen, d. h. der Variablen mit gleichem Skalenniveau, an der Gesamtzahl der Variablen.

5.3.1.3 Clusterverfahren

Bei den Clusterverfahren geht es um Methoden der Zusammenfassung einzelner Objekte zu Gruppen (Clustern) aufgrund ihrer Ähnlichkeit bzw. Distanz zueinander. Einer solchen Zusammenfassung liegt das Prinzip zugrunde, dass sich die Objekte innerhalb eines Clusters möglichst ähneln und zwischen den Clustern möglichst unterscheiden. Zunächst kann man die existierenden verschiedenen Verfahren zwei großen Hauptgruppen zuordnen:

1) **Hierarchische Verfahren** bilden mit Hilfe eines bestimmten Kriteriums schrittweise durch Zusammenfassen oder Zerlegen von Objektmengen Cluster.
   Agglomerative hierarchische Verfahren gehen von der feinsten Zerlegung, den einzelnen Objekten, aus. Sie fassen dann Schritt für Schritt Objekte und Cluster zusammen., d.h. sie vergröbern die Clusterung so lange, bis alle Objekte in einem Cluster vereinigt sind. Dem gegenüber gehen die **divisiven hierarchischen Verfahren** von dem gröbsten Cluster, der Gesamtmenge der Objekte, aus und zerlegen dieses sukzessive.

2) **Partitionierende Verfahren** gehen von einer gegebenen Zerlegung der Objektmenge, der Startlösung, aus und versuchen dann, diese Startpartition anhand eines Zielkriteriums durch das Austauschen von Objekten zu verbessern.

5.3.1.3.1 Spezielle agglomerative hierarchische Verfahren

Agglomerative hierarchische Clusterbildungsalgorithmen werden in der Praxis am häufigsten eingesetzt, da der numerische Aufwand vergleichsweise niedrig ist. In diesem Abschnitt sollen deshalb die wesentlichen agglomerativen Verfahren kurz dargestellt werden, um deren unterschiedliche Vorgehensweisen zu verstehen und sie aufgrund dessen zielgerichtet einsetzen zu können.

Die gemeinsame Vorgehensweise der agglomerativen Verfahren ist im Bild 5.3.1 dargestellt. Unterschiede zwischen den Verfahren resultieren daraus, dass bei der Zusammenfassung der Objekte zu Gruppen bzw. bei der Fusionierung bereits bestehender Cluster die Ähnlichkeiten bzw. Distanzen zwischen den Clustern auf verschiedene Art und Weise gemessen werden.

Jede Verschmelzung von Objekten bzw. Clustern ist mit einer Zunahme von Heterogenität innerhalb der zusammengefassten Gruppen verbunden. Aus diesem Grunde wird nach jedem Fusionierungsschritt ν dem neu entstandenen Cluster ein Index, der sogenannte **Homogenitätsindex h_ν**, zugeordnet, der die schrittweise Zunahme der Heterogenität der fusionierten Gruppen widerspiegelt.

Der Homogenitätsindex h_v ist als minimale Distanz $D(C_n, C_m)$ zweier Cluster C_n und C_m definiert, wobei diese Distanz in den einzelnen Clusterverfahren verschieden gemessen wird.

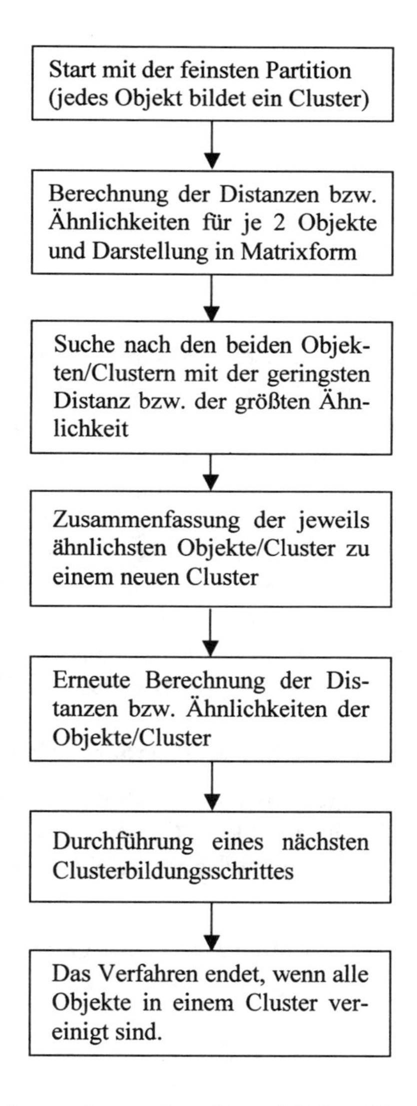

Bild 5.3.1 Ablauf einer agglomerativen hierarchischen Clusteranalyse nach Backhaus et. al. [1994]

Das Single-Linkage-Verfahren (nearest neighbour method)

Beim Single-Linkage-Verfahren wird die Distanz $D(C_n, C_m)$ zweier Cluster C_n, C_m definiert als der kleinste Abstand zwischen zwei Objekten O_i aus C_n und O_j aus C_m:

$$D(C_n, C_m) = \min_{i,j}(D_{i,j}) \text{ mit } O_i \in C_n \text{ und } O_j \in C_m \text{ .}$$

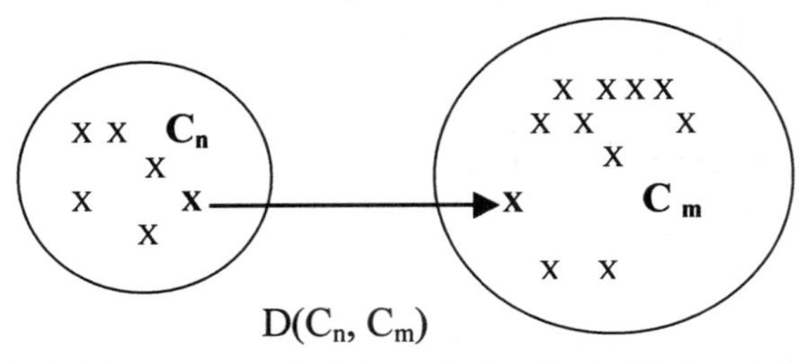

Bild 5.3.2 Messung der Distanz beim Single-Linkage-Verfahren

Es werden dann diejenigen Cluster C_n, C_m zusammen gefasst, deren Distanz $D(C_n, C_m)$ minimal ist.
Der entscheidende Nachteil dieses Verfahrens besteht darin, dass zwei Cluster fusionieren, wenn auch nur zwei Objekte (beispielsweise Ausreißer) nahe beieinander liegen und alle übrigen weiter entfernt sind. Deshalb neigt diese Methode dazu, kettenförmige Clustergebilde zu erzeugen. Die Distanz von Objekten innerhalb eines Clusters kann größer sein als die zu Objekten eines anderen Clusters.
Man zählt das Single-Linkage-Verfahren zu den **kontrahierenden Algorithmen**, die dazu neigen, viele kleine und wenige große, eher heterogene Gruppen zu bilden. Aufgrund dieser Eigenschaft wird das Verfahren hauptsächlich dazu genutzt, um Ausreißer zu identifizieren (Backhaus et. al. [1994], S. 290 ff., Bortz [1993], S. 529).

Das Complete-Linkage-Verfahren (furthest neighbour method)

Im Gegensatz zum Single-Linkage-Verfahren wird beim Complete-Linkage-Verfahren die Distanz $D(C_n, C_m)$ zweier Cluster C_n, C_m definiert als der maximale Abstand zwischen zwei Objekten O_i aus C_n und O_j aus C_m:

$$D(C_n, C_m) = \max_{i,j}(D_{i,j}) \text{ mit } O_i \in C_n \text{ und } O_j \in C_m \text{ .}$$

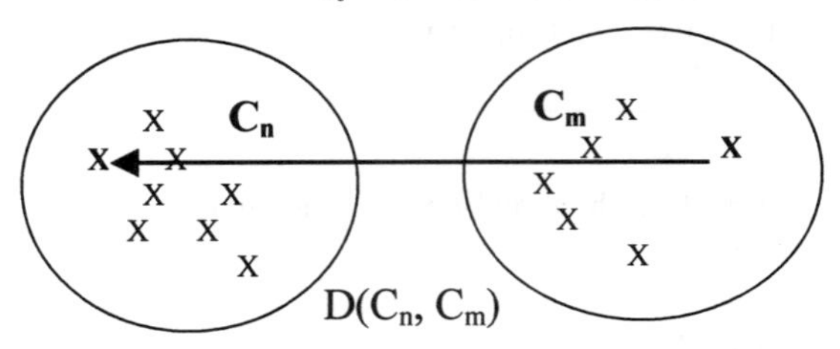

Bild 5.3.3 Messung der Distanz beim Complete-Linkage-Verfahren

Es fusionieren diejenigen Cluster, deren Distanz $D(C_n, C_m)$ wiederum minimal ist.

Aufgrund dessen, dass der Abstand zweier Cluster auf der maximalen Distanz der Gruppenelemente beruht, arbeitet das Verfahren eher **dilatierend**, d. h. es neigt dazu, zu viele kleine, gleich große Cluster zu bilden. Zur Identifikation von Ausreißern ist es nicht geeignet.

Das Average-Linkage-Verfahren

Bei diesem Verfahren wird zur Bestimmung der Distanz $D(C_n, C_m)$ zweier Cluster C_n, C_m der Durchschnitt über alle paarweisen Distanzen D_{ij} , der in ihnen enthaltenen Objekte O_i aus C_n und O_j aus C_m , gebildet:

$$D(C_n, C_m) = \frac{1}{N_n \cdot N_m} \cdot \sum_{i=1}^{N_n} \sum_{j=1}^{N_m} D_{ij} \quad \text{und } O_i \in C_n, O_j \in C_m \ .$$

N_n bzw. N_m bezeichnet die Anzahl der Objekte in C_n bzw. C_m.

In diesem Verfahren werden die Cluster mit minimaler Distanz zusammengefasst. Aufgrund der Durchschnittsbildung werden große Abstände weit entfernt liegender Objekte durch geringere Distanzen nahe beieinander liegender Objekte ausgeglichen. Das Average-Linkage-Verfahren gilt als konservativ, d. h. es wirkt weder kontrahierend, noch dilatierend.

Das Verfahren von Ward (Minimum-Varianz-Methode)

Eines der am häufigsten angewandten Verfahren zur Clusterbildung ist dasjenige von Ward. Es wird in der Literatur unter gewissen Bedingungen als sehr gut arbeitende Methode empfohlen. Vorausgesetzt werden unkorrelierte, kardinal skalierte Merkmale sowie die Anwendung von Distanzmaßen. Des weiteren sollten Ausreißer in der Menge der Objekte bereits eliminiert sein (vgl. Backhaus et. al. [1994], S.298).

Auch beim Ward-Algorithmus werden diejenigen Cluster fusioniert, die eine minimale Distanz zueinander besitzen. Allerdings wird hier für die Definition der Distanz nicht eine anschauliche, „räumliche" Abstandsmessung verwendet, sondern die Streuung der Merkmalswerte innerhalb der Cluster einbezogen.
Die Zusammenfassung erfolgt so, dass der Homogenitätsverlust einer Partition, der mit einer Zusammenfassung von Gruppen unweigerlich verbunden ist, minimiert wird. Es werden diejenigen Cluster verschmolzen, deren Fusion den geringsten Verlust an Homogenität liefert. Dabei wird als Kriterium für die Homogenität eines Clusters C_n die **Fehlerquadratsumme V_n** (auch **Varianzkriterium** genannt) der Merkmalswerte der Objekte betrachtet, die zu C_n gehören. Ausgangs-

punkt ist die Annnahme, dass die Fehlerquadratsumme bzw. die Streuung V_n der Merkmalswerte

$$V_n = \sum_{i=1}^{N_n} \sum_{j=1}^{p} (x_{ij} - \overline{x}_{jn})^2$$

um so geringer ist, je ähnlicher die Objekte bezüglich der Merkmale sind. Folglich kann die Homogenität einer Zerlegung der Objektmenge in Cluster (einer Partition) als Summe aller Clusterstreuungen angesehen werden. Das Fusionskriterium $D(C_n, C_m)$ zweier Cluster C_n und C_m besteht beim Ward-Verfahren in der Minimierung des Homogenitätsverlustes, der sich aus der Differenz der aufsummierten Fehlerquadratsummen zweier aufeinanderfolgender Partitionen ergibt. Er lautet

$$D(C_n, C_m) = \frac{N_n \cdot N_m}{N_n + N_m} \cdot \sum_{j=1}^{p} (\overline{x}_{nj} - \overline{x}_{mj})^2 ,$$

wobei N_n bzw. N_m die Anzahl der Objekte in C_n bzw. C_m bezeichnen und $\overline{x}_{nj}$ bzw. $\overline{x}_{mj}$ die Durchschnitte der Merkmalswerte der j-ten Variablen über die Objekte in Cluster C_n bzw. C_m sind (siehe hierzu auch Fahrmeir et. al. [1984], S. 400 ff.).
Der Homogenitätsverlust $D(C_n, C_m)$ entspricht offensichtlich einer gewichteten, quadrierten euklidischen Distanz. Seine Minimierung ist vergleichbar mit der Minimierung einer quadrierten euklidischen Distanz. Das Ward-Verfahren tendiert dazu, Cluster mit annähernd gleicher Anzahl von Objekten zu bilden (siehe Bortz, [1993], S. 534).

5.3.1.3.2 Spezielle partitionierende Verfahren

Sämtliche partitionierende Verfahren haben gemeinsam, dass sie zunächst von einer gegebenen Gruppenaufteilung der Objektmenge, der Startlösung, ausgehen. In weiteren sukzessiven Schritten werden dann einzelne Objekte umgruppiert mit dem Ziel, die Ähnlichkeit der Objekte innerhalb der Gruppen sowie die Verschiedenheit der Objekte zwischen den Gruppen zu verbessern.
Die Unterschiede zwischen den einzelnen Methoden ergeben sich aus den verschiedenen Kriterien zur Messung der Verbesserung der Clusterung und zum anderen aus den Unterschieden zwischen den Algorithmen hinsichtlich des Objektaustausches.
Das in der Praxis bekannteste und bewährteste Verfahren ist der **K-Means-Algorithmus**. Er gruppiert die Objekte so um, dass sie die ge-

ringste Distanz zum Gruppenzentrum besitzen und dadurch die Fehlerquadratsumme, also auch die Streuung innerhalb eines Clusters minimiert wird. Zur Abstandsmessung wird die euklidische Distanz verwendet, die wiederum ein kardinales Skalenniveau voraussetzt. Das Gruppenzentrum wird durch den Schwerpunkt des Clusters, die Mittelwerte der Eigenschaften pro Gruppe, repräsentiert. Der Schwerpunkt hat bekanntlich die Eigenschaft, dass die resultierende Fehlerquadratsumme minimal ist. Durch eine Umgruppierung der Objekte verändern sich die Clusterzentren sowie die zugehörigen Fehlerquadratsummen. In Bild 5.3.4 ist die Vorgehensweise des K-Means-Algorithmus dargestellt.

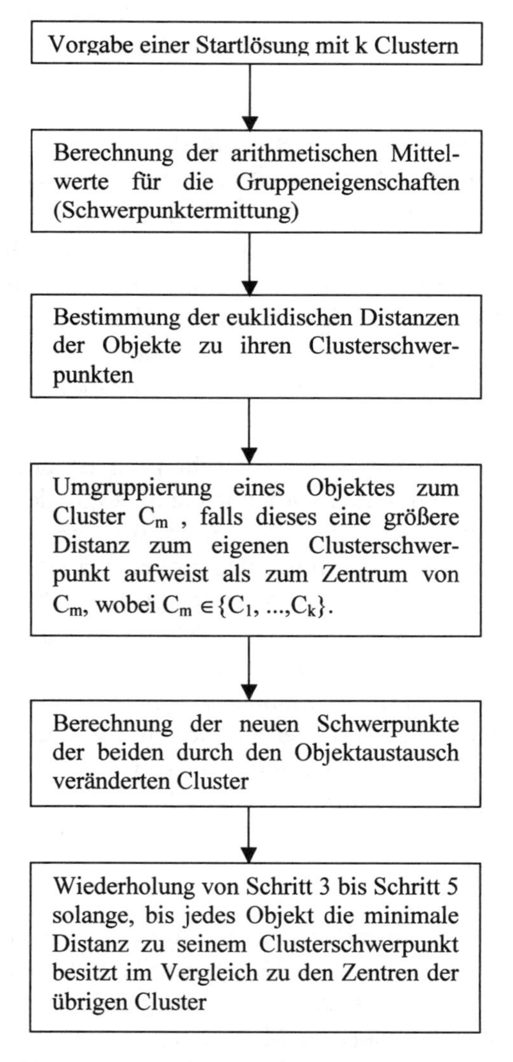

Bild 5.3.4 Ablauf des K-Means-Algorithmus nach Bortz (1993)

5.3.2 Praktische Vorgehensweise bei einer exploratorischen Clusteranalyse

1. Zusammenstellung der Merkmale $X_1, ..., X_p$ bezüglich derer die Objekte gruppiert werden sollen und Eingabe der Merkmalswerte in Matrixform. Die Zeilen der Matrix repräsentieren die Objekte und die Spalten der Matrix entsprechen den Merkmalen. Dabei ist zu beachten, dass alle Merkmale dasselbe Skalenniveau besitzen.
   Darüber hinaus sind einige Distanzmaße bei **kardinal skalierten Merkmalen** nicht skaleninvariant und werden vom Maßstab der Merkmale beeinflusst. Es ist deshalb sinnvoll, die Merkmale grundsätzlich zu standardisieren und damit ihre Wertebereiche vergleichbar zu machen. Dies kann z. B. mit Hilfe einer z-Transformation geschehen.
   Auch bei der Anwendung des Korrelationskoeffizienten als Ähnlichkeitsmaß sollten alle Merkmale die gleichen Mittelwerte und Streuungen aufweisen, was sich ebenfalls durch eine Standardisierung erreichen lässt (siehe Bortz [1993], S. 527).

   Des weiteren sollte man bei **binären Variablen** in der Datenmatrix die Kodierung auf „1“ bzw. „0“ einheitlich verwenden, da einige Ähnlichkeitsmaße nicht invariant gegenüber eineindeutigen Transformationen sind. In der Regel kodiert man das Vorhandensein des Merkmals („ja“) mit „1“ und das Nichtvorhandensein des Merkmals („nein“) mit „0“.

   Wenn die Anzahl der Variablen sehr groß ist und Korrelationen zwischen den Merkmalen vorhanden sind, sollte der Clusteranalyse eine Faktorenanalyse voraus gehen, um die Zahl der Variablen zu verringern und unerwünschte Abhängigkeiten zwischen den Variablen auszuschalten. Wie bereits dargelegt, beeinflussen Korrelationen zwischen den Variablen die L_q-Metrik. Auch die Vorzüge des Ward-Verfahrens basieren auf möglichst unkorrelierten Variablen. Anstelle der p Originalmerkmale gehen bei diesem zweistufigen Ansatz nunmehr die Werte der Faktoren in die Clusteranalyse ein.
   Häufig erreicht man im Fall von zwei sehr stark miteinander korrelierenden Größen eine hinreichende Gleichgewichtung der Variablen einfach dadurch, dass eine Variable aus der Analyse ausgeschlossen wird.

2. Nach der Zusammenstellung der Variablen ist das zu verwendende Proximitätsmaß festzulegen. Die generelle Entscheidung, ob Distanz- oder Ähnlichkeitsmaße zugrunde gelegt werden sollen bzw. die Auswahl der konkreten Maße hängen vom Skalenniveau der Merkmale sowie von der Gültigkeit gewisser Voraussetzungen

(z.B. dem Nichtvorhandensein von Korrelationen) ab. Insbesondere aber sollten sachrelevante Fragestellungen die Wahl des Proximitätsmaßes beeinflussen.

3. Als Nächstes ist über das Clusterverfahren zu entscheiden. Ob ein partitionierendes oder ein hierarchisch agglomeratives Verfahren zu wählen ist, hängt wiederum ganz von den Gegebenheiten und den sachlichen Problemstellungen ab. Dies gilt auch für die Auswahl des spezifischen hierarchischen agglomerativen Algorithmus.

   Ist z. B. die Anzahl potentieller Cluster in bezug auf eine bestimmte Fragestellung aus Theorien oder Vorstudien bekannt und kommt es nur darauf an, die neuen Objekte anhand bestimmter Merkmale den Gruppen zu zuordnen, so kann man ein partitionierendes Verfahren, z.B. den K-Means-Algorithmus bei kardinal skalierten Merkmalen anwenden.
   In den meisten Fällen hat man jedoch keine konkreten Vorstellungen über eine mögliche Zerlegung der Objektmenge. Beschränkt sich diese auf eine überschaubare Anzahl von Einheiten, so benutzt man hierarchisch agglomerative Verfahren.

   Da hierarchische Verfahren sehr rechenintensiv sind, geht man bei hohen Fallzahlen meist so vor, dass man die Anwendung hierarchischer und partitionierender Verahren miteinander kombiniert (**Two-Stage-Clustering**). Anhand einer kleineren Zufallsstichprobe aus der gegebenen Objektmenge werden mittels hierarchischer Verfahren mögliche Startlösungen für die Anwendung eines partionierenden Verfahrens bestimmt. Das partitionierende Verfahren wird dann auf die Gesamtmenge der Objekte angewendet.

   Liegen **kardinal skalierte** und weitestgehend unkorrelierte Merkmale vor, so haben sich das Ward-Verfahren und der K-Means-Algorithmus als gute Kombination im Two-Stage-Clustering bewährt. Mit dem vorgeschalteten Ward-Verfahren werden relevante Startlösungen bestimmt, die dann mit dem K-Means-Algorithmus solange umgruppiert werden, bis jedes Objekt eine minimale Distanz zu seinem Zentrum im Vergleich zu den übrigen Clusterschwerpunkten besitzt.
   Mit der Bestimmung der Clusterzentren, den mittleren Gruppeneigenschaften, erhält man gleichzeitig auch eine gute Beschreibungs- und Interpretationsmöglichkeit für die resultierenden Cluster.

4. Bei hierarchisch agglomerativen Verfahren ist zu entscheiden, welche Clusteranzahl optimal ist, da jedes Verfahren stets erst dann endet, wenn alle Objekte in einem Cluster vereinigt sind. Hierfür existieren allerdings keine eindeutigen Kriterien. Neben sachlichen Er-

wägungen kann man die Abnahme der Homogenität bzw. die Zunahme der Heterogenität der Partitionen bei der schrittweisen Zusammenfassung der Cluster zur Entscheidung über die „richtige“ Clusteranzahl hinzuziehen. Wenn es einen scharfen „Knick“ bei der grafischen Darstellung der Homogenitätsindizes h_v in Abhängigkeit von der Clusteranzahl (**Elbow-Kriterium**) gibt, d. h. die Heterogenität bei der Verschmelzung zweier Cluster im Vergleich zu vorangegangenen Partitionen überproportional zunimmt, dürfte die „optimale“ Clusteranzahl erreicht sein. Jede weitere Fusionierung von Clustern würde die Heterogenität weiter verstärken und vom eigentlichen Ziel einer Clusteranalyse, der Homogenität innerhalb der Gruppen, wegführen.

Allerdings ist ein deutlicher „Knick“ nicht immer eindeutig fest zu stellen. Mitunter nimmt die Heterogenität fast gleichmäßig zu, oder aber es existieren mehrere Sprungstellen. In solchen Fällen ist es besonders wichtig, die abgeleitete Clusteranzahl sachlogisch zu begründen und die resultierenden Cluster auf ihre Problemrelevanz zu prüfen.

5. Im letzten Schritt sind die Ergebnisse zu interpretieren. Hierbei ist zu berücksichtigen, dass dem Anwender bei der Durchführung der Clusteranalyse vielfältige Möglichkeiten bei der Auswahl des Proximitätsmaßes, des Clusterverfahrens sowie der optimalen Clusteranzahl zur Verfügung stehen. Die Ergebnisse variieren meist mehr oder weniger stark in Abhängigkeit von den eingesetzten Varianten und sind deshalb mit einer gewissen Willkür bzw. Unsicherheit sowie Manipulationsspielräumen verbunden. Es empfiehlt sich, stets die Stabilität der aus einem Verfahren resultierenden Partition, auch wenn sie sich inhaltlich gut interpretieren lässt, durch die Anwendung weiterer Vorgehensweisen zu überprüfen. Je weniger sich die Ergebnisse der verschiedenen Algorithmen unterscheiden, desto stabiler und eindeutiger zeigt sich die erzielte Zerlegung der Objektmenge.

5.3.3 Interpretation der Ergebnisse einer Clusteranalyse an einem Fallbeispiel

Die zentrale Frage im Beispiel 5.3.1 bestand darin, ob sich die Leser der Homepage eines Ferienortes dahingehend typisieren lassen, welche Anforderungen und Wünsche sie hinsichtlich der auf der Homepage angebotenen Informationen und Dienstleistungen geäußert haben. Hierzu wird ein Two-Stage-Clustering mittels der in SPSS im-

plementierten Verfahren durchgeführt. Wie bei der Erläuterung des Beispiels 5.3.1 im Abschnitt 5.3. bereits dargelegt, liegen 169 vollständige Datensätze mit den Werten von 9 Merkmalen vor.
Sämtliche Merkmale werden als intervallskaliert betrachtet und besitzen den gleichen Maßstab, so dass auf eine Standardisierung der Messwerte verzichtet werden kann.

Aufgrund der relativ großen Objektanzahl von n = 169, wird zunächst anhand einer Zufallstichprobe vom Umfang $n_1 = 39$ aus dem vollständigen Datensatz eine Startlösung mittels eines hierarchisch agglomerativen Verfahrens bestimmt.

Die Anwendung des Ward-Verfahrens mit der quadrierten euklidischen Distanz legt eine 3-Cluster-Lösung nahe. Tabelle 5.3.3 zeigt den Fusionierungsprozess und den aus jedem einzelnen Schritt resultierenden Homogenitätsverlust (Spalte 4: Koeffizienten). In Spalte 4 kann man eine deutliche Zunahme des Koeffizientenwertes nach Schritt 36 erkennen (Elbow-Kriterium). Die letzten beiden Fusionen würden zu einem überproportionalen Homogenitätszuwachs führen. Die Zusammenführung der Objekte bzw. Cluster wird deshalb nach Schritt 36 abgebrochen. Hieraus ergibt sich eine Zerlegung der Objektmenge in 3 Cluster, die auch sehr gut im sogenannten **Dendrogramm** (Bild 5.3.5) widergespiegelt wird.

Ebenso kann man den Fusionierungsprozess und die Niveaus (**rescaled distance cluster combine**), auf denen die Zusammenfassung der Objekte bzw. Cluster erfolgt, im Dendrogram nachvollziehen: So gehören die Objekte mit den Nummern 54, 97, 19, 74, 26 und 163 zum ersten Cluster, wobei jeweils Objekt 54 und Objekt 97, Objekt 19 und Objekt 74 sowie Objekt 26 und Objekt 163 auf der ersten Stufe, auf einem Niveau von etwa 1, zu jeweils einem Cluster verschmolzen wurden. Das Niveau ist standardisiert und proportional zum Koeffizienten in der Tabelle 5.3.3.

Nach der Durchführung des Ward-Verfahrens wird auf den Datensatz der Zufallsstichprobe zusätzlich noch das Average- sowie das Complete-Linkage-Verfahren mit der quadrierten euklidischen Distanz angewandt. Auch hier besteht die Lösung aus drei Clustern.

Da die Analyse der Zufallsstichprobe eine Partition der Objektmenge in drei Gruppen vorschlägt, wird eine solche auch für die gesamte Objektmenge als sinnvoll erachtet. Für den sich anschließenden K-Means-Algorithmus, angewendet auf alle Responder (n = 169), wird deshalb als Clusterzahl 3 eingestellt. Die anfänglichen Clusterzentren werden mit Hilfe des in SPSS integrierten Verfahrens bestimmt.

Tabelle 5.3.3 Ergebnisse der hierarchischen Clusteranalyse für das Beispiel 5.3.1, durchgeführt mit dem Ward-Verfahren

	zusammengeführte Cluster		Koeffizienten	erstes Vorkommen des Clusters		nächster Schritt
Schritt	Cluster 1	Cluster 2		Cluster 1	Cluster 2	
1	54	97	0,500	0	0	19
2	19	74	1,000	0	0	19
3	26	163	2,000	0	0	34
4	160	198	3,500	0	0	11
5	154	191	5,000	0	0	20
6	168	180	6,500	0	0	22
7	69	157	8,000	0	0	16
8	103	225	10,000	0	0	24
9	174	221	12,000	0	0	25
10	62	77	14,000	0	0	24
11	83	160	16,500	0	4	26
12	53	123	19,000	0	0	16
13	136	215	22,000	0	0	21
14	115	176	25,000	0	0	20
15	84	209	28,500	0	0	28
16	53	69	32,000	12	7	23
17	17	153	36,500	0	0	28
18	11	146	41,000	0	0	29
19	19	54	45,500	2	1	34
20	115	154	50,250	14	5	31
21	12	136	55,917	0	13	30
22	41	168	61,750	0	6	23
23	41	53	68,345	22	16	25
24	62	103	75,345	10	8	27
25	41	174	82,583	23	9	33
26	47	83	90,083	0	11	29
27	62	197	97,883	24	0	33
28	17	84	106,883	17	15	32
29	11	47	117,050	18	26	31
30	12	20	128,133	21	0	36
31	11	115	139,917	29	20	35
32	17	22	154,117	28	0	36
33	41	62	175,793	25	27	35
34	19	26	200,626	19	3	37
35	11	41	227,950	31	33	37
36	12	17	263,889	30	32	38
37	11	19	324,222	35	34	38
38	11	12	414,308	37	36	0

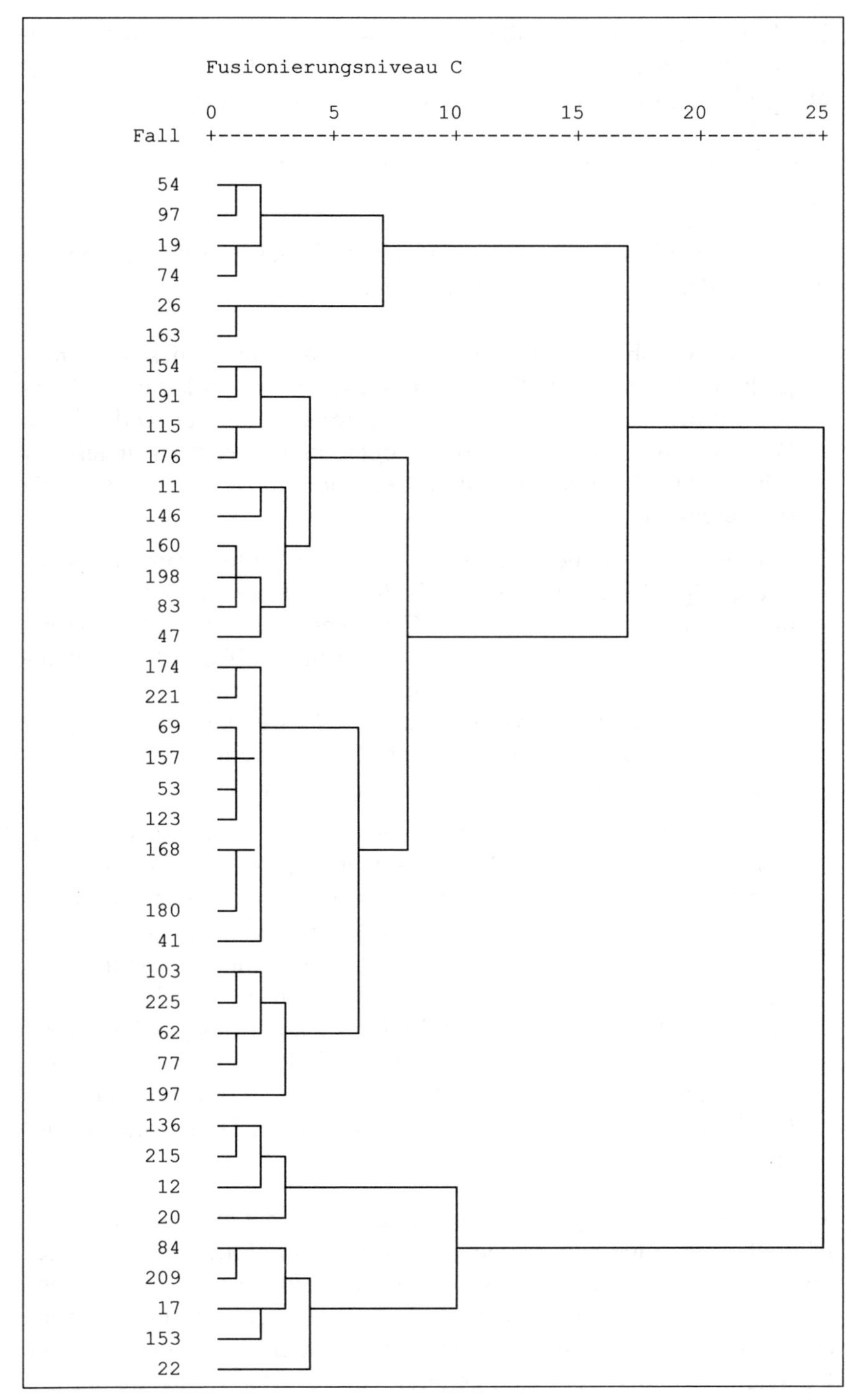

Bild 5.3.5 Dendrogramm der hierarchischen Clusteranalyse für das Beispiel 5.3.1

Die Tabelle 5.3.4 enthält alle mit dem K-Means-Algorithmus berechneten Clusterzentren. Nach 13 Iterationsschritten bricht das Verfahren ab, weil die Distanzveränderung kleiner als eine vorgegebene Toleranz ist.
Aus Tabelle 5.3.5 ist die Anzahl der den Clustern zugeordneten Objekte zu entnehmen.

Die Interpretation der Ergebnisse von Tabelle 5.3.4 lässt folgende Typisierung der Home-Page-Leser erwarten:

1) Cluster 3 enthält für alle Variablen mit Ausnahme des Merkmals „Jobbörse" sehr kleine Gruppenmittelwerte. Daraus kann geschlossen werden kann, dass darin alle Personen vereinigt sind, die im Durchschnitt sämtliche Informationen und Dienstleistungen für sehr wichtig bis wichtig halten. Lediglich die Jobbörse ist für sie uninteressant.
2) Cluster 2 zeigt kleine Mittelwerte für die Variablen „Zimmersuche" und „Möglichkeit, mit den Hotels direkt in Kontakt zu treten". Die übrigen Informationen sind mit Gruppenmittelwerten von 2,35 bis 2,91 bewertet. Ausgenommen ist erneut die „Jobbörse", die durchschnittlich für völlig unwichtig gehalten wird. Offenbar sind in diesem Cluster Personen zusammen gefasst, welche die Homepage hauptsächlich zur gezielten Suche nach Übernachtungsmöglichkeiten, einschließlich deren Buchung, benutzen wollen.
3) Die Gruppenmittelwerte von Cluster 1 zeigen bei keiner Eigenschaft einen Wert unter 2. Das bedeutet, dass diese Personen im Durchschnitt keine der angeführten Informationen oder Dienstleistungen für „sehr wichtig" halten. Sie interessieren sich am ehesten für allgemeine Informationen über den Ferienort (Beschreibung des Ortes, Tips zur Kultur, Informationen zur Geschichte). Dieses Interesse ist bei ihnen im Durchschnitt stärker ausgeprägt als bei den Personen des Clusters 2. Während die Personen von Cluster 2 bereits gezielt auf Zimmersuche gehen, wollen die Personen des Clusters 1 erst einmal den Ferienort anhand der Homepage kennen lernen.

Wie Tabelle 5.3.5 zeigt, werden dem Cluster 3 die meisten Personen, nämlich 47%, zugeordnet. Knapp die Hälfte der Homepage-Leser gehört demnach zu einem Typus, der auf der Homepage sowohl möglichst viele Informationen als auch Dienstleistungen vorfinden möchte. Auf Cluster 2, die gezielten Zimmersucher, entfallen rund 34% der Beragten. 19% der Befragten gehören zum Cluster 1, das die am Ferienort allgemein Interessierten umfasst.

An dieser Stelle sei noch einmal erwähnt, dass die durchgeführten Clusteranalysen lediglich explorative Ziele verfolgen und die Ergebnisse rein deskriptiven Charakter besitzen.

Tabelle 5.3.4 Clusterzentren des K-Means-Algorithmus für das Beispiel 5.3.1 bei einer gegebenen Clusteranzahl von k = 3

	Cluster		
	1	2	3
Eine detaillierte Beschreibungdes Ortes	2,33	2,91	1,35
Die Möglichkeit, mit den Hotels direkt in Kontakt zu treten	2,85	1,49	1,43
Die Möglichkeit, ein Zimmer zu suchen	3,06	1,67	1,19
Restaurantempfehlungen	3,61	2,47	1,56
Tips zur Kultur	2,36	2,67	1,53
Tips zu Fitness und Wellness	3,03	2,79	1,77
Aktuelle Arrangements der Hotels	3,45	2,35	1,73
Jobbörse	4,52	4,63	3,68
Informationen zur Geschichte	2,55	2,89	1,84

Tabelle 5.3.5 Anzahl der zugeordneten Objekte der 3-Cluster-Lösung für das Beispiel 5.3.1 nach dem K-Means-Algorithmus

Cluster	1	33,000
	2	57,000
	3	79,000
gültig		169,000

5.4 Einführung in die kategoriale Regression

5.4.1 Zur Definition kategorialer Variablen

Bislang wurden ausschließlich intervallskalierte, kardinale Regressanden analysiert (siehe Kap. 1.9 und 5.1). Insbesondere in den Wirtschafts- und Sozialwissenschaften lassen sich jedoch oftmals die abhängigen Variablen nur auf einer nominalen oder ordinalen Skala messen. Man spricht dann von **kategorialen zu erklärenden Variablen** bzw. von einer **kategorialen Regression**. Für die Regressoren gelten dabei keine Einschränkungen hinsichtlich der Skala. In praktischen Aufgabenstellungen sind bei den Einflussgrößen meist alle Skalenarten (nominal, ordinal, kardinal) vertreten.

Beispiel 5.4.1 In einer Befragung zum Verkehrsverhalten werden unter anderem folgende kategoriale Merkmale erhoben:

1. Geschlecht des/der Befragten (Ausprägungen: weiblich (0), männlich (1)).
2. Regelmäßige Pkw-Nutzung (mindestens dreimal pro Woche) (Ausprägungen: ja (1), nein (0)).
3. Ausgeübter Beruf (Ausprägungen: Landwirt (0), Arbeiter (1), Handwerker (2), Arzt (3), Rechtsanwalt (4), Büroangestellter (5), Mittleres und oberes Management (6)).
4. Wohnort (Ausprägungen: Stadtzentrum, Sonstige Stadt, Umland einer größeren Stadt, Kleinstadt, Dorf, ländlicher Raum).
5. Zustimmung zur Aussage „Das Angebot der Deutschen Bahn hat sich seit der Bahnreform von 1994 verbessert.“ (Ausprägungen: lehne stark ab, lehne ab, neutral, stimme zu, stimme stark zu).
6. Zufriedenheit mit dem Angebot von öffentlichen Verkehrsmitteln (Ausprägungen: sehr unzufrieden, unzufrieden, neutral, zufrieden, sehr zufrieden).
7. Verkehrsmittelwahl für die tägliche Fahrt zur Arbeit (Ausprägungen: Fußgänger (0), Radfahrer (1), Pkw-Selbstfahrer (2), Pkw-Mitfahrer (3), Bus (4), Tram (5), Metro (6), Regionalbahn (7)).
8. Entfernungen zwischen Wohn- und Arbeitsort, erfasst in drei Kategorien: nah (1), mittel (2), weit (3).

Allen in Beispiel 5.4.1 genannten Merkmale ist gemeinsam, dass die Anzahl ihrer Ausprägungen ziemlich gering ist. Bei näherer Betrachtung wird allerdings deutlich, dass es ganz erhebliche Unterschiede zwischen kategorialen Variablen geben kann.
So sind die Beispiele 1 und 2 auf nur zwei Ausprägungen, nämlich ja/nein Entscheidungen (0/1-Entscheidungen) beschränkt. Letztere

Merkmale werden binäre oder dichotome Variable genannt. Die Beispiele 3 und 4 weisen nominal skalierte Merkmalsausprägungen auf, die als natürliche Zahlen codiert werden und unter Umständen eine größere Anzahl erreichen können. Die Beispiele 5 und 6 repräsentieren Rangfolgen (rankings). Die hier beobachteten Merkmalsausprägungen lassen die Bildung einer Rangfolge von Alternativen oder Meinungen zu. Die in Beispiel 7 gestellte Frage nach dem benutzten Verkehrsmittel ähnelt auf den ersten Blick den Fragen nach Wohnort oder Beruf im Hinblick darauf, dass die beobachtete Variable nominal skaliert ist. Der Charakter des hier behandelten Problems, das eine Entscheidung zwischen mehreren Alternativen mit jeweils unterschiedlichen Charakteristika (sogenannten Attributen) darstellt, führt jedoch zu einer anderen Modellklasse (vgl. hierzu Abschnitt 5.4.2). Sachverhalt 8 repräsentiert den in der Praxis häufig anzutreffenden Fall, dass aus befragungsmethodischen Gründen kardinal skalierte Variablen (hier die Entfernung) mit Hilfe von Sinnklassen in kategoriale Variablen transformiert werden.

5.4.2 Überblick über Methoden zur Regression kategorialer Daten

Kategoriale Daten können mit den bislang dargestellten Methoden der klassischen Regressionsanalyse relativ problemlos behandelt werden, so lange sie als unabhängige Variable in ein Regressionsmodell eingehen. Weist jedoch die **abhängige Variable** kategoriale Ausprägungen auf, so ist die Anwendung konventioneller Regressionsmodelle mit Problemen verbunden. Generell lassen sich zwei Herangehensweisen oder „Modellphilosophien" unterscheiden:

1. Eine mögliche Herangehensweise besteht darin, kategoriale Variablen als tatsächlich kategorial zu betrachten und durch Verwendung von Transformationsfunktionen regressionsähnliche Modelltypen abzuleiten (**Transformationsansatz**). Die hier verwendeten statistischen Modelle drücken durch geeignete Transformationsfunktionen den Erwartungswert der kategorialen abhängigen Variable als lineare Funktion der unabhängigen Variable aus. Die durch den kategorialen Charakter der abhängigen Variable verursachte Nichtlinearität der Regressionsfunktion wird durch nichtlineare Funktionen behandelt, die die kategoriale abhängige Variable in eine lineare Funktion der unabhängigen Variablen transformieren. Diese Transformationsfunktionen werden in der Literatur auch als „link functions" und die zugehörige Modellklasse als „generalised models" bezeichnet (vgl. McCullagh und Nelder [1989]).

2. Eine zweite Herangehensweise wird als **Ansatz der latenten Variablen** bezeichnet. Er basiert auf der Annahme, dass die als kategorial beobachtete Variable eigentlich kontinuierlich ist, aber nicht beobachtet werden kann. Diese nicht beobachtbare Variable wird mittels sogenannter „latenter Variablen" modelliert. Dabei nimmt immer, wenn die latente Variable einen bestimmten Schwellwert überschreitet, die beobachtete Variable einen bestimmten Wert an. Mit diesem Ansatz kann man allerdings von den beobachteten kategorialen Variablen lediglich auf die Intervalle schließen, in denen die latente Variable liegt, nicht jedoch auf die eigentlichen Werte der latenten Variable selbst. Aus diesem Grunde werden diese Variablen oft als limited-dependent variables bezeichnet (Maddala [1983]).

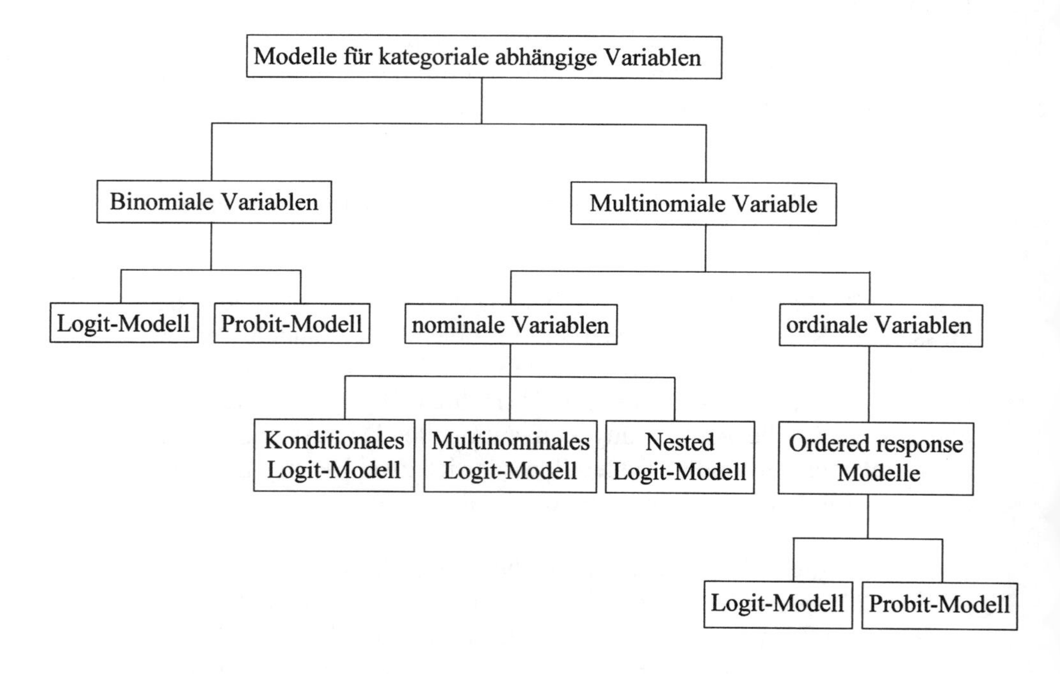

Bild 5.4.1 Überblick über Regressionsmodelle für kategoriale Einflussgrößen

Wir werden uns in diesem Lehrbuch auf die Darstellung des Transformationsansatzes beschränken.

Für alle in Beispiel 5.4.1 aufgeführten Arten kategorialer Variablen ist es grundsätzlich möglich, Modelle zu konstruieren, die die abhängige kategoriale Variable im Sinne der Regressionsanalyse mit einer oder mehreren unabhängigen Variablen verbindet. Die hierfür verwendeten Modelle sind Wahrscheinlichkeitsmodelle der Form:

$$P(Y=k)=f(X_1,...,X_m;\ \beta_1,...,\beta_m),$$

wobei P(Y = k) die Wahrscheinlichkeit für das Eintreten des Ereignisses k angibt, und X_j die Einflussgrößen, sowie β_i die Parameter sind. Je nach Art der kategorialen Variable werden ausgehend von dieser Grundform die verschiedensten Modelltypen verwendet (vgl. Bild 5.4.1). So lassen sich je nachdem, ob die abhängige Variable nur zwei oder mehrere Ausprägungen hat, binomiale und multinomiale Modelle unterscheiden. In Abhängigkeit von der verwendeten Transformationsfunktion existieren für diese beiden Gruppen **Probit-Modelle** (basierend auf der Normalverteilung) und **Logit-Modelle** (basierend auf der logistischen Verteilung[1]).

Die **multinomialen Modelle** behandeln das generelle Problem, dass sich der Befragte zwischen mehr als zwei Alternativen entscheiden muss (vgl. Sachverhalt 7 aus Beispiel 5.4.1). Sie lassen sich zunächst grob danach unterteilen, ob die Alternativen rein nominale Ausprägungen aufweisen oder ordinaler Natur sind. Für Variablen mit rein nominalen Ausprägungen (siehe die Sachverhalte 3, 4, 7 in Beispiel 5.4.1) wurden verschiedene Modelle für ungeordnete Daten (models for unordered variables) entwickelt. Die praktisch am weitesten verbreiteten Modelltypen sind das conditional logit model (vgl. z. B. McFadden [1973], Hensher [1986]), das multinomial logit model (z. B. Schmidt und Strauss [1975a,b] sowie Nerlove und Press [1973]) und das nested logit model (vgl. z. B. Greene [1995]). Hingegen ist das multinomiale Probit-Modell auf Grund des relativ hohen rechentechnischen Aufwandes zur Berechnung multivariater Normalverteilungen höherer Dimensionen weniger gebräuchlich. Für den Spezialfall ordinal skalierter abhängiger Variablen (in Beispiel 5.4.1 betrifft dies die Sachverhalte 5 und 6) sind die sogenannten **ordered response Modelle** zu nennen, die je nach zugrunde gelegter Verteilungsannahme als Logit- oder Probit-Modelle spezifiziert werden können (vgl. z. B. Zavoina und McKelvey [1975]).

---

[1] Eine Zufallsvariable X heißt logistisch verteilt, in Zeichen $X \sim L.V.(\mu, \sigma^2)$, wenn für die Verteilungsfunktion gilt $F(x) = 1/(1 + e^{-g \cdot y})$ mit $g = \pi/\sqrt{3}$ und $y = (x - \mu)/\sigma$. Die Verteilung ist symmetrisch. Der Erwartungswert beträgt μ und die Varianz σ^2.

Es würde das Ziel und den Rahmen dieses Lehrbuches sprengen, eine auch nur annähernd vollständige Abhandlung aller Modelltypen der kategorialen Datenanalyse vorzunehmen. Der interessierte Leser sei hier auf die einschlägige Literatur (z.B. Greene [2000], Powers und Xie [2000]) verwiesen. Wir werden in den folgenden Abschnitten die Grundmodelle für die Regression mit einer binären abhängigen Variablen darstellen sowie angesichts der Bedeutung ordinal skalierter Daten für Akzeptanzuntersuchungen in der Tourismus- und der Verkehrsforschung auf multinomiale Modelle für ordinale Daten eingehen.

5.4.3 Logit- und Probit-Modelle für binäre abhängige Variablen

Beispiel 5.4.2 Im Rahmen einer Verkehrsbefragung werden insgesamt 190 Personen danach gefragt, mit welchem Verkehrsmittel sie ihren täglichen Weg zu ihrem Arbeitsort zurücklegen. Für die Auswertung soll die Wahl des Pkw mit 1, die Wahl eines anderen Verkehrsmittels mit 0 codiert werden. Als mögliche Einflussgrößen sollen die ebenfalls erfragten Angaben zu Alter, Geschlecht und Einkommen sowie zur Entfernung zwischen Wohn- und Arbeitsort in die Analyse einbezogen werden. Außerdem interessiert, ob Befragte mit Kindern eher den Pkw für die Fahrt zwischen Wohn- und Arbeitsort nutzen als Befragte ohne Kinder. [2]

Für das Problem einer binären abhängigen Variable Y, so wie es in Beispiel 5.4.2 dargestellt ist, können wir folgendes Wahrscheinlichkeitsmodell formulieren:

$$P(Y=1|\mathbf{x}_i) = f(X_1, X_2, ..., X_m; \boldsymbol{\beta})$$
$$P(Y=0|\mathbf{x}_i) = 1 - f(X_1, X_2, ..., X_m; \boldsymbol{\beta}),$$

wobei der Vektor β die Parameter enthält, die die Wirkung von Veränderungen der Einflussfaktoren X_i (X_1: Alter, X_2: Geschlecht, X_3: Einkommen, X_4: Entfernung zwischen Wohn- und Arbeitsort, X_5 :

[2] Dieses Beispiel reduziert das Problem der Verkehrsmittelwahl zum einen auf die Betrachtung einer 0/1 Variable (Pkw-Nutzung ja/nein), d. h. wir betrachten hier nicht die Wahl zwischen mehreren Alternativen wie Pkw, Bus, Bahn etc. Zum anderen beschränken wir in diesem Beispiel die einbezogenen Einflussgrößen auf persönliche Merkmale der Befragten. Die in der Fachliteratur dargestellten Modelle der Verkehrsmittelwahl beziehen jedoch außerdem die Angebotsmerkmale der verschiedenen Verkehrsmittel wie Fahrzeit, Bedienungshäufigkeit, Komfort sowie das Vorhandensein von Alternativen ein.

Vorhandensein von Kindern) auf die Verkehrsmittelwahl darstellen. Die Beobachtungen x_{ij} (i = 1, 2, ..., n; j = 1, 2, ..., m) der Einflussfaktoren X_j werden zu einer Matrix **X** zusammengefasst. Die Zeilenvektoren $\mathbf{x}_i$ (i = 1, 2, ..., n) dieser Matrix enthalten jeweils einen Satz von m Beobachtungen über alle Merkmale X_j.

Das Problem besteht nun darin, für die Wahrscheinlichkeitsfunktion $f(X_1, ..., X_m; \beta)$ ein geeignetes Modell zu konstruieren. Zunächst lässt sich die Zielgröße Y als Summe des bedingten Erwartungswertes und der Abweichung vom bedingten Erwartungswert (Fehler) darstellen:

$$Y = E[Y|X_1, ..., X_m] + (Y - E[Y|X_1, ..., X_m]).$$

Da die Berechnung des bedingten Erwartungswertes meist zu schwierig ist, wird die obige Zerlegung sinngemäß durch Anpassung eines linearen Regressionsmodells

$$Y = \mathbf{X} \cdot \boldsymbol{\beta} + U \quad \text{mit} \quad y_i = \mathbf{x}_i \cdot \boldsymbol{\beta} + u_i \quad \text{für} \quad i = 1, 2, ..., n$$

realisiert, bei dem U die entsprechende Fehlervariable mit den Werten (Residuen) u_i ist. Powers und Xie beschreiben die Anpassung eines solchen linearen Regressionsmodells an aggregierte Daten für ein Beispiel, in dem es um die Erklärung des Zusammenhanges zwischen der Wahrscheinlichkeit eines High-School-Abschlusses amerikanischer Jugendlicher und ihrer Zugehörigkeit zu bestimmten ethnischen Gruppen, ihrem Geschlecht sowie der Familienstruktur des Elternhauses geht (siehe Powers und Xie [2000], S. 43. ff.). In ihrem Beispiel lässt sich ein lineares Regressionsmodell signifikant schätzen und plausibel interpretieren. Generell birgt jedoch der lineare Regressionsansatz für unser Wahrscheinlichkeitsmodell zwei wesentliche Probleme in sich:

- Die geschätzten Wahrscheinlichkeiten liegen nicht notwendigerweise im Intervall [0, 1]. Dies wäre jedoch die Voraussetzung, um sie überhaupt als Wahrscheinlichkeiten interpretieren zu können.

- Die Residuen u_i (i = 1, 2, ..., n) sind heteroskedastisch in Abhängigkeit vom Vektor β. Da $\mathbf{x}_i \cdot \beta + u_i$ entweder 0 oder 1 betragen muss, gilt für u_i entweder $-\mathbf{x}_i \cdot \beta$ oder $1 - \mathbf{x}_i \cdot \beta$ Daraus folgt für die Varianz

$$\text{Var}[u_i | \mathbf{x}_i] = \mathbf{x}_i \cdot \boldsymbol{\beta} \cdot (1 - \mathbf{x}_i \cdot \boldsymbol{\beta}).$$

Das Problem der Heteroskedastizität ließe sich zwar beheben, indem man anstelle der ungewichteten Kleinste-Quadrate-Schätzung (auch OLS genannt) eine gewichtete Kleinste-Quadrate-Schätzung (auch FGLS genannt) verwendet. Man könnte aber nicht erreichen, dass die geschätzten Wahrscheinlichkeiten zwischen 0 und 1 liegen. Aus diesem Grunde werden für die Behandlung binärer Variablen Logit- oder Probit-Modelle verwendet, die plausible Schätzungen für die Wahrscheinlichkeiten garantieren.

5.4.3.1 Der Transformationsansatz

Logit- und Probit-Modelle für binäre abhängige Variablen basieren auf Transformationsfunktionen, die gewährleisten, dass die geschätzten Wahrscheinlichkeiten im [0, 1] Intervall liegen. Diese Transformationsfunktionen erfüllen die an einen Zeilenvektor $\mathbf{x}_i$ zu stellenden Bedingungen

$$\lim_{\mathbf{x}_i \cdot \boldsymbol{\beta} \to +\infty} P(Y=1)=1, \quad \text{sowie} \quad \lim_{\mathbf{x}_i \cdot \boldsymbol{\beta} \to -\infty} P(Y=1)=0.$$

In der Praxis haben sich als Transformationen die Normalverteilung und die logistische Verteilung etabliert, obwohl in der Literatur durchaus auch andere Verteilungen vorgeschlagen werden (vgl. z. B. Maddala [1983] sowie Aldrich und Nelson [1984]).

Bei Verwendung der Normalverteilung erhalten wir das **Probit-Modell**

$$P(Y=1|\mathbf{x}_i) = \int_{-\infty}^{\mathbf{x}_i \cdot \boldsymbol{\beta}} \frac{e^{-1/2u^2}}{\sqrt{2\pi}} du = \Phi(\mathbf{x}_i \cdot \boldsymbol{\beta}) = \text{probit}(p_i) \text{ für } i=1,\dots,n\,.$$

Hingegen ergibt sich bei Verwendung der logistischen Verteilung das **Logit-Modell**

$$P(Y=1|\mathbf{x}_i) = \frac{e^{\mathbf{x}_i \cdot \boldsymbol{\beta}}}{1+e^{\mathbf{x}_i \cdot \boldsymbol{\beta}}} = \Lambda(\mathbf{x}_i \cdot \boldsymbol{\beta}) = \text{logit}(p_i) \quad \text{für} \quad i=1,\dots,n\,.$$

Beide Transformationsansätze gewährleisten, dass die bedingten Wahrscheinlichkeiten ausschließlich Werte im Intervall [0, 1] annehmen können (vgl. Abbildung 5.4.2). Die bedingten Wahrscheinlichkeiten liegen jeweils symmetrisch um den Wert 0,5, für den jeweils logit (p_i) und probit (p_i) verschwinden. Beide Funktionen nähern sich $-\infty$ für $p \to 0$ und $+\infty$ für $p \to 1$.

Es stellt sich nun die Frage, welches der beiden Modell praktisch verwendet werden sollte. Eine generelle, eindeutige Antwort darauf existiert nicht. Wie aus Bild 5.4.2 ersichtlich wird, erhält man mit beiden Ansätzen ähnliche Schätzungen für die Wahrscheinlichkeiten im mittleren Bereich für die Werte des Skalarprodukts $\mathbf{x}_i \cdot \beta$ (ungefähr im Bereich zwischen -1,2 und +1,2). An den Rändern reagiert hingegen das Logit-Modell stärker als das Probit-Modell, d.h. es schätzt höhere Wahrscheinlichkeiten für sehr kleine Werte und niedrigere Wahrscheinlichkeiten für sehr große Werte von $\mathbf{x}_i \cdot \beta$.

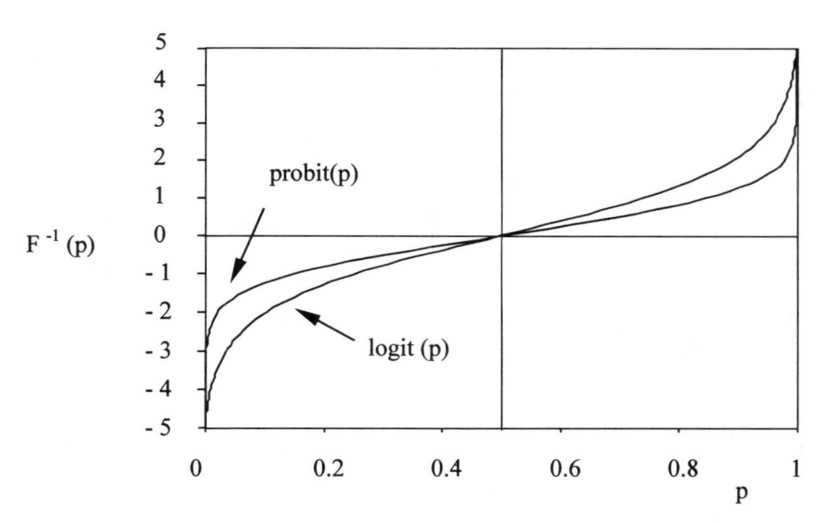

Bild 5.4.2 Inverse Verteilungsfunktionen für das Logit- bzw. Probit-Modell

Beispiel 5.4.2 (Fortsetzung)

Für das Problem der Pkw-Wahl für die Fahrt zum Arbeitsort in Abhängigkeit von den Einflussgrößen Alter, Geschlecht, Einkommen, Entfernung zwischen Wohn- und Arbeitsort sowie dem Vorhandensein von Kindern wurde mit SPSS ein Logit-Modell angepasst. Aufgrund fehlender Teil-Antworten zu bestimmten Einflussgrößen reduzierte sich das auswertbare Datenmaterial auf $n = 126$. Die Variablen sind in Tabelle 5.4.1 beschrieben. Die Codierung wurde so gewählt, dass die jeweils erste Ausprägung der kategorialen Einflussgrößen als

Referenzkategorie in das Modell eingeht[3]. Die Modellkoeffizienten werden dann nur für die verbleibenden n - 1 Ausprägungen geschätzt.

Tabelle 5.4.1 Beschreibung der Variablen für Beispiel 5.4.2

Variable	**Bedeutung**	**Typ**	**Ausprägungen**	
			Anzahl	**Beschreibung**
Abhängige Variable				
Car	Pkw-Nutzung für die Fahrt zwischen Wohn- und Arbeitsort	Binär	2	1 = ja 2 = nein
Unabhängige Variablen				
Age	Alter	Kardinal		
Gender	Geschlecht	Binär	2	1 = männlich 2 = weiblich
Income	Brutto-Einkommen	Ordinal	3	1 (niedrig): < 2500 DM 2 (mittel): 2500 - 7000 DM 3 (hoch): > 7000 DM
Distance	Entfernung zwischen Wohn- und Arbeitsort	Ordinal	3	1 (nah): < 5 km 2 (mittel): 5 km - 30 km 3 (weit): > 30 km
Children	Vorhandensein von Kindern	Binär	2	1 = ja 2 = nein

Außerdem haben wir die kategorialen Einflussgrößen „Income" und „Distance" nicht als Set von 0/1-Variablen (Dummies) kodiert, sondern als einfache Abweichungskontraste.[4] Der Grund dafür liegt darin, dass die **Dummy-Kodierung** für jede Ausprägung der ordinalen Variablen eine 0/1-Variable erzeugen und somit einen skalenbedingten Informationsverlust verursachen würde, der sich auf die Modellspezifi-

[3] Standardmäßig verwendet SPSS die letzte Ausprägung einer kategorialen Variable als Referenzkategorie. Die Wahl der Referenzkategorie ist nur für die Richtung der Interpretation relevant, nicht jedoch für die Ergebnisse selbst.

[4] SPSS kodiert die Ausprägungen 1, ..., K der ordinalen Variablen mit Hilfe einer Kontrastmatrix um, was beim Einsetzen der geschätzten Parameter in die Modellgleichung zu beachten ist (siehe Fortsetzung von Beispiel 5.4.2).

kation auswirken kann. Bei einer **Kontrast-Kodierung** hingegen wird jede Ausprägung mit einer **Referenzkategorie** verglichen.

Für den Aufbau des Modells wurde die Methode „Vorwärts Schrittweise (Wald)“ genutzt, bei der in mehreren Schritten die angegebenen Einflussgrößen sukzessive in das Modell aufgenommen werden, wenn ihre Koeffizienten mittels der Wald-Statistik als signifikant getestet worden sind (vgl. Abschnitt 5.4.3.5 zur Beschreibung der Wald-Statistik)[5]. Der Modellaufbau wurde nach drei Schritten beendet, die Maximum-Likelihood-Prozedur konvergierte nach vier Iterationen. Die Modell-Konstante konnte nicht signifikant geschätzt werden und wurde aus dem Modell ausgeschlossen. Wie Tabelle 5.4.2 zeigt, wurden die Einflussgrößen Alter, Einkommen und Entfernung zwischen Wohn- und Arbeitsort als signifikant identifiziert. Hingegen konnte kein signifikanter Einfluss des Geschlechts sowie des Vorhandenseins von Kindern nachgewiesen werden.

Tabelle 5.4.2 Schätzergebnisse für Beispiel 5.4.2

Variable	Regressionskoeffizient β	Standardfehler	Wald-Statistik	Signifikanzniveau	θ = exp(β)
Distance[1)]			11,170	0,004	
Distance(2)	1,794	0,546	10,809	0,001	6,013
Distance(3)	1,707	0,825	4,285	0,038	5,513
Age	0,033	0,011	9,628	0,002	1,034
Income[2)]			7,955	0,018	
Income(2)	1,350	0,513	6,914	0,009	3,856
Income(3)	2,377	1,259	3,568	0,059	10,777

[1)] Die erste Ausprägung von Distance wurde als Referenzkategorie gewählt. Distance(2) und Distance(3) entsprechen der zweiten bzw. der dritten Ausprägung.

[2)] Die erste Ausprägung von Income wurde als Referenzkategorie gewählt. Income(2) und Income(3) entsprechen der zweiten bzw. der dritten Ausprägung.

Quelle: Eigene Berechnungen.

Zur Berechnung der Wahrscheinlichkeiten $P(Y = 1| \mathbf{x}_i)$ muss die eingangs gewählte Kontrastkodierung für die beiden Einflussgrößen X_3

[5] Dieses Vorgehen, bei dem schrittweise neue Variablen hinzugefügt und nicht-signifikante Variablen ausgeschlossen werden, kann im SPSS-Protokoll in der Tabelle „Omnibus-Test“ der Modellkoeffizienten verfolgt werden (Omnibus: „Einsteigen“/“Aussteigen“ von Variablen in den Schritten des Modellaufbaus).

(Income) und X_4 (Distance) im Regressionsmodell rückgängig gemacht werden. Dazu ist das Produkt der Kontrastmatrix mit dem Vektor der beiden Schätzwerte für die Variable X_3 und die Variable X_4 aus der Tabelle 5.4.2 zu bilden:

$$X_3: \begin{pmatrix} -1/3 & -1/3 \\ +2/3 & -1/3 \\ -1/3 & +2/3 \end{pmatrix} \cdot \begin{pmatrix} 1{,}350 \\ 2{,}377 \end{pmatrix} = \begin{pmatrix} -1{,}241 \\ +0{,}109 \\ +1{,}136 \end{pmatrix} \quad \text{bzw.}$$

$$X_4: \begin{pmatrix} -1/3 & -1/3 \\ +2/3 & -1/3 \\ -1/3 & +2/3 \end{pmatrix} \cdot \begin{pmatrix} 1{,}794 \\ 1{,}707 \end{pmatrix} = \begin{pmatrix} -1{,}166 \\ +0{,}628 \\ +0{,}541 \end{pmatrix}.$$

Der geschätzte Parameter 0,033 für die kardinal skalierte Einflussgröße X_1 (Age) bedarf keiner Umrechnung und ist mit der entsprechenden Altersangabe zu multiplizieren.
Die Wahrscheinlichkeit, den Pkw für die Fahrt zur Arbeit zu nutzen (Y = 1), beträgt für eine Person mit einem Alter von 39 Jahren, einem Einkommen der Kategorie 2 und einer Entfernung zwischen Wohn- und Arbeitsort der Kategorie 3 (Fall 21 der Stichprobe, bezeichnet mit $\mathbf{x}_{21}$) 87,4%, denn

$$P(Y=1 \mid \mathbf{x}_{21}) = \frac{e^{39\cdot 0{,}033+0{,}109+0{,}541}}{1+e^{39\cdot 0{,}033+0{,}190+0{,}541}} = 0{,}874.$$

5.4.3.2 Hinweise zur Interpretation der Modellparameter

Generell existieren zwei Möglichkeiten zur Interpretation der mit Probit- und Logit-Modellen erhaltenen Schätzungen für die Modellparameter und die Wahrscheinlichkeiten:

- Zum einen können die **marginalen Effekte**[6] der unabhängigen Variablen X_j (j = 1, ..., m) auf die Wahrscheinlichkeit $P(Y = 1 \mid \mathbf{x}_i)$ berechnet und interpretiert werden.
- Zum anderen ist es für Logit-Modelle üblich, die sogenannten **Chancenverhältnisse** (Odds-ratio: engl.: odds → Chance, ratio →

[6] Die marginalen Effekte sind bei der einfachen Regression als Reaktion einer kardinal skalierten Zielgröße auf Änderungen eines Regressors um eine Einheit bei Konstanz aller anderen Einflussgrößen eingeführt worden (siehe Kap. 1.9).

Verhältnis) heranzuziehen. Für Probit-Modelle existiert diese Möglichkeit allerdings nicht.

Das Chancenverhältnis wird ausschließlich für Logit-Modelle als Interpretationsmöglichkeit verwendet. Es ist für einen dichotomen Regressanden Y und einen dichotomen Regressor X als Verhältnis von Quotienten der bedingten Wahrscheinlichkeiten für das Ereignis Y = 1 und das Ereignis Y = 0 jeweils unter der Bedingung X = 1 bzw. unter der Bedingung X = 0 definiert.[7] Das Chancenverhältnis θ beträgt dann

$$\theta = \frac{P(Y=1|X=1)/P(Y=0|X=1)}{P(Y=1|X=0)/P(Y=0|X=0)} = \frac{p_1/(1-p_1)}{p_0/(1-p_0)}.$$

Es vergleicht die Erfolgsquoten (Chancen) für Y bezüglich zweier Kategorien von X und wird deshalb auch als Quotenverhältnis bezeichnet.

Für das Logit-Modell ergibt sich dieses Verhältnis als inverse Funktion des Logits für den jeweiligen Parameter β_j,

$$\theta_j = e^{\beta_j} \quad \text{für} \quad j = 1, ..., m.$$

Das Quotenverhältnis wird in diesem Fall als **Effektkoeffizient** bezeichnet und kann direkt dem SPSS-Ergebnisprotokoll der Logit-Regression entnommen werden (siehe Tabelle 5.4.2).

Das Konzept des Chancenvergleichs kann genutzt werden, um die Erfolgsquote für Y in Abhängigkeit von der Zugehörigkeit zu verschiedenen Gruppe auszudrücken. Bezogen auf Beispiel 5.4.2 könnte man z.B. danach fragen, ob die Chance, den Pkw für die tägliche Fahrt zum Arbeitsort zu nutzen (Y = 1), bei männlichen Befragten (X = 1) höher ist als bei Personen weiblichen Geschlechts (X = 0). Von Interesse wäre außerdem, ob Befragte mit höherem Einkommen (X = 1) mit größerer Erfolgsquote den Pkw für die Fahrt zur Arbeit nutzen als Personen mit niedrigerem Einkommen (X = 0).

Für kardinal skalierte Einflussgrößen ist die Konstruktion und Interpretation eines Quotenverhältnisses schwieriger, da im Gegensatz zu binären oder nominalen Merkmalen keine Referenzkategorie per se

[7] Das Chancenverhältnis darf nicht mit einem Wahrscheinlichkeitsverhältnis verwechselt werden.

existiert. Dennoch ist es möglich, die Auswirkungen von Änderungen bei den kardinalen unabhängigen Variablen auf das Quotenverhältnis zu ermitteln. Hierzu wird dieses für ein Individuum oder einen Befragten, bei dem die kardinale Variable X einen Wert x + c aufweist, relativ zu einem Individuum mit einen Wert x der Variablen X wie folgt ausgedrückt:

$$\theta = \frac{e^{\hat{\beta}\cdot(x+c)}}{e^{\hat{\beta}\cdot x}} = e^{\hat{\beta}\cdot c}.$$

Würde z. B. das Einkommen eines Befragten um 3000,- Euro steigen, so würde sich die Chance, den Pkw für die Fahrt zur Arbeit zu nutzen, um $(e^{3\cdot\beta} - 1)\cdot 100\%$ verändern. Zu beachten ist weiterhin, dass es für Probit-Modelle kein Analogon zum Odds-Ratio gibt. Hier ist man ausschließlich auf die Interpretation der marginalen Effekte angewiesen.

Zu den marginalen Effekten von X_i auf p_i sind einige Anmerkungen erforderlich, die sowohl für das Logit- als auch für das Probit-Modell gelten. Im linearen Regressionsmodell entsprechen die Parameter von β den marginalen Effekten und geben die Veränderung der abhängigen Variable in Abhängigkeit von einer Veränderung der unabhängigen Variable um eine Einheit an. Da die Logit- und Probit-Modelle nichtlinear in den Parametern sind, kann man die marginalen Effekte nicht direkt aus den Modellparametern ablesen. Sie ergeben sich vielmehr für das Logit-Modell aus

$$\frac{\partial\Lambda[\mathbf{x}_i\cdot\boldsymbol{\beta}]}{\partial x_{ij}} = \frac{e^{\mathbf{x}_i\cdot\boldsymbol{\beta}}}{\left(1+e^{\mathbf{x}_i\cdot\boldsymbol{\beta}}\right)^2}\cdot\beta_j = \Lambda(\mathbf{x}_i\cdot\boldsymbol{\beta})\cdot[1-\Lambda(\mathbf{x}_i\cdot\boldsymbol{\beta})]\cdot\beta_j$$

$$\text{mit } i=1,\ldots,n \quad \text{und} \quad j=1,\ldots,m$$

und für das Probit-Modell aus

$$\frac{\partial\Phi(\mathbf{x}_i\cdot\boldsymbol{\beta})}{\partial x_{ij}} = \varphi(\mathbf{x}_i\cdot\boldsymbol{\beta})\cdot\beta_j \quad \text{mit} \quad i=1,\ldots,n \quad \text{und} \quad j=1,\ldots,m.$$

Im Gegensatz zum linearen Regressionsmodell verändern sich die marginalen Effekte mit den Regressoren X_i. In der Praxis verwendet man daher häufig den Mittelwert der unabhängigen Variablen, um „durchschnittliche“ marginale Effekte zu errechnen.

Beispiel 5.4.2 (Fortsetzung): Interpretation der Modellparameter

Beginnen wir mit den Werten des Quotenverhältnisses (vgl. hierzu Tabelle 5.4.2). In unserem Logit-Modell hat der Effektkoeffizient θ für die zweite Ausprägung der Einflussgröße „Distance“ den Wert 6,013. Damit ist die Erfolgsquote, den Pkw für die Fahrt zur Arbeit zu nutzen, bei Entfernungen zwischen 5 km und 30 km sechsmal so hoch wie die Erfolgsquote in der Referenzkategorie, d. h. bei Entfernungen von weniger als 5km. Bei Entfernungen von mehr als 30 km beträgt die Erfolgsquote das 5,5-fache als bei Entfernungen von weniger als 5 km. Eine Erklärung für dieses im Vergleich zur mittleren Entfernungsklasse etwas geringere Quotenverhältnis könnte darin bestehen, dass diese Personen ihren Wohnort so gewählt haben, dass sie die größere Entfernung nicht unbedingt mit dem Pkw zurücklegen müssen, sondern auch die Bahn nutzen können. Außerdem zeigt der Vergleich zwischen den beiden Entfernungsklassen, dass oft gerade bei mittleren Entfernungen die Nutzung öffentlicher Verkehrsmittel mit Umsteigevorgängen verbunden ist, die zu Zeit- und Bequemlichkeitsnachteilen gegenüber dem Pkw führen.

Die Auswertung des Odds-Ratio für die verschiedenen Einkommensklassen zeigt, dass die Chance für die Pkw-Nutzung bei Personen mittleren Einkommens das fast Vierfache und bei Beziehern hoher Einkommen sogar das Zehnfache der Chance bei Personen der unteren Einkommensklasse betragen. Etwas komplizierter ist die Interpretation der Einflussgröße Alter, die in unserem Beispiel als kontinuierliche Variable erfasst wurde. Wie sich aus Tabelle 5.4.2 errechnen lässt, wächst die Erfolgsquote für die Pkw-Nutzung pro Lebensjahr des Befragten um $(e^{0,033} - 1)\cdot 100\% = 3,3$ %, bei einem um 10 Jahre älteren Befragten sogar um 39%. Im Hinblick auf dieses Ergebnis wären jedoch weiterführende Untersuchungen erforderlich, da für den Einfluss des Alters auf die Pkw-Nutzung gegensätzliche, für sich genommen jedoch durchaus plausible Hypothesen aufgestellt werden können. [8]

Der Marginaleffekt für die kardinale Einflussgröße „Alter“ beträgt bezogen auf den Mittelwert von 42,03 Jahren, ein Einkommen der Kategorie 2 und eine Entfernung der Kategorie 3

---

[8] H_1: das Alter hat keinen Einfluss auf die Nutzung des Pkws für die Fahrt zur Arbeit. H_2: Je älter die Befragten sind, desto eher nutzen sie aus Verfügbarkeits- und Bequemlichkeitsgründen den Pkw. H_3: Je älter die Befragten sind, desto unwahrscheinlicher ist die Wahl des Pkw für die Fahrt zur Arbeit, weil ältere Arbeitnehmer noch Verhaltensmuster aus der Zeit ohne flächendeckende Pkw-Verfügbarkeit aufweisen.

$$\frac{\partial P(Y=1 \mid \mathbf{x}_{21})}{\partial x_{21,1}} = \frac{e^{42{,}03 \cdot 0{,}033 + 0{,}109 + 0{,}541}}{\left(1 + e^{42{,}03 \cdot 0{,}033 + 0{,}109 + 0{,}541}\right)^2} \cdot 0{,}033 = 0{,}0034\,.$$

Damit wächst die Wahrscheinlichkeit für Y = 1 (Wahl des Pkw) in der Einkommenskategorie 2 und Entfernungskategorie 3 durchschnittlich um 0,034% pro Lebensjahr.

5.4.3.3 Schätzen von Probit- und Logit-Modellen

Probit- und Logit-Modelle werden mit der Maximum-Likelihood-Technik geschätzt (vgl. Kapitel 3.2). Die Idee dieser Schätztechnik besteht darin, für den Parameter Vektor β die Werte zu finden, für die die Likelihood-Funktion L ihr Maximum annimmt (vgl. Kap. 3.2.2). Man spricht daher auch von der Maximum-Likelihood-Schätzung als der Schätzung der größten Glaubwürdigkeit (engl.: maxium likelihood → Größte Glaubwürdigkeit) .

Für eine binäre abhängige Zufallsvariable Y mit den Realisierungen $y_1, \ldots, y_n$ hat die Likelihood-Funktion L die folgende Gestalt:

$$L = \prod_i F(\mathbf{x}_i \cdot \boldsymbol{\beta})^{y_i} \cdot [1 - F(\mathbf{x}_i \cdot \boldsymbol{\beta})]^{(1-y_i)} \quad \text{für} \quad i = 1, 2, \ldots, n\,.$$

Zur einfacheren Handhabung wird anstelle der Likelihood-Funktion die sogenannte Log-Likelihood-Funktion

$$\ln L = \sum_i \{y_i \cdot \ln F(\mathbf{x}_i \cdot \boldsymbol{\beta}) + (1 - y_i) \cdot \ln[1 - F(\mathbf{x}_i \cdot \boldsymbol{\beta})]\} \text{ für } i = 1, \ldots, n\,.$$

verwendet.

Um das Maximum dieser Funktion zu bestimmen, sind zwei Schritte erforderlich. Zunächst sind alle ersten partiellen Ableitungen von ln L nach β_j zu bilden und gleich null zu setzen:

$$\frac{\partial \log L(\boldsymbol{\beta})}{\partial \beta_j} = 0, \quad \text{wobei} \quad j = 1, \ldots, m\,.$$

Diese Gleichung wird auch **score function** genannt. Für das Logit-Modell erhält man folgende spezielle score-function:

$$\frac{\partial \log L(\boldsymbol{\beta})}{\partial \beta_j} = \sum_i (y_i - \Lambda_i) \cdot x_{ij} \quad \text{für} \quad j = 1, ..., m$$

mit

$$\Lambda_i = \Lambda(\mathbf{x}_i \cdot \boldsymbol{\beta}) = \frac{e^{\mathbf{x}_i \cdot \boldsymbol{\beta}}}{1 + e^{\mathbf{x}_i \cdot \boldsymbol{\beta}}} \quad \text{für} \quad i = 1, ..., n.$$

Die score-function für das Probit-Modell lautet

$$\frac{\partial \log L(\boldsymbol{\beta})}{\partial \beta_j} = \sum_{y_i = 0} \frac{\varphi_i}{1 - \Phi_i} \cdot x_{i,j} + \sum_{y_i = 1} \frac{\varphi_i}{1 - \Phi_i} \cdot x_{i,j} \quad \text{für} \quad i = 1, ..., n \quad \text{und} \quad j = 1, ..., m,$$

wobei $\varphi_i = \varphi(\mathbf{x}_i \cdot \beta)$ die Dichtefunktion und $\Phi_i = \Phi(\mathbf{x}_i \cdot \beta)$ die Verteilungsfunktion der Normalverteilung bezeichnen.

Um zu gewährleisten, dass die score-function tatsächlich das Maximum der Likelihood-Funktion beschreibt, sind im zweiten Schritt die zweiten Ableitungen zu bilden. Die Matrix der zweiten Ableitungen, die als **Hessesche Matrix** bezeichnet wird, muss strikt negativ sein

$$h_{rj} = \frac{\partial^2 \log L(\boldsymbol{\beta})}{\partial \beta_r \partial \beta_j} < 0 \quad r = 1, ..., m \quad \text{und} \quad j = 1, ..., m.$$

Die mit -1 multiplizierte Hessesche Matrix wird auch **Informationsmatrix I(β)** genannt. Durch Inversion der Informationsmatrix erhält man die asymptotische Varianz-Kovarianz-Matrix, deren Diagonale die Varianzen Var(β) enthält. Bei korrekter Modell-Spezifikation sind die Maxium-Likelihood-Schätzer für β bei hinreichend großem Stichprobenumfang asymptotisch normal verteilt (oder z-verteilt) und für kleinere Stichproben asymptotisch Student-t-verteilt. Diese Eigenschaften können genutzt werden, um Konfidenzintervalle zu konstruieren und Signifikanztests durchzuführen. Die Konfidenzintervalle werden mit Hilfe der Schätzwerte für β_j und der Schätzwerte ihrer Standardabweichung gebildet

$$e^{\left(\hat{\beta}_j \pm z_{1-\alpha/2} \cdot \hat{s}\left(\hat{\beta}_j\right)\right)} \quad \text{bzw.} \quad e^{\left(\hat{\beta}_j \pm t_{1-\alpha/2} \cdot \hat{s}\left(\hat{\beta}_j\right)\right)} \quad \text{für} \quad j = 1, \ldots, m.$$

Die Informationsmatrix für das Logit-Modell ist

$$I(\boldsymbol{\beta}) = \sum_i \Lambda_i \cdot (1 - \Lambda_i) \cdot \mathbf{x}_i \cdot \mathbf{x}_i'.$$

Für das Probit-Modell erhält man

$$I(\boldsymbol{\beta}) = \sum_i \frac{\varphi_i^2}{\Phi_i \cdot (1 - \Phi_i)} \cdot \mathbf{x}_i \cdot \mathbf{x}_i'.$$

Da die Funktionen Φ_i, φ_i und Λ_i nichtlineare Funktionen von β sind, lassen sich die Nullstellen nur mit iterativen Verfahren bestimmen, bei denen durch Kleinste-Quadrate-Schätzung ermittelte Startwerte iterativ so lange verbessert werden, bis die Differenzen der Schätzer von einer Iteration zur nächsten vernachlässigbar klein sind. SPSS verwendet hierfür das sogenannte Newton-Raphson-Verfahren (siehe Hartung [1991], S.874 ff.).

5.4.3.4 Maße zur Beschreibung der Modellgüte

Zur Beschreibung der Anpassungsgüte von Logit- und Probit-Modellen werden in der Literatur eine Vielzahl von Maßzahlen vorgeschlagen (vgl. z.B. Amemiya [1981], Maddala [1983], McFadden [1974], Ben-Akiva und Lerman [1985], Veall und Zimmermann [1992], Zavoina und McKelvey [1975], Efron [1978], Cramer [1998]). Wir beschränken uns hier auf die Maßzahlen und graphischen Auswertungsmöglichkeiten, die standardmäßig von SPSS bereitgestellt werden. Diese umfassen:

- die Klassifikationstabelle,
- das Klassifikationsdiagramm,
- den - 2·Log-Likelihood-Wert,
- die Bestimmtheitsmaße nach Cox und Snell sowie nach Nagelkerke.

In der Klassifikationstabelle werden für die beiden Gruppen der abhängigen Variable die beobachteten und die mit dem Modell geschätzten Gruppenzugehörigkeiten dargestellt. Dabei wird ein Fall immer derjenigen Gruppe zugeordnet, für die das Modell die größte Wahrscheinlichkeit ermittelt. Tabelle 5.4.3 zeigt die Klassifikationstabelle für Beispiel 5.4.2. Mit unserem Modell werden demnach 92 von 97 Fällen, für die die Variable Car die Ausprägung 1 aufweist, richtig klassifiziert, dies entspricht einer Trefferquote von knapp 95%. Das Modell ist allerdings wesentlich schlechter bei der Zuordnung der Nichtnutzer des Pkw (Car = 0). Hier werden nur 14 von 29 Fällen richtig klassifiziert, was zu einer Trefferquote von nur 48% führt. Insgesamt sind wir mit dem Modell in der Lage, 84% aller Fälle richtig zuzuordnen.

Tabelle 5.4.3 Klassifikationstabelle für die abhängige Variable aus Beispiel 5.4.2[1)]

		Vorhergesagte Werte		
		Car		Anteil der Richtigen
Beobachtete Werte		0	1	
Car	0	14	15	48,3
	1	5	92	94,8
Gesamtprozentsatz				84,1

[1)] Bei einem Trennwert von 0,5.

SPSS bietet zusätzlich die Möglichkeit, die Zuordnung der Fälle graphisch im Klassifikationsdiagramm darzustellen. Bild 5.4.3 zeigt für Beispiel 5.4.2 ein solches Histogramm. Bei einer zu 100% richtigen Zuordnung der Fälle würden sich alle Nullen in der linken Hälfte des Diagramms (d. h. Wahrscheinlichkeit kleiner 0,5) und alle Einsen in der rechten Hälfte des Diagramms (d. h. Wahrscheinlichkeit größer 0,5) befinden. Je weiter entfernt die Nullen bzw. Einsen von der Diagramm-Mitte (d. h. der Wahrscheinlichkeit von 0,5) eingetragen sind, desto besser ist die Regressionsschätzung.

Eine weitere Größe zur Beurteilung der Anpassungsgüte ist der Wert der Likelihood Funktion. Es ist üblich, diesen Wert als -2·Log-Likelihood auszuweisen. In einem perfekten Modell würde er null betragen. Der -2·ln L Wert allein liefert jedoch keine zuverlässige Aussage über die Anpassungsgüte, da ln L von der Stichprobengröße abhängt. Er wird deshalb auch nicht separat interpretiert. Die Differenz der -2·ln L Werte des sogenannten Null-Modells (des Modells nur mit einem Absolutglied) und des aktuell spezifizierten Modells wird jedoch beim Chi-Quadrat-Test verwendet (vgl. Abschnitt 5.4.3.5).

SPSS informiert wie die meisten Statistik-Pakete über verschiedene Pseudo-R^2-Maße. Bei ihrer Verwendung sollte man jedoch Vorsicht walten lassen, da es keine allseits akzeptierte Maßzahl gibt (vgl. z.B. Long [1997] für einen Überblick über die Eigenschaften verschiedener R^2-Maße).

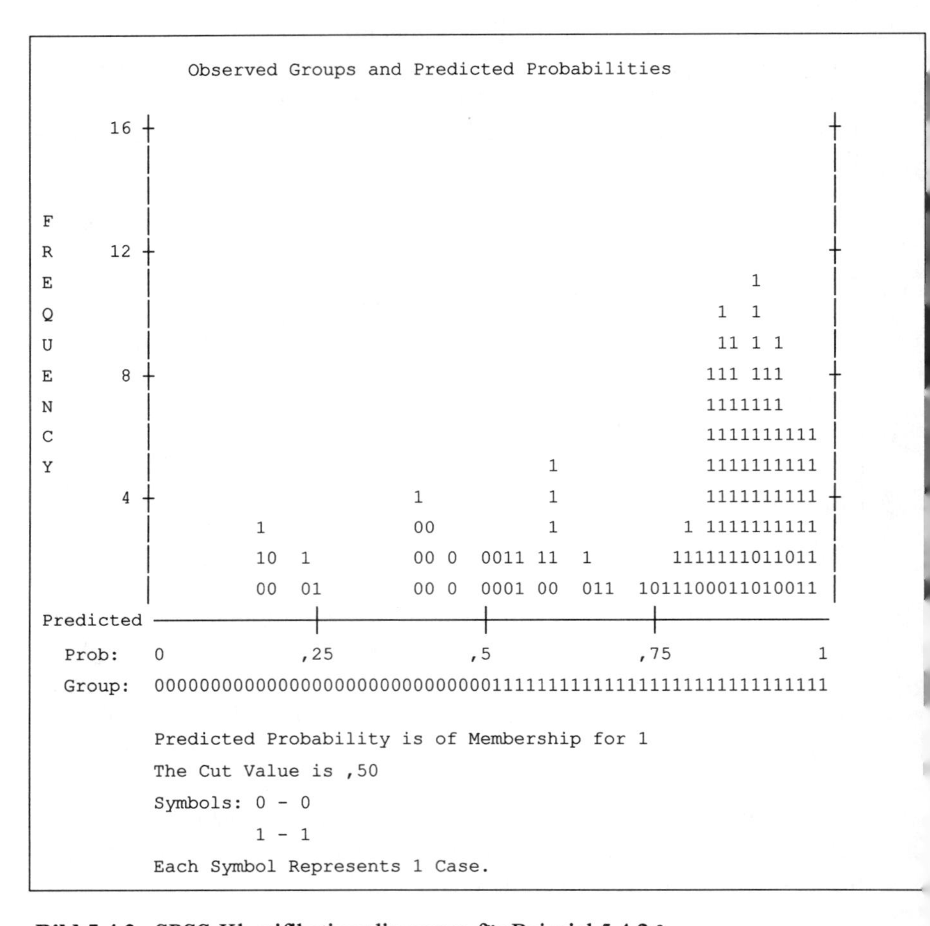

Bild 5.4.3 SPSS-Klassifikationsdiagramm für Beispiel 5.4.2 [9]

Die standardmäßig in SPSS verwendeten R^2-Maße für binäre Daten sind das Bestimmtheitsmaß nach Cox und Snell sowie das Bestimmtheitsmaß nach Nagelkerke.

[9] Der Cut-Value von 0,5 gibt an, dass bis zu einer Wahrscheinlichkeit von 0,5 die Fälle der Ausprägung 0 und bei einem Wert über 0,5 der Ausprägung 1 zugeordnet werden.

Das R^2-Maß nach Cox und Snell

$$R_{CS}^2 = 1 - \left(\frac{L(0)}{L_a}\right)^2$$

mit L_a : Wert der Likelihood-Funktion des geschätzten aktuellen Modells.

Das R^2-Maß nach Cox und Snell liegt zwischen 0 und 1, kann aber den Wert 1, der einer perfekten Erklärungsgüte entsprechen würde, nicht erreichen. Die Interpretation ist daher stark eingeschränkt.

Das Bestimmtheitsmaß nach Nagelkerke

$$R_N^2 = R_{CS}^2 / \max(R_{CS}^2) \quad \text{mit} \quad \max(R_{CS}^2) = 1 - (L(0))^2 .$$

Das normierte Bestimmtheitsmaß nach Nagelkerke liefert einen mit dem aus der linearen Regression bekannten Bestimmtheitsmaß vergleichbaren Wert, für den stets $0 \le R^2 \le 1$ gilt. Bei Gültigkeit der Nullhypothese nimmt es den Wert 0, im Falle des „perfekten" Modells den Wert 1 an.

Tabelle 5.4.4 Maßzahlen zur Modellgüte für Beispiel 5.4.2

Schritt des Modellaufbaus	-2·Log-Likelihood	Cox & Snell R-Quadrat	Nagelkerkes R-Quadrat
1	133,151	0,281	0,374
2	116,906	0,368	0,490
3	108,498	0,409	0,545

McFadden's R^2-Maß

McFadden's R^2-Maß wird im Rahmen der Prozedur, die SPSS für die binäre Regression zur Verfügung gestellt, nicht ausgewiesen. Wir erwähnen dieses Pseudo-Bestimmtheitsmaß dennoch an dieser Stelle, da es ein in der Literatur übliches Maß für die Anpassungsgüte sowohl von Modellen für binäre Variablen als auch für ordinale Variablen darstellt. Es ist wie folgt definiert:

$$R_{MF}^2 = 1 - \frac{\ln L}{\ln L_0} .$$

R^2_{MF}, das auch als McFadden's Likelihood-Ratio-Index bezeichnet wird, liegt stets zwischen 0 und 1. Es entspricht genau 0, wenn alle Ausstiegsparameter gleich 0 sind. McFadden's R^2-Maß kann niemals gleich 1 sein. Die Werte zwischen 0 und 1 sind, ähnlich wie z. B. beim Kontingenzkoeffizienten, nicht interpretierbar.

Tabelle 5.4.4 enthält die Pseudo-Bestimmtheitsmaße für Beispiel 5.4.2. Das Bestimmtheitsmaß nach Nagelkerke beträgt 0,545. Das Logit-Modell ist demnach in der Lage, gut die Hälfte der Varianz der abhängigen Variable zu erklären. Im Vergleich zu dem aus der linearen Regression bekannten Bestimmtheitsmaß mag dies unbefriedigend erscheinen. Generell ist jedoch nochmals darauf hinzuweisen, dass zum einen die Pseudo-R^2-Maße der binären Regression mit großer Vorsicht zu betrachten sind.
Zum anderen zeigen eigene Anwendungserfahrungen, dass derartige Modelle häufig geringere „Bestimmtheitsmaße" aufweisen als Modelle der linearen Regression, obwohl sie durchaus akzeptable Trefferquoten (für Beispiel 5.4.2 sind dies 84% der Fälle) erzielen. Pseudo-Bestimmtheitsmaße von 90% und mehr, wie sie in einigen Quellen (z. B. Eckstein [1998], Eckey [2000]) zu finden sind, dürften wohl ihre Ursache in der Konstruktion von Lehrbeispielen mit fiktiven Daten und angestrebten Schätzeigenschaften haben.
Darüber hinaus ist anzumerken, dass das Logit-Modell für Beispiel 5.4.2 lediglich eine Teilmenge der für die Verkehrsmittelwahl relevanten Einflussfaktoren, nämlich ausschließlich persönliche Merkmale, betrachtet. State-of-the-art Modelle zur Verkehrsmittel gehen jedoch darüber hinaus und erfassen in den sogenannten discrete-choice-Modellen auch die Attribute der verschiedenen, alternativen Verkehrsmittel. Solche Modelle sind z. B. das multinomiale Logit-Modell oder das conditional Logit-Modell (siehe Abschnitt 5.4.2). In diesem Lehrbuch werden wir jedoch diese weiterführenden Modelle nicht behandeln. Der interessierte Leser sei z. B. auf Ben-Akiva und Lerman [1985] verwiesen.

5.4.3.5 Tests für Logit- und Probit-Modelle

Auch hier werden wir uns auf die Tests beschränken, die standardmäßig von SPSS angeboten werden. Dies sind

- der Chi-Quadrat-Test zur Prüfung der Signifikanz des Gesamtmodells und

- die Wald-Statistik.

In Abschnitt 5.4.3.4 wurde bereits der -2·Log-Likelihood-Wert erwähnt. Er spielt beim Signifikanztest des Gesamtmodells eine wichtige Rolle. Hierbei wird die Nullhypothese getestet, dass alle Koeffizienten des Modells gleich Null sind, vergleichbar mit dem globalen F-Test der linearen Regression. Dabei macht man sich die Eigenschaft zu nutze, dass die Differenz der -2·ln L-Werte zweier alternativer Modelle einer Chi-Quadrat-Verteilung folgt. Die Anzahl der Freiheitsgrade entspricht bei diesem Test der Differenz der Parameterzahl der alternativen Modelle. Beim Signifikanztest des Gesamtmodells vergleicht man die Differenz der -2·Log-Likelihood-Werte des Nullmodells (des Modells nur mit Absolutglied) und des aktuell spezifizierten Modells, wobei die Anzahl der Freiheitsgrade gleich der Anzahl der Modellparameter ist. Generell kann dieser Test auch für alternative Modelle mit unterschiedlicher Parameterzahl verwendet werden. In der Literatur wird für die Differenz der -2·ln L-Werte zweier alternativer Modelle auch der Begriff der Likelihood-Ratio-Statistik bzw. der sogenannten Abweichung (engl. deviance) verwendet (vgl. Powers und Xie [2000]). Dies kann allerdings irreführend wirken, da SPSS bei der ordinalen Regression (vgl. Abschnitt 5.4.4) neben der Differenz der -2·ln L-Werte von Null-Modell und aktuellem Modell zusätzlich einen Wert für die Abweichung zwischen beobachteten und geschätzten Häufigkeiten angibt, der zwar ebenfalls chi-quadrat-verteilt ist, jedoch auf einer anderen Berechnungsvorschrift basiert (vgl. hierzu Abschnitt 5.4.4.3).

SPSS informiert im Ausgabeprotokoll über diese Differenz in der Tabelle „**Omnibus-Test der Modellkoeffizienten**" in der Spalte „chi-square" . Für Beispiel 5.4.2 beträgt diese Teststatistik bei fünf Freiheitsgraden 66,176, was der Differenz zwischen $-2 \cdot \ln L_0 = 174{,}673$[10] und $-2 \cdot \ln L_a = 108{,}498$ entspricht.

Zum Testen weiterer Modellhypothesen steht der **Wald-Test** zur Verfügung. Die Wald-Testgröße ist definiert als

$$W = \hat{\boldsymbol{\beta}}_r' \cdot \mathbf{V}_r^{-1} \cdot \hat{\boldsymbol{\beta}}$$

mit $\mathbf{V}$ als asymptotischer Varianz-Kovarianz-Matrix des geschätzten Parametervektors $\hat{\boldsymbol{\beta}}$ und $\mathbf{V}_r$ als asymptotische Varianz-Kovarianz-Matrix für den Teilvektor $\hat{\boldsymbol{\beta}}_r$ der geschätzten Parameter.

[10] Dieser Wert ist dem Iterationsprotokoll von SPSS zu entnehmen.

Die Wald-Statistik ist chi-quadrat-verteilt, wobei die Anzahl der Freiheitsgrade der Anzahl der für den jeweiligen Test ausgewählten Parameter r entspricht. Für nur einen Parameter r entspricht die Wald-Statistik dem Quadrat der t-ratio, d. h. dem Quotienten aus dem Schätzwert und dem Standardfehler. Die Tabelle 5.4.3 enthält neben den Modellkoeffizienten auch die jeweiligen Werte der Wald-Statistik für den Signifikanztest der Koeffizienten. Zu beachten ist, dass die Wald-Statistik insbesondere bei hohen Schätzwerten für die Koeffizienten die Signifikanz oft unterschätzt. In diesen Fällen empfiehlt es sich, nicht alleine die Wald-Statistik zu betrachten, sondern alternative Modelle mit und ohne die entsprechende Variable zu berechnen und zu vergleichen.

5.4.4 Regressionsmodelle für ordinal skalierte abhängige Variable

Beispiel 5.4.3 Angesichts der gravierenden Umwelt-, Stau- und Finanzierungsprobleme im Verkehrssektor wird in vielen europäischen Ländern die Einführung und/oder Erhöhung von Preisen, Gebühren und Steuern diskutiert bzw. ist bereits Realität. Vor dem Hintergrund der erheblichen Akzeptanzprobleme solcher, im allgemeinen unpopulären Maßnahmen wurde eine empirische Studie zur Akzeptanz preis- und steuerlicher Maßnahmen im Verkehr in sechs europäischen Ländern durchgeführt.[11] In dieser Studie wurde den Befragten u. a. folgende Item-Batterie zu generellen Einstellungen hinsichtlich der Mobilität präsentiert[12]:

G_{11}: Gut funktionierende öffentliche Verkehrsmittel sind für mich wichtig.

G_{12}: Die Einführung einer Stauabgabe, die von allen Autofahrern in Stauzeiten zu entrichten ist, würde das Problem von Verkehrsstaus lösen.

G_{13}: Verkehrsstaus stellen für mich eine gravierende Einschränkung meiner Mobilität dar.

---

[11] Der ausführliche Forschungsbericht ist in PATS [2000] enthalten. Eine Zusammenfassung der Studie ist in Link und Polak [2001] nachzulesen.

[12] Insgesamt wurden in dieser Studie vier Batterien von Statements präsentiert, die generelle Einstellungen zur Mobilität, zum Umweltbewusstsein, zur sozialen und fairen Gestaltung von preis- und steuerpolitischen Maßnahmen, sowie zur Verwendung der mit solchen Maßnahmen im Verkehrssektor generierten Einnahmen enthielten.

G_{14}: Straßen sind ein allgemeines öffentliches Gut und sollten von allen Autofahrern, unabhängig von ihrer Einkommenssituation, gebührenfrei genutzt werden können.

G_{15}: Die Erhebung von Gebühren für die Benutzung von Straßen ist ein Angriff auf mein Recht auf uneingeschränkte Bewegung.

Die Befragten sollten den Grad ihrer Zustimmung zu diesen Statements auf einer verbalen, fünfstufigen Skala ausdrücken, die wie folgt aufgebaut war:

□	□	□	□	□
stimme stark zu	stimme zu	neutral	lehne ab	lehne stark ab

Die Studie sollte empirisch belegen, ob und inwieweit die soziodemografischen Merkmale der Befragten und ihr Verkehrsverhalten den Grad der Zustimmung zu diesen Statements beeinflussen. Außerdem sollte analysiert werden, ob länderspezifische Einflüsse wirken.

Eine Vielzahl praktisch relevanter Fragestellungen in den Wirtschafts- und Sozialwissenschaften wird typischerweise mittels ordinal skalierter Variablen untersucht. Beispiele hierfür sind Akzeptanzuntersuchungen (siehe Beispiel 5.4.3), Meinungsumfragen, Rankings, Ausbildungsstufen, Altersklassen und Entfernungsklassen. Ordinale Variablen liegen hinsichtlich ihres Informationsgehaltes zwischen nominal und kardinal skalierten Variablen. Im Gegensatz zum ausschließlich qualitativen Inhalt nominaler Größen beinhalten sie auf Grund der in ihnen erfassten Rangfolge eine zusätzliche Aussage. Diese ist auf die Reihenfolge der Merkmalsausprägungen beschränkt und enthält keine Information über den Abstand der Ränge, der auch nicht notwendigerweise gleich sein muss.
Ob die Merkmalsausprägungen einer Variablen als nominal oder ordinal skaliert anzusehen sind, ist eine der grundlegenden sachlogischen Entscheidungen, die der Anwender treffen muss. Dies gilt ebenfalls für die Frage, ob kardinal skalierte Variablen wie das Alter, das Einkommen oder die Entfernung aus praktischen Gründen klassiert erfragt werden. Darüber hinaus muss der Anwender entscheiden, wie er mit dem Problem der unvollständigen Information ordinal skalierter Variablen, nämlich der fehlenden Information über die Spannbreite der Merkmalsausprägungen, umgeht. In jedem Fall muss diese Spannbreite mittels geeigneter Skalierungsmethoden auf einer sinnvollen Skala abgebildet werden (vgl. hierzu Kapitel 4). Mögliche Skalierungsverfahren sind z.B. die ganzzahlige Skalierung, die Aussagen wie „vollkommen falsch“, „falsch“ etc. ganzzahlige Werte 1, 2, ... zu-

ordnet. Zu nennen sind weiterhin die Normalverteilungstransformation, die Skalierung durch Bestimmung der Klassenmitte (falls die Verteilung innerhalb der Klassen symmetrisch ist und Beginn sowie Ende der Klassen bekannt sind) sowie Skalierungsverfahren, die zusätzliche Informationen nutzen (vgl. z.B. Duncan [1961], Clogg [1982]).
Zur Analyse ordinaler Variablen werden sogenannte **ordered response Modelle** verwendet, die Verallgemeinerungen der in Abschnitt 5.4.2 behandelten binären Logit- und Probit-Modelle darstellen. Grundsätzlich existieren zwei Herangehensweisen, die im Wesentlichen zu gleichen Ergebnissen führen, jedoch Unterschiede in der Interpretation aufweisen:

1. Kumulative Logit- und Probit-Modelle, die auf der Verwendung kumulierter Wahrscheinlichkeiten basieren

2. Logit- und Probit-Modelle mit latenten Variablen

Wir beschränken uns in diesem Lehrbuch wiederum auf die Darstellung des Transformationsansatzes, d. h. auf kumulative Logit- und Probit-Modelle.

5.4.4.1 Kumulative Logit- und Probit-Modelle

Sei Y eine Response-Variable (Regressand), die die Ausprägungen 1, 2, ..., K. annehmen kann. Die kumulative Wahrscheinlichkeit dafür, dass die Response-Variable eine Ausprägung kleiner oder gleich k annimmt, wird durch die Verteilungsfunktion F(k) für diskrete Zufallsvariable

$$F(k) = P(Y \le k) = \sum_{j=1}^{k} P(Y = j), \quad k = 1, ..., K.$$

beschrieben. Hieraus resultiert, dass k - 1 kumulierte Wahrscheinlichkeiten eindeutig bestimmt sind. Wir können nun folgendes lineare Modell zur Erklärung der abhängigen ordinalen Variable durch unabhängige Variablen X_j (Regressoren) formulieren

$$P(Y \le k | \mathbf{x}_i) = F(\alpha_k - \mathbf{x}_i \cdot \boldsymbol{\beta}), \quad k = 1, ..., K-1 \quad \text{und} \quad i = 1, ..., n,$$

wobei $\mathbf{x}_i$ wieder ein Zeilenvektor vom Typ (1, m) aus der Regressor-Matrix $\mathbf{X}$ ist. Der Zeilenvektor $\mathbf{x}_i$ repräsentiert in einer Befragung die Antworten der i-ten Person auf m gestellte Fragen.

Je nach Wahl der Verteilungsfunktion F(k) erhält man, wie schon in Abschnitt 5.4.3 für binäre Modelle erläutert, das Logit-Modell ($F = \Lambda$) oder das Probit-Modell ($F = \Phi$).

Das Modell enthält K-1 Parameter α_k, die als **Schwellwerte** zu interpretieren sind. Für die bedingten Wahrscheinlichkeiten, dass die Response-Variable Y den Wert k annimmt, gilt

$$P(Y = k \mid \mathbf{x}_i) = \begin{cases} F(\alpha_1 - \mathbf{x}_i \cdot \boldsymbol{\beta}) & k = 1 \\ F(\alpha_k - \mathbf{x}_i \cdot \boldsymbol{\beta}) - F(\alpha_{k-1} - \mathbf{x}_i \cdot \boldsymbol{\beta}) & 1 < k \leq K-1 \\ 1 - F(\alpha_{k-1} - \mathbf{x}_i \cdot \boldsymbol{\beta}) & k = K \end{cases} .$$

Die Spezifikation als kumulatives Wahrscheinlichkeitsmodell impliziert, dass F(k) > F(k - 1) ist. Hieraus folgt, dass die Parameter α_k nicht fallend in k sind.

Für die praktische Anwendung des Modells und die korrekte Interpretation der Modellkoeffizienten ist es wichtig zu wissen, welche Parametrisierung das für die Analyse eingesetzte Softwarepaket verwendet. So verändern sich die Vorzeichen der Koeffizienten, wenn statt dessen die kumulative Wahrscheinlichkeit $P(Y \geq k)$ verwendet wird, da dies in einer symmetrischen Verteilung zu $1 - P(Y \leq k)$ führt. SPSS verwendet beispielsweise die Parametrisierung $P(Y \leq k)$.

Wie schon im Abschnitt über binäre Logit- und Probit-Modelle diskutiert, gibt es keine eindeutige Empfehlung dazu, ob das Logit- oder Probit-Modell besser zur Abbildung ordinaler abhängiger Variablen geeignet ist.

Beispiel 5.4.3 (Fortsetzung)

Tabelle 5.4.5 enthält eine Beschreibung der Stichproben, die in Deutschland, Österreich, Frankreich, den Niederlanden, Großbritannien und Schweden gezogen wurden. Der Stichprobenumfang betrug insgesamt n = 1369, wobei die Anzahl der Befragten in keinem Land kleiner als 100 war. Die schwedische Stichprobe war allerdings mit n = 606 bedeutend größer als die der übrigen Länder. Diese Überrepräsentation ist bei der Interpretation der Ergebnisse zu beachten.

Zum Ziehen der Stichproben wurde ein Quotendesign verwendet, um für die Untersuchung des Akzeptanzproblems genügend Antworten auch von den Bevölkerungsgruppen zu erhalten, die andernfalls unterrepräsentiert gewesen wären, jedoch gerade für derart politisch brisante Entscheidungen relevant sind. Damit sind die Stichprobe und die erhaltenen Ergebnisse nicht repräsentativ für die Gesamtbevölkerung, was aber auch nicht das Ziel der Untersuchung war.

Die Antworten zu den Item-Batterien hinsichtlich der Einstellung zur Mobilität wurden in einem ersten Schritt deskriptiv ausgewertet (siehe Bild 5.4.4). Dabei wurde zunächst aus untersuchungstechnischen Gründen eine Skalentransformation hin zu gleichen Abständen zwischen den Ausprägungen vorgenommen. Diese Transformation diente einerseits dazu, die Unterschiede in der Zustimmung zu den Statements, sowie die Unterschiede in der Zustimmung zwischen den Befragten in den sechs Ländern zu erkennen. Zum anderen konnten auf diese Weise Hypothesen über mögliche Einflussgrößen für den Aufbau eines ordinalen Regressionsmodells generiert werden. Bei der anschließenden Modellierung wurde dann allerdings nur die Ordinalskala und damit der ursprüngliche Skalentyp vorausgesetzt.

In Bild 5.4.4 sind sowohl das arithmetische Mittel als auch der Median der beobachteten Zustimmung zu den Statements dargestellt.[13]

Die Ergebnisse der deskriptiven Auswertung sind wie folgt zu interpretieren:

- Gut funktionierende öffentliche Verkehrsmittel stehen in der Wertschätzung der Befragten weit oben.
- Straßen werden als öffentliches Gut angesehen, zu dessen gebührenfreier Benutzung jeder Bürger berechtigt ist.
- Verkehrsstaus werden von den Befragten zwar als gravierendes Problem angesehen. Die Befragten glauben jedoch nicht, dass die Einführung eines Stau-pricings dieses Problem lösen wird.

Nach der deskriptiven Analyse wurde für jedes Item der Batterie jeweils ein ordered-response-Modell angepasst, und zwar sowohl als Logit- als auch als Probit-Modell. Für diese Analyse wurden außerdem weitere Hypothesen über mögliche Einflussgrößen (z.B. Alter, Geschlecht, Einkommen) aufgestellt, die für jedes einzelne Item zum schrittweisen Modellaufbau verwendet wurden (siehe Tabelle 5.4.6).

[13] Angesichts der Schiefe der Häufigkeitsverteilungen wäre der Median angeraten. Da aber nur sehr wenige Ausprägungen vorhanden sind, lässt sich der Ländervergleich besser anhand des arithmetischen Mittels durchführen.

Tabelle 5.4.7 enthält die SPSS-Ergebnisse für das erste Statement G_{11} („Gute öffentliche Verkehrsmittel sind wichtig für mich.“). Sowohl mit dem Logit- als auch mit dem Probit-Modell wurde ein signifikanter Einfluss des Geschlechtes, des Pendlerverhaltens, der Regelmäßigkeit der Pkw-Nutzung sowie des Landes identifiziert.

Wir wollen nun beispielhaft die geschätzten Modellgleichungen für die Wahrscheinlichkeiten darstellen, dass dem Statement G_{11} (Gute öffentliche Verkehrsmittel sind wichtig für mich.) die Antworten 1 (stimme stark zu) bis 5 (lehne stark ab) zugeordnet werden. Die antwortende Person sei weiblich (Gender = 0), kein regelmäßiger Pkw-Nutzer (Regdrive = 0), kein Stadt-Umland-Pendler (Commute = 0) und deutscher Nationalität (F = 0, D = 1, A = 0, UK = 0). Das Probit-Modell wird mit dem entsprechenden Zeilenvektor $\mathbf{x}_7$, dem von SPSS ausgewiesenen Skalarprodukt $\mathbf{x}_7 \cdot \beta$ und dem Vektor der geschätzten Schwellwerte α

$$\mathbf{x}_7 = \begin{pmatrix} 0 & 0 & 0 & 0 & 1 & 0 & 0 \end{pmatrix}$$

$$\mathbf{x}_7 \cdot \boldsymbol{\beta} = 0{,}133 + 0{,}814 - 0{,}133 - 0{,}469 - 0{,}540 - 0{,}662 = -0{,}857$$

$$\boldsymbol{\alpha}' = \begin{pmatrix} -1{,}235 & -0{,}460 & 0{,}091 & 0{,}495 \end{pmatrix}$$

spezifiziert (vgl. Tabelle 5.4.7). Die Modellgleichungen lauten:

$$P(Y = 1 \mid \mathbf{x}_i) = \Phi(\alpha_1 - \mathbf{x}_i \cdot \boldsymbol{\beta}) = \Phi(-0{,}378) = 0{,}353$$

$$P(Y = 2 \mid \mathbf{x}_i) = \Phi(\alpha_2 - \mathbf{x}_i \cdot \boldsymbol{\beta}) - \Phi(\alpha_1 - \mathbf{x}_i \cdot \boldsymbol{\beta}) = \Phi(0{,}397) - \Phi(-0{,}378) = 0{,}302$$

$$P(Y = 3 \mid \mathbf{x}_i) = \Phi(\alpha_3 - \mathbf{x}_i \cdot \boldsymbol{\beta}) - \Phi(\alpha_2 - \mathbf{x}_i \cdot \boldsymbol{\beta}) = \Phi(0{,}948) - \Phi(0{,}397) = 0{,}174$$

$$P(Y = 4 \mid \mathbf{x}_i) = \Phi(\alpha_4 - \mathbf{x}_i \cdot \boldsymbol{\beta}) - \Phi(\alpha_3 - \mathbf{x}_i \cdot \boldsymbol{\beta}) = \Phi(1{,}352) - \Phi(0{,}948) = 0{,}083$$

$$P(Y = 5 \mid \mathbf{x}_i) = 1 - \Phi(\alpha_4 - \mathbf{x}_i \cdot \boldsymbol{\beta}) = 1 - \Phi(1{,}352) = 0{,}088.$$

Offensichtlich ist die Wahrscheinlichkeit dafür, dass die Befragte dem Statement G_{11} (Gute öffentliche Verkehrsmittel sind wichtig für mich.) stark zustimmt mit 35,3% wesentlich höher als in allen anderen Antwortkategorien. Eine starke Ablehnung des Statements ist nur mit einer Wahrscheinlichkeit von 8,8% zu erwarten.

Tabelle 5.4.5 Beschreibung der Stichproben für Beispiel 5.4.3

	A	F	D	NL	UK	S
Stichprobenumfang	159	180	157	101	166	606
Mittelwerte für:						
Haushaltsgröße	2,61	2,36	2,36	2,34	2,58	2,28
Anzahl der berufstätigen Erwachsenen im Haushalt	1,28	1,14	1,28	1,07	1,01	0,86
Anzahl der nichtberufstätigen Erwachsenen im Haushalt	0,55	0,61	0,47	0,52	0,89	0,63
Anzahl der Kinder im Haushalt	0,78	0,61	0,61	0,75	0,68	0,79
Anzahl der Pkws im Haushalt	1,38	1,36	1,20	0,87	0,95	1,13
Anteil der Befragten in folgenden Einkommensquintilen (%)						
1. Quintil	2,1	9,5	3,9	10,6	11,9	4,7
2. Quintil	22,0	23,7	24,5	24,7	13,6	11,5
3· Quintil	40,4	30,8	34,2	25,9	20,3	37,9
4. Quintil	18,4	21,3	27,7	16,5	19,5	30,5
5. Quintil	17,0	14,8	9,7	22,4	34,8	15,4
Anteil der weiblichen Befragten (%)	47,8	50,0	50,3	43,6	49,4	54,4
Anteile der Altersgruppen (%)						
18 – 30	31,5	34,4	32,5	43,0	27,7	20,1
31 – 50	42,8	34,4	35,7	28,0	36,1	46,1
> 50	25,8	31,1	31,9	29,0	36,1	33,7
Anteil der berufstätigen Befragten (%)	65,4	62,8	72,6	53,5	57,8	74,3
Anteil der Befragten mit städtischem Wohnort (%)	45,9	78,9	66,2	67,3	48,8	11,1
Anteil der Befragten mit städtischem Arbeitsort (%)	53,5	62,2	57,3	54,5	38,6	31,0
Entfernung zwischen Wohn- und Arbeitsort von…bis unter						
< 1 km	17,7	15,8	3,9	9,9	17,4	9,1
1 – 3 km	14,5	12,2	7,8	19,0	27,5	14,9
3 – 5 km	9,7	15,1	7,0	5,6	11,0	12,2
5 – 10 km	12,9	22,3	25,8	15,5	25,7	15,3
10 – 30 km	23,4	20,9	39,1	19,7	11,9	34,4
> 30 km	21,8	13,7	16,4	29,6	6,4	14,0
Anteil der regelmäßigen Pkw-Nutzer (%)	75,8	94,4	72,0	54,3	50,0	61,8
Quelle: PATS Consortium.						

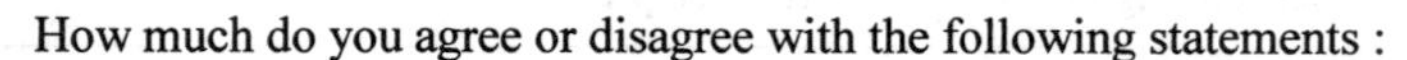
How much do you agree or disagree with the following statements :

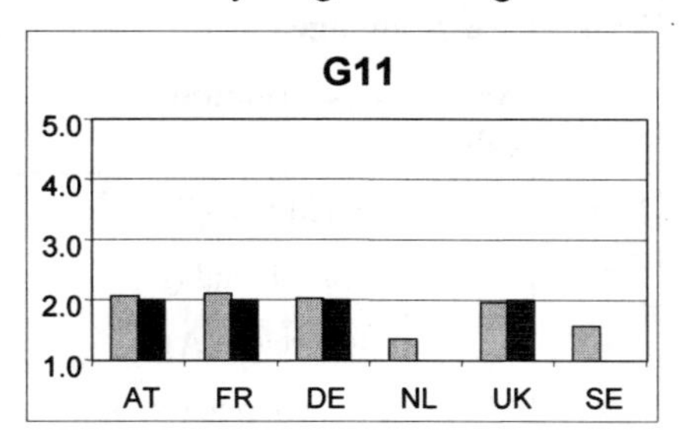

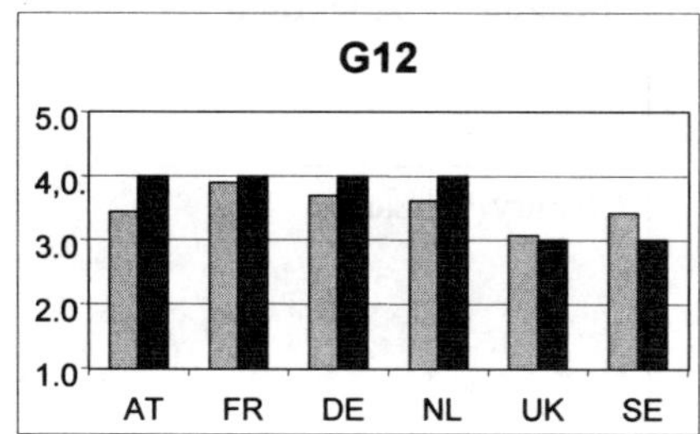

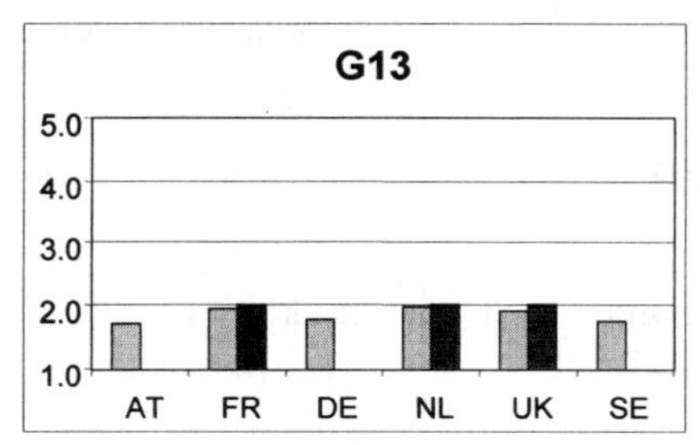

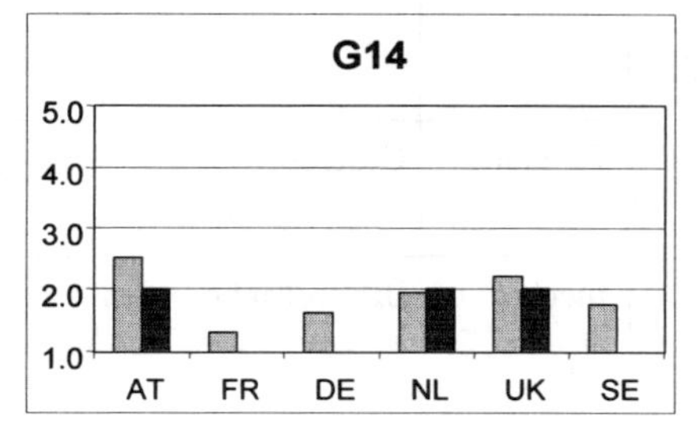

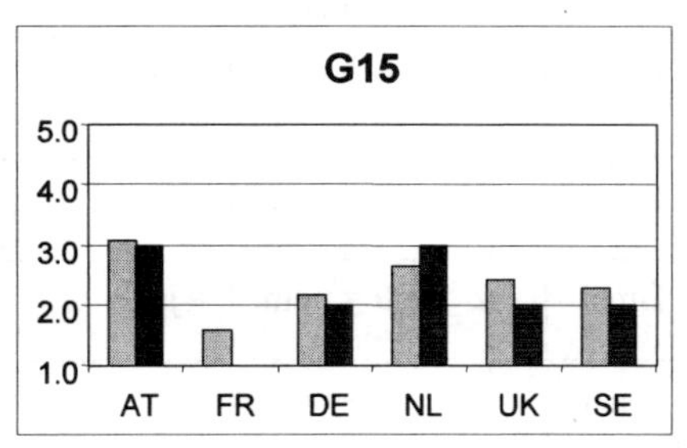

G11: Good public transport is important for me.

G12: Charging for road use would ease congestion.

G13: Congestion restricts the freedom of movement.

G14: Roads are a basic public service and should be free to all motorists regardless of their ability to pay.

G15: Charging for road use is a threat to my freedom of movement.

1 = strongly agree 2 = agree 3 = neither nor 4 = disagree 5 = stongly disagree.

Mean Median

Source: PATS

Bild 5.4.4 Deskriptive Auswertung der Antworten zu den generellen Einstellungen zu Mobilität

Tabelle 5.4.6 Beschreibung der Variablen für Beispiel 5.4.3

Variable	Bedeutung	Typ	Ausprägungen	
			Anzahl	Beschreibung
Country	Land	Nominal[1]	6	Frankreich (F) Deutschland (D) Österreich (A) Niederlande (NL) Großbritannien (UK) Schweden (S)
Gender	Geschlecht	Binär	2	1 = männlich 0 = weiblich
Income	Brutto-Einkommen	Ordinal	3	1: niedrig[2] 2 : mittel[2] 3: hoch[2]
Working	Abhängige oder selbständige Beschäftigung	Binär	2	0 = nein; 1 = ja
City-Home	Wohnort in der Stadt	Binär	2	0 = nein; 1 = ja
City-work	Arbeitsort in der Stadt	Binär	2	0 = nein; 1 = ja
Commute	Ein- bzw. Auspendler in die /aus der Stadt vom/in das Umland	Binär	2	0 = nein; 1 = ja
Regdrive	Regelmäßiger Pkw-Benutzer[3]	Binär	2	0 = nein; 1 = ja
Distance	Entfernung zwischen Wohn- und Arbeitsort	Ordinal	3	1 (nah): < 5km 2 (mittel): 5 km - 30 km 3 (weit): > 30km
Age-Group	Alter	Ordinal	3	1: 18 – 30 Jahre 2: 31 – 50 Jahre 3: >50 Jahre

[1] Es wurde eine Kodierung von sechs Dummy-Variablen vorgenommen.

[2] Die Klassengrenzen basieren auf der jeweils relevanten Einkommensverteilung der sechs Länder und werden hier nicht gesondert dargestellt.

[3] Pkw-Benutzung mindestens drei mal pro Woche.

Quelle: Stichproben des PATS-Projektes und eigene Berechnungen.

Tabelle 5.4.7 Ergebnisse der ordinalen Regression für das erste Item aus Beispiel 5.4.3

Zustimmung zum Statement G_{11}: „Gute öffentliche Verkehrsmittel sind wichtig für mich.“								
	Logit-Modell				Probit-Modell			
	Schätzwerte[1)]		Wald-Statistik	Signifikanz	Schätzwerte[1)]		Wald-Statistik	Signifikanz
Schwellwerte α_k								
[G11 = 1]	-1,982	(0,404)	24,076	0,000	-1,235	(0,238)	26,873	0,000
[G11 = 2]	-0,697	(0,400)	3,034	0,082	-0,466	(0,237)	3,870	0,049
[G11 = 3]	0,313	(0,403)	0,602	0,438	0,091	(0,237)	0,146	0,702
[G11 = 4]	1,132	(0,413)	7,512	0,006	0,495	(0,239)	4,275	0,038
Country								
F = 0	-0,742	(0,162)	21,074	0,000	-0,469	(0,096)	23,921	0,000
F = 1	0[a)]				0[a)]			
D = 0	-0,839	(0,173)	23,501	0,000	-0,554	(0,102)	29,839	0,000
D = 1	0[a)]				0[a)]			
A = 0	-0,912	(0,170)	28,654	0,000	-0,540	(0,101)	28,885	0,000
A = 1	0[a)]				0[a)]			
UK = 0	-1,150	(0,169)	46,387	0,000	-0,662	(0,099)	44,849	0,000
UK = 1	0[a)]				0[a)]			
Gender								
0 (weiblich)	0,231	(0,109)	4,474	0,034	0,133	(0,064)	4,290	0,038
1 (männlich)	0[a)]	,	,	,	0[a)]	,	,	,
Commute								
0 (nein)	-0,236	(0,113)	4,338	0,037	-0,133	(0,067)	3,958	0,047
1 (ja)	0[a)]	,	,	,	0[a)]	,	,	,
Regdrive								
0 (nein)	1,395	(0,139)	100,500	0,000	0,814	(0,079)	107,107	0,000
1 (ja)	0[a)]	,	,	,	0[a)]	,	,	,

1) Standardfehler in Klammern.

a) Dieser Parameter wird auf Null gesetzt, weil er redundant ist.

Quelle: Stichproben des PATS-Projektes und eigene Berechnungen.

5.4.4.2 Hinweise zur Interpretation der Modellparameter

Wie auch im binären Fall (vgl. Abschnitt 5.4.3.3) gibt es für ordered response Modelle zwei Möglichkeiten zur Interpretation der erhaltenen Schätzwerte für die Modellparameter und die Wahrscheinlichkeiten. Dies sind die Berechnung und Auswertung der marginalen Effekte der unabhängigen Variablen auf die bedingten Wahrscheinlichkeiten $P(Y = k \mid \mathbf{x}_i)$, sowie die Interpretation der Quotenverhältnisse. Zur Berechnung und Interpretation des Chancenverhältnisses sei auf Abschnitt 5.4.3 verwiesen. Hinsichtlich der marginalen Effekte sei darauf hingewiesen, dass die Interpretation derselben bei ordered response Modellen nicht eindeutig ist (vgl. Greene [2000], S. 876). Wie auch bei binären Probit- und Logit-Modellen können die marginalen Effekte nicht aus den Modellparametern β_j abgelesen werden, sondern variieren mit $\mathbf{x}_i$. Hinzu kommt jedoch ein weiteres Problem, das wir im folgenden am Beispiel eines Probit-Modells für eine ordinale Variable mit drei Ausprägungen und zwei Schwellwerten α_1 und α_2

$$\begin{aligned} P(Y=1|\mathbf{x}_i) &= \Phi(\alpha_1 - \mathbf{x}_i \cdot \boldsymbol{\beta}), \\ P(Y=2|\mathbf{x}_i) &= \Phi(\alpha_2 - \mathbf{x}_i \cdot \boldsymbol{\beta}) - \Phi(\alpha_1 - \mathbf{x}_i \cdot \boldsymbol{\beta}), \quad \text{für} \quad i = 1, \ldots, n. \\ P(Y=3|\mathbf{x}_i) &= 1 - \Phi(\alpha_2 - \mathbf{x}_i \cdot \boldsymbol{\beta}) \end{aligned}$$

illustrieren wollen (vgl. Greene [2000], S. 876). Die drei Typen von partiellen Ableitungen für die Wahrscheinlichkeiten lauten

$$\begin{aligned} \frac{\partial P(Y=1|\mathbf{x}_i)}{\partial x_{ij}} &= -\varphi(\alpha_1 - \mathbf{x}_i \cdot \boldsymbol{\beta}) \cdot \beta_j \\ \frac{\partial P(Y=2|\mathbf{x}_i)}{\partial x_{ij}} &= [\varphi(\alpha_1 - \mathbf{x}_i \cdot \boldsymbol{\beta}) - \varphi(\alpha_2 - \mathbf{x}_i \cdot \boldsymbol{\beta})] \cdot \beta_j \quad i = 1, \ldots, n \quad j = 1, \ldots, m \\ \frac{\partial P(Y=3|\mathbf{x}_i)}{\partial x_{ij}} &= \varphi(\alpha_2 - \mathbf{x}_i \cdot \boldsymbol{\beta}) \cdot \beta_j . \end{aligned}$$

Während für $Y = 1$ und $Y = 3$ die marginalen Effekte eindeutig bestimmbar sind, hängen sie offensichtlich im mittleren Bereich für $1 < k \leq K - 1$ von den durch die partielle Ableitung erhaltenen zwei Dichtefunktionen ab. Lediglich die Vorzeichen und damit die Richtung der marginalen Effekte für $Y = 1$ und $Y = 3$ sind eindeutig bestimmbar. Hieraus wird deutlich, dass die Interpretation der marginalen Effekte umfassende Analysen und viel Erfahrung erfordert.

Auch die Koeffizientenwerte α_k für die Schwellwerte sollten mit Vorsicht betrachtet werden. Eine Interpretation der durch diese Koeffizienten geschätzten Abstände zwischen den einzelnen ordinalen Ausprägungen dürfte schwierig sein und ist nicht empfehlenswert. Interessant ist jedoch, dass man an den Schwellwerten α_k ablesen kann, ob die Abstände zwischen den Rangziffern gleichabständig sind.

Beispiel 5.4.3 (Fortsetzung)

Wir beschränken uns auf die Interpretation des Chancenverhältnisses für das Logit-Modell sowie der Vorzeichen der Koeffizienten. Wie aus Tabelle 5.4.7 ersichtlich wird, verwendet SPSS bei der Prozedur PLUM für die ordinale Regression immer die letzte, d. h. höhere Ausprägung als Referenzkategorie. Dies bedeutet, dass wir die Modellergebnisse in bezug auf die Ausprägung 1 bei den binären Variablen Gender, Commute und Regdrive interpretieren, die den Ausprägungen männlich, Pendler und regelmäßiger Pkw-Nutzer entspricht. Das Gleiche gilt für die Interpretation der sechs Länder-Dummies.

Für den Einfluss des Geschlechtes auf die Wahrscheinlichkeit, der Aussage „Gute öffentliche Verkehrsmittel sind wichtig für mich." zuzustimmen, lässt sich ein Chancenverhältnis von $e^{0,231} = 1,26$ ermitteln. Dies heißt, dass weibliche Befragte mit einer um 26% höheren Erfolgsquote dieser Aussage zustimmen als männliche Personen. Dies deutet auf noch immer vorhandene traditionelle Rollenmuster bei der Wahl des Verkehrsmittels hin, die bei Frauen zu einer tendenziell höheren Abhängigkeit von öffentlichen Verkehrsmitteln führen als bei Männern. Für Personen, die bei der Befragung angegeben haben, nicht zwischen Stadt und Umland zu pendeln, beträgt der Effektkoeffizient 0,79. Bei diesen Befragten ist demnach die Bedeutung öffentlicher Verkehrsmittel um ein Viertel geringer als bei Pendlern. Dass regelmäßige Pkw-Nutzer eine andere Wahrnehmung der Rolle öffentlicher Verkehrsmittel haben dürften, ist unmittelbar einsichtig und wird durch die Ergebnisse des Logit-Modells bestätigt. Der Effektkoeffizient beträgt 4,03, d. h. Personen, die keine regelmäßigen Pkw-Nutzer sind, haben eine vier mal so hohe Erfolgsquote, der Aussage G_{11} zuzustimmen als regelmäßige Pkw-Nutzer. Das Logit-Modell weist zudem auf starke Länder-Effekte hin. Die Dummy-Variablen für Frankreich, Deutschland, Österreich und Großbritannien konnten signifikant geschätzt werden. Das negative Vorzeichen für die Ausprägung null gibt an, dass die Zustimmungswahrscheinlichkeit sinkt, wenn der/die Befragte nicht aus dem jeweiligen Land stammt bzw. für Befragte aus dem entsprechenden Land steigt. Der stärkste Effekt ist für Großbritannien, der schwächste für Frankreich errechnet worden.

Auf eine detaillierte quantitative Beschreibung der Ergebnisse zu den anderen Items soll hier verzichtetet werden. In Tabelle 5.4.8 sind jeweils mit „+“ oder „-“ die Wirkungsrichtung der als signifikant identifizierten Einflussgrößen eingetragen. Für die sechs Länder-Dymmies existiert im Gegensatz zur Variablen „Income“ oder „Distance“ keine Referenzkategorie. Um dennoch einen Ländervergleich durchführen zu können, wurde Großbritannien als Vergleichsland für die Größe des Absolutbetrages der Länderkoeffizienten gewählt. Die Ergebnisse für die Aussagen G_{12} bis G_{15} lassen sich zusammenfassend wie folgt interpretieren:

- Personen mit niedrigem und mittlerem Einkommen empfinden im Vergleich zu Befragten der oberen Einkommensgruppe Verkehrsstaus stärker als Problem (Statement G_{13}). Ländereffekte wurden für Großbritannien, Frankreich und die Niederlande ermittelt. Relativ zu Personen britischer Herkunft betrachten jedoch die Befragten in Frankreich und in den Niederlanden Verkehrsstaus als weniger problematisch.

- An die Erfolgssaussichten eines Staupricings[14] zur Lösung von Stauproblemen (Statement G_{12}) glauben Personen, die den Pkw nicht regelmäßig nutzen, stärker als regelmäßige Pkw-Nutzer. Relativ zu Großbritannien gesehen sind französische Befragte optimistischer hinsichtlich der positiven Wirkung einer solchen Maßnahme.

- In Großbritannien, den Niederlanden, Deutschland und Österreich herrscht eine starke Betonung der Aufgabe des Staates zur kostenlosen Bereitstellung von Straßeninfrastruktur vor (Statement G_{14}). Der stärkste Effekt wurde für Österreich ermittelt, während die Zustimmungswahrscheinlichkeit deutscher und holländischer Befragter schwächer als die britischer Befragter ausfällt. Personen, die nicht zu den regelmäßigen Pkw-Nutzern gehören, sehen dies im Vergleich zu regelmäßigen Pkw-Nutzern anders (negatives Vorzeichen).

- Bei der Wahrscheinlichkeit, dem Statement G_{15} zuzustimmen (Straßenbenutzungsgebühren als Angriff auf die persönliche Bewegungsfreiheit) spielen folgende Einflussgrößen eine Rolle:

[14] Die Idee eines Staupricings besteht darin, dass die Benutzer von Straßen in Abhängigkeit von der Verkehrsdichte eine zumeist zeitlich und/oder räumlich gestaffelte Gebühr entrichten, um die Verkehrsbelastung zu entzerren.

Tabelle 5.4.8 Wirkungsrichtung der signifikanten Einflussgrößen für alle Aussagen der Item-Batterie aus Beispiel 5.4.3[2]

	G_{11}	G_{12}	G_{13}	G_{14}	G_{15}
Country					
Frankreich	-	+	-		
Deutschland	-			-	+
Österreich	-			+	+
Niederlande			-	-	+
Schweden					+
UK [1]					
Gender					
0 (weiblich)	+				
1 (männlich) [1]					
City_Home					
0 (nein)					+
1 (ja)					
Commute					
0 (nein)	-				
1 (ja) [1]					
Regdrive					
0 (nein)	+	+		-	-
1 (ja) [1]					
Income					
1 (niedrig)			+		
2 (mittel)			+		
3 (hoch) [1]					
Distance					
1 (nah)					+
2 (mittel)					+
3 (weit) [1]					

1) Referenzkategorien.

2) Sowohl das Probit- als auch das Logit-Modell schätzen gleiche Vorzeichen der Wirkungsrichtungen.

Quelle: Stichproben des PATS-Projektes und eigene Berechnungen.

Die Regelmäßigkeit der Pkw-Nutzung (bei Ausprägung nein geringere Zustimmungswahrscheinlichkeit), die Wahl des Wohnortes (höhere Zustimmungswahrscheinlichkeit bei Personen mit Wohnort außerhalb der Stadt, die stärker vom Pkw abhängig sind), die Entfernung zwischen Wohn- und Arbeitsort (höhere Zustimmungswahrscheinlichkeit bei niedrigen und mittleren Entfernungen). Auch bei Item G_{15} ist ein starker Länder-Effekt zu beobachten, der mit dem historischen und kulturellem Hintergrund und dem Grad der Vertrautheit mit Mautgebühren zusammenhängen dürfte.

5.4.4.3 Anpassungsgüte und Tests

Wir beschränken uns wiederum auf die von SPSS bereitgestellten Maßzahlen und Tests. Wie auch im binären Fall sind dies die Pseudo-R^2-Maße von Cox und Snell sowie von Nagelkerke. Hinzu kommt McFadden's R^2, das wir ebenfalls bereits in Abschnitt 5.4.3.4 eingeführt haben, obwohl SPSS diese Maßzahl nicht standardmäßig für die logistische Regression ausweist. Ebenso wie bei der logistischen Regression informiert SPSS über den -2·Log-Likelihood-Wert sowie über das Ergebnis des Chi-Quadrat-Tests zur Gesamtsignifikanz des Modells.

Ein weiteres Maß zur Beurteilung der Anpassungsgüte, das sowohl für binäre als auch für ordinale Modelle herangezogen werden kann, ist Pearson's Chi-Quadrat-Wert X^2 (vgl. Kap. 3.4) mit den Testwerten

$$\chi^2 = \sum_{i=1}^{n}\sum_{k=1}^{K}\frac{(H_{ik} - E_{ik})^2}{E_{ik}}.$$

Die Testgröße X^2 prüft, ob sich die beobachteten Zellhäufigkeiten H_{ij} signifikant von den erwarteten Häufigkeiten E_{ij} unterscheiden. Die Testwerte χ^2 liegen zwischen 0, für den Fall perfekter Anpassungsgüte, und χ^2_{max}. Die Prüfgröße X^2 ist asymptotisch chi-quadrat-verteilt mit m·(K - 1) - m*, wobei n die Anzahl der Befragten, K die Anzahl der Kategorien der ordinalen Variable und m* die Anzahl der nichtredundanten Modellparameter sind.

Zusätzlich zu Pearson's Chi-Quadrat kann die Modellgüte mit Hilfe des Log-Likelihood-Ratio-Tests (vgl. Kap. 3.4). Die Testwerte g^2 der Prüfgröße G^2 (auch als Abweichung bezeichnet) berechnen sich aus

$$g^2 = \sum_{i=1}^{n} \sum_{k=1}^{K} 2 \cdot H_{ik} \cdot \ln\left(\frac{H_{ik}}{E_{ik}}\right).$$

Ebenso wie die Pearson-Statistik ist G^2 asymptotisch chi-quadrat-verteilt mit (K - 1) - m* Freiheitsgraden.

Wie bereits im Abschnitt zu binären Modellen dargestellt, steht für das Testen von Modellhypothesen die Wald-Statistik zur Verfügung (vgl. Tabelle 5.4.9).

Beispiel 5.4.3 (Fortsetzung)

Tabelle 5.4.9 enthält für Item G_{11} die Maße zur Anpassungsgüte, die jeweils für das Logit- und für das Probit-Modell errechnet wurden.

Die Unterschiede zwischen Logit- und Probit-Modell sind geringfügig, so dass wie in den meisten praktischen Anwendungsfällen keine Empfehlung für oder gegen eines dieser beiden Modelle ausgesprochen werden kann. Insbesondere bei der Interpretation der Pseudo-R^2 Maße sollte wie auch schon im binären Fall berücksichtigt werden, dass es zum einen keinen Konsens über eine allgemeingültiges Bestimmtheitsmaß für kategoriale Daten gibt. Zum anderen sind niedrige Werte für die verschiedenen Pseudo-Bestimmtheitsmaße für praktische Anwendungen typisch und sollten nicht überinterpretiert werden.

Tabelle 5.4.9 Maßzahlen zur Modellgüte für Beispiel 5.4.3

Maßzahl	Logit-Modell		Probit-Modell	
	Wert	Signifikanz	Wert	Signifikanz
-2·Log-Likelihood für:				
Modell nur mit Absolutglied	737,577		737,577	
aktuelles Modell	530,882		530,713	
Modell Chi-Quadrat	206,695	0,000	206,864	0,000
Pearson's X^2	242,553	0,000	262,645	0,000
Abweichung G^2	207,771	0,001	207,602	0,001
Pseudo-R^2 nach Cox und Snell	0,140		0,140	
Pseudo-R^2 nach Nagelkerke	0,154		0,155	
McFadden's Pseudo-R^2	0,063		0,064	

5.5 Übungen und Kontrollfragen

Aufgabe 5.1

Anhand der Stichprobendaten aus der Kundenbefragung eines Einkaufszentrums (Datenverzeichnis Seite 1) soll untersucht werden, ob der von den Kunden empfundene Stress vom Alter der Kunden und von der Anreisedauer beeinflusst wird. Welches Merkmal übt den größten Einfluss aus?

- Führen Sie dazu mit Hilfe von SPSS eine multiple lineare Regression durch und interpretieren Sie die Ergebnisse!
- Prüfen Sie, ob die Modellvoraussetzungen eingehalten werden!

Aufgabe 5.2

In einer Studie vom Umfang n = 267 wurde der Einfluss der Anzahl der Kinder in einem Haushalt und die Höhe der Wohnungsmiete (in DM) auf den Schuldenbetrag des Haushalts (in DM) untersucht. Die Anwendung der multiplen Regression mittels der Software SPSS ergab das folgende Ergebnis:

Tabelle 5.5.1 Ergebnisse der Modellzusammenfassung der multiplen Regression [a) b)] für die Übungsaufgabe 5.2

Modell	R	R-Quadrat	korrigiertes R-Quadrat	Standardfehler des Schätzers
1	0,345	0,119	0,112	2086,5435

a) Einflussvariablen : (Konstante), Miethöhe, Anzahl Kinder.
b) Abhängige Variable: Schuldenhöhe.

Tabelle 5.5.2 Ergebnis des Globaltests der multiplen Regressionsfunktion [a) b)] für die Übungsaufgabe 5.2

Modell		Quadratsumme	df	Mittel der Quadrate	F	Signifikanz
1	Regression	156047256,121	2	78023628,060	17,921	0,000
	Residuen	1153720888,365	265	4353663,730		
	Gesamt	1309768144,486	267			

a) Einflussvariablen : (Konstante), Miethöhe, Anzahl Kinder.
b) Abhängige Variable: Schuldenhöhe.

Tabelle 5.5.3 Modellkoeffizienten der multiplen Regressionsfunktion [a] und Ergebnisse der partiellen F-Tests für die Übungsaufgabe 5.2

Modell		Nicht standardisierte Koeffizienten		Standardisierte Koeffizienten	T	Signifikanz
		B	Standardfehler	Beta		
1	(Konstante)	979,442	348,529		2,810	0,005
	Anzahl der Kinder	248,630	116,490	0,127	2,134	0,034
	Miethöhe	2,700	0,555	0,290	4,868	0,000

a) Abhängige Variable: Schuldenhöhe.

- Interpretieren Sie die Ergebnisse und bestimmen Sie das 95%-Vertrauensintervall für den partiellen Regressionskoeffizienten der Variablen „Miethöhe" .

Aufgabe 5.3

Analysieren Sie das Datenbeispiel aus der Kundenbefragung eines Einkaufszentrums (Datenverzeichnis) mit Hilfe einer Faktorenanalyse. Untersuchen Sie, ob sich die Variablen „Anreisedauer", „Einschätzung der Verkehrsanbindung", „Übersichtlichkeit", „Kinderfreundlichkeit", „Einschätzung des Einkaufsangebotes", „Alter" und „Empfundener Stresslevel" auf interpretierbare und unabhängige Dimensionen reduzieren lassen.

Aufgabe 5.4

In einer Studie vom Umfang n = 166 wurde die Wichtigkeit bestimmter Eigenschaften von Ferienwohnungen beurteilt. Mit Hilfe einer Faktorenanalyse sollen die Kriterien unabhängigen verdeckten Dimensionen zugeordnet werden. Interpretieren Sie nachstehende SPSS-Ergebnisse.

Tabelle 5.5.4 KMO- und Bartlett-Test zu Übungsaufgabe 5.4

Maß der Stichprobeneignung nach Kaiser-Meyer-Olkin.		0,649
Bartlett-Test	Ungefähres Chi-Quadrat	165,401
	df	21
	Signifikanz nach Bartlett	0,000

Tabelle 5.5.5 Anti-Image-Korrelationen der Merkmale in Übungsaufgabe 5.4

		Strandnähe	Ruhige Lage	Nahe gelegene Unterhaltungsangebote	Einkaufs-/Speisemöglichkeiten	Wohnraumgröße	Funktionelles Ausstattungsniveau	Luxuriöses Ausstattungsniveau
Anti-Image-Korrelation	Strandnähe	0,679[a)]	-0,309	-0,144	-0,269	0,042	-0,067	0,149
	Ruhige Lage	-0,309	0,696[a)]	0,004	-0,225	-0,232	-0,035	0,125
	Nahe gelegene Unterhaltungsangebote	-0,144	0,004	0,530[a)]	-0,197	0,033	0,104	-0,335
	Nahe gelegene Einkaufs-/Speisemöglichkeiten	-0,269	-0,225	-0,197	0,738[a)]	-0,106	-0,096	-0,006
	Wohnraumgröße	0,042	-0,232	0,033	-0,106	0,670[a)]	-0,247	-0,125
	Funktionelles Ausstattungsniveau	-0,067	-0,035	0,104	-0,096	-0,247	0,635[a)]	-0,212
	Luxuriöses Ausstattungsniveau	0,149	0,125	-0,335	-0,006	-0,125	-0,212	0,468[a)]

a) Maß der Stichprobeneignung.

Tabelle 5.5.6 Ergebnisse der Faktorenextraktion [a)] zur Übungsaufgabe 5.4

	Anfängliche Eigenwerte			Extrahierte Summe der quadrierten Faktorladungen			Rotierte Summe der quadrierten Faktorladungen		
Komponente	Gesamt	Varianzanteil in %	kumulierter Anteil in %	Gesamt	Varianzanteil in %	kumulierter Anteil in %	Gesamt	Varianzanteil in %	kumulierter Anteil in %
1	2,211	31,590	31,590	2,211	31,590	31,590	1,947	27,816	27,816
2	1,373	19,613	51,203	1,373	19,613	51,203	1,438	20,542	48,358
3	1,130	16,147	67,350	1,130	16,147	67,350	1,329	18,992	67,350
4	0,701	10,019	77,368						
5	0,557	7,960	85,328						
6	0,535	7,637	92,965						
7	0,492	7,035	100,000						

a) Extraktionsmethode: Hauptkomponentenanalyse.

Tabelle 5.5.7 Matrix der rotierten Faktorladungen zu Aufgabe 5.4 [a) b) c)]

	Komponente		
	1	2	3
ruhige Lage	0,748	0,248	-0,139
Strandnähe	0,809	-0,015	0,021
nahegelegene Unterhaltungsangebote	0,301	-0,152	0,826
nahegelegene Einkaufs-/Speisemöglichkeiten	0,723	0,175	0,232
Wohnraumgröße	0,219	0,754	0,012
luxuriöses Ausstattungsniveau	-0,258	0,356	0,754
funktionelles Ausstattungsniveau	0,068	0,792	0,074

a) Extraktionsmethode: Hauptkomponentenanalyse.
b) Rotationsmethode: Varimax mit Kaiser-Normalisierung.
c) Die Rotation ist in 5 Iterationen konvergiert.

Aufgabe 5.5

Das Merkmal X: „Ankunftsart" mit den Ausprägungen X = 1 (Auto), X = 2 (Bus), X = 3 (Taxi), X = 4 (Fahrrad) und X = 5 (Zu Fuß) soll in eine Clusteranalyse einbezogen werden. Die Werte von 8 Personen bezüglich dieses Merkmals sind in der Tabelle 5.5.8 erfasst.

- Kodieren Sie das Merkmal entsprechend um.

Tabelle 5.5.8 Daten zur Übungsaufgabe 5.5

Person	X = Ankunftsart	Person	X = Ankunftsart
1	Auto	5	Bus
2	Fahrrad	6	Auto
3	Taxi	7	Zu Fuß
4	Bus	8	Fahrrad

Aufgabe 5.6

Anhand der Werte der drei Variablen aus der Befragung von Kunden eines Einkaufszentrums (siehe Datenverzeichnis)

X_1 = Stresslevel,
X_2 = Einschätzung der Kinderfreundlichkeit,
X_3 = Einschätzung des Einkaufsangebotes

sollen mit Hilfe einer Clusteranalyse die Kunden segmentiert werden.

- Führen Sie mit Hilfe der Statistiksoftware SPSS eine hierarchische Clusteranalyse durch und interpretieren Sie das Ergebnis.

Aufgabe 5.7

Berechnen Sie die Ähnlichkeit der Objekte O_1 und O_2 nach dem (M)-Koeffizienten (Simple-Matching-Koeffizient), wenn für O_1 und O_2

folgende Werte von 8 binären Merkmalen $X_1, ..., X_8$ gegeben sind (die Ausprägungen haben die Kodierung 0 bzw. 1):

Tabelle 5.5.9 Datentabelle zu Übungsaufgabe 5. 7

	X_1	X_2	X_3	X_4	X_5	X_6	X_7	X_8
O_1	1	1	1	0	0	0	0	1
O_2	0	1	1	0	1	0	1	1

Aufgabe 5.8

Führen Sie eine multiple Regression der intervallskalierten Rangfolge von MBA-Abschlüssen für 1997 auf die 5 Einflussgrößen in Aufgabe 1.8.4 durch. Nutzen Sie dabei die Rückwärtsselektion. Interpretieren Sie das Ergebnis hinsichtlich Regressorauswahl und Erklärungsgüte.

Aufgabe 5.9

Berechnen Sie die Chancen (Odds) und das Chancenverhältnis (Odds-Ratio) für eine erfolgreiche Behandlung mit der Antistress-Pille aus Beispiel 1.7.3 (siehe S. 80) jeweils für Kurklinik I und II. Vergleichen Sie die Odds-Ratio und begründen Sie den Unterschied.

Aufgabe 5.10

Eine ordinale Regression zum Statement G_{13} (Verkehrsstaus stellen für mich eine gravierende Einschränkung meiner Mobilität dar.) mit

Tabelle 5.5.10 Ergebnisse einer ordinalen Regression zur Stauakzeptanz

		Schätzer	Standardfehler	Wald	FG	Sig.	Konfidenzintervall 95%	
							Untergrenze	Obergrenze
Schwelle	[G13 = 1]	-0,680	0,201	11,406	1	0,001	-1,075	-0,286
	[G13 = 2]	0,334	0,201	2,764	1	0,096	-0,060	0,728
	[G13 = 3]	0,859	0,203	17,900	1	0,000	0,461	1,256
	[G13 = 4]	1,434	0,211	46,321	1	0,000	1,021	1,847
Lage	[FRANC=0]	-0,215	0,094	5,297	1	0,021	-0,399	-0,032
	[FRANC=1]	0	,	,	0	,	,	,
	[NL=0]	-0,313	0,125	6,244	1	0,012	-0,559	-0,068
	[NL=1]	0	,	,	0	,	,	,
	[UK=0]	-0,328	0,108	9,310	1	0,002	-0,539	-0,117
	[UK=1]	0	,	,	0	,	,	,
	[INC_GR=1,00]	0,271	0,102	7,067	1	0,008	0,071	0,471
	[INC_GR=2,00]	0,173	0,090	3,732	1	0,053	-0,002	0,349
	[INC_GR=3,00]	0	,	,	0	,	,	,

Verknüpfungsfunktion: Probit.
a Dieser Parameter wird auf Null gesetzt, weil er redundant ist.

den Ländervariablen UK, France und NL und drei Einkommensgruppen (vgl. S. 374) hat zu den Ergebnissen von Tabelle 5.5.10 geführt.

- Berechnen Sie die Wahrscheinlichkeiten für alle Kategorien von G_{13} für einen Befragten in Frankreich mit der Einkommensgruppe 1, d.h. $\mathbf{x}_{487} = (1, 0, 0, 1)$.
- Interpretieren Sie den Einfluss des Einkommens auf die Zustimmungswahrscheinlichkeit zu G_{13}.

Beantworten Sie folgende Fragen:

Frage 5.1
Wie sind partielle Regressionskoeffizienten zu interpretieren?

Frage 5.2
Weshalb standardisiert man den partiellen Regressionskoeffizienten?

Frage 5.3
Welche Anforderungen werden an die Residuen gestellt, damit Tests und Vertrauensintervalle für die geschätzten Modellparameter in der linearen multiplen Regression gültig sind?

Frage 5.4
Was beinhaltet der Globaltest in der linearen multiplen Regression?

Frage 5.5
Welche Nullhypothese prüft der Durbin-Watson-Test?

Frage 5.6
Was bedeutet Heteroskedastizität?

Frage 5.7
Was bedeutet Multikollinearität?

Frage 5.8
Was versteht man unter einer Faktorladung?

Frage 5.9
Worin besteht der wesentliche Unterschied zwischen dem Hauptkomponenten- und dem Hauptachsenmodell?

Frage 5.10
Was beinhaltet die Kommunalität?

Frage 5.11
Welche Bedeutung hat der zu einem Faktor gehörende Eigenwert?

Frage 5.12
Wofür wird das Kriterium von Kaiser-Meyer-Olkin benutzt?

Frage 5.13
Weshalb führt man eine Faktor-Rotation durch?

Frage 5.14
Was versteht man unter dem Begriff Proximitätsmaß?

Frage 5.15
Ist der Simple-Matching-(M)-Koeffizient ein Distanz- oder ein Ähnlichkeitsmaß?

Frage 5.16
Wie geht man bei der Messung der Unterschiedlichkeit von mehrstufigen nominal skalierten Merkmalen vor?

Frage 5.17
Welches Prinzip liegt der Clusterbildung zugrunde?

Frage 5.18
Was ist ein agglomeratives hierarchisches Clusterverfahren?

Frage 5.19
Wie werden die Cluster beim Single-Linkage-Verfahren zusammengefasst?

Frage 5.20
Wodurch unterscheiden sich das Logit- und das Probit-Modell hinsichtlich der Ergebnisinterpretation?

Frage 5.21
Was ist der Unterschied zwischen einem Chancen- und einem Wahrscheinlichkeitsverhältnis?

Frage 5.22
Wie kodiert man eine nicht dichotome, nominal skalierte Variable in der kategorialen Regression?

Frage 5.23
Welche Rolle spielt die Wahl der Referenzkategorie einer ordinal skalierten Variablen hinsichtlich der Ergebnisse und ihrer Interpretation?

Lösungen der Übungsaufgaben zum Kapitel 1

Aufgabe 1.1.1

Nominal: Geschlecht, Studienrichtung, Art der Wohnung, Bafög

Ordinal: Zufriedenheit

Kardinal diskret: Semesterzahl, Miete, Einkommen

Kardinal stetig: Wohnfläche

Aufgabe 1.1.2

Nominal: Rechtsform, Liquidität

Ordinal: Ertragslage, Betriebsklima, Qualität, Werbewirkung

Kardinal diskret: Bilanzsumme, Beschäftigtenzahl,
Kapazitätsauslastung, Auftragsbestand

Kardinal stetig: Entwicklungszeit

Aufgabe 1.1.3

Nominal: Geschlecht, Postleitzahl, Beruf, Verkehrsmittel, Reisezweck, Beschäftigungsstand, Wohnortlage, Lage der Arbeitsstelle.

Ordinal: Akzeptanz für Gebühren

Kardinal diskret: Haushaltsgröße, Haushaltseinkommen

Kardinal stetig: Entfernung zwischen Wohnort und Arbeitsstelle

Aufgabe 1.1.4

Ordinal: Ausstattungskategorie, Erreichbarkeit

Kardinal diskret: Bettenanzahl, Anzahl Ankünfte, Anzahl Übernachtungen, Jahresumsatz, durchschnittl. Zimmerpreis

Kardinal stetig: Entfernung zum Strand

Aussagen zum Kapitel 1.1 1) falsch, 2) richtig, 3) richtig, 4) richtig

Aufgabe 1.2.1

a) Merkmalsträger: Betrieb Merkmal: Fläche in ha
Skalierung: kardinal Typ: stetig

b) Merkmalssummen 3300; 3770 Änderung 14,2%

e) linkssteile Verteilung; Median 25 (grafische Genauigkeit)

f) arithmetische Mittel 27,5 41,9 Mediane 13,8 33,7

g) 0,896 (1996) > 0,816 (1999) h) arithmetische Mittel 33,96 53

i) Herfindahl-Indizes 0,0188 0,0183

korrigierte Herfindahl-Indizes 0,000209 0,00001525

j) 30% Fläche 66 flächenarme Betriebe

Aufgabe 1.2.2

a) Merkmalsträger: Tag Merkmal: Sonnenstunden
Skalierung: kardinal Typ: stetig klassiert

d) 55 Tage e) 3,5 h f) 50% g) arithmetisches Mittel 4,65 h

h) Median 4,5 h j) Quartilsabstand 4,37 h l) Varianz 7,5

m) Variationskoeffizient 0,6

Aufgabe 1.2.3

a) Merkmalsträger: Wohnung Merkmal: Zimmeranzahl
Skalierung: kardinal Typ: diskret

d) arithmetisches Mittel 2,49 Median 2 unteres Quartil 2
oberes Quartil 3 Modus 3

e) linkssteil f) klassiert: arithmetisches Mittel 1,79 Median 1,79

g) Spanne 5 Varianz 1,03 Standardabw. 1,02 Quartilsabstand 1
klassiert: Varianz 2,75 Standardabw. 1,66 (Reduktion wegen unterschiedlich breiter Klassen nicht möglich.)

h) Ausreißer 5 und 6 Zimmer i) Schiefe positiv

Aussagen zum Kapitel 1.2 1) richtig 2) falsch 3) falsch

Aufgabe 1.3.2 - 2%

Aussagen zu Kapitel 1.3 1) falsch 2) richtig 3) falsch

Aufgabe 1.4.1

a) Spanne 35% Maximum 37,5% Minimum 2,5%
Median 7% oberes Quartil 11% Quartilsabstand 8,5%

c) ja d) 12% e) linkssteil

Aufgabe 1.4.2

Die Aufweitung der Gehaltsspannen beim Übergang zu den Gesamtbezügen resultiert aus der Vielfalt von funktionsabhängigen Zuschlägen.

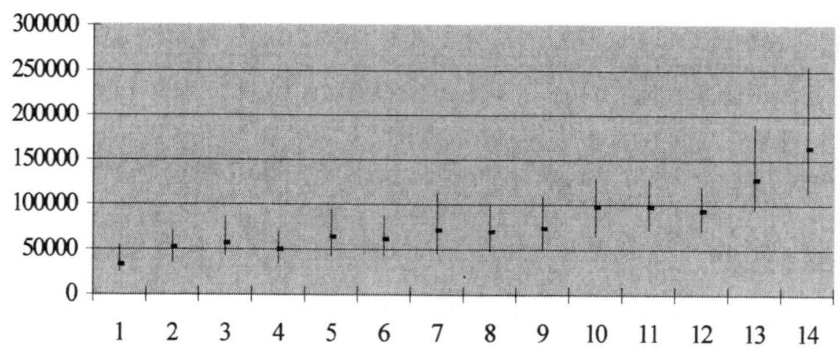

Bild 1.4.5 Spangendiagramm für das Grundgehalt

Aussagen zum Kap. 1.4 1) falsch 2) falsch
3) falsch bezogen auf dieMultiplikation
4) falsch

Aufgabe 1.5.1

a) Merkmalsträger: Markt Merkmal: „Marktanteil am Umsatz"
Skalierung: kardinal Typ: diskret

b) $H_A = 0{,}4$ $H_B = 0{,}54$ c) $H_A' = 0{,}20$ $H_B' = 0{,}18$

d) $H_A(\text{Fusion}) = 0{,}5$ $G_A(\text{Fusion}) = 0$ e) Einpunktverteilung $s = 0$

Aufgabe 1.5.2

a) Merkmalsträger: Unternehmen Merkmal: „Umsatz in Mio. €"
Skalierung: kardinal Typ: diskret

c) B und C nicht vergleichbar d) $G_A < G_B < G_C$

e) $H_A = 0{,}34$ $H_B = 0{,}3$ f) $G_A < G_B$ $H_A > H_B$ und $H_A' < H_B'$

Aufgabe 1.5.3

a) Merkmalsträger: Gesellschaft

Merkmale: „Fracht" (kardinal stetig) „Passagiere" (kardinal diskret)

c) Fracht $G_{94} = 0{,}114$ $G_{00} = 0{,}152$

Passagiere $G_{94} = 0{,}169$ $G_{00} = 0{,}193$

Aufgabe 1.5.4

a) Zuwachs des Herfindahl-Index = 0,0552

b) Minderung des Herfindahl-Index = 0,04543

c) Zusätzliche Minderung von H

Aufgabe 1.5.5

b) $G_{9900} = 0,733$

Aufgabe 1.5.6

$H_{92} = 0,2186$ $H_{95} = 0,2127$ $H_{99} = 0,2273$

Aufgabe 1.5.7

Beschäftigte $H_{99} = 0,4397$ $H_{00} = 0,4311$

Einnahmen $H_{99} = 0,3839$ $H_{00} = 0,3819$

Aussagen zum Kap. 1.5 1) falsch bezogen auf Merkmalseffekt
2) falsch 3) richtig

Aufgabe 1.6.1 c) $PL_{96,97} = 110,4$ $PP_{96,97} = 108,2$

d) $QL_{96,97} = 96,9$

Aufgabe 1.6.2

1971	100,0	110,8	67,1	76,8	
1972	104,9	116,2	70,3	80,5	
1973	100,7	111,6	67,5	77,3	
1974	90,1	99,8	60,4	69,2	
1975	96,2	106,6	64,5	73,9	
1976	90,2	100,0	60,5	69,3	Basisverkettung
1977		115,6	69,9	80,1	
1978		142,5	86,2	98,7	
1979		160,8	97,3	111,4	
1980		165,3	100,0	114,5	Basisverkettung
1981			85,3	97,7	
1982			85,9	98,4	
1983			94,4	108,1	
1984			88,9	101,8	
1985			87,3	100,0	Basisverkettung
1986				109,1	
1987				106,2	
1988				116,0	
1989				132,2	
1990				152,1	
1991				168,1	
1992				179,1	

Aufgabe 1.6.3

a) Es gilt $\min (p_i^0/p_i^1) \leq p_i^0/p_i^1 \leq \max (p_i^0/p_i^1)$. Wird für jedes Preisverhältnis in der Wichtungsformel das minimale Preisverhältnis eingesetzt, so ergibt sich die gesuchte Abschätzung des Preisindex nach unten. Das maximale Preisverhältnis liefert, eingesetzt in die Wichtungsformel, eine Abschätzung des Preisindex nach oben.

b) Aus $p_i^0/p_i^1 = 1$ für alle i folgt $P_{0,1} = 100\%$.

c) Aus $p_i^0/p_i^1 \leq 1$ für alle i folgt nach Einsetzen in die Wichtungsformel $P_{0,1} \leq 100\%$. Entsprechend folgt für $p_i^0/p_i^1 \geq 1$ auch $P_{0,1} \geq 100\%$.

Aufgabe 1.6.4

Jahr	Preisindex auf Basis 1991	Preisindex auf Basis 1996
1990	94,0	75,4
1991	100,0	80,2
1992	105,2	84,4
1993	109,7	88,0
1994	114,1	91,6
1995	120,0	96,2
1996	124,6	100,0
1997	127,0	101,9
1998	129,4	103,9
1999	131,7	105,7

Die durchschnittliche jährliche Preissteigerung von 1991 bis 1999 beträgt 3,5%.

Aussagen zum Kapitel 1.6 1) richtig 2) falsch 3) falsch

Aufgabe 1.7.1

a) Merkmalsträger: Bewerber

Merkmal X: „Bewerbungsergebnis" (angenommen, abgelehnt),
Merkmal Y: „Geschlecht" (männlich, weiblich)

b) Fachbereich BWL

X/Y	männlich	weiblich	Summe
angenommen	32	60	92
abgelehnt	288	420	708
Summe	320	480	800

Fachbereich Wirtschaftsinformatik

X/Y	männlich	weiblich	Summe
angenommen	72	10	82
abgelehnt	108	10	118
Summe	180	20	200

c) Zulassung männlich gesamt 104, Zulassung weiblich gesamt 70

Vergleich der bedingten Häufigkeiten 0,208 > 0,14 mit scheinbarer Benachteiligung weiblicher Bewerber

d) Simpson´s Paradoxon

Aufgabe 1.7.2

a) Merkmalsträger: PKW

Merkmal X: „Typ" (nominal)
Merkmal Y: „Farbe" (nominal)

b) Kreuztabelle

X/Y	Farbe				
Typ	Blau	Rot	Grün	Schwarz	Summe
Limousine	273	163	174	140	750
Cabrio	30	35	28	7	100
Kombi	47	2	55	46	150
Summe	350	200	257	193	1000

Es liegt Abhängigkeit vor, da z. B. für bedingte Häufigkeiten von Cabrios 35/200 > 100/1000 gilt.

c) Kontingenzkoeffizient K = 0,25

d) Vergleich der bedingten Häufigkeiten

- blauer und roter Limousinen 0,78 < 0,815 (rot geht besser)
- blauer und grüner Cabrios 0,086 > 0,109 (grün geht besser)

e) nein (47/350 < 46/193).

Aufgabe 1.7.3

a) Merkmal: „Antworthäufigkeit" (ordinal)
Merkmal: „Örtliche Herkunft" (nominal)
Merkmal: „Berufstätigkeit" (nominal)

b) $K_{ost\_west} = 0,076 < K_{btj\_btn} = 0,135$

c) Bedingte relative Häufigkeiten

Nachfrage Restaurantführer	Ost	West	Berufstätig ja	Berufstätig nein
Regelmäßig, 1 mal pro Woche	0,02	0,01	0,02	0,02
Gelegentlich	0,12	0,12	0,10	0,14
Seltener	0,31	0,23	0,27	0,33
Nie	0,53	0,63	0,60	0,48
Weiß nicht	0,02	0,01	0,01	0,03

Unterschiedliches Antwortverhalten ist vor allem in den Kategorien „Seltener" und „Nie" festzustellen.

Aussagen zum Kapitel 1.7 1) falsch 2) wahr

Aufgabe 1.8.1

a) Merkmalsträger: Bewerber

Merkmal X: „Urteil Geschäftsführer“
Merkmal Y: „Urteil Personalchef“, Skalierung ordinal

b) Kendall's $\tau^* = 0{,}2$ (Tendenz übereinstimmend)

Aufgabe 1.8.2

a) Merkmalsträger: Studienfach Wirtschaftsstatistik

Merkmal X: „praktische Bedeutung“ (ordinal)
Merkmal Y: „Stellenwert im Fernstudium“ (ordinal)
Merkmal Z: „pers. monatlicher Zeitaufwand“ (kardinal stetig)

b) Ränge mit zunehmendem Zeitaufwand R_1 (0-4 h), R_2 (4-8 h),..., R_5 (16-)

c) Nein, denn $\tau^* = -0{,}126$ (weniger Übung als eigentlich notwendig).

d) Nein, denn $\tau^* = -0{,}246$ (Fach unterrepräsentiert).

Aufgabe 1.8.3

a) Merkmalsträger: übergewichtige männliche Person

Merkmal X: „Fahrdauer in Minuten“ (kardinal stetig)
Merkmal Y: „Gewichtsverlust“ (kardinal stetig)

b) siehe Darstellungen in Kap. 8

c) Bravais-Pearson $r^* = 0{,}22$, Richtung positiv

d) $K^* = 0{,}583$ $\tau^* = 0{,}137$

Aufgabe 1.8.4

Merkmalsträger: Bildungsinstitut

Merkmal X_1: „Rang 97“ (ordinal)
Merkmal X_2: „Studiengebühr“ (kardinal diskret)
Merkmal X_3: „Aufnahmequote in %“ (kardinal diskret)
Merkmal X_4: „Ausländeranteil in %“ (kardinal diskret)
Merkmal X_5: „Anzahl Abs. mit einem Jahresgehalt > 100.000 \$“ (kardinal diskret)
Merkmal X_6: „Anzahl Jobofferten“ (kardinal diskret)

a) τ (Rang, Studiengebühr) = -0,524

τ (Rang, Aufnahmequote) = 0,381

τ (Rang, AA JG > 100.000 $) = -0,662

b) r (Ausländeranteil, Jobofferten) = 0,487

r (Aufnahmequote, AA JG > 100.000 $) = -0,739

r (Studiengebühr, AA JG > 100.000 $) = 0,728

c) linear

Fortsetzung Aufgabe 1.4.2

Korrelationskoeffizienten		
	1) r = 0,745	τ = 0,685
	2) r = 0,658	τ = 0,442
	3) r = 0,667	τ = 0,663

Die Korrelation ist überall positiv. Nach 1) gehört der Dienstwagen offenbar zu einem bestimmten Einkommensniveau. Nach c) hängt die Dienstwagenberechtigung mit den Zuschlägen zum Grundgehalt zusammen, z.B. als Zusatzprivileg. Im Fall 2) ist eine allerdings schwächere Korrelation mit der gehaltlichen Schwankungsbreite zu erkennen. Dabei sollte Kendalls τ wegen der Robustheit gegenüber Ausreißern vorgezogen werden. Offenbar ist stark schwankende Zusatzvergütung an Mobilität gebunden.

Aussagen zum Kapitel 1.8

1) richtig 2) falsch
3) Richtung ja, Intensität nein
4) Unabhängigkeit zieht Nullkorrelation nach sich.

Aufgabe 1.9.1

a) Merkmalsträger: Jahr

Merkmal U: „Umsatz“ (kardinal diskret)
Merkmal B: „Beschäftigte“ (kardinal diskret)
Merkmal F: „Fläche“ (kardinal stetig)

b) siehe Beispiel Kap. 9

c) Modellgleichungen

d) 18 Mio. € e) 6 Mio. €

f) Bestimmtheitsmaße 97,6% > 0,006%

g) Bestimmtheitsmaß 99,1%

Aufgabe 1.9.2

a) Merkmalsträger: Auto

Merkmal X: „Alter in Jahren" (kardinal stetig)
Merkmal Y: „Preis" (kardinal diskret)

b) siehe Kap. 9

c) Modellgleichung mit $R^2 = 91,6\%$

d) 4199,- € e) Alter außerhalb des zulässigen Bereiches (Preis < 0)

f) Eine Verbesserung mittels quadratischer Parabel ist nicht möglich. Eine leichte Verbesserung tritt bei einer kubischen Parabel ein (+0,2%).

Fortsetzung Aufgabe 1.8.4

a) Regression 1: Absolutglied 90,892, Anstieg –1,673, $R^2 = 0,547$

Regression 2: Absolutglied –26,655, Anstieg 0,00375, $R^2 = 0,529$

b) Regression 3: Absolutglied 2,439, Anstieg 0,027, $R^2 = 0,165$

Niedrige Erklärungsgüte wegen zu hoher Streuung. Auch ein quadratischer oder kubischer Ansatz könnte nicht besser erklären.

Aufgabe 1.9.3

a) Merkmalsträger: Messe in den USA

Merkmal X: „Besucher" (kardinal diskret)
Merkmal Y: „ Austellungsfläche" (kardinal stetig)

b) Der Scatterplot legt nahe, eine Regressionsgerade ohne Absolutglied zu schätzen.

n = 20 Anstieg 0,797 $R^2 = 0,918$

n = 19 (ohne CONEXPO) Anstieg 0,830 $R^2 = 0,830$

Aufgabe 1.9.4

a) Merkmalsträger: Stadt

Merkmal X: „Hotel-Auslastung" (kardinal diskret)
Merkmal Y: „durchschnittlicher Zimmerpreis" (kardinal diskret)

b) Der Scatterplot legt eine quadratische Regressionsfunktion mit Absolutglied 65,5087, linearem Anstieg –0,3068, quadratischem Anstieg 0,0016 und $R^2 = 0,736$ nahe.

Aussagen zum Kapitel 1.9 1) falsch 2) falsch 3) richtig 4) falsch

Lösungen der Übungsaufgaben zum Kapitel 2

Aufgabe 2.1.1

Sei M das Ereignis, dass die zufällig ausgewählte Person ein Mann ist und bezeichne T das Ereignis, dass eine zufällig ausgewählte Person trockenen Wein bevorzugt. Folgende Wahrscheinlichkeiten sind dann gegeben:

$P(M) = 0{,}47 \quad P(\overline{M}) = 0{,}53 \qquad P(T \mid M) = 0{,}6 \qquad P(T \mid \overline{M}) = 0{,}4$

$P(\overline{T} \mid M) = 0{,}4 \qquad P(\overline{T} \mid \overline{M}) = 0{,}4$

a) $P(T) = P(T \mid M) \cdot P(M) + P(T \mid \overline{M}) \cdot P(\overline{M}) = 0{,}494$

b) $P(\overline{M} \mid T) = \dfrac{P(T \mid \overline{M}) \cdot P(\overline{M})}{P(T)} = 0{,}429$

c) $P(\overline{T} \cap \overline{M}) = P(\overline{T} \mid \overline{M}) \cdot P(\overline{M}) = 0{,}318$

e) $P(M \cup T) = P(M) + P(T) - P(T \cap M)$

$\qquad = P(M) + P(T) - P(T \mid M) \cdot P(M) = 0{,}682$

Aufgabe 2.1.2

a)
$(B \cap \overline{G} \cap \overline{L}) \cup (\overline{B} \cap G \cap \overline{L}) \cup (\overline{B} \cap \overline{G} \cap L)$
$(B \cap \overline{G} \cap \overline{L}) \cup (\overline{B} \cap G \cap \overline{L}) \cup (\overline{B} \cap \overline{G} \cap L) \cup (\overline{B} \cap \overline{G} \cap \overline{L})$
$B \cup G \cup L$
$(B \cap G \cap \overline{L}) \cup (B \cap \overline{G} \cap L) \cup (\overline{B} \cap G \cap L)$
$(B \cap G \cap \overline{L}) \cup (B \cap \overline{G} \cap L) \cup (\overline{B} \cap G \cap L) \cup (B \cap G \cap L)$
$\overline{B} \cup \overline{G} \cup \overline{L}$
$(\overline{B} \cap \overline{G} \cap L) \cup (\overline{B} \cap G \cap \overline{L}) \cup (B \cap \overline{G} \cap \overline{L}) \cup (\overline{B} \cap \overline{G} \cap \overline{L})$

b) $P(B \cup G \cup L) = 0{,}03$

Aufgabe 2.1.3

a) $P(B \cap \overline{S}) = 0{,}1$ b) $P(\overline{B} \cap S) = 0{,}2$ c) $P(B \cap S) = 0{,}5$

d) $P((B \cap \overline{S}) \cup (\overline{B} \cap S)) = 0{,}3$ e) $P((B \cap S) \cup (\overline{B} \cap \overline{S})) = 0{,}7$

f) $P(B \mid \overline{S}) = 0{,}33$ g) $P(\overline{B} \mid \overline{S}) = 0{,}67$ h) $P(\overline{B} \mid S) = 0{,}29$

i) $P(S \mid B) = 0{,}83$

Aufgabe 2.1.4

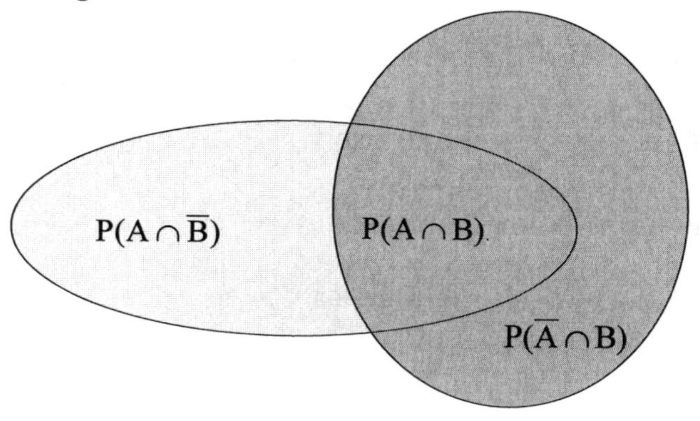

Überprüfung der Aussagen zum Kapitel 2.1

1) wahr 2) wahr 3) falsch 4) falsch 5) falsch

Aufgabe 2.2.2

Wegen

$$\sum_{i=1}^{n} i = \frac{(1+n)\cdot n}{2} \quad \text{und} \quad \sum_{i=1}^{n} i^2 = \frac{(1+n)\cdot(1+2\cdot n)\cdot n}{6}$$

folgen die Behauptungen unmittelbar nach Einsetzen in die Formeln für Erwartungswert und Varianz (Verschiebesatz).

Aufgabe 2.2.3 vgl. Tabelle 2.1.3

Aufgabe 2.2.4

a) X: „Gewinn bei Spiel A" Y: „Gewinn bei Spiel B"

b) E(X) = 300,- € E(Y) = 45,- €

Var(X) = 2100,- € Var(Y) = 1350,- € Spiel A ist riskanter.

c) Die Spielgewinne sind abhängig voneinander, denn es ist z. B. $0{,}3/0{,}6 \neq 0{,}4/1$.

d) $Cov(X, Y) = 525$

e) $E(X + 2 \cdot Y) = 120$,- € f) $E(2 \cdot X + Y) = 105$,- €

g) $Var(X + 2 \cdot Y) < Var(2 \cdot X + Y)$ h) nein

Überprüfung der Aussagen zum Kapitel 2.2

1) falsch 2) wahr 3) falsch

Aufgabe 2.3.1

X: „Anzahl antwortbereiter Patientinnen" ~ B.V.(20; 0,75)
Y: „Anzahl nicht antwortbereiter Patientinnen" ~ B.V.(20; 0,25)

$P(Y \leq 6) = 0{,}7858$ $P(Y = 6) = 0{,}1686$ $P(4 \leq Y \leq 6) = 0{,}5606$

$P(Y = 0) = 0{,}0032$

Aufgabe 2.3.2

a) X: „Anzahl Besucher ohne Ermäßigung" ~ B.V.(20; 0,4)
Y: „Anzahl Besucher mit Ermäßigung" ~ B.V.(20; 0,6)

$P(X \leq 10) = 0{,}245$ $P(X = 13) = 0{,}166$ $P(Y \geq 12) = 0{,}056$

b) U: „Anzahl Besucher bis zum ersten vollen Preis" ~ G.V.(0,4)
V: „Anzahl Besucher bis zum ersten ermäßigten Preis" ~ G.V.(0,6)

$P(U = 4) = 0{,}038$ $P(V = 4) = 0{,}086$

c) Z: „Anzahl gezogener Freikarten aus 10 bei drei Versuchen ohne Zurücklegen" ~ H.G.V.(10; 5; 3)

$P(Z = 0) = 0{,}083$ $P(Z = 1) = 0{,}417$ $P(Z \geq 2) = 0{,}5$

Aufgabe 2.3.4

Die erste und die zweite Ableitung der Summenfunktion S(x) sind

$$S'(x) = \sum_k k \cdot x^{k-1} \cdot P(X = k) \quad \text{für} \quad k = 1, 2, 3,...$$

$$S''(x) = \sum_k k \cdot (k-1) \cdot x^{k-2} \cdot P(X = k) \quad \text{für} \quad k = 2, 3,... \quad .$$

Für x = 1 ergeben sich unmittelbar die gesuchten Beziehungen.

Da für eine geometrische Verteilung $P(X = k) = p \cdot (1 - p)^{k-1}$ gilt, folgen aus den Beziehungen E(X) = S'(1) und Var(X) = S''(1) + S'(1) – $(S'(1))^2$ durch Einsetzen die gesuchten Formeln für den Erwartungswert und die Varianz.

Überprüfung der Aussagen zum Kapitel 2.3

1) wahr 2) wahr 3) falsch 4) wahr 5) falsch

Aufgabe 2.4.1

a) 0,3413 b) 0,0228 c) 0,0594 d) 505,2 cm^3

Aufgabe 2.4.2

a) 0,0668 b) 0,0228 c) 0,6826 d) [8,48 °C; 15,52 °C]

Aufgabe 2.4.3

a) 0,8980 b) 0,0472 c) 0,8339

Aufgabe 2.4.6

Für $X_i \sim$ N.V.(0, 1) gilt $E(X_i^2) = Var(X_i) = 1$. Aus $Var(X_i^2) = E(X_i^4) - (E(X_i^2))^2 = 3 - 1 = 2$ folgt für die Summe $Z = X_1^2 + ... + X_n^2$ unabhängiger Zufallsvariabler unmittelbar E(Z) = n und Var(Z) = 2n.

Überprüfung der Aussagen zum Kapitel 2.4

1) wahr 2) falsch 3) falsch 4) wahr 5) falsch

Lösungen der Übungsaufgaben zum Kapitel 3 und 4

Aufgabe 3.1

a) Berechnung des Vertrauensintervalls für eine Binomialwahrscheinlichkeit

$$0{,}45 - 1{,}96 \cdot \sqrt{\frac{0{,}45 \cdot (1-0{,}45)}{1200}} \leq p \leq 0{,}45 + 1{,}96 \cdot \sqrt{\frac{0{,}45 \cdot (1-0{,}45)}{1200}}$$

$$0{,}422 \leq p \leq 0{,}478$$

b) H_0: $p_{1|Ost} = p_{1|West}$; p_1 - Wahrscheinlichkeit, das Einkaufen als Freizeiterlebnis zu betrachten.

$$\chi^2 = \sum_{i,j} \frac{(H_{ij} - E_{ij})^2}{E_{ij}} = \frac{(390 - 422{,}73)^2}{422{,}73} +$$

$$\frac{(610 - 577{,}27)^2}{577{,}27} + \frac{(540 - 507{,}27)^2}{507{,}27} + \frac{(660 - 692{,}73)^2}{692{,}73} = 8{,}048$$

Der berechnete Wert der Testgröße $\chi^2 = 8{,}048$ ist größer als das entsprechende Quantil 3,84 der Chi-Quadrat-Prüfverteilung für einen Freiheitsgrad und $1 - \alpha = 0{,}95$, d. h. H_0 wird abgelehnt.

Aufgabe 3.2

a) Bestimmung des Vertrauensbereiches für den Erwartungswert einer normalverteilten Grundgesamtheit

$$380255 - 1{,}96 \cdot \frac{12820}{\sqrt{80}} \leq \mu \leq 380255 + 1{,}96 \cdot \frac{12820}{\sqrt{80}}$$

$$377446 \leq \mu \leq 383064$$

b) H_0: $\mu_1 = \mu_2$

$$t = \frac{|\bar{x}_1 - \bar{x}_2|}{\sqrt{s^2 \cdot \left(\frac{1}{n_1} + \frac{1}{n_2}\right)}} = \frac{|380255 - 340275|}{\sqrt{1{,}590495 \cdot 10^8 \cdot \left(\frac{1}{80} + \frac{1}{75}\right)}} = 19{,}72$$

mit

$$s^2 = \frac{(n_1 - 1) \cdot s_1{}^2 + (n_2 - 1) \cdot s_2{}^2}{n_1 + n_2 - 2} = \frac{79 \cdot 12820^2 + 74 \cdot 12385^2}{153}$$

$$= 159{,}0495 \cdot 10^8.$$

Da der Prüfgrößenwert t = 19,72 größer ist als das Quantil der Student-Prüfverteilung mit 153 Freiheitsgraden ($t_{(1-0,05/2;\ 153)} \approx 1{,}977$) muss die Nullhypothese abgelehnt werden.

Aufgabe 3.3

a) Das 95%-Konfidenzintervall wird mit Hilfe von SPSS über die Menüs:

Analysieren
Mittelwerte vergleichen
t-Test bei einer Stichprobe

berechnet. Einzugeben sind:

Testvariable:	Dauer der Anreise	
Testwert:	0	(Die Differenz zwischen Testwert und geschätztem Mittelwert $\bar{x}$ ist 0.)

Es ergeben sich folgende Werte:

$\bar{x} = 14{,}85$ 95%-Konfidenzbereich: [12,76; 16,93]

Die grafische Darstellung erfolgt über die Menüs:

Grafik
Fehlerbalken
einfaches Fehlerbalkendiagramm
Auswertung über verschiedene Variable

mit den Eingaben

Fehlerbalken:	Dauer der Anfahrt
Bedeutung der Balken:	Konfidenzintervall des Mittelwertes
Niveau:	95%.

b) Es ist ein unabhängiger t-Test unter Annahme der Varianzgleichheit durchzuführen.

Dazu sind folgende Menüs anzuklicken:

Analysieren
Mittelwerte vergleichen
t-Test für unabhängige Stichproben

mit den Eingaben

Testvariable: Dauer der Anreise
Gruppenvariable: Erreichbarkeit
Gruppen definieren: Gruppe 1: 1
Gruppe 2: 2

(Hinweis: Zuvor ist die Variable Erreichbarkeit mittels folgender Menüs zu erzeugen:

Transformieren
Umkodieren in eine andere Variable)

Man erhält folgende Ergebnisse:

Gruppe der mit der Erreichbarkeit Zufriedenen: $\bar{x}_1 = 10{,}92$ $s_1=6{,}05$

Gruppe der mit der Erreichbarkeit Unzufriedenen: $\bar{x}_1 = 19{,}52$ $s_2=4{,}98$

Berechneter Testwert: t =-5,203 mit FG = 44

Daraus ergibt sich eine Irrtumswahrscheinlichkeit von $\alpha = 0{,}00$. Wegen 0,00 < 0,05 wird die Nullhypothese abgelehnt.

(Hinweis: SPSS prüft beim t-Test gleichzeitig die Nullhypothese der Varianzgleichheit mittels des Levene-Tests, die in diesem Fall aufgrund einer berechneten Irrtumswahrscheinlichkeit von $\alpha > 0{,}05$ nicht abgelehnt werden kann.)

c) Der Zusammenhang zwischen den beiden betrachteten Variablen wird mit Hilfe des Chi-Quadrat-Tests geprüft. Dies geschieht über die Menüs:

Analysieren
Deskriptive Statistiken
Kreuztabellen

mit den Eingaben

Zeilen: Erreichbarkeit
Spalten: Ist dies der erste Besuch hier?
Statistik: Chi-Quadrat.

Die ermittelte Kreuztabelle weist folgende Häufigkeiten aus:

		Ist dies der erste Besuch hier?		Gesamt
		ja	nein	
Erreichbarkeit	zufrieden	4	21	25
	unzufrieden	13	8	21
Gesamt		17	29	46

Das Testergebnis ist signifikant, die Nullhypothese (Unabhängigkeit) wird abgelehnt. Es wird ein χ^2-Wert von 10,323 bei einem Freiheitsgrad berechnet. Daraus ergibt sich eine Irrtumswahrscheinlichkeit α von 0,001, die kleiner als 0,05 ist.

Antworten auf die Kontrollfragen zum Kapitel 3

Frage 3.1

Ein n-Tupel von identisch und unabhängig verteilten Stichprobenvariablen.

Frage 3.2

Der Näherungswert $\hat{\Theta}$, der mit Hilfe einer bestimmten Schätzfunktion aus den Stichprobenwerten bestimmt wird, heißt Punktschätzwert des unbekannten Parameters Θ.
Der Parameter μ einer normalverteilten Grundgesamtheit wird durch den arithmetischen Stichprobenmittelwert $\bar{x}$ geschätzt.

Frage 3.3

Das Intervall überdeckt mit einer Wahrscheinlichkeit $(1 - \alpha)$ von 0,95 den unbekannten Parameter Θ. Dabei wird die untere Grenze des Intervalls durch das $\alpha/2$ - Quantil und die obere Grenze durch das entsprechende $(1 - \alpha/2)$ - Quantil der Wahrscheinlichkeits- oder Dichtefunktion des Schätzers des Parameters Θ bestimmt.

Frage 3.4

Siehe Tabelle 3.2.

Frage 3.5

Die Nullhypothese wird abgelehnt mit einer Irrtumswahrscheinlichkeit α von 0,05, d. h. die Wahrscheinlichkeit, unter Gültigkeit der Nullhypothese H_0 die Stichprobendaten oder noch extremere Beobachtungen zu erhalten, ist kleiner als 0,05. Die richtige Nullhypothese wird mit einer Wahrscheinlichkeit von 0,05 fälschlicherweise abgelehnt.

Antworten auf die Kontrollfragen zum Kapitel 4

Frage 4.1

a) Der Begriff „Messen“ steht für eineindeutiges Zuordnen von Zahlen zu den Merkmalsausprägungen aufgrund einer strukturerhaltenden Zuordnungsvorschrift. Dem empirischen Relativ wird dabei ein entsprechendes numerisches Relativ zugeordnet.

b) Die „Größe“ eines Hotels könnte z. B. alternativ gemessen werden durch

- die Anzahl der zur Verfügung stehenden Betten,
- die Anzahl der Doppel- bzw. Einzelzimmer.

c) Es geht um folgende Relationen zwischen den Merkmalsausprägungen:

Gleichheit, Ungleichheit, Addition, Subtraktion, Multiplikation, Division.

Frage 4.2

Es sind die Gütekriterien einer Messung: Objektivität, Validität, Reliabilität zu überprüfen.

Objektivität ist nicht gegeben, wenn

- der Untersucher bei mündlichen Befragungen durch Kommunikation mit dem Befragten dessen Antwort beeinflusst.
- bei schriftlichen Befragungen die Antwort nicht eindeutig lesbar ist und der Untersucher diese dann nach seinem Gutdünken bewertet anstatt sie als fehlenden Wert in die Analyse eingehen zu lassen.

Die Validität ist gering, wenn

- bei der Erfassung der Zufriedenheit der Hotelgäste die wichtige Komponente der Zufriedenheit mit dem Frühstück nicht enthalten ist.
- die Zufriedenheit mit der Anreise (nicht der Anreisemöglichkeit) als Komponente einbezogen wird (Pkw-Fahrer mit Stauerlebnissen werden dann die Zufriedenheit mit dem Hotel insgesamt negativ verzerren).

Die Reliabilität ist gering, wenn

- bei der Erfassung der Zufriedenheit der Hotelgäste eine Rating-Skala mit mehr als 7 Stufen verwendet wird. (Viele Hotelgäste sind nicht in der Lage, so fein zwischen den Skalenstufen zu differenzieren. Ihre Bewertungen würden deshalb bei Wiederholung nicht immer zu den gleichen Ergebnissen führen.)

Frage 4.3

a) Die Positionierung der Untersuchungseinheiten geschieht durch Selbsteinstufung der Befragten auf einem vorgegebenen Maßstab auf der reellen Zahlenachse, die als Merkmalsdimension aufgefasst wird.

b) Wie zufrieden sind insgesamt mit dem Speisenangebot in diesem Restaurant?

□	□	□	□
sehr zufrieden	zufrieden	unzufrieden	sehr unzufrieden

Frage 4.4

Wenn die Stichprobe im wesentlichen die Struktur der Grundgesamtheit widerspiegelt, d.h. die relativen Häufigkeitsverteilungen wesentlicher das Untersuchungsmerkmal beeinflussender Größen in der Stichprobe stimmen nahezu mit deren Verteilungen in der Grundgesamtheit überein.

Frage 4.5

Sämtliche Elemente der Grundgesamtheit müssen durchnumeriert werden können. Ein Zugriff auf jedes Element muss möglich sein.

Frage 4.6

In einem Gymnasium mit insgesamt 600 Schülern soll die durchschnittliche tägliche Fernsehzeit geschätzt werden. Dazu soll eine Zufallsstichprobe vom Umfang n = 100 gezogen werden. Es ist zu erwarten, dass der tägliche Fernsehkonsum vom Alter der Schüler abhängt. Aus diesem Grunde wird die Stichprobe in Schichten zerlegt, die den einzelnen Klassenstufen des Gymnasiums entsprechen. Des weiteren werden die Schüler in den einzelnen Klassenstufen durchnumeriert und deren Anteil an der Gesamtzahl n = 600 bestimmt. Aus jeder Klassenstufe wird dann eine einfache Zufallsstichprobe (z. B. mittels Zufallszahlen) gezogen, deren Umfang sich aus den berechneten Klassenstufenanteilen bezogen auf n = 100 ergibt.

Frage 4.7

- Fragen, die den Befragten charakterisieren
- Fragen zu Aktivitäten bzw. zum Verhalten des Befragten
- Fragen zu Ursachen, Motivationen, Einstellungen

a) Einstellungsfrage
b) Handlungsfrage (vergangenes Verhalten)
c) Faktfrage
d) Bewertungsfrage
e) Handlungsfrage (zukünftiges Verhalten)

Frage 4.8

a) indirekte Frage
b) direkte Frage

Lösungen zu den Übungsaufgaben von Kapitel 5

Aufgabe 5.1

Beide Merkmale, sowohl das Alter als auch die Anfahrtsdauer, insgesamt als auch einzeln betrachtet, beeinflussen signifikant das Stressmerkmal. Allerdings ist der Erklärungsbeitrag der Anfahrtsdauer größer als der des Alters.

Regressionsgleichung:

$$\hat{y} = -1{,}571 + 0{,}123 \cdot \text{Anfahrtsdauer} + 0{,}06411 \cdot \text{Alter}$$

Standardisierte Regressionskoeffizienten: $\hat{\beta}_1 = 0{,}518$; $\hat{\beta}_2 = 0{,}407$

Multiples Bestimmtheitsmaß: $R^2 = 0{,}633$

Globaltest: $f = 37{,}141$; $FG_1 = 2$; $FG_2 = 43$; signifikantes Testergebnis

Partieller F-Test: $t_1 = 4{,}949$; FG = 43; signifikantes Testergebnis (Anfahrtsdauer)

$t_2 = 3{,}892$; FG = 43; signifikantes Testergebnis (Alter)

Prüfung der Modellvoraussetzungen:

Durbin-Watson-Test: d = 1,863; Autokorrelation kann nicht nachgewiesen werden

Toleranzstatistiken: beide Werte sind größer als 0,75; keine Multikollinearität

Das Histogramm bzw. die deskriptiven Statistiken der standardisierten Residuen zeigen keine deutlichen Abweichungen von der Normalverteilung mit dem Mittelwert 0.

Der Plot der standardisierten Residuen in Abhängigkeit von den standardisierten vorhergesagten Y-Werten weist keine starken Abweichungen von der Linearität auf bzw. deutet nicht auf Heteroskedastizität hin.

Aufgabe 5.2

Beide Einflussgrößen, insgesamt als auch einzeln unter Konstanthaltung der übrigen betrachtet, liefern einen signifikanten Erklärungsbeitrag. Der Erklärungsbeitrag beider Variablen zusammen ist allerdings mit ungefähr 12% gering. Die Miethöhe hat den stärksten Einfluss.

Interpretation der partiellen Regressionskoeffizienten:

$b_1 = 248{,}63$: Wenn die Anzahl der Kinder um Eins zunimmt und die Miethöhe konstant gehalten wird, erhöhen sich die Schulden um durchschnittlich 248,63 DM.

b_2 = 2,7: Wenn die Wohnungsmiete um 1 DM erhöht wird und die Anzahl der Kinder konstant bleibt, erhöhen sich die Schulden um durchschnittlich 2,7 DM.

95%-Vertrauensintervall von b_1 (Miethöhe): [1,608; 3,792]

Aufgabe 5.3

Da nur eine Strukturierung der Menge der Variablen angestrebt wird, kann der Faktorenanalyse das Hauptkomponentenmodell zugrunde gelegt werden. Die in die Analyse eingehenden Variablen werden standardisiert. Die Überprüfung der Stichprobenkorrelationsmatrix ergab, dass sie für eine Hauptkomponentenanalyse geeignet ist (Wert des Kaiser-Meyer-Olkin-Kriteriums: 0,745)

Aus der Tabelle 5.5.11 ergibt sich, dass nach dem Eigenwert-Kriterium 3 Faktoren extrahiert werden können. Der Scree-Test bestätigt diese Faktorenanzahl. Außerdem entnimmt man der Tabelle 5.5.11, dass die 3 Faktoren rund 76% der Gesamtvarianz erklären, wobei nach der Rotation auf den Faktor 1 allein 42,425% der Gesamtvarianz entfällt.

Tabelle 5.5.11 Ergebnisse der Faktorenextraktion [a] für Übungsaufgabe 5.3

	Anfängliche Eigenwerte			Extrahierte Summe der quadrierten Faktorladungen			Rotierte Summe der quadrierten Faktorladungen		
Komponente	Gesamt	Varianzanteil in %	kumulierter Anteil in %	Gesamt	Varianzanteil in %	kumulierter Anteil in %	Gesamt	Varianzanteil in %	kumulierter Anteil in %
1	3,010	43,007	43,007	3,010	43,007	43,007	2,970	42,425	42,425
2	1,288	18,401	61,408	1,288	18,401	61,408	1,272	18,165	60,591
3	1,017	14,526	75,934	1,017	14,526	75,934	1,074	15,343	75,934
4	0,700	10,001	85,935						
5	0,510	7,279	93,214						
6	0,257	3,666	96,880						
7	0,218	3,120	100,000						

a) Extraktionsmethode: Hauptkomponentenanalyse.

Aus der Faktorladungsmatrix (Tab. 5.5.12) ergibt sich folgende Zuordnung der Variablen zu den 3 Faktoren:

Faktor 1: Dauer der Anfahrt, Einschätzung der Verkehrsanbindung, Stress, Alter

Faktor 2: Übersichtlichkeit, Einkaufsangebot

Faktor 3: Kinderfreundlichkeit

Faktor 1 lässt sich also generell mit der Anfahrt zum Einkaufszentrum verbinden, während Faktor 2 direkt mit dem Einkaufen zu tun hat. Faktor 3 betrifft nur die Kinderfreundlichkeit.

Tabelle 5.5.12 Rotierte Faktorladungsmatrix für Übungsaufgabe 5.3 [a) b) c)]

	Komponente		
	1	2	3
Z-Wert: Dauer der Anfahrt in Minuten	0,837	-0,119	-0,024
Z-Wert: Einschätzung der Verkehrsanbindung	0,874	-0,187	0,035
Z-Wert: Stress	0,906	0,095	-0,083
Z-Wert: Übersichtlichkeit	-0,193	0,789	-0,219
Z-Wert: Kinderfreundlichkeit	-0,057	0,030	0,944
Z-Wert: Einkaufsangebot	0,088	0,768	0,354
Z-Wert: Alter	0,797	0,003	0,016

a) Extraktionsmethode: Hauptkomponentenanalyse.
b) Rotationsmethode: Varimax mit Kaiser-Normalisierung.
c) Die Rotation ist in 5 Iterationen konvergiert.

Aufgabe 5.4

Die Stichprobenkorrelationsmatrix ist für eine Hauptkomponentenanalyse geeignet ist (Wert des Kaiser-Meyer-Olkin-Kriteriums: 0,649)

Ebenso haben alle Variablen einen MSA-Wert > 0,5 (bis auf das Merkmal „luxuriöse Ausstattung") und können demzufolge in die Analyse einbezogen werden. Der MSA-Wert der Variablen „luxuriöse Austattung" ist nicht wesentlich kleiner als 0,5. Die Variable wird deshalb zunächst nicht eliminiert.

Wie die Faktorenextraktion dann zeigt, hat ihre Kommunalität sogar den Wert 0,761, d. h. ihre Varianz lässt sich zu 76,1% durch die extrahierten Faktoren erklären. Es gibt deshalb keinen Grund die Variable aus der Analyse zu entfernen.

Aus der Tabelle 5.5.6 ergibt sich, dass nach dem Eigenwert-Kriterium 3 Faktoren extrahiert werden können. Die 3 Faktoren erklären rund 67,4% der Gesamtvarianz.

Aus der rotierten Faktorladungsmatrix (Tabelle 5.5.7) ergibt sich folgende Zuordnung der Variablen zu den 3 Faktoren:

Faktor 1: Ruhige Lage, Strandnähe, nahegelegene Einkaufs-/Speisemöglichkeiten

Faktor 2: Wohnraumgröße, funktionelles Ausstattungsniveau

Faktor 3: Nahegelegene Unterhaltungsangebote, luxuriöses Ausstattungsniveau

Faktor 1 umfasst allgemein die Lage der Ferienwohnung, während sich Faktor 2 auf die Zweckmäßigkeit der Wohnung bezieht. Faktor 3 enthält die zusätzlichen Angebote.

Aufgabe 5.5

Das nominal skalierte Merkmal ist in die 5 Dummy-Variablen X_1, X_2, X_3, X_4 und X_5 umzukodieren.

Folgende Daten für die 8 Personen würden in die Clusteranalyse eingehen:

Tabelle 5.5.13 Ergebnisse zu Aufgabe 5.5

Person	X_1	X_2	X_3	X_4	X_5
1	1	0	0	0	0
2	0	0	0	1	0
3	0	0	1	0	0
4	0	1	0	0	0
5	0	1	0	0	0
6	1	0	0	0	0
7	0	0	0	0	1
8	0	0	0	1	0

Aufgabe 5.6

Zunächst werden die 3 Variablen z-transformiert, da sie kein einheitliches Skalenniveau besitzen. Als Clusteralgorithmus wird das Ward-Verfahren gewählt mit der quadratischen euklidischen Distanz. Es resultiert eine 3-Cluster-Lösung (siehe Tabelle 5.5.14), da ein deutlicher Knick in der Zunahme der Koeffizienten nach dem 43. Schritt auftritt.

Auch die Anwendung des Average-Linkage und des Complete-Linkage-Verfahren mit der quadrierten euklidischen Distanz führen zu einer 3-Cluster-Lösung mit ähnlicher Beschreibung der einzelnen Cluster (siehe Tabelle 5.5.17 und Tabelle 5.5.16).

Aus den Tabellen 5.5.15, 5.5.16 und 5.5.17 resultiert folgende Interpretation:

Cluster 1 umfasst diejenigen Personen, die vor allem bezüglich der Kinderfreundlichkeit eine neutrale Position einnehmen, während das Einkaufsangebot eher gut beurteilt wird und der Stress in dieser Gruppe am wenigsten empfunden wird.

Die Personen von Cluster 2 empfinden den Stress stärker, sind jedoch mit der Kinderfreundlichkeit und dem Einkaufsangebot zufrieden.

Cluster 3 sind Personen zugeordnet, die ebenfalls den Stress stärker empfinden, aber mit dem Einkaufsangebot eher unzufrieden sind. Die Kinderfreundlichkeit wird weder gut noch schlecht beurteilt.

Tabelle 5.5.14 Ergebnisse der Fusionierung der Objekte von Übungsaufgabe 5.6 nach dem Ward-Verfahren

	Zusammengeführte Cluster		Koeffizienten	Erstes Vorkommen des Clusters		Nächster Schritt
Schritt	Cluster 1	Cluster 2		Cluster 1	Cluster 2	
1	12	45	0,000	0	0	21
2	21	43	0,000	0	0	31
			.			
			.			
			.			
12	1	14	0,000	0	8	40
13	4	11	0,000	0	0	20
14	36	46	0,180	0	0	30
15	15	32	0,360	0	0	29
16	19	29	0,540	0	0	27
17	13	27	0,720	0	0	34
			.			
			.			
			.			
35	7	10	16,152	28	22	41
36	8	9	18,494	29	21	41
37	6	19	21,280	30	27	42
38	4	24	24,474	32	0	43
39	5	21	28,790	25	33	42
40	1	2	33,389	12	34	43
41	7	8	42,380	35	36	44
42	5	6	52,752	39	37	45
43	1	4	67,240	40	38	44
44	1	7	97,386	43	41	45
45	1	5	135,000	44	42	0

Tabelle 5.5.15 Beschreibung der resultierenden 3-Cluster-Lösung nach dem Ward-Verfahren für die Übungsaufgabe 5.6

Gruppierung	Maßzahlen	Stress	Kinderfreund-lichkeit	Einkaufsangebot
Cluster 1	Mittelwert	2,63	2,94	1,75
	N	16	16	16
	Standardab-weichung	1,45	0,25	0,45
Cluster 2	Mittelwert	2,81	1,38	2,13
	N	16	16	16
	Standardab-weichung	1,72	0,50	0,62
Cluster 3	Mittelwert	3,57	2,79	3,64
	N	14	14	14
	Standardab-weichung	1,79	0,43	0,63
Insgesamt	Mittelwert	2,98	2,35	2,46
	N	46	46	46
	Standardab-weichung	1,67	0,82	0,98

Tabelle 5.5.16 Beschreibung der resultierenden 3-Cluster-Lösung nach dem Complete-Linkage-Verfahren für die Übungsaufgabe 5.6

Gruppierung	Maßzahlen	Stress	Kinderfreund-lichkeit	Einkaufsangebot
Cluster 1	Mittelwert	2,43	2,54	2,11
	N	28	28	28
	Standardab-weichung	1,35	0,69	0,63
Cluster 2	Mittelwert	4,29	1,00	1,71
	N	7	7	7
	Standardab-weichung	1,38	0,00	0,49
Cluster 3	Mittelwert	3,55	2,73	3,82
	N	11	11	11
	Standardab-weichung	2,02	0,47	0,60
Insgesamt	Mittelwert	2,98	2,35	2,46
	N	46	46	46
	Standardab-weichung	1,67	0,82	0,98

Tabelle 5.5.17 Beschreibung der resultierenden 3-Cluster-Lösung nach dem Average-Linkage-Verfahren für die Übungsaufgabe 5.6

Gruppierung	Maßzahlen	Stress	Kinderfreund-lichkeit	Einkaufsangebot
Cluster 1	Mittelwert	2,28	2,59	2,17
	N	29	29	29
	Standard-abweichung	1,25	0,68	0,66
Cluster 2	Mittelwert	4,38	1,13	1,75
	N	8	8	8
	Standard-abweichung	1,30	0,35	0,46
Cluster 3	Mittelwert	4,00	2,67	4,00
	N	9	9	9
	Standard-abweichung	1,94	0,50	0,50
Insgesamt	Mittelwert	2,98	2,35	2,46
	N	46	46	46
	Standard-abweichung	1,67	0,82	0,98

Aufgabe 5.7

Aufgrund der gegebenen Daten in Tabelle 5.5.9 ergibt sich die Tabelle 5.5.18 als Basis für die Berechnung des M-Koeffizienten.

Tabelle 5.5.18 Kreuztabelle für die Berechnung des M-Koeffizienten aus den Daten der Übungsaufgabe 5.7

O_1 / O_2	1	0	Σ
1	3	1	4
0	2	2	4
Σ	5	3	8

$S_{1,2}$(M-Koeffizient) = 5/8 = 0,625

Aufgabe 5.8

Die „Anzahl der Absolventen mit einem Jahresgehalt von mehr als 100.000 $“ beim MBA-Ranking in den USA 1997 lässt sich durch die Einflussgrößen „Jahresgebühr“, „Aufnahmequote“ und „Ausländeranteil“ mit einer Bestimmtheit von 79,1 % erklären (siehe Tabelle 5.5.19 und 5.5.20). Steigender Ausländeranteil und zunehmende Aufnahmequote senken im Schnitt die Zahl hochkarätiger Absolventen. Wachsende Studiengebühren hingegen treiben den Regressanden positiv.

Tabelle 5.5.19 Variablenauswahl der multiplen Regression zur Übungsaufgabe 5.8

Modell		Nicht standardisierte Koeffizienten		Standardisierte Koeffizienten	T	Signifikanz
		B	Standardfehler	Beta		
1	(Konstante)	30,536	21,497		1,420	0,171
	Ausländeranteil in %	-0,870	0,390	-0,248	-2,232	0,037
	Jobofferten im Durchschnitt	5,136	5,827	0,098	0,881	0,389
	Jahresgebühr in $	0,003	0,001	0,499	4,401	0,000
	Aufnahmequote in %	-1,103	0,256	-0,487	-4,311	0,000
2	(Konstante)	41,045	17,792		2,307	0,031
	Ausländeranteil in %	-0,732	0,355	-0,208	-2,061	0,052
	Jahresgebühr in $	0,003	0,001	0,516	4,640	0,000
	Aufnahmequote in %	-1,094	0,254	-0,484	-4,304	0,000

a) Abhängige Variable: Absolventen über 100000 $ Gehalt.

Tabelle 5.5.20 Gütekriterien der multiplen Regression zur Übungsaufgabe 5.8

Modell [a]	R	R-Quadrat	Korrigiertes R-Quadrat	Standardfehler des Schätzers	Durbin-Watson-Statistik
1	0,894	0,799	0,759	10,70	
2	0,889	0,791	0,761	10,65	1,833

a) Modellnummern gemäß Tabelle 5.5.19.

Aufgabe 5.9

Wegen $\theta_I = (10/100)/(100/500) = 1/2 < \theta_{II} = (100/50)/(60/20) = 1/1,5$ ist die Chance für eine Besserung durch Behandlung mit der Antistress-Pille in der Klinik I etwas höher als in der Klinik II. Obwohl die Pille in Klinik II wesentlich seltener verabreicht wurde, spricht das Chancenverhältnis von 1/1,5 offenkundig für die Pille.

Aufgabe 5.10

$P(Y=1 \mid \mathbf{x}_{487}) = 0,38 \quad P(Y=2 \mid \mathbf{x}_{487}) = 0,38 \quad P(Y=3 \mid \mathbf{x}_{487}) = 0,13$

$P(Y=4 \mid \mathbf{x}_{487}) = 0,07 \quad P(Y=5 \mid \mathbf{x}_{487}) = 0,04.$

Die Zustimmungswahrscheinlichkeit zum Statement G_{13} steigt mit sinkendem Einkommen.

Antworten zu den Kontrollfragen von Kapitel 5

Frage 5.1

Partielle Regressionskoeffizienten heißen die Koeffizienten $\hat{b}_j$, j = 1, ..., m, in der multiplen Regressionsgleichung

$$\hat{y} = \hat{a} + \hat{b}_1 x_1 + ... + \hat{b}_m x_m .$$

Der partielle Regressionskoeffizient gibt die erwartete durchschnittliche Änderung der Zielgröße wieder, wenn der Wert der zugehörigen Einflussgröße um eine Einheit steigt und die Einflüsse der übrigen Regressoren konstant gehalten werden.

Frage 5.2

Werden die in die Regressionsgleichung einbezogenen unabhängigen Variablen mit unterschiedlichen Maßstäben gemessen, so lassen sich die partiellen Regressionskoeffizienten nicht mehr vergleichen. Durch eine Standardisierung der $\hat{b}_j$, j = 1, ..., m, werden die verschiedenen Messdimensionen eliminiert.

Frage 5.3

Es ist vorauszusetzen, dass die Residuen in der Grundgesamtheit normalverteilt sind mit dem Mittelwert null. Des weiteren sollten sie nicht autokorreliert sein und konstante Varianz besitzen.

Frage 5.4

Es wird die Nullhypothese geprüft, dass das multiple Bestimmtheitsmaß R^2 in der Grundgesamtheit gleich null ist, oder äquivalent, dass alle unabhängigen Variablen, insgesamt betrachtet, keinen Beitrag zur Erklärung der Varianz liefern.

$$H_0: \quad R^2 = 0 \quad \text{oder äquivalent} \quad b_1 = ... = b_m = 0$$

Geprüft wird die Hypothese mit dem F-Test. Der Prüfgrößenwert t ist der Quotient aus erklärter und nicht erklärter Varianz:

$$t = \frac{R^2 / m}{(1 - R^2)/(n - m - 1)} .$$

Die Prüfgröße T folgt einer F-Verteilung mit den Freiheitsgraden $FG_1 = m$ und $FG_2 = n - m - 1$.

Frage 5.5

Der Durbin-Watson-Test prüft die Nullhypothese der fehlenden Autokorrelation zwischen den Residuen.

Frage 5.6

Heteroskedastizität besagt, dass die Streuung der Residuen vom Betrag oder von der Reihenfolge der Beobachtungen der Regressoren abhängt.

Frage 5.7

Bei Multikollinearitiät korrelieren mindestens zwei Regressoren stark miteinander.

Frage 5.8

Jede standardisierte Variable Z_j, j = 1, ..., p, lässt sich durch die mittels einer Faktorenanalyse erzeugten Faktoren $F_1, ..., F_r$ als Linearkombination darstellen. Die Koeffizienten a_{ji}, j = 1, ..., p, i = 1, ..., r, in dieser Linearkombination entsprechen den Korrelationskoeffizienten zwischen der Variablen Z_j und dem i-ten Faktor und heißen speziell **Faktorladungen**. Sie drücken aus, wie stark die Variable mit den einzelnen Faktoren zusammenhängt.

Frage 5.9

Beim Hauptkomponentenmodell wird vorausgesetzt, dass jede Variable vollständig durch die unabhängigen Faktoren erzeugt wird, während beim Hauptachsenmodell zu den gemeinsamen Faktoren ein variablenspezifischer Einzelrestfaktor hinzukommt.

Frage 5.10

Als Kommunalität einer Variablen bezeichnet man denjenigen Anteil an der Gesamtstreuung der Variablen, der durch die gemeinsamen Faktoren erklärt wird. Die Kommunalität ergibt sich aus der Summe der Quadrate der zu den Variablen gehörenden Faktorladungen.

Frage 5.11

Der zu einem Faktor gehörige Eigenwert beschreibt den Beitrag dieses Faktors an der Erklärung der Gesamtvarianz aller in die Analyse einbezogenen Variablen. Teilt man den Eigenwert durch die Gesamtzahl der einbezogenen Merkmale, resultiert der Anteil an der Gesamtvarianz, der auf den jeweiligen Faktor zurückzuführen ist.

Frage 5.12

Mit dem Kriterium von Kaiser-Meyer-Olkin prüft man sowohl die Stichprobenkorrelationsmatrix insgesamt als auch jede Variable auf ihre Eignung für die Anwendung einer Faktorenanalyse. Es wird untersucht, ob sich die in der Korrelationsmatrix widerspiegelnden Zusammenhänge zwischen den Variablen für eine Gruppierung in unabhängige Faktoren eignen.

Frage 5.13

Durch Drehung des Achsenkreuzes, auf dem die Faktoren liegen, soll die Faktorladungsstruktur vereinfacht werden. Man versucht das Achsenkreuz so zu drehen, dass einige Variable auf einem Faktor besonders hoch laden, während sie auf den übrigen Faktoren besonders niedrig laden. Dadurch kann zwischen den Variablen besser differenziert werden und die inhaltliche Bedeutung sowie die Interpretation der Faktoren klarer hervortreten.

Frage 5.14

Proximitätsmaße erfassen die Unterschiedlichkeit zweier Objekte in bezug auf eine gegebene Menge von Merkmalen. Man kann zum einen die Ähnlichkeit der beiden Objekte quantifizieren oder deren Verschiedenheit messen.

Frage 5.15

Der Simple-Matching-(M)-Koeffizient ist ein Ähnlichkeitsmaß.

Frage 5.16

Besitzen die Variablen k (k > 2) Ausprägungen, so werden diese in k binäre Dummy-Variablen transformiert. Wird an einem Objekt beispielsweise die Ausprägung j, $j \in \{1, ..., k\}$, beobachtet, so erhält die j-te Dummy-Variable den Wert 1, während die übrigen (k-1) Variablen den Wert 0 erhalten. Die Unterschiedlichkeit zweier Objekte wird dann bezüglich der k binären Variablen gemessen. Dazu können die bereits vorgestellten Ähnlichkeits- oder Distanzmaße je nach Fragestellung verwendet werden, wobei zu berücksichtigen ist, dass durch die Transformation verzerrende Effekte auftreten können. Diese Effekte lassen sich durch entsprechende Gewichtung der Dummy-Variablen ausschalten.

Frage 5.17

Der Zusammenfassung der Objekte zu Clustern liegt das Prinzip zugrunde, dass sich die Objekte innerhalb eines Clusters möglichst ähneln und zwischen den Clustern möglichst unterscheiden.

Frage 5.18

Agglomerative hierarchische Verfahren fassen schrittweise die einzelnen Objekte bzw. Objektmengen zu Clustern zusammen. Ausgangspunkt ist dabei die feinste Zerlegung der Objektmenge, die einzelnen Objekte selbst. Schritt für Schritt fusionieren dann Objekte bzw. Cluster bis alle Objekte in einem Cluster vereinigt sind.

Frage 5.19

Beim Single-Linkage-Verfahren fusionieren diejenigen Cluster, deren Distanz minimal ist, wobei die Distanz zweier Cluster C_n, C_m definiert ist als das Minimum über alle Abstände zwischen je zwei Objekten O_i aus C_n und O_j aus C_m.

Frage 5.20

Für das Logit-Modell können die Odds-Ratio und die marginalen Effekte berechnet und interpretiert werden. Im Probit-Modell können nur die Marginaleffekte ausgewertet werden.

Frage 5.21

Das Chancenverhältnis für einen dichtomenen Regressanden Y und einen dichotomen Regressor X ist der Quotient der Verhältnisse der bedingten Wahrscheinlichkeiten für ein Ereignis Y und dessen Komplementärereignis unter der Bedingung $X = 1$ bzw. $X = 0$.
Ein Wahrscheinlichkeitsverhältnis hingegen stellt nur den Quotienten zweier Wahrscheinlichkeiten dar.

Frage 5.22

Eine nicht dichotome, nominal skalierte Variable mit k Ausprägungen wird durch ein Set von k Dummy-Variablen kodiert.

Frage 5.23

Die Wahl der Referenzkategorie hat keinerlei Einfluss auf die Ergebnisse. Die Interpretationsmöglichkeiten hängen jedoch von der Wahl der Referenzkategorie ab, da alle Aussagen relativ zu letzterer gemacht werden.

Binomialverteilung $F(x;n;p) = \sum_{m \leq x} b(m;n;p) = P(X \leq x)$

n	x	p 0.05	0.10	0.20	0.25	0.30	0.40	0.50
2	0	0,9025	0,8100	0,6400	0,5625	0,4900	0,3600	0,2500
	1	0,9975	0,9900	0,9600	0,9375	0,9100	0,8400	0,7500
3	0	0,8574	0,7290	0,5120	0,4219	0,3430	0,2160	0,1250
	1	0,9927	0,9720	0,8960	0,8438	0,7840	0,6480	0,5000
	2	0,9999	0,9990	0,9920	0,9844	0,9730	0,9360	0,8750
4	0	0,8145	0,6561	0,4096	0,3164	0,2401	0,1296	0,0625
	1	0,9860	0,9477	0,8192	0,7383	0,6517	0,4752	0,3125
	2	0,9995	0,9963	0,9920	0,9492	0,9163	0,8208	0,6875
	3	1,0000	0,9999	0,9984	0,9961	0,9919	0,9744	0,9375
5	0	0,7738	0,5905	0,3277	0,2373	0,1681	0,0778	0,0313
	1	0,9774	0,9185	0,7373	0,6328	0,5282	0,3370	0,1875
	2	0,9988	0,9914	0,9421	0,8965	0,8369	0,6826	0,5000
	3	1,0000	0,9995	0,9933	0,9844	0,9692	0,9130	0,8125
	4		1,0000	0,9997	0,9990	0,9976	0,9898	0,9687
6	0	0,7351	0,5314	0,2621	0,1780	0,1176	0,0467	0,0156
	1	0,9672	0,8857	0,6554	0,5339	0,4202	0,2333	0,1094
	2	0,9978	0,9842	0,9011	0,8306	0,7443	0,5443	0,3438
	3	0,9999	0,9987	0,9830	0,9624	0,9295	0,8208	0,6562
	4	1,0000	0,9999	0,9984	0,9954	0,9891	0,9590	0,8906
	5		1,0000	0,9999	0,9998	0,9993	0,9959	0,9844
7	0	0,6983	0,4783	0,2097	0,1335	0,0824	0,0280	0,0078
	1	0,9556	0,8503	0,5767	0,4449	0,3294	0,1586	0,0625
	2	0,9962	0,9743	0,8520	0,7564	0,6471	0,4199	0,2266
	3	0,9998	0,9973	0,9667	0,9294	0,8740	0,7102	0,5000
	4	1,0000	0,9998	0,9953	0,9871	0,9712	0,9037	0,7734
	5		1,0000	0,9996	0,9987	0,9962	0,9812	0,9375
	6			1,0000	0,9999	0,9998	0,9984	0,9922
8	0	0,6634	0,4305	0,1678	0,1001	0,0577	0,0168	0,0039
	1	0,9428	0,8131	0,5033	0,3671	0,2553	0,1064	0,0352
	2	0,9942	0,9619	0,7969	0,6785	0,5518	0,3154	0,1445
	3	0,9996	0,9950	0,9437	0,8862	0,8059	0,5941	0,3633
	4	1,0000	0,9996	0,9896	0,9727	0,9420	0,8263	0,6367
	5		1,0000	0,9988	0,9958	0,9887	0,9502	0,8555
	6			0,9999	0,9996	0,9987	0,9915	0,9648
	7			1,0000	1,0000	0,9999	0,9993	0,9961
9	0	0,6302	0,3874	0,1342	0,0751	0,0404	0,0101	0,0020
	1	0,9288	0,7748	0,4362	0,3003	0,1960	0,0705	0,0195
	2	0,9916	0,9470	0,7382	0,6007	0,4628	0,2318	0,0898
	3	0,9994	0,9917	0,9144	0,8343	0,7297	0,4826	0,2539
	4	1,0000	0,9991	0,9804	0,9511	0,9012	0,7334	0,5000
	5		0,9999	0,9969	0,9900	0,9747	0,9006	0,7461
	6		1,0000	0,9997	0,9987	0,9957	0,9750	0,9102
	7			1,0000	0,9999	0,9996	0,9962	0,9805
	8				1,0000	1,0000	0,9997	0,9980

Binomialverteilung (Fortsetzung)

n	x	p 0,05	0,10	0,20	0,25	0,30	0,40	0,50
10	**0**	0,5987	0,3487	0,1074	0,0563	0,0283	0,0060	0,0010
	1	0,9139	0,7361	0,3758	0,2440	0,1493	0,0464	0,0107
	2	0,9885	0,9298	0,6778	0,5256	0,3828	0,1673	0,0547
	3	0,9990	0,9872	0,8791	0,7759	0,6496	0,3823	0,1719
	4	0,9999	0,9984	0,9672	0,9219	0,8497	0,6331	0,3770
	5	1,0000	0,9999	0,9936	0,9803	0,9527	0,8338	0,6230
	6		1,0000	0,9991	0,9965	0,9894	0,9452	0,8281
	7			0,9999	0,9996	0,9984	0,9877	0,9453
	8			1,0000	1,0000	0,9999	0,9983	0,9893
11	**0**	0,5688	0,3138	0,0859	0,0422	0,0198	0,0036	0,0005
	1	0,8981	0,6974	0,3221	0,1971	0,1130	0,0302	0,0059
	2	0,9848	0,9104	0,6174	0,4552	0,3127	0,1189	0,0327
	3	0,9984	0,9815	0,8389	0,7133	0,5696	0,2963	0,1133
	4	0,9999	0,9972	0,9496	0,8854	0,7897	0,5328	0,2744
	5	1,0000	0,9997	0,9883	0,9657	0,9218	0,7535	0,5000
	6		1,0000	0,9980	0,9924	0,9784	0,9006	0,7256
	7			0,9998	0,9988	0,9957	0,9707	0,8867
	8			1,0000	0,9999	0,9994	0,9941	0,9673
12	**0**	0,5404	0,2824	0,0687	0,0317	0,0138	0,0022	0,0002
	1	0,8816	0,6590	0,2749	0,1584	0,0850	0,0196	0,0032
	2	0,9804	0,8891	0,5583	0,3907	0,2528	0,0834	0,0193
	3	0,9978	0,9744	0,7946	0,6488	0,4925	0,2253	0,0730
	4	0,9998	0,9957	0,9375	0,8424	0,7237	0,4382	0,1938
	5	1,0000	0,9995	0,9806	0,9456	0,8822	0,6652	0,3872
	6		0,9999	0,9961	0,9857	0,9614	0,8418	0,6128
	7		1,0000	0,9994	0,9972	0,9905	0,9427	0,8062
	8			0,9999	0,9996	0,9983	0,9847	0,9270
	9			1,0000	1,0000	0,9998	0,9972	0,9807
13	**0**	0,5133	0,2542	0,0550	0,0238	0,0097	0,0013	0,0001
	1	0,8646	0,6213	0,2336	0,1267	0,0637	0,0126	0,0017
	2	0,9755	0,8661	0,5017	0,3326	0,2025	0,0579	0,0112
	3	0,9969	0,9658	0,7473	0,5843	0,4206	0,1686	0,0461
	4	0,9997	0,9935	0,9009	0,7940	0,6543	0,3530	0,1334
	5	1,0000	0,9991	0,9700	0,9198	0,8346	0,5744	0,2905
	6		0,9999	0,9930	0,9757	0,9376	0,7712	0,5000
	7		1,0000	0,9988	0,9944	0,9818	0,9023	0,7095
	8			0,9998	0,9990	0,9960	0,9679	0,8666
	9			1,0000	0,9999	0,9993	0,9922	0,9539
	10				1,0000	0,9999	0,9987	0,9888
14	**0**	0,4877	0,2288	0,0440	0,0178	0,0068	0,0008	0,0001
	1	0,8470	0,5846	0,1979	0,1010	0,0475	0,0081	0,0009
	2	0,9699	0,8416	0,4481	0,2811	0,1608	0,0398	0,0065
	3	0,9958	0,9559	0,6982	0,5213	0,3552	0,1243	0,0287
	4	0,9996	0,9908	0,8702	0,7415	0,5842	0,2793	0,0898
	5	1,0000	0,9985	0,9561	0,8883	0,7805	0,4859	0,2120
	6		0,9998	0,9884	0,9617	0,9067	0,6925	0,3953
	7		1,0000	0,9976	0,9897	0,9685	0,8499	0,6047
	8			0,9996	0,9978	0,9917	0,9417	0,7880
	9			1,0000	0,9997	0,9983	0,9825	0,9102
	10				1,0000	0,9998	0,9961	0,9713
	11					1,0000	0,9994	0,9935

Binomialverteilung (Fortsetzung)

n	x	p	0,05	0,10	0,20	0,25	0,30	0,40	0,50
15	0		0,4633	0,2059	0,0352	0,0134	0,0047	0,0005	0,0000
	1		0,8290	0,5490	0,1671	0,0802	0,0353	0,0052	0,0005
	2		0,9638	0,8159	0,3980	0,2361	0,1268	0,0271	0,0037
	3		0,9945	0,9444	0,6482	0,4613	0,2969	0,0905	0,0176
	4		0,9994	0,9873	0,8358	0,6865	0,5155	0,2173	0,0592
	5		0,9999	0,9978	0,9389	0,8516	0,7216	0,4032	0,1509
	6		1,0000	0,9997	0,9819	0,9434	0,8689	0,6098	0,3036
	7			1,0000	0,9958	0,9827	0,9500	0,7869	0,5000
	8				0,9992	0,9958	0,9848	0,9050	0,6964
	9				0,9999	0,9992	0,9963	0,9662	0,8491
	10				1,0000	0,9999	0,9993	0,9907	0,9408
	11					1,0000	0,9999	0,9981	0,9824
	12						1,0000	0,9997	0,9963
	13							1,0000	0,9995
	14								1,0000
16	0		0,4401	0,1853	0,0281	0,0100	0,0033	0,0003	0,0000
	1		0,8108	0,5147	0,1407	0,0635	0,0261	0,0033	0,0002
	2		0,9571	0,7892	0,3518	0,1971	0,0994	0,0183	0,0021
	3		0,9930	0,9316	0,5981	0,4050	0,2459	0,0651	0,0106
	4		0,9991	0,9830	0,7982	0,6302	0,4499	0,1666	0,0384
	5		0,9999	0,9967	0,9183	0,8103	0,6598	0,3288	0,1051
	6		1,0000	0,9995	0,9733	0,9204	0,8247	0,5272	0,2272
	7			0,9999	0,9930	0,9729	0,9256	0,7161	0,4018
	8			1,0000	0,9985	0,9925	0,9743	0,8577	0,5982
	9				0,9998	0,9984	0,9929	0,9417	0,7728
	10				1,0000	0,9997	0,9984	0,9809	0,8949
	11					1,0000	0,9997	0,9951	0,9616
	12						1,0000	0,9991	0,9894
	13							0,9999	0,9979
	14							1,0000	0,9997
	15								1,0000
17	0		0,4181	0,1668	0,0225	0,0076	0,0023	0,0001	0,0000
	1		0,7922	0,4818	0,1182	0,0501	0,0193	0,0021	0,0001
	2		0,9497	0,7618	0,3096	0,1637	0,0774	0,0123	0,0012
	3		0,9912	0,9174	0,5489	0,3530	0,2019	0,0464	0,0064
	4		0,9988	0,9779	0,7582	0,5739	0,3887	0,1260	0,0245
	5		0,9999	0,9953	0,8943	0,7653	0,5968	0,2639	0,0717
	6		1,0000	0,9992	0,9623	0,8929	0,7752	0,4478	0,1662
	7			0,9999	0,9891	0,9598	0,8954	0,6405	0,3145
	8			1,0000	0,9974	0,9876	0,9597	0,8011	0,5000
	9				0,9995	0,9969	0,9873	0,9081	0,6855
	10				0,9999	0,9994	0,9968	0,9652	0,8338
	11				1,0000	0,9999	0,9993	0,9894	0,9283
	12					1,0000	0,9999	0,9975	0,9755
	13						1,0000	0,9995	0,9936
	14							0,9999	0,9988
	15							1,0000	0,9999
	16								1,0000

Binomialverteilung (Fortsetzung)

n	x	p	0,05	0,10	0,20	0,25	0,30	0,40	0,50
18	**0**		0,3972	0,1501	0,0180	0,0056	0,0016	0,0001	0,0000
	1		0,7735	0,4503	0,0991	0,0395	0,0142	0,0013	0,0000
	2		0,9419	0,7338	0,2713	0,1353	0,0599	0,0082	0,0007
	3		0,9891	0,9018	0,5010	0,3057	0,1646	0,0328	0,0038
	4		0,9985	0,9718	0,7164	0,5187	0,3327	0,0942	0,0154
	5		0,9998	0,9936	0,8671	0,7175	0,5344	0,2088	0,0481
	6		1,0000	0,9988	0,9487	0,8610	0,7217	0,3743	0,1189
	7			0,9998	0,9837	0,9431	0,8593	0,5634	0,2403
	8			1,0000	0,9957	0,9807	0,9404	0,7368	0,4073
	9				0,9991	0,9946	0,9790	0,8653	0,5927
	10				0,9998	0,9988	0,9939	0,9424	0,7597
	11				1,0000	0,9998	0,9986	0,9797	0,8811
	12					1,0000	0,9997	0,9942	0,9519
	13						1,0000	0,9987	0,9846
	14							0,9998	0,9962
	15							1,0000	0,9993
19	**0**		0,3774	0,1351	0,0144	0,0042	0,0011	0,0001	0,0000
	1		0,7547	0,4203	0,0829	0,0310	0,0104	0,0008	0,0000
	2		0,9335	0,7054	0,2369	0,1113	0,0462	0,0055	0,0004
	3		0,9868	0,8850	0,4551	0,2631	0,1332	0,0230	0,0022
	4		0,9980	0,9648	0,6733	0,4654	0,2822	0,0670	0,0096
	5		0,9998	0,9914	0,8369	0,6678	0,4739	0,1629	0,0318
	6		1,0000	0,9983	0,9324	0,8251	0,6655	0,3081	0,0835
	7			0,9997	0,9767	0,9225	0,8180	0,4878	0,1796
	8			1,0000	0,9933	0,9713	0,9161	0,6675	0,3238
	9				0,9984	0,9911	0,9674	0,8139	0,5000
	10				0,9997	0,9977	0,9895	0,9115	0,6762
	11				1,0000	0,9995	0,9972	0,9648	0,8204
	12					0,9999	0,9994	0,9884	0,9165
	13					1,0000	0,9999	0,9969	0,9682
	14						1,0000	0,9994	0,9904
	15							0,9999	0,9978
	16							1,0000	0,9996
20	**0**		0,3585	0,1216	0,0115	0,0032	0,0008	0,0000	0,0000
	1		0,7358	0,3917	0,0692	0,0243	0,0076	0,0005	0,0000
	2		0,9245	0,6769	0,2061	0,0913	0,0355	0,0036	0,0002
	3		0,9841	0,8670	0,4114	0,2252	0,1071	0,0160	0,0013
	4		0,9974	0,9568	0,6296	0,4148	0,2375	0,0510	0,0059
	5		0,9997	0,9887	0,8042	0,6172	0,4164	0,1256	0,0207
	6		1,0000	0,9976	0,9133	0,7858	0,6080	0,2500	0,0577
	7			0,9996	0,9679	0,8982	0,7723	0,4159	0,1316
	8			0,9999	0,9900	0,9591	0,8867	0,5956	0,2517
	9			1,0000	0,9974	0,9861	0,9520	0,7553	0,4119
	10				0,9994	0,9961	0,9829	0,8725	0,5881
	11				0,9999	0,9991	0,9949	0,9435	0,7483
	12				1,0000	0,9998	0,9987	0,9790	0,8684
	13					1,0000	0,9997	0,9935	0,9423
	14						1,0000	0,9984	0,9793
	15							0,9997	0,9941
	16							1,0000	0,9987
	17								0,9998

Binomialverteilung (Fortsetzung)

n	x	p 0,05	0,1	0,2	0,25	0,3	0,4	0,5
25	**0**	0,2773	0,0717	0,0037	0,0007	0,0001	0,0000	0,0000
	1	0,6423	0,2712	0,0274	0,0070	0,0016	0,0001	0,0000
	2	0,8728	0,5371	0,0982	0,0321	0,0090	0,0004	0,0000
	3	0,9659	0,7636	0,2340	0,0962	0,0332	0,0024	0,0001
	4	0,9928	0,9020	0,4207	0,2137	0,0905	0,0095	0,0005
	5	0,9987	0,9666	0,6167	0,3783	0,1935	0,0294	0,0020
	6	0,9998	0,9905	0,7800	0,5611	0,3407	0,0736	0,0073
	7	0,9999	0,9977	0,8909	0,7265	0,5118	0,1536	0,0216
	8	1,0000	0,9995	0,9532	0,8506	0,6769	0,2735	0,0539
	9		0,9999	0,9827	0,9287	0,8106	0,4246	0,1148
	10		1,0000	0,9944	0,9703	0,9022	0,5858	0,2122
	11			0,9985	0,9893	0,9558	0,7323	0,3450
	12			0,9996	0,9966	0,9825	0,8462	0,5000
	13			0,9999	0,9991	0,9940	0,9222	0,6550
	14			1,0000	0,9998	0,9982	0,9656	0,7878
	15				1,0000	0,9995	0,9868	0,8852
	16					0,9999	0,9957	0,9461
	17					1,0000	0,9988	0,9784
	18						0,9997	0,9927
	19						0,9999	0,9999
	20						1,0000	1,0000
26	**0**	0,2635	0,0646	0,0030	0,0005	0,0000	0,0000	0,0000
	1	0,6241	0,2513	0,0227	0,0055	0,0011	0,0000	0,0000
	2	0,8613	0,5105	0,0841	0,025	0,0067	0,0003	0,0000
	3	0,9612	0,7409	0,2068	0,0802	0,0260	0,0016	0,0000
	4	0,9914	0,8882	0,3833	0,1844	0,0733	0,0066	0,0003
	5	0,9984	0,9601	0,5775	0,3371	0,1626	0,0214	0,0012
	6	0,9997	0,9881	0,7474	0,5154	0,2965	0,0559	0,0047
	7	0,9999	0,9970	0,8687	0,6852	0,4605	0,1216	0,0145
	8	1,0000	0,9994	0,9408	0,8195	0,6274	0,2255	0,0378
	9		0,9999	0,9768	0,9091	0,7705	0,3642	0,0843
	10		1,0000	0,9921	0,9599	0,8747	0,5213	0,1635
	11			0,9977	0,9845	0,9397	0,6737	0,2786
	12			0,9994	0,9948	0,9745	0,8007	0,4225
	13			0,9999	0,9985	0,9906	0,8918	0,5775
	14			1,0000	0,9996	0,9970	0,9482	0,7214
	15				0,9999	0,9991	0,9783	0,8365
	16				1,0000	0,9998	0,9921	0,9157
	17					1,0000	0,9975	0,9622
	18						0,9993	0,9855
	19						0,9999	0,9953
	20						1,0000	0,9988
	21							0,9997
	22							1,0000

Binomialverteilung (Fortsetzung)

n	x	p 0,05	0,1	0,2	0,25	0,3	0,4	0,5
29	0	0,2259	0,0471	0,0015	0,0002	0,0000	0,0000	0,0000
	1	0,5707	0,1989	0,0128	0,0025	0,0004	0,0000	0,0000
	2	0,8248	0,4350	0,0520	0,0133	0,0028	0,0001	0,0000
	3	0,9452	0,6710	0,1404	0,0455	0,0121	0,0005	0,0000
	4	0,9864	0,8416	0,2839	0,1153	0,0379	0,0022	0,0001
	5	0,9972	0,9363	0,4634	0,2317	0,0932	0,0080	0,0003
	6	0,9995	0,9784	0,6429	0,3868	0,1880	0,0233	0,0012
	7	0,9999	0,9938	0,7903	0,5568	0,3214	0,0570	0,0041
	8	1,0000	0,9984	0,8916	0,7125	0,4787	0,1187	0,0121
	9		0,9997	0,9507	0,8337	0,6360	0,2147	0,0307
	10		0,9999	0,9803	0,9145	0,7708	0,3427	0,0680
	11		1,0000	0,9931	0,9610	0,8706	0,4900	0,1325
	12			0,9978	0,9842	0,9348	0,6374	0,2291
	13			0,9994	0,9944	0,9707	0,7659	0,3555
	14			0,9999	0,9982	0,9883	0,8638	0,5000
	15			1,0000	0,9995	0,9953	0,9290	0,6445
	16				0,9999	0,9987	0,9671	0,7709
	17				1,0000	0,9997	0,9865	0,8675
	18					0,9999	0,9951	0,9320
	19					1,0000	0,9985	0,9693
	20						0,9996	0,9879
	21						0,9999	0,9959
	22						1,0000	0,9988
	23							0,9997
	24							0,9999
	25							1,0000

χ^2 – Verteilung

Quantile $\chi_{n,1-\alpha}$ der Verteilungsfunktion F für die Wahrscheinlichkeit $\gamma = 1-\alpha$:

$F\left(\chi^2_{n,1-\alpha}\right) = P\left(\chi^2 \le \chi^2_{n,1-\alpha}\right) = 1-\alpha$

n/1-α	0,900	0,950	0,975	0,990	0,999
1	2,710	3,841	5,024	6,635	10,827
2	4,610	5,991	7,378	9,210	13,815
3	6,250	7,815	9,348	11,345	16,268
4	7,780	9,488	11,143	13,277	18,465
5	9,240	11,070	12,833	15,086	20,517
6	10,600	12,592	14,449	16,812	22,457
7	12,000	14,067	16,013	18,475	24,322
8	13,400	15,507	17,535	20,090	26,125
9	14,700	16,919	19,023	21,666	27,877
10	16,000	18,307	20,483	23,209	29,588
11	17,300	19,675	21,920	24,725	31,264
12	18,500	21,026	23,337	26,217	32,909
13	19,800	22,362	24,736	27,688	34,528
14	21,100	23,685	26,119	29,141	36,123
15	22,300	24,996	27,488	30,578	37,697
16	23,500	26,296	28,845	32,000	39,252
17	24,800	27,587	30,191	33,409	40,790
18	26,000	28,869	31,526	34,805	42,312
19	27,200	30,144	32,852	36,191	43,820
20	28,400	31,410	34,170	37,566	45,315
21	29,600	32,671	35,479	38,932	46,797
22	30,800	33,924	36,781	40,289	48,268
23	32,000	35,172	38,076	41,638	49,797
24	33,200	36,415	39,364	42,980	51,179
25	34,400	37,652	40,646	44,314	52,620
26	35,600	38,885	41,923	45,642	54,052
27	36,700	40,113	43,195	46,963	55,476
28	37,900	41,337	44,461	48,278	56,893
29	39,100	42,557	45,722	49,588	58,302
30	40,300	43,773	46,979	50,892	59,703
40	51,800	55,800	59,300	63,700	73,400
50	63,200	67,500	71,400	76,200	86,700
60	74,400	79,100	83,300	88,400	99,600
70	85,500	90,500	95,000	100,400	112,300
80	96,600	101,900	106,600	112,300	124,800
90	107,600	113,100	118,100	124,100	137,200
100	118,500	124,300	129,600	135,800	149,400

Durbin-Watson-d-Test

Kritische Werte der Testvariablen d bei einem Signifikanzniveau von α = 0,05

	m = 1		m = 2		m = 3		m = 4	
n	d_u	d_o	d_u	d_o	d_u	d_o	d_u	d_o
15	1,08	1,36	0,95	1,54	0,82	1,75	0,69	1,97
16	1,10	1,37	0,98	1,54	0,86	1,73	0,74	1,93
17	1,13	1,38	1,02	1,54	0,90	1,71	0,78	1,90
18	1,16	1,39	1,05	1,53	0,93	1,69	0,82	1,87
19	1,18	1,40	1,08	1,53	0,97	1,68	0,86	1,85
20	1,20	1,41	1,10	1,54	1,00	1,68	0,90	1,83
21	1,22	1,42	1,13	1,54	1,03	1,67	0,93	1,81
22	1,24	1,43	1,15	1,54	1,05	1,66	0,96	1,80
23	1,26	1,44	1,17	1,54	1,08	1,66	0,99	1,79
24	1,27	1,45	1,19	1,55	1,10	1,66	1,01	1,78
25	1,29	1,45	1,21	1,55	1,12	1,66	1,04	1,77
26	1,30	1,46	1,22	1,55	1,14	1,65	1,06	1,76
27	1,32	1,47	1,24	1,56	1,16	1,65	1,08	1,76
28	1,33	1,48	1,26	1,56	1,18	1,65	1,10	1,75
29	1,34	1,48	1,27	1,56	1,20	1,65	1,12	1,74
30	1,35	1,49	1,28	1,57	1,21	1,65	1,14	1,74
31	1,36	1,50	1,30	1,57	1,23	1,65	1,16	1,74
32	1,37	1,50	1,31	1,57	1,24	1,65	1,18	1,73
33	1,38	1,51	1,32	1,58	1,26	1,65	1,19	1,73
34	1,39	1,51	1,33	1,58	1,27	1,65	1,21	1,73
35	1,40	1,52	1,34	1,58	1,28	1,65	1,22	1,73
36	1,41	1,52	1,35	1,59	1,29	1,65	1,24	1,73
37	1,42	1,53	1,36	1,59	1,31	1,66	1,25	1,72
38	1,43	1,54	1,37	1,59	1,32	1,66	1,26	1,72
39	1,43	1,54	1,38	1,60	1,33	1,66	1,27	1,72
40	1,44	1,54	1,39	1,60	1,34	1,66	1,29	1,72
45	1,48	1,57	1,43	1,62	1,38	1,67	1,34	1,72
50	1,50	1,59	1,46	1,63	1,42	1,67	1,38	1,72
55	1,53	1,60	1,49	1,64	1,45	1,68	1,41	1,72
60	1,55	1,62	1,51	1,65	1,48	1,69	1,44	1,73
65	1,57	1,63	1,54	1,66	1,50	1,70	1,47	1,73
70	1,58	1,64	1,55	1,67	1,52	1,70	1,49	1,74
75	1,60	1,65	1,57	1,68	1,54	1,71	1,51	1,74
80	1,61	1,66	1,59	1,69	1,56	1,72	1,53	1,74
85	1,62	1,67	1,60	1,70	1,57	1,72	1,55	1,75
90	1,63	1,68	1,61	1,70	1,59	1,73	1,57	1,75
95	1,64	1,69	1,62	1,71	1,60	1,73	1,58	1,75
100	1,65	1,69	1,63	1,72	1,61	1,74	1,59	1,76

Exponentialfunktion (für x = 0,0 bis x = 10,0)

x	e^{-x}	x	e^{-x}	x	e^{-x}	x	e^{-x}	x	e^{-x}
0,00	1,0000	**1,50**	0,2231	**3,00**	0,0498	**5,00**	0,0067	**8,00**	0,0003
0,05	0,9512	**1,55**	0,2122	**3,05**	0,0474	**5,10**	0,0061	**8,10**	0,0003
0,10	0,9048	**1,60**	0,2019	**3,10**	0,0450	**5,20**	0,0055	**8,20**	0,0003
0,15	0,8607	**1,65**	0,1920	**3,15**	0,0428	**5,30**	0,0050	**8,30**	0,0002
0,20	0,8187	**1,70**	0,1827	**3,20**	0,0408	**5,40**	0,0045	**8,40**	0,0002
0,25	0,7788	**1,75**	0,1738	**3,25**	0,0388	**5,50**	0,0041	**8,50**	0,0002
0,30	0,7408	**1,80**	0,1653	**3,30**	0,0369	**5,60**	0,0037	**8,60**	0,0002
0,35	0,7047	**1,85**	0,1572	**3,35**	0,0351	**5,70**	0,0034	**8,70**	0,0002
0,40	0,6703	**1,90**	0,1496	**3,40**	0,0334	**5,80**	0,0030	**8,80**	0,0002
0,45	0,6376	**1,95**	0,1423	**3,45**	0,0318	**5,90**	0,0027	**8,90**	0,0001
0,50	0,6065	**2,00**	0,1353	**3,50**	0,0302	**6,00**	0,0024	**9,00**	0,0001
0,55	0,5769	**2,05**	0,1287	**3,55**	0,0287	**6,10**	0,0022	**9,10**	0,0001
0,60	0,5488	**2,10**	0,1225	**3,60**	0,0273	**6,20**	0,0020	**9,20**	0,0001
0,65	0,5220	**2,15**	0,1165	**3,65**	0,0260	**6,30**	0,0018	**9,30**	0,0001
0,70	0,4966	**2,20**	0,1108	**3,70**	0,0247	**6,40**	0,0017	**9,40**	0,0001
0,75	0,4724	**2,25**	0,1054	**3,75**	0,0235	**6,50**	0,0015	**9,50**	0,0001
0,80	0,4493	**2,30**	0,1003	**3,80**	0,0224	**6,60**	0,0014	**9,60**	0,0001
0,85	0,4274	**2,35**	0,0954	**3,85**	0,0213	**6,70**	0,0012	**9,70**	0,0001
0,90	0,4066	**2,40**	0,0907	**3,90**	0,0202	**6,80**	0,0011	**9,80**	0,000
0,95	0,3867	**2,45**	0,0863	**3,95**	0,0192	**6,90**	0,0010	**9,90**	0,000
1,00	0,3679	**2,50**	0,0821	**4,00**	0,0183	**7,00**	0,0009	**10,00**	0,000
1,05	0,3499	**2,55**	0,0781	**4,10**	0,0166	**7,10**	0,0008		
1,10	0,3329	**2,60**	0,0743	**4,20**	0,0150	**7,20**	0,0007		
1,15	0,3166	**2,65**	0,0706	**4,30**	0,0136	**7,30**	0,0007		
1,20	0,3012	**2,70**	0,0672	**4,40**	0,0123	**7,40**	0,0006		
1,25	0,2865	**2,75**	0,0640	**4,50**	0,0111	**7,50**	0,0006		
1,30	0,2725	**2,80**	0,0608	**4,60**	0,0100	**7,60**	0,0005		
1,35	0,2592	**2,85**	0,0578	**4,70**	0,0091	**7,70**	0,0004		
1,40	0,2466	**2,90**	0,0550	**4,80**	0,0082	**7,80**	0,0004		
1,45	0,2346	**2,95**	0,0523	**4,90**	0,0074	**7,90**	0,0003		

F-Verteilung

Quantile $F_{FG1,FG2;q}$ für die Wahrscheinlichkeit $q = 1 - \alpha = 0{,}95$

	FG2										
FG1	**1**	**2**	**3**	**4**	**6**	**8**	**10**	**20**	**30**	**50**	**100**
1	161	200	216	225	234	239	242	248	250	252	253
2	18,51	19,00	19,16	19,25	19,33	19,37	19,39	19,44	19,46	19,47	19,49
3	10,13	9,55	9,28	9,12	8,94	8,84	8,78	8,66	8,62	8,58	8,56
4	7,71	6,94	6,59	6,39	6,16	6,04	5,96	5,80	5,74	5,70	5,66
5	6,61	5,79	5,41	5,19	4,95	4,82	4,74	4,56	4,50	4,44	4,40
6	5,99	5,14	4,76	4,53	4,28	4,15	4,06	3,87	3,81	3,75	3,71
7	5,59	4,74	4,35	4,12	3,87	3,73	3,63	3,44	3,38	3,32	3,28
8	5,32	4,46	4,07	3,84	3,58	3,44	3,34	3,15	3,08	3,03	2,98
9	5,12	4,26	3,86	3,63	3,37	3,23	3,13	2,93	2,86	2,80	2,76
10	4,96	4,10	3,71	3,48	3,22	3,07	2,97	2,77	2,70	2,64	2,59
11	4,84	3,98	3,59	3,36	3,09	2,95	2,86	2,65	2,57	2,50	2,45
12	4,75	3,88	3,49	3,26	3,00	2,85	2,76	2,54	2,46	2,40	2,35
13	4,67	3,80	3,41	3,18	2,92	2,77	2,67	2,46	2,38	2,32	2,26
14	4,60	3,74	3,34	3,11	2,85	2,70	2,60	2,39	2,31	2,24	2,19
15	4,54	3,68	3,29	3,06	2,79	2,64	2,55	2,33	2,25	2,18	2,12
16	4,49	3,63	3,24	3,01	2,74	2,59	2,49	2,28	2,20	2,13	2,07
17	4,45	3,59	3,20	2,96	2,70	2,55	2,45	2,23	2,15	2,08	2,02
18	4,41	3,55	3,16	2,93	2,66	2,51	2,41	2,19	2,11	2,04	1,98
19	4,38	3,52	3,13	2,90	2,63	2,48	2,38	2,15	2,07	2,00	1,94
20	4,35	3,49	3,10	2,87	2,60	2,45	2,35	2,12	2,04	1,96	1,90
22	4,30	3,44	3,05	2,82	2,55	2,40	2,30	2,07	1,98	1,91	1,84
24	4,26	3,40	3,01	2,78	2,51	2,36	2,26	2,02	1,94	1,86	1,80
26	4,22	3,37	2,98	2,74	2,47	2,32	2,22	1,99	1,90	1,82	1,76
28	4,20	3,34	2,95	2,71	2,44	2,29	2,19	1,96	1,87	1,78	1,72
30	4,17	3,32	2,92	2,69	2,42	2,27	2,16	1,93	1,84	1,76	1,69
34	4,13	3,28	2,88	2,65	2,38	2,23	2,12	1,89	1,80	1,71	1,64
40	4,08	3,23	2,84	2,61	2,34	2,18	2,07	1,84	1,74	1,66	1,59
50	4,03	3,18	2,79	2,56	2,29	2,13	2,02	1,78	1,69	1,60	1,52
60	4,00	3,15	2,76	2,52	2,25	2,10	1,99	1,75	1,65	1,56	1,48
70	3,98	3,13	2,74	2,50	2,23	2,07	1,97	1,72	1,62	1,53	1,45
100	3,94	3,09	2,70	2,46	2,19	2,03	1,92	1,68	1,57	1,48	1,39
150	3,91	3,06	2,67	2,43	2,16	2,00	1,89	1,64	1,54	1,44	1,34
200	3,89	3,04	2,65	2,41	2,14	1,98	1,87	1,62	1,52	1,42	1,32
400	3,86	3,02	2,62	2,39	2,12	1,96	1,85	1,60	1,49	1,38	1,28
1000	3,85	3,00	2,61	2,38	2,10	1,95	1,84	1,58	1,47	1,36	1,26
∞	3,84	2,99	2,60	2,37	2,09	1,94	1,83	1,57	1,46	1,35	1,24

Poissonverteilung Verteilungsfunktion $F(x,\lambda) = \sum_{i=1}^{x} p_i(\lambda) = P(X \leq x)$

x	λ 0,005	0,010	0,020	0,030	0,040	0,050	0,100
0	0,995	0,990	0,980	0,970	0,981	0,951	0,905
1	1,000	1,000	1,000	1,000	0,999	0,999	0,995
2	1,000	1,000	1,000	1,000	1,000	1,000	1,000
x	**λ 0,150**	**0,200**	**0,300**	**0,400**	**0,500**	**0,600**	**0,800**
0	0,861	0,819	0,741	0,670	0,607	0,549	0,449
1	0,990	0,983	0,963	0,938	0,910	0,878	0,809
2	1,000	0,998	0,996	0,992	0,986	0,977	0,953
3	1,000	1,000	1,000	0,999	0,998	0,997	0,991
4	1,000	1,000	1,000	1,000	1,000	1,000	0,999
x	**λ 1,000**	**1,200**	**1,400**	**1,600**	**2,000**	**2,500**	**3,000**
0	0,368	0,301	0,247	0,202	0,135	0,082	0,050
1	0,736	0,663	0,592	0,525	0,406	0,237	0,199
2	0,920	0,880	0,834	0,783	0,677	0,544	0,423
3	0,981	0,966	0,946	0,921	0,857	0,758	0,647
4	0,996	0,992	0,986	0,976	0,947	0,891	0,815
5	0,999	0,999	0,997	0,994	0,983	0,958	0,916
6	1,000	1,000	0,999	0,999	0,996	0,986	0,967
7	1,000	1,000	1,000	1,000	0,999	0,996	0,988
8	1,000	1,000	1,000	1,000	1,000	0,999	0,996
x	**λ 4,000**	**5,000**	**6,000**	**7,000**	**8,000**	**9,000**	**10,00**
0	0,018	0,007	0,003	0,001	0,000	0,000	0,000
1	0,092	0,040	0,017	0,007	0,003	0,001	0,001
2	0,238	0,125	0,062	0,030	0,014	0,006	0,003
3	0,434	0,265	0,151	0,082	0,042	0,021	0,010
4	0,629	0,441	0,285	0,173	0,100	0,055	0,029
5	0,785	0,616	0,446	0,301	0,191	0,116	0,067
6	0,889	0,762	0,606	0,450	0,313	0,207	0,130
7	0,949	0,867	0,744	0,599	0,453	0,324	0,220
8	0,979	0,932	0,847	0,729	0,593	0,456	0,333
9	0,992	0,968	0,916	0,831	0,717	0,587	0,458
10	0,997	0,986	0,957	0,902	0,816	0,706	0,583
11	0,991	0,995	0,980	0,947	0,888	0,803	0,697
12	1,000	0,998	0,991	0,973	0,936	0,876	0,792
13	1,000	0,999	0,996	0,987	0,966	0,926	0,865
14	1,000	1,000	0,999	0,994	0,983	0,959	0,917
15	1,000	1,000	1,000	0,998	0,992	0,978	0,951
16	1,000	1,000	1,000	0,999	0,996	0,989	0,973
17	1,000	1,000	1,000	1,000	0,998	0,995	0,986
18	1,000	1,000	1,000	1,000	0,999	0,998	0,993
19	1,000	1,000	1,000	1,000	1,000	0,999	0,997

Standardnormalverteilung

Flächen unter der Gauß'schen Glockenkurve $\Phi(x) = \int_{-\infty}^{x} \varphi(t)$ für $0 \leq x \leq 3{,}08$

x	0,00	0,01	0,02	0,03	0,04	0,05	0,06	0,07	0,08	0,09
0,0	.5000	.5040	.5080	.5120	.5160	.5199	.5239	.5279	.5319	.5359
0,1	.5398	.5438	.5478	.5517	.5557	.5596	.5636	.5675	.5714	.5753
0,2	.5793	.5832	.5871	.5910	.5948	.5987	.6026	.6064	.6103	.6141
0,3	.6179	.6217	.6255	.6293	.6331	.6368	.6406	.6443	.6480	.6517
0,4	.6554	.6591	.6628	.6664	.6700	.6736	.6772	.6808	.6844	.6879
0,5	.6915	.6950	.6985	.7019	.7054	.7088	.7123	.7157	.7190	.7224
0,6	.7257	.7291	.7324	.7357	.7389	.7422	.7454	.7486	.7517	.7549
0,7	.7580	.7611	.7642	.7673	.7704	.7734	.7764	.7794	.7823	.7852
0,8	.7881	.7910	.7939	.7967	.7995	.8023	.8051	.8078	.8106	.8133
0,9	.8159	.8186	.8212	.8238	.8264	.8289	.8315	.8340	.8365	.8389
1,0	.8413	.8438	.8461	.8485	.8508	.8531	.8554	.8577	.8599	.8621
1,1	.8643	.8665	.8686	.8708	.8729	.8749	.8770	.8790	.8810	.8830
1,2	.8849	.8869	.8888	.8907	.8925	.8944	.8962	.8980	.8997	.9015
1,3	.9032	.9049	.9066	.9082	.9099	.9115	.9131	.9147	.9162	.9177
1,4	.9192	.9207	.9222	.9236	.9251	.9265	.9279	.9292	.9306	.9319
1,5	.9332	.9345	.9357	.9370	.9382	.9394	.9406	.9418	.9429	.9441
1,6	.9452	.9463	.9474	.9484	.9495	.9505	.9515	.9525	.9535	.9545
1.7	.9554	.9564	.9573	.9582	.9591	.9599	.9608	.9616	.9625	.9633
1,8	.9641	.9649	.9656	.9664	.9671	.9678	.9686	.9693	.9699	.9706
1,9	.9713	.9719	.9726	.9732	.9738	.9744	.9750	.9756	.9761	.9767
2,0	.9772	.9778	.9783	.9788	.9793	.9798	.9803	.9808	.9812	.9817
2,1	.9821	.9826	.9830	.9834	.9838	.9842	.9846	.9850	.9854	.9857
2.2	.9861	.9864	.9868	.9871	.9875	.9878	.9881	.9884	.9887	.9890
2,3	.9893	.9896	.9898	.9901	.9904	.9906	.9909	.9911	.9913	.9916
2,4	.9918	.9920	.9922	.9925	.9927	.9929	.9931	.9932	.9934	.9936
2,5	.9938	.9940	.9941	.9943	.9945	.9946	.9948	.9949	.9951	.9952
2,6	.9953	.9955	.9956	.9957	.9959	.9960	.9961	.9962	.9963	.9964
2,7	.9965	.9966	.9967	.9968	.9969	.9970	.9971	.9972	.9973	.9974
2,8	.9974	.9975	.9976	.9977	.9977	.9978	.9979	.9979	.9980	.9981
2,9	.9981	.9982	.9982	.9983	.9984	.9984	.9985	.9985	.9986	.9986
3,0	.9987	.9987	.9987	.9988	.9988	.9989	.9989	.9989	.9990	.9990

Standardnormalverteilung

Ausgewählte Quantile und zentrale Schwankungsintervalle

Quantile | k·σ - Intervalle

1 - α	$z_{1-\alpha}$	**1 - α/2**	**k**
0,001	-3,08	0,800	1,28
0,005	-2,58	0,900	1,64
0,060	-2,50	0,950	1,96
0,010	-2,33	0,954	2,00
0,023	-2,00	0,960	2,05
0,025	-1,96	0,980	2,33
0,050	-1,64	0,990	2,58
0,100	-1,28	0,995	2,81
0,159	-1,00	0,997	3,00
0,500	0,00	0,999	3,29
0,841	1,00		
0,900	1,28		
0,950	1,64		
0,975	1,96		
0,977	2,00		
0,990	2,33		
0,994	2,50		
0,995	2,58		
0,999	3,08		

t-Verteilung

Quantile t der Verteilungsfunktion F für die Wahrscheinlichkeit $\gamma = 1 - \alpha$ und FG Freiheitsgrade $F(t) = P(T \leq t) = 1 - \alpha$

FG	1 - α							
	0,75	**0,90**	**0,95**	**0,975**	**0,990**	**0,995**	**0,999**	**0,9995**
1	1,000	3,078	6,314	12,706	31,821	63,657	318,315	636,619
2	0,816	1,886	2,920	4,303	6,965	9,925	22,327	31,598
3	0,765	1,638	2,353	3,182	4,541	5,841	10,215	12,924
4	0,741	1,533	2,132	2,776	3,747	4,604	7,173	8,610
5	0,727	1,476	2,015	2,571	3,365	4,032	5,894	6,869
6	0,718	1,440	1,943	2,447	3,143	3,707	5,208	5,959
7	0,711	1,415	1,895	2,365	2,998	3,499	4,785	5,408
8	0,706	1,397	1,860	2,306	2,896	3,355	4,501	5,041
9	0,703	1,383	1,833	2,262	2,821	3,250	4,297	4,781
10	0,700	1,372	1,812	2,228	2,764	3,169	4,144	4,587
11	0,697	1,363	1,796	2,201	2,718	3,106	4,025	4,437
12	0,695	1,356	1,782	2,179	2,681	3,055	3,930	4,318
13	0,694	1,350	1,771	2,160	2,650	3,012	3,852	4,221
14	0,692	1,345	1,761	2,145	2,624	2,977	3,787	4,140
15	0,691	1,341	1,753	2,131	2,602	2,947	3,733	4,073
16	0,690	1,337	1,746	2,120	2,583	2,921	3,686	4,015
17	0,689	1,333	1,740	2,110	2,567	2,898	3,646	3,965
18	0,688	1,330	1,734	2,101	2,552	2,878	3,611	3,922
19	0,688	1,328	1,729	2,093	2,539	2,861	3,579	3,883
20	0,687	1,325	1,725	2,086	2,528	2,845	3,552	3,849
21	0,686	1,323	1,721	2,080	2,518	2,831	3,527	3,819
22	0,686	1,321	1,717	2,074	2,508	2,819	3,505	3,792
23	0,685	1,319	1,714	2,069	2,500	2,807	3,485	3,767
24	0,685	1,318	1,711	2,064	2,492	2,797	3,467	3,745
25	0,684	1,316	1,708	2,060	2,485	2,787	3,450	3,725
26	0,684	1,315	1,706	2,056	2,479	2,779	3,435	3,707
27	0,684	1,314	1,703	2,052	2,473	2,771	3,421	3,690
28	0,683	1,313	1,701	2,048	2,467	2,763	3,408	3,674
29	0,683	1,311	1,699	2,045	2,462	2,756	3,396	3,659
30	0,683	1,310	1,697	2,042	2,457	2,750	3,385	3,646
40	0,681	1,303	1,684	2,021	2,423	2,704	3,307	3,551
60	0,679	1,296	1,671	2,000	2,390	2,660	3,232	3,460
120	0,677	1,289	1,658	1,980	2,358	2,617	3,170	3,373
∞	0,674	1,282	1,645	1,960	2,326	2,576	3,090	3,291

Zufallszahlen (siehe Bohley [1989], S. 783)

18611	19241	66083	24653	84609	58232	41849	84547	46850	52326
58319	15997	08355	60860	29735	47762	46352	33049	69248	93460
61199	67940	55121	29281	59076	07936	11087	96294	14013	31792
18627	90872	00911	98936	76355	93779	52701	08337	56303	87315
00441	58997	14060	40619	29549	69616	57275	36898	81304	48585
32624	68691	14845	46672	61958	77100	20857	73156	70284	24326
65961	73488	41839	55382	17267	70943	15633	84924	90415	93614
20288	34060	39685	23309	10061	68829	92694	48297	39904	02115
59362	95938	74416	53166	35208	33374	77613	19019	88152	00080
99782	93478	53152	67433	35663	52972	38688	32486	45134	63545
27767	43584	85301	88977	29490	69714	94015	64874	32444	48277
13025	14338	54066	15243	47724	66733	74108	88222	88570	74015
80217	36292	98525	24335	24432	24896	62880	87873	95160	59221
10875	62004	90391	61105	57411	06368	11748	12102	80580	41867
54127	57326	26629	19087	24472	88779	17944	05600	60478	03343
60311	42824	37301	42678	45990	43242	66067	42792	95043	52680
49739	71484	92003	98086	76668	73209	54244	91030	45547	70818
78626	51594	16453	94614	39014	97066	30945	57589	31732	57260
66692	13986	99837	00582	81232	44987	69170	37403	86995	90307
44071	28091	07362	97703	76447	42537	08345	88975	35841	85771
59820	96163	78851	16499	87064	13075	73035	41207	74699	09310
25704	91035	26313	77463	55387	72681	47341	43905	31048	56699
22304	90314	78438	66276	18396	73538	43277	58874	11466	16082
17710	59621	15292	76139	59526	52113	53856	30743	08670	84741
25852	58905	55018	56374	35824	71708	30540	27886	61732	75454
46780	56487	75211	10271	36633	68424	17374	52003	70707	70214
59849	96169	87195	46092	26787	60939	59202	11973	02902	33250
47670	07654	30342	40277	11049	72049	83012	09832	25571	77628
94304	71803	73465	09819	58869	35220	09504	96412	90193	79568
08105	59987	21437	36786	49226	77837	98524	97831	65704	09514
64281	61826	18555	64937	64654	25843	41145	42820	14924	39650
66847	70495	32350	02985	01755	14750	48968	38603	70312	05682
72461	33230	21529	53424	72877	17334	39283	04149	90850	64618
21032	91050	13058	16218	06554	07850	73950	79552	24781	89683
95362	67011	06651	16136	57216	39618	49856	99326	40902	05069

Aufgabe 1.8.4 Ranking von MBA-Abschlüssen in den USA 1997

Institution	R97	SG$	AQ%	AA%	AJG	AJO
Pennsylvania (Wharton) Philadelphia	1	24990	13	31	83	3,2
Northwestern (Kellogg) Evanston, III.	2	24351	14	24	72	3,4
Chicago Chicago	3	26284	24	23	80	3,4
Michigan Ann Arbor	4	25000	22	26	67	3,5
Harvard Boston	5	26260	13	26	86	4,0
Columbia New York	6	26180	12	26	76	3,0
Duke (Fuqua) Durham, N.C.	7	24100	17	25	50	3,2
Cornell (Johnson) Ithaca, N.Y.	8	23400	28	32	64	3,3
Stanford Stanford Californien	9	24990	7	29	74	3,6
Dartmouth (Tuck) Hanover, N.H.	10	24900	12	19	83	2,7
Virginia (Darden) Charlottesville	11	20420	15	21	64	2,9
UCLA (Anderson) Los Angeles	12	20093	14	24	57	2,7
NYU (Stern) New York	13	25884	18	34	62	2,7
Carnegie Mellon Pitsburgh	14	24000	30	39	55	3,7
MIT (Sloan) Cambridge, Mass.	15	25800	13	37	74	3,7
UC Berkeley (Haas) Berkeley	16	19792	11	31	54	2,5
Washington U(Olin) St. Louis	17	23920	34	36	19	3,4
Texas Austin	18	14762	23	22	39	3,1
UNC (Kenan-Flagler) Chapel Hill	19	16091	24	21	52	2,9
Yale New Haven	20	25250	25	30	54	3,1
Indiana Bloomington	21	17013	40	19	31	2,9
Maryland (Smith) Collgen Park, Md.	22	14090	21	39	28	3,2
Wisconsin Madison	23	15380	47	32	11	3,0
Purdue (Krannert) W. Lafayette, Ind.	24	14708	25	36	23	4,2
USC (Marshall) Los Angeles	25	22638	26	25	31	3,0

Legende zur Aufgabe 1.8.4:

R97	Ranking 1997
SG	Studiengebühr in $
AQ%	Aufnahmequote in %
AA%	Ausländeranteil an den Studierenden in %
AJG100	Anzahl der Absolventen mit einem Jahreseinstiegsgehalt von mehr als 100.000 $
AJA	Anzahl von Jobangeboten pro Absolvent (∅)

Aufgabe 3.3 Kundenbefragung in einem Einkaufszentrum

NR.	ANK_ ART	ANK_ DAU	AN_ BIND	STAMM KUND	STRESS	ÜBER-SICHT	KIND FREU	EIN_ KAUF	SEX	ALTER
1	1	5	2	2	1	1	1	2	2	36
2	3	15	2	2	3	2	2	3	2	43
3	2	10	2	1	2	2	2	3	2	20
4	4	20	4	1	4	1	1	2	1	41
5	3	15	2	2	3	1	2	5	1	44
6	2	5	2	2	1	1	3	3	1	19
7	3	20	3	2	1	1	3	2	2	45
8	4	30	5	1	5	1	2	2	2	50
9	5	15	3	2	3	1	3	1	2	50
10	1	10	2	2	3	1	3	2	2	39
11	3	15	3	1	4	1	1	2	2	41
12	3	20	3	2	4	1	3	1	2	40
13	5	20	4	1	2	1	2	2	2	41
14	2	3	1	2	1	1	1	2	1	33
15	3	25	2	2	4	1	3	2	2	41
16	5	15	3	1	2	1	3	2	2	46
17	3	5	2	2	1	1	3	2	2	37
18	3	15	3	1	2	1	3	2	2	38
19	2	5	2	2	3	1	3	3	2	40
20	4	15	4	1	4	1	2	4	2	57
21	5	20	4	1	5	1	3	4	2	53
22	3	15	3	2	3	1	1	2	2	36
23	1	10	2	2	1	1	3	2	2	37
24	5	25	5	2	7	1	1	2	1	67
25	3	30	4	2	4	1	1	1	1	52
26	3	10	2	2	3	1	1	1	2	45
27	2	10	2	2	3	1	2	2	2	35
28	3	5	1	2	1	1	1	2	2	40
29	3	15	2	1	2	1	3	3	1	30
30	3	25	2	2	5	1	1	2	2	44
31	3	20	2	1	4	1	3	3	1	38
32	3	20	4	2	5	1	3	2	1	35
33	5	15	3	1	6	1	2	4	2	59
34	3	10	2	2	1	1	2	3	1	38
35	2	10	1	2	1	1	2	3	2	35
36	2	5	1	2	2	2	3	4	2	43
37	3	25	4	1	4	1	3	3	1	44
38	2	10	2	2	1	1	3	2	2	28
39	3	15	3	2	2	1	3	2	2	45
40	3	10	2	1	1	1	3	4	1	33
41	4	20	5	1	7	1	3	3	1	62
42	3	15	2	2	3	1	3	2	2	29
43	5	25	4	1	5	1	3	4	2	55
44	1	5	1	2	1	1	3	1	1	44
45	4	15	5	1	4	1	3	1	2	67
46	5	15	2	2	3	1	3	4	1	59

Legende zur Aufgabe 3.3:

Anreiseart	1-5 (zu Fuß, Bahn, Pkw, Taxi, Bus)
Anreisedauer	Anfahrt in Minuten
Stammkunde	1-2 (ja, nein)
Verkehrsanbindung	1-5 (sehr schlecht, ..., sehr gut)
Stresslevel	1-7 (sehr gering, ..., sehr hoch)
Übersichtlichkeit	1-5 (sehr gut, ..., sehr schlecht)
Kinderfreundlichkeit	1-5 (sehr gut, ..., sehr schlecht)
Einkaufsangebot	1-5 (sehr gut, ..., sehr schlecht)
Geschlecht	1-2 (männlich, weiblich)
Alter	Alter in Jahren

Mathematisch-statistische Symbole

x_i	Beobachtungen eines Merkmals X mit i = 1, ..., n
a_j	Merkmalsausprägungen von X mit j = 1, ..., m
$H_n(a_j)$	Absolute Häufigkeiten
$h_n(a_j)$	Relative Häufigkeiten
$S_n(a_j)$	Kumulierte relative Häufigkeiten
$F_n(x)$	Empirische Verteilungsfunktion eines diskreten Merkmals
g_j	Klassengrenzen mit j = 1, ..., q
b_j	Klassenbreiten
m_j	Klassenmitten
H_j	Absolute Klassenhäufigkeiten
h_j	Relative Klassenhäufigkeiten
$S_q(j)$	Kumulierte relative Klassenhäufigkeiten
$F_q(x)$	Empirische Verteilungsfunktion klassierter Daten
x_{mod}	Modus
$x_{(i)}$	Der Größe nach aufsteigend geordnete Beobachtungen
x_{med}	Median
x_α	α - Quantil
$\bar{x}$	Arithmetisches Mittel
$\bar{x}_*$	Arithmetisches Mittel für gruppierte Daten
$\bar{x}_w$	Gewichtetes arithmetisches Mittel
x_{harm}	Gewichtetes harmonisches Mittel
x_{geom}	Geometrisches Mittel
R	Spannweite
Δ	Quartilsabstand
s^2	Mittlere quadratische Abweichung vom arithmetischen Mittel (Varianz)

s	Standardabweichung
v	Variationskoeffizient
G	Gini-Koeffizient
H	Herfindahl-Index
H '	Korrigierter Herfindahl-Index
$P^L{}_{0,1}$	Preisindex nach Laspeyres
$P^P{}_{0,1}$	Preisindex nach Paasche
$Q^L{}_{0,1}$	Mengenindex nach Laspeyres
$Q^P{}_{0,1}$	Mengenindex nach Paasche
$F^P{}_{0,1}$	Fisher'scher Preis-Ideal-Index
$F^Q{}_{0,1}$	Fisher'scher Mengen-Ideal-Index
$U_{0,1}$	Umsatzindex
H_{ij}	Simultane absolute Häufigkeit für die Merkmalsausprägung a_i von X und b_j von Y (Wert der Zelle (i, j) einer zweidimensionalen Kontingenztafel
E_{ij}	Erwartete Häufigkeit in der Zelle (i, j) einer zweidimensionalen Kontingenztafel im Fall der Unabhängigkeit
$H_{.j}$	Spaltensumme j einer Kontingenztafel
$H_{i.}$	Zeilesumme i einer Kontingenztafel
K	Kontingenzkoeffizient nach Pearson
K*	Korrigierter Kontingenzkoeffizient
τ	Kendall´s Tau ohne Bindungen
τ_*	Kendall´s Tau mit Bindungen
s_{XY}	Kovarianz zweier Merkmale X und Y
r_{XY}	Korrelationskoeffizient nach Bravais-Pearson
R^2	Bestimmtheitsmaß
$s_R{}^2$	Nicht erklärbare Varianz (Restvarianz) eines Regressionsmodells

Ω	Grundgesamtheit (Stichprobenraum)
$\varnothing$	Unmögliches Ereignis
A	Ereignis
$\overline{A}$	Komplementäres Ereignis
P(A)	Wahrscheinlichkeit für das Eintreten von A
$P(A \mid B)$	Wahrscheinlichkeit für A, falls B eingetreten
X	(Eindimensionale) Zufallsvariable
E(X)	Erwartungswert von X
Var(X)	Varianz von X
(X, Y)	Zweidimensionale Zufallsvariable
Cov(X, Y)	Kovarianz von X und Y
ρ_{XY}	Linearer Korrelationskoeffizient
B.V.(n, p)	Binomialverteilung
G.V.(p)	Geometrische Verteilung
H.G.V(N, M, p)	Hypergeometrische Verteilung
P.V.(λ)	Poisson-Verteilung
R.V.(a, b)	Rechteckverteilung (stetige Gleichverteilung)
N.V.(μ, σ^2)	Normalverteilung mit Erwartungswert μ und Varianz σ^2
$z_{1-\alpha}$	(1- α) - Quantil der Standardnormalverteilung
E.V.(λ)	Exponentialverteilung
FG	Freiheitsgrad
S.V.(n)	Student-Verteilung (t-Verteilung) mit n Freiheits-Graden
$t_{(n,\ 1-\alpha)}$	(1- α) - Quantil der Student-Verteilung mit n Freiheitsgraden
C.V.(n)	Chi-Quadrat-Verteilung mit n Freiheitsgraden
$\chi^2_{(n,\ 1-\alpha)}$	(1- α) - Quantil der Chi-Quadrat-Verteilung mit n Freiheitsgraden

$F(x)$	Verteilungsfunktion einer Zufallsvariablen X
Θ	Parameter einer Verteilungsfunktion
$\hat{\Theta}$	Schätzwert für den Parameter Θ
$\overline{X}$	Schätzfunktion für den Parameter μ
$\sigma/\sqrt{n}$	Standardfehler des Mittelwertes
P	Schätzfunktion für die Grundwahrscheinlichkeit p einer Binomialverteilung
H_A	Alternativ-Hypothese
H_0	Null-Hypothese
α	Irrtumswahrscheinlichkeit (Signifikanzniveau)
T	Prüfgröße (Testfunktion)
t	Wert der Prüfgröße (Testwert)
X^2	Prüfgröße der Chi-Quadrat-Statistik von Pearson
χ^2	Testwert der Chi-Quadrat-Statistik
G^2	Prüfgröße des Log-Likelihood-Ratio-Tests
g^2	Testwert des Log-Likelihood-Ratio-Tests
C_α	α-Quantil der Prüfverteilung
b_j	Gewicht des j-ten Regressors in der multiplen Regression
u_i	Residuum zum i-ten Fall
β_j	Standardisierter Regressionskoeffizient des j-ten Regressors
R^2_{korr}	Korrigiertes Bestimmtheitsmaß in der multiplen Regression
$F_{(1-\alpha;m;n)}$	$(1-\alpha)$ - Quantil der F-Verteilung zu m Freiheitsgraden des Zählers und n Freiheitsgraden des Nenners
d	Wert der Prüfgröße des Durbin-Watson-Tests
Z	z-transformierte Zufallsvariable X

z_i	z-transformierter Wert x_i von X
a_{ij}	Faktorladung der Variablen Z auf den i-ten Faktor
f_{ki}	Faktorwert (factor score) des k-ten Objekts und des i-ten Faktors
h^2_j	Kommunalität der j-ten Variablen
$\mathbf{R}_{red}$	Reduzierte Korrelationsmatrix beim Hauptachsenmodel
$\mathbf{e}_i$	Zum i-ten Faktor gehöriger Eigenvektor
λ_i	Zum i-ten Faktor gehöriger Eigenwert
$S_{i,j}$	Ähnlichkeitsmaß zwischen den Objekten O_i und O_j
$D_{i,j}$	Distanzmaß zwischen den Objekten O_i und O_j
h_v	Homogenitätsindex
$D(C_n, C_m)$	Distanz zwischen Cluster C_n und C_m
$\Lambda(x)$	Verteilungsfunktion der logistischen Verteilung
θ	Odds-Ratio
$I(\beta)$	Informationsmatrix
R^2_{CS}	Bestimmtheitsmaß nach Cox und Snell
R^2_N	Bestimmtheitsmaß nach Nagelkerke
R^2_{MF}	Bestimmtheitsmaß nach McFadden
W	Prüfgröße der Wald-Statistik
α_j	Schwellwert einer ordinalen Regression

Bilderverzeichnis

Tabellenverzeichnis

Literaturverzeichnis

Afifi, A. A. ; Clark, V.: Computer-Aided Multivariate Analysis. Chapman & Hall, London, 1996

Aldrich, J.; Nelson, F. : Linear Probability, Logit, and Probit Models. Beverly Hills: Sage Productions, 1984

Aldrich, H. E.; McKelvey, B.; Ulrich, D.: Design Strategy from the Population Perspective. In: Journal of Management, 10, 1, Spring 1984, 67-86

Amemiya T.: Qualitative Response Models: A Survey. In: Journal of Economic Literature, 1981, 19, 4, 481-536

Bacher, J .: Clusteranalyse. Anwendungsorientierte Einführung. R. Oldenbourg-Verlag, München, 1996

Backhaus, K.; Erichson, B.; Plinke; Weiber, W. R.: Multivariate Analysemethoden: Eine anwendungsorientierte Einführung. Springer Verlag, Berlin, 1990

Bamberg, G.; Baur, F.: Statistik. R. Oldenbourg-Verlag, München Wien, 7. Auflage 1992

B.A.T. Freizeitforschungsinstitut GmbH: Deutsche Tourismus-Analyse 2002. Hamburg, 2002

Ben-Akiva, M.; Lerman, S. R.: Discrete-Choice Analysis: Theory and Application to Travel Demand. MIT Press, Cambridge, 1985

Berekoven, L.; Eckert, W.; Ellenrieder, P.: Marktforschung: Methodische Grundlagen und praktische Anwendung. Betriebswirtschaftlicher Verlag Dr. Th. Gabler GmbH, Wiesbaden, 1993.

Bishop, Y. M. M.; Fienberg, St. E.; Holland, P. W.; Discrete multivariate analysis: Theory and Practice. MIT Press, Cambridge, 1975

Bleymüller, J. u. A.: Statistik für Wirtschaftswissenschaftler. Franz Vahlen München, 7. Auflage 1991

Bohley,P.: Statistik. R. Oldenbourg-Verlag, München, 4. Auflage 1989

Bortz, J.: Lehrbuch der empirischen Forschung für Sozialwissenschaftler. Springer-Verlag, Berlin, 1984

Bortz, J.: Statistik für Sozialwissenschaftler. Springer-Verlag, Berlin, 1993.

Bourier, G.: Wahrscheinlichkeitsrechnung und schließende Statistik. Betriebswirtschaftlicher Verlag Dr. Th. Gabler GmbH, Wiesbaden, 1999

Bourque, L. B.; Clark, V. A.: Processing Data: The Survey Example. In: Lewis-Beck, M. S. (Ed.): Research Practice.- (International Handbooks of Quantative Applications in Social Sciences; Vol.6), SAGE Publications, Toppan Publishing, London, 1994

Bronner, R.; Appel, W.; Wiemann, V.: Empirische Personal- und Organisationsforschung, Grundlagen, Methoden, Übungen. R. Oldenbourg-Verlag, München, 1999

Büschken, J; v. Thaden, Ch.: Clusteranalyse. In: Herrman, A.; Homburg, Ch. (Hrsg.): Marktforschung, Betriebswirtschaftlicher Verlag Dr. Th. Gabler GmbH Wiesbaden, 2000

Chatterjee, S.; Price, B.: Praxis der Regressionsanalyse. R. Oldenbourg-Verlag, München, 1995

Clogg, C. C.: Using Association Models in Sociological Research: Some Examples. In: American Journal of Sociology, 88, 1982, 114-134.

Cramer, J. S.: Predictive Performance of the Binary Logit Model. In: Unbalanced Samples. Journal of the Royal Statistical Society, Series D (The Statistician), 1999, 48, 85-94

Diekmann, A.: Empirische Sozialforschung. Grundlagen, Methoden, Anwendungen. Rowohlt, Reinbek bei Hamburg, 1995

Dreyer, A.; Dehner, Ch.: Kundenzufriedenheit im Tourismus: Entstehung, Messung und Sicherung mit Beispielen aus der Hotelbranche. R. Oldenbourg-Verlag, München, 1998

Duncan, O. D.: A Socioeconomic Index for All Occupations. In: Reiss, A. Jr. (Ed.), Occupations and Social Status, New York: Free Press, 1961, 109-138

Eckey, H. F.; Kosfeld, R.; Dreger C.: Statistik: Grundlagen, Methoden, Beispiele. Betriebswirtschaftlicher Verlag Dr. Th. Gabler GmbH, Wiesbaden, 1992

Eckey, H. F.; Stock, W.: Verkehrsökonomie. Betriebswirtschaftlicher Verlag Dr. Th. Gabler GmbH, Wiesbaden 2000

Eckstein, P.: Angewandte Statistik mit SPSS. Betriebswirtschaftlicher Verlag Dr. Th. Gabler GmbH, 1. Auflage 1997

Effron, B.: Regression and ANOVA with Zero-One Data: Measures of Residual Variation. Journal of the American Statistical Association, 1978, 73, 113-212

Fahrmeir, L.; Hamerle, A.: Multivariate statistische Verfahren. Walter de Gruyter, Berlin, 1984

Ferschl, F.: Deskriptive Statistik. Physica Verlag Würzburg Wien, 3. Auflage 1985

Fichtenholz, G. F.: Differential- und Integralrechnung. Bd. 1 – 3, Deutscher Verlag der Wissenschaften, 2. Auflage 1966

Förster, E.; Rönz, B.: Regressions- und Korrelationsanalyse. Betriebswirtschaftlicher Verlag Dr. Th. Gabler GmbH, 1. Auflage 1992

Fontanari, M.L.; Fontanari, M.: Tourismus im Europa der Regionen. Trier, 2001

Gini, C.: Variabilita e mutabilità. Studi economio-giuridici, Universita di Cagliari III, 2a, 1912

Götze, W.: Business Forecasting. R. Oldenbourg-Verlag, München, 2000

Götze,W.: Mathematik für Wirtschftsinformatiker. R. Oldenbourg-Verlag, München, 2001

Greene, W. H.: Econometric Analysis. 4th Ed., Prentice Hall, 2000

Greene, W. H.: LIMDEP, Version 7.0: User's Manual. Bellport N4: Econometric Software, 1995, 234-241

Hallerbach, B.; *Scherhag, K.*: Merkmale der Reiseentscheidung-Ergebnisse einer Martforschungsstudie in Europäischen Ländern, in: Hair, J. F.; Anderson, R.. E.; Tatham, R. L.; Black, W. C.: Multivariate Data Analysis, Prentice Hall, Upper Saddle River, New Jersey, 1998

Hartung, J.; Elpelt, B.: Multivariate Statistik. R. Oldenbourg-Verlag, München, 1999

Hensher, D.: Simultaneous Estimation of Hierarchical Logit Mode Choice Models. Macquarie University, School of Economic and Financial Studies, Working Paper Number 34, 1986

Hofstätter, P. R.: Über Ähnlichkeit. Psyche, 1955, 9, 54-80

Hofstätter, P. R.: Zur Problematik der Profilmethode. Diagnostica, 1959, 5, 19-25

Homburg, Ch.; *Werner, H.*: Kundenzufriedenheit und Kundenbindung. In: Herrmann, A.; Homburg, Ch.: Martforschung, Betriebswirtschaftlicher Verlag Dr. Th. Gabler GmbH, Wiesbaden, 2000.

Hüttner, M.; Schwarting, U.: Exploratorische Faktorenanalyse. In: Herrmann, A.; Homburg, Ch. (Hrsg.): Marktforschung

Infas/DIW: KONTIV-2001, Kontinuierliche Erhebung zum Verkehrsverhalten-Methodenstudie. Bonn-Berlin, 2001

Inra 2001: Methoden im Vergleich: Das Antwortverhalten ONLINE-CATI. Mölln, 2001

Kaase, M. (Hrsg.): Qualitätskriterien der Umfrageforschung. Denkschrift. Deutsche Forschungsgemeinschaft, Akademie Verlag, Berlin, 1999

Kendall, M. G.: Rank Correlation Methods. 3. Auflage, London 1992

Kennedy, G.: Einladung zur Statistik. Campus-Verlag, 1993

Kleinbaum, D. G.; Kupper, L. L.; Muller, K.E.: Applied Regression Analysis and Other Multivariable Methods. Duxbury Press, Belmont, California, 1988

Krämer, W.: So lügt man mit Statistik. Campus Verlag, 6. Auflage 1994

Kreienbrock, L.: Einführung in die Stichprobenverfahren, Lehr- und Übungsbuch der angewandten Statistik. R. Oldenbourg-Verlag, München, 1993

Kreienbrock, L.; Schach, S.: Epidemiologische Methoden. Gustav Fischer Verlag, Jena, 1995

Kroes, E. P.; Sheldon,R. J.: Stated-Preference-Methods. An Introduction. Journal of Transport Economics and Policy, 1998, Vol. XXII (1)
Laatz, W.: Empirische Methoden. Ein Lehrbuch für Sozialwissenschaftler, Verlag Harri Deutsch, Thun und Frankfurt am Main, 1993
Link, H.: Wettbewerb auf dem Schienennetz der Deutschen Bahn-AG. Berlin, 2001
Link, H.; Polak, J. W.: How acceptable are transport pricing measures? Empirical studies in nine European countries. 2001
Long, S.: Regression Models for Categorical and Limited Dependent Variables. Thousand Oaks, CA: Sage Publications, 1997
Lorenz, M. O.: Method for measuring concentration of wealth. JASA, 9(1905), 209-219
Maddala, G. S.: Limited-Dependent and Qualitative Variables in Econometrics. Cambridge: Cambridge University Press, 1983
Mann, P. S.: Introductory statistics. John Wiley&Sons, Inc. 1992
Marinell, G.: Multivariate Verfahren. R. Oldenbourg-Verlag, München, 1998
McCullagh, P.; Nelder, J. A.: Generalized Linear Models. 2nd ed., New York: Chapman and Hall, 1989
McFadden, D.: Conditional Logit Analysis of Qualitative Choice Behavior. In: Zarembka (Ed.), Structural analysis of Discrete Data with Econometric Applications, Cambridge: MIT Press, 1973, 105- 135
McFadden, D.: The Measurement of Urban Travel Demand. Journal of Public Economics, 3, 1974, 303-328
McKelvey, R.; Zavoina, W.: A Statistical model for the Analysis of Ordinal Level Dependent Variables. Journal of Mathematical Sociology, 4, 1975, 103-120
Missong, M.: Aufgabensammlung zur deskriptiven Statistik. R. Oldenbourg-Verlag, München, 1. Auflage 1993
Müller, St.: Grundlagen der Qualitativen Marktforschung. In: Herrmann, A., Homburg, Ch. (Hrsg.); Marktforschung. Betriebswirtschaftlicher Verlag Dr. Th. Gabler GmbH, Wiesbaden, 2000
Nerlove, M. L.; Press, S. J.: Univariate and Multivariate Log-Linear and Logistic Models. Santa Monica: RAND Corporation, 1973
PATS - Final Report. Recommendations on Transport Pricing Strategies. 2001
Nieschlag, R.; Dichtl, E.; Hoerschgen, H.: Marketing. Duncker & Humblot, Berlin, 1991
Osgood, C. E.: The nature and measurement of meaning. Psychological Bulletin, 1952, 49, 197-237
Osgood, C. E.; Suci, G. J.; Tannenbaum, P. H.: The measurement of meaning. Urbana: University of Illinois Press, Chicago, 1957
PATS - Final Report. Recommendations on Transport Pricing Strategies, 2001

Porst, R.: Praxis der Umfrageforschung. Teubner-Verlag, Wiesbaden, 2000

Powers, D. A.; Xie Yu: Statistical Methods for Categorical Data Analysis. San Diego: Academic Press, 2000

Rohrmann, B.: Empirische Studien zur Entwicklung von Antwortskalen für die sozialwissenschaftliche Forschung. Zeitschrift für Sozialpsychologie, 1978, 9, 222-245

Rönz, B.; Strohe, H. G. (Hrsg.): Lexikon Statistik für Wirtschaft und Verwaltung. Betriebswirtschaftlicher Verlag Dr. Th. Gabler GmbH, 1. Auflage 1994

Roth, E.: Sozialwissenschaftliche Methoden. R. Oldenbourg-Verlag München, 1987

Rüger, B.: Induktive Statistik. R. Oldenbourg-Verlag, München, 2. Auflage 1991

Sachs, L.: Angewandte Statistik. Springer-Verlag, Berlin, 1992

Salcher, E. F.: Psychologische Marktforschung. Walter de Gruyter, Berlin, 1995

Scheuch, E. K.: Das Interview. in: Handbuch der Sozialforschung, Hrsg. Scheuch, Bd. 2, 1973

Schnell, R.; Hill, P. B.; Esser, E.: Methoden der empirischen Sozialforschung. R. Oldenbourg-Verlag, München, 1995

Schlittgen, R.: Einführung in die Statistik. R. Oldenbourg-Verlag, München, 3. Auflage 1991

Schmidt, P.; Strauss, R.: The Prediction of Occupation Using Multinominal Logit Models. International Economic Review, 16, 1975a, 471-486

Schmidt, P.; Strauss, R.: Estimation of Models with Jointly Dependent Qualitative Variables: A Simultaneous Logit Approach. Econometrica 43, 1975b, 745-755

Seitz, E.; Meyer, W.: Tourismusmarktforschung. Verlag Vahlen, München, 1995

Skiera, B.; Albers, S.: Regressionsanalyse. In: Herrmann, A. ; Homburg, Ch. (Hrsg.): Marktforschung. Betriebswirtschaftlicher Verlag Dr. Th. Gabler GmbH, Wiesbaden, 2000

SPSS: Handbücher zur Version 10.0 (Diverse). Chicago, 1999

Stier, W.: Empirische Forschungsmethoden. Springer-Verlag, Berlin, 1996

Trommsdorf, V.: Die Messung von Produktimages für das Marketing. Grundlagen und Operationalisierung, Carl Heymanns Verlag KG, Köln, 1975

TU Berlin: Aufgabensammlung zur Lehrveranstaltung Statistik für BWL/VWL. WS 94/95, Berlin 1994

Veal, A. J.: Research Methods for Leisure and Tourism - A Practical Guide. Pitman Publishing, London, 1997

von der Lippe, P.: Klausurtraining Statistik. R. Oldenbourg-Verlag, München, 4. Auflage 1992
von Randow, G.: Das Ziegenproblem. Rowohlt-Verlag, 1992
Wettschureck, G.: Indikatoren und Skalen in der demoskopischen Marktforschung. In: Behrens, K. Ch. (Hrsg.); Handbuch der Marktforschung, Betriebswirtschaftlicher Verlag Dr. Th. Gabler GmbH, Wiesbaden, 1974

Datenquellen (Auswahl)

Jahresbericht der Deutschen Hotel und Gaststätteninnung (DEHOGA)

International Statistical Yearbook mit Beiträgen von OECD, IWF, Eurostat, Stabu (auf CD-ROM)

Statistische Jahrbücher für die Bundesrepublik Deutschland und für das Ausland und Fachserien 1-19 des Statistischen Bundesamtes (auch auf CD-ROM)

Statis-Bund Informationssystem des Statistischen Bundesamtes Wiesbaden

Statistische Beihefte und Monatsberichte der Deutschen Bundesbank

Stiftung Warentest, Jahrbücher

Verkehr in Zahlen, Deutsches Institut für Wirtschaftsforschung Berlin

Internetadressen der Statistischen Ämter in den USA, der EU und der Bundesrepublik Deutschland

http://www.census.gov
http://europa.eu.imt/eurostat.html
http://www.statistik-bund.de

Stichworte